Peter Caddy: Liebe und Vertrauen

420 leadership

W0402672

Peter Caddy

LIEBE UND VERTRAUEN

Aquamarin Verlag

Das Copyright für die abgebildeten Fotos
liegt bei der Findhorn Foundation oder bei Renata Caddy

© Teil I, II und III Jeremy Slocombe 1995
© Teil IV Renata Caddy 1995
Titel der englischen Originalausgabe:
In Perfect Timing
Findhorn Press, Forres, Scotland

Übersetzung:
Carola Splettstößer (Teil I, II und III)
Renata Caddy (Teil IV)

1. Auflage 1997
© Aquamarin Verlag
Voglherd 1 D-85567 Grafing
Umschlaggestaltung: Ralf Blechschmidt/Annette Wagner

Druck: Ebner Ulm
ISBN 3-89427-097-7

INHALT

DANKSAGUNG

Many hands make Light work: »Viele Hände machen die Arbeit leicht« oder »viele Hände lassen Licht arbeiten« - in diesem Sprichwort ist ein Wortspiel enthalten, das uns in den Sinn kommt, wenn es darum geht, all jenen zu danken, die zu diesem Buch beigetragen haben. Peter Caddy lebte das Leben in seiner Fülle, und hätte man die Geschichte all seiner Erfahrungen erzählen wollen, so hielten Sie nun ein mindestens dreimal so dickes Buch in der Hand. Dank sei allen, die aus Liebe zu Peter - und um ihm bei seinen Memoiren zu helfen - zunächst das Material zu sammeln begannen, insbesondere Rue Ann Hass, Paul Schicke und Leona Aroha Graham. Dann auch jenen, die Rohmaterial für das Buch von Tonband-Interviews und anderen Tonband-Aufzeichnungen niederschrieben: Kate Stokes, Christiane Sautter und Helen Rubin, die außerdem Peter bei seiner ersten Durchsicht und Zusammenstellung des Materials mit Hingabe zur Hand ging, und Dennis Evenson, der riesige Mengen geschriebenen Materials durcharbeitete und das für das Buch Brauchbare aussortierte. Während der langen Entstehungsphase dieses Buches wirkten noch viele andere durch ihre Weisheit und Einsicht mit und verdienen Anerkennung und Dankbarkeit für ihre Unterstützung: David und Julie Spangler, Sir George Trevelyan, Donald Keys, William Irwin Thompson, Dorothy Maclean, Eileen Caddy, Muriel McVicar, Liza Hollingshead, Alice Weybull, Michael und Mary Jennions, Bev Walker,

Robert Hargrove, Silvius Dornier, Paul Kluwer, Marianne Rieke, Maria Gabriele Wosien, Anke Maria und Rainer Leitzgen, Gisela Behrendt, Rose Küst, Erdmute Herden, Heidi Fieser, Edit Bernhard-Herr, Ingrid Maegle, Isabelle Duquesne, Ute Broll-Jonethal, Elisabeth Roesener-Valter und Derek Williams. Ein herzliches Dankeschön an Christiane Liptak für ihr engagiertes Mitwirken bei der Übertragung der letzten Kapitel (Teil IV) ins Deutsche, zusammen mit Renata. Inniger Dank geht an Leonie Waldschmidt - Renatas Mutter - für all ihre Liebe und Unterstützung durch die Jahre hindurch.Thierry und Karin Bogliolo von Findhorn Press verdienen besondere Erwähnung, denn von Anfang an hatten sie die Inspiration, Peters Autobiographie in die Welt zu bringen, genau zum richtigen Zeitpunkt. Dank auch an Lynn Barton für ihre redaktionelle Hilfe. Drei überragende Gestalten gibt es, die ganz besonders genannt werden müssen, da sie vom Beginn des Buches an mit uns waren - Roc, Peter Dawkins und Shri Mishra Vishnu Dutt Shastri. Ohne diese drei - ohne ihre innere und äußere Führung und ihre inspirierenden Beiträge - wäre das Buch nicht, was es ist.Unsere von Herzen empfundene Dankbarkeit geht an Euch alle, liebe Freunde!

JEREMY SLOCOMBE UND RENATA CADDY

VORWORT

VON SIR GEORGE TREVELYAN, BT.

...Kommt, meine Freunde,
Es ist nicht zu spät, zu suchen eine neu're Welt!
Legt ab, und wohl in Reihen sitzend
Pflügt die rauschenden Wogen; denn meine Absicht ist's,
Jenseits des Sonnenuntergangs zu segeln und dem Bade
Aller westlichen Gestirne, bis ich sterbe.
Mag sein, der Strom reisst uns hinab:
Mag sein, wir schauen die Glücksel'gen Inseln
Und Achill, den grossen, den wir kannten.
Obgleich so viel genommen, bleibt doch viel; obgleich wir heute
nicht mehr sind an Stärke, was in den
Alten Tagen bewegte Erd´ und Himmel; das, was wir sind, wir sind:
Ein einzig Temp'rament von heldenhaften Herzen,
Geschwächt durch Zeit und Schicksal, doch stark an Willen
Zu streben, suchen, finden - und nicht weichen.

DIESE HEROISCHEN WORTE des *Odysseus* von Tennyson kommen mir sofort in den Sinn, wenn ich das außergewöhnliche Leben meines guten Freundes Peter Caddy betrachte; sie eignen sich sehr, die Motivation hinter seinen unerhörten Abenteuern, seinem nimmermüden Geist und seinen sehr realen Leistungen in der Welt zu beschreiben. Es ist nicht allen von uns gegeben, etwas von bleibendem Wert zurückzulassen, wenn wir dieses Leben beenden, aber Peter hat dies ganz gewiß getan und mit außerordentlicher Bravour.

Darin liegt das Paradox dieses Mannes - ein ehemaliger Fliegermajor der Königlichen Luftwaffe, ein konventioneller Engländer aus der Mittelklasse, der keinen Pfifferling für Konvention gab, wenn sie dem im Wege stand, was seine feste und ungeheure Intuition von ihm verlangte.

Er war ein »Macher für Gott«, wie sein junger Freund und Kollege, der amerikanische Mystiker, Autor und Philosoph David Spangler schrieb. Nach Peters schuldlosem und unglücklichem Tod bei einem Autounfall, im Februar 1994, bemerkte sein Sohn Christopher: »Nur wenige werden zu ihren eigenen Lebzeiten zur Legende, aber ich denke, er wurde es.« Und in einer Welt, die für viele heutzutage eine verrückte, böse und traurige Welt ist, brauchen wir die Frische und Kraft neuer Legenden. Wir brauchen jene, die aus heroischem, fast mythologischem Holz geschnitzt sind, die keine Angst haben, mit der Hand ins Feuer zu langen und die Schätze herauszuholen, die dort zu finden sind. Peter Caddy war ein solcher Mann.

Es bietet sich an, daß ich meine erste Begegnung mit ihm aufzeichne. Zu jener Zeit war ich Prinzipal des *Shropshire Adult College* in Attingham Park, welches ich von seiner Gründung 1947 bis zu meiner Pensionierung 1971 leitete. Es war eines von mehreren Zentren für Erwachsenenbildung mit kurzfristigen Aufenthalten, welches nach dem Krieg ins Leben gerufen wurde, und es hatte sich fein gemausert. Die Wochenenden widmeten wir oft Versammlungen von mehr suchender, spiritueller Natur, die gewiß außerhalb und jenseits dessen lagen, was damals kulturell gang und gäbe war, und da wir nicht den Verdacht und Zorn der uns fördernden Institutionen auf uns ziehen wollten, tendierten wir dazu, jegliche Öffentlichkeit zu vermeiden. Zu diesen Versammlungen wurde man ausschließlich persönlich eingeladen. Als Peter also 1965 von einer Wochenendkonferenz in Attingham mit dem Titel »Gruppen im *New Age«* Wind bekam und anrief, um sich selber einzuladen anstelle von jemand anderem, fertigte ihn meine Sekretärin am Telefon kurz ab - bis mir ein spirituell sensitiver Freund von mir, der gerade mit uns im Büro war, nickend bedeutete, daß Peter kommen solle. Der sprang ins Auto und raste quer durch England, um gegen Einbruch der Nacht bei uns zu sein; wir hatten kein freies Bett für ihn, aber inzwischen hatte sich noch jemand wegen einer Erkältung abgemeldet, und so stand Peters Teilnahme nichts im Wege.

Ich habe nie den amüsanten Zwischenfall an seinem ersten Abend vergessen, als die Sitzung dazu überging, eine Charta für *New Age*-Gemeinschaften und deren Finanzierung zu schaffen. Nachdem er mehreren Rednern zugehört und beschlossen hatte, seine Ungeduld nicht länger in Zaum zu halten, stand Peter auf und behauptete, daß er mit seiner kleinen Gruppe in Findhorn bereits vorführe, worüber wir anderen nur erst redeten. Ein skeptischer Marschall der Luftflotte, Sir Victor Goddard, unterbrach ihn, um nach seiner Finanzierungspolitik zu fragen. »Wir haben keine!«, antwortete Peter leichthin, und dann fügte er ernster hinzu: »Sie geben alles an Gott ab und danken Ihm, daß alle ihre Bedürfnisse perfekt erfüllt sein werden, und machen einfach weiter!« Das war eine Kampfansage und verärgerte damals viele Leute.

Drei Jahre darauf, als ich seine gerade erst flügge werdende Gemeinschaft in Findhorn besuchte, war ich begeistert - man konnte den Beweis seiner Worte in allem sehen. Damals gestand Peter, wie ich glaube, das erste Mal, einem Außenseiter das Geheimnis seines gärtnerischen Erfolges - die Zusammenarbeit mit den unsichtbaren Welten des Naturreichs und die tägliche Kommunion mit Gott, dessen »Stimme« und Weisung Peters Frau Eileen empfing und aufschrieb.

Diese Memoiren in Ihrer Hand sind jedoch nicht allein die Geschichte des außerordentlichen Phänomens des Entstehens der *Findhorn Community* - diese Geschichte ist anderswo notiert. Hier haben Sie den Mann selbst, die Gefahren und Fallstricke, in die er geriet, ebenso wie seine Triumphe (obgleich er sich weder der einen noch der anderen rühmen würde, es sei denn, ein triftiger Grund gäbe ihm dazu die Ermächtigung). Peter war in der Tat ein Mann, dessen Beispiel auf das neue Jahrtausend zugeschnitten ist und auf eine Art zu leben, nach der wir uns alle sehnen, eine leichte, zugängliche und effektive Kommunion mit der spirituellen Welt; die Übertragung dessen in unser tägliches Leben, sogar in die scheinbar banalsten Verrichtungen; unsere eigene, korrekte und sensible Verbindung mit der natürlichen Welt zu finden und dem Planeten, dessen sensorisches Aufnahmegerät wir nur sind, das Organ für seine Selbstwahrnehmung. Wie Coleridge sagen würde:

....WIR EMPFANGEN NUR, WAS WIR GEBEN,
UND NUR IN UNS'REM LEBEN LEBT NATUR:
UNSER IST IHR HOCHZEITSKLEID, UNSER IHR LEICHENTUCH!

Wenn uns Peters Leben jedoch irgend etwas lehren sollte, so wird es vor allem sein, uns als Menschen bewußter und wirkungsvoller zu machen, uns unserer Verantwortung für die Welt um uns herum bewußter zu machen und, ich wage es zu sagen, um mehr Spaß und Erfüllung in unserem Leben zu finden! Sein Herz war ein heroisches, und er führt uns ins Abenteuer, sei es auf die hohen Berge des Himalaya oder in die Wirrnis und die Trümmer des Bürgerkriegs im ehemaligen Jugoslawien, wo Peter in den Monaten vor seinem Tod eine Friedensinitiative unterstützte.

Mut ist das Schlüsselwort, das uns individuell und kollektiv ins neue Jahrtausend führen wird; wie Samuel Johnson sagte: »Mut ist die größte Tugend, denn ohne Mut kann es keine anderen geben.« Wir haben eine heilige Pflicht, uns gegenseitig in dieser Zeit Mut zu machen, und Peter Caddy trug beides mit sich, wo immer er hinging - persönlichen Mut und Ermutigung für andere. In seinem Buch werden Sie das entdecken.

Ich bin froh, daß ich Peter gekannt und seine Freundschaft genossen habe; ich bin dankbar dafür, daß ich fähig war, ihm zu helfen im Dienst einer großen Sache, die so vielen geholfen und Mut gegeben hat, überall in der Welt. Aber wir wollen dem Glanz und der Herrlichkeit im Abenteuer dieses Mannes nicht erlauben, unser eigenes Licht zu trüben. Stattdessen nehmen wir einen Funken seines Lebens für unsere eigene Zunderbüchse, falls sie noch nicht entzündet ist. Wieder wende ich mich an Coleridge

AH! VON DER WELT SELBST MUSS HERVORBRECHEN
EIN LICHT, EINE GLORIE, EINE ANMUTIGE, LEUCHTENDE WOLKE
DIE DIE ERDE UMHÜLLT -
UND VON DER SEELE SELBST MUSS EINE STIMME GESENDET WERDEN,
EINE SÜSSE UND MÄCHTIGE STIMME, VON SEINER EIGENEN GEBURT,
UND ALLEN SÜSSEN KLÄNGEN
IHR LEBEN UND IHR ELEMENT!

Gegen Ende seines erinnerungswürdigen Lebens war Peter Caddys Stimme gewiß »süß und mächtig«. Genießen Sie das Abenteuer, dieses Buch zu lesen, während Sie Peter auf seinen großen Abenteuern begleiten - und mögen Sie dann aus ihnen zurückfinden, fest entschlossen, Ihre eigenen Abenteuer in Angriff zu nehmen und darin die Süße und Macht Ihrer eigenen Stimme zu finden.

Dieses Vorwort wurde in Zusammenarbeit mit Jeremy Slocombe geschrieben.

EINFÜHRUNG

von David Spangler

Im späten Zwanzigsten Jahrhundert kann es keinen Zweifel geben, daß sich die Menschheit mitten in einer tiefgreifenden Transformation befindet. Manche sehen das als Grund zum Feiern und sind der Zukunft gegenüber optimistisch. Andere betrachten diesen Wandel mit Unbehagen und Panik und sind voller Pessimismus über die vor uns liegenden Jahre; wieder andere bestreiten, daß überhaupt irgend etwas passiert und versuchen, weiterzumachen wie bisher.

Jede dieser Positionen hat ihre Rechtfertigung. Neue Erkenntnisse in unsere menschliche Natur und die Natur der Welt um uns herum - ob sie nun aus der Wissenschaft, Psychologie, Spiritualität oder irgendeiner anderen Quelle herrühren - bieten uns mächtige Werkzeuge, um uns gegeneinander und unserer Umwelt gegenüber weiser, mitfühlender und geschickter als zuvor zu verhalten. Auf der anderen Seite kann planlose Veränderung Kräfte der Furcht und Intoleranz, der Zerstörung und des Hasses freisetzen, wie das Aufkommen der brutalen ethnischen Konflikte in Osteuropa nach dem Zusammenbruch des Kommunismus und der Sowjetunion bezeugen. Und unbeeinflußt vom Wandel politischer Ausrichtungen, ökonomischer Systeme oder dem technologischen Fortschritt bleiben die Herausforderungen in den zwischenmenschlichen Beziehungen - Kinder gesund großzuziehen und darin, für die Erde zu sorgen, von der alles kommt, was uns erhält - wie sie immer waren.

Ob wir nun die Zukunft optimistisch, pessimistisch, indifferent oder wie auch immer betrachten, wir übersehen vielleicht noch immer einen wesentlichen Punkt - die Zukunft existiert noch nicht. Es ist sinnlos, optimistisch oder pessimistisch zu sein über etwas, das es nicht gibt.

Das besagt nicht, daß wir nicht auf die Welt schauen können, wie sie ist, und Tendenzen und Gewohnheiten sehen, die, wenn sie nicht geändert werden, entweder Schrecken oder Segen bringen werden. Doch Tendenzen sind nicht immer zuverlässig. Hätten wir uns 1988 Welt-Trends angeschaut, so hätte uns das nicht gesagt, daß wir zwei Jahre später in einer Welt ohne die Sowjetunion, die Berliner Mauer oder ein kommunistisch beherrschtes Osteuropa leben würden und mit einem wiedervereinigten Deutschland.

In seinem Gedicht *The Second Coming*[1] fragt Yeats: »*Welch rauhes Biest...latscht nach Bethlehem, um geboren zu werden«,* aber in der Tat bewegen sich vielerlei Dinge einer potentiellen Geburt entgegen, Engel ebenso wie Biester. Was unsere Zukunft bestimmt, ist die Wahl, die wir in der Gegenwart treffen; das Morgen erwächst aus den Dingen, die wir heute tun oder lassen, die Gelegenheiten, die wir ergreifen oder vernachlässigen, die Kreativität und Vorstellungskraft, die wir ausdrücken oder negieren.

Die Herausforderung mit der Zukunft besagt, daß es einfacher ist, uns in dem Zeitenstrom dessen, was ist, weitertreiben zu lassen - den Gewohnheiten von Gestern - als uns vorzustellen, was sein könnte. Imaginativ, wagemutig, forschend zu sein, willig, sich im Interesse einer besseren Zukunft zu ändern, solche Wesenszüge werden nicht eben allgemein gefördert. Sie sind nicht sicher. Daher haben die Vergangenheit und »Tendenzen« so viel Macht; selten werden sie mit der Kraft der Imagination und neuen Vision konfrontiert.

Die Herausforderungen des späten zwanzigsten Jahrhunderts verlangen jedoch, daß wir uns unsere Zukunft neu vorstellen und wagemutig persönlichen und kollektiven Wandel einzugehen bereit sind, um ein mitfühlenderes Morgen zu schaffen...zumindest, wenn wir wollen, daß Engel und nicht rauhe Biester bestimmen, wie unsere Zukunft sein wird. Wir müssen wagen, virtuose Visionäre zu sein.

---

1) Die Wiederkunft Christi (die Übers.)

Das Neue Zeitalter ist eine Idee, die uns daran erinnert, daß es an uns ist, die Zukunft zu formen, und daß wir dazu die Macht haben. Es ist eine Idee, die die Rolle der Transformation in unserem Leben honoriert als eine Befreiung von Gewohnheiten und Tendenzen. Leider begreift ein Großteil der modernen *New Age*-Bewegung nicht ganz die Macht oder Herausforderung dieser Idee; man opfert stattdessen oft seine Kreativität auf dem Altar der Prophezeiungen und zieht es vor, auf eine bessere Zukunft zu warten, die aus irgendeinem nebulösem Ort auftauchen soll, wo sie bereits ist - statt sie durch tägliches Handeln zu gestalten.

Ein Ort, wo das Neue Zeitalter in seiner Tiefe erforscht wird, ein Ort, der sich zur Aufgabe gemacht hat, Menschen die Kraft zu geben, in ihrem normalen Leben kreative Mittler der neuen Vision und einer besseren Zukunft zu sein, ist die *Findhorn Community* in Nordschottland. Es ist ein Ort, der Menschen auffordert und schult, nicht auf ein *Neues Zeitalter* zu warten, sondern es im Hier und Jetzt in ihrem Leben zu sehen und zu schaffen, denn, wenn immer sie diese Wahl treffen, setzen sie jene Kräfte in Bewegung, die das Neue Zeitalter für ihr Morgen schafft.

Die *Findhorn Foundation Community* ist ein Ort der Hoffnung und ein Beispiel für Tausende von Menschen in der ganzen Welt. Sie hat das Leben von vielen zum Positiven verändert. Sie hat, direkt und indirekt, Tausende von Projekten zum Leben erweckt, die helfen, eine menschlich engagiertere Zukunft zu schaffen. Sie ist eine Kraft für positive Verwandlung, welche die Vision hochhält, daß die Wahl, die wir heute treffen, unsere Zukunft formt, und daß wir mit Weisheit, Liebe, Glauben, Imagination und mit Geschick wählen können.

Dieser Ort und seine Gaben existieren, weil drei Leute wagten, eine visionäre und fantasiereiche Wahl in ihrem eigenen Leben zu treffen, ein Prozeß, bei dem sie alles riskierten. Einer dieser drei war Peter Caddy, dessen Lebensgeschichte Sie nun in der Hand halten.

Peter Caddy war ein bemerkenswerter Mann. Schon als junger Mann gab er sich vollständig und bedingungslos Gott hin. Dadurch gewann er einen unerschütterlichen Glauben, der ihm sein Leben lang gute Dienste leistete, und insbesondere in seiner Eigenschaft als Mitgründer der *Findhorn Foundation* und als hochgeachteter New Age-Lehrer.

Er gab sich außerdem ganz und bedingungslos dem Leben hin, das er mit Schwung, Mut und großer Freude umfing. Es gab nichts Weltfremdes an Peter. Er war ein Mann der Tat, der sich mit Begeisterung in Abenteuer stürzte - je größer die Herausforderung, um so mehr gefiel sie ihm.

Daraus folgt, daß sich sein Leben wie ein Abenteuerroman liest, es strotzt vor Verwegenheit und spiritueller Weisheit. Eine spannende Geschichte und um so packender, als sie auch wahr ist!

Für mich liegt eine wesentliche Aussage von Peters Leben darin, daß er keine Angst vor Veränderung hatte. Er benutzte seine Vergangenheit als eine Quelle von Weisheit und Erfahrung, aber nie als eine die Zukunft determinierende Kraft. Er war kein Mann, der sich von Tendenzen und Prophezeiungen kontrollieren ließ. Sein Blick auf die Zukunft war unbeirrbar optimistisch, denn er war sich selbst gegenüber optimistisch. Sogar, wenn es bedeutete, alles aufzugeben, was er bereits hatte. Wenn er sich ändern mußte, um effektiver dienen zu können, wußte er, daß er dazu ohne jegliches Zögern fähig war. Da er sich selbst gegenüber positiv sein konnte, konnte er darin, die Zukunft zu schaffen, positiv sein.

Es war diese positive Einstellung sich selbst und der Welt gegenüber, die er anderen weitergeben wollte, denn er wußte, daß eine positive Zukunft nicht durch negative oder ängstliche Menschen entstehen würde.

Er war kein Philosoph, und er dachte auch nicht sonderlich über sich selbst nach, aber er war ein Visionär. Er glaubte an die Menschen. Er hatte eine Vision dessen, was normale Leute leisten könnten, wenn sie sich nur wachrüttelten und an ihr höheres Potential glaubten, und immer trachtete er danach, Leute zu lehren, wie man dies tut. Er schuf Findhorn als einen Ort, wo diese Art von Lehre und die Bewußtwerdung der eigenen Kraft stattfinden konnten.

Peter glaubte an die Demonstration, daran, ein Beispiel zu setzen; er verlangte nie von irgend jemandem irgend etwas, das er nicht bereits selbst getan hatte. Für ihn war Findhorn ein Platz, wo normale Leute zeigen konnten, wie man ein vom Geist inspiriertes, normales Leben lebt, das die Erde zum Besseren verändern konnte, damit andere würden kommen können, es selbst anzusehen und wieder heimzugehen, um Mittler zu sein für Engel, nicht für Biester, die sich bewegen, um geboren zu werden. Er wollte, daß dies ein Ort sei, wo die Macht, die Zukunft zu schaffen, verkörpert war und vorgeführt wurde. Das war sein Geschenk für das Versprechen und die Herausforderung des neuen Jahrtausends.

Peter war ein meisterhafter Geschichtenerzähler, und in diesem Buch erzählt er seine Geschichte. Die beste Einführung in sein Leben liegt in seinen eigenen Worten und ebenso in den weitergehenden schöpferischen Aktionen jener, die er und Findhorn inspiriert haben, aus unserer Welt einen besseren Ort zu machen.

Teil I

DAS INDIVIDUUM REAGIERT AUF LIEBE

Die Zitate am Anfang der Kapitel 1 - 30 sind Auszüge aus Unterlagen, die Peter Caddy als Teil seines spirituellen Trainings in der Krotona Gemeinschaft des Rosenkreuzerordens gegeben wurden.

1. Kapitel

FANGEN WIR MIT DEM ANFANG AN

Das einzige, was du mitbringen musst,
um diese Lehren aufzunehmen,
sind Glauben an und Vertrauen in dich selbst,
denn du bist als Seele eine Offenbarung von Kraft;
diese Kraft heisst Leben.

Meine Geburt war nicht bemerkenswert. Ich wurde am 20. März 1917 in Ruislip, Middlesex, etwa 16 Meilen außerhalb Londons, geboren. Das zwanzigste Jahrhundert war noch ein pubertierender Heranwachsender. Der Erste Weltkrieg sollte noch über ein Jahr andauern. Das britische Empire war die größte Macht der Welt; Amerikas Aufstieg hatte eben erst begonnen, und nur wenigen war bewußt, wie sehr die kurz vor ihrem Ausbruch stehende Revolution in Rußland den künftigen Verlauf der Dinge beeinflussen würde.

Ruislip war damals ein Dorf. Frederick John Caddy, mein Vater, war von seinem Dienst in Ostafrika, wo er sich mit Malaria infiziert hatte, zurückgekehrt, und arbeitete jetzt in der Hauptverwaltungszentrale der Post in London. Er war eine wandelnde Verkörperung überkommener Werte, ein strenger Zuchtmeister von aufrechter Moral, ein tugendhaftes und linientreues Mitglied der Gesellschaft. Vater war stolz auf seine geistigen Fähigkeiten - er war ein ausgezeichneter Schüler gewesen und der beste unter 3 000 Kandidaten in der Abschlußprüfung für den Staatsdienst; dies führte zu seiner lebenslangen Laufbahn bei der Post. Er hatte einen kritischen Geist und hielt damit auch nicht hinterm Berg; er las Bücher nach einer zuvor methodisch vorbereiteten Liste, und er liebte Musik.

Doris Mary Caddy ergänzte ihn. Meine Mutter war liebevoll und mitfühlend, meinem Vater ergeben und sehr unter seinem Einfluß - sie tat nur, was er wollte. Meine Schwester Joan wurde zwei Jahre nach mir geboren, und wie Mutter uns alle versorgte, war ein Ausdruck ihrer unterwürfigen, aber stoischen Persönlichkeit. Sie litt, fast ihr ganzes Leben lang, unter einem sehr schmerzhaften Fußleiden (sie bemerkte einmal, es sei, als wenn man auf Glas liefe), aber sie klagte nie.

Spaß und Spiel waren bei mir als Kind nicht großgeschrieben, aber ich lernte Gehorsam und Disziplin, und ich lernte, physischen Schmerz zu ignorieren. Während andere Familienmitglieder sich nahestanden, war ich nie an der Familienchronik oder meinen anderen Verwandten interessiert. Ich erbte Wesenszüge von beiden Eltern: Ordentlichkeit und Durchhaltevermögen von meinem Vater, Unordentlichkeit und den Wunsch, für andere zu sorgen, von Mutter. Obschon meine Großmutter Mary Lees eine penible Hausfrau war, war meine Mutter absolut chaotisch. Sie verlegte Sachen in schöner Regelmäßigkeit und hatte nie einen Überblick über ihre Habe. Vater dagegen war ordentlich bis zur Pingeligkeit. Er listete auf, wieviel Wasser, Strom und Kohle wir verbrauchten, und konnte dir den exakten Preis pro Bereich pro Monat und Jahr nennen. Allmonatlich verbrachte er einen Abend damit, Geld in OXO-Fleischbrühwürfel-Döschen in eine Geldkassette zu legen. Jede Dose hatte ein Etikett für Rubriken wie Kleidung, Garten, Urlaub; mir wurde erst später klar, daß wir unsere Urlaube in England und in der Schweiz nur diesen frugalen Maßnahmen verdankten.

Viele Jahre lang litt mein Vater an unerträglichen Rückenschmerzen, gegen die die Schulmedizin nichts ausrichten konnte. Mutters Mitgefühl für seinen Zustand unterstrich nur die große Liebe zwischen den beiden. Als er 1947 in den Ruhestand trat, sagte mein Vater: »In den letzten fünfzehn oder so Jahren habe ich keinen Tag und keine Nacht ohne Schmerzen erlebt. Viele Jahre lang war es so schlimm, daß ich anfangen mußte, zwei Stationen vor Ruislip aus dem Zug zu steigen, und zuweilen mußte ich im Bahnhof warten, bis mir meine Frau nach Hause helfen konnte[1]. Wenn sie in jener Zeit nicht absolut fröhlich, hilfreich und nachsichtig gewesen wäre, wäre ich mit Sicherheit kaputtgegangen. Bis auf den heutigen Tag weiß ich nicht, wie ich diese alptraumhaften Jahre

1) Wegen neuer Grenzmarkierungen liegt es heute in Dorset.

habe durchstehen können, aber ich habe die Schmerzen vergessen und erinnere mich nur an die selbstlose Hingabe meiner Frau.«

Obwohl er von Natur her konservativ war, trieb ihn diese Agonie dazu, mehrere unorthodoxe Heilmethoden auszuprobieren. Er ging zu Chiropraktikern, Osteopathen und Heilpraktikern. Er unterzog sich drei langandauernden Fastenkuren, eine von sechzig und zwei von neunzig Tagen, während derer er ausschließlich Wasser und ein Glas Orangensaft pro Tag trank. Während dieser Fastenkuren ging er weiterhin zur Arbeit, jeden Tag, außer in der letzten Woche - ein Zeichen seiner Willenskraft und Disziplin. Einmal ließ er mich und meine Schwester, als wir erkältet waren, über Weihnachten fasten - ich wäre lieber schwer erkrankt, als daß ich auf meinen Truthahnbraten und Plumpudding verzichtet hätte! Joan und ich wurden auch angehalten, uns nackt auf den Rasen zu legen für Luft- und Sonnenbäder. Mir war das peinlich: Was würden die Nachbarn denken?

Weil Vater auch Vegetarier wurde, mußten wir alle Vegetarier werden. Joan und ich waren damit nicht einverstanden. Meine Mutter schickte uns jeden Tag mit einem in Butterbrotpapier gewickelten Sandwich aus Vollkornbrot mit geriebener Möhre und Roter Beete zur Schule. Gegen Mittag hatte sich das gewöhnlich in eine übelriechende, durchweichte Masse verwandelt; deshalb warf ich die Brote regelmäßig auf dem Weg zur Schule in eine Hecke und nassauerte leckere Roastbeef- und Schinkensandwiche (aus Weißbrot!) von meinen Freunden. Die zu lange gekochten Rosenköhlchen, die wir bei gelegentlichen Essen in Restaurants serviert bekamen, waren sehr viel erfreulicher als die vitaminschonend gekochten, halb-rohen, die wir daheim bekamen. Dies lehrte mich, daß es ein Fehler ist, Kindern gegen ihren Willen eine Art Essen aufzuzwingen, das sie nicht mögen - es führt nur zu Aufstand. Meine Mutter sagte oft, wenn sie mir so ein wenig appetitanregendes, aber »gesundes« Essen vorsetzte, daß es »gut für mich« sei; sogar heute noch lehne ich rigoros alles ab, von dem man mir bedeutet, es sei »gut für mich«, wenn es nicht auch gut ausschaut und schmeckt.

Wir gingen an Sonntagen zweimal in die Kirche, weil mein Vater ein Wesley-Methodist war. In meinem tiefsten Herzen wollte ich draußen sein, die Welt erforschen, durch Felder laufen und auf Bäume klettern;

nun, ich nehme an, ich erhielt stattdessen eine handfeste Bibelkenntnis. Es gehörte zu seiner Religion, daß Vater gegen Kino eingestellt war; daher waren wir sehr aufgeregt, als uns unsere Mutter eines Tages mitteilte, sie würde mit meiner Schwester und mir nach London fahren und »zu den Bildern«[2] gehen. Nachdem wir den ganzen Tag lang Sehenswürdigkeiten angeguckt hatten, kamen wir zum Piccadilly Circus, und da es nun schon dunkel war, zeigte Mutter auf die riesige Lichtreklame von Coca-Cola- und anderer Werbung. Das war ja durchaus eindrucksvoll, aber ich wurde doch langsam ungeduldig: »Wann gehen wir endlich ins Kino?« fragte ich. Nun, diese Reklamelichter, das waren sie, die »Bilder«! Ich war empört und fühlte mich regelrecht betrogen. Als wir schließlich in Baker Street Station auf den Zug für die Heimreise warteten und mich meine Mutter fragte, ob mir der Tag Spaß gemacht hätte, war das Maß voll. Ich fing laut an zu heulen. »Was ist los?« fragte sie besorgt und nicht wenig verlegen. »Aber wir haben ja nicht mal Thames Station gesehen!« (Sprich: tämmstäschion) brachte ich meinen Protest unter Schluchzen hervor. »Die gibt's nicht«, antwortete sie. »Oh doch, die gibts«, sagte ich, »wir sagen ja jeden Sonntag in der Kirche "und führe uns nicht in Thames Station"«[3]. Soweit mein Verständnis des Vaterunsers (und zweifellos ein Verlangen, die verbotene Frucht zu kosten, denn später ging ich oft heimlich mit Freunden am Samstagmorgen ins Kino).

Erstaunlicherweise brachte mich ausgerechnet das Rückenleiden meines Vaters zu meiner ersten Erfahrung in spirituellen Dingen. Ich war zehn. Vater hatte eine sehr gute Stimme und war Mitglied in mehreren Chören; einer davon war der Kirchenchor, und eines seiner Mitglieder, Grace Cooke, erhielt innere Weisung von einem indianischen »Führer«[4] namens White Eagle. Trotz seines eisernen Methodismus hatte mein Vater, ohne Erfolg, so viele Heilmethoden ausprobiert, daß er nun bereit war, durch White Eagle Heilung anzunehmen, wenn das nur helfen würde.

Grace Cooke sollte später ein bekanntes Medium werden. Einige ihrer ersten Sitzungs-Zirkel wurden in unserem Haus abgehalten, und ich durfte gelegentlich dabeisein. Anfangs kam sie ohne ihren Mann, Ivan Cooke, der nichts von alledem, was er im übrigen für Unfug hielt, wissen woll-

---

2) *go to see the picture* sagte man damals für »ins Kino gehen«, die Übers.

3) »und führe uns nicht in Versuchung« = *do not lead us in temptation*, die Übers.

4) »Führer« sind körperlose Wesen, deren Intelligenz durch ein menschliches Medium, in Trance oder nicht, gechannelt werden kann.

te. Eines Tages, als Grace gerade fort war, deutete Ivan im Hause der Cookes auf ein Hinter-Glas-Bild an der Wand: »Ich würde nur dann an White Eagle glauben, wenn dies Bild polternd von der Wand auf den Boden fiele, ohne kaputtzugehen«, erklärte er. Krach! kam es herunter, ohne zu zerbrechen. Fortan war er ein unerschütterlicher Anhänger und spielte später eine Schlüsselrolle in Wachstum und Entwicklung der weltweiten Zweigstellen der White Eagle Gemeinschaft.

Ich erinnere mich an eine Gelegenheit, als Grace Cooke gerade dabei war, White Eagle »durchzufunken«, als unser Hund Brutus plötzlich seinen Blick auf einen Punkt gerade über Graces Kopf richtete. Er nahm eindeutig irgend etwas wahr - ich stellte mir vor, es müßten wohl die Federn von White Eagles Kopfschmuck sein! Was immer ich White Eagle fragen wollte, es war alles entschieden praktisch, zum Beispiel, wie man mir bei meinen Prüfungen helfen könnte. Einmal sagte ich: »Was mache ich, um morgen beim Box-Turnier in der Schule zu gewinnen?« Ein Gelächter ging um in den Reihen der Erwachsenen. White Eagle jedoch nahm diese Frage offensichtlich ernst. »Schau ihm in die Augen«, antwortete er, »dann wirst du wissen, wann er zuschlagen will.« Ich folgte seinem Rat und gewann meinen Kampf. So wurde ich also in jungen Jahren in die Vorstellung von einem Leben nach dem Tod eingeführt und darin, praktische Tips aus einem anderweltlichen Reich zu empfangen. Mir wurde auch klar, daß Tante Ethel dort drüben nicht unbedingt weiser werden würde, als sie hier gewesen war, bloß weil sie gerade in die andere Welt hinübergegangen war.

Gärtnern war meines Vaters liebstes Hobby, und wir brauchten nie Gemüse zu kaufen. Trotz seiner Behinderung arbeitete er oft zwei Stunden täglich im Winter und grub den Garten um, ehe er den Zug zur Arbeit nach London nahm. Er gewann viele Preise bei Gemüse- und Blumenschauen - ein Ergebnis seiner harten Arbeit, seines Geschicks und Hingabe zur Perfektion. Was ich an Gärtnern tat, war Unkraut jäten, vor allem während der Schulferien, wenn andere Kinder spielten. Ich war selten in der Lage, Cricket oder anderes zu spielen oder sonst etwas Interessantes zu tun. Immerzu durfte ich nur jäten, jäten, jäten. Ich muß ihm aber fairerweise zugestehen, daß er sich nur mit Mühe bücken konnte, und ich habe bei seiner Beobachtung eine Menge gelernt, das ich später in die Praxis umsetzen konnte.

Mein Großvater gab mir während unserer langen gemeinsamen Spaziergänge ein Interesse an der Natur mit. Vater war auch ein eifriger Wanderer, und unsere ganze Familie ging Wandern und Bergsteigen - in unserer Gegend und später in der Schweiz. Solcherlei Erfahrungen trugen mir eine Liebe für die Berge, fürs Draußensein und Wandern ein und auch die Lust am Reisen, daran, andere Menschen zu treffen und eine Vielfalt an Gerichten zu kosten.

Von der Freude an diesen Exkursionen abgesehen, hatten mein Vater und ich wenig gemein. Ich konnte nicht singen, war ein schlechter Schüler und fühlte, daß ich eine Enttäuschung für ihn war. Ich weiß, daß mein Vater seine Kinder liebte, aber viel Zeit verbrachte er nie mit uns. Wie viele Söhne, konnte auch ich nicht spüren, daß er mich verstand. Wie er mich so durchs Leben gehen sah, konnte Vater nie verstehen, wie ich später, nachdem ich so schlechte Prüfungen abgelegt hatte, in der britischen Luftwaffe und im Geschäft so erfolgreich sein konnte. Mir schien alles nur so zuzufliegen - das empfand er vielleicht als ungerecht, denn er selbst mußte so hart arbeiten - aber als junger Mann fand ich, daß man mich, dieTalente, die ich hatte, nicht ausreichend würdigte. Mein Vater sah sie nicht, denn er beurteilte mich mit dem Maßstab seines eigenen Standards und seiner eigenen Talente. Ich weiß, daß er auf meine athletischen Leistungen in der Schule und bei nationalen Meisterschaftskämpfen stolz war, doch obgleich er dies mit Stolz verfolgte, sagte er doch nie etwas zu mir - ich hörte davon immer nur indirekt, durch andre Leute. Das einzige Spiel, das er meiner Erinnerung nach jemals mit mir spielte, war »Fangen« mit einem Ball.

Viel später, kurz vor seiner Pensionierung und nach Jahren mit unaufhörlichen Schmerzen, in denen er uns alle ausgefallenen Diäten unterzog und uns zunehmend unkonventionellen Praktiken aussetzte, wurde mein Vater mit einem Nierenstein diagnostiziert. Nach einer Routineoperation ging es ihm gut - beides war weg, sowohl der Nierenstein als auch der Schmerz, - einfach so. Vater aß wieder Fleisch, Weißbrot und solche Sachen und wandte sich wieder seinem früheren, orthodoxen Lebensstil zu. Da ich mit unkonventionellen Ansichten wie Grace Cookes Arbeit als Medium aufgewachsen war, erschienen mir diese absolut normal. Vater hatte mich, ohne es zu ahnen, mit einem offenen Geist beschenkt, und in den Jahren, die folgten, wandelte sich angesichts der

Entwicklung, die meine spirituellen Studien nahmen und mein Leben, das oft unvermittelt von der gesellschaftlichen Norm abschweifte, seine Ablehnung zu Verurteilung.

* * * * *

Ich ging auf die Lower School von John Lyon, Harrow, eine Privatschule (man nennt dies in England, aufgrund einer seltsamen Umdrehung, eine »public«, also »öffentliche« Schule). Wie ich bereits sagte, war ich keine Leuchte in der Schule und auch nicht gut in Prüfungen, wie mein Vater gewesen war, aber als Sportler stellte ich mein Licht nicht unter den Scheffel. Ich tat mich in Einzelsportarten hervor wie Cross-Country-, Mittel- und Langstreckenlauf, was mir lieber war als Mannschaftssportarten wie Cricket und Fußball. Ich war Mannschaftsführer im Turnen und gewann - zu meiner großen Überraschung - mühelos das alljährliche Cross-Country-Wettrennen der Schule. (Vielleicht wegen des frühen Trainings durch die Wanderungen mit meinem Vater.) Als ich die Schule verlassen hatte, trat ich einem Leichtathletik-Verein in London bei, den Polytechnic Harriers, und wurde drei Jahre lang der Cross-Country-Champion der Junioren, so daß ich den Pokal behalten durfte. Ich nahm auch an den alljährlichen 52-Meilen-Läufen zwischen London und Brighton teil.

In den meisten britischen Oberschulen wurde Boxen als eine edle Kunst betrachtet, es gehörte zum Lehrplan und war Teil des regulären Schulablaufs, bei dem jeder mitmachen mußte. Wenn es zwischen Jungs Krach gab, hatten sie sich in der Turnhalle zu melden, Boxhandschuhe anzuziehen und Drei-Minuten-Runden auszutragen, wobei sie sich vorher und nachher die Hände schütteln mußten. Ich war in das Team gewählt, das bei Boxkämpfen die Schule vertrat.

In mancherlei Hinsicht wurde ich von den anderen Jungs abgesondert. So durfte ich in der Schule nicht dem Trainingscorps der Offiziere[5] beitreten, weil mein Vater Pazifist war und kein Freund solcher Dinge. Man ließ mich nicht in den Schulchor, weil ich nicht singen konnte (was

5) Grundausbildung für den Dienst in der Armee.

für meinen Vater ein arger Schock war, der ja für sein Leben gern sang). Daheim in der Nachbarschaft gab es nicht eben viele Jungs; einer, John Boltbee, mit dem ich immer gern auf Bäume kletterte, war ein ganz vitaler Bursche; eines Tages hörte man ihn aber fluchen, und da seine Eltern das nicht unterbanden, durfte ich nicht länger mit ihm spielen.

Vor einem der Jungen an der Schule, Stanley Walton, hatten alle große Angst. Keiner konnte gegen ihn gewinnen in einer handgreiflichen Auseinandersetzung oder beim Ringen, wegen dieses Bärengriffs, mit dem er drohte, seinem Gegner die Luft abzudrehen. Aber ich entdeckte, wie ich ihm begegnen konnte, indem ich ihm meine Knöchel in die Wirbelsäule rieb, bis er brüllte und losließ. Wir fanden heraus, daß wir uns in nichts nachstanden und wurden dicke Freunde. Stanley war der einzige Junge in der Schule, der sich in der Turnhalle zweimal am Seil hochhangeln konnte, ohne seine Beine zu benutzen. Während meiner vier oder fünf Jahre an dieser Schule rangen wir miteinander zu jeder Gelegenheit, durch die ganze Morgen- und die ganze Mittagspause. Der Direktor beobachtete uns gewöhnlich von einem Fenster zum Hof hinaus und nannte uns Tweedledee und Tweedledum. Sogar mein Vater stand unserem Ringen mit Wohlwollen gegenüber, obgleich ich damit eine Menge Hosen zerschliß, weil ich mich damit in seinen Augen einer männlichen Aktivitität widmete.

Weil ich ein Frischluftfanatiker war, schlief ich sommers und winters draußen auf der Veranda unseres Hauses, und so härtete ich mich ab. Ich war ein sehr eifriger Pfadfinder und brachte es schließlich zum King's Scout, wo ich auserwählt wurde für das internationale Pfadfindertreffen, das Jamboree, in Godele in Ungarn; dort bekam ich Typhus und mußte mich in einem kleinen Dorf direkt an der Grenze zum damaligen Jugoslawien erholen. Als Pfadfinder zeltete ich leidenschaftlich gern, an Wochenenden und in den Sommerferien. Dabei lernte ich vor allem, es sich niemals unbequem zu machen, wenn man es auch bequem haben kann - dies habe ich mir seit jener Zeit zur Gewohnheit gemacht. Anstatt auf dem harten Boden zu schlafen, ging ich Heidekraut oder Stroh sammeln, was ich unter meine Unterlage stopfte, um mir ein weicheres Bett herzurichten.

Auf diesem Jamboree in Godele fragte mich ein französischer Junge nach meinem Alter, und zu meinem Entsetzen konnte ich mich nicht daran erinnern, was »fünfzehn« auf französisch hieß. Als mich mein Vater später für ein Jahr zu einer französischen Familie schicken wollte, damit ich meine Sprachkenntnisse verbessern könnte, lehnte ich ab; wenn ich nach fünf Jahren Französischunterricht in der Schule noch immer nicht »fünfzehn« sagen konnte, was gab es da noch an Hoffnung für mich? Ich brillierte in den außerschulischen Aktivitäten, nicht in den erzwungenen, aufgenötigten Fächern wie Latein und Französisch.

So verbrachte ich denn meine jungen Jahre in mancherlei Hinsicht als Einzelgänger. Ich schien vor allem einen starken Willen in einem starken Körper entwickeln zu wollen. Da ich daran glaube, daß wir uns unsere Eltern aussuchen, bevor wir in diese Welt geboren werden, wunderte ich mich später, warum ich meine gewählt hatte; keiner von beiden interessierte sich sonderlich für spirituelle Dinge, am wenigsten mein Vater, der seine rigiden und orthodoxen Ansichten nur dann lockerte, wenn etwas Alternatives sein körperliches Leiden linderte. Mir wurde klar, daß ich mich nur von seinen Vorstellungen und seiner Art zu leben lösen konnte, wenn ich einen noch stärkeren Willen entwickelte als seinen, und der war beträchtlich. Es war wie mit einem Küken, das aus dem Ei schlüpft. Wenn die Schale dick ist, muß das Küken größere Kräfte entwickeln, um daran herumzupicken, bis es endlich ausbrechen und seine eigene Freiheit finden kann. Je dicker die Schale, um so stärker muß das Küken sein.

* * * * *

1933, mit sechzehn, traf ich einen älteren Geistlichen im Britischen Museum, der in mir das Interesse an Yoga-Philosophie weckte und mir Bücher darüber lieh. Die öffneten mir wirklich die Augen. Aufgewachsen als Methodist, war mir nicht klar gewesen, daß die Lebenswahrheit, obgleich sie sich durch die Geschichte hindurch in verschiedenen Kulturen in verschiedene geistige Kleider hüllt, doch im wesentlichen überall in der Welt dieselbe ist. Durch die Beschäftigung mit Yoga-Philosophie begann ich, viele der Dinge in Frage zu stellen, wie sie die konventionellen Religionen lehrten, und begann meine eigene Suche nach der Wahrheit mittels vieler »logien« und »ismen«.

In der Zwischenzeit kamen mehr praktische Fragen zum Tragen. Ich war noch in der Schule und konnte mich nicht so recht entscheiden, was ich nun mit meinem Leben tun wollte; mir war nur klar, daß ich nicht einen Routine-Job haben und meine Stunden im Büro absitzen wollte wie mein Vater. Deshalb organisierte er für mich eine Untersuchung im Institut für Arbeitspsychologie, wo ich drei Tage mit verschiedenen Tests zubrachte, um herauszufinden, wozu ich am meisten taugte. Aus den Testergebnissen folgerte die Empfehlung, in die Gastronomie zu gehen. Das schien eine weise und praktische Wahl. Die Weltwirtschaftskrise hing über uns; die Arbeitslosigkeit war groß und selbst Universitätsabgänger waren außerstande, einen Job in ihrem Beruf zu bekommen - wohingegen Leute immer essen mußten!

Ein Treffen mit dem Hauptgeschäftsführer von J. Lyons & Co., dem größten Gastronomieunternehmen der Welt, wurde vereinbart. Er offerierte mir eine fünfjährige Direktoren-Lehre, die mit einem Jahr in den Küchen des Londoner Regent Palace Hotels beginnen sollte. Also verließ ich die Schule mit 16; der Hauptgeschäftsführer hatte mir erklärt, daß man bei Lyons nicht so sehr auf intellektuelle Spitzenleistungen bei den Vorgesetzten Ausschau hielt als vielmehr nach der Bereitschaft, hart zu arbeiten und eine präzise Beobachtungsgabe zu entwickeln.

Zu dieser Zeit war das Regent Palace Hotel das größte in Europa. Seine Küchen glichen eher Höhlen denn Palästen: Ein heißes, geschäftiges Hin- und Hergerenne, eine einzige Stoßzeit, in der sich die Küchenchefs, Kellner und Gehilfen gegenseitig Anweisungen zuriefen in so ungefähr jeder Sprache außer Englisch, wobei ein jeder versuchte, sich vor dem anderen Gehör zu verschaffen. Meine Ausbildung führte mich durch alle Abteilungen. Ich beobachtete, wie alles lief und bekam durch eigenes Handanlegen praktische Erfahrung in den jeweiligen Arbeitsbereichen. Ich wollte vor allem in einem ein Experte werden - perfekte französische Omelettes zu machen, denn die mochte ich ganz besonders. Das war ein schwieriges Unterfangen, denn es verlangt Schnelligkeit und Geschicklichkeit. Daher machte ich mir ein Jahr lang ein Omelette zum Abendbrot, in welcher Abteilung ich auch gerade war, bis ich diese Kunst beherrschte.

Eine weitere frühe Spezialität von mir war Kartoffelsuppe, die Stanley Walton und mich bei Laune hielte, als wir auf einem zwei-wöchigen

Kletterurlaub in der Schweiz unterwegs waren - wir hatten so wenig Geld, daß wir praktisch von diesem Zeug lebten. Ich hatte den Ehrgeiz, den Gornergrat zu erklimmen, einen Berg oberhalb von Zermatt, um von dort die spektakuläre Aussicht auf das Matterhorn zu genießen, die man mir von dort oben versprochen hatte. Diese Besteigung planten wir für den letzten Tag, ehe wir den Zug zurück nach London nehmen mußten. Ein Einheimischer hatte uns erzählt, daß man von Visp nach Zermatt drei oder vier Stunden bräuchte. Wir begannen, das Tal hinaufzuwandern. Nach mehreren Stunden erschien das Matterhorn am Talende noch immer weit weg, und das kam mir nun doch komisch vor. Alles in allem brauchten wir sieben Stunden das Tal hinauf, um Zermatt zu erreichen - später fand ich heraus, daß die angegebene Dauer von »ein paar Stunden« die Fahrt mit der Bergbahn meinte!

Ich war noch immer fest entschlossen, und nach einem steilen Aufstieg erreichten wir den Gipfel des Gornergrats auf 3353 Metern Höhe. Die Sicht war die Anstrengung mehr als wert. Dann wurde mir klar, daß wir den Berg würden hinunterrennen müssen, um unseren Zug zu erreichen - es war der letzte an diesem letzten Tag unserer Ferien. Die gefrorene Schneekruste war aufgetaut, und wir sanken immer wieder bis zur Brust in den weicheren Schnee darunter. Schließlich erreichten wir den Fuß des Berges. Stanley wollte aufgeben, und ich mußte ihn stubsen und antreiben. Die 48 Kilometer mußten wir meist laufend zurücklegen, um noch den Nachtzug von Visp zu erwischen. Wir waren an einem einzigen Tag ungefähr 91 Kilometer gelaufen und gerannt und hatten 3353 Meter erklettert! Schon in diesem Alter war ich bereits entschlossen, ein Ziel zu erreichen, egal, was es an Schmerzen oder Erschöpfung kosten würde; aufzugeben kam mir nicht in den Sinn.

Im folgenden Jahr fuhren wir nach Bayern, wo wir drei kleinere Berge erklommen - den Tegelberg, Strausberg und Sauling - die, wie man uns gesagt hatte, bis dato noch nicht an einem Tag erstiegen worden waren. Zurück in England war Stanleys Mutter entsetzt, als sie sah, wie ausgelaugt unsere Beinmuskeln waren nach diesen Expeditionen, und ich fragte mich oft, ob sie wohl dafür verantwortlich war, daß Stanley und ich von da an weniger voneinander sahen.

* * * * *

Meine Lehre bei Lyons bestand aus langer, harter Arbeit und ließ mir wenig Freizeit und keinerlei Zeit für Geselligkeit. An sechs Tagen in der Woche ging ich morgens um 7.30 Uhr aus dem Haus und kam nicht vor 22.30 Uhr zurück. Im Sommer verbrachte ich die einzige Pause am Tag mit Schwimmen in der Serpentine im Hyde Park; im Winter lief ich dort Schlittschuh. Auf dem Zug von und nach Ruislip las ich, was immer ich zu okkulten und esoterischen Themen in die Finger bekam.

Diese spirituellen Studien fanden ihre Abrundung bei der Arbeit. Wir waren zwei, die im Regent Palace Hotel die Direktoren-Lehre ableisteten, und einmal rief uns der Hauptgeschäftsführer in sein Büro und fragte uns, ob wir etwas über Liköre wüßten. "Ja, gewiß, Sir!" bluffte ich, in der Hoffnung, ihn zu beeindrucken. Ohne ein Wort nahm er den Telefonhörer ab und verlangte, daß man eine Flasche eines jeden im Hotel vorhandenen Likörs heraufschicke; als die Flaschen ankamen, kehrte er uns den Rücken zu und schenkte, eins nach dem anderen, ein kleines Glas für jeden von uns ein zum Probieren und Erkennen. Von den Dutzenden von Flaschen erriet ich nur eine richtig - »Crème de Menthe«. Der Hauptgeschäftsführer erklärte uns dann, wo und wie ein jeglicher Likör hergestellt wurde und alles über die Abfüllung, aber wir waren wahrscheinlich zu angesäuselt, um das richtig aufzunehmen.

Als angehende Direktoren waren wir unter den Fittichen eines Mr. Vivian, eines pensionierten Offiziers der Armee und echten Gentlemans. Als ich zum Hilfsmanager einer *Lyons'schen* Teestube in London berufen worden war, schaute Mr. Vivian oft bei mir vorbei, um zu sehen, wie ich vorankam. Eines Tages, als wir nahe bei der Tür standen, verließ gerade ein übelriechender, heruntergekommener Tramp, der ein Brötchen erstanden hatte, den Laden. Mr. Vivian lief schnurstracks zur Tür, öffnete sie für ihn und sprach ihn mit »Sir« an - ein feines Beispiel für mich, wie man Dienen in die Tat umsetzt.

Als ich schon vier Jahre lang in die Lehre gegangen war - ich hatte gekellnert, in den Lebensmittelfabriken in *Cadby Hall*, Hammersmith, und in den verschiedenen Abteilungen des *Coventry Street Corner* Hauses gearbeitet und jeden Zweig des Gastronomiegewerbes erkundet - wurde ich Manager einer großen Teestube mit über 50 Angestellten im Londoner West End. Das war eine ganz schöne Verantwortung für einen

Zwanzigjährigen, aber so wie ich mehr über Management lernte, begann ich, meine eigenen Strategien zu entwickeln. Zum Beispiel war da ein junges Mädchen namens Susan, das in der Teestube die Tische abwischte, und sie schien es von allen Seiten abzukriegen. Keiner hatte ein gutes Wort für Susan, und das schuf natürlich einen Teufelskreis - wie sie mit der Arbeit umging, das schien die negative Atmosphäre widerzuspiegeln, die sie um sich herum spürte - aber sie hinauszuwerfen, schien dennoch nicht richtig. Ich beobachtete sie etwa eine Woche lang, bis ich etwas entdeckte, das sie richtig gut machte und darüber machte ich ihr Komplimente. Sie war dermaßen überrascht und erfreut, daß sich ihre Haltung total änderte und sie eine der besten Mitarbeiterinnen des Hauses wurde. Von dieser Erfahrung her machte ich es mir zur Gewohnheit, immer nach dem Besten in jedem Menschen zu suchen und dies mit aufrichtigem Lob anzuerkennen. Eine Investition, die mir bald reich entgolten wurde.

Nachdem ich als Geschäftsführer einer Reihe von unterschiedlichen Filialen Erfahrung gewonnen hatte, wurde ich der verantwortliche Inspektor für fünf *Lyons*-Teestuben im Londoner West End und später in Manchester. Jenseits von *Lyons* hatte mein Leben in der Zwischenzeit eine dramatische Entwicklung genommen.

2. KAPITEL

DAS GIBT ZU DENKEN

ALLE KRAFT UND INTELLIGENZ,
DIE ICH BENUTZEN KANN,
SIND BEREITS MEIN.

ALL DIE JAHRE HINDURCH an einer Nur-Jungen-Schule und während der ersten zwei Jahre meiner Lehre bei Lyons kam ich fast gar nicht mit dem anderen Geschlecht in Berührung. In der Tat war ich meiner »Entjungferung« am nächsten gekommen, als ich einmal auf dem Weg zur Schule einem Mädchen von einer Bushaltestelle aus zuwinkte! Mein volles Augenmerk galt dem Sport, Wandern und Zelten, meiner körperlichen Fitness und meiner spirituellen Lektüre. In jenen Jahren war ich weit mehr an Reinkarnation und Karma interessiert als an Mädchen. Ich wohnte noch immer bei meinen Eltern in Ruislip, als ich in der Innenstadt von London bei Lyons arbeitete, was bedeutete, daß ich normalerweise gleich ins Bett ging, wenn ich so um halb elf Uhr abends heimkam.

1935, mit achtzehn Jahren, verbrachte ich einen Urlaub mit einem Mitlehrling und dessen Vater im Continental Hotel in Blankenberge, Belgien. Eines Tages sah ich vom Fenster aus zwei Mädchen, die Französisch miteinander sprachen. Eine plötzliche Eingebung erfaßte mich, und ich sagte zu meinem Begleiter: »Leo, dies Mädchen werde ich heiraten, die jüngere von den beiden.« Das war total absurd für meinen logischen Geist; denn ich wußte ja noch nicht einmal, wie ich die Sprachbarriere überwinden sollte, denn mein Französisch ließ nach wie vor zu wünschen übrig. Trotzdem gingen wir hinunter und folgten ihnen in den Tischtennisraum des Hotels, wo ich zu meiner Überraschung die eine die andere auf Englisch fragen hörte: »Wie steht's, Peggy?« Wie ich Nora Meidling auf diese Weise begegnete - mit einem inneren Wissen, daß ich sie heiraten würde - das ist ein Beispiel für die Art, wie mein Leben funktioniert. Ich träume nicht, ich habe keine Visionen und höre keine Stimmen. Ich bin weder hellsichtig noch telepathisch veranlagt. Ich erlebe ein intuitives, spontanes Wissen, das mich mein ganzes Leben lang begleitet hat, wobei ich allerdings in meiner Jugend viel durchmachen mußte, ehe ich es annehmen konnte.

Ein paar Wochen nach dem Urlaub in Blankenberge besuchte ich Nora daheim in Ealing, im Londoner Westen, wo sie mit ihrer Mutter und ihrer Schwester Peggy wohnte. Die Freundschaft wuchs allmählich. Ich traf ihre andere Schwester, Elizabeth; es war jedoch vor allem Elizabeths Ehemann, Jim, mit dem mich eine spontane und tiefe Beziehung verband. Jim Barnes teilte mein Interesse an spirituellen und mystischen Themen und kannte sich offensichtlich viel besser darin aus als ich. Er honorierte meinen Eifer, indem er mir in meinem frühen spirituellen Training die Hand zur Freundschaft reichte. Er stellte sicher, daß ich auch genau das Richtige las, indem er mir eine Liste von Büchern zum Studium gab, und da ich an derlei Dingen alles geradezu verschlang, las ich so ziemlich alles, was es damals gab, einschließlich Madame Blavatskys *»Geheimlehre«*, die Alice Bailey-Bücher von der Arkan-Schule und Max Heindels *»Weltanschauung der Rosenkreuzer«*.

Lange Zeit war ich in meinen Studien ein einsamer Wanderer gewesen, und nun war schließlich jemand da, bereit, mein Freund, mein Führer und Mentor zu sein - der erste, mit dem ich wirklich über all diese Dinge sprechen konnte, die mir so am Herzen lagen. Obwohl ich Jim mit Fragen über Reinkarnation, Karma, Leben nach dem Tode und alle möglichen anderen esoterischen Themen traktierte, schien seine Geduld unerschöpflich. Er war fünfzehn Jahre älter als ich, und in mancherlei Weise wurde mir meine Beziehung zu ihm wichtiger als die zu Nora. Ich fühlte, daß mein Vater auf Jim (der auch Beamter war) eifersüchtig war, weil wir so viel Zeit miteinander verbrachten; wir hatten lange Diskussionen über spirituelle Themen, die Vater vehement ablehnte. Wegen seiner engen methodistischen Glaubenssätze diskutierten mein Vater und ich nie seine spirituelle oder religiöse Sicht des Lebens. Mutter war interessiert an dem, womit ich mich beschäftigte, aber sie verfolgte das inhaltlich nicht weiter; der Einfluß meines Vaters war zu groß. Dies brachte mich meinem Freund näher als meinem Vater.

Ich erinnere mich besonders daran, daß Jim zu mir sagte, spirituelle Entwicklung sei etwa so wie auf einen Berg steigen. Man bräuchte Tausende von Leben, um, nach und nach den Berg umkreisend, mit jeder Serpentine höher hinaufgelangend, schließlich den Gipfel zu erreichen - Selbstverwirklichung und kosmisches Bewußtsein. Man könnte jedoch auch, zu einem bestimmten Zeitpunkt in der menschlichen Entwicklung, den Pfad der spirituellen Initiation einschlagen und den direkten, aber steilen Aufstieg vom Fuß des Berges bis zum Gipfel in einem einzigen Leben zurücklegen. Dies wäre ein sehr anstrengender und zuweilen schmerzhafter Weg. Ohne Zögern verschrieb ich mich dem Pfad der Initiation, unaufhörlich der Spitze entgegenzusteigen und sie zu erreichen, möge da kommen, was wolle. Ich ahnte freilich wenig, was diese Entscheidung bedeuten würde.

In der Zwischenzeit wurde meine Beziehung zu Nora enger. Sie war klein, sanft und zerbrechlich; nicht wirklich hübsch, aber sie hatte schöne blaue Augen und war immer elegant gekleidet. Sie war blaß und mochte die Sonne nicht, noch irgendeine Art von Sport oder Freizeit im Freien; sie war mehr wie eine Topfpflanze. Wenn wir auf dem Lande spazierengingen, tauchte sie mit hohen Absätzen und ganz unpassender Kleidung auf. Um 4 Uhr nachmittags lechzte sie nach ihrer rituellen Tasse Tee, und wir waren dann vermutlich gerade Meilen von jeglicher Behausung entfernt.

Mir kamen noch immer keinerlei Zweifel daran, daß ich sie heiraten würde, obwohl sie fünf Jahre älter war als ich. Sie kam aus guter Familie, war gut erzogen und hatte eine Abschlußschule in der Schweiz besucht. Ich dachte, sie sei die richtige Person, um eine Familie aufzuziehen und sie würde alles in allem eine zufriedenstellende Ehefrau abgeben. Das war der normale Gang der Dinge in Englands Mittelklasse-

Gesellschaft zwischen den Weltkriegen; von jedem jungen Mann wurde erwartet, daß er heiratete und Kinder bekam. Wenn auch Liebe irgendwo einen Platz hatte, war sie doch nicht automatisch der wichtigste Faktor.

Nora zog die Gesellschaft von Mutter und Schwestern sowieso vor, und ich denke, sie traute Männern nicht; wenn ich zurückblicke, wird mir klar, daß ich wirklich keinen Schimmer hatte, worum es bei der Liebe geht. Doch, wie gesagt, meine Eingebung war sehr klar, und da es sich sowieso von selbst verstand, daß man heiratete und Kinder bekam, hielt ich um Noras Hand an und sie nahm mich an.

Ich hatte keine Ahnung, daß Jim Barnes einen tieferen Beweggrund hatte, meine spirituellen Studien so enthusiastisch zu fördern. Ich wußte zwar, daß er und Elizabeth einem gewissen Doktor Sullivan sehr nahestanden, den sie offensichtlich sehr hoch schätzten und für den sie auch eine tiefe Zuneigung hegten. Dieser Doktor Sullivan lebte in Christchurch in der Grafschaft Hampshire [1] an der Südküste, und diesen Mann besuchten sie jedes Wochenende. Mehr als ein Jahr, nachdem wir Freunde geworden waren, fragte mich Jim, ob ich ihn gern treffen würde.

So begegnete ich also mit neunzehn Jahren Doktor Sullivan in London, und dies sollte mein Leben ändern. Es heißt, daß der Lehrer auftaucht, sobald der Schüler bereit ist; Jim hatte mich auf diese Begegnung vorbereitet von dem Moment an, da er meine spirituelle Suche erstmals erkannt hatte. Es stellte sich heraus, daß Doktor Sullivan war, was man in esoterischen Kreisen einen Meister nennt, denn er war der Leiter (oder Oberpriester) des Rosenkreuzer-Ordens der Krotona-Gemeinschaft, die Logen in ganz Großbritannien hatte. Dieser Orden war aus der ursprünglichen Mysterienschule der Rosenkreuzer hervorgegangen, welche seine Wurzeln zurückverfolgen konnte bis ins Europa des Mittelalters und noch weiter zurück.[2]

Doktor Sullivan war ein großer Mann mit einer dichten braunen Mähne, der Kraft und Autorität ebenso ausstrahlte wie Sanftheit und Bescheidenheit. Sein wundervoller Sinn für Humor beeindruckte mich be-

1) Wegen neuer Grenzmarkierungen liegt es heute in Dorset.
2) Nicht zu verwechseln mit A.M.O.R.C., dem sogenannten Rosenkreuzer-Orden, der Reklame macht und von dem Amerikaner H. Spencer Lewis gegründet wurde.

sonders - mein Leben lang fand ich, daß Freude und Leichtherzigkeit zu den Merkmalen einer fortgeschrittenen Seele gehören. Doktor Sullivan hatte viele verschiedene Namen, darunter gebrauchte er *Aureolis* als seinen spirituellen Namen, *Alex Mathews* als Autor und Schauspieler, und *Muser* als Dichter. Nachdem ich seine bohrenden Fragen beantwortet und seiner inneren Überprüfung standgehalten hatte, muß ich wohl gemustert worden sein, denn ich wurde eingeladen, in den Orden initiiert zu werden. Ich war begeistert. Bald darauf wurde ich eingeweiht in der Francis Bacon Loge Nummer 33 in London, und da der wahre Rosenkreuzer-Orden ein Geheimorden ist, durfte ich nicht einmal meiner Braut, Nora, davon erzählen, daß ich nun Mitglied war. Zum Glück war auch Nora wenige Monate später initiiert. Wir gingen zusammen zu Logen-Treffen in London und später im Hauptquartier in Christchurch.

Es gab mehrere Gruppen oder Abteilungen innerhalb des Ordens: Freimaurerei (Symbologie), Ordo (geistige Wissenschaft), Tempel (Vergleichende Religionswissenschaft, Mystik), Heilen (Therapien, Heilungen), Drama (Beredsamkeit, Theaterstücke, Redekunst), ein Kolleg für Psychotherapie und eine Meisterschule. Das Theater, welches der Orden später baute, sollte eines der bestausgestattetsten an der englischen Südküste werden. Nora und ich fuhren bei jeder Gelegenheit nach Christchurch hinunter, besonders während des alljährlichen zweiwöchigen Retreats, und es war ein großes Privileg, einem Menschen so nahe zu sein, den ich für einen echten Meister, der in unserer Mitte lebte, hielt. Er war ein Wesen mit weitgefächertem Wissen und schien fähig, jede erdenkliche Frage zu beantworten, aber nur, wenn er das Gefühl hatte, dies sei richtig und angemessen. Er lehrte durch Vorträge, Theaterstükke, die Kirche und Freimaurerei, durch Spiel und Spaß und über sein eigenes Beispiel. Man mußte wachsam bleiben während dieser Vorlesungen und Treffen, um auch ja nichts zu versäumen, besonders die Witze. Trotz all seiner Größe, Weisheit und Liebe erschien er jedem normalen Sterblichen als ein ganz gewöhnlicher Mensch. Doktor Sullivan war ein bescheidener Mann, und ich entdeckte, daß ihm keine Tätigkeit zu niedrig war. Er war es, der in seinem Ashram die chemischen Toiletten leerte.

Wenn Doktor Sullivan (als *Aureolis*) schrieb und Vorträge hielt, ging er oft in der Zeit zurück, indem er andere Inkarnationen (vergangene Leben in der Welt) wieder wachrief. Er konnte in den inneren Ebenen reisen, wohin er wollte. Er überprüfte kontinuierlich unsere Fortschritte, ob er nun in Person da war oder nicht. Francis Bacon hatte ein Code- und Ziffernbuch geschrieben für all die geheimen Botschaften, die überall in den Shakespeare-Stücken verborgen sind. Doktor Sullivan besaß das Original, und ich habe es gesehen. Er schrieb viele Bücher und Stücke und auch Vorträge, doch diese waren nur Ordensmitgliedern zugänglich, nicht der Allgemeinheit, abgesehen von Aufführungen seiner Theaterstücke. Er schlief nur drei bis vier Stunden pro Nacht und schien auf verschiedenen Bewußtseinsebenen gleichzeitig zu wirken. Nachdem der Zweite Weltkrieg ausgebrochen war, ließ er auch eine Menge interessanter Bemerkungen fallen, etwa, was Hitler gerade dachte, und mir wurde erzählt, daß sogar der britische Geheimdienst seine telepathischen Informationen benutzte.

Andererseits konnte man sich auch an einem Abend im Kino mit ihm vergnügen, oder an einem Picknick an einem historischen Ort, dessen »Geschichte« er mittels seiner inneren Verbindungen »lesen« konnte. Er sagte nur wenig über sich selbst; persönliche Information mußte man durch die eigene Intuition erhalten. Wir spielten oft Tischtennis miteinander, da er immer betonte, wie wichtig es sei, nach den Vorträgen wieder auf der Erde zu landen. Er bewahrte in allen Aspekten des Lebens einen vorsichtigen Ausgleich.

Obgleich Doktor Sullivan seine Kraft und die Kräfte, die hinter ihm standen, einsetzte, um den Zweiten Weltkrieg zu verhindern, kam der Krieg doch, und Sullivan wußte, daß er deswegen die Arbeit, die er zu tun gekommen war, nicht würde vollenden können. Er wußte auch, daß er die physische Welt 1942 verlassen würde - er nahm an, er wäre nützlicher, wenn er von der »anderen Seite« aus die dunklen Kräfte bekämpfte, die über die Welt fegten. Er gab daher, um seine Lehren schneller weiterzureichen, einen Intensivkurs von Vorträgen, die er auf die erfahreneren Ordensmitglieder zugeschneidert hatte; Nora und ich durften an ihnen teilnehmen. Es war faszinierend für mich, wenn ich alle zwei Wochen mit der Post die Niederschrift erhielt.

Diese *»Wissenschaft der Seele«* benannte Vorlesungsreihe - es ging um positives Denken und die Kraft des einzelnen, Wandel in der Welt zu bewirken - wurde die einzige und wichtigste Grundlage für mein künftiges Leben. So wie ich die Prinzipien, die diese Vorträge aufbauten, studierte, wurden sie auch ein Teil meines unterbewußten Geistes. Ich lernte, daß nichts unmöglich war; daß durch die Kraft positiven Denkens alles erreicht werden konnte. Wir wurden im Gebrauch gesprochener Affirmationen geübt, um einen Wandel in unserem Denken, unserer Einstellungen und den Umständen in unserem Leben zu verursachen. *Aureolis* lehrte, daß du durch dein Denken deinem Leben die Richtung zu dessen äußerem Ausdruck gibst, und daß das, woran du wirklich glaubst, dein Geschick formt. Du schaffst jeden Zustand durch deinen Geist, und dies drückt sich in deiner Umgebung aus. Durch dein Denken machst du dein Leben zu dem, was immer es ist, und so bist du also entweder bewußt oder unbewußt dein eigener Schöpfer, der sein eigenes Schicksal entwirft.

Ein paar wenige Beispiele mögen hinreichen, um zu demonstrieren, wie einfach und doch stark diese Lehren sind. Die erste Lesung in der Reihe enthielt die Affirmation:

»Alle Kraft und Intelligenz, die ich benutzen kann, sind bereits mein.« *Sage dir dies immer wieder, bis es zu einem Teil deiner geistigen Haltung geworden ist und du unbewußt aus ihr heraus handeln kannst. Wenn du aus dieser Affirmation heraus handelst, wirst du in die Affirmation* ***»Ich kann«*** *hineinwachsen, so bald du an irgend etwas denkst, das du gern tun möchtest. Du wirst also jeden Gedanken an Furcht fallenlassen und aus deinem Wortschatz die Begriffe »kann nicht« und »falls« streichen. Du wirst wissen, daß dir alles möglich ist, was immer du wünschst, und du wirst von der Verwirklichung deiner Wünsche mit derselben Gewißheit reden wie jetzt vom Kommen des Neuen Jahres.*

(Es muß hier betont werden, daß es Priorität hat, sich seine Wünsche klarzumachen, daß man nicht irgendeiner persönlichen Laune folgt, sondern in Übereinstimmung mit der göttlichen Absicht handelt. Dies setzt die Entwicklung der Herzenskräfte ebenso voraus wie rechtes Denken und den richtigen Einsatz seines Willens. In dieser Hinsicht drängte uns Doktor Sullivan, alles zu lieben, was wir tun:)

Liebe, was immer du tust. Lerne, den Ort, an dem du bist, zu lieben, die Leute, mit denen du zusammen bist, und die Arbeit, die du zu tun hast. Finde das heraus über die Menschen, Orte und Arbeit, was du lieben kannst, und ignoriere alles übrige. Gib dir die Affirmation »**Ich bin Liebe**«, und laß die Liebe von dir ausstrahlen. So wirst du eine Atmosphäre schaffen, in der nichts als Liebe an dich herankommen kann.

Jeder Vortrag in der »Seelenwissenschafts«-Serie schloß ab mit praktischen Übungen, die wir so lange machen mußten, bis sie Teil unserer selbst geworden waren. Dies umfaßte positives Denken, Techniken zum Heilen, anderen Kraft zu verleihen und hineinzuwachsen in Selbstkontrolle und Sich-selbst-besitzen. Sie beinhalteten Affirmationen wie »**Ich bin Kraft! Diese Kraft manifestiert sich in mir und erhält durch meine Gedanken die Richtung, nichts als Gutes zu tun!**« Ich nahm mir diese Lektionen zu Herzen und begann allmählich, meinen Willen zu beherrschen und entwickelte die Fähigkeit, sofort auf innere Eingebungen zu reagieren, ohne mich durch körperliche Schwächen, Zweifel oder Gemütsschwankungen beirren zu lassen. Ich überzeugte mich immer mehr davon, daß keine Aufgabe zu groß und kein Ehrgeiz zu hoch ist, wenn jemand die Kraft und Energie der höheren Aspekte seines Wesens in den Dienst des universalen göttlichen Willens, oder wie immer man es nennen will, stellt. Diese Lektionen erwiesen sich im Laufe meines späteren Lebens als wahr und ganz wesentlich.

Ich heiratete Nora, als ich 22 Jahre alt war, nach einer langen Verlobungszeit und einer im Prinzip platonischen Beziehung, die nie über eine ziemlich unbeholfene Küsserei und Schmuserei hinausging. Dr. Sullivan leitete die Zeremonie, eine altertümliche; er bemerkte, daß, wenn ein Paar durch eine solche Zeremonie getraut werde, sich in ihrem Inneren eine Explosion ereignen würde, sollte zwischen ihnen eine starke Verbindung bestehen. Als ich ihn fragte, ob er in unserem Fall solch eine Explosion gesehen hätte, vermied er jede Antwort. Ich hatte den ungemütlichen Verdacht, daß es keine gegeben hat! Aber ich wußte, daß es für uns richtig war, zu heiraten.

Nach der Feierlichkeit lud ich ihn und Francesca Keen, die Ordenssekretärin, zum Mittagessen in ein Restaurant ein, wo Huhn und eine Flasche Wein bestellt worden waren. Francesca war entsetzt, aber Dr. Sullivan brachte ihren Protest zum Verstummen - ich wußte damals nicht, daß er weder Fleisch aß noch Alkohol trank. Da er uns nicht in Verlegenheit bringen wollte, aß und trank er alles, was wir ihm vorsetzten. Das gleiche galt fürs Rauchen: Er würde eine Zigarette paffen, damit sich der Raucher in seiner Nähe nicht unwohl fühlte. (Einige Mitglieder der Theosophischen Gesellschaft meinten deswegen, er könne nicht ein Meister sein. Jesus, muß man annehmen, wäre ebenso auf ihrer Abschußliste gewesen, als er Wasser in Wein verwandelte.)

Unsere spirituelle Verehelichung wurde am 30. Dezember 1939 legalisiert. Wir verbrachten ein paar wenig bemerkenswerte Tage in einem Hotel in Bournemouth als Flitterwochen, und kurz darauf wurde ich in die Armee einberufen.

Ich hatte ein Vorstellungsgespräch mit zwei Obersten, die - ungeachtet meiner beruflichen Ausbildung und Erfahrung in der Gastronomie - nur nach Fahrern Ausschau hielten. Wie es kommen mußte, erhielt ich ein paar Tage darauf per Post meine Einberufung mit der Order, mich als künftiger Fahrer für das Middlesex-Regiment zu melden. Diese Aussichten erfreuten mich nicht allzusehr, aber zum Glück bekam ich mit der gleichen Post einen Brief, in dem man mir die Offiziersstelle in der Essensversorgung der britischen Luftwaffe (Royal Air Force, kurz: RAF) antrug. (Ich war zuvor als Pilot abgelehnt worden, da ich etwas farbenblind war.) Julian Salmon, ein Direktor von J. Lyon & Co. und Versorgungsberater der Luftwaffe, hatte mich trotz meiner Jugend unter die Versorgungsoffiziere ausgewählt, die ersten, die, von verschiedenen Gastronomiefirmen rekrutiert, aufgenommen wurden.

Dr. Sullivan gab seinen Segen dazu, daß ich der RAF beitrat. Er beteuerte mir, daß alles gut sein würde, solange ich mich nicht für irgend etwas freiwillig meldete.[3]

Am dem Treffen, das unser letztes sein sollte, gab er mir eine Kopie seines Stückes *Pythagoras* und schrieb vorne darauf: »Es gab einen Peter, der groß war. Folge ihm und sei erfolgreich.«

Getreu seiner eigenen Vorhersage verließ Dr. Sullivan dieses Leben am 3. Juni 1942. Nur wenige werden die Tiefe und das Ausmaß seines

3) Als es losging, tat ich das auch nie. Ich sah nie einen Kampf aus der Nähe und hörte nicht einen Schuß, der im Kampf abgegeben wurde; die einzige Leiche, die ich sah, hing in einem Baum nach einem Flugzeugabsturz, dessen Zeuge ich war.

Beitrags ermessen, aber er suchte ja auch nicht den Beifall; ich hoffe, daß dieses Buch auf seine Weise Sullivans Gedächtnis Tribut zollt.

* * * * *

Nach einem Einführungskurs in die Routine an der RAF-Kochschule in Halton wurde ich auf meinen ersten Posten zur RAF Stanmore geschickt, etwa 24 Kilometer außerhalb Londons. Ich lebte dort eine Weile in der Offiziersmesse [4], ehe Nora und ich ein Haus mieteten und Möbel anschafften. Ich glaube, wir waren beide aufgeregter über unser Verheiratetsein an sich und daß wir zusammen ein Heim einrichteten als über einander. Ich selbst war auch mehr in meine Schulung als Rosenkreuzer vertieft und in meine Pflichten und Verantwortung in der Luftwaffe. Nach einem Jahr in Stanmore wurde ich wieder nach Halton versetzt, einem der größten Luftwaffenstützpunkte in der schönen Landschaft von Buckinghamshire, etwa 48 Kilometer westlich von London. Dieser riesige Stützpunkt hatte eine ganze Reihe von Messen, jede mit einem anderen Speiseplan. In Halton gab es 26, die miteinander darin wetteiferten, die Lebensmittellager und das geschulte Personal kleinzukriegen.

Julian Salmon, der dafür verantwortlich war, daß ich dem Los, Armeelastwagen für das Middlesexer Regiment zu fahren, mit Glück entronnen war, war jetzt der befehlshabende Versorgungsoffizier im Hauptquartier. Ich fand heraus, daß er mich als passendsten und qualifiziertesten Mann ausgesucht hatte, um in der RAF in Halton eine zentralisierte Essensversorgung einzuführen, so daß ein Versorgungsoffizier für den gesamten Stützpunkt und ein Standardessen verantwortlich wäre. Sollte dies System in Halton Erfolg haben, würde man es im gesamten Kommandobereich einführen. Es gab großen Widerstand gegen Salmons Plan. Zu Friedenszeiten war Halton ein sehr konservativer Stützpunkt mit langer Tradition gewesen; obwohl nun Krieg herrschte, ging das Leben hier im wesentlichen seinen gewöhnlichen Gang, und auf Schritt und Tritt begegnete man demselben Widerstand. Seltsamerweise jedoch

4) Bei den britischen Streitkräften ist eine »Messe« ein Gebäude für geselliges Beisammensein und zur Freizeit, wo die Mahlzeiten serviert werden, wo Unterhaltungsabende und Parties stattfinden, und hier gibt es Unterkunft für alleinstehende Männer und Besucher; besonders während des Zweiten Weltkriegs war die Messe ein vollständiges Zuhause für die meisten dienstleistenden Offiziere.

kam die stärkste Opposition gegen meine Berufung von dem befehlshabenden Offizier in Haltons RAF-Kochschule.

Ich erfuhr dies, als mir einer seiner Briefe an den Befehlshaber der Luftwaffenoffiziere in die Hände geriet. Darin schrieb er »nicht einer der jungen Herren, die durch diese Kochschule gegangen sind, ist fähig, für einen Flügel (und von der Sorte gab es in Halton sechs) zu sorgen, ganz zu schweigen für den gesamten Stützpunkt.« Ich dachte, »Bursche, ich werd's dir beweisen.« Er war ein Karriereoffizier, beliebt und gestanden in seiner Position; und da kam ich daher, ein junger Außenseiter, um das gesamte Versorgungssystem der Königlichen Luftwaffe zu revolutionieren. Das war eine harte Herausforderung, aber ich wußte, daß ich mich zu meiner vollen Höhe aufrichten könnte und würde, um ihr zu begegnen.

Ich war mit vollem Herzen beteiligt an dem Leben auf der Militärstation. Entsprechend den Anweisungen von Doktor Sullivan bemühte ich mich, den Ort zu lieben, wo ich war, die Leute, mit denen ich beisammen war, und meine Arbeit. Manche Leute würden diesen Posten als »tote Hose« angesehen haben, weit weg von den erregenden Ereignissen im Krieg. Ich hingegen nutzte jede Gelegenheit, um meine Persönlichkeit zu entwickeln - körperlich, emotional, geistig und sozial - und auch, um die vielen Lektionen zu lernen, die dieser Ort in petto hatte. Dies half mir, in der RAF einen wundervollen Geist der Liebe, der Zusammenarbeit, Hingabe und des Dienens zu entdecken.

Im ersten Jahr in Halton etablierte ich mich als Sportler; ich wurde der betreuende Offizier für Leichtathletik und Mannschaftskapitän, denn ich wußte, daß dies eine Schlüsselfunktion war, um von den Männern akzeptiert zu werden. Jeden Samstag und Mittwoch lief ich Wettrennen, und an fast allen Tagen ging ich Schwimmen, Reiten und Tennisspielen. Ich führte ein lebhaftes gesellschaftliches Leben mit Tanz und anderen Aktivitäten im Offiziersclub und in der Offiziersmesse, einem alten Sitz der Rothschilds, bekannt als der »güldne Käfig«, da sein Interieur überall mit Blattgold bedeckt war. Ich verbrachte Zeit damit, die befehlshabenden Offfiziere der verschiedenen Einheiten kennenzulernen und insbesondere den für die Verwaltung zuständigen Offizier, Flügelkommandeur P.K. Wise.

»PK«, wie man ihn nannte, war ein strenger Zuchtmeister, der mit eiserner Hand herrschte. Viele der Männer fürchteten ihn sehr. Er war stolz auf seine überragenden körperlichen Fähigkeiten, und einmal im Schwimmbad forderte er mich auf, ihn in seinen steinharten Magen zu boxen. Nur wenige hätten es gewagt, solch eine Herausforderung anzunehmen, und ich zögerte erst, doch als er sie wiederholte, schlug ich mit voller Wucht zu. Der Schock ließ ihn japsen, aber ich glaube, danach mochte er mich, denn er konnte sehen, daß ich keine Angst vor ihm hatte. Das ganze Geschehen stellte sich als nützliche Übung heraus; wenn immer es um Arbeit ging, benutzte ich fortan PK als Flaggschiff im Hintergrund. Wenn ich Schwierigkeiten hatte mit dem befehlshabenden Offizier eines Flügels oder einer Einheit über irgendeinen Vorschlag, brauchte ich bloß fallenlassen, daß ich die Angelegenheit mit PK besprechen würde, und schon war jeder mit mir einig.

Ich lernte auch, meinen Willen bei ihm durchzusetzen. Als ich das erste zentralisierte Menü für die Messe von ihm abnehmen und unterschreiben lassen mußte - und ich ging davon aus, daß er es mit Sicherheit ablehnen würde - wartete ich, bis er ein gutes Lunch und ein paar Drinks intus hatte, und dann erst ging ich in sein Büro. Da ich wußte, daß er in seiner Widerborstigkeit die Oppositionshaltung einnehmen würde, sagte ich beiläufig zu ihm: »Sie wollen das nicht unterschreiben, nicht wahr, Sir?« »Geben Sie her«, antwortete er knurrig und unterschrieb kommentarlos. Er schaute es sich nicht einmal an. Eine andere Begegnung endete jedoch nicht so harmonisch. Gewöhnlich versuchte ich, so viele Aktivitäten wie möglich in der Zeit nach der Arbeit von 5 Uhr nachmittags bis zum Abendessen um 9 Uhr unterzubringen. An einem typischen Abend spielte ich gewöhnlich eine Runde Tennis, ging schwimmen, radelte 20 Kilometer zum Reiten zu den Stallungen und kam gerade rechtzeitig zurück, um mich zu waschen und fürs Dinner umzuziehen. Mein Offiziersbursche hatte dann immer bereits meine Sachen ausgelegt, so daß ich mich schnell umkleiden konnte, doch diesmal klemmte einer meiner Reitstiefel, und wir brauchten lange, ehe wir ihn ab hatten. Ich hastete hinunter zum Eßsaal und konnte nur noch Mr. Baker, den Oberkellner, die Tür schließen sehen, Punkt neun Uhr. (Pünktlichkeit ist eine der Haupttugenden in der Armee.) Ich bekniete ihn, mich einzulassen, nur dies eine Mal. Schließlich gab er nach, als ich bat, ob ich PK am Kopfende des Tisches sehen könnte. Als ich PK erreichte und mein Zuspätkommen erklärte, sagte der: »Caddy, Sie wollen immer alles haben, nicht? Nun, im Leben geht das nicht.« Ich sagte ihm, daß ich sehr hungrig sei nach all meinen Aktivitäten und mir, wenn ich dieses eine Mal ein Abendessen bekäme, seine Worte für die Zukunft merken würde. »Nein«, erwiderte er fest, und so mußte ich mich an diesem Abend mit einem Schokoriegel begnügen.

Die Offiziersmesse war immer eine nützliche Informationsquelle. Ich schwamm sehr gerne in dem daneben gelegenen Reservoir, trotz des großen Verbotsschildes, das besagte, daß es für keinen Luftwaffenangehörigen zugänglich war, und war überrascht, als der Befehlshaber der Luftwaffenoffiziere mir eines Tages in der Messe erzählte, daß er auch im Wasserreservoir schwämme; meine Überraschung rührte daher, daß er selbst den Anschlag mit dem Verbot unterschrieben hatte. Er erklärte, dies diene nur dem Zweck, uns vor dem Gesetz abzusichern für den Fall, daß irgend jemand sich verletzte oder ertrank. Von da an sah ich offizielle Bekanntmachungen und Befehle mit anderen Augen an.

Oft saß eine Gruppe von Offizieren mittleren Alters um ein Feuer herum in der Messe mit Biergläsern in der Hand und unterhielt sich. Ich wußte, daß sie mich und meine Aktivitäten kritisierten. Als ich dies einem weisen, alten Offizier gegenüber erwähnte, der auch Betreuer der Leichtathleten war, sagte der: »Peter, mein Junge, denk immer dran, es gibt solche, die tun und solche, die nicht tun, aber an denen herumkritteln, die tun.« Diesen Rat merkte ich mir. Fortan, wenn ich aus innerer Überzeugung her wußte, daß eine Handlung richtig war, habe ich meine Sache einfach durchgezogen, ungeachtet irgendeiner Opposition oder Kritik.

Ich brauchte mein ganzes erstes Jahr an der RAF Halton, um mit all den Offizieren in Schlüsselfunktionen Beziehungen aufzubauen, über den Sport und gesellschaftliche Aktivitäten, ehe ich anfing, eine zentrale Essensversorgung einzuführen. Zum Helfer wählte ich mir einen Offizier, der schon etwa vierzig Jahre lang in der Luftwaffe war, Offizier des fliegenden Personals, Charles Rankin. Er war sehr erfahren und geachtet, und er liebte meine Energie und Initiative. Zusammen verkörperten wir eine Verbindung von Erfahrung mit jugendlicher Begeisterungsfähigkeit, Energie und einem Sinn für Abenteuer. Charles Rankin war loyal und gab mir gute Ratschläge. Mit seiner Hilfe war ich in der Lage, eine ausgezeichnete Belegschaft zusammenzustellen und sie zu einer Zusammenarbeit in gutem Teamgeist anzuregen; auf diese Weise konnte jegliche Opposition mit Liebe, Kooperation und einem großartigen Sinn für Spaß überwunden werden. Wir wußten, daß wir die Vorhut für ein Versorgungskonzept waren, das auf jedem Stützpunkt der RAF eingeführt würde.

Auch mein gesellschaftliches Leben gedieh zu jener Zeit. Als ich mich mit Nora verlobt hatte, hatte ich meinem Vater gesagt, daß ich nun Tanzstunden nehmen würde. Er spottete bloß und sagte, ich hätte keinerlei Gefühl für Takt. War ich nicht aus dem Schulchor geworfen worden? Unterricht, fuhr er fort, wäre eine totale Zeit- und Geldverschwendung. Seine Kommentare machten mich nur um so entschlossener, diese Kunst zu meistern, und so gingen Nora und ich auf eine Tanzschule. Einige Zeit darauf waren wir auf einen Ball an Vaters Arbeitsplatz geladen, wo Santos Casani, der berühmteste britische Gesellschaftstänzer, einen Tanzwettbewerb beurteilen sollte. Nora und ich siegten! Von da an, wenn irgendwer meinte, ich könne nichts, tat ich genau, was ich mir vorgenommen hatte, egal was es kostete oder wie stark die Opposition war!

Ich tanze für mein Leben gern, und in Halton konnte ich fast jeden Abend tanzen gehen. Ich hatte eine herrliche Zeit mit vielen Freundinnen, einer für jedes Hobby: Tennis, Schwimmen, Reiten, Wandern. Keine von diesen Beziehungen war sexuell, was für mich damals nicht in Frage kam, aber es waren alles herzliche Freundschaften. Eine dieser Freundinnen war eine sehr attraktive und lebenslustige Krankenschwester, Maime, die mir eine erste Ahnung von richtiger Liebe gab. Was für eine Entdeckung! Zum ersten Mal verstand ich das Sentiment in dem Lied: »Liebe macht, daß die Welt sich dreht«. Wir vollzogen diese Beziehung niemals vollständig, und Maime kam später auf einen anderen Posten, doch diese Erfahrung machte mir die fundamentale Leere in meiner Ehe mit Nora bewußt.

Das Eheleben mit Nora war niemals sehr aufregend. Während meiner Zeit in Halton mietete ich uns in einem nahegelegenen Bauernhof ein; Nora war dort jedoch nicht glücklich und zog zurück in die Wohnung ihrer Mutter in Ealing. Ich ging an Wochenenden am Samstagabend heim, nach einem acht oder sechzehn Kilometer langen Cross-Country-Rennen; von dem kam ich immer eher müde denn zum Spielen aufgelegt zurück. Sonntags frühstückten wir im Bett und gingen dann zu einem Nachmittagskonzert mit klassischer Musik in die Albert Hall. Am Abend ging ich dann nach Halton zurück. Wir gingen auch zu Logen-Treffen nach London und besuchten häufig das Hauptquartier des Rosenkreuzer-Ordens in Christchurch. In dieser Periode kam unser erstes Kind, Michael, auf die Welt, am 12. Mai 1942 in der *Fulham Chase* Entbindungsklinik, doch sogar dieses glückliche Ereignis vermochte nicht, Nora und mich enger zusammenzuführen in einer Weise, die uns erfüllt hätte.

Unsere räumliche Trennung - ich in Halton, Nora durch ihre eigene Wahl wieder in London - war nicht die Wurzel des Problems. Ein weiser Franzose schrieb einmal, daß »Abwesenheit für Liebe ist, was Wind für Feuer« ist. »Die kleine bläst er aus, die große entflammt er.« In meiner Zeit in Halton traf ich einen außergewöhnlichen Offizier, Walter Bullock, der auch der »Mysterienmann« genannt wurde. Er hatte einen riesigen Kopf mit hoher Stirn und durchdringenden Augen, und er sprach mit einem mitteleuropäischen Akzent. Unter seinen erstaunlichen Gaben besaß er auch offenkundig die Fähigkeit, in die Zeit zu schauen, in die Vergangenheit ebenso wie die Zukunft, und einmal las er mir aus der Hand. Er erzählte mir, daß meine Ehe keine wirkliche sei, es fehle ihr jenes Feuer, und daß ich im Alter von 29 Jahren einer Frau begegnen würde, mit der ich eine echte Ehe auf allen Ebenen einginge. Diese Einsicht erschütterte mich in jenem Augenblick eher, doch in meinem innersten Herzen wußte ich, daß das, was er sagte, Substanz hatte. Zurückblickend auf meine Lebensperiode in Halton kann ich jetzt sehen, daß ich mich dort das erste Mal in meinem Leben voll zum Ausdruck bringen konnte. Zusätzlich dazu, daß ich meinen Körper über vielerlei Sportarten entwickelte, stärkte ich auch meinen Willen, indem ich jeden Samstag Langstreckenläufe über sechzehn Kilometer lief und zwei bis fünf Kilometer lange Rennen unter der Woche. Bei einem Cross-Country-Rennen passiert einem oft, - man geht die ersten einhundert Meter in die Vollen, macht so weiter über die nächsten 200, dann 400, dann einen, zwei, drei Kilometer und so fort, volle Pulle die ganze Zeit! - daß der Körper schreit: »Aufhören! Ich kann nur noch einen einzigen Schritt tun.« Doch der Wille sagt ihm, »lauf weiter, nur noch zum nächsten Baum«, und wenn man da ist, sagt der Wille dem Körper wieder, er könne es schaffen bis zum nächsten Zaun, und so weiter, bis das Rennen zu Ende ist. Aus Gründen, die ich erst später erkennen sollte, erschien mir dieser Feinschliff des Willens überlebenswichtig.

Ich war auch in der Weiterbildung und bei kulturellen Aktivitäten sehr beteiligt in Halton. So organisierte ich etwa einen Musikkreis mit wöchentlichen Live- oder Grammophonkonzerten. Mein gesellschaftliches Leben wurde so hektisch, und es wurde so schwierig, es bei all den sportlichen Geschäftigkeiten unterzubringen, daß ich auf die Idee kam, ein Unterhaltungskomitee zu gründen, um die diversen geselligen, kulturellen und sportlichen Aktivitäten zu koordinieren - mit mir als Vorsitzendem; denn nur so würde alles so eingerichtet werden können, daß ich auch überall würde dabeisein können! Ich hatte ein riesiges Infobrett, das unter den Rubriken »Sport«, »Kultur«, »Gesellschaftliches« die Ereignisse der Woche umriß, da plaziert, wo in der Mitte des Stützpunktes fünf Straßen zusammenführten. (Dieses Brett gab es noch, ungefähr vierzig Jahre später in den frühen 80er Jahren, als ich durch England reiste und am Abend in die Offiziersmesse in Halton eingeladen war. Ich entdeckte auch, wie stark man in der Royal Air Force auf Tradition hält - nichts hatte sich geändert, außer den Leuten. Die Möbel, Bilder, Gebräuche und die Atmosphäre waren genau gleich. Ich saß in meinem alten Sessel, las mein Lieblingsmagazin und saß vor meinem von einst gewohnten Frühstück mit einer Zeitung auf einem Ständer vor mir - und währenddessen wurde kein Wort gesprochen.)

Die Erinnerungen an meine Kindheit bestanden vor allem aus Unkraut zupfen und trübseligen Schuljahren, und meine Lehrzeit war viel harte Arbeit gewesen, endlose Stunden lang. Hier in der RAF Halton konnte ich das Leben in seiner Fülle genießen. Ich bewies meinen Vorgesetzten, daß die zentrale Essensversorgung der Messen klappte; ich bewies meinen Kameraden und Untergebenen, was man durch Teamgeist, Kooperation, entschlossenes Handeln und Spaß miteinander erreichen konnte. Der Stützpunkt versorgte mich mit allen Einrichtungen, um meine Persönlichkeit auf jeder Ebene zu entwickeln, aber, wichtiger noch, er half mir, mich vor mir selbst zu beweisen. Ich erlebte die Freude, meine spirituellen Lektionen wirklich zu begreifen und zu lernen, wie ich sie in meinem täglichen Leben anwenden konnte.

3. Kapitel

INDIENFAHRT

Ich erschaffe jeden geistigen Zustand,
und dieser Zustand spiegelt sich in meiner Umgebung wider.
Daher erschaffe ich also mein Leben.

Nach dreieinhalb Jahren in Halton wurde ich nach Indien auf einen RAF-Stützpunkt in Cawpore in den Vereinigten Provinzen stationiert (heute Kanpur in Uttar Pradesh). Dieser neue, für die Wartung eingerichtete Stützpunkt für den Krieg im Fernen Osten war der größte der Welt, und ich sollte der verantwortliche Mann für die Essensversorgung für eine etwa zehntausend-köpfige Belegschaft werden. Die meisten Leute fürchteten die Aussicht, nach Indien versetzt zu werden, aber ich war begeistert. Ich hatte schon immer eine Leidenschaft für Berge und Bergsteigen gehabt, und schon als kleiner Junge sehnte ich mich danach, Himalaya-Entdeckern wie Frank Smythe, Eric Shipton und Sir Francis Younghusband nachzueifern, dem Begründer des Weltkongresses für Glaubensrichtungen. Nebst meinem Rucksack und meiner ganzen Kletterausrüstung packte ich auch die Absicht mit ein, das Leben in Indien voll zu genießen. Ich hoffte auch, Tibet zu besuchen, das rätselhafte Land der Lamas.

Wir segelten am 16. Oktober 1943 auf einem großen Truppenschiff, dem »Dominion Monarch«, von Liverpool aus los. Ich freute mich auf etwas geruhsame Zeit zum Lesen an Bord, denn dazu hatte der Druck all meiner anderen Pflichten und Interessen wenig Zeit gelassen. Ich saß an Deck mit E. M. Forsters »Reise nach Indien«. Als ich das Buch halb durchgelesen hatte, dachte ich: »Was bist du doch für ein verdammter Esel! Da bist du unterwegs nach Indien und liest nach, was ein anderer erlebt hat!« Ich warf das Buch kurzerhand über Bord und konzentrierte mich fortan auf meine eigenen Erfahrungen und nicht solche aus zweiter Hand.

Mehr als alles, war ich fest entschlossen, meinen Spaß zu haben. Dr. Sullivan hatte mir beigebracht, daß der spirituelle Weg nicht notwendigerweise Entsagung verlangte oder Schuldgefühle über das Annehmen weltlicher Freuden; *in allem ein gutes Maß zu halten*, das hätte seine Faustregel sein können. Ich war 26, und meine Persönlichkeit entwikkelte sich noch. Ich fühlte, daß ich noch eine Menge aufholen mußte nach den Jahren voller Arbeit und keinerlei Vergnügen in meiner Lehrzeit bei Lyons; meine Zeit in Halton hatte den Appetit auf ein gutes Leben in mir geweckt. Um das Beste aus der Überfahrt zu machen, bot ich mich als Unterhaltungsoffizier an und erfreute mich enger Kontakte mit Geraldo, einem in jenen Tagen berühmten Tanzkapellenleiter, und seinem gefeierten Orchester. Ich teilte eine Kabine mit Brian Salmon von der Salmon-Familie, die bei J. Lyons & Co. Direktoren waren, der Nahrungsmittelfirma, bei der ich gelernt hatte. Brian war ein Mann meines Alters, ein Jude, und in vielem das Gegenteil zu mir; Sport war allgemein unter seiner Würde, er liebte das »dolce vita«, war offensichtlich betucht, hütete sich vor körperlicher Übung und frischer Luft, und sein Verstand war messerscharf. Brian würde niemals stehen, wenn er auch sitzen und niemals sitzen, wenn er genauso gut liegen könnte. So ergänzten wir einander und wurden schnell dicke Freunde.

Mehrere Meilen auf der See vor Bombay rochen wir bereits den unverkennbaren, mit Gewürzen geschwängerten Gestank der Stadt, und gleich nach unserer Landung - am 18. November 1943 - gingen wir begierig an ihre Erkundung. Nachdem wir jahrelang in England Essensrationierung und Verdunkelung hatten hinnehmen müssen, genossen Brian und ich eine Stadt, wo es Nahrung in Hülle und Fülle gab und die Lichter hell die Nacht erleuchteten. Unser erster Stop war eine Teepause auf dem Rasen des britischen Offiziersclubs, wo man uns große Teller voll mit köstlichen Kuchen anbot. Auf meinem gab es auch eine große, frische Cremeschnitte. Sahne! Ich hatte ungefähr vier Jahre lang keine Schlagsahne zu Gesicht bekommen, deshalb schob ich das Tortenstück vorsichtig an den Rand, um es mir für den Schluß aufzuheben, um mich so recht in seinen genußreichen Verzehr hineinzusteigern. Ich gab mich gerade der Bewunderung meines Törtchens hin, als urplötzlich ein Milan herabstürzte und es sich schnappte. Ich war fassungslos. Seither habe ich mich immer daran gehalten, das Beste von dem, was man mir anbot, zuerst zu konsumieren.

Später aßen wir in dem berühmten Taj Mahal Hotel zu Abend und zogen dann durch die Straßen, bis uns der Anblick all dieser Fülle und Fremdartigkeit, die Geräusche und Gerüche um uns herum förmlich in den Kopf stiegen. Wir durchzogen auch das Quartier der Roten Laternen - ohne allerdings aktiv zu werden. Überall in Bombay waren die erstaunlichen Gegensätze zwischen arm und reich, Elend und Luxus, Heiligkeit und Niedrigkeit, Lärm und Ruhe in einen einzigen Teppich verwoben, und die *Raj*, die britische Oberherrschaft, die noch immer über diesen wuchernden, wimmelnden Subkontinent herrschte, war darin nur ein einziger Faden. Wir waren ganz begeistert, hier zu sein.

Am 27. November 1943 fuhr ich nach Cawnpore und Brian nach Agra zum Hauptquartier, wo er, obgleich wir ranggleich waren, mein Vorgesetzter wurde; was immer ich an Ausstattung oder Versorgungsgütern anforderte, lief über seinen Schreibtisch. Unsere Freundschaft kam mir daher sehr zugute, und mit seinem scharfen Verstand fand Brian immer Schleichwege, um eine Sache erledigt zu bekommen. Er kam öfters zu mir hinunter zu Besuch und fragte: »Nun, Peter, was brauchst du?« Wenn ich es ihm gesagt hatte, schrieb er gewöhnlich einen Brief, brachte den Standortkommandeur in Cawnpore dazu, ihn zu unterzeichnen und schickte ihn an das Gruppenhauptquartier weiter - was dann natürlich bedeutete, daß es hier auf seinem Schreibtisch auf ihn wartete. Bei seiner Rückkehr würde er es dann absegnen.

Einmal holte ich ihn vom Flugzeug aus ab, und er sagte: »Oh, Peter, es ist heiß heute. Komm, wir legen uns aufs Bett!« Während wir uns von der Hitze ausruhten, schwärmte ich unschuldig über einen wunderbar fähigen Stabsfeldwebel unter meinem Befehl, den ich in den besten Farben schilderte. Als der Offizier ein paar Wochen später versetzt wurde, um in Südindien eine Kochschule zu leiten, wußte ich, daß Brian Salmon dahinterstand. »Fein«, dachte ich, »dir werd ich's zeigen.« Es gab da einen Feldwebel, den ich schon seit einiger Zeit loswerden wollte, bisher ohne Erfolg; er arbeitete wirklich furchtbar schlecht. Als nun Brian wiederum seinen Trick ausspielte, daß wir uns auf unseren Betten ausruhen sollten, war ich voll des Lobes über diesen wundervollen Feldwebel, der sei ja so effizient und so fähig! Wie erwartet, erhielt der Feldwebel bald einen neuen Posten. Als ich Brian das nächste Mal sah, ich war ihn vom Flughafen abholen gegangen - lief er schnurstracks an mir vorbei, ohne mir in die Augen zu sehen und sagte im Vorübergehen: »Du Schweinepriester«. Ich glaube, wir verstanden einander, und wir blieben gute Freunde.

Ich war einfach hingerissen davon, daß ich in Indien war. Die Arbeit machte mir Spaß, und ich ließ mich voll auf das Leben im britischen Club ein mit Schwimmen, Tanzen und Parties. Ich gründete eine Wanderscout-Mannschaft und ging mit ihr in jedem Urlaub zum Trekking und Bergsteigen im Himalaya. Die erste Tour führte vom 6. bis 21. Mai 1944 zum Pindari-Gletscher, einem Ort, der den Indern heilig ist. Der Standortkommandeur, Gruppenführer Glaisher, las meinen ausgedruckten Bericht über diesen Zug und wollte beim nächsten dabeisein. Er war 52 Jahre alt und hatte 35 davon in der Luftwaffe verbracht; 10.000 Mann standen unter seinem Kommando. Er bestand darauf, mitzukommen, und so sagte ich zu ihm: »Gut, Sir, Sie wissen, daß Sie Order von mir annehmen müssen und nur einer von den Jungs sind; Sie müssen Kartoffeln schälen und so weiter.« Er willigte ein.

Jeder Offizier hatte einen persönlichen Diener - einen »Träger«. Meiner war ein Pathane namens Muhkta, etwa 1.85 Meter groß; er kam von einem finsteren Kriegerstamm in der nordwestlichen Grenzprovinz. Er begleitete mich auf allen Trekking-Touren. Muhkta bestand darauf, daß ich gut gekleidet war und mich jeden Morgen rasierte - er weckte mich gewöhnlich mit einer Tasse Tee und einem Becher heißen Wassers zum Rasieren und wachte über mir, damit ich es auch ja täte - denn sein Ansehen hing davon ab, wie gut er mich allmorgendlich herausputzte. Er wollte sicherstellen, daß ich nicht nur wie ein *Sahib* aussah, sondern mich auch wie ein *Sahib* benahm; er empfand es als seine Verantwortung, daß ich auf dem rechten Wege bliebe. Einmal sagte Muhkta zu mir: »*Sahib* gibt zuviel im Club aus.« »Was meinst du damit?« fragte ich. Er wußte anscheinend durch Gespräche mit den Bediensteten genau, wieviel Geld ich im Club ausgegeben hatte; er gab zu verstehen, daß er selbst, wenn ich dort weniger ausgäbe, besser bezahlt werden könnte.

Muhkta konnte weder lesen noch schreiben, und ich habe beobachtet, daß viele Leute in dieser Lage eine besondere geistige Behendigkeit entwickeln. Muhkta war keine Ausnahme, aber in mir fand er einen gleichwertigen Partner. Normalerweise meinten viele moslemische Pathanen, es sei ihre Pflicht, von ihren Herren zu stehlen. Auf unseren Himalaya-Tekkings fand ich jedoch eine Lösung. Ich machte Muhkta für unser g a n z e s Geld verantwortlich, auf seine Ehre - was ihm untersagte, auch nur etwas davon zu entwenden.

Auf jener Tour, im Oktober 1944, der sich Gruppenführer Glaisher angeschlossen hatte, führte ich unsere Gruppe in das »Tal der Blumen«, einen verborgenen Ort in den Vorbergen des Himalayas. Unsere Expedition war die erste, seitdem Frank Smythe ihn entdeckt hatte, und obgleich es die falsche Jahreszeit war, um die Pracht der Blumen in voller Blüte zu genießen, erschien uns das Panorama, die Wiesenflucht hinüber zu den gletschergekrönten Bergen, atemberaubend.

Auf unserem Heimweg las ich das Büchlein »Der Ruf von Badrinath«. Badrinath ist einer der vier heiligsten Pilgerorte Indiens; es liegt etwas weiter nördlich als das Tal der Blumen. In dem Buch hieß es, wenn du nicht dem Meister von Badrinath begegnetest, seiest du nicht wirklich dagewesen. Jeder der Himalaya-Besteiger, Eric Shipton, Spencer Chapman und Bill Tillman, hatte ihm ein Kapitel in ihren Büchern gewidmet. Sie beschrieben, wie sie einen Heiligen im Lendentuch in 5 500 Metern Höhe in Meditation mit rundherum Schnee dasitzen sahen, der sich aber erstaunlich gut in der Weltpolitik auskannte. Ich nahm an, seine Kenntnisse erlangte er durch außerkörperliche Erfahrungen, bei denen sich sein Geist von seinem körperlichen Domizil lösen und Ereignisse anderswo aus erster Hand beobachten konnte; sollten sich jene Erforscher jedoch über seine Fähigkeit bewußt gewesen sein, so ließen sie sich darüber jedenfalls nicht in gedruckter Form aus. Die Möglichkeit begeisterte mich. Jetzt, auf dem Heimweg, nagte ein leichtes Bedauern an mir, daß ich den ganzen Weg zurückgelegt haben sollte, ohne diesem Heiligen zu begegnen.

Auf unserem Rückweg vom Blumen-Tal verlief unsere Route zufällig entlang dem Pilgerpfad nach Badrinath. Ich kam erst später beim Gästehaus an, da ich einer Ziege nachgelaufen war für das Nachtmahl der Kulis. Als ich schließlich eintraf, sagte der Standortkommandeur, daß sich gerade »ein wundervoller alter indischer Herr« mit einer großen Dienerschar hier aufhielte; er sei im übrigen gerade dabei, ein paar Einkäufe im Bazar für uns zu erledigen, was mir damals wunderlich vorkam, denn Gruppenführer Glaisher verstand sich überhaupt nicht mit Indern und nannte sie gewöhnlich »wogs« (Ausländer, Farbige). Der indische Diener dieses Gentlemans, der tadellos gekleidet war, servierte uns *Brooke Bond* Tee und *Peck Freen* Kekse, was auch komisch war - solche westlichen Nahrungsmittel waren in diesem Teil der Welt überaus rar. Ich dachte, das müsse wohl ein außergewöhnlicher Inder sein.

Das war er auch. Als er vom Bazar zurückkam, brachte er eine kraftvolle Präsenz mit sich in den Raum. Er hatte langes weißes Haar mit einem rauschenden Bart unter einem Christus-Antlitz, wie ich es noch nie so ausgeprägt an irgend jemandem gesehen hatte; später erfuhr ich, daß er 92 Jahre alt war. Was mich noch mehr erstaunte, war, daß er im Verlauf unserer Unterhaltung mehr Bibelkenntnis an den Tag zu legen schien als ich selbst, daß er sehr viel über andere Religionen wußte und in allen Auslandsnachrichten auf dem Laufenden war.

Jemand kam mit einem Fotoapparat vorbei, und als er die Leute bat, bitte keine Aufnahme von ihm zu machen, wußte ich schlagartig, wer er war. »Sie sind Meister Ram Sareek Singh«, sagte ich, »der Meister von Badrinath«. Wenn immer Shipton oder die anderen ihm begegnet waren, hatte er nämlich s i e gebeten, kein Foto zu machen, doch jeder hatte heimlich doch geknipst. Was zur Folge hatte, daß entweder die Kamera kaputtging, die Fotoplatte nichts wurde oder irgend etwas anderes passierte mit dem Endeffekt, daß es kein Bild von ihm gab. Er lächelte mich jetzt an und sagte, ja, er sei Ram Sareek Singh. Ich erwähnte, daß ich in mehreren Büchern über ihn gelesen habe; worauf er dann antwortete: »Ah, mein Freund Chapman«, oder »Ja, ich erinnere mich an Shipton«. Als ich ihn fragte, warum er kein Foto von sich machen lassen wollte, antwortete er, die Leute nähmen dann sein Bild, hingen es auf und würden ihn anbeten statt Gott.

Er hatte alle Attribute einer großen Seele, insbesondere einen herrlichen Sinn für Humor und echte Demut. Muhkta war total verwirrt darüber, daß Ram Sareek Singh so daran interessiert war, unser Essen zu kosten. Die Leute in Indien meinen, daß ein Heiliger in dieser Hinsicht sehr strikt sei, doch der Meister von Badrinath stand über solchen Dingen und aß, was er wollte. Dieser Heilige lebte seine Philosophie mit jedem Atemzug. Wenn er von Freude sprach, schäumte sein Wesen geradezu über mit Leichtigkeit und Lachen. Die große Lektion, die ich von Ram Sareek Singh erhielt, war, daß ein spirituelles Leben kein frommes, zurückgezogenes, elendes Dasein zu sein braucht; es ist nicht nötig, in Sack und Asche zu gehen, um Gott zu erkennen. Gott ist das Leben in a l l e n seinen Aspekten, einschließlich des Überflusses, der da ist, um mit Freude empfangen und genutzt zu werden.

Nach diesem Treck bemerkte der Standortkommandeur, daß dies der beste Urlaub war, den er je erlebt hätte, weit weg von Telefonen und jeglicher Verantwortung. Das nenne man einen Urlaub! Trotz seines Alters und Mangels an Bergsteigererfahrung, hatte er mit den Besten von uns mitgehalten; trotz seines Vorgesetztenranges hielt er sich treulich daran, »nur einer von den Jungs« zu sein. Für mich war der Höhepunkt dieses Ausfluges meine Begegnung mit dem Meister von Badrinath gewesen. Es dämmerte mir, daß sich nicht rein zufällig so viele der Orte in Indien, die ich besuchte oder zu denen ich mich hingezogen fühlte, als spirituelle Kraftzentren herausstellten, auch wenn ich das zu jener Zeit noch nicht wußte - Badrinath, zum Beispiel, oder die Amarmath-Höhle in Kaschmir, wo ich eine konstante Pilgerschlange vorfand, die sich voller Ehrfurcht vor einem riesigen *lingam* oder Phallus des Gottes Shiva anstellte, entstanden durch Wasser, das vom Dach der Höhle heruntertropfte. Rückblickend sehe ich, wie wichtig der Besuch dieser Orte für mein zukünftiges Leben war.

In der Zwischenzeit lernte ich, das eines der besten Mittel, das Leben in vollen Zügen zu leben, darin besteht, seine Gegensätze zu erhalten. Ich erlebte herrliche Zeiten in den Bergen, beim Klettern oder Wandern unter harten Bedingungen im Himalaya, und wenn ich in die Zivilisation zurückkehrte, machte mir das Luxusleben im Offiziers-Club und in der Messe auch wieder mächtig Spaß. Ich schaffte es sogar, den Standortkommandeur zu überreden, mir ein persönliches Motorrad zuzubilligen, mit dem ich auf dem Stützpunkt schnell von einer zur anderen Messe oder Küche gelangte. In meinem gesellschaftlichen Leben wirkte das Wunder, aber es schuf auch eine gewisse Eifersucht, denn ich war der einzige so ausgestattete Offizier. Alle andern waren in der Messe gestrandet und hatten nur die Stützpunktbusse als Transportmittel, die nur zur Arbeitszeit verkehrten. Obschon ich in meiner Pflichterfüllung sehr eifrig war, fiel es einem doch zuweilen schwer, sich zu erinnern, daß der Krieg in vollem Gange war; es gab wenig Zeit, daran zu denken, bei so viel harter Arbeit und hartem Vergnügen. Als ich meine Terminkalender aus jenen Jahren durchblätterte, entdeckte ich nur drei Eintragungungen, eine pro Jahr, die lauteten: »Früh ins Bett!«

Am 1. Januar 1945, nach einem Jahr in Cawnpore, wurde ich zum Befehlshabenden Versorgungsoffizier der Bengalen-Burma-Front ernannt, mit dem Rang eines Schwadronführers. Dies war die größte Front während des Krieges, und ich war zuständig, für das leibliche Wohl einer Belegschaft von nahezu einer Million zu sorgen - eine ganz schöne Verantwortung. Dr. Sullivans Lehre, daß keine Herausforderung zu groß sei, wenn nur die eigene Einstellung stimmt, sollte sich wieder einmal als richtig erweisen. Ich sah keinen Grund, dies überzubewerten oder über die Maßen zu leiden. Unser Hauptquartier war in Kalkutta, wo das Wetter sehr heiß und stickig war, doch draußen vor meinem Büro gab es ein Schwimmbecken; also ließ ich ein Telefonkabel nach draußen verlegen und erledigte meine Geschäfte oft in Schwimmlage vom Wasser aus.

Später im Jahre 1945 wurde unser Hauptquartier nach Rangun, der Hauptstadt Burmas, verlegt, kurz nachdem die Stadt von den Japanern zurückerobert worden war. Ich nahm meine drei Jungoffiziere mit. Einer von ihnen, Bill Beckett, ein gut ausgebildeter, cleverer und effizient arbeitender junger Offizier, konnte es einfach nicht glauben, wie ich so durch alles hindurchzusegeln schien; dies sei entweder unverschämtes Glück oder ein Zauber läge auf meinem Leben. Ich wunderte mich damals auch; doch heute glaube ich, daß das Geheimnis meines Erfolges in den Lehren, die ich von Dr. Sullivan erhalten hatte, lag. Ich wurde fortwährend getestet und erhielt Gelegenheiten, das Gelernte in die tägliche Praxis umzusetzen. Einmal zum Beispiel schauten Bill und ich aus einem Fenster der Messe in Rangun, das war kurz nachdem wir dorthin umgesiedelt waren. Er schaute hinunter auf das, was in der Straße vor sich ging und sagte: »Schau dir doch dies verdammte Land an, mit all dem Dreck, der Scheiße, dem Gestank, den Fliegen, Krankheiten, der Verwahrlosung. Wie ich das hasse! Ich kann nicht erwarten, nach Hause zu kommen.« Er konnte nur das Negative sehen, das Elend und die Armut, die durch den Kampf, der gerade stattgefunden hatte, noch verschlimmert worden war. Ich wandte mich ihm zu und sagte: »Richtig, Bill, aber schau doch nach oben.« Gerade vor uns war eines der Wunder dieser Welt, die ganz mit Blattgold bedeckte Shwedagon Pagode, die vor dem Hintergrund eines herrlichen Sonnenuntergangs blitzte und blinkte. Burma war für seine Sonnenuntergänge, mit die schönsten der Welt, bekannt. Wir lebten in verschiedenen Welten. »Dein Denken bestimmt, wie sich dein Leben zum Ausdruck bringt«, hatte Dr. Sullivan gelehrt. *Das, was jemand zu sein glaubt, formt sein Geschick.*

Ein anderes Mal hatten meine Offiziere und ich beschlossen, zu einem Wochenende nach Puri aufzubrechen, einer kleinen Stadt und einem heiligen Pilgerort, etwa 560 Kilometer entfernt, am Golf von Bengalen gelegen. Wir hatten vor, uns am Abend in einer Hotelbar zu treffen. Ich nahm zusammen mit Muhkta, meinem Träger, den Zug hinunter zur Küste und hatte eine herrliche Reise. Ich lag auf meiner Bettrolle und trank Tee, den mir Muhkta an jeder Station brachte, und betrachtete das farbenfrohe Panorama, wie es am Fenster vorbeizog - grüne Felder, junger Weizen, gelber Senf, ländliche Behausungen und reizvolle Brunnen, alles vor dem Hintergrund eines herrlichen Himmels, an dem gerade die Sonne unterging. Wenn wir in einem Bahnhof hielten, nahm mich die bunte Vielfalt des Geschehens gefangen. Es war spannend und aufregend; eine Menschenmenge, aus verschiedenen Rassen zusammengesetzt, Straßenverkäufer, Gurus mit ihren Schülern, den Chelas [1], Fakire mit riesigen Schlangen um den Hals, Verkäufer, die süße Backwaren verkauften, Brahmanen, Bettler, Betelnußhändler - der gesamte Subkontinent schien hier in einer einzigen großartigen Szene vertreten zu sein. Ich war wie bezaubert von der ganzen Reise.

Als wir uns in dem Hotel in Puri trafen, fragte ich meinen Freund Bill, was für einen Trip er gehabt hatte. »Einen ganz fürchterlichen«, antwortete er. »So ein Gerattere und Gekreische, der Lärm war einfach uner-

1) Wörtlich bedeutet *chela* »Sklave« oder »Diener« auf Hindi, man nennt aber so auch die Novizen oder Schüler eines spirituellen Lehrers.

träglich; die Fliegen waren entsetzlich, die Leute rochen fast so schlimm wie die Scheiße...« er hörte gar nicht mehr auf.

Ich erfuhr danach, daß wir beide mit demselben Zug gereist waren. Die faszinierenden Ansichten, die mir in die Augen sprangen, waren an Bill vollständig unbemerkt vorbeigegangen. *Schau nach dem Positiven, und das wirst du dann auf dich ziehen; sieh nur das Negative, und das kriegst du dann.*

4. Kapitel

AUF DEM DACH DER WELT

Die Wahrheit ist mächtig und weit verbreitet.
Alles, was du zu tun hast, ist,
sie zu behandeln wie den Sonnenschein -
lass sie scheinen.

Als die Feindlichkeiten mit Japan 1945 aufhörten, wurde klar, daß mir nur noch ein paar Monate im Fernen Osten blieben, um diverse Ambitionen in die Tat umzusetzen. Diese waren, Kaschmir zu besuchen, einen Treck am westlichen Bergrücken Sikkims entlang nach Phalut zu führen, um den Sonnenaufgang auf dem Mount Everest und Kanchenjunga zu sehen, und Tibet zu besuchen. Daher schmiedete ich im August Pläne für eine einzige Reise, in der ich alle drei Wünsche erfüllen könnte - was eine Unmöglichkeit zu sein schien, da ich nur drei Wochen Urlaub hatte.

Eine einfache List bot sich an. Nun, da der Krieg vorbei war, hatte ich Offiziere und Männer von der Truppe nach Kalkutta fahren und die angehäuften Urlaubstage aufbrauchen sehen, nur um am Ende außerstande zu sein, rechtzeitig nach Burma zurückzukehren, weil Schiffe und Flugzeuge knapp waren. Normalerweise saßen sie in Kalkutta zwei bis drei Wochen fest und warteten auf ihre Weiterbeförderung; doch der Krieg war gewonnen und keiner schien sie sehr zu vermissen oder das Ganze sonderlich ernst zu nehmen. Ich könnte mir also zwei oder drei Wochen in den Ärmel schieben, vorausgesetzt, man nähme an, daß auch ich in Kalkutta wartete.

Die Expedition erforderte komplizierte Reise-Arrangements, doch ich flog bald nach Kalkutta, von dort weiter nach Delhi, von da mit dem Zug nach Rawalpindi, und dann per Bus nach Srinagar in Kaschmir. Ich verbrachte einige Zeit auf einem Hausboot auf dem Dal-see im Kaschmirtal, einem der schönsten Seen der Welt. Dann wanderte ich hinauf zum Thajwas Tal - dem Tal der Gletscher - zu einem Bergsteigerzentrum für Flugbesatzungen, wo Besatzungsmitglieder sich entspannen und in der heilenden Atmosphäre der Berge fit machen konnten. Hier verbrachte ich drei Wochen damit, auf Berge und Gletscher zu steigen und überquerte den Loji-La Paß für eine Exkursion nach Tibet hinein.

Ich überredete den befehlshabenden Offizier des Zentrums, Leslie Levy, einen der Instruktoren, mit mir durch Indien zu reisen und dann eine Trekking-Tour nach Sikkim und weiter nach Tibet zu unternehmen. Im August hatte ich die notwendige Einreiseerlaubnis für Sikkim und Tibet vom Politischen Offizier in Sikkim erhalten. Diese konnte nur nach einer zufriedenstellenden Gesundheitsuntersuchung erteilt werden, da die Pässe auf unserer Route 4267 Meter über dem Meeresspiegel lagen. Rasthütten sowie Liegewagen für den Zug und Busplätze mußten reserviert, Proviant und Ausrüstung gekauft und Kulis angeheuert werden, Landkarten und Reiseführer waren anzuschaffen und Informationen zu sammeln. Eine umsichtige und adäquate Vorbereitung war für den Erfolg dieser Reise ganz ausschlaggebend.

Früh im Oktober 1945 begannen Leslie und ich unsere Fünf-Tage-Reise von Kaschmir nach Darjeeling mit der Bahn über Kalkutta und Siliguri. In Indien per Zug zu reisen, hat den Vorteil, daß es einem Gelegenheit gibt, Leute zu treffen, mit denen man sonst keine Zeit verbringen würde. Einer unserer Mitreisenden war ein indischer Industriekapitän, ein gewisser Thakar Das, der lange Zeit in England gelebt hatte und gut Englisch sprach. Wir führten einige sehr anregende Unterhaltungen. Er machte die interessante Beobachtung, daß die Inder, die, wie es nun einmal sei, an einem starken Minderwertigkeitsgefühl litten, den Briten alles verzeihen würden, wenn diese bloß aufhörten, sich so überlegen zu gebärden und stattdessen die Inder als gleichwertig behandelten.

Von Siliguri nahmen wir den Bus nach Darjeeling, der immer höher und höher in die klare Bergluft hinaufkletterte. Wir hatten die Mücken hinter uns gelassen, das Gefühl der Trägheit und die feuchte, stechende Hitze der weiten Ebenen von Bengalen, von der wir zuweilen einen Blick erhaschten durch eine Lücke in dem dichten Wald von Bambus und moosübersäten Bäumen; durch die feuchte Atmosphäre ringsum erschien diese Ebene nun sanft und verschwommen.

Darjeeling selbst ist gänzlich von den Ebenen abgeschirmt, es klammert sich an Spitze und Flanken eines Sporns, der aus der Nordseite eines äußeren Gebirgszuges hervorragt. An der weiter entfernten Seite des Rangest Flusses erheben sich weitere Gebirgszüge in gigantischen, waldbedeckten Stockwerken, ein jedes badet in Schattierungen von immer tieferem Purpur; sie formen ein weites Amphitheater, welches den kleinen Staat Sikkim umfängt, seinerzeit ein unabhängiges Land, das von einem tibetischen Maharadscha regiert wurde.

Sikkim ist weniger als halb so groß wie Wales und liegt nördlich von Darjeeling an der Grenze Bengalens, im Süden von Tibet und zwischen Bhutan im Osten sowie Nepal im Westen. Obschon klein, ist Sikkim doch das bergreichste Land der Welt. In wenigen Stunden ist es möglich, von tropischen Bambuswäldern und Dschungeln in die Welt der Enziane hinaufzusteigen. Gipfel erheben sich zwischen 200 und 8500 Meter in einem Wirrwarr von Gebirgszügen, wobei die höchsten Höhen aus nichts als Schnee, Eis und Felsen bestehen.

Die niedrigeren Ebenen sind eine Masse von Bergzügen mit tropischen Urwäldern und tiefeingekerbten Schluchten. Innerhalb seiner engen Grenzen liegt die erhabenste schneebedeckte Gebirgskette der Welt, die Kanchenjunga-Gruppe, die sich in den verschiedensten Stimmungen darbietet, je nach der Tages- und Jahreszeit.

Die Reise in Sikkim und über die Handelsroute nach Lhasa, die tibetische Hauptstadt, wurde uns sehr angenehm gemacht durch gute Wege und gut ausgestattete Rasthütten, sogenannte *Dak-Bungalows*, die in leichten Etappen zu erreichen sind. Ohne Ausnahme lagen sie in gut ausgesuchter Umgebung mit herrlicher Aussicht und waren mit Betten, Matratzen, Teppichen, Vorhängen, Tischen, Geschirr, Gläsern usw. ausgestattet. Ein *chowkidar* oder Wächter schaute in jedem Haus nach dem Rechten und versorgte uns gewöhnlich mit Feuerholz, Milch und Eiern für ein sehr kleines Entgelt. Unser erster Treck verlief über den westlichen Bergrücken Sikkims. Wir gingen los mit einem Führer aus Sirdar, fünf Sherpas als Kulis und einer Tibeterin.

Weibliche Kulis waren ganz an der Tagesordnung und abgesehen davon, daß sie die gleichen Lasten schleppten wie die Männer, waren sie auch fröhlich und halfen mit, die Gesellschaft bei Laune zu halten. Alle waren gut ausgerüstet mit genagelten Stiefeln, warmer Kleidung und Decken. Im allgemeinen kleiden sich die tibetischen Frauen in dicke, lange marineblaue Mäntel und rote verzierte Schneestiefel; sie tragen schmuckvolle, mit Fell gefütterte Hüte und Ohrenklappen. Die dunkeläugigen, kultivierten Tibeterinnen verbringen mehrere Stunden täglich mit ihrer Toilette und sind recht attraktiv. Ihre Erscheinung ist jedoch mehr als nur schmückendes Beiwerk, denn sie präsidieren über die Bazarstände und sind ganz eigentlich fürs Geschäft verantwortlich. Da es sehr viel mehr tibetische Männer gibt als Frauen und Ehen arrangiert werden, werden gewöhnlich die Brüder eines Mannes in Jahresabständen dessen Ehefrau dazu angetraut. Tibeter reisen für ihr Leben gern, daher ist es normalerweise so eingerichtet, daß immer nur ein Ehemann/Bruder zu einer bestimmten Zeit daheim ist.

Auf unserem Weg den Sandakphu-Pfad hinauf konnten wir den gesamten Gebirgszug verfolgen, wie er sich meilenweit in einer ununterbrochenen Kette von schneebedeckten Höhen erstreckt, überragt vom Kanchenjunga und dem Sattel, den die Zwillingsgipfel des Mount Kabin bilden. Kanchenjunga, rund 8600 Meter hoch, sah so still und heiter aus, daß man sich kaum vorstellen konnte, daß vermutlich ein heftiger Wind um seinen Gipfel wehte und Lawinen tosend an seinen Steilwänden zu Tal stürzten. Lawinen sind für den Kanchenjunga etwas ganz Normales, und deswegen sagt man, daß wohl nie jemand diesen Berg bis zum Gipfel ersteigen wird.

Nach dem Abendessen erreichten wir einen Aussichtspunkt, wo uns der wunderbarste Sonnenuntergang, den ich je gesehen habe, in Bann hielt. Es war schwer, all die bezaubernden Effekte auf einmal aufzunehmen - die unbeschreibliche Schönheit der vorbeiziehenden Wolken, die im Westen ununterbrochen Form und Farbe wechselten; das herunterströmende Licht, wie es auf die schneebedeckten Berge fiel, wobei jeder hervorragende Sporn noch herausmodelliert wurde und den reinen weißen Schnee in immer tiefere Schattierungen von gelb zu gold, zu orange, rosa und schließlich rot färbte. Vom Osten her verbreitete sich Dunkelheit über die stillen Hochebenen, 3048 Meter tiefer. Wolken schoben sich unter uns zusammen und füllten das Tal mit einem Wattemeer. In schrägen Strahlen zog das Licht nach oben, während die Purpurtöne der Nacht eine Bergkette nach der anderen überzogen, bis nur noch der Gipfel des Kanchenjunga feurig leuchtete. Als die letzten Strahlen den höchsten Gipfel verließen, war alles Finsternis außer einem blaßgrünen Schimmer im Westen. Die Sterne standen schon am Himmel, als wir den Weg, den wir gekommen waren, zurückliefen - überwältigt von einem Gefühl tiefster Ehrfurcht und Demut nach dem fantastischen Schauspiel, dessen Zeuge wir soeben gewesen waren. Über einem Abgrund, fern im Südosten, konnten wir die Lichter von Darjeeling sehen, kleine leuchtende Sterne, die auf einem samtschwarzen Hintergrund glitzerten.

Zwei Tage erforderte der Marsch über den Bergkamm durch Sandakphu nach Phalut. Wir planten, hier zu übernachten und am Morgen darauf den Sonnenaufgang über dem Mount Everest zu beobachten. Auf unserem Weg durch einen Pinienwald trafen wir auf einen Bonzo, eine wilde Hundeart. Man hatte uns gesagt, daß Bonzos in großen Rudeln jagten, wobei sie sich mit erstaunlicher Schnelligkeit bewegten, um Schafe, Ziegen und Kühe in einer widerlichen Art anzugreifen. Während einige ihre Beute von vorn an der Flucht hindern, greifen andere von hinten an, beißen sich in das Hinterteil des unseligen Tiers und kratzen seine Eingeweide mit den Pfoten heraus. Tiere lernen schnell, sich zu verteidigen, indem sie ihr Hinterteil vor einem Felsen oder Baum schützen.

Phalut bedeutet: »Der entblößte Gipfel«, und so ist er. Heute kommen Menschen aus allen Teilen der Welt nach Phalut wegen der Aussicht, die er auf das »Königreich des Schnees« bietet. 1945 gab es keine einfache Straße hinauf zu diesem nordwestlichsten Punkt der damals britischen Grenze über dem Singulela Kamm, und ich empfand es als Privileg, hier zu sein. Wir standen sehr früh am Morgen auf und fanden gerade rechtzeitig unseren Standpunkt, um just die Spitze eines Berges zu erblicken, weit entfernt, golden vor einem tintenschwarzen Himmel, der allmählich heller wurde. Auf einmal erschien der ganze helmförmige Dom des Everest, er stand wie eine Wache zwischen den zwei verschlossenen Ländern Nepal und Tibet. Sowie die Sonne sich erhob, wandelte der mächtige Gipfel seine Farbe vom blassesten Bernstein zu kräftigstem Gold und dann einem lebhaften Karminrot, als die ersten Sonnenstrahlen den Himmel erleuchteten. Allmählich kam die ganze wunderbare Bergkette in Sicht, eine kontinuierliche Reihe schneebedeckter Berge, klar abgesetzt gegen einen blauen Himmel. Die Ebenen lagen im Schlaf unter einer wunderbaren Daunendecke aus weißen Wolkenbäuschen. Bald jedoch hüllte sich der Everest in Wolken, als ob seine Bescheidenheit ihm untersagte, seine Schönheit allzu lange zur Schau zu stellen. Es kann nicht viele Orte in der Welt geben, die eine solch atemberaubende Aussicht bieten wie diese zerfurchte Schneelinie, die das weite Tafelland Tibets umsäumt.

Leslie und ich zogen mit unseren Kulis los, um Sikkim zu Fuß zu durchqueren, was einige Tage dauerte. Auf diesem Weg hatten wir unsere erste Begegnung mit Blutegeln, der schlimmsten Plage des Landes. Die Dinger schauen böse aus. Sie sind zweieinhalb bis fünf Zentimeter lang und so dünn, daß sie sich sogar durch die Stiefelösen zwängen können. Blutegel darf man nie abreißen, da der Kopf in der Haut steckenbleibt und eine Entzündung hervorrufen kann; die beste Methode, sie loszuwerden, ist, sie mit einer brennenden Zigarette zu berühren. Man kann noch mehrere Stunden danach bluten; dies wird, wie man mir sagte, durch eine Flüssigkeit hervorgerufen, die die Egel in die Haut absondern; sie verhindert, daß das Blut gerinnt, damit es leichter fließt. Die Egel hinderten uns daran, ein geruhsames Mittagessen zu haben, indem sie uns von allen Seiten überfielen, sobald wir uns hinsetzten - wir mußten unser Essen auf dem Marsch zu uns nehmen. Blutegel bewegen sich mit beträchtlicher Geschwindigkeit, sie benutzen ihre Köpfe und Schwänze, strecken sich zu ihrer vollen Länge aus und drehen sich dann mit hochgezogenem Schwanz zu einer Schleife. Das war ein schrecklicher Anblick, wenn so ein Ding sich aufrichtete und blind nach meiner Lieferung an Blut fahndete. Einmal mußte ich einem menschlichen Bedürfnis Rechnung tragen, ging vom Weg ab und in die Hocke. Zu meinem Entsetzen sah ich plötzlich eine schwarze Masse, Dutzende von Blutegeln, auf mich zukommen. Diese widerwärtigen Kreaturen umringten und umzingelten mich von allen Seiten. In rasender Eile zog ich mir die Hosen hoch und ergriff die wilde Flucht, die Vorhut, die bereits an meinen Stiefeln hochkletterte, abschüttelnd. Egel hocken sogar auf überhängenden Ästen an Pfaden und Wegen, um sich auf ahnungslose Menschen und

Tiere fallenzulassen. Die meisten Einheimischen, die wir trafen, hatten blutende Bisse überall an den nackten Beinen, aber sie schien das nicht weiter zu beunruhigen; unsere Kulis waren mit guten Stiefeln und *puttees*[1] wohl geschützt.

Später führte uns der Weg durch tiefe Sümpfe, wo purpurrote Orchideen von dunklen Stämmen herunterrankten, und weiter an Moos- und Farnbänken vorbei. Alles war feucht und unheimlich, ein üppiges Gewirr von Blattwerk und massenhaft Bäumen, die, wie mir schien, unter der Vielfalt der Arten um ihr Überleben kämpften. Als wir die Schwelle des Himalayas erreicht hatten, erkletterten wir die »Sikkim Stairs«, die Treppe von Sikkim, wo der Mauleselpfad zwischen Rongli und Gnatong auf einer Strecke von 14,5 Kilometer 3048 Meter steigt. Mit jeder Meile wurde die Landschaft spektakulärer, und die Aussicht war atemberaubend - die Ebenen konnten wir in der Ferne liegen sehen.

Um die »Treppe« zu ersteigen, wanderten wir zuerst durch die Rhododendron-Zone, einen Wald knorriger und verkrümmter Stämme, die einen nicht wenig an eine Szene aus Dantes *Inferno* erinnerte. Dann kamen wir auf der Haupthandelsstraße nach Tibet hinein und wanderten an einigen Mauleselzügen vorbei, die riesige Bündel Wolle schleppten. Die Ponys waren gebürstet und gestriegelt und in einen schönen Harnisch gespannt, mit großen roten Federbüschen auf dem Kopf und roten Wollbällchen, die von den Hälsen herunterbaumelten. Am Hals hingen auch Glöckchen, die hübsch klingelten, wenn sich der Zug bewegte. Die Mauleseltreiber waren gut ausgestattet, sie trugen mit Fell gefütterte Hüte mit Ohrenklappen, ausgezeichnete fellumrandete Sonnenbrillen, lange dicke Wollumhänge und wadenlange Schneestiefel aus Filz und Leder; all das war schön verziert.

Kurz ehe wir in das Lingtu Dorf am Ende der »Treppe« gingen, schauten wir uns den Friedhof an, wo Unfallopfer der britischen Expedition von Younghusband aus dem Jahre 1902 begraben liegen. Es war vermerkt, daß einige bei der Überquerung des Jelup-La Passes gestorben waren, der noch vor uns lag. Wir beeilten uns und stiegen weiter hinauf durch verschiedene Klima-Zonen - subtropisch, mediterran, durch Laub-

---

1) Ein Stück Tuch, das von der Ferse bis zum Knie ums Bein gewickelt wird.

und Pinienwälder, Buschland, durch Moose und Flechten zu Schnee und Eis. Schließlich erreichten wir den Gipfel des Jelup-La Passes auf 4386 Meter Höhe, von wo aus wir hintereinander alle Bergketten sehen konnten, die das »Dach der Welt« bilden. Die packendste Attraktion in dieser Aussicht war der glitzernde Gipfel des Chomolhari in 7129 Meter Höhe; er steht im Ruf, der schönste Berg der Welt zu sein. Er schien sich in erhabener Isolierung von der klar umrissenen Linie der Berge am Horizont abzuheben. Wie sehnte ich mich danach, ihn zu erklimmen!

Ein strenger, eisiger Wind begann allmorgendlich um halb zwölf über das Hochplateau zu fegen und die Temperatur weit unter Null zu treiben. Um dieser Härte zu entgehen, war es nötig, um vier Uhr früh aufzubrechen. Wir hatten uns zum Schutz Bärte wachsen lassen und trugen am Leib, was immer wir an Kleidung besaßen. Waschen, duschen, sich umkleiden entfiel, da die Haut durch Wasser in solchen Höhen aufspringt und Blasen bekommt; sogar Atmen war schwierig und jede Bewegung mühselig und langsam. Hier wurde meine Ausdauer härter getestet als je sonst in meinem Leben, aber ich erinnerte mich an meine Erfahrungen bei Cross-Country-Rennen und an den Trick, den Willen dazu zu benutzen, den Körper »gerade noch zur nächsten Station« voranzutreiben - und dann wieder zur nächsten. Hier auf dem »Dach der Welt« wurde mir dies sehr nützlich.

In dieser Höhe erscheint der Himmel wie von samtenem Schwarz, vergleichbar den Fotografien, die Astronauten tief im Weltall aufgenommen haben. Nachdem wir Jelup-La überquert hatten, begannen wir unseren Abstieg in das Chumbi Tal. Mehr Mauleselzüge kamen vorüber und eine Menge interessanter tibetischer Menschentypen: Kulis, Lamas, Händler und andere. Der Pfad führte wieder hinab durch Pinien- und später Rhododendron-Wälder; die Blätter waren noch an den Bäumen in all ihrer herbstlichen Pracht, und der Boden war schneebedeckt, außer an ein paar Flecken, wo die Sonne ihn geschmolzen hatte und von wo aus ein bezaubernder aromatischer Duft die Luft erfüllte. Etwas tiefer gab es grasbewachsene Lichtungen ähnlich Schweizer Almen, wo riesengroße zottige Yaks friedlich grasten. Wir stiegen weiterhin bergab durch Wälder mit Pinien, Eichen und Walnußbäumen, und dann über Hänge voller Azaleen, Berberis, Clematis und Spirea. Große Büsche wilder Rosen, übersät mit roten Hagebutten, wuchsen neben dem Fluß.

An manchen Tagen erlebten wir heftige Regenfälle, die jede Sicht nahmen. Gelegentlich flimmerte für kurze Augenblicke helles Sonnenlicht durch das Flechtwerk üppigen Blattgrüns, das Farbtupfer aufleuchten ließ, wo Blumen an moosbedeckten Hängen wuchsen. In den Tälern schwirrte die Luft meist von Insekten, Libellen mit hellroten und blauen Körpern, Käfern, Fliegen und kleinen Mücken und Tausenden von farbenfrohen Schmetterlingen, die, angeregt von der Sonne, zum Leben erwachten und wie lebendige Juwelen blitzartig von Blume zu Blume schwirrten. Dann trocknete alles immer ganz schnell, und man konnte Dampfwolken von den Südseiten der Häuser, dem Weg und den Felsen aufsteigen sehen. Nun war die Zeit gekommen, unsere durchnäßten Kleider auszuziehen und zum Trocknen aufzuhängen.

Von der Naturschönheit der Täler abgesehen, gab es noch viel Interessantes. Tibet war durch hohe Berge über Jahrhunderte praktisch von der Welt abgeschottet gewesen, und man konnte tatsächlich eine bemerkenswerte Veränderung spüren, sobald man die Grenze passiert hatte - in den Menschen, ihrer Kleidung, ihren Häusern, in der Flora und Fauna und im Klima. Die Menschen waren liebenswürdig; sie grüßten uns mit lächelnden Gesichtern und offener Neugier. Sie fragten, woher wir kämen und wohin wir gingen. Die meisten Männer trugen verzierte Schwerter oder Dolche, und alle besaßen einen Talisman oder ein Amulett, aufbewahrt in einer schön dekorierten Silber- oder Kupferdose. Sogar in diesem »verbotenen Land« bettelten die Kinder fröhlich drauflos und verlangten ihr Bakschisch!

Unterwegs besichtigten wir eine Reihe von Klöstern. Das Wort für Kloster ist *gompa*, was »einsamer Ort« bedeutet. Ein wahrer *gompa* besteht aus einer Kolonie von Lamas, die rund um eine Reihe von Gebäuden abseits der Welt leben. Die *gompas* befinden sich häufig in reizvollen Gegenden, und die Gebäude sind nach einem Standardmuster angelegt. Das Hauptgebäude besteht aus einer Halle und einem Vestibül oder Gebetshaus, das Einlaß zur Haupthalle gibt. Die »Vier Könige der Himmelsrichtungen« sind in ihrer Funktion als Hüter der Schwelle auf die Wände des Vorraums gemalt. Die viereckige Hauptkammer besteht aus einem Mittel- und zwei Seitenschiffen, und die Wände und Decken sind mit Fresken bemalt. Die Gemälde sind in leuchtenden Farbtönen gehalten und stellen Ereignisse aus dem Leben des Buddha dar. Die Lamas sitzen auf niedrigen Hockern auf beiden Seiten des Hauptschiffes, und nahe dem Altar befinden sich erhöhte Sitze für die geistlichen und weltlichen Oberhäupter des Klosters; die ersteren leiten den Gottesdienst und den Gesang. Der Altar ist mit goldenem und silbernem Tuch behängt und wird von drei Figuren gekrönt: dem Buddha in der Mitte, Guru Rimpoche, dem Begründer des Lamaismus, und Chenresi, dem Gott der Gnade und Schutzpatron Tibets. Kerzen erleuchten den Altar, der sieben Schalen mit heiligem Wasser enthält, ein Räuchergefäß und verschiedene Gerätschaften für Rituale. Es gibt außerdem Musikinstrumente wie Hörner, Trompeten, Zimbeln und Trommeln.

Ein Sechstel der tibetischen Bevölkerung waren Lamas, denn es war üblich, daß jeweils ein Junge pro Haushalt einem Kloster beitrat. Wir besuchten das berühmte Kloster von Tashiding, das in erhabener Einsamkeit auf dem Gipfel eines steilen und dicht bewaldeten Bergkamms über dem Zusammenfluß von zwei Flüssen steht. In seiner Novizenschule (Jungen von etwa acht Jahren) fiel mir eine große Peitsche über der Tür ins Auge, und ich fragte nach ihrem Zweck. Man sagte mir, daß die Schüler in regelmäßigen Zeiträumen von einem Prüfungsausschuß getestet würden; wenn einer durchfalle, werde der Lehrer ausgepeitscht - nicht der Schüler! Ich dachte, solch eine Praxis könnte auch an unseren westlichen Schulen mit Gewinn eingeführt werden. Der wunderbare Sinn für Freude und Neugier, mit dem die Novizen sich um uns scharten, bewegte mich tief.

Unser Reiseziel war Yatung, wo ein britischer Handelsagent mit einer Garde von 25 indischen Kavalleristen stationiert war. Wir erreichten unser Rasthaus dort gerade rechtzeitig für Tee und frisch getoastetes tibetisches Gebäck. Das Haus war entzückend ausgestattet mit Wandbehängen, die verschiedene Szenerien auf dem Weg nach Lhasa darstellten, und stand mitten in einem schönen Garten mit blühenden Chrysanthemen und Dahlien. Es schaute in das Tal hinunter auf vorbeiziehenden Rauch und flatternde Gebetsfähnchen, über die grauen Schindeldächer des Dorfes, das sehr wohlhabend zu sein schien mit seinen von Steinwällen umgebenen Feldern mit Kartoffel- und Steckrübenanbau, mit seinen Ansammlungen von grauen Holzhäusern wie Schweizer Chalets - und überall wurde Weizen gedroschen.

Wir besuchten ein weiteres Kloster namens Donkar, wo wir im Innenhof mehrere rotgewandete Lamas eifrig beim Weben und Schnitzen vorfanden. Einer kam zur Begrüßung auf uns zu, und ich gab ihm unser Empfehlungsschreiben vom Hauptverwaltungsbeamten in Yatung. Man führte uns in einen Raum neben der Küche und forderte uns auf, uns auf einer reich mit Teppichen belegten Couch niederzulassen. Drei wunderschön bemalte Tassen aus feinstem Porzellan wurden vor uns hin auf mit Ornamenten verzierte Silberständer gestellt. Man servierte uns eine Schale Puffreis, Äpfel, Guavas, Salzgebäck und zu Fischen geformte süße Sachen. Wir schauten uns die Küche und Vorratskammern an, die überraschend gut ausgestattet waren mit Teemaschinen, riesigen Teekannen, Kasserollen und Kellen. Zwei gewaltige Töpfe, in denen Essen für die Armen zubereitet wurde, standen auf einem riesigen Backsteinofen. Der Standard ihrer Kochkünste war offensichtlich hoch und beeindruckte mich.

Eine Treppe höher lag die Bücherei, die Hunderte von alten Folianten beherbergte, die man mit Sorgfalt hütete; jedes Buch hatte sein eigenes Fach hinter Glastüren. Es gab auch eine Anzahl alter Druckformen. Um den Rand des Fußbodens herum waren dicke Wollmatten ausgelegt, auf denen die Lamas saßen, wenn sie lasen, aßen oder meditierten. Jeder Lama hatte seinen angestammten Platz, vor dem sein einziges Eßgeschirr, eine Holzschale, stand. Ein schweres Wollcape oder ein Umhang sowie eine Mütze lagen zusammengefaltet auf jeder Matte. Ich dachte, es müsse entsetzlich kalt sein hier auf 3 962 Meter Höhe, im Winter mit wenig oder gar keiner Heizung. Ungefähr 150 Lamas lebten in diesem Kloster, dem größten im Bezirk. Es konnte sich fast ganz selbst versorgen, da es eigenes Land und Rinder besaß. Das derzeitige Oberhaupt der Lamas, ein achtjähriger Junge, den man für die Inkarnation des vorausgegangenen Oberlamas hielt, war in Lhasa; wir durften seine unbezahlbar kostbaren Roben aus goldenem und silbernem chinesischen Brokat sehen.

Ich war sehr beeindruckt von der Geisteshaltung, dieses Glücklich- und Zufriedenseins und der Freundlichkeit unter diesen Männern, die ihr ganzes Leben in den Dienst der Religion und religiös inspirierten Kunst gestellt hatten. Die Lamas waren allezeit zum Spaßen bereit, und aus irgendeinem Grund verschafften ihnen unsere Eispickel besonderes

Vergnügen. Wir wollten gerade aufbrechen, als ein Schwarm junger Novizen, zwischen sieben und zehn Jahre alt, aus der Schule gerannt kamen und uns mit der Bitte umringten, ein Foto von ihnen zu machen. Sie waren geradeso wie eine Schar lebhafter, rotwangiger Kinder daheim, von ihren ungewaschenen Körpern und kurzgeschorenem Haar abgesehen. Gewöhnlich stammten sie aus großen Familien und traten dem Kloster mit sieben oder acht Jahren bei, sobald sie selbständig genug dafür waren.

Ich schreibe diese Beobachtungen so genau nieder, weil dieser Lebensstil, der über Jahrhunderte unverändert geblieben war, durch die später erfolgende Invasion Tibets durch die Chinesen eine solche Umwälzung erfahren sollte. Da die Macht des Landes sich in seinen Lama-Klöstern konzentrierte, waren diese auch die erste Zielscheibe der Eindringlinge. Ich weiß es nicht, aber ich zweifle daran, daß es diesen Lebensstil heute noch gibt.

Als Leslie und ich auf demselben Wege über die »Sikkim Stairs« wieder nach Indien hinunterwanderten, triumphierte ich; es war mir gelungen, in einer Reise meine drei Ziele zu erfüllen - nach Kaschmir zu kommen, den Sonnenaufgang am Mount Everest zu sehen und nach Tibet zu reisen. Letzteres hatte meine Phantasie am meisten angeregt. Ich war fest entschlossen, zurückzukehren - und das nächste Mal noch weiterzugehen.

Zurück im Hauptquartier in Rangun war ich froh zu sehen, daß ich mit meiner fünfwöchigen Abwesenheit ungeschoren davonkam. Um mir ein Alibi zu verschaffen, hatte ich aus Ladakh in Westtibet ein Telegramm geschickt: »Bedaure Rückkehrverzögerung. Eingeschneit in Tibet.« Ich glaube jetzt, daß solche Kühnheit insgeheim Achtung fand. Vom »Dach der Welt« fiel ich recht unsanft auf die Erde zurück. Anscheinend hatte der Hauptbefehlshaber höchstpersönlich nach mir verlangt und war mit diversen Entschuldigungen abgespeist worden. Wir waren mit einem ziemlichen Problem in der Essensversorgung konfrontiert. Es hatte in den Rängen der Landstreitkräfte eine Meuterei über das Essen gegeben. Um einer ähnlichen Entwicklung in der Luftwaffe vorzubeugen, wollte der Hauptbefehlshaber, daß ich in Burma herumfuhr und dem gesamten Personal in der Königlichen Luftwaffe erklärte, wie die Lage an der Essensfront sei.

Ich wurde vor meinen vorgesetzten Offizier gerufen, Vizemarschall der Luftflotte und zuständig für die Verwaltung, einen Mann namens Satterly, der mir klarmachte, worin das Problem bestand - man konnte kein Fleisch bekommen. In der Zwischenzeit hatten die Männer allerlei Soja-Produkte erhalten, Soja-Würstchen, Soja-Brot usw.. Ein Wissenschaftler in England hatte entdeckt, daß die Soja-Bohne eine große Menge Protein produziert. Als man jedoch den Männern diese Bohnen vorsetzte, machten sie einen Aufstand.

Dies Problem war mir nicht unbekannt. In meiner Zeit bei der RAF Cawnpore hatte ich eine Lösung gefunden, indem ich Delikatessen wie Schinken und Tomaten den Männern direkt auf die Teller servieren ließ. Dann hatte ich, in der Mitte zwischen zwei Eßsälen, in denen jeweils etwa 1500 Mann Platz nahmen, ein riesiges, von meinen besten Köchen zubereitetes Büffet mit geriebenen Möhren, geraspeltem Kohl, Roter Beete und den diversen Soja-Produkten aufstellen lassen. Dies hieß der *Bakschisch* oder »freie Tisch«. Ich bat den Stabskommandeur, abwechselnd einen dieser Eßsäle der Flieger zu besuchen. Er häufte sich den Teller am Büffet randvoll und bemerkte mit lauter Stimme, daß das Essen in der Fliegermesse viel besser sei als in der Offiziersmesse. Die Flieger, die nicht zu kurz kommen wollten bei dem, worauf sie Anspruch zu haben meinten, griffen lustvoll zu - wäre es ihnen jedoch auf die Teller serviert worden, hätten sie gesagt: »Wir sind doch keine Karnickel, daß man uns Kohl, rohe Karotten und Soja gibt!« Auf diese Weise hatte ich gelernt, daß Leute fühlen, sie haben eine Wahl, wenn man ihnen erlaubt, etwas aus eigenen Stücken zu tun, daß sie aber, wenn man ihnen etwas aufzwingt, wahrscheinlich revoltieren werden - wie das gerade in den Landstreitkräften geschehen war.

Daher wurde ich also von Stützpunkt zu Stützpunkt geflogen, sprach zu Tausenden und Abertausenden von RAF-Mitarbeitern, erklärte ihnen die Situation in der Nahrungsversorgung und benutzte die gleichen Taktiken wie in Cawnpore. Das nervte mich, zumal ich selbst kein Freund von Soja-Würsten war, aber es war eine gute, praktische Erfahrung und unterband jedenfalls den Aufstand - aber es förderte nur meinen Abscheu vor Soja-Produkten aller Art!

Der Vizemarschall der Luftflotte war bekannt als der »Wie-Wann-Wo-Warum-Satterly«, weil er dies dauernd fragte und jeder Einzelheit große Aufmerksamkeit schenkte. Während einer unserer regulären morgendlichen Besprechungen kam er auf die »frisches-Fleisch-für-die-Männer-Frage« zurück. »Ein Versorgungsschiff mit Fleisch ist gerade in den Hafen von Rangun eingelaufen, Sir«, sagte ich ihm, »aber ich habe es selbst noch nicht gesehen.« »Dann steigen Sie in ein Boot, Caddy, gucken Sie selbst und erstatten Bericht, wenn Sie geguckt haben«, knurrte er. Das war typisch für den Mann. Ebenso war es typisch für mich, daß ich ein Boot nahm und ihm berichtete.

Meine Erfahrung in der Luftwaffe hinterließ in mir den Eindruck, daß ein Offizier nicht über den Rang eines Vizemarschalls der Luftflotte (gleichrangig einem Zwei-Sterne-General) hinaussteigt ohne die Liebe und Treue jener unter ihm. Satterly war absolut brillant in allem, was er tat; er arbeitete etwa 16 Stunden am Tag und hatte einen scharfen Verstand. Fast jeder von uns mochte und bewunderte ihn; und dennoch kam er niemals auf einen höheren Rang. Ich denke, der Grund ist, daß er wahrhaftig von jedem erwartete, wie er zu sein - ebenso der Arbeit hingegeben, hart im Einsatz und auch ebenso brillant. Darin lag sein Versagen. Man respektierte ihn, aber man liebte ihn nicht. Die Fähigkeit, Liebe und Loyalität zu wecken, mehr denn einen cleveren Kopf und Effizienz zu fördern, ist der Schlüssel zum Erfolg, sei es in der britischen Königlichen Luftwaffe oder irgend einer anderen Führungsrolle im Leben.

5. Kapitel

GIPFELERFAHRUNGEN

Denke daran, dass nur,
was du durch dein Leben bewiesen hast,
für dich Wahrheit ist;
alles andere ist mögliche Wahrheit.
Beweise es durch das Experiment;
lebe es - dann hast du Wissen erlangt.

Ich sollte im März 1946 nach England zurückkehren, in drei Monaten. Tibet machte mich nach wie vor neugierig; nachdem ich über seine Grenze gelangt war, war ich fest entschlossen, noch weiter ins Land zu dringen und Gyantse zu erreichen, eine Stadt an der Handelsroute nach Lhasa, 240 Kilometer hinter der Grenze. Das Problem war, daß ich bereits mehr als die mir zustehenden Urlaubstage verbraucht hatte. Dann kam mir die Idee, daß ich einen RAF-Bergsteiger- und -Trecking-Club bilden und so eine Expedition quasi »offiziell« machen könnte. Ich verkaufte die Idee an den Hauptkommandeur, indem ich ihm erklärte, dies würde den Männern sehr viel besser bekommen als in Kalkutta herumzuhuren- und zu saufen; dies könnte ihnen ein Erlebnis vermitteln, das sie nie mehr vergessen würden. Ich würde ihnen meine weitreichenden Kenntnisse, die ich während meiner vorhergegangenen 3200 Kilometer zu Fuß im Himalaya erworben hatte, zur Verfügung stellen und bot sogar an, die erste Tour selbst zu führen. Er hielt dies für eine ausgezeichnete Idee und gab mir die Erlaubnis und seine Unterstützung. Im Dezember 1945 arbeitete ich meinen Plan aus.

Wieder einmal mußte ich eine Einreiseerlaubnis nach Tibet erhalten. Zur Absprache auf dem Weg nach Delhi unternahm ich auch einen Abstecher nach Kalkutta und fuhr hinauf nach Darjeeling. Ich hatte gehört, daß der britische Handelsagent, ein Mr. Richardson, der in Gyantse stationiert war, zu Besuch käme. Ich traf ihn am 16. Januar 1946 und bat ihn, die tibetische Regierung anzugehen, daß sie unsere Gruppe nach Tibet einreisen ließe und später Zugang nach Gyantse bewilligte. Er wollte kein Wort davon hören! Beim letzten Mal, als zwei britische Offiziere die kleine in Gyantse stationierte Garnison besucht hatten, war einer von den beiden bei der Überquerung des 4572 Meter hohen Passes an einem Herzanfall gestorben, und seither war nie wieder einem Europäer eine Erlaubnis erteilt worden. Doch Dr. Sullivan hatte mich die Kraft positiven Denkens gelehrt; ich würde mich nicht so leicht abspeisen lassen.

In Darjeeling machte ich mich also an eine Lobby-Kampagne. Ich traf mich mit einem gewissen McDonald, der einen schottischen Vater und eine tibetische Mutter hatte, und der schon einigen Everest-Expeditionen als Ratgeber beigestanden hatte; er war vermutlich der bewandertste Mann in Sachen Tibet. Es gelang mir, ihn davon zu überzeugen, daß ich genug Erfahrung und Verantwortungsgefühl besaß, und er war bereit, für mich bei Richardson ein Wort einzulegen. Am Ende willigte Richardson ein, die tibetische Regierung anzusprechen unter der Bedingung, daß ich einen Arzt mitnähme. Ich hätte tatsächlich bereits beschlossen, sagte ich, einen Geistlichen und obendrein auch einen Arzt mitzunehmen. Schließlich erreichte uns eine Radiodurchsage von Lhasa aus über Delhi und Rangun, die unseren Einlaß bis nach Gyantse erlaubte.

Von über zweihundert Teilnahmewilligen entschied ich, daß wir eine Gruppe von sechzehn sein sollten. Ich hatte einen Bericht über die Expedition von Younghusband aus dem Jahr 1902 gelesen und herausgefunden, daß die meisten Verunglückten Erfrierungsopfer waren, da die Temperaturen auf 40 Grad unter Null sinken konnten. Es war also lebenswichtig, daß wir wirklich sehr gut ausgerüstet waren. Tatsächlich glaube ich, daß wohl niemals eine Himalaya-Expedition so gut bestückt war wie wir. Dank des Segens des Hauptbefehlshabers kam ich an die die allerbeste RAF-Ausstattung heran, und in meiner Position als Befehlshabender Versorgungsoffizier konnte ich die allerbeste Nahrung als Proviant einpacken, die es gab: 4800 Kalorien pro Person pro Tag, darunter sogar Pfirsiche und Sahne.

Zwei Flugzeuge wurden mir zur Verfügung gestellt, um unsere Gruppe von Rangun nach Kalkutta zu fliegen. Am Tag vor unserem geplanten Abflug brach in Kalkutta ein Aufstand aus, und alle Passagierflüge wurden gestoppt. Dies schien wieder ein unüberwindliches Hindernis zu sein. Ich änderte schnell unsere Pläne und transferierte unsere ganze Ausstattung und Proviant in ein einziges Frachtflugzeug; ich war fest entschlossen, daß wir aufbrechen würden, was auch immer passieren sollte. Ich rief Bruce Cosh, der von Bangkok eingeflogen war, in mein Büro.

Ich hatte mir den Feldwebel des fliegenden Personals, Bruce Cosh, einen gewitzten Jungen und waschechten Londoner, zum stellvertretenden Expeditionsleiter ausgesucht. Er hatte mich auf allen früheren Touren begleitet; durch unsere Verbindung war er geübt in der Kraft des positiven Denkens und von dem gleichen Geist getränkt wie ich. »Bruce, wir müssen diese Ausrüstung nach Kalkutta kriegen und dann rauf nach Kalimpong, ganz egal, wie«, sagte ich ihm. »Tu, was immer du tun mußt!«

Bruce flog mit dem Frachtflugzeug weg. Binnen weniger Tage waren die Unruhen vorbei, und unsere übrige Mannschaft durfte das zweite Flugzeug nehmen. Als wir am 16. Februar 1946 in Kalkutta eintrafen, lag eine Notiz da für mich von Bruce: »Peter, um Gottes Willen, lies diesen Brief, bevor du irgend etwas weiteres unternimmst, sonst komme ich vors Kriegsgericht!« Im weiteren beschrieb der Brief seine Abenteuer.

Bei seiner Ankunft in Kalkutta hatte er auf den großen Haufen Kisten gezeigt: Dies sei Proviant für eine wichtige Tibet-Mission der Königlichen Luftwaffe und müsse sofort zum Bahnhof eskortiert werden. Man erklärte ihm, daß dies wegen der Unruhen unmöglich sei; fünf Lastwagen seien bereits an diesem Morgen in Brand gesetzt worden. Sogar Mahatma Gandhis Hungerstreik habe bisher nicht vermocht, die Unruhen zu befrieden. Bruce gab sich damit nicht zufrieden und verlangte, zum Standortkommandeur gebracht zu werden, dem er die Lage erklärte und zu verstehen gab, daß es sich um eine lebenswichtige Mission handele. Schließlich wurde ihm eine Garde bewaffneter Sicherheitsoffiziere zugebilligt, die ihn durch die von Unruhen erschütterte Stadt eskortierte, und es wurden gar bewaffnete Wachen auf unseren Vorräten hinten auf dem Laster postiert. Auf dem Bahnhof erklärte ihm der Standortoffizier für Bahntransporte, daß es keinen Platz im Zug gebe, doch Bruce bestand darauf, daß diese Ausrüstung ohne Aufschub nach Kalimpong geschafft werden müsse. (Dies war der Ausgangspunkt für unseren Treck). Er sprach mit solcher Autorität, daß ein zusätzlicher Wagen an den Zug gekoppelt wurde, um unsere Ausrüstung aufzunehmen, die in Wirklichkeit nur Urlaubsgepäck für 16 Leute war! Bei seiner Ankunft in Siliguri ging Bruce wieder zum Standortkommandeur für Bahntransporte, wiederholte seine Vorstellung und schaffte es, daß man ihm mehrere Laster zur Verfügung stellte, um die Ausstattung auf der Straße nach Kalimpong zu verschaffen. Ich war stolz auf ihn: Bruce hatte seine Lektionen gut gelernt, und daß er vors Kriegsgericht müßte, kam gar nicht in Frage.

Von Kalimpong aus reisten wir zu Fuß oder per Pony, Esel, Maulesel oder Yak, und unser Gepäck sollte von einer Maulesel- oder Yak-Herde getragen werden. Ehe wir uns an die »Sikkim Stairs« wagten, die, wie ich schon sagte, auf einer Strecke von 14,5 Kilometer auf 3048 Meter steigen, erklärte ich der Gruppe, daß wir diesen Anstieg langsam und beharrlich in einem Tempo machen müßten, das ich angeben würde. Es war überaus wichtig, daß sie sich meinen Schritten anpaßten und mir auf den Tritt folgten. Der Padre, der Geistliche, der Schwadronführer war und mir also im Rang gleichstand, dachte es besser zu wissen. Er war jung und stark und stürmte voran, wobei er immer wieder einmal anhielt, um nach Luft zu schnappen. Als er schließlich die Spitze erreicht hatte, war er jedoch erschöpft, während die anderen, die sich an meinen Schritt gehalten hatten, ganz entspannt waren. Danach mußten wir eine Ebene überqueren, um zum Rasthaus nach Pharijong zu gelangen, und ein Schneesturm traf uns, der sich in einen Blizzard verwandelte. Der Padre fiel immer wieder hinter uns ab. Ich lief weiter, um die Strecke zu finden; inzwischen hatten ihn zwei Flieger halb hinterhergeschleppt, erschöpft und in einem sehr bemitleidenswerten Zustand. Er wollte zurückbleiben und sich für den nächsten Tag erholen, aber wir konnten uns so eine Verzögerung nicht leisten. Dies illustriert eine Lektion, die beim Bergsteigen oder, in der Tat, in vielen anderen Bereichen des Lebens sehr wichtig ist - zu gewissen Zeiten, in gewissen Situationen muß man jenen gehorchen, die die Autorität innehaben und für das gute Auskommen der gesamten Gruppe verantwortlich sind. Natürlich kann Ungehorsam beim Bergsteigen ins Verderben und in den Tod führen.

Berge sind hervorragend, wenn es darum geht, Ränge oder gesellschaftliche Positionen aufzuheben. Wenn du das Flachland verläßt, wirst du gezwungen, deine Ausgehuniform zurückzulassen. Du mißt deine Gefährten als Männer, ohne Ansehen des Status, den sie zuvor innehatten, und du beurteilst sie vielmehr nach ihren Taten als nach ihren Worten.

Man entdeckt in den Bergen auch versteckte Kraftvorräte in sich selbst. Auf dieser Expedition war es genauso: Wir hatten die »Treppe von Sikkim« erklettert und den Jelup-La-Paß nach Tibet hinein überquert, als ich - wir waren bei unserem Ziel, Yatung, angekommen - bemerkte, daß drei von uns fehlten. Die Nacht kam und ein Schneesturm toste, doch ich wußte, ich müßte noch einmal über den Paß laufen, um sie zu finden. Ein großer tibetischer Kuli begleitete mich. Wir fanden sie am Ende in einem Dak-Bungalow, einem Rasthaus, an Übermüdung und Höhenkrankheit leidend. Der Tibeter und ich halfen zwei von ihnen zur Hauptgruppe zurück; dabei mußten wir noch einmal den mächtigen Paß überqueren. Während dieser Rettungsoperation legten wir an die 97 Kilometer zurück und stiegen dreimal auf über 4 260 Meter hinauf. Es war ein Akt reiner Willensanstrengung, und der Tibeter, der sein Leben lang auf diesen Höhen lebte, war noch erschöpfter als ich.

Bergsteigen im Himalaya ähnelt dem Weg spiritueller Initiation, denn du siehst den schönen Berg mit seiner Schneespitze in der Ferne, und das ist dein Ziel. Doch ehe du ihn erreichst, liegen da bis zu sieben weitere Bergzüge von zunehmender Höhe vor dir. So mußt du also in das Tal hinab, das voll ist mit Blutegeln und giftigen Insekten; hier verlierst du die Sicht auf dein Ziel, den Berg, bis du den nächsten Bergkamm erreichst. Dann siehst du ihn wieder, ehe du wieder in ein Tal hinabsteigst, wenn auch dieses nicht mehr ganz so steil abfällt wie das erste. Der nächste Grat ist höher, bis dein Ziel erreicht ist - der Berg selbst. Die »Sikkim Stairs« zu erklimmen und einen Monat lang 4572 Meter über dem Meeresspiegel zu sein, gab mir das Gefühl, über allem zu stehen; als wäre ich jeglichem Materialismus entstiegen, jeglicher Entwürdigung und allem Krieg in der Welt dort unten. Es ist leicht einzusehen, warum viele spirituelle Lehrer fühlen, daß der Himalaya der rechte Platz zum Leben ist.

Wir kamen in Pharijong an, einem kleinen Dorf im Zentrum der Ebene, mitten in einem Schneesturm. Einer von uns, Tom, hatte Blasen an den Füßen, und der Tagesritt auf einem Holzsattel bescherte ihm am Ende ein sehr wundes Hinterteil. Er mußte deshalb sein Abendbrot im Stehen essen, er aß von einem Brett über dem Feuer; dabei klapperte er mit den Zähnen und zitterte. Sein ganzer Körper war außer Kontrolle. Ich fand das so komisch, daß ich gar nicht aufhören konnte zu lachen.

Die Rache folgte jedoch auf dem Fuße, denn tags darauf bemerkte ich, daß der Boden nun aus weichem Sand bestand, was das Laufen äußerst schwierig gestaltete. Gyantse war noch 48 Kilometer entfernt, daher mußte ich das erste Mal reiten, einen ganzen Tag lang. Während des Trips hatten sich die anderen allmählich an die harten Holzsättel gewöhnt, die man entweder für das Tragen von Lasten oder von Passagieren benutzt; ich war bislang gelaufen. Als Packtiere laufen die Ponys und Maulesel etwa zweieinhalb Kilomenter pro Stunde. Wenn man will, daß sie schneller laufen, wenn sie Reiter tragen, gibt es den Trick, die Peitsche so vor ihren Augen herumzuwirbeln, daß sie immer mal wieder einen Hieb erwarten. Auf diese Weise hält man sie auf Trab. Gut, das gelang mir, aber mein Hintern wurde sehr, sehr wund. Ich versuchte, auf einer Seite zu sitzen, auf der anderen, vorne, hinten; ich fiel in Agonie. Der arme Maulesel tat mir auch sehr leid, weil er gezwungen war zu traben. Dann holte uns ein wohlhabender Tibeter, ein Stammesfürst mit seiner Entourage, ein, dem ich leid tat, denn er dachte wohl, ich wüßte nicht, wie man einen Maulesel antreibt. Er blieb hinter mir und peitschte das Muli von Zeit zu Zeit, mit dem Ergebnis, daß es mich hoch- und wieder zurückwarf, was ganz höllisch wehtat. Die Krönung meiner Leiden kam, als wir rund drei Kilometer von Gyantse entfernt waren. Zwei Offiziere der Landstreitkräfte von der Leibwache des britischen Handelsagenten kamen, um uns in die Stadt zu geleiten; sie galoppierten neben mir her, so daß wir im Triumph in die Stadt ritten. Ich versuchte, mein Bestes zu geben und ins Bild zu passen, obgleich ich so wund war, daß ich hernach kaum laufen konnte.

Die kleine Stadt Gyantse kauert zwischen den Mauern eines großen Klosters mit zwischen vier- und fünftausend Mönchen. Wir besuchten den Abt in der Erwartung, einen ehrwürdigen Alten anzutreffen, doch stattdessen empfing uns ein junger Mann von vermutlich unter 30 Jahren. Er war voller Energie, mit beweglichen Zügen und blitzenden Augen und besaß einen wundervollen Sinn für Humor. Dies und seine Bescheidenheit überzeugten mich davon, eine große Seele vor mir zu haben. Er hatte einen Parker-Füller und ein Fernglas auf seinem Schreibtisch, was mich auch überraschte; denn solche Dinge erwartet man nicht im »Verbotenen Land«. Dem Abt gefiel es, sich unsere Fliegerkleidung anzuziehen und bat uns, ihn darin zu fotografieren; er interessierte sich sehr für alles, was wir taten und wollte alles probieren, was wir an Nahrungsmitteln dabei hatten.

An diesem Abend gab er für uns eine Party. Da wir aus dem Westen kamen, dachte er, es sei angebracht, zu versuchen, uns an tibetischem Gerstenbier betrunken zu machen; als das zu nichts zu führen schien, rief er nach Rumpunsch. Unser Padre war ein totaler Abstinenzler, aber er machte trotzdem mit und war ganz ordentlich angesäuselt - vor Ende der Party befand er sich schließlich auf allen Vieren und bellte wie ein Hund. Wir versuchten, den Abt zu einem Schluck Alkohol zu überreden, aber unser tibetischer Koch, der als Übersetzer fungierte, erklärte unmißverständlich, daß der Abt nicht trinken durfte. Unser Gastgeber wollte davon nichts wissen - er wurde so blau wie wir alle!

Es gab keinen Zweifel an dem großen Respekt, der dem Abt gezollt wurde. Als er uns durchs Kloster führte, gingen wir in einen Raum, der so etwas wie der Gemeinschaftsraum der Mönche zu sein schien, wo sie gerade Domino spielten. In dem Moment, wo er in den Raum trat, herrschte sofort Schweigen, und alle erhoben sich. Beim Besuch ihres Tempels traf mich die Ähnlichkeit zur Römisch-Katholischen Kirche wie ein Blitz - sie hatten Weihrauch, Perlen, Kerzen, Gesänge und allgemein war die Atmosphäre ähnlich.

Es kam die Zeit, Gyantse zu verlassen. Für die Rückkehr wollte ich einen zuverlässigen Maulesel; von den langsamen, die uns hierher gebracht hatten, hatte ich die Nase gründlich voll, obschon ich ja den größten Teil des Weges selber gelaufen war. In Tibet zahlten die örtlichen Adligen keine Steuern, aber sie waren gehalten, Reisenden Yaks, Mulis oder Esel zum Transport zur Verfügung zu stellen. Egal, was für ein Tier es war, das Problem bestand darin, es in Bewegung zu versetzen und dann in einem ordentlichen Tempo in Bewegung zu halten; ohne die wirbelnde Peitsche vor den Augen und somit das Versprechen künftiger Bestrafung, würde es in den Trott eines Packtiers verfallen.

Daher wählte ich ein Maultier mit einem Kettenzügel anstelle eines Lederzügels; das mußte doch bestimmt ein bißchen Feuer im Hintern haben, folgerte ich. Und so war es auch - ich saß kaum drauf, da haute es schon in die entgegengesetzte Richtung ab, und ich konnte seinen Kopf nicht herumdrehen. Das dumme Viech kam schließlich aus der Puste, und ich konnte es dazu überreden, zu wenden und zu den anderen zurückzukehren, die geduldig warteten und sichtlich bemüht waren, zu schauen, als wäre nichts gewesen. Mir war die ganze Episode äußerst peinlich.

Auf unserer weiteren Strecke hinter Gyantse überquerten wir eine weite Ebene mit Bergen in der Ferne und am Horizont ein Kloster. Ich hätte ihm gern einen Besuch abgestattet, aber die tibetischen Behörden hatten uns unmißverständlich erklärt, daß wir nicht von der vereinbarten Route abweichen durften. Der »Liebe Gott« muß freilich andere Pläne gehabt haben; es gab einen gewaltigen Hörnerschall vom fernen Kloster herüber, auf den mein Muli auf der Stelle reagierte. Es spitzte die Ohren, und dann jagte es in vollem Galopp über die Ebene dem Ursprung des Geräusches entgegen. Jetzt wußte ich, warum es einen Kettenzügel umhatte - offenbar kannte man sein Temperament, denn ein Lederzügel wäre gerissen. Ich brüllte hinüber zu zweien aus meiner Gruppe, uns zu folgen.

Nach einer Hetzjagd über die Ebene trappelten wir in den Klosterhof, mitten hinein in den täglichen Gottesdienst der Mönche. Ich weiß nicht, wer überraschter war, wir oder die Mönche, die vermutlich noch nie zuvor einen Europäer gesehen hatten. Ein paar Mönche kamen uns aber begrüßen, und man bot uns sehr zuvorkommend tibetischen Tee an. Dieser Tee wird aus zu Würfeln gepreßtem chinesischen Tee gemacht, die in einen Zylinder aus Bambus gelegt werden; dann wird kochendes Wasser darauf gegossen, ranzige Yakbutter und Salpeter werden dazugegeben, und das ganze gräßliche Gebräu wird kräftig zusammengerührt. Die Tibeter trinken, erfuhr ich, am Tag zwischen sechzig und achtig Tassen von diesem Zeug; es mag einem ja die Kälte vom Leibe halten, aber es schmeckt abscheulich. Da ich es schon einmal gekostet hatte, beschloß ich, diese Erfahrung so schnell wie möglich hinter mich zu bringen, indem ich mir die Nase zuhielt und es in einem Schluck hinunterspülte, aber das war ein großer Fehler - tibetische Etikette verlangt, daß die Tasse sofort wieder gefüllt wird. Einer meiner Gefährten stürzte hinaus, um, was er schon hinuntergezwungen hatte, wieder loszuwerden.

Später entdeckte ich, daß dieses Kloster das letzte war, in dem der Dalai Lama auf seiner Flucht aus Tibet Zuflucht genommen hatte, als die Chinesen ins Land eindrangen. Obschon er gezwungen war, Tibet zu verlassen, fühle ich, daß er dafür einen spirituellen Grund hatte. Durch sein Erscheinen in der Welt haben er und andere große Seelen eine Energie von Liebe und Weisheit in den Westen gebracht, die dieser heute bitter nötig hat.

Wir vereinigten uns wieder mit unserer Reisegruppe, nachdem wir den Mönchen für ihre Gastfreundschaft gedankt hatten und setzten unseren Weg nach Hause fort. Unterwegs machten Bruce Cosh und ich einen Abstecher, um den Mt. Chomolhari zu besteigen. Als wir uns von einem Teehaus aus, wo wir eine Pause eingelegt hatten, auf den Weg machten, heulte ein eisiger Wind, doch bei den Hängen angekommen, hörte er plötzlich auf, so wie wenn uns der Berg willkommen hieße; wir hatten einen bemerkenswert leichten Aufstieg, der nur durch die große Höhe erschwert war. Die mikroskopisch kleinen Gestalten, die wir auf der Strekke, die über die Tuna-Ebene führte, sahen, waren die anderen Mitglieder unserer Gruppe, und unser Ponyzug erschien wie Ameisen. Wir wurden mit einer wundervollen Sicht auf die Bergspitzen über die Ebene hinüber belohnt, und zu unserer Rechten erhob sich das schöne Antlitz des Hauptgipfels des Chomolhari.

Wir waren rund 610 Meter über die Ebene gestiegen, was uns 5181 Meter über den Meeresspiegel brachte. Wieder wendeten wir uns dem Anstieg zu und nach einem kurzen Stück, in dem wir durch nun mit Heidekraut bewachsene Felsen kletterten, sahen wir die Spitze etwa 400 Meter über uns; diesen Punkt machten wir uns zum Ziel. Es war recht enttäuschend, als wir gelegentlich durch Risse im Felsen gezwungen waren, 30 Meter hinabzusteigen, um auf eine Wegstrecke zu gelangen, die uns wieder hinauf zu unserem Ziele führte. Doch mit Durchhaltevermögen stiegen wir beharrlich bergan, und gegen halb drei Uhr nachmittags, nach einer letzten Kletterpartie und einer langen, schnaufenden Anstrengung, trafen wir auf dem Gipfel ein.

Die Sicht war spektakulär und ehrfurchtgebietend; der Gipfel des Chomolhari schaute betrügerisch nahe aus. In der Ferne, zu unserer Rechten, erstreckte sich die Route, die wir wenige Tage zuvor genommen hatten, und in der Entfernung konnten wir Staubwolken sehen, die sich zwischen uns und dem riesigen zugefrorenen Dochensee auftürmten. Hier oben waren wir jenseits solcher Wetterturbulenzen; Bruce bemerkte, wie kläglich die menschliche Anstrengung erscheint, wenn man sie mit dieser ungeheuerlichen Pracht der Natur vergleicht. Wir kletterten weiter bergan bis auf 5639 Meter Höhe - das Höchste, was ich je erklettert habe - und aßen unser Mittagessen dort oben auf dem Dach der Welt. Bruce wies auf den Mangel an Abfalleimern für unsere leeren Käsedosen und diverses Einwickelpapier hin und rauchte unbekümmert eine Zigarette, ohne irgendwelche negativen Folgen. »Es schien heilig zu sein, auf so einem hohen Platz zu stehen und so weit weg von den Geschäften der Welt«, schrieb er später. »Ich empfand, daß die ganze Tour die Mühe wert gewesen sein würde, nur um diesen einen Tag zu erleben.«

Wir kehrten nach Kalimpong zurück und dann nach Burma, genau an dem dafür eingeplanten Tag, für mich gerade noch rechtzeitig, um mein Schiff für die Rückreise nach England zu kriegen. Alles war nach Plan gelaufen, und es war einzig die schiere Entschlossenheit des Willens, die uns befähigt hatte, solch beträchtliche Entfernungen zurückzulegen. Es war eine ganz schöne Leistung, pro Tag 48 Kilometer auf sehr holprigem Terrain zurückzulegen, oft in Höhen über 4500 Meter. Als Antwort auf eine Herausforderung rannte ich die letzten 34 Kilometer in vier Stunden - ein passendes Ende für eine 590 Kilometer lange Tour.

Soweit ich weiß, war unsere Expedition nach Tibet die letzte vor der chinesischen Invasion. Die Reise dorthin war einer der Höhepunkte meines Lebens. Ich hatte mich immer zu Tibet hingezogen gefühlt und jedes Buch über das Land gelesen, das ich auftreiben konnte, ohne mir zu träumen, daß ich es jemals betreten würde. Von allen Orten, die ich je besucht habe, übte Tibet die größte Anziehung auf mich aus. Nicht allein die Schönheit des Landes, mit seinen schneebedeckten Bergen, dem tiefblauen Himmel, den schnell dahinströmenden Flüssen, blühenden

Rhododendren und Azaleen, sondern auch seine Menschen. Sie besaßen eine kindhafte Einfachheit, Freude und Vitalität, anders als die Menschen im Flachland.

Andererseits hatte ich Tibet als Mittelpunkt der spirituellen Regierung der Welt betrachtet; daher war es desillusionierend zu sehen, daß genau wie anderswo viele Menschen in ihrem Denken und ihren Gebräuchen unbeweglich geworden waren. Dies führte zu der Beobachtung, daß die spirituelle Arbeit unserer Zeit nicht auf einen bestimmten Glauben oder ein bestimmtes Land beschränkt oder konzentriert war, sondern seinen Ausdruck überall finden muß. Die Invasion durch die Chinesen hatte bewirkt, daß viele der großen Seelen in Tibet in den Westen flohen; viele von ihnen nutzten ihre Lehren, um Schulen und Zentren zu gründen, so wie Samye Ling im schottischen Dumfrieshire. Mit sich brachten sie die Weisheit, das Mitgefühl und das Wissen des Ostens, und hinzugelernt haben sie über Liebe und die christlichen Ideale des Westens. Diese spirituelle Begegnung von Ost und West ist nach wie vor einer der wesentlichen Impulse meines Lebens und unserer Zeit ganz allgemein.

Als ich Indien und Burma verließ, hatte ich alle meine Bestrebungen und Ziele für meine Zeit in Indien erreicht. Ich war fast 4000 Kilometer im Himalaya gewandert, war in Kaschmir und in Ladakh, ich habe die Sonne am Mt Everest aufgehen sehen und bin zweimal in Tibet gewesen. Kein Wunder, daß ich so begeistert war, als ich hörte, ich sei nach Indien versetzt. Ich hatte auch das Leben unter der britischen Herrschaft in Indien erfahren, ehe sich die Briten zurückzogen. Mein ganzer Aufenthalt dort war voller großartiger Erfahrungen, eine Zeit der Erfüllung und des Lernens.

Und ich war erschöpft! Total gesättigt von einem Leben bis zum Anschlag. Am 10. April 1946 segelte ich von Rangun zurück nach England an Bord eines Truppenschiffs. Auf der Hinfahrt hatte ich die »Reise nach Indien« weggeworfen, das Buch, das ich angefangen hatte, fest entschlossen, selbst zu erleben, statt über das Leben anderer Leute zu lesen. Doch diesmal war mir nach Lesen zumute. Ich kletterte ganz oben auf einen Stapel Rettungsflöße, machte mir dort mein Bett und las den ganzen Weg zurück nach England Tolstois »Krieg und Frieden« von vorn bis hinten.

6. Kapitel

EINE VERFLIXTE GESCHICHTE NACH DER ANDEREN

Was immer du in deiner Aussenwelt vorfindest,
hast du selbst in deiner Innenwelt erzeugt.

Bevor ich Burma verließ, erhielt ich die Nachricht, daß Dr. Sullivan, wie er vorausgesehen hatte, 1942 seinen Körper verlassen hatte. Bei meiner Rückkehr nach England, im Jahre 1946, war ich überrascht, Walter Bullock, jenen Offizier und »Mysterienmann«, der mir in Halton aus der Hand gelesen hatte, nun als den *Supreme Magus*, den Oberpriester des Rosenkreuzerordens, vorzufinden. Ich selber hatte ihn in den Orden eingeführt; damals hatte ich ihn Dr. Sullivan als ein »Geheimnis, in ein Rätsel gehüllt« beschrieben. »Gut«, hatte mein Lehrer gemeint, »so mag ich sie.« Viele Ordensmitglieder taten sich schwer, sich an den veränderten Stil unseres Oberhauptes zu gewöhnen. Walter Bullock fehlte Dr. Sullivans Wärme und Humor; ich fühlte, daß sein Herz nicht voll entwickelt war. Er besaß jedoch großes Wissen und hypnotische Kräfte, und ich ging wieder jedes Wochenende zu Logentreffen, Gottesdiensten und Vorträgen.

Ich kehrte zu Nora und unserem Sohn Michael zurück, die mit Noras Mutter in einem Bungalow in Christchurch in Hampshire lebten, in der Nähe von Jim und Elizabeth Barnes und nahe beim Hauptquartier des Rosenkreuzerordens. Nach meinen aufregenden Abenteuern in Tibet und im Fernen Osten war es mir fast unmöglich, mich ihrem Lebensstil anzupassen, der mir ereignislos und trübsinnig erschien. Der Höhepunkt der Woche bestand für Nora und ihre Mutter darin, sich mit Hut, Schleier und Handschuhen herauszuputzen und Michael in ein Restaurant in Bournemouth auszuführen, wo die Kellnerinnen ganz vernarrt in ihn waren. Von mir wurde erwartet, daß ich mich fein anzog und sie begleitete - dabei wollte ich bloß in meinen Shorts und Sandalen am Strand oder im Garten bleiben und mich an der frischen Luft erfreuen. Darüber hinaus war offensichtlich, daß bei Nora die Mutter an erster Stelle kam, der Sohn an zweiter und ich an dritter. Die Welt draußen interessierte sie nicht, und ihr ganzes Leben schien sich so sehr um ihre unmittelbare Familie zu drehen, daß ich mich wie ein Eindringling fühlte. Wir hatten nie besonders viel Zeit miteinander verbracht, da wir gerade beim Ausbruch des Zweiten Weltkrieges heirateten und ich direkt danach der Luftwaffe beigetreten war. Es war eher Pflichtgefühl als Liebe, was uns zusammenhielt.

Nach einem Urlaub von drei Monaten wurde ich am 2. August 1946 in das Luftfahrtministerium nach London berufen zu einem Schreibtischjob, der im wesentlichen darin bestand, das Management der Essensversorgung zu strukturieren und in der ganzen Luftwaffe in Einsatz zu bringen. Ich wohnte in einer kleinen Mietswohnung am Dolphin Square in Pimlico und kehrte an den Wochenenden nach Christchurch zurück, wo ich Zeit mit meiner Familie verbrachte und Treffen im Hauptquartier der Rosenkreuzer besuchte; ich reiste gewöhnlich am Freitagabend mit dem Zug nach Bournemouth hinunter und fuhr am Sonntagabend nach London zurück.

An einem dieser Freitage verpaßte ich den »Bournemouth Belle« und mußte einen späteren Zug nehmen. Ich suchte den Speisewagen auf, wo aber der einzige freie Sitz, den ich finden konnte, einer Frau gegenüber war, die las und müde zu sein schien. Es sah aus, als wollte sie allein bleiben. Trotzdem schien mich etwas zum Stehenbleiben zu drängen, und ich fragte, ob der Platz besetzt sei. Dem war nicht so, also setzte ich mich und holte mein eigenes Buch hervor - *»Das Wassermann-Evangelium«* von Levi. Nach einer Weile fiel ihr der Titel auf, und wir kamen ins Gespräch. Sie hieß Sheena Govan. Sie sagte mir, daß sie ebenfalls den Zug verpaßt und diesen späteren genommen habe; sie war unterwegs nach Southampton, um dort eine Weile bei einer Miss Dowland zu bleiben, bekannt unter dem Namen Nargis, eine enge Schülerin des Sufi-Meisters Hazrat Inayat Khan.

Wir begannen, über das anbrechende Wassermann-Zeitalter zu sprechen, das sogenannte *New Age*, in dem spirituelle Wahrheiten aufkommen würden und man einen »Weltlehrer« erwartete; und auch darüber, daß in diesem neuen Zeitalter Frauen eine größere Führungsrolle innehätten. Sheena selbst leitete eine Reiseagentur, die sich auf ungewöhnliche Touren spezialisiert hatte. Da ich soeben aus Tibet und Kaschmir zurückgekommen war, sprach ich mit ihr über die Möglichkeit, selber eine Tour nach Kaschmir zu leiten, und sie erwärmte sich für den Gedanken. Sie lud mich in ihre Wohnung ein, damit wir dies beim Abendessen genauer besprechen könnten.

Am 12. März 1947 aß ich ein hervorragend zubereitetes Gericht bei Sheena. Wir begannen auf der Stelle, über spirituelle Dinge zu diskutieren und kamen nicht ein einziges Mal auf die vorgeschlagene Tour in Kaschmir zu sprechen. Der Abend wurde durch die Ankunft eines ziemlich mysteriösen Mannes namens John Wood unterbrochen, der über große Kenntnisse und Weisheit zu verfügen schien, obschon er nicht viel sprach. (Später erfuhr ich, daß John der Mann gewesen war, der Sheena das esoterische oder okkulte Rüstzeug an die Hand gegeben hatte, mittels dessen sie ihre mystischen Erfahrungen interpretieren konnte; trotz ihrer Bibelkenntnisse hatte Sheena ursprünglich Probleme damit gehabt, diese zu akzeptieren. Johns Hilfe war ganz entscheidend gewesen. Seine Frau Dorothy - geborene Maclean - kannte Sheena seit Jahren, seitdem sie während des Krieges gemeinsam im britischen Geheimdienst in New York gearbeitet hatten. Dorothy war später eng an unserer spirituellen Arbeit beteiligt.) Ich nahm an, daß John von Sheena gebeten worden war, mich auf Herz und Nieren zu prüfen, und ich muß wohl bestanden haben, denn es wurde abgemacht, daß Sheena mich wegen eines weiteren Treffens anrufen würde, um die vorgeschlagene Kaschmir-Tour zu diskutieren.

Sheena rief mich einen Monat später an, und diesmal lud ich sie zu mir nach Hause zum Dinner ein. Wieder einmal ging die ganze Unterhaltung um spirituelle Dinge, und das ging so weiter, als ich sie nach Hause begleitete. Am Ende des Abends standen wir in ihrer Wohnung vor dem Kaminfeuer, als sich unsere Augen auf einmal trafen und wir plötzlich zu sprechen aufhörten; eine ungeheure Welle von Liebe durchflutete uns beide, auf allen Ebenen unseres Seins. Dies war eine totale

Überraschung, da unser ganzes Gespräch und unsere Gedanken ausschließlich spiritueller Natur gewesen waren. In diesem Augenblick erkannten wir eine Vereinigung, die stärker war, als was wir beide je erlebt hatten. Es schien, als wenn unser innerstes Wesen eine Ehe erfahren hätte, und es war nun an unseren Persönlichkeiten, dem nachzufolgen. Ich zog tags darauf ohne das geringste Zögern in ihre Wohnung ein, denn intuitiv wußte ich, daß diese Handlung richtig war.

Wie es so kam, paßten wir von der Persönlichkeit her gut zueinander, obwohl die Beziehung zwischen Sheena und mir auf der Ebene des Spirituellen und der Seele eher wie die zwischen Lehrerin und Schüler oder Mutter und Sohn war. Sheena war eine der bemerkenswertesten und liebevollsten Frauen, der ich je begegnet bin. Sie hatte dunkles Haar, strahlende Augen, und sie war eine lebhafte und außerordentlich schöne Frau, mittelgroß, schlank gebaut und mit feinen Gesichtszügen. Wie ich selber, lebte auch sie im Augenblick und sagte sich: »Gott kann nur in der Gegenwart gefunden werden, weder in der Vergangenheit noch in der Zukunft.« Sie hatte zuvor zwar in einer engen Beziehung gelebt, doch war sie nicht verheiratet und vier Jahre älter als ich. Sheena erschien wie eine Geige mit stark gespannten Saiten; sie war mit ganzer Seele bei allem, was sie tat, mit ungeheurer Liebe, ob es nun das Geige- oder Klavierspielen war, als Krankenschwester zu arbeiten, als Schauspielerin auf die Bühne zu steigen, einen Fußboden zu schrubben oder eine Mahlzeit zu kochen. Das Ergebnis war, das sie in allem, was sie anpackte, großen Erfolg hatte.

Sheena kam von den Quäkern her; ihre Eltern hatten die »Glaubensmission« gegründet, eine evangelistische Bewegung mit Hauptstelle in Edinburgh und Zweigstellen in aller Welt. Sie war erzogen worden zu einem Leben im Glauben an Gott, dazu, ihr ganzes Sein in seinen Dienst zu stellen, egal, wie hoch der Preis. Als sie heranwuchs, begann sie, Gott und die Christus-Liebe in ihrem eigenen Wesen zu erfahren und die tiefere Bedeutung der Worte: »Ich und mein Vater sind eins« zu erfassen: Gott, die Kraft hinter allem, findet man innen drin in jedem einzelnen und nicht draußen. Aufgrund ihres starken Glaubens war Sheena zutiefst von ihrer Sendung im Leben überzeugt, der Mission, zu helfen, die Welt durch Liebe zu wandeln.

Ihre Wohnung war wie ein Magnet. Den ganzen Tag über kamen Leute für spirituelle Hilfe und Führung; Sheena glaubte, daß in jener Zeit viele Menschen durch erste initiatorische Schritte zur Selbst-Verwirklichung gingen, die sie die »Geburt des inneren Christus« nannte. Wie eine Hebamme half sie ihnen durch diesen Prozeß hindurch. Dies verlangte oft, daß ein Individuum genau das, welches ihr oder ihm am teuersten war, aufgab. Was der eine ohne weiteres aufgeben kann, mag dem anderen überaus schwerfallen. Sheenas älterer Bruder Frank zum Beispiel war ein gutaussehender Mann, der allzu gern mit Bibelstellen um sich warf, um seine Behauptungen zu untermauern; er war am Boden zerstört, als er dieses ständige Bibel-Zitieren aufgeben mußte, um im Licht seiner eigenen Wahrheit dazustehen.

Ich hatte das Privileg, als Sheenas Schreiber die Botschaften festzuhalten, die sie als »Sensitive« in ihren Meditationen für jene erhielt, die sie aufsuchten. Auf diese Weise half sie Hunderten von Menschen; dabei kleidete sie ihre Worte in ihre eigene Weisheit und Erfahrung. Ihre Vorgehensweise war, Licht auf die Situation eines jeden zu werfen, damit die Leute das Prinzip dahinter erkennen und daraus selbst ableiten könnten, welche Handlungsweise angebracht wäre - sie gab nie spezifische Direktiven, sondern machte nur Vorschläge, und sie wußte, daß am Ende jeder durch die Erfahrung der inneren Geburt allein gehen müsse. Für jeden einzelnen stand an, etwas aufzugeben, ehe die Geburt des inneren Christus stattfinden konnte. Und wie wenig ahnte ich, daß auch ich selbst kurz davorstand, durch diese Erfahrung hindurchzumüssen.

Sie war nicht ein geistiger Lehrer im traditionellen Verständnis. Sie hatte kein Programm, keine Klassen und auch keine Meditationstechniken, aber sie half Menschen, Gott in ihrem Leben zu entdecken. Da sie so mit den Leuten beschäftigt war, schlüpfte ich in die Rolle zu kochen, abzuwaschen, die Wohnung sauberzumachen und mich ganz allgemein um sie zu kümmern. Das war eine sonderbare Beschäftigung für einen Schwadronführer der *Royal Air Force*, tätig im Luftfahrtministerium, aber es übte sehr, denn es gab mir eine einmalige Gelegenheit zu sehen, wie das Muster im Leben der einzelnen Menschen durchscheint, und wie Gottes Plan für jeden einzelnen funktioniert.

In Sheena hielten sich jene göttlichen Aspekte, die als Licht, Liebe und Weisheit bekannt sind, ganz wunderbar die Waage. Es war jedoch nicht immer bequem, damit zu leben. In einem Moment würde sie mich mit ihrer Liebe geradezu überschwemmen, um im nächsten Moment blitzartig das Schwert der Wahrheit zu zücken, um einen Teil meines aufgeblasenen Egos abzutrennen. Hernach würde sie wieder ihre Liebe über mich ergießen, um die Wunde zu heilen. Wenn diese drei Aspekte in einer einzigen Person verkörpert sind, verliert man leicht die Orientierung. So zurechtgestutzt zu werden von Sheena, ließ mich lernen, wie man sich als Empfänger eines solchen Schwertstreichs fühlt. Viele Jahre später war eine meiner Aufgaben in der Findhorn-Gemeinschaft, das Schwert der Wahrheit zu schwingen, um alte Gewohnheiten und Vorstellungen von Leuten, die zu uns kamen, zu kappen, so daß neues Wachstum stattfinden konnte. Dazu muß man zuerst den Weg mit Liebe vorbereiten und dann das Schwert furchtlos und ohne Zaudern benutzen.

An einem Wochenende - Sheena und ich fuhren mit dem Auto an die Küste, und ich sollte sie in Southampton herauslassen, wo sie Nargis besuchen wollte - hielten wir mittags an einem Wegrand im New Forest für ein Picknick, und sie trug auswendig 1. Korinther 13 aus der König James-Bibelübersetzung vor. Sie ersetzte das dort benutzte Wort »Barmherzigkeit« mit »Liebe«[1]. Dies war das erste Mal, daß ich das Wort »Liebe« in dieser Passage benutzt hörte, und der Eindruck auf mich war überwältigend:

Wenn ich in den Sprachen der Menschen und der Engel rede, aber keine Liebe habe, so bin ich ein tönendes Erz geworden oder eine schallende Zimbel.

Und wenn ich Weissagung habe und alle Geheimnisse und alle Erkenntnis weiß, und wenn ich allen Glauben habe, so daß ich Berge versetze, aber keine Liebe habe, so bin ich nichts.

Und wenn ich alle meine Habe zur Speisung der Armen austeile und wenn ich meinen Leib hingebe, damit ich verbrannt werde, aber keine Liebe habe, so nützt es mir nichts.

Die Liebe ist langmütig, die Liebe ist gütig; sie neidet nicht; die Liebe tut nicht groß, sie bläht sich nicht auf, sie benimmt sich nicht unanstän-

1) In der deutschen »Elberfelder Übersetzung«, siehe oben, steht bereits »Liebe« für das englische »charity« (Barmherzigkeit) (Anmerk. der. Übers.)

dig, sie sucht nicht das Ihre, sie läßt sich nicht erbittern, sie rechnet Böses nicht zu, sie freut sich nicht über die Ungerechtigkeit, sondern sie freut sich mit der Wahrheit;

sie erträgt alles, sie glaubt alles, sie hofft alles, sie erduldet alles.

Die Liebe vergeht niemals; seien es aber Weissagungen, sie werden weggetan werden; seien es Sprachen, sie werden aufhören; sei es Erkenntnis, sie wird weggetan werden.

Denn wir erkennen stückweise, und wir weissagen stückweise;

wenn aber das Vollkommene kommt, wird das, was stückweise ist, weggetan werden.

Als ich ein Kind war, redete ich wie ein Kind, dachte wie ein Kind, urteilte wie ein Kind; als ich eine Mann wurde, tat ich weg, was kindlich war.

Denn wir sehen jetzt mittels eines Spiegels, undeutlich, dann aber von Angesicht zu Angesicht. Jetzt erkenne ich stückweise, dann aber werde ich erkennen, gleich wie auch ich erkannt worden bin.

Nun aber bleibt Glaube, Hoffnung, Liebe, diese drei; die größte aber von diesen ist die Liebe.

Irgend etwas klickte in mir, als sie diese Worte rezitierte. Bis zu diesem Augenblick war alles, was mir passierte, so schnell gegangen, daß ich keine Zeit hatte, mir über die seltsame Situation, in der ich mich befand, klar zu werden. Unter der Woche war ich bei Sheena, deren spirituelle Lehren und Gegenwart mich weiterbrachten, und gemeinsam erforschten wir die Tiefe unserer Beziehung zueinander. Am Wochenende fuhr ich gewöhnlich nach Christchurch, wo meine Familie wohnte, und wo ich Gottesdienste und Walter Bullocks Vorträge im Rosenkreuzerorden besuchte. Sheena, die sich über meine Ehe vollkommen im klaren war, zeigte nichts als Liebe gegenüber Nora und unserer Familie und niemals irgendwelche Eifersucht oder Besitzansprüche. In der Tat machte ihre Haltung es mir leichter, mir über das Dreiecksverhältnis, in das ich nun verwickelt war, nicht allzu viele Gedanken zu machen. Wann immer ich von den Wochenenden in Christchurch zurückkam, war sie jedoch zurückgezogen. Sie sagte mir nie, daß mein Doppelleben eine Belastung war, doch später wurde mir klar, wie begriffsstutzig ich gewesen war.

Daß ich die gesellschaftlichen Spielregeln jener Zeit mißachtete, machte mir nichts aus - ist doch die gesellschaftliche Moral oft genug heuchlerisch und spiegelt in den Beziehungen die Ängste der Menschen wider. Meine Seele versuchte, ein tieferes, spirituelles Gesetz zu verstehen - Gottes Gesetz, nicht das des Menschen. Folgte ich diesem jedoch, so wurde mir bewußt, daß mein Verhalten falsch war. Bei dem Versuch, beide Beziehungen aufrechtzuerhalten, tat ich, soweit es Nora betraf, einem göttlichen Prinzip - der Wahrheit - Zwang an.

Es war mir bereits klar, daß meine Ehe mit Nora vorbei war - falls es so etwas wie eine Ehe mehr als nur dem Namen nach gegeben hatte. Nora war offensichtlich glücklicher mit ihren direkten Blutsverwandten. Ich war nun mit der Wahl konfrontiert zwischen dem Weg der Liebe und den Lehren, die Sheena mir geben konnte, und dem Weg des Lichtes, des Wissens und des Verstandes, für den der Rosenkreuzerorden stand. Bei Sheena zu sein, bedeutete automatisch, daß ich den Rosenkreuzerorden aufgeben mußte, denn meine Trennung von Nora, die ja auch ein Mitglied im Orden war, mußte total sein. Darüberhinaus würde ich in bestimmten Kreisen zu einer *persona non grata*, da mein Schwager Jim ein hochrangiger Ordensoffizier war und meine Handlungsweise absolut nicht tolerieren würde.

Mein Weg war es gewesen, spirituelle Gesetze und Prinzipien zu lernen; meine Zeit mit Sheena markierte jedoch das Erwachen der Liebe in meinem Herzen - und, wie ich später lernen sollte, erfüllt Liebe alle Gesetze. Die Wahl war quälend. Pflichtgefühl meiner Frau und Familie gegenüber wog schwer in meinem Denken und verursachte mir zuweilen Kummer. Meine Karriere bei der *Royal Air Force* war in Frage gestellt und ebenso die Beziehung zu meinen Eltern, die über meine Handlungen sehr schockiert sein würden und unfähig, sie zu verstehen. Ich hatte Nora und ihrer Familie über mein Verhältnis mit Sheena von dem Moment unseres Zusammenkommens an berichten wollen, aber ich zögerte, weil Nora kurz zuvor unsere Tochter Diana geboren hatte. Eine »Sensitive« und Heilerin, Kitchie, eine alte Dame, die mit Sheena befreundet war, hatte mir zudem geraten, nichts zu unternehmen, ehe Nora nicht abgestillt hatte.

Ein paar Wochen später, im September 1947, erhielt Sheena in der Meditation die Führung, daß es nun für mich an der Zeit sei, nach Christchurch zu fahren und die Leute aufzuklären. Der Ursprung dieser

Botschaft, ein körperloses Wesen, das Sheena als einen inneren Freund ansah, sagte, er würde bei mir sein, und in der Tat fühlte ich mich erhoben und unterstützt in dem, was vor mir lag. Zuerst teilte ich mich Jim Barnes mit, den ich anwiderte, und Walter Bullock, der seltsam still blieb. Dann erklärte ich Nora, ihrer Mutter und Schwester, was vorgefallen war. Zu jenem Zeitpunkt schien Nora das gar nicht ganz aufzunehmen, und später wurde mir gesagt, daß dies zu ihrem Schutz geschehen sei. Ich ging auch nach Devon, um meine Eltern über meinen Schritt zu informieren. Sie waren in der Tat bestürzt und schockiert, denn mein Vater war ein Muster an konventioneller christlicher Moral.

Ich reiste anschließend nach Southampton, um mit Sheena zusammenzukommen, die eine Weile bei ihrer Freundin Nargis gewesen war, und fand sie in Tränen aufgelöst. Sie hatte geglaubt, daß wir von Gott zueinandergeführt worden, und in Wahrheit zwei Hälften derselben Seele seien. Nargis hatte ihr gerade eine Passage aus einem Buch vorgelesen, worin es kategorisch hieß, daß »Seelenhälften« äußerst selten auf Erden zusammenkämen und wenn schon einmal, so nur für einen Moment. Sie würden dann getrennt und erst nach ihrer Lösung von der irdischen Existenz wiedervereint werden. Mehr noch, ohne mein Wissen war Sheena, während ich meine Eltern aufklärte, nach Christchurch gereist, um das Oberhaupt der Rosenkreuzer, Walter Bullock, zu treffen (der mir, wie erinnerlich, aus der Hand gelesen hatte, daß ich meine »wahre« Partnerin mit 29 Jahren treffen würde. Ich begegnete Sheena kurz vor meinem 30. Geburtstag). Nachdem sie Walter hatte reden hören, ging sie zu ihm, damit er unsere Schritte segnen möge - einen Segen, den er uns verweigerte.

Mein Heim und meine Familie für Sheena aufzugeben, erlaubte mir, im System der biblischen Symbologie, das sie erfahren und gelehrt hat, die Geburt des inneren Christus zu erleben. Mir wurde dann klar, daß ich mich von meiner gesamten Bibliothek mystischer Bücher und Werken alter Weisheit wie *»Die Geheimlehre«* von Madame Blavatsky und das Alice Bailey-Material aus der Arkan-Schule trennen und schlicht dem Weg der Liebe folgen mußte. Meine Jahre mit Sheena waren Jahre fortwährenden Lernens, alles, wie sie sagte »für den Herrn« mit Liebe zu tun und perfekt. Einmal litt ich schwer unter Heuschnupfen und suchte Erleichterung in einem Urlaub an der See. Wir mieteten ein Häuschen, das bei unserer Ankunft in einem fürchterlichen Zustand war; ehe wir es verließen, mußte jedoch alles geschrubbt, gewienert und picobello sein. Ich war nicht begeistert über diese ganze Arbeit, ich war schließlich im Urlaub, aber Sheena bestand darauf, daß ich es täte, und mit Liebe! Wenn alles in Liebe geschieht, erklärte sie, hebe das die »Schwingungen« - die Qualität der Atmosphäre eines Ortes und dessen Leitfähigkeit für spirituelle Arbeit. In unserer Wohnung mußte auch alles perfekt sein, makellos und glänzend. Sheena behauptete, daß die daraus resultierenden »gehobenen Schwingungen« ihr halfen, mit immer höheren Bewußtseinsströmen in ihren Meditationen Kontakt zu knüpfen, bis sie sogar vom Erzengel Michael Botschaften empfing und am Ende die Fähigkeit entwickelte, vom höchsten Aspekt Gottes, dem »**Ich bin**«, zu empfangen.

Laut Sheena war es jetzt ganz wesentlich, daß ich nun den nächsten Schritt unternehmen sollte, mittels dessen der innere Christus wachsen würde. In ihren Worten hieß dies:

Sein Wachstum hängt von dieser inneren Weisheit ab, die unseren Geist erleuchtet, unsere Herzen größer werden läßt und uns die Mysterien des Menschen lehrt - »Oh, Mensch, erkenne dich selbst!« Wie wenig Zeit haben wir doch im Getriebe des modernen Lebens, um zu meditieren und, durch Göttliche Erleuchtung, die geheimen spirituellen Mysterien zu lernen! Nur wenn das Herz still ist, kann es in seiner Tiefe das Licht und die Wahrheit Gottes widerspiegeln. Dieses Stillesein des Herzens wird schließlich unter allen Herausforderungen des Lebens bestehen bleiben, doch bevor es dazu kommt, muß man es in Einsamkeit und in der Trennung von Geist und Herz und vielleicht auch Körper kultivieren. Indem wir vor »Herodes« fliehen, entsagen wir dem Diktat und Richtspruch des fleischlichen Denkens auf immer. Wir leisten den Maximen und Standarten von Vernunft und Logik in dieser Welt keinen Fahneneid mehr. Der Intellekt erhält seine Erleuchtung nun von der Quelle der Weisheit.

Wie sehr ich es auch versuchte, ich konnte keinen direkten Zugang zu dieser »Quelle der Weisheit« finden, über die Sheena dauernd sprach. Sie hieß mich Stunde um Stunde hinsitzen und meditieren, Tag für Tag, um eine innere Stimme zu erlauschen, aber ich hörte und empfing nie etwas. Sie war sehr enttäuscht, aber sie war nur die erste von vielen, die meine Meditationstechnik dahin bringen wollten, daß ich diese innere Stimme hören würde. Ich hab es versucht, bis ich blau anlief und sie nicht vernommen. Was ich stattdessen entwickelte, war eine starke Intuition, in die ich keinerlei geistigen oder emotionalen Betrachtungen Einlaß erlaubte, *das* war »die Quelle der Weisheit«, der ich zu folgen lernte - ein tiefes inneres Wissen jenseits der Worte und Bilder, die sofortiges Handeln veranlaßte.

Nach der Geburt kommt die Taufe. Sheena erkannte dieses Stadium durch den Schatten eines Kreuzes - ein Vorgeschmack kommender Prüfungen - und einem Sehnen, daß »Dein Wille geschehe!« Wie in allen Lektionen in meinem Leben, schien ich auch diesmal durch die harte Schule zu müssen. Der Grund für Walter Bullocks Weigerung, Sheenas Beziehung mit mir zu segnen, wurde bald offensichtlich. Walter hatte sich selbst in sie verliebt und fühlte, daß Sheena seine Frau und die Mutter eines besonderen Kindes würde. Er repräsentiere Licht und Kraft, erklärte er, und sie verkörperte die Liebe. Er fühlte, daß sie für die Zukunft Arbeit zu tun hätten, und daß es meine Rolle sei, beiden zu dienen. Wie unbehaglich ihr dies persönlich auch sein mochte, sie empfand doch Walters Vision als wahr.

Mich traf dies wie ein schwerer Schock. Ich war erschüttert. Da hatte ich nun alles aufgegeben - Frau, Kinder, Heim, die Anerkennung meiner Eltern - für Sheena. Ich dachte, ich würde vielleicht meine Tätigkeit in der Luftwaffe niederlegen müssen; ich würde mit Sicherheit einige meiner engsten Freunde verlieren und die Verbindung zum Rosenkreuzerorden, die mir so viel bedeutet hatte. Ich würde all dies aus Liebe für Sheena aufgeben. Jetzt war ich aufgerufen, Sheena selbst aufzugeben und Gottes Willen in meinem Leben an erste Stelle zu setzen - denn Sheena fühlte, dies sei in der Tat, was Gott von ihr wollte, trotz der Tatsache, daß sie mich liebte und nicht Walter. Sie wußte, wie sehr ich darunter leiden würde, doch das einzige, was in ihrem Leben wirklich zählte, war, den Willen Gottes zu verstehen und auszuführen.

Die nächsten vierzehn Tage waren die Hölle. Ich war zutiefst verzweifelt, in Tränen aufgelöst, unfähig zu essen; ich wollte nicht mehr weiterleben. Nachdem ich durch Cross-Country-Rennen und lange Trekkings im Himalaya und in Tibet einen überaus starken Willen entwickelt hatte, war ich nun aufgerufen, diesen Willen aufzugeben und zu sagen: *Vater, nicht mein Wille, sondern deiner*. Es erschien, als solle ich, laut dem Willen Gottes, den zwei Menschen dienen, die ich in dieser Welt am meisten liebte und achtete, Sheena und Walter. Ich wurde immer verzweifelter, als sie begannen, einander den Hof zu machen, doch das Schlimmste kam erst noch.

Walter war seit langem schon überzeugt, daß eine seiner Missionen darin liege, der Vater dessen zu sein, *der da kommen sollte*, des nächsten Heilands. Da er Sheena als die Mutter dieses Kindes sah, war eine physische Vereinigung vonnöten. Ich war erschüttert und lief tagelang in einem Schockzustand herum, bis ich des Kämpfens müde wurde. Ich kann mich gut erinnern, wie ich eines Tages in der Badewanne lag und schließlich sagte: »Gut, Vater, Dein Wille geschehe; aber da ist eins, dem ich nicht zustimmen werde - daß Sheena und Walter sexuell eine Verbindung eingehen.« Fast sofort wurde mir der schwerwiegende Fehler, den ich mit dieser Aussage begangen hatte, klar - und daß dies genau das sein sollte, womit ich konfrontiert würde. Und, sicher wie das Amen in der Kirche, sollte sich dieses Bad als mein Taufbecken herausstellen. Am nächsten Tag erfuhr ich, daß meine Befürchtungen wahr geworden waren; Walter und Sheena hatten an jenem Nachmittag miteinander geschlafen. Für Sheena war das sehr schwer; sie war danach tagelang depressiv. Seither sagte ich immer: »Dein Wille geschehe« ohne »wenn und aber«.

Da sie mich liebte und nicht Walter, durchlief auch Sheena selbst eine »dunkle Nacht der Seele« - die totale Aufgabe des persönlichen Lebens und Selbst - die »Kreuzigung« in ihrem symbolischen System. Walter war ein großartiger Lehrer auf dem Weg des Wissens und der alten Weisheit, aber er wußte sehr wenig von Liebe. Als er Sheena begegnete, erlebte er eine solche Öffnung des Herzens, daß er anfing, sich recht seltsam zu benehmen; trotz seiner Weltgewandtheit trat er auf wie ein mondsüchtiger Jüngling. Kurz nach ihrer einzigen sexuellen Vereinigung gingen Sheena und ich nach Sark, um unsere Beziehung zu bergen, und sie erhielt zwei Visionen, die das Geschehene erklären sollten. In der einen sah sie einen Mann, der, wie der Riese in »Gullivers Reisen«, von kleinen Menschen heruntergedrückt wurde, und ihr wurde gesagt, daß ein Gigant von einem anderen geprüft werden müsse; ich war jener Gigant.

In der anderen Vision sah sie den Oberpriester, Walter Bullock, als einen Mann an Krücken mit einem starken und einem winzigen, verkümmerten Bein, das gerade anfing zu wachsen. Das gesunde Bein symbolisierte Wissen und Weisheit; das unterentwickelte stand für den Pfad der Liebe. Die Krücken bedeuteten Walters innere okkulte Kräfte. Als sie sah, wie diese Krücken weggeschlagen wurden, war er gerade in einem äußerst unausgeglichenen Zustand.

Sheena erkannte, daß das Ganze ein Test für uns alle gewesen war, und daß sie Walter nach alledem doch nicht heiraten müsse. Es war genug, daß sie in ihrer Eigenschaft als »spirituelle Geburtshelferin« für die Geburt des inneren Christus in Walter gewirkt hatte. Am meisten konnten wir ihm helfen, indem wir ihm unsere Liebe sendeten, was wir taten. Sheena entdeckte später, daß sie schwanger war und kurz darauf eine Fehlgeburt hatte, doch wir erfuhren nie, ob es Walters oder mein Kind war.

Ich erinnere mich an einen Tag im Hyde Park, kurz vor alledem, als mich Sheena fragte: »Willst du wirklich weiter vorangehen auf dem Weg der spirituellen Einweihung? Wenn man einmal seine Hand an den Pflug gelegt hat, kann man nicht mehr zurück.« Ich hatte gesagt: »Ja, ich werde dies Ziel in einem einzigen Leben erreichen.« Ihr standen Tränen in den Augen, denn sie wußte um den Schmerz und das Leid, die auf diesem Weg lagen, aber sie akzeptierte meine Entscheidung. Ich stand am Anfang dieses Leidensweges, während sie sich dem Ende näherte. Nun begann ich zu erkennen, was sie in ihrer Vision von dem Giganten vorausgesehen hatte. Sie hatte auch hinzugefügt, daß der Tag kommen würde, da ich mich von ihr abwenden würde, weil mein Glauben an Gott so stark geworden sei, aber ich glaubte ihr nicht.

Wenn man durch eine Initiation geht, wie wir drei, sind einem die Augen verbunden. Mir wurde dies klar, als ich Mozarts »*Zauberflöte*« sah, wo das Paar mit verbunden Augen seinen Prüfungen zugeführt wird. In der Zeit, als ich Sheena traf, hatte ich mich wie klares Wasser in einem Teich empfunden; da kam sie daher mit einem langen Stecken und störte all den Schlamm vom Grund auf, wie Abschaum, der hochsteigt, um dann abgeseiht zu werden. Ich war fünf Jahre mit Sheena zusammen, Tag und Nacht. Stell dir vor, du lebst mit einer Frau, die jeden einzelnen deiner Gedanken, jede deiner Empfindungen kennt, und immer hat sie recht. Für mich war das eine Lektion nach der anderen, bis ich schließlich dachte, ich kriege überhaupt nichts richtig hin, und eine Zeitlang war das, in Sheenas Augen, auch so. Natürlich stellte ich mir die Frage: »Was soll das alles? Was ist der Zweck dahinter? Wann werden die Dinge endlich wieder für mich laufen? Wann werde ich fertig sein mit den Lektionen?« Doch es gab immer eine verflixte Geschichte nach der andern; allein die Liebe machte, daß ich wieder und wieder für mehr zurücklief.

7. Kapitel

VON DER SCHULE IN DIE STABSSCHULE

Die Rosenkreuzer-Methode, Glück herbeizuführen,
lautet: »Immer lächeln.«
Dies ist der einzige Weg, das Kreuz geduldig zu tragen;
sonst werden nie Rosen daran blühen.

Ich musste oft erst Fehler machen, um meine Lektionen zu lernen, und Sheena litt darunter zuweilen. In der Tat lernte ich schneller, wenn sie unter meinen Fehlern litt; weil ich sie liebte, schmerzte es mich, sie leiden zu sehen. Einmal - Sheena war zuvor krank gewesen - fuhren wir einen Monat lang in meinem Cabriolet in Frankreich herum. Manchmal verirrten wir uns, und dann fragte ich nach dem Weg, aber mein chronisch schlechtes Französisch ließ uns an den absonderlichsten Orten landen. Sheena bekam davon Migräne, bis ihr von einer höheren Quelle gesagt wurde, daß ich nie mehr nach dem Weg fragen dürfe; wenn ich es doch täte, würde ich unweigerlich die falsche Auskunft erhalten. Ich solle mich nach innen wenden und meiner inneren Richtung folgen. Dies war eine sehr wichtige Lektion für mich in meiner künftigen spirituellen Arbeit.

Eine weitere, weniger dramatische Lektion auf dieser Reise kam bei einem Besuch im südfranzösischen Montségur, der letzten Heimstatt der Albigenser, auch als »Katharer« bekannt. Es war ihr letzter Standort, ehe sie schließlich unter den Händen der römisch-katholischen Inquisition in den Feuertod geschickt wurden. In einem Buch von Grace Cooke, der Gründerin der White Eagle-Loge, hatte ich über ihre Suche nach dem Schatz der Albigenser gelesen, der in dem Berg unter dem Schloß begraben sein soll.[1] Ich war fest entschlossen, diesen Schatz zu finden und suchte drei Tage lang nach dem Eingang, bis Sheena in der Meditation die Weisung erhielt, daß ich aufhören solle, nach dem äußeren Schatz zu suchen und stattdessen nach dem inneren Ausschau halten sollte. Etwas später nahmen wir an einem Gottesdienst in einer kleinen römisch-katholischen Kirche nahe Montségur teil, währenddessen mich die Schönheit der Musik, die bunten Kirchenfenster und der Weihrauchduft schier übermannten. Sheena empfing eine weitere Botschaft: Es werde nicht länger Krieg herrschen zwischen Kirche und mystischen Orden, zwischen Mann und Frau, dem Männlichen und Weiblichen, Licht und Liebe, Wissenschaft und Religion. Im Neuen Zeitalter würden sie in Weisheit und Harmonie zusammenkommen, wie das der katholischen Kirche und den Katharern nie möglich gewesen war.

Nach Noras und meiner Trennung verbrachte ich soviel Zeit wie möglich mit meinem Sohn Michael. Sheena und ich taten unser Bestes, daß er seinen Spaß hätte, indem wir ihn zu Sehenswürdigkeiten führten wie dem Londoner Zoo und die Flugschau von Farnborough. Am 15. Juli 1948 wurden Nora und ich jedoch geschieden, und ich verlor den Kontakt zu Michael und Diana.[2]

Sheena und ich heirateten am 10. September 1948. Es gab viel Opposition von konservativen Leuten, doch wir glaubten daran, daß, wen Gott zusammengeführt hat, kein Mensch auseinanderreißen kann. Allzuoft verwechseln die Menschen Gott in diesem Zusammenhang mit »Kirche« (im Sinne von: wen die Kirche zusammengeführt hat), aber wir empfanden, daß »wen die Liebe zusammengeführt hat« die korrekte Interpretation sei, wenn die Liebe von Gott kommt und alle Ebenen durchflutet, wie das bei uns der Fall war. Die Ehe ist nur des Menschen äußere Anerkennung dessen, was bereits geschehen ist. Wenn die Ehe nur der Befriedigung sexueller Anziehung dient, der gesellschaftlichen Stellung, der Macht, des Reichtums oder jeder Menge von anderen Gründen, so ist sie oft wenig mehr denn legalisierte Prostitution. Sogar wenn die Eheleute dies am Ende selbst so sehen, bleiben sie doch oft genug um der Kinder willen zusammen, mögen sie auch so unvereinbar sein wie

---

1) Vgl.: »Vom Wirken der Weißen Bruderschaft«, Aquamarin Verlag, Grafing, 1997
2) 1991, als ich privat eine Tour durch Großbritannien machte, konnte ich beide treffen, Michael (und seine Familie) und Diana. Es war eine Zeit des Rückblicks auf die außerordentlichen Wendungen, die das Leben genommen hatte.

Wasser und Öl - wie Nora und ich. Durch Nora hatte ich Jim Barnes und Dr. Sullivan getroffen und war den Rosenkreuzern beigetreten, obschon ich nichts von ihnen gewußt hatte, als wir uns trafen; vielleicht waren wir aus diesem Grund zusammengeführt worden. Allein der Kinder wegen zusammenzubleiben, mag nobel klingen, aber ich empfinde stark, daß Kinder sehr darunter leiden, wenn sie in einer unharmonischen Atmosphäre ohne jede echte Liebe aufwachsen, weil ihre Eltern einfach nicht zueinander passen.

Sheena und ich hatten ein wundervolles Heim auf Rädern gekauft, einen *Rollalong,* den »Rolls Royce unter den Wohnwagen«. Wir ließen ihn auf dem Lande, so daß wir an den Wochenenden heraus konnten aus der Londoner Wohnung. Wir hatten auch einen großen Labrador namens Brumas, den ich fit hielt, indem ich ihn im Battersea Park hinter unserem Wagen herrennen ließ. An einem dieser Wochenenden auf dem Lande, als wir das erste Mal seit langem wieder einmal im Wohnwagen waren, stahl sich Brumas in seinen Korb und heulte. Wir konnten ihn nicht stoppen, bis Sheena über die Situation meditierte. Es wurde ihr gesagt, daß »astrale Wesen« in der Zeit, da der Caravan unbewohnt gewesen war, eingedrungen und sich dort häuslich niedergelassen hätten. Dies sind Geistwesen, die sich durch unbewältigte Emotionen oder Gedanken bilden oder verstorbene Seelen, die die Erde noch nicht verlassen haben.

Diese störten Brumas nun, denn manche Tiere sind für so etwas empfänglich. Wir warfen sie hinaus, indem wir ein loderndes Feuer anzündeten, gute Musik spielten, viel Spaß hatten und lachten, und Brumas war bald wieder glücklich.

In der Zwischenzeit hatte ich mich entschieden, in der Royal Air Force Karriere zu machen und hatte einen festen Auftrag bekommen. Ich wurde als Befehlshabender Versorgungsoffizier für das Oberkommando der Bomberflotte bestellt, dessen Hauptquartier in High Wycombe in Buckinghamshire lag. Der Job bedeutete im wesentlichen reisen und die diversen RAF-Küchen innerhalb der Kommandostelle besichtigen; die Rationierung von Benzin im Nachkriegsengland war noch in Kraft; die Benzingutscheine, die ich bei diesem Job bekam, verschafften mir also die Freiheit der Landstraße. Nach einem kurzen Aufenthalt in *The Plough Inn* zogen Sheena und ich in ein zauberhaftes Häuschen in der Nähe.

Wir hielten Hühner, die Sheena über alles liebte - sie hatte ein großes Herz für alles Leben. Eines Tages brachte ihr Bruder ihr ein Gänseei, was wir einer brütenden Henne unterlegten. Als das Gänslein aus der Schale schlüpfte, sah es als erstes Sheena. Gänseküken glauben, daß das erste sich bewegende Ding, auf das sie gucken, ihre Mutter ist, und deshalb folgte dieses Gänseküken Sheena überallhin. Sie war nie ohne es. Wir nannten es *Jemima*[3]. Sogar wenn Sheena krank war, mußte ich Jemima hinaufbringen, damit sie sie im Bett besuchte, wo die Gans ihren Schnabel gegen Sheenas Nacken rieb und ihr Haar beknabberte. Sheena stand in Gesellschaft immer im Mittelpunkt und konnte nicht einsehen, warum ihr neuer Zögling nicht auch ein bißchen von dem Spaß abbekommen sollte. Wenn wir also auf einen Ball im Bomberkommando gingen, mußte Jemima auch mit, mit einer rosa Schleife um den Hals. Sie nippte am Champagner und watschelte wackelig über den Tanzboden - sie wurde ein richtiges Maskottchen.

Ein anderer gesellschaftlicher Anlaß im Oberkommando der Bomberflotte lehrte mich eine unbequeme Lektion. Der Hauptbefehlshaber hatte für die Offiziere im Kommando eine Sherry-Party gegeben, um zu feiern, daß er kürzlich zum Ritter geschlagen worden war. Danach lud der für die Verwaltung zuständige Luftwaffenoffizier, mein Chef, ein paar von uns auf ein paar Gläser Sherry mehr zu sich ein. Ich habe mein Lebtag nicht soviel Sherry getrunken. Ich fuhr mit großem Tempo heim, durch die gewundenen Straßen von Buckinghamshire, wobei ich mein Auto für ein Flugzeug hielt. An einer Stelle fuhr ich in einen Graben: die Kühlerhaube flog über das Auto und landete dahinter auf der Straße. Ich hielt an, lachte wie verrückt und dachte: »So etwas Komisches hast du schon lange nicht mehr erlebt.« Ich ersetzte die Kühlerhaube und kam gegen vier Uhr nachmittags zu Hause an, gerade als Sheena mit einer Freundin Tee trank. Sie fand das kein bißchen amüsant, zumal wir bei einer ähnlichen Gelegenheit bereits herausgefunden hatten, daß Sheena so empfindsam war, daß sie die Wirkung des Alkohols spürte, wenn ich zuviel getrunken hatte - obwohl sie selbst keinen Tropfen angerührt hatte. (Ich denke, einer der Gründe, warum Sheena so oft krank war, lag daran, daß sie sich nicht nur um andere kümmerte, sondern zuweilen auch deren körperliche Leiden auf sich nahm.) Ich fühlte mich nun sehr

3) Nach *Jemima Puddleduck*, dem Kinderbuch von Beatrix Potter (Anm. der Übers.)

krank und ging gleich zu Bett. Niemals wieder trank ich auch nur ein Glas mehr, als ich für angeraten hielt, man konnte mich dazu beschwatzen, wie man wollte; ich hatte meine Lektion gelernt.

Während ich im Hauptquartier des Oberkommandos der Bomberflotte war, sagte mir ein inneres Drängen, ich solle eine Ausbildung in der Stabsschule der Luftwaffe anstreben, der Eliteschule für die Ausbildung der ranghöchsten Offiziere in der RAF. Um zugelassen zu werden, mußte man eine Reihe von harten Examina bestehen. Obwohl ich in Prüfungen nie gut abgeschnitten hatte, war ich fest entschlossen, diese zu bestehen und bereitete mich mehrere Jahre auf sie vor. Während meiner Arbeit an dem Aufsatz über Tagespolitik besuchte ich zum Beispiel jeden Politikkurs, den ich innerhalb oder außerhalb der RAF finden konnte. Ich achtete darauf, daß ich immer auf dem Laufenden blieb im Weltgeschehen, indem ich zwei oder drei Zeitungen am Tag las, neben einer Reihe von Magazinen. Ich war auch ausgewählt worden, die weiterführende Verwaltungs- und Übungsschule für Offiziere und Offiziersanwärter in der Luftwaffe zu besuchen, und ich schnitt in diesem schwierigen Lehrstoff sehr gut ab.

Früh im Jahre 1949 wurde ich zum Befehlshabenden Offizier für die RAF-Kochschule in Innsworth in Gloucestershire berufen. Sheena ging es nicht gut, und sie war schon seit einiger Zeit bettlägrig. Dennoch packte ich unsere Habe zusammen, stopfte Wagen und Gepäckträger voll und zwängte Brumas hinein. Wir fuhren los Richtung Innsworth, eine Stadt nahe Cheltenham, voller Glauben, daß wir an die rechte Stelle geführt würden. Ich hatte keine Ahnung, wo wir bleiben würden, zumal Sheena noch ans Bett gefesselt und pflegebedürftig sein würde, wenn ich zur Arbeit ginge. Ich erinnerte mich an den Namen eines Hotels, *Thirleston Hall*, das der Mutter eines vorgesetzten RAF-Offiziers gehörte. Ich dachte, daß wir dort eine Weile unterkommen könnten.

Schließlich fuhren wir vor dem Hotel vor, nur um zu unserer Überraschung zu entdecken, daß es ein Vier-Sterne-Hotel war - wahscheinlich das teuerste in der Stadt. Dennoch ging ich zur Rezeption und fragte nach der Besitzerin. Sie war würdevoll, wohlwollend und sehr gut gekleidet. Ich erläuterte meine Lage: Ich sei nach Innsworth versetzt, wo ich nach einer Bleibe suchte mit einer kranken Frau und einem großen

Hund, und ich verdiente nur das Gehalt eines Jungoffiziers. Sie sagte, sie seien voll, und wann würden wir denn kommen wollen? Ich erzählte ihr, daß meine Frau, Hund und Habe draußen im Auto seien. Sie war verblüfft, aber - ganz Dame - willigte sie ein, daß Sheena bleiben könne, bis sie wieder gesund sei; und der Preis war für mich erschwinglich. Sheena wurde das Essen auf dem Zimmer serviert und man kümmerte sich wunderbar um sie, während ich mich an den Einrichtungen des Hotels erfreute und an dem ausgezeichneten Essen im Speisesaal.

Der vorige Befehlshabende Offizier an der Kochschule war exzellent gewesen in der Küche, aber als Leiter und Schulmeister war er hoffnungslos. Das führte dazu, daß inspizierende Offiziere schlecht über die Schule berichteten und das war im ganzen Dienst bekannt. Schließlich begutachtete der Oberkommandeur höchstpersönlich die Schule und schrieb einen vernichtenden Report ans Luftfahrtministerium. Er sagte, er würde keinem weiteren Versorgungsoffizier den Posten des Befehlshabenden Offiziers geben und empfahl, daß der Posten stattdessen an den Adjutanten, Leutnant des fliegenden Personals, Charles Arnett, ginge, einen Mann in den Vierzigern von der Abteilung Allgemeine Dienste. Das Luftfahrtministerium teilte seine Meinung nicht und meinte, es habe gerade den rechten an der Hand; der habe kürzlich das Weiterbildungstraining für Offiziere absolviert und man halte ihn für den geeigneten Mann für diesen Job - mich. Es geschah also gegen den Willen des Oberkommandeurs, daß ich auf den Plan trat, um den Befehl über die Kochschule zu übernehmen, die allgemein als die anerkannt schlechteste Einheit in der *Royal Air Force* galt. Darüberhinaus war der Adjutant, fast doppelt so alt wie ich, böse, daß man nicht ihm den Posten gegeben hatte. Das war kaum ein günstiger Anfang. Es war jedoch eine perfekte Ausgangs-Position für mich, um in die Tat umzusetzen, was ich in Dr. Sullivans Seelenwissenschafts-Vortragsreihe gelernt hatte, *zu lieben, wo du bist, zu lieben, mit wem du zusammen bist und zu lieben, was du tust.*

Ich begann meine neuen Pflichten, indem ich alle Lehrer zusammenrief. Kochen ist eine Kunst, eine Herzenssache, nicht eine Wissenschaft; daher wollte ich nur solche als Lehrer, die gern kochten, gern lehren wollten und gern waren, wo sie waren. Als ich jene, die nicht gern Kochen lehrten, bat, die Hand zu heben, taten dies rund 60 Prozent. In der

Zwischenzeit hatte ich herausgekriegt, daß Charles Arnett, der Adjutant, dem ich die Stelle des Befehlshabenden Offiziers vor der Nase weggeschnappt hatte, gern die Regeln nach seinem Wunsch auslegte, worin er ein Experte war. Ich fragte ihn deshalb, ob er wohl arrangieren könne, daß diese unglücklichen Instruktoren anderswohin versetzt würden. Seine Augen leuchteten auf, und er antwortete: »Überlassen Sie das ganz mir, Sir!« Dann durchkämmte ich die Luftwaffe nach geeigneteren Lehrern und Leitern; viele von ihnen kannte ich schon von meiner früheren Laufbahn im Militärdienst her. Charles bat ich zu organisieren, daß diese nach Innsworth postiert würden.

Nachdem ich ein engagiertes Team zusammen hatte, steckte ich sie mit meinem Enthusiasmus, Arbeitsmethoden, Ideen und Zukunftsplänen für die Schule an. Ich lehnte kategorisch ab, einem Flieger das Kochen beizubringen, der nicht Koch werden wollte; es war Teil der RAF-Praxis gewesen, so ziemlich jeden zu nehmen, wenn Köche gebraucht wurden. Als das nächste etwa 200 Mann starke Kontingent in der Schule ankam, sprach ich zu ihnen und bat jene, die nicht Köche werden wollten, die Hand zu heben. Wiederum taten dies etwa 75 Prozent. Ich ließ diese Leute anderswohin versetzen. Das erregte Aufsehen im Hauptquartier des Kommandos und im Luftfahrtministerium, da es eine für die RAF ganz ungewöhnliche Taktik war, aber ich blieb standfest.

So weit es innerhalb der strikten Disziplin möglich war, arbeitete die Schule nach den Grundsätzen von Dr. Sullivans Lehren. Sobald jeder lieben *konnte*, was er tat, hatten wir alle eine Menge Spaß. Ich lernte auch dazu, daß die Einheit umso zufriedener war, je strikter die Disziplin war. Einigen der langgedienten Unteroffiziere fiel es schwer, meinen Stil zu verstehen. Wenn ich sie fragte, was sie denn gern tun würden, erhielt ich gewöhnlich ein steifes, leeres, gehorsames: »Was immer Sie wünschen, Sir!« Sie konnten es nicht glauben, daß ich Sie im Ernst aufforderte, mir ihre Meinung mitzuteilen! Nach mehreren Monaten waren sie noch immer gut diszipliniert, aber sie waren entspannter, und es fiel ihnen leichter, ihre eigenen Gedanken und Vorstellungen über die Arbeit in unserem Team beizusteuern.

Ich teilte die Schule in zwei Einheiten auf, die »A-« und die »B-Schule«, jede mit ihren eigenen Klassenzimmern, eigenem Kasernenblock,

Drill-Schwadron, Cricket-Team usw., mit je einem für die Schule verantwortlichen Stabsfeldwebel. Ich gab ihnen meine Vision weiter und ließ die Teams an die Arbeit gehen. Sie wetteiferten freundschaftlich miteinander, und es genügte, daß ich von Zeit zu Zeit einen kleinen Wink gab, daß die »A-Schule« etwas besser als die »B-Schule« sei zum Beispiel, und was man dann zu sehen bekam, war reine Magie. Eines Abends ging ich um 9 Uhr zurück und sah, daß in allen Klassenzimmern Licht brannte. Die Männer waren freiwillig für Extrastunden erschienen, um bei ihren Prüfungen besser abzuschneiden als die andere Schule.

Die Köche in der Königlichen Luftwaffe standen im Ruf, schlampig zu sein und lasch in Sachen Drill und Disziplin. Wann immer innerhalb der gesamten RAF ein weiterführender Kurs in Disziplin für Unteroffiziere anstand, ließ ich durch Charles genug Plätze requirieren, so daß schließlich alle meine Unteroffiziere teilnehmen konnten. Sie kamen mit neugewonnenem Stolz über sich selbst zurück.

Alljährlich wird in der RAF jede Gruppeneinheit vom Befehlshaber der Luftwaffenoffiziere im Gruppenhauptquartier inspiziert. Zur Vorbereitung kamen normalerweise verschiedene Offiziere vom Gruppenhauptquartier, Spezialisten in ihrem Feld, und berichteten darüber. In unserem Falle war der für Verwaltung zuständige leitende Offizier ein Gruppenführer Goacher, der dafür bekannt war, daß er eine Einheit auseinandernahm, überall hineinschaute und Fehler entdecken würde, wo immer sich einer versteckt hielt. Jeder hatte Angst vor ihm, daher entschied ich, eine Kampagne zu lancieren mit dem Titel »Die Ziege reizen«[4] und rief die ganze Belegschaft zusammen, um meinen Plan zu erläutern. Jeder war begeistert und ging mit Vergnügen ans Werk.

Auf meinen Wunsch hin war Charles Arnett in der Lage, das nächste Kontingent an Fliegern um die Hälfte zu kürzen. Wir schlossen die Schule, und ich setzte einen Stabsfeldwebel dafür ein, sie auf die Inspektion vorzubereiten. Wir organisierten, daß jede Klasse eine Extrawoche bliebe, daher hatte ich also Männer genug, um die Arbeit zu tun. Ich bat den Stabsfeldwebel, jedes Klassenzimmer von oben bis unten zu schrubben

---

4) »goat« = die Ziege; klingt ein bißchen wie »Goacher«; (Anm. der Übers.)

und auf Hochglanz zu bringen; als das geschehen war, inspizierte ich jeden Raum und schloß die Tür. (Zuvor war man übereingekommen, das gesamte Gebäude streichen und reparieren zu lassen, und auch das war geschehen.) Die Lehrlinge wurden angehalten, ihre Fingernägel zu baden und zu reinigen, und jeder erhielt ein neues Set sauberer »Weißer« (Kochuniformen). Alles war makellos, und alle ließen sich mit Spiel, Spaß und Spannung auf den Geist dieser Operation ein.

Am Tage der Inspektion erschien Gruppenführer Goacher mit seiner Entourage. Ich salutierte ihm, sah ihm gerade ins Gesicht und sagte: »Sir, ich fordere Sie heraus, irgend einen Makel an dieser Schule zu finden«. Er schaute mich verblüfft an und grunzte: »Gut, dann wollen wir mal sehen!« Jede Schublade und jeder Schrank waren offen. Er schaute überall, aber er konnte nirgends etwas Falsches sehen. Er drehte sich um zu seinen Mitarbeitern und meinte: »Haben Sie je so etwas gesehen?« und lieferte später einen wundervollen Bericht ab.

Der Befehlshaber der Luftfahrtoffiziere selbst schrieb, nachdem er uns inspiziert hatte, einen Report, der womöglich noch beeindruckender war; insbesondere ließ er sich über den besonders guten Drill aus. Er schrieb meinen Erfolg guter RAF-Ausbildung zu. Ich frage mich, wie er wohl reagiert hätte, wenn er die wahre Quelle meiner Inspiration gekannt hätte.

Während meiner Zeit an der Kochschule hatte Sheena eine Freundin, Janet Henderson, die Psychologin war und die Frau eines Obersten der Landstreitkräfte; sie hatte eng mit dem Brigadekommandeur gearbeitet, der Psychologie offiziell in die Streitkräfte eingeführt hatte. Ihr Fachgebiet war angewandte Psychologie innerhalb der Landstreitkräfte, der Marine und Luftwaffe. Sie bat, die Kochschule zu besuchen. Sie inspizierte alles gründlich, befragte Offiziere, Unteroffiziere und die anderen Männer. Dann meinte sie zu mir: »Ich bin überrascht, denn diese Einheit ist die am perfektesten geleitete in allen drei Streitkräften. Peter, ich weiß, daß Sie nie Psychologie studiert haben - wie haben Sie das gemacht?« »Ich weiß nicht«, antwortete ich; aber etwas später, auf einem Spaziergang, kamen mir die Zeilen des ersten Korinther-Briefes (Vers 13) wieder in den Sinn: »*Wenn du auch alle Erkenntnis hast, aber keine Liebe, dann bist du nichts.*« Liebe erfüllt alle Gesetze, psychologische und andere. Diese Einheit war mit Liebe gestaltet und geleitet worden, innerhalb der strikten Disziplin, die das Leben beim Militär vorschreibt.

Ich hatte außerdem das Morgengebet eingeführt - jeden Morgen wurde eine Bibelstelle vorgelesen. In Wirklichkeit war die Schule vom Beispiel Christi angeregt, inspiriert, der um sich zwölf Jünger scharte, die er mit Seiner Vision inspirierte und auf den Weg sandte. Ich hatte ein Team zusammengestellt und mit meiner Vision und Methode inspiriert. Sheena hatte mich gelehrt, daß Gehorsam ebenso notwendig sei wie Disziplin. Wenn es zum Beispiel irgendwo in der Welt kriselte, veranlaßte sie die Gruppe um sich herum, 24 Stunden lang zu fasten, zu wachen und zu beten, wobei jeder eine zwei oder drei Stunden-Schicht tat, Tag und Nacht. Ich weiß nicht, was an Gutem wir damit leisteten, aber ich weiß, es war Schulung in Disziplin. Für ihre Anhänger war Sheenas Wort Gesetz und mußte auf der Stelle befolgt werden.

Als der Oberkommandeur schließlich die Kochschule in Innsworth besichtigte, war er über die Verbesserung so überrascht, daß er meine Zulassung in die Luftwaffenstabsschule wärmstens empfahl. Dank der Unterstützung meines Befehlshabers der Luftfahrtoffiziere und da ich meine Prüfung bestanden hatte, wurde ich ausgewählt.

Zwei Monate nach unserer Ankunft in Innsworth hatten Sheena und ich unseren Wohnwagen auf einen privaten Stellplatz auf der Spitze von Combe Hill, am Rande der Cotswolder Hügelkette, versetzt. Wir hatten eine spektakuläre Aussicht über das Tal und unternahmen viele herrliche Spaziergänge. An den meisten Wochenenden kehrten wir dann in unsere Londoner Wohnung zurück. Für diese Fahrten brauchten wir ein neues Auto; ich hatte einen offenen Sportwagen, aber da Sheena krank war, war das kein geeignetes Fahrzeug, um uns nach London und hinaus zu bringen - wir brauchten ein geräumigeres und bequemeres Auto. Die Wohnung in London war gerade neu hergerichtet und ausgestattet worden, aber wir hatten noch nicht alle Rechnungen bezahlt. Wir rechneten uns aus, daß wir, wenn ich den Sportwagen verkaufte, Geld genug hätten, um die ausstehenden Rechnungen zu begleichen und einen geeigneteren Wagen anzuschaffen. Ich hatte einen gutaussehenden Lagonda im Auge, mit dem wir die Strecke schnell fahren könnten, aber ich war nicht ganz sicher, ob es nicht bloß das »kleine« ich - meine Person - war, die ihn wollte. Ich fragte Sheena um höhere Führung. Ja, das war das richtige Auto, und so kaufte ich es.

Da wir nun zwei Fahrzeuge hatten, ging ich daran, den Sportwagen zu verkaufen. Es geschah jedoch immer irgend etwas Seltsames - ich konnte ihn nicht verkaufen. Je mehr ich mich bemühte, umso schwieriger schien es. Als ich nun in die Stabsschule für die Luftwaffe nach Bracknell versetzt wurde, fuhren wir mit zwei Autos hin, aber Geld hatten wir keins. Wir mußten gut überlegen, ob wir uns eine Tasse Tee in einem Lokal leisten konnten. Ich dachte, »nun ja, wenigstens bist du nahe bei London und hast eine viel bessere Chance, das Auto zu verkaufen«, aber es war dasselbe - ich wurde das Auto nicht los. Die Rechnungen für die Wohnung begannen einzutrudeln, dann kamen drei Gerichtsvorladungen und am Ende ein Brief mit der Drohung, daß man an den Kommandanten der Akademie über mich schreiben würde. Wenn dies geschähe, wäre ich in ernsthaften Schwierigkeiten; meine ganze Laufbahn wäre gefährdet. Ich verdoppelte meine Anstrengungen, aber es kam nichts dabei heraus.

Dann dämmerte mir, daß es dafür einen Grund geben müsse und bat Sheena, innere Führung zu diesem Thema zu suchen. Es wurde mir gesagt, daß es in der Tat einen Grund gäbe, daß ich eine Lektion lernen müsse, die ganz außerordentlich wichtig für meine Zukunft wäre: Zu lernen, von Gott abhängig zu sein und von Gott allein, um meine Bedürfnisse zu erfüllen. Als erstes hieß man mich all meine Rechnungen auflisten und zusammenzählen. Das tat ich - die Summe belief sich auf £375. Dann sollte ich Gottvater um genau diesen Betrag bitten - nicht mehr und nicht weniger - und mich bedanken, daß er bereits unterwegs war.

Mein Motto sollte werden: *»In Ruhe und Vertrauen soll deine Stärke liegen.«* Wie in allen Dingen, ist es eine Sache, dies in der Theorie zu wissen, aber ganz etwas anderes, es in die Praxis umzusetzen. Mein Magen drehte sich noch immer. Jeden Tag, so schien es, kamen Rechnungen und letzte Zahlungsaufforderungen durch den Briefkasten. Etwa 14 Tage vergingen, ehe ich sagen konnte: »In Ordnung, ich habe dies an Gott weitergereicht. Es ist nicht mehr mein Problem.« Als ich dies schließlich in totalem Vertrauen tun konnte - dann erst - wurde das Auto verkauft, und es ging weg für £375, genau die Summe, die wir benötigten.

Von nun an wurde »Geduld, Ausdauer und Durchhaltevermögen« zu meinem beliebtesten Slogan.

Die Stabsschule zu besuchen, war praktisch eine Garantie, daß ich bis zum Ende meiner Luftwaffenkarriere total abgesichert wäre, zumal so viele Vorgesetzte und dienstältere Offiziere positiv über mich berichtet hatten. Ich war der erste Versorgungsoffizier, der je für diesen Kursus ausgesucht worden war, welcher ein Jahr dauerte und speziell ausgerichtet war, die künftigen Führungskräfte der RAF auszubilden. Obgleich ich es zu jener Zeit nicht wußte, waren die Ausbildung und Erfahrung, die ich dort erhielt, von unschätzbarem Wert für meine künftige spirituelle Arbeit. Sie beinhalteten die Feinheiten öffentlicher Reden, Schreiben, Organisationsprinzipien, Gruppenarbeit und Verwaltung; der Lehrstoff behandelte auch Ortsverwaltung, Politik, Weltangelegenheiten, Ökonomie und die Wichtigkeit der spirituellen Seite des Lebens im Militärdienst. Die meisten der führenden Kommandeure der drei Streitkräfte sprachen zu uns. Es war, als wenn man eine Universität besuchte und zugleich eine Schule für Firmenmanagement sowie ein Lehrerkolleg.

Am Ende des Kurses gab es keine formalen Prüfungen, aber man bewertete uns anhand eines Essays und eines halbstündigen Vortrages. Der mußte handgeschrieben sein, mit einer Einführung, einem Hauptteil, der jeden wichtigen Punkt behandeln mußte, und einer Zusammenfassung am Ende. Dann mußten wir das ganze auswendig lernen und hatten nur ein paar Karten, um uns an die wesentlichen Punkte zu erinnern. Eine Methode, die sich Winston Churchill angeeignet hatte.

Die Schulung, die mir Sheena im öffentlichen Reden gab, hatte eine ganz andere Herangehensweise. Ich war aufgefordert, einen spirituellen Kollegen, der in Caxton Hall in London einen Vortrag hielt, vorzustellen. Ich hatte meine Rede in ordentlichem Stabsschul-Stil geschrieben und zeigte sie Sheena, kurz bevor ich gehen wollte. Sie las sie und meinte: »Fein!« - dann zerriß sie sie in kleine Schnipsel und warf sie ins Feuer. »Jetzt steh auf und lasse Gott durch dich sprechen!« Ich war schokkiert, aber bei Sheena konnte man sich nicht auf einen Streit einlassen. Das Leben mit ihr war immer, wie wenn man zum Schwimmen-lernen ins tiefe Ende geworfen wird. Obschon ich zugeben muß, daß meine erste Rede, die ich nach Sheenas Methode hielt, nur ein Teilerfolg war, habe ich doch seither niemals Aufzeichnungen oder irgendeine andere geschriebene Hilfe für Vorträge benutzt. Ich bin einfach aufgestanden und habe gesprochen, was mir der Geist eingab.

Als meine Zeit kam, am Ende des Stabsschulkurses meinen Vortrag zu halten, warf ich weg, was ich aufgeschrieben hatte und nahm im letzten Augenblick ein paar Utensilien mit, die ich von Tibet mitgebracht hatte. Ich begann, indem ich mein Thema ankündigte und sagte: »Die meisten von Ihnen denken, Tibet sei ein unzivilisiertes Land, aber schauen Sie sich das einmal an...« - wobei ich eine Bierflasche von hinter dem Podium zum Vorschein brachte, die aus geschnitztem Holz und in Bronze gefaßt war. »Vergleichen Sie die einmal mit unseren Bierflaschen!« Dann holte ich eine tibetische Trompete hervor. Ihre kurzen Teilstücke ließen sich zusammenschieben, und als ich jedes Teilstück herauszog, setzte sich dabei eine riesige fast fünf Meter lange Trompete zusammen. Ich stellte sie dann aufs Podium, um die Aufmerksamkeit auf die wunderbare große Kupfer- und Messingarbeit zu richten und sagte: »Sie dient natürlich vielerlei Zwecken. Man kann damit zum Beispiel recht gut ausdrücken, was man von dem Direktorium hält (das hinten in der Halle saß). Ich blies hinein und erzeugte ein allgewaltiges Furzgeräusch, daß die Wände wackelten. Für einen Moment waren alle sprachlos, und dann brach das Gelächter los. Man brachte mir eine Ovation im Stehen und noch Jahre später war ich bekannt als der Mann, der den Direktoren der Stabsschule einen geblasen hatte!

Der Essay, den ich einreichen mußte und dessen Thema ich selbst gewählt hatte, behandelte die moralische und spirituelle Anleitung in der Luftwaffe. Ich nannte ihn *Führungsrolle und Stimmung in der Truppe* und baute ihn auf meiner Schulung bei Sheena und meiner Erfahrung als Befehlshabender Offizier in der Kochschule auf; natürlich mußte ich, um zu beweisen, daß ich die richtige Literatur zum Thema studiert hatte, eine Menge Zitate von Führungsfiguren wie Eisenhower, Montrose und anderen einfügen. Der Kommandeur wählte diesen Essay als den besten des Jahres aus, der im vierteljährlichen *Royal Air Force Quarterly* erschien. Ich benutzte Jesus Christus als Vorbild, und die Schrift endete mit dem Ruf nach spiritueller ebenso wie militärischer Aufrüstung für die Nation.[5]

5) Siehe den ganzen Text im Anhang.

Der Kurs, der am 15. Januar 1951 begonnen hatte, endete am 14. Dezember dieses Jahres. Meine spirituelle Schulung bei Sheena ging weiter während meiner Zeit in der Stabsschule, sie unterstützte mich sehr und gab mir viel - auf allen Ebenen ihres Seins. Zuweilen war ihre Liebe überwältigend. Als wir Studenten eine Marineeinrichtung in Nordirland besichtigten, lag ich mit einer Grippe im Bett. Sobald Sheena davon hörte, rief sie den Kommandeur der Stabsschule an und fragte, ob sie kommen und mich pflegen dürfe. Man sagte ihr, dies sei nicht nötig, doch es ist ein Beispiel dafür, wie wunderbar unsere Beziehung von Anfang bis Ende war.

Eines Tages, völlig aus dem Nichts, kündigte Sheena an, daß unsere Beziehung in der Zukunft nicht mehr eine zwischen Mann und Frau sein solle, obwohl wir weiterhin eng miteinander arbeiten würden. Das war ein fürchterlicher Schlag für mich, denn ich liebte sie mehr, als ich jemals irgendwen zuvor geliebt hatte. Sie war ja mein ganzes Leben - meine Frau, meine Lehrerin, meine Freundin, meine Geliebte - und das war eine erschütternde Nachricht für mich. Ich konnte das nicht begreifen, geschweige denn verarbeiten! Fünf Jahre lang durch dick und dünn, ob ich nun mit der Sonne im Rücken lief und nur in meinen eigenen Schatten hinein, oder ob wir wie Kinder an einem Strand zusammensaßen und glaubten, daß Gott nur Liebe war und wir ineinander verliebt, niemals hatte Sheena in ihrem Glauben an mich gewankt. Wo Dr. Sullivans Lehren, seine spirituelle Weisheit und Gesetze meinen Willen und meine Entschlußkraft gestärkt hatten, da hatte mich Sheena, manchmal gegen meinen erbitterten Widerstand, zur Geburt des Christus in mir selber geführt, welches Liebe ist.

Sie benimmt sich nicht unanständig, suchet nicht das Ihre, läßt sich nicht erbittern, sie rechnet Böses nicht zu, sie freut sich nicht über die Ungerechtigkeit, sondern sie freut sich mit der Wahrheit, sie erträgt alles, sie glaubt alles, sie hofft alles, sie erduldet alles. Warum ließ sie mich nun gehen?

Etwa um dieselbe Zeit, da Sheena diese Ankündigung machte, wurde ich in den Mittleren Osten versetzt. Dem Geist meiner Schulung gemäß, reinigte ich in der letzten Nacht vor der Abreise mein Apartment gründlich, statt mit Sheena Essen zu gehen. Sie erhielt eine Botschaft, die besagte, daß unsere Zeit miteinander, obgleich ich nicht ihre »andere

Hälfte« sei, noch nicht einmal das erste Kapitel eines wundervollen Buches sei, sondern nur dessen Vorwort. Dann realisierte ich, daß nur die Form unserer Beziehung sich wandeln mußte, was die Liebe, die wir füreinander empfanden, nicht beeinflussen mußte. Ich verstand auch, daß meine wahre »andere Hälfte« irgendwo anders in der Welt sein mußte, und zur rechten Zeit würde Gott uns zueinander führen. Mit diesen Gedanken im Kopf brach ich am 17. Februar 1952 auf zum RAF-Hauptquartier Mittlerer Osten in die Suezkanalzone nach Ägypten.

8. Kapitel

GOTT SPRACH AUCH ZU MIR[1]

Die erste Manifestation des Lebens ist eine Emotion.
Die einzige Emotion ist Liebe.

Ein spezieller Job war eigens für mich geschaffen worden. Ich sollte für die Essensversorgung zu Luft und auf dem Land verantwortlich sein, überall in der Welt, für das ganze britische Militär, welches mit Militärmaschinen flog. Das war ein toller Job; im Endeffekt bedeutete das, da ich mein eigener Boss war, daß ich überall hingehen konnte und, was ganz wichtig war, so wie der Geist mich trieb. Die Arbeit bestand im wesentlichen darin, Einrichtungen zu inspizieren und sicherzustellen, daß der Versorgungsfluß glatt lief. Ich mußte also viel reisen. Allein im ersten Jahr flog ich über siebzigtausend Meilen, besuchte dabei den Golf von Akaba, Habbaniyah in Irak, Malta, Libyen, Indien, Ceylon, Singapur, Hongkong, Japan, Kenia, Zypern, die Philippinen, Aden, Jordanien, den Jemen, Pakistan, den Sudan, Rhodesien, Malaysia, Tunesien, Somalia und mehr. Mein Status als Militärangehöriger verschaffte mir Einlaß zu ansonsten verbotenen Plätzen wie etwa das Trukal-Gebiet im Süden Saudi-Arabiens.

Ich war 35 und fest entschlossen, das Beste aus den Möglichkeiten, die mir mein Job bot, zu machen. Im Oberkommando der Bomberflotte in Wycombe war ich der Gründer-Sekretär der Bergsteigervereinigung

1) Eine Anspielung auf Eileen Caddys Buchtitel: *Gott sprach zu mir.*

der RAF gewesen, und eines meiner ehrgeizigen Ziele als Bergsteiger war es, den Mount Kenia zu erklimmen, der sich 5182 Meter über den Meeresspiegel erhebt und, wie es hieß, eine spektakuläre Bergtour bieten sollte. Jetzt war ich in der Lage, das zu tun. Der dem Mount Kenia am nächsten gelegene RAF-Stützpunkt war in Nairobi, aber das wöchentliche Flugzeug blieb hier nur zwei Stunden. Ich entschied, daß dies nicht lang genug wäre, um den Stützpunkt sorgfältig zu begutachten, daher organisierte ich, eine ganze Woche zwischen den Flügen hier zu verbringen - was mir natürlich genug Zeit ließe, um meinen Ehrgeiz zu befriedigen.

Da alle Piloten der Luftwaffe eine bestimmte Flugstundenzahl pro Monat ableisten müssen, bot mir der Befehlshabende Offizier in der RAF Eastleigh in Nairobi gerne an, mich nach Nanyuki zu fliegen, eine Stadt nahe dem Fuß des Mount Kenia. Wir mußten mehrere Male die Landebahn mit Gedröhn entlangfliegen, um sie von Zebras und anderen Tieren leerzufegen. Bei der Landung stand auch schon ein Fahrer der Landstreitkräfte bereit, um meine Instruktionen entgegenzunehmen, aber ich hatte keine Ahnung, was ich nun tun sollte. Da war der Berg und da war ich, aber ich wußte nicht, wie ich uns beide bloß zusammenbringen sollte! Der Fahrer schlug vor, daß ich Anne Hook, die Vermittlerin in der Telefonzentrale anriefe. Sie schien alles zu wissen, was in Nanyuki wissenswert war.

In der Tat erwies sich Anne als überaus findig. Zwei ihrer Onkel lebten in dieser Gegend, und einer von ihnen würde, da war sie ganz sicher, helfen, die Bergtour zu organisieren. Der andere, ein ehemaliger Kommandeur der britischen Marine, besaß ein berühmtes Hotel, welches mit der »längsten Bartheke in Kenia« protzte, und der Äquator verlaufe direkt durch die Länge der Bar. Ich verbrachte dort einen erfreulichen Abend. Erwartungsvoll schaute ich hinüber zu den Gletschern nahe dem Gipfel des Mount Kenia, wie sie im Licht des Vollmondes glitzerten, und dachte, wie wundervoll es sein würde, ihre Schönheit ganz aus der Nähe zu sehen.

Am nächsten Morgen ging ich los, um Annes Onkel Raymond zu finden. Er war ein Riese von einem Mann, mit einem dichten Bart; Blut rann aus Schrammen auf seinen Armen; denn Raymond Hook fing wilde Tiere für verschiedene Zoos in aller Welt, und er richtete Geparden ab, um mit Windhunden um die Wette zu laufen. Als ich in seiner Ranch am Fuße des Mount Kenia ankam, drehte gerade eine Filmcrew einen Dokumentarfilm über diesen außergewöhnlichen Mann. »So, Sie wollen also auf den Mount Kenia steigen!« brüllte er. »Haben Sie was zu essen mit?« Als ich »nein« sagte, machte er eine Liste und schickte mich in den Dorfbazar, wo ich alles kaufte außer Corned Beef, das ich nicht mag. Hook wartete auf meine Rückkehr. »Haben Sie das Corned Beef?« fragte er. »Nein«, antwortete ich. »Verdammt, das war unser Lunch!« sagt er, langte mal eben nach einem Gewehr und erschoß ein vorbeilaufendes Huhn, was er dem danebenstehenden Kameramann entgegenschleuderte. »Hier, rupf das!« befahl er.

Nach dem Lunch organisierte er zwei eingeborene Jungen und einen Esel, die mich auf den Berg führen sollten. »Habt ihr jede Menge Kleider?« fragte er. »Es wird verdammt kalt da oben.« Als ich verneinte, sagte er, ich solle alles mitnehmen, was ich hätte, einschließlich meinen besten Blazer und diverse Ausgehhemden. Als wir gerade abmarschiert waren, fragte ich ihn, wie ich mich mit den zwei eingeborenen Jungen verständigen könne, die kein Englisch sprachen. Hook schnaubte bloß. »Zeig einfach mit dem Finger nach oben, wenn du hoch willst, und runter, wenn du runtergehen willst.« Wir wanderten los durch Regenwald, um den Aufstieg zu beginnen.

Es war der 11. März 1952 - eine Woche vor der Frühlings-Tagundnachtgleiche - und extrem heiß; da der Mount Kenia auf dem Äquator steht, brannte die Sonne direkt über uns, und ich stieg ohne ein Hemd. Als wir endlich den Urwaldrand erreicht hatten, war ich erschöpft. Wir waren zu einer Lichtung gekommen an einem Bach, und mit Hilfe von Zeichensprache orderte ich meine Führer an, das Zelt aufzuschlagen. Sie protestierten vehement - offensichtlich wollten sie nicht, daß ich an diesem Ort zeltete - aber ich tat ihre Einwände ab; dies schien der perfekte Platz für die Nacht zu sein, und davon abgesehen war ich unfähig weiterzuwandern. Noch immer unter Protest machten die Jungen unser Lager, und dann gingen sie mit dem Esel in den Urwald zurück und ließen mich da. Ich hatte keine Ahnung, ob sie zurückkämen, aber ich war zu müde, um mir darüber Sorgen zu machen. Erst später sollte ich den Grund für ihre Probleme entdecken - die Lichtung war eine Wasserstelle für

Tiger, Elefanten und Löwen und außerordentlich gefährlich. [2] In der damaligen Situation war ich jedoch so müde, daß ich bezweifle, ob mich eine durch das Zelt galoppierende Elefantenherde hätte aufrütteln können.

Raymond Hook hatte recht gehabt über die Kälte in jener Nacht - aber als ich meinen besten Blazer hervorzog, merkte ich, daß er mit dem Proviant zusammengepackt worden war, und die Tageshitze hatte die Butter darüber geschmolzen! Am nächsten Morgen wachte ich mit dem Geräusch des Dschungels auf, fühlte mich total erfrischt und bereit loszugehen. Zum Glück waren die eingeborenen Jungen mit dem Esel zurückgekommen, und wir kletterten durch eine Wildnis von Gras, bis wir *Two Tam Hut*, eine Hütte in 4877m Höhe, erreichten. Als ich auf ein Hochbett zuwankte, ganz und gar erschlagen von den Anstrengungen des Tages, mußte ich doch lachen; ich konnte nicht einmal die Energie für die paar Schritte zur Tür aufbringen, um im Lichte des Vollmonds die Gletscher aus der Nähe anzusehen, die ich aus der Ferne so bewundert hatte.

Am Morgen war ich fähig, die Schönheit der Gletscher aufzunehmen, nun, da ich mich zwischen ihnen befand, und hinunterzusehen über die heißen afrikanischen Ebenen, deren Horizont in Dunst zerschmolz. Das Gefühl, etwas vollbracht zu haben, erfüllte mich mit Heiterkeit. Die Jungen kamen zurück, und wir begannen den Abstieg. Wie wir so durch den Urwald wanderten und uns dem Grund näherten, bemerkte ich, daß Kleider auf dem Weg verstreut lagen. Da muß irgend ein anderer, dachte ich, heute diesen Berg besteigen. Bei näherer Untersuchung merkte ich freilich, daß es meine waren. Dem Esel hatten seine Tragekörbe nicht behagt, und er hatte versucht, sie an Bäumen und Ästen abzureiben, ohne Erfolg; aber immerhin war ihm bei diesem Vorgang gelungen, den Inhalt eines der Körbe auszuleeren. Ich konnte nur lachen, trotz der Tatsache, daß dies meine feinsten Kleider waren; es war ein kleiner Preis für eine solche überwältigende Erfahrung.

---

2) Jahre zuvor hatte eine Gruppe von italienischen Kriegsgefangenen über Mt. Kenia gelesen. Sie waren so begeistert, daß sie beschlossen zu fliehen, um ihn zu besteigen; sie hatten an derselben Stelle gehalten, doch, anders als ich, waren sie vorgewarnt gewesen über die Gefahren dort. Sie nahmen ein großes Risiko in Kauf, um ein Gewehr zu stehlen, damit sie im Wechsel die Nacht durchwachen und die wilden Tiere in Schach halten konnten.

Einen Monat später besuchte ich Bagdad und unternahm einen Tagesausflug zu den Ruinen von Babylon in der Gesellschaft von Dr. Strong und seiner Frau. Er war ein amerikanischer Bibelkundler und Autor zahlreicher Bücher; damals schrieb er gerade ein neues Buch über Babylon, und wo immer wir durch die Ruinen gingen, machte seine Frau sorgfältig Notizen. Wir waren ganz aufgeregt, als wir auf ein paar Steine mit Keilschrift stießen, was Frau Strong ordnungsgemäß notierte; an einer anderen Stelle, wo ich selbst etwas erspäht hatte, bückte ich mich und hob es auf. »Sehen Sie nur!« rief ich triumphierend und wedelte mit meiner Entdeckung herum: »Babylonischer Stacheldraht!« Frau Strongs Augen wurden vor Staunen ganz groß, und sie fügte ihn pflichtgemäß ihren Aufzeichnungen hinzu. Manche Leute können bezaubernd einfältig sein!

Von hier aus ging ich zur RAF Habbaniyah, einen sehr großen Stützpunkt am Euphrat im Irak. Bei der Ankunft machte ich dem Offizier, der für die Verwaltung verantwortlich war, Flügelkommandeur Andrew Combe, meine Aufwartung, den ich zuvor als einen Stabskommandeur im Oberkommando der Bomberflotte getroffen hatte. Er lud mich am selben Abend zu einem Vortrag über Archäologie im Offiziersclub ein. Ich war noch erfüllt von meiner babylonischen Expedition; daher fand ich den Vortrag faszinierend und stellte viele Fragen. Andrew und seine Frau Eileen schienen beeindruckt von dem Interesse, das ich zeigte; Andrew ging danach geradewegs auf mich zu und bat mich zum Dinner in ihrem Haus für den nächsten Tag.

Dort entdeckte ich, warum er an mir so interessiert war. Andrew war einer der führenden Köpfe in der *Oxford Group* oder *Moral Re-Armament (MRA)* - Moralische Aufrüstung - die Frank Buchmann gegründet hatte. Er hatte meinen Artikel in der *Royal Air Force Quarterly*[3] über moralische und spirituelle Führung gelesen, und er hoffte, mich dazu zu bringen, daß ich der MRA beiträte. Andrew hatte sein Leben der Rettung der Welt durch vier Prinzipien der *Moralischen Wiederaufrüstung* gewidmet: absolute Liebe, absolute Wahrheit, absolute Reinheit und absolute Ehrlichkeit. Die Bewegung betonte die Wichtigkeit, stillzusitzen und Gottes Weisung zu empfangen. Seine Frau Eileen schien seine Begeiste-

3) einem vierteljährlich erscheinenden Magazin für die britische Luftwaffe; (die Übers.)

rung nicht zu teilen. Unter anderem verbot die MRA ihren Mitgliedern, Make-up zu tragen oder Alkohol zu trinken; später erzählte mir Eileen, wie unbehaglich sie sich deshalb bei gesellschaftlichen Anlässen fühlte. Sie selbst war als einfache Christin aufgewachsen. Nachdem ihr Vater gestorben war und ihre Mutter als Folge eines Unfalls Epilepsie bekam, ermunterte ihre Mutter sie, der *Christian Science* beizutreten, doch sie hatte dies vor allem ihrer Mutter zuliebe und aus Pflichtgefühl heraus getan.

Beim Abendessen mit den Combes fand ich, daß Eileen eine angenehme, mütterliche, irgendwie schüchterne Frau war, die ein konventionelles Leben führte, mit fünf reizenden Kindern. Andrew sprach am meisten während des Essens; wir diskutierten Dinge der Weltpolitik und die Notwenigkeit für spirituelle Erneuerung. Später unterhielten sich Eileen und ich auf dem Rasen, während Andrew irgend einem Geschäft nachging. Unsere Unterhaltung floß leicht dahin, und wir entdeckten, daß wir ohne Schwierigkeiten über die Dinge sprechen konnten, die uns wirklich wichtig waren.

Danach lud mich Andrew, wann immer ich Habbaniyah besuchte, in ihr Haus ein, wo er sich weiterhin bemühte, mich für die MRA zu gewinnen. Ich kam mit der ganzen Familie gut aus. Oft war Andrew nicht da, und dann saßen Eileen und ich beisammen und redeten, wobei ich mich über spirituelle und esoterische Themen ausließ, während sie strickte. Ich mochte sie. Sie war nicht allein ein guter Zuhörer, sondern sie war auch praktisch veranlagt, sauber, ordentlich und offensichtlich eine gute Mutter. Manchmal gingen wir mit den Kindern ins Schwimmbad des Offizierclubs; Eileen spielte auch gern Tennis; sie war braungebrannt und fit. Unsere Beziehung war angenehm und freundschaftlich, und wir fühlten uns in der Gesellschaft des anderen wohl, aber mehr gab es nicht zwischen uns.

Im Mai dieses Jahres, 1952, - ich besuchte gerade Malta - erhielt ich einen Brief von Sheena. Sie hätte mir etwas sehr Wichtiges zu sagen, dies könne aber nur von Angesicht zu Angesicht geschehen. Ich arrangierte sofort einen Heimflug mit einem Transitflugzeug und war zwei Tage später zurück in London. Was sie mir zu sagen hatte, verschlug mir die Sprache. Sie hatte sich in einen anderen Mann verliebt, Jack, einen

Korvettenkapitän der britischen Marine. In jener Nacht konnte ich nicht schlafen; ich fühlte mich, als wenn man mir das Herz gebrochen hätte. Am nächsten Tag ging ich im Batterseapark spazieren und stellte mein ganzes Leben in Frage. Wie konnte ich Sheena je weiterhin lieben? Würde ich ihr je verzeihen können?

Ich hatte Trost dringend nötig. Ein paar Tage später, unterwegs, um England wieder zu verlassen, besuchte ich Sheenas Freundin Nargis (die Hauptschülerin des Sufimeisters Hazrat Inayat Khan). Sie setzte mich in den besonderen Sessel, den nur er benutzt hatte. Ich schloß meine Augen, um zu meditieren, und auf der Stelle war ich erfüllt mit dem, was ich nur als die Kraft des heiligen Geistes beschreiben kann - die Friedenstaube landete auf mir und erleuchtete meinen Geist. Dinge, die ich nicht verstanden oder die mich verwirrt hatten, wurden plötzlich klar; zum ersten Mal verstand ich Inayat Khans Lehren über Liebe:

Es gibt in einem englischen Volkslied eine wunderbare Zeile, wo es heißt: »Das Lebenslicht stirbt, wenn die Liebe fort ist.« Wenn du nicht mehr lieben kannst, beweist dies, daß du nie geliebt hast. Liebe, die aufhört, ist der Schatten von Liebe; wahre Liebe ist ohne Anfang und Ende. Das, was da im Herzen lebt, ist Liebe. Es mag als Freundlichkeit auftreten, als Freundschaft, als Sympathie, Toleranz oder Verzeihen. Die schönste Form göttlicher Liebe ist sein Mitgefühl. Sein göttliches Vergeben. Liebe aus der Höhe ist Vergebung. In der Tiefe ist es Anbetung. Liebe fragt nie nach Gegenliebe, sie ist völlig frei; es ist die Liebe, die einen unabhängig macht. Liebe, die davon abhängt, daß der Geliebte sie erwidert, ist lahm, sie steht nicht auf eigenen Füßen. Liebe, die versucht, den anderen zu besitzen, ist ohne Arme; sie kann nie halten...Frieden wird nicht einkehren in das Herz eines Liebenden, solange er nicht die Liebe selbst wird. Der beste Weg zu lieben ist - zu dienen.

Auf meinem Pfad der Initiation war dies nun die Verklärung. Die große Erleuchtung, die mein Geist erfuhr, dauerte noch drei Tage an; was immer ich wissen wollte, wurde mir enthüllt; sogar meine Konversation mit anderen Leuten schien vom Heiligen Geist inspiriert zu sein. Ich flog nach Malta zurück und verbrachte eine ruhige Zeit in der St. Paul's Bucht, sprach mit einem Pater, schwamm und ging spazieren.

Im Juli begegnete und befreundete ich mich mit Oberst Paul Harris, der für das Komitee zuständig war, welches meinen Job erfunden hatte. Er war ebenfalls ein eifriges Mitglied der *Moralischen Wiederaufrüstung* und ein Freund der Familie Combe. Wir begannen, miteinander im Suez-Kanal zu schwimmen und religiöse und spirituelle Themen zu diskutieren. Später in demselben Monat fuhren wir beide nach Habbaniyah, wo ich dem Leutnant des fliegenden Personals, Johns, vorgestellt wurde, einem Versorgungsoffizier, der auch an der MRA interessiert war. Wir drei aßen mit Andrew und Eileen Combe zu Abend und, obwohl ich noch nicht bereit war, Mitglied der MRA zu werden, so akzeptierte ich nach dieser Unterhaltung doch, daß etwas dran war. Bei Gelegenheit gesellte ich mich hinzu, wenn die Combes und andere ihre »Zeit der Stille« hatten - Perioden der inneren Sammlung, in denen man Botschaften von Gott niederschrieb. Wie üblich, hörte ich nichts - und Eileen auch nicht, die mir gestand, daß sie aufschrieb, was immer ihr durch den Kopf ging, um die Prozedur des »Blockaden-Lösens« zu umgehen, denen sich Mitglieder, die nichts aufschrieben, unterwerfen mußten. Ich sah Eileen oft während dieses Besuches und freute mich nach wie vor an unserer Freundschaft, obgleich mir heute auffällt, daß sie in meinem Tagebuch aus jener Zeit noch immer als »Mrs. Combe« auftaucht.

Drei Monate später war ich in Amman, Jordanien, und entschied, einen Abstecher nach Jerusalem zu machen. Ich verbrachte einen geschäftigen Tag mit dem Aufsuchen aller Sehenswürdigkeiten, besonders jenen, die mit Jesus zu tun haben, wie dem Felsendom, aber das einzige, was mich wirklich neugierig machte, war der Garten Getsemaneh - alle anderen Orte schienen zu überladen mit menschlicher Präsenz und Projektionen. Ich hatte ein starkes Gefühl, daß Jesus in jenem Garten begraben worden war. Mit diesen Gedanken im Kopf erstieg ich einen Berg draußen vor der Stadt, saß oben in der Sonne und schaute auf Jerusalem hinunter.

Nach dem Anstieg fühlte ich mich angenehm müde. Die Oktobersonne schien noch immer warm; der Verkehr und das Getöse der Stadt waren ein entferntes Summen. Plötzlich, ganz klar, hörte ich einen einzigen Satz, - nie habe ich so etwas wie eine innere Stimme deutlich vernommen: »Eileen ist deine andere Hälfte.« Ich verwarf diese Idee sofort, ich fand sie absurd. Eileen war mit einem dienstälteren Offizier verheiratet und hatte fünf Kinder. Es gab keine Anzeichen irgend einer romantischen Liebe zwischen uns; alles, was ich für sie empfand, war herzliche Freundschaft. »Und außerdem«, sagte ich zu mir selber, »treffen sich Seelengefährten nur *once in a blue moon* - einmal in hundert Jahren!« Aber, ich konnte noch so sehr versuchen, das Echo dieser Idee, daß Eileen meine »andere Hälfte« war, abzuschütteln, es blieb in meinem Bewußtsein.

Ich grübelte darüber nach auf meinem Rückweg nach Amman. Nach einer Weile bemerkte ich, daß ich für diese erstaunliche Enthüllung nicht ganz unzugänglich war. Ich erinnerte mich an die wundervolle Botschaft von Sheena, ehe wir uns trennten, daß, während sie nun trotz alledem nicht meine »andere Hälfte« war, Gott mich mit der Frau zusammenführen würde, die es war. Obschon Andrew, Eileen und ihre Kinder als Musterfamilie betrachtet wurden, getragen von den vier Prinzipien der *Moralischen Wiederaufrüstung*, hatten verschiedene Leute mir gegenüber angedeutet, daß die Ehe auf schwankendem Boden stünde. Ich begann, die Möglichkeit zu akzeptieren, daß die Wahrheit gesprochen hatte und Eileen vielleicht tatsächlich meine »andere Hälfte« war.

Ich wußte durch Sheenas Schulung, daß man Gott immer um Bestätigung dessen bitten kann, was man von innen erhält. Daher betete ich nun darum, daß Andrew entweder die Geburt des Christus in sich erfuhr, welche ihn befähigen würde, seine Frau und Familie zu lieben, oder daß er aufgefordert würde, die *Moralische Aufrüstung* aufzugeben und sich stattdessen auf seine Familie zu konzentrieren. Mir schien, weder das eine noch das andere wäre wahrscheinlich, aber wenn Andrew tatsächlich aufgefordert würde, die MRA aufzugeben, und wenn er das ablehnte, dann wäre dies ja vielleicht die Bestätigung, die ich suchte.

Es war damals meine Gewohnheit, wenn ich so rund um die Welt zog, von einem Luftwaffenstützpunkt zum anderen, mich von der nächstbesten Militärmaschine mitnehmen zu lassen; es war unheimlich, wie oft ein Sitzplatz zur Verfügung stand, sobald ich beim Flughafen ankam. Nach meinem Ausflug nach Jerusalem hatte ich geplant, in den Fernen Osten zu reisen, doch als ich in Amman ankam, gab es auf keinem Flug in diese Richtung einen Platz. Tagelang wartete ich auf einen Platz, vergeblich, und schließlich empfand ich, daß es einen triftigen Grund dafür geben mußte; vielleicht sollte ich in die entgegengesetzte Richtung fliegen, um Eileen meine Neuigkeiten mitzuteilen. Daher ließ ich von meinen Plänen ab und flog zurück zum Heim-Stützpunkt in der Kanalzone - und da war denn ein Platz für mich in dem nächsten Flugzeug, das kam.

Dort fand ich ein dringendes Telegramm vor, das soeben eingetroffen war: Sheena war schwer krank und bereits im Krankenhaus. Ich erhielt sofort Urlaub aus familiären Gründen und flog weiter nach London, wo ich ins Krankenhaus stürzte. Gerade, als ich ankam, wollte der Chirurg seinen Eingriff machen: Sheena war bereits unter Narkose. Der Arzt erklärte, daß sie eine Eileiterschwangerschaft hatte und daß eine Operation nötig wäre, um ihr Leben zu retten; andernfalls könne sie innerhalb Stunden sterben. »Nein«, sagte ich, zu meiner eigenen Überraschung ebenso wie der des Arztes, »ich gebe dazu nicht die Einwilligung.« Von innen her fühlte ich, daß eine Operation falsch wäre. Obwohl das Scheidungsverfahren bereits begonnen hatte, war Sheena noch immer meine Frau, und als nächster Angehöriger hatte ich das Recht, die Erlaubnis zu verweigern. Ich fühlte mit der ganzen Kraft meiner Intuition, daß Sheena stürbe, *wenn* sie operiert würde. Der Chirurg erbleichte, begann zu schwitzen und protestierte heftig, aber ich war eisern. Ich wiederholte, daß ich die Operation für falsch hielte und verweigerte noch einmal meine Einwilligung. In dieser Nacht schob der Arzt sein Bett in Sheenas Zimmer, sicher, daß sie die Nacht nicht überleben werde. Ich ging heim und schlief in tiefem Glauben, daß alles gut sein würde.

Sheena überlebte nicht nur die Nacht, sondern sie begann sich auch schnell zu erholen, sehr zum Erstaunen des Arztes. Diese Erfahrung stärkte mein Vertrauen in Gottes Führung und erinnerte mich daran, wie wichtig es ist, sie in die Tat umzusetzen, wenn man *weiß*, daß sie richtig ist.

Während ihrer Rekonvaleszenz war Sheena der erste Mensch, dem ich über meine außergewöhnliche Enthüllung in Jerusalem erzählte. Sie hörte aufmerksam zu und ermunterte mich, daß ich mich von Gott in die richtige Richtung lenken ließe. Ich erzählte später auch Dorothy Maclean darüber, als wir eines Abends durch London fuhren. »Schau hinauf in den Himmel, Peter«, sagte sie lächelnd. Dort, filigran über der

Skyline der City baumelnd, stand, gefärbt durch den Rauch und Dunst von der Themse, ein »blauer« Mond - *a blue moon* !

Sheena war Anfang Dezember weit genug genesen, daß ich meine Pflichten im Mittleren Osten wieder aufnehmen konnte. Ich arrangierte, Weihnachten in Habbaniyah zu verbringen und suchte, direkt nach meiner Ankunft am 18., sofort Eileen auf. Ich saß am anderen Ende des Sofas ihr gegenüber, als ich ihr erklärte, was mir in Jerusalem widerfahren war. Sie drückte Überraschung aus und sagte, sie fühle gar nichts, aber wenn es so sei, dann würde Gott es geschehen machen. »Damit lassen wir es bewenden, einverstanden?« faßte sie zusammen. Ich willigte ein, und wir ließen das Thema fallen.

Die nächste Woche war geschäftig mit Weihnachtsparties und Bällen in allen sechs Offiziersmessen. Ich guckte mir ein Krippenspiel an, in dem die Combe-Kinder auftraten, und hatte mehrere Mahlzeiten mit Andrew und Eileen, einschließlich dem Weihnachtsessen mit der Familie. Aber selbst wenn wir allein waren, kamen weder Eileen noch ich selbst auf unsere frühere Unterhaltung zurück.

Ich erlebte eine herrliche Zeit an jenem Weihnachten. Eileen dagegen blieb im allgemeinen daheim. Sie fühlte sich bei gesellschaftlichen Ereignissen unbehaglich, wegen Andrews hohen moralischen Prinzipien. Eines freilich gab es, das sie nicht vermeiden konnte - den *Fliegenden-Flügel*-Ball am 27. Ich war fest entschlossen, sie ihren Spaß haben zu sehen und schmiedete einen Plan, um dies zu erreichen. Ich versammelte eine kleine Gruppe von Offizieren um mich, die mit Eileen mitfühlten und, wie ich selbst, Andrews Art des Umgangs mit ihr nicht gut fanden. Er war nicht liebevoll und verbot ihr absolut, sich zu schminken, zu rauchen oder Alkohol zu trinken. Wir planten, daß diese Offiziere Andrew mehrere Stunden lang in Diskussionen über Moral und spirituelle Dinge verstricken würden; sobald einem nichts mehr einfiele, würde ein anderer einspringen. In der Zwischenzeit hätte ich die meisten Tänze mit Eileen.

In der Ballnacht versteckte ich ein paar *John Collins* Cocktails, die Gin enthielten, in hohen Gläsern, so daß sie wie Zitronensaft aussahen. Eileen und Andrew kamen sehr spät an. Sie hatte offenbar etwas Lippenstift aufgetragen und Andrew hatte sich geweigert, sie auf den Ball mitzunehmen, bis sie ihn abwische. Sie blieb standfest. Schließlich, gegen Mitternacht, gab er auf, denn es würde schlecht aussehen, wenn sie nicht erschienen. Unser Plan wirkte wie ein Zauberspruch; die Party war um 2 Uhr morgens noch in vollem Gange, und die Leute waren überrascht, daß Eileen noch da war *und* ihren Spaß hatte. Wir verbrachten einen herrlichen Abend und tanzten fast jeden Tanz miteinander. Ich hatte Gott zuvor gefragt, wie Eileen und ich, sollten wir füreinander bestimmt sein, diesen totalen Mangel an emotionaler und physischer Anziehung überwinden könnten; nun, beim letzten Tanz, blühte die Anziehung auf einmal auf. Ich wußte dann, daß, sollten wir eine Beziehung miteinander eingehen, sie gewiß auf allen Ebenen funktionieren würde.

Vier Nächte darauf stand der Neujahrsball in der Offiziersmesse an, der der Höhepunkt der gesellschaftlichen Ereignisse der Saison zu werden versprach. Ich wollte gar zu gerne auf diesen Ball gehen, aber es gab da einen Konflikt - meine Abreise am selben Morgen nach Singapur war schon geplant. Ich bat daher Gott, daß das Flugzeug bis zum nächsten Tag aufgehalten werden könnte, was oft vorkam, wenn es denn so sein sollte, daß ich auf diesen Ball ginge.

Obgleich ich wußte, daß Eileen beim letzten Tanz auf dem *Fliegenden-Flügel*-Ball die gleiche Anziehung wie ich empfunden hatte, war sie doch sehr auf der Hut, unsere Beziehung nicht weiter voranzutreiben. Ganz in Ordnung, dachte ich, alles nach Gottes Zeitplan; aber ich sah keinen Grund, meine eigenen Gefühle zu verstecken. Als ich am 30. zu ihr ging, um mich zu verabschieden, fügte ich hinzu: »Ich werden morgen nicht wirklich weggehen. Das Flugzeug wird aufgehalten werden, jetzt, da ich weiß, daß es zwischen uns beiden klappen wird. Wir werden das neue Jahr gemeinsam begrüßen.« Am folgenden Morgen stieg ich in die Maschine, schaute mich um nach den anderen Passagieren, als sich die Turbinen schon drehten, und dachte: »Ha! Ihr denkt, daß wir losfliegen werden, werden wir aber nicht!« Dann donnerten wir die Startbahn hinunter - und erhoben uns in die Luft, zu meiner großen Überraschung! Ich fühlte mich von Gott wirklich betrogen, aber ich erinnerte mich daran, daß es einen sehr guten Grund für diese Reise geben mußte.

9. Kapitel

AUSREISSEN UND ABHEBEN

Je grösser und tiefer die Natur deiner Emotion,
umso mehr manifestiert sich deine Kraft.

Versuchungen in der Wildnis sollten die nächsten Schritte auf meinem Pfad der Initiation sein. Wegen meiner Begeisterung für spirituelle Themen, meinte Andrew Combe, daß ich praktisch, wenn auch nicht formal, bereits Teil der *Moralischen Wiederaufrüstung* war. Bevor ich Habbaniyah verließ, gab er mir deshalb Empfehlungsschreiben für alle Schlüsselpersonen in der Bewegung mit. Während jener Tour in Fernost sollte ich, wo immer ich hinfuhr, von den MRA-Leuten gefeiert werden. Als ich in Großbritannien auf Beurlaubung aus Familiengründen gewesen war, hatte ich bemerkt, daß ich, wenn ich wollte, in der *Moralischen Aufrüstung* ein großes Tier werden könnte, denn die Mitglieder schienen mir mehr Aufmerksamkeit zu zollen als Andrew. Andererseits konnte ich demütig Sheena als Schüler dienen, nach ihrem Geheiß Gottes Willen gehorchen, obwohl sich unsere Beziehung gewandelt hatte. Ich wählte den letzteren Weg.

Der erste Stop auf meinem Weg nach Singapur war in Colombo, wo ich bei Surya Sena, einem sehr bekannten Tänzer, wohnte, der in der *Moralischen Wiederaufrüstung* eine Schlüsselrolle innehatte. Eine Gruppe von MRA-Männern war auch zu Besuch, während ihrer eigenen Fernosttour - eine Gruppe gutrasierter, moralisch aufrechter und starrköpfiger Männer. Sie luden mich auf eines ihrer Treffen ein, wo ich, wie ich mich erinnere, in der Runde saß und, gemäß ihrer Praxis der »Zeit der Stille«, auf innere göttliche Eingebung wartete. Alle außer mir waren eifrig am Schreiben; dann teilte jeder mit, was er empfangen hatte. Natürlich, als ich an der Reihe war, hatte ich nichts aufgeschrieben. Sie bedrängten mich, suchten Gründe für meine »Blockaden«, Gottes Wort zu empfangen, aber ich konnte nur mit der Schulter zucken und ihnen erklären, daß ich nichts vernommen hätte. Am Ende kamen sie zu dem Schluß, daß meine Ausrichtung auf Gott gründlich daneben sein müsse.

Ihre Schlußfolgerung ärgerte mich, daher sagte ich ihnen, was ich in der Tat »erhalten« hatte: Eileen Combe war meine andere Hälfte, Gott würde uns zusammenführen, und wir würden heiraten. Danach wurde mir klar, daß meine Bemerkung sehr unklug gewesen war, denn das konnte ja an Andrews Ohren dringen - aber die waren alle so selbstgerecht und krittelten an anderen herum, daß ich in diesem Moment nicht widerstehen konnte. Es folgte eine schockierte Stille, zumal für sie die Combes ja eine Vorzeigefamilie für die *Moralische Aufrüstung* waren. Nicht überraschend, daß man mich tags darauf aufforderte zu gehen!

Während ich im Fernost-Luftwaffenhauptquartier in Singapur war, hatte ich ein starkes Gefühl, daß ich nach Japan gehen sollte, ein Land, das ich nie besucht hatte. Man sagte mir, es sei fast unmöglich, dorthin zu kommen, nicht mehr als ein halbes Dutzend Offiziere im Fernosthauptquartier hätten das geschafft. Zuerst mußte man eine Erlaubnis vom für die Verwaltung zuständigen Luftfahrtsoffizier in Singapur erhalten, dann vom Befehlshaber der Luftwaffenoffiziere von Hongkong, und dann vom Verbindungsoffizier für die amerikanischen Streitkräfte in Japan. Mein spirituelles Training kam zum Vorschein: *Gib dich nie mit einem »Nein« zufrieden, denn mit Gott sind alle Dinge möglich.*

Ich dachte über Mittel und Wege nach, um dort hinzukommen. Da der Korea-Krieg gerade seinen Höhepunkt erlebte, kam mir die Idee, auf einem der regulären Flüge zur Evakuierung der Verwundeten von Japan nach Großbritannien mitzufliegen. Das Flugzeug würde eine ganze Reihe Zwischenlandungen zum Auftanken machen - und da kam es mir in den Sinn, daß ich über das Küchenversorgungssystem auf diesen Zwischenstationen berichten könnte. Normalerweise erhielten die Passagiere auf jeder Station eine Mahlzeit. Dies mußte binnen kurzem gekocht sein, da die Ankunftszeiten ziemlich unvorhersehbar waren. Spiegeleier, Pommes frites und Obst aus Dosen konnte am schnellsten zubereitet werden. Die Schwierigkeit war, daß man auf jeder Zwischenstation genauso dachte, so daß während des Fluges zwischen Japan und England rund vierunddreißig Eier pro Person an Bord serviert wurden! Alle fanden, eine Inspektion der Sachlage sei eine ausgezeichnete Idee, und so erhielt ich die Erlaubnis, mitzufliegen.

In der Nacht vor meinem Abflug aus Singapur unterhielt ich mich mit einem Offizier, der mir sagte, daß ich über Clark Field flöge, einen amerikanischen Luftwaffenstützpunkt auf den Philippinen, und er schlug mir vor, eine reizende Familie aufzusuchen, mit der er Weihnachten verbracht hatte. Nach meiner Landung in Clark Field, ging ich zu der angegebenen Adresse, aber der Major, den ich dort hätte besuchen sollen, war an jenem Abend ausgegangen. An seiner Statt begrüßte mich eine grauhaarige Dame, Anne Edwards, seine Schwiegermutter. Sie bat mich ins Haus und bot mir einen Drink an.

Binnen kurzem kamen wir auf spirituelle Dinge zu sprechen. Ich erwähnte, daß ich in Tibet gewesen war, und wir sprachen über Bücher des tibetischen Meisters Djwal Khul, niedergeschrieben durch Alice Bailey. Da sagte mir Anne Edwards - deren spiritueller Name »Naomi« war - daß sie sensitiv sei und ebenfalls aus dieser Quelle empfange. Was sie mir da eröffnete, packte mich; mir liefen Schauer über den Rücken, und ich wußte, wir waren aus einem besonderen Grund zusammengetroffen. Ich fragte sie, ob sie eine innere Botschaft über den Sinn unserer Begegnung empfangen könne.

Wir hörten, daß wir in vielen früheren Leben zusammengewesen seien und nun von den entgegengesetzten Enden der Welt - sie von Lexington Fields bei Chicago in den Vereinigten Staaten, ich aus dem Vereinigten Königreich - zusammengeführt worden seien, um in diesem Leben eine spezielle Arbeit zu leisten. Naomi hatte viele Botschaften von Wesen im Weltraum empfangen, in denen es um deren Raumfahrzeuge, ihren Zweck und ihre Mission ging. Ihre Arbeit hatte auch darin bestanden, eine Siebenergruppe in Lexington Fields zu bilden, die auf telepathische Weise Menschen in der ganzen Welt kontaktieren sollte, um ein »Netzwerk des Lichtes« zu schaffen. In dieser Gruppe gab es solche, die empfingen und solche, die telepathisch »sendeten«; insgesamt hatte man mit rund dreihundertsiebzig Gruppen Kontakt geknüpft. Die Absicht hinter diesem »Netzwerk des Lichtes« war es, Energien, die jetzt über den Planeten ergossen wurden, aufzunehmen. Diese Energien wurden dann gesendet und verwandelt oder durch ein System von Dreiekken von einer Ebene zu einer anderen hinuntertransformiert - sehr ähnlich der Elektrizität in einem nationalen Versorgernetz, das von einem Erzeugerwerk zu einem anderen geleitet wird, dann zu Regionalwerken, Umspannstationen und schließlich in die Sicherungskästen von Gebäuden für den individuellen Gebrauch. Als Beispiel nannte mir Naomi eine höher entwickelte, ganz Afrika überstrahlende Gruppe, welche mit drei Stationen oder Gruppen arbeitete. Diese Leute sandten das Licht zu Schlüsselstationen oder Gruppen und von jenen Stationen zu drei weiteren Stationen. So wurde die Energie durch das System oder ein Relais von Transformatoren verringert, damit sie dann im täglichen Leben benutzt werden konnte - gerade so wie Elektrizität, wenn sie schließlich das Haus erreicht und man Elektrogeräte anschließen kann. Die Energie in diesem Netzwerk des Lichtes war freilich spiritueller Natur.

Naomis Botschaft fuhr mit der Weisung fort, daß wir uns unsere spirituellen Erfahrungen bis auf den heutigen Tag mitteilen sollten. Dies war sonderbar, denn weder Naomi noch ich hatten jemals umfassend mit anderen über unsere spirituelle Arbeit gesprochen. Wie konnte das geschehen? Es blieben nur noch wenige Stunden, ehe meine Maschine laut Plan aufbrechen sollte. Ich hätte mir keine Sorgen zu machen brauchen, denn die Maschine saß fest und konnte nicht gewartet werden, der Abflug war also bis auf Weiteres verschoben. Wir verbrachten die nächsten siebzehn Stunden miteinander. Naomi empfing Botschaften von höheren Ebenen, und wir tauschten unsere Erfahrungen aus. Das schuf ein außerordentlich starkes Band zwischen uns. Der Richtung folgend, die uns Naomis Eingebungen gewiesen hatte, blieben wir nach dieser Begegnung jahrelang in Briefkontakt miteinander und schrieben einander ein oder zweimal pro Woche lange Briefe.

Auf meiner Rückreise von dieser Tour blieb ich eine Woche lang in Habbaniyah, vor allem, um Eileen zu sehen. Am Tage meiner Ankunft gingen wir zusammen zu einem Gottesdienst; danach ließ ich mich aufgeregt über meine Erfahrung in den Philippinen aus, erzählte ihr alles über Naomi, die Botschaften, die sie empfangen hatte, und das Netzwerk des Lichts. Eileen hörte höflich zu und nähte dabei; ihr Gesicht drückte leichte Verwirrung aus. Mir war das egal, ob sie irgend etwas davon aufnahm, ich war einfach glücklich, bei ihr zu sein.

Während der nächsten sechs Monate sah ich die Familie Combe immer öfter; ich war entspannter in ihrer Gesellschaft und empfand mehr Liebe für Eileen und ihre Kinder, die ich wirklich sehr mochte. Andrew versuchte noch immer, mich für die *Moralische Aufrüstung* zu gewinnen; offenbar war kein Wort von den starrköpfigen MRA-Männern in Colombo durchgedrungen. Die Beziehung zwischen Eileen und mir war nach wie vor sehr freundschaftlich, und dabei blieb es.

Mein Freund Paul Harris und ich verbrachten den letzten Tag im Mai 1953 am Strand in der Kanalzone mit Schwimmen und Reden, wie wir das oft taten. Paul erzählte mir, daß er die Eingebung empfangen habe, Andrew solle die *Moralische Aufrüstung* aufgeben und sich darauf konzentrieren, seine Frau und Familie zu lieben. Er machte sich Sorgen um die Familie. (Später entdeckte ich, daß die Art, wie sich Andrew seiner Frau und seinen Kindern gegenüber benahm, die Familie sehr belastete, mit dem Ergebnis, daß die Familie Combe alle Symptome von Streß und Geheimnistuerei einer gestörten und unglücklichen Familie aufwies.) Als Paul sprach, dämmerte mir auf einmal, daß dies die Bestätigung, um die ich Gott gebeten hatte, war. Wenn Andrew sich nun weigern sollte, die MRA aufzugeben und sich auf seine Familie zu konzentrieren, würde ich wissen, daß Eileen und ich füreinander bestimmt seien. Ich bedrängte Paul, seine Eingebung Andrew mitzuteilen.

Direkt am nächsten Tag hatte der für die Verwaltung zuständige Offizier nach mir schicken lassen, und ich wurde angehalten, noch einmal Habbaniyah einen Besuch abzustatten, um die dortigen Essensvorräte zu überprüfen. Es war erstaunlich, wie ich, scheinbar zufällig, um die Welt geschickt wurde, um in der rechten Zeit am rechten Ort zu sein. Ich hatte immer meine Reisen in dem unausgesprochenen Glauben getätigt, daß Gott alles auf solche Weise arrangieren würde. Mehrere Male war vorgekommen, daß Flugpläne geändert wurden, damit ich mich länger an einem Ort aufhalten konnte oder um mich in die Lage zu versetzen, dahin zu reisen, wo ich sein mußte. Da ich nun die Bestätigung dessen erhalten hatte, was mir in Jerusalem eingegeben worden war - daß ich Eileens andere Hälfte sei - erwartete ich nun, daß ich eine Weile in Habbaniyah bleiben würde und sich alles zu unserem Zusammenkommen hin entwickeln würde.

Sobald das Flugzeug gelandet war, suchte ich Eileen auf und fragte sie, ob Andrew von Paul Harris gehört habe. Sie bejahte dies. Ich fragte erregt, ob er sich bereit erklärt habe, die *Moralische Aufrüstung* aufzugeben, und sie sagte: »Guter Gott, nein!« »Eileen«, sagte ich, »siehst du nicht, daß dies die Bestätigung ist, nach der ich gefragt hatte?« »Es tut mir leid, Peter, ich kann das nicht sehen«, antwortete sie. »Davon abgesehen sind wir beide verheiratet, und ich habe fünf Kinder.« Nun, wir sprachen so ziemlich jeden Tag miteinander in den folgenden zehn Tagen, und sie wollte es noch immer nicht wahrhaben, aber ich wußte, daß es so war. Ich kehrte in die Kanalzone zurück im Vertrauen, daß wir zueinandergeführt würden.

Als ich eines Tages am Strand entlang lief, war ich voller Inspiration darüber, was passieren würde, wenn die beiden Hälften zueinandergeführt waren. Das wäre nicht allein ein Gleichgewicht von männlich und weiblich, sondern auch von Licht und Liebe, Geist und Herz, Intellekt und Intuition, Handeln und Sein. Ich war sehr erregt über diese Entdeckung und teilte meine Gedanken darüber in einem 16 Seiten langen Brief an Eileen mit; als Vorwand schickte ich einen Haufen Fotos mit, die ich von ihrer Familie gemacht hatte. Ich wollte, daß der Brief zu ihr gelangte ohne die Peinlichkeit, daß Andrew ihn sähe; daher gab ich ihn einem Offizier von Habbaniyah mit, der gerade die Kanalzone besuchte. Ich bat ihn, ihn doch bitte persönlich und nur in Frau Combes Hände abzugeben. Andrew war in Südafrika und noch nicht zurück; ich vergewisserte mich noch, daß er nicht auf der Passagierliste desselben Flugzeugs war, mit dem der Offizier nach Habbaniyah zurückflog.

Wie es kommen mußte, war Andrew in der Tat in demselben Flugzeug - er flog als überzähliges Mannschaftmitglied, und deshalb stand sein Name nicht auf der Passagierliste. Der Hornochse von einem Offizier reichte Andrew diesen fetten Brief, um ihn Eileen zu übergeben! Als Eileen ihn erhielt, war sie so entsetzt und verlegen, daß sie schleunigst im Badezimmer verschwand, wo sie ihn schnell durchlas, in kleine Stükke zerriß und ins Klo spülte - ein unzeitiges Ende für einen inspirierten Brief!

Es schien, als erreichte ich nichts, aber mein Glauben wankte nie. Ich sehnte mich danach, Sheena zu sehen und sie zu fragen, was sie von alledem hielte, da sie mir von Anfang an volle Unterstützung gegeben hatte, meinen Eingebungen über Eileen zu folgen. Dann, im August, wurde ich zu einer Konferenz nach London abgerufen. Zur gleichen Zeit hörte ich, daß Andrew, der sich dem Ende seiner Pflichtrunde näherte, entschieden hatte, Eileen sechs Wochen vor seiner eigenen Rückkehr nach England vorauszuschicken. Sie sollte die Kinder mit dem Flugzeug zurückbringen, damit diese sich in der Schule eingewöhnen, und das Heim für ihn vorbereiten könnten. Die zeitliche Übereinstimmung war zu gut, um Zufall zu sein. Ich plante, sie in El Adam nahe bei Tripoli in Libyen zu treffen und dort ihr Flugzeug zu besteigen, so daß wir gemeinsam nach England zurückkehren könnten.

Ich reiste frühzeitig nach El Adam, um den Weg vorzubereiten. Dort machte ich ausgeklügelte Pläne für Eileens Wohlbefinden; dazu gehörten Blumen in ihrem Zimmer, ein Mietwagen und jemand, der die Kinder beaufsichtigen würde und mit ihnen schwimmen ginge. Ich traf Vorkehrungen, sie ins beste Restaurant der Stadt auszuführen, das *Ristorante Romagna,* um das Essen und den Wein des Landes zu kosten. Als ich Eileen schrieb und ihr diese Vorbereitungen schilderte, wollte sie gar nicht kommen und tat alles Erdenkliche, um zu vermeiden, in diesem Flugzeug zu sitzen. Ich denke, sie hatte wohl eine Vorahnung von dem Schmerz und Leid, die vor ihr lagen; doch Andrew, der von meine Plänen nichts ahnte, bestand darauf, daß sie diesen Flug nehme. Ich bat Gott darum, daß ich, wenn es Sein Wille sei, jedes Hindernis überwinden würde, um diesen Flug zu erwischen, und daß alles gut ablaufen würde.

Laut Fahrplan mußte ich um 3.30 Uhr nachmittags eine Maschine von Fayid in der Kanalzone nehmen, die mich nach El Adam bringen würde, wo ich Eileen träfe. Ich kam zu früh auf dem Luftwaffenstützpunkt an und beschloß, die Kücheneinrichtungen zu inspizieren. Als ich zur angegebener Zeit wieder in der Abflugshalle eintraf, war niemand da. Auf meine Anfrage hörte ich, daß die Maschine früher gestartet sei und alle Passagiere an Bord seien. Die Maschine war bereits am Ende der Startbahn, die Turbinen dröhnten, darum stoppte ich einen Jeep, sprang hinein, als das Flugzeug sich in Bewegung setzte, und sagte zum Fahrer: »Jage diesem Flugzeug hinterher und halte vor ihm. Halt es an!« Wir rasten über die Startbahn und schafften es, vor das Flugzeug zu kommen. Es hielt, und ich konnte einsteigen und dankte Gott für »so weit, so gut!«

Die nächste Nervenprobe erwartete mich in El Adam. Bei der Ankunft sagte man mir, daß Eileens Flugzeug schon zwei Kilo zuviel an Gewicht hatte, und daß ich keine Chance auf einen Sitzplatz hätte. Ich blieb seelenruhig. Ich wußte, wenn Eileen und ich zusammengeführt werden sollten, dann würde es einen Platz in dem Flugzeug geben, und alles wäre gut. Eileen und die Kinder kamen planmäßig an; alles, was ich in El Adam vorbereitet hatte, lief reibungslos, und wir verbrachten einen erfreulichen Abend miteinander und kehrten zum Flughafen zurück für unseren Abflug um 23.30 Uhr. Es gab natürlich noch einen Platz für mich, und dieser einzige freie Sitzplatz war neben Eileen! Bis auf den heutigen Tag habe ich keine Ahnung, wie das vonstatten ging.

Wir kamen am 24. August 1953 in der RAF Lyneham in Großbritannien an. Ich hatte veranlaßt, daß mein *Lagonda* am Flughafen bereit stünde, und so fuhr ich Eileen und ihre Kinder zu ihrem schönen dreistöckigen Haus in East Cheam. Dann fuhr ich zu Sheena, um bei ihr in unserer Londoner Wohnung zu wohnen; obwohl wir nicht mehr als Mann und Frau zusammen lebten, verbrachte ich immer gern Zeit mit ihr - da gab es keinen langweiligen Augenblick!

Eileens sechsunddreißigster Geburtstag war ein paar Tage später, und Sheena schlug vor, daß wir sie ausführten zum Feiern. Als der Tag kam, lag Sheena mit einer Migräne im Bett und schlug vor, daß ich doch allein mit Eileen ausgehen solle, am folgenden Abend. Wir verbrachten einen angenehmen Abend im Theater, wo wir ein Stück mit dem Titel *Aus der Sicht des Wurms* sahen, und aßen im Trocadero. Als ich Eileen heimbrachte, lud sie mich ein, bei ihr zu übernachten, denn es war spät. Wir waren beide überrascht über das, was dann passierte. Eine machtvolle Liebe füreinander erfaßte uns, überwältigend und uns vereinigend. Ihre Intensität überraschte uns beide; es war ein Gefühl jenseits von Leidenschaft, es kam aus dem Ursprung unseres Seins, und wir waren fähig, es auf jeder Ebene zu zelebrieren.

Am nächsten Tag schrieb Eileen Andrew, berichtete ihm, was zwischen uns geschehen war und bat ihn, sie freizugeben. Sie empfand, daß sie ihrer Tante, die sie großgezogen hatte sowie ihrer Schwester und ihrem Schwager in Leicester das Geschehene berichten wollte; deshalb kamen Sheena und Dorothy Maclean, um nach den Kindern zu sehen, während wir am 8.September nach Leicester fuhren. (Die Situation mag sonderbar erscheinen, aber Sheena glaubte fest daran, daß Eileen und ich tatsächlich Dualseelen waren. Sie gab uns Hilfe und Kraft; und ich bezweifle, ob wir es ohne ihre Unterstützung geschafft hätten, die erbitterte Opposition, die unsere Handlungen hervorrief, zu überwinden. Sie empfing eine umfassende Vision von Eileen und mir als von Gott zusammengeführt für einen bestimmten Plan, der bis zu diesem Zeitpunkt noch nicht enthüllt worden war.)

Andrew erschien am 9. September, nachdem er Eileens Brief erhalten und aus dem Irak zurückgeflogen war, beurlaubt aus familiären Gründen. Er warf Sheena und Dorothy als Komplizen in dem Drama, das hier lief, hinaus, und forderte Eileen in einem Telegramm auf, nach Hause zu kommen. Sie hatte nicht erwartet, daß er so schnell nach England fliegen würde und gehofft, daß sie die Kinder vor seiner Rückkehr bei sich hätte. Nun hatte er die Kinder. Mit außerordentlichem Mut beantwortete Eileen Andrews Telegramm, indem sie ihm schrieb, daß sie nicht zu ihm zurückkehren werde. Er reagierte, indem er ihr verbot, die Kinder zu sehen, was sie tief erschütterte.

Wir fuhren in den Süden zurück und lebten im Wohnwagen, der noch immer auf dem Lande stand. Zum Glück hatte ich gerade Urlaub. Eine Woche nach ihrem Brief an Andrew vermißte Eileen die Kinder so sehr, daß sie ihm noch einmal schrieb, diesmal um die Erlaubnis bettelnd, kommen und nach den Kindern sehen zu dürfen. Er verweigerte das.

Für uns alle war dies eine qualvolle Zeit, und wir beschlossen, daß Sheena, Eileen und ich nach Glastonbury in Somerset fahren sollten, um für unsere nächsten Schritte Frieden und höhere Führung zu finden.

10. Kapitel

VOM WEGE ABGEKOMMEN

Kämpfe nie!
Lass die Wahrheit, das Gute, das Leben,
lass Gott all die Arbeit tun.

Glastonbury ist seit langem bekannt als ein Ort für spirituelle Kraft und innere Einkehr, die Insel von Avalon in der Arthus-Sage, der Ort, wo Joseph von Arimathia seinen Stab in den Boden pflanzte und zusah, wie er Knospen trieb. Sheena war immer hierher gekommen, um ihre Inspiration zu erneuern. Vor Jahren war mir dort ein Buch zugeführt worden mit dem Titel *Die Winde der Wahrheit,* und ich hatte als seinen Ursprung eine in der Nähe lebende Gruppe von Sonnenmystikern aufgespürt, in deren privatem Meditationsraum ihnen das Buch »gechannelt« worden war. Wir gingen jetzt in eben diesen Raum für eine Zeit ruhiger Meditation. Als wir drei dort meditierten, hörte Eileen das erste Mal in ihrem Leben eine starke, klare innere Stimme: *Sei still und wisse, daß ich Gott bin.* Die Stimme fuhr fort:

Du hast einen sehr großen Schritt getan in deinem Leben, aber wenn du Meiner Stimme folgst, wird alles gut sein. Ich habe dich und Peter zu einem ganz bestimmten Zweck zusammengeführt, um eine ganz bestimmte Arbeit für Mich zu tun. Ihr werdet wie ein Mensch zusammenarbeiten, und im Laufe der Zeit wird euch das klarer erkennbar werden. Es gibt nur wenige, die auf diese Weise zusammengeführt worden sind. Habt keine Angst, denn Ich bin bei euch.

Als Eileen diese Worte mit Sheena und mir teilte, waren wir beide überglücklich für sie, aber Eileen selbst war durcheinander und ganz untröstlich. Sie dachte, sie verlöre den Verstand. Von nun an empfing sie täglich Botschaften von dieser Stimme des inneren Gottesgeistes; und mit (manchmal strenger) Ermunterung von Sheena kam sie schließlich dahin, sie zu akzeptieren. Dies war die klare Quelle, die uns Schritt für Schritt einen sehr schweren und komplizierten Weg führen sollte.

Während ich noch auf Urlaub war, teilte Sheena ihre Londoner Wohnung mit Eileen und mir, und Dorothy Maclean kam häufig zu Besuch. Wir lebten in einem heillosen Beziehungsdurcheinander. Eileen war mit Andrew verheiratet, obgleich von ihm getrennt. Obwohl ich von Amts wegen noch mit Sheena verheiratet war, lebten nun Eileen und ich als Mann und Frau zusammen - mit Sheenas Segen. Sheenas Beziehung zu Jack, dem Korvettenkapitän, war inzwischen Geschichte, obwohl Jack mit uns allen befreundet blieb. Dorothy hatte sich von John Wood scheiden lassen.

Kaum erstaunlich, daß Sheena gern zu sagen pflegte: »Gott erwählet die verrückten Dinge dieser Welt, um die Weisen zu verwirren!« Eines Tages kamen meine Eltern nach London, und wir luden sie zum Abendessen ein. Sie waren ziemlich verwirrt, als sie Eileen mir gegenüber am Kopfende des Tisches sitzen sahen und Sheena zu meiner Rechten. Ich hatte sie noch nicht ganz darüber aufgeklärt, was sich hier abspielte. Später tat mir mein Vater richtig leid. Es sah aus, als ob ich, gerade als er sich an den Gedanken gewöhnt hatte, daß ich Nora verlassen und Sheena geheiratet hatte, nun bereits wieder in einer neuen Beziehung stand, mit Eileen. Das war ein harter Brocken für ihn, aber ich hoffte, all das würde helfen, seine Starrheit aufzuweichen.

Eileen und Sheena kamen am Anfang gut miteinander aus, aber es wurde bald offensichtlich, daß Gewitterwolken am Horizont standen. Gerade bevor ich am 4. Oktober 1953 in den Mittleren Osten zurückkehrte, erhielt Eileen eine Weisung, daß sie bei Sheena sein solle, die ihre Lehrerin würde. Eileen wurde gesagt, daß sie viel von Sheena zu lernen habe und die Zeit sehr knapp sei. Ich hatte fünf Jahre in Sheenas intensiver Schulung verbracht, aber zwischen uns herrschte eine große Liebe, die oft die Hiebe, die sie austeilte, ein bißchen abdämpften. Ich wußte auch tief von innen heraus, daß das, was sie tat, das Richtige war; denn sie war ein Werkzeug Gottes, und ihre Worte kamen von ihrem Höheren Selbst. Eileen sollte eine sehr viel kürzere Zeit haben, daher würde ihre Schulung sogar noch intensiver ausfallen.

Es mußte zwangsläufig ein schmerzhafter Prozeß werden. Sheena würde das Niedere Selbst wegschneiden - die Wünsche und Begierden der Person -, wo immer es sein Haupt erheben würde. Ich hatte das mit Liebe durchstehen können; Eileens Begleiter sollte dagegen, leider, die Furcht werden.

Eines Abends, als wir drei in einem Londoner Restaurant zum Essen gingen, erhielt Eileen einen Schimmer dessen, was ich in meiner Schulung mit Sheena durchgemacht hatte. Wir hatten wunderbar zu Abend gegessen und saßen nun in einer Lounge und genossen unseren Kaffee. Meine Tasse war erst halbleer, da kam mir eine plötzliche innere Eingebung, ich solle Jack besuchen, den Korvettenkapitän, der in der Nähe lebte. Ich trank in Ruhe meinen Kaffee aus, stand auf und sagte zu den anderen: »Ich schau mal eben bei Jack rein. Bin gleich zurück!«

Ich ging um die Ecke zu dem Hochhaus, wo Jacks Wohnung war, und zu meinem Erstaunen erzählte mir der Hausportier, daß ich ihn um wenige Sekunden verpaßt habe. Sheena war sehr böse auf mich, als ich zum Restaurant zurückging und ihnen sagte, was vorgefallen war. »Jack hatte einen Revolver«, sagte sie, »und während du da saßest und deinen Kaffee ausgetrunken hast, ging er los und hat sich umgebracht!« Sie schimpfte mit mir, weil ich meiner inneren Eingebung nicht *auf der Stelle* gefolgt war; weil ich gewartet hatte, um mich an meinem Kaffee zu erfreuen, war Jack nun *tot*. Eileen war schockiert, und ich fühlte mich erbärmlich, wirklich elend. Wie sich herausstellte, hatte Jack sich nicht umgebracht, aber in jenem Augenblick hatte ich das glauben müssen, damit ich mir diese Lektion gut einbleute: Auf eine innere Eingebung hin mußt du immer sofort reagieren!

Ohne die permanente Rückversicherung durch Eileens Eingebungen, ohne die Kraft ihrer Liebe zu mir und ihre Überzeugung, daß wir tatsächlich Dualseelen seien, zweifele ich, ob es Eileen mit Sheena bis zum Ende durchgehalten hätte, während meine Pflichten mich im Ausland fernhielten. Spirituelle und esoterische Dinge waren für sie noch immer verwirrend; sie war nach wie vor bis zur Verzweiflung beunruhigt über das Glück ihrer fünf Kinder. Es fiel ihr schwer zu glauben, daß Sheena mich wirklich aufgegeben habe, damit ich mit ihr zusammen sein könne. Und es kam noch schlimmer: Eileen mußte sich auch um Sheena kümmern, der es oft nicht gut ging. Das fiel Eileen sehr schwer, deren Unterweisung in *Christian Science* sie gelehrt hatte, Krankheit nicht anzuerkennen oder an sie zu glauben. Obschon Sheena zu ungeheurer Liebe fähig war, konnte sie auch ein rechter Zuchtmeister sein. Sie verlangte Disziplin und Gehorsam, eine lebenswichtige Lektion, die zu lernen war, und alles mußte perfekt gemacht werden »für den Herrn«.

Die erste Lektion, die Eileen von Sheena lernen mußte, war Disziplin beim Empfang von innerer Führung, und sie erntete Sheenas Zorn, wenn sie Gott auch nur eine Minute warten ließ, sei es um 9 Uhr morgens, mittags oder um 6 Uhr nachmittags, die für die Meditationen verabredeten Stunden. Eileen mußte nicht nur die Worte niederschreiben, die sie dann hörte, sondern auch ihre Visionen und andere innere Erfahrungen, und sie alle Sheena mitteilen, die aus irgendeinem Grunde aufgehört hatte, selbst Führung zu erhalten. In jener Zeit hatte Eileen keine Ahnung, wofür Sheena sie ausbildete, und die Art, wie Sheena sie behandelte, erbitterte sie - aber, wie ich früher entdeckt hatte - Gehorsam Sheena gegenüber mußte gelernt werden; es war eine Vorbereitung darauf, Gott ohne Zögern zu gehorchen. Eileen jedoch war voller Angst und fürchtete, daß ich von ihr gerissen würde, wenn sie nicht täte, wie geheißen.

Ich war im Oktober in die Kanalzone zurückgekehrt, um meine Arbeit wiederaufzunehmen, nämlich die Mahlzeiten von reisendem Militärpersonal im ganzen Mittleren und Fernen Osten zu arrangieren. Meine Korrespondenz mit Naomi in den Philippinen ging weiter; 1954 hatte ich bereits eine Fülle von Material angehäuft, das sie telepathisch empfangen hatte. Darunter war auch eine Serie von zahlreichen Botschaften unserer »Brüder im Weltall« - außerirdische Wesen, die sich um das Wohlergehen und die Entwicklung der Erde sorgten. In wissenschaftlicher Form gaben sie Informationen darüber, warum sie zu unserem Planeten gekommen waren, Einzelheiten über ihre Raumfahrzeuge und ihre Arbeitsmethoden. Viel von diesem Material war schwer zu verstehen und mußte überarbeitet werden. Eine intuitive Eingebung kam mir, daß ich das Training, das ich in der Stabsschule erhalten hatte, nutzen sollte, um eine Schrift herauszugeben mit dem Titel: »Eine Einführung in Natur und Zweck von UFOs.« Ziel dieser Schrift war es, eine Einführung in die Untersuchung der Realität von »Raumschiffen« zu liefern, warum sie existierten, ihre Zusammensetzung und ihre Bedeutung für die Menschheit. Ich schrieb sie mit der Hilfe eines Versorgungsoffizierskollegen, der als Wissenschaftler ausgebildet war, und wir vollendeten sie gerade rechtzeitig, ehe ich heim ins Vereinigte Königreich abgerufen wurde zu einer Konferenz.

Eileen erhielt die Weisung, daß es von dieser Schrift sechsundzwanzig Ausgaben geben und ich gewährleisten sollte, daß jede Ausgabe eine wichtige Person erreichte. Ich erhielt die Namen Winston Churchill, Premierminister; Clement Attlee, Oppositionsführer; Lord Alexander, Verteidigungsminister; der Stellvertretende Direktor des Geheimdienstes im Luftfahrtministerium, der für die Untersuchung von UFOs zuständig war; Oberst Lester, Vorsitzender der Kirchenvereinigung für psychische und spirituelle Untersuchungen; Oberbefehlshaber der Luftflotte, Lord Dowding; Seine Königliche Hoheit, Prinz Philip; US-Präsident Eisenhower; und verschiedene prominente Leute in militärischen, wissenschaftlichen und spirituellen Kreisen.

Dorothy Maclean, die nahe bei Sheena lebte, erbot sich freundlicherweise, das Manuskript zu tippen, aber der Anhang war in Übergröße und konnte nicht auf ihrer Schreibmaschine getippt werden. Dieser Teil war ganz wesentlich und konnte nicht ausgelassen werden. Ich war verzweifelt, denn ich hatte für den kommenden Samstag eine Unterredung mit dem Oberbefehlshaber der Luftflotte, Lord Dowding. Dann erinnerte ich mich einer Abteilung des Luftfahrtministeriums, wo große Landkarten und anderes Geheimmaterial reproduziert wurde. Ich schaffte es, von der Wache durchgelassen zu werden, indem ich angab, daß ich aus einer anderen Abteilung des Luftfahrtministeriums kam und dieses wichtige Dokument für den Premier- und den Verteidigungsminister sei, und ich bis übermorgen sechsundzwanzig Kopien davon benötigte. Mir wurde gesagt, so ein eiliger Auftrag müsse vom Leiter der Abteilung autorisiert werden. Ich verlangte, zu ihm geführt zu werden. Ich erläuterte, wie dringlich und wichtig dieses Dokument für den Premierminister sei, und er gab seine Erlaubnis für dessen sofortige Vervielfältigung.

Ich kehrte am verabredeten Tag zurück und fragte mich, ob wohl irgendwer den Bericht gelesen haben würde, der ja gewiß nicht offiziell war, da er von UFOs handelte. Ich hätte mir keine Gedanken machen müssen, die Kopien lagen abholbereit da.

Ich hatte keine Ahnung, wie es möglich sein sollte, diese Schriften zu verteilen. In jedem Fall war ich entweder von innen her geführt oder Eileen empfing Hinweise, welche Schritte unternommen werden sollten. Zum Beispiel wurde ich mit jemand in Verbindung gebracht, der Clement Attlees Tante sehr gut kannte und dem Thema positiv gegenüberstand. Nachdem sie das Dokument gelesen hatte, schrieb sie, daß sie gewährleisten würde, daß Attlee die Kopie erhalte, und sie würde darüber hinaus auch darauf achten, daß er sie gewiß lesen würde!

In seinem Londoner Club traf ich schließlich auch Lord Dowding. Sheena hatte darauf bestanden, daß ich in den zwei Wochen vor der Verabredung jeden Abend mit Zug und Bus zu seinem Haus führe, wo ich draußen stehen und ihm, in Vorbereitung auf unsere Begegnung, Liebe und Licht entgegenstrahlen sollte. Man nannte ihn »Muffiger Dowding«, und es war schwer, mit ihm zu reden. Er war Oberkommandeur der Kampftruppe, und ihm war weitgehend der Sieg in der Luftschlacht um England zuzuschreiben, welche das Land rettete und schließlich zum Sieg im Zweiten Weltkrieg führte. Wir sprachen über die Schrift, die er mitnahm, und später schrieb er mir: »Ich bin persönlich von der Existenz von Raumfahrzeugen überzeugt, und ich halte es für hochwahrscheinlich, daß sie mit außerirdischen Mannschaften bemannt sind... ich denke, die Regierung sollte das Thema »Raumschiffe« sehr ernst nehmen, und sie sollte einen diensterfahrenen und verantwortlichen Vertreter beauftragen, Beweismaterial zu sammeln als vorbereitenden Schritt, eine Meinung und vielleicht einen Aktionsplan zu formulieren.« Er lehnte zu der Zeit jedoch ab, selbst aktiv zu werden. (Sehr viel später wurde sein Glauben an die Realität von UFOs in den Medien lang und breit veröffentlicht.)

Oberst Lester lud mich zweimal ins Dorchester Hotel ein, um mit dem Vorsitzenden eines Verlagshauses die mögliche Publizierung einer Artikelreihe über UFOs in *Picture Post* und einer weiteren Zeitschrift zu besprechen. Ich erklärte ihm, daß meinem Gefühl nach die Zeit für die

Veröffentlichung von telepathisch empfangenem Material dieser Art noch nicht reif sei, die Öffentlichkeit sei dazu noch nicht bereit; stattdessen regte ich eine mehr auf Fakten basierende Serie zum Thema an, mit dem Resultat, daß die *Picture Post* eine sehr gute Artikelserie, komplett mit Fotos von möglichen UFOs, veröffentlichte.

Ich fragte mich, wie ich das Papier in Prinz Philips Hände gelangen lassen könnte, als mir einfiel, daß sein persönlicher Diener bei Flügen, Major Peter Horsley, ein Kommilitone von mir in der Stabsschule gewesen war. Ich arrangierte ein Treffen mit Peter im Buckingham Palace und sagte ihm, ich glaubte, daß Prinz Philip am Thema UFOs interessiert sei. Peter sagte, ja, das sei er in der Tat; die ganze Belegschaft sei es, inklusive General Browning, dem Chef von Prinz Philips Haushalt. Ich sagte ihm, daß ich ein Papier zu diesem Thema geschrieben hätte und mich frage, ob Prinz Philip Interesse daran hätte, es zu lesen, und wenn ja, wie könne ich ihm eine Kopie zukommen lassen? Er antwortete, der sicherste Weg, daß Prinz Philip die Schrift erhalte und lese, sei, sie ihm zu übergeben, bevor er die Königliche Yacht bestiege, die ihn und Königin Elizabeth nach einer Australientour von Nordafrika nach Hause bringen werde. Als Teil meiner Pflichten war ich für das königliche Frühstück in El Adam verantwortlich, dem Luftstützpunkt, wo ihr Flug enden würde, und von wo aus sie von Tripolis aus an Bord der königlichen Yacht in See stechen würden. Peter Horsley riet, daß ich Kommandeur Mike Parker kontaktieren sollte, Prinz Philips privaten Diener auf See, um ihm das Papier zu übergeben.

Während Königin Elizabeths und Prinz Philips Frühstück war ich der einzige Offizier im Saal. Später hatte ich eine Gelegenheit, mich mit Kommandeur Parker zu unterhalten. Ich äußerte meine Überzeugung, daß Prinz Philip an UFOs interessiert sei und erwähnte, ich selbst hätte ein Papier zum Thema geschrieben. Er sagte: »Gut, gut! Hauptsache etwas, um den Eierköpfen eins auszuwischen«, wobei er die Wissenschaftler meinte. Er fragte, wie er an eine Kopie herankäme. Ich war mit den Händen auf dem Rücken dagestanden, die Schrift haltend, und zückte sie nun sogleich. Er sagte, er würde sie Prinz Philip geben und sicherstellen, daß er sie lesen würde - in der Tat trug er sie den ganzen Tag unterm Arm mit sich herum, in Gesellschaft von König Idris und anderen offiziellen Regierungsvertretern.

Ich traf auch den Stellvertretenden Leiter des Geheimdienstes im Luftfahrtministerium, dessen Abteilung für die Untersuchung und Sortierung aller UFO-Berichte in Großbritannien verantwortlich war. Nachdem er das Dokument gelesen hatte, sagte er, er sei wirklich der letzte, der so ein Papier lesen sollte, denn er sei ein ganz praktisch veranlagter Mann, ein Ingenieur-Offizier und einer, der mit beiden Beinen auf dem Boden stehe. Er müßte schon erst ein UFO vor seinen Augen landen sehen, um es auseinandernehmen zu können, ehe er an dessen Existenz glauben würde.

Am Ende gelangten alle sechsundzwanzig Ausgaben dieser Schrift persönlich zu jenen, für die sie bestimmt waren. Das war ein wunderbares Beispiel, wie Gottes Führung in der Praxis funktioniert, entgegen scheinbar unüberwindlichen Schwierigkeiten. Uns gab diese Erfahrung großen Aufschwung, besonders da sie Eileens Glauben an ihre innere Führung stärkte.

Wie die frühen Zeichen angedeutet hatten, empfand Eileen das Leben mit Sheena zunehmend schwierig und als Herausforderung. Sheena war eine Gehorsam fordernde Lehrerin; sie fühlte auch, daß Eileen ihre Liebe zu mir vor ihren Dienst an Gott stellte. Damit Eileen die Bedeutung des Dienens lernte, arrangierte Sheena für sie, daß sie in das Dachzimmer eines jungen Paares einzöge, das gerade ein Baby bekommen hatte und nur schwer über die Runden kam. Eileen sollte ihnen helfen. In der Zwischenzeit war die Scheidung von Andrew und Eileen in die Wege geleitet worden. Da Ehebruch einer der wenigen Gründe war, der eine Scheidung in jenen Tagen im englischen Gesetz legitimierte, zog ich zu Eileen in dieses winzige Dachstübchen, das nur ein Bett mit einem orangenen Bierkasten daneben hatte, damit ein Detektiv bestätigen könnte, daß wir zusammenlebten. Wir verbrachten hier eine äußerst glückliche Zeit miteinander, trotz der drangvollen Enge. Wir lernten, daß Glück nicht abhängt von dem materiellen Drumherum oder Komfort.

Gegen Ende meiner Pflichtrunde im Mittleren Osten schrieb mir Eileen, daß sie schwanger sei. Sie war entsetzt darüber, denn wir waren nicht verheiratet, und sie war sehr konservativ erzogen. Ich telegrafierte ihr, um sie zu beruhigen und ihr meine große Freude darüber mitzuteilen. Sheena war ebenfalls sehr glücklich darüber, denn sie hatte das Kind in der Meditation gesehen und fühlte, daß es, obgleich Eileen es trug, eigentlich das Baby war, das sie hätte haben sollen. (Nach ihrer Eileiterschwangerschaft hatte man Sheena aus medizinischen Gründen von einem weiteren Versuch, ein Kind zu bekommen, abgeraten. Dies bereitete ihr großen Kummer.)

Ich wurde am 24. August 1954 nach England zurückversetzt als Befehlshabender Versorgungsoffizier für das Heimkommando in der Nähe von London. Im Oktober gingen Eileen, Sheena und ich in die St. Patricks Kapelle in Glastonbury, wo Sheena eine spirituelle Eheschließung für uns vollzog. In derselben Kapelle hatte Eileen in der Meditation empfangen: Er sollte Christopher Michael heißen. Also wußten wir, daß das Baby ein Junge würde!

Die Geburt unseres ersten Sohnes, am 9. März 1955 in Sheenas Wohnung, war leicht und eine wundervolle Erfahrung. So wie das Baby in Liebe empfangen worden war, so wurde es auch in Liebe geboren. Ich konnte während des ganzen Vorgangs dabeisein, mit einem Arzt und einer Gemeindeschwester. Sheena war zu der Zeit in Irland. Als Christopher sechs Wochen alt war, rief sie an und sagte, sie möchte, daß Eileen mit dem Baby nach Killarney herüberkäme, da sie es sehen wolle. Auf meinem neuen Posten mußte ich auch wieder viel reisen, so nahm Eileen denn mit einigem Widerstand Sheenas Einladung an.

Einige Wochen darauf nahm ich etwas Urlaub und schlug vor, daß Eileen mich in Dublin treffen würde. Eileen wollte mich dringend sehen und nahm Sheenas Angebot, sich um Christopher zu kümmern, an; dies würde uns beiden eine Chance geben, eine Zeit allein zu verbringen. Nach zwei Tagen in Dublin gingen wir nach London.

Sheena erhielt die Eingebung, daß es für mich an der Zeit sei, die Luftwaffe zu verlassen. Ich hätte alles gelernt, was ich dort hätte lernen sollen, und müsse nun frei sein, um Gottes Werk zu tun. Bis dahin hatte ich meine Zeit in der Luftwaffe sehr genossen - sie hatte mir ermöglicht, viel zu reisen, viele neue Leute zu treffen und wichtige Lektionen für die Zukunft zu lernen. Meine Intuition sagte mir jedoch, daß Sheena recht hatte.

Damals war es außerordentlich schwer für einen Offizier, die Luftwaffe zu verlassen, besonders einen, der in der Stabsschule ausgebildet worden war, was das Land Tausende von Pfund Stirling gekostet hatte. Die Umstände hatten mir den fast einzigen Grund in die Hände gespielt, weswegen die Luftwaffe meine Verabschiedung ins Auge fassen würde: Ich hatte mich in die Frau eines dienstälteren Offiziers verliebt und wollte sie heiraten. Dies wurde akzeptiert, und man befreite mich von meinem Auftrag. Anstelle einer Pension erhielt ich eine beachtliche Abfindung; die Hälfte davon gab ich Nora, die andere Sheena anstelle von Unterstützungszahlungen. Eileen und ich saßen nun ohne ein regelmäßiges Einkommen da und hatten sehr wenig Geld.

Im September kündigte Sheena an, daß Eileen und ich uns gegenseitig vor Gott stellen würden; statt unserer spirituellen Arbeit räumten wir unserer Beziehung zuviel Platz für ihre Entwicklung ein. Daher schlug sie vor, daß wir uns für eine Weile trennten, und sie empfahl mir, nach Irland zu gehen. Der einzige Job, den ich dort finden konnte, war als Küchenjunge in einem kleinen Hotel, wo ich Salate zubereitete unter dem Diktat der Frau des Besitzers, einer pingeligen Frau, die sehr wenig von Kochen und Essenszubereitung verstand. Das war ein harter Schlag für meinen Stolz, nachdem ich bei Lyons in die Schule gegangen und zwölf Jahre lang Befehlshabender Versorgungsoffizier gewesen war.

Eileen wurde in Dorothys Wohnung geschickt. Ursprünglich hatte unsere Trennung kurz sein sollen, aber so sollte es nicht ausgehen. Für mich war es leichter wegen meiner Schulung in totalem Gehorsam unter Sheena, aber Eileen hatte nicht in gleichem Maße das gleiche Training gehabt. Sie empfand sogar diese kurze Trennung als sehr schwer, in der Tat unzumutbar; einmal versuchte sie, Selbstmord zu begehen. Sheena fühlte, daß Eileens Zustand nicht stabil genug war, um sich um Christopher zu kümmern, daher hatte sie ihn ihr weggenommen, um sich selbst um ihn zu kümmern. Ich spürte, daß dies ganz richtig war, denn zu jener Zeit erlebte Eileen die »dunkle Nacht der Seele«. Sie empfing keine Eingebungen mehr und konnte kaum für sich selber sorgen, schon gar nicht für ein Kind. Während ihres Selbstmordversuchs in Dorothys Wohnung, sie war dabei, den Kopf in den Ofen zu stecken und hatte das Gas angedreht, war ihr Bruder Paddy unerwartet gekommen. Er war schockiert über den Zustand, in dem er sie vorfand und nahm sie mit auf den Bauernhof, wo er arbeitete. (Andrew lebte mit den Kindern in der Nähe, so daß Paddy und seine Frau nach ihnen sehen konnten.) Unsere für eine kurze Zeit geplante Trennung sollte nun in ein längeres Drama ausarten.

Dies war auch meine »dunkle Nacht der Seele«, die Erfahrung der Kreuzigung. Das Leben ohne Eileen war die Hölle und wurde noch schlimmer, als ich fühlte, daß sie sich von Gott abgewandt hatte. Ich schien alles verloren zu haben - mein Leben mit Eileen, Heim, Geld, die Karriere in der Luftwaffe, meinen spirituellen Weg und die innere Richtung. Ich lief herum wie ein Blinder. Über allem empfand ich, daß wir beide Gott im Stich ließen und Seine Absicht mit uns innerhalb Seines größeren Planes. Ich wußte, daß am Ende Eileen und ich zusammenarbeiten mußten, um eine wichtigen Teil dieses Planes zu erfüllen, aber die Arbeit konnte nur vorankommen, wenn wir tatsächlich zusammen waren. Noch mehr, ich machte mir Sorgen, daß sich Eileen eine schwere karmische Last auflud, deren Ableistung mehrere Leben in Anspruch nehmen würde.

Dies war eine Zeit schweren Leidens. Als mich Dorothy Maclean bei meiner Rückkehr von Irland wiedersah, erkannte sie mich kaum. Ich hatte ungefähr 13 Kilo Gewicht verloren, und obgleich ich erst 38 Jahre zählte, war mein Haar weiß geworden. Ich fand Arbeit beim Heuen auf einem Hof in Cornwall und konnte Sheena besuchen, die nun im New Forest in unserem Wohnwagen lebte mit Baby Christopher, das ich sehen wollte. Als ich hörte, daß Eileen zu den Kindern zurückgekehrt sei (und damit, so dachte ich, zu Andrew), rief ich sie sofort an. Sie erklärte, sie käme nicht zurück, um von Sheena herumkommandiert zu werden, aber sie wolle gern wieder bei mir sein und Christopher zurückhaben.

Ich beschloß, meine ganze Willensstärke einzusetzen, um Eileen und mich wieder zusammenzuführen, um Gottes Arbeit zu tun. Eines Abends, gegen Sheenas Wünsche und ohne ihr Wissen, nahm ich das Auto und fuhr die Nacht hindurch zu dem Hof, auf dem Eileen die letzten sechs Wochen mit ihrem Bruder und dessen Familie gelebt hatte. Ich verbarg mich in einem Graben in der Nähe und wartete ab, bis Andrew zur Arbeit gehen würde, um schließlich um 10 Uhr morgens ins Haus zu treten. Eileen war schockiert über mein Auftauchen. »Pack deine Sachen und komm ins Auto«, sagte ich zu ihr, »ich nehme dich mit.« Sie tat das, in einem etwas benommenen Zustand, und wir fuhren in den New Forest zurück.

Sheena empfing uns kühl, denn Eileen hatte ihr unmißverständlich gesagt, daß sie nicht wegen Gott, für Seinen Willen oder Seinen Plan zu mir zurückgekommen sei, und daß sie sich nicht länger an Ihn wenden würde für innere Weisungen. Sie war zurückgekommen, um ein normales Leben zu führen, mit einem normalen Job und um mich an vorderste Stelle zu setzen - vor Gott. Sheena wollte davon nichts hören und meinte, von nun an müßten wir unseren Weg allein finden. Eileen und ich fuhren mit dem *Lagonda* weg. Da wir weder eine Arbeit noch einen Ort zum Leben hatten, willigte Eileen schweren Herzens ein, daß Christopher besser noch ein Weilchen bei Sheena bliebe.

Wir fanden eine Anstellung in einer Mädchenschule bei Lymington in der Grafschaft Hampshire: Eileen als Küchenmädchen unter einem jungen und reichlich herrischen Koch, und ich als Platzwart und Mädchen für alles. Zusammen verdienten wir acht Pfund Stirling pro Woche und lebten in einem Wohnwagen auf dem Schulgelände. Nachdem wir hier einige Wochen gelebt hatten, brachte Sheena Christopher zu uns zurück, zur großen Überraschung der Kinder, die die Schule besuchten - ein Fertigbaby! Diese Periode der einfachen Arbeit mit dem Boden und dem Haushalt waren absolut lebensnotwendig, um uns seelisch wiederherzustellen nach der schweren emotionalen und geistigen Belastung, die wir durchgemacht hatten.

Nachdem wir ungefähr sechs Monate an dieser Schule gewesen waren, fand ich, daß ich nach einer stabileren Position Ausschau halten müsse - Eileen erwartete unser zweites Kind. *Peter Merchants*, der größte industrielle Essenslieferant der Welt, bot mir eine Arbeit an, und nach einem zweimonatigen Trainingskurs wurde ich als Clubmanager in der Luftfahrtsuniversität in Hamble, Hampshire, angestellt. Die Leute kamen von der ganzen Welt hierher, um fliegen zu lernen. Was das an Problemen mit sich brachte, die Geschmäcker von um die sechzig verschiedenen Nationalitäten zu befriedigen, hatte den vorherigen Manager, einen Oberst im Ruhestand, fast wahnsinnig gemacht. Ich diagnostizierte das Problem schnell. Der Oberst hatte Menüs erdacht, die eher zu einem erstklassigen Hotel gepaßt hätten; wohingegen die Mehrheit der Club-Besucher junge Burschen aus der Arbeiterschicht mit einem einfachen Geschmack waren. Ich entschied, auf der Speisekarte das Essen anzubieten, an das sie gewöhnt waren: Fisch und Friten, Eier und Friten, Würstchen, Friten und Baked beans sowie verschiedene Reiscurrys für die Teilnehmer aus dem Osten. Diese Nahrung kam sehr gut an und war außerdem viel billiger.

Eileen blieb bei der Mädchenschule in Lymington, bis ich für uns eine passende Unterkunft finden konnte. Da wir so wenig Geld hatten, dachte ich, ein weiterer Caravan wäre die beste kurzfristige Lösung, und ich fand auch bald ein vielversprechendes Modell. Er war gebraucht und in schlechtem Zustand, aber immerhin eine Einzelanfertigung und über neun Meter lang - groß genug, um Eileens Kinder zu beherbergen, die, wie wir hofften, zu Besuch kommen würden. Der verlangte Preis betrug 720 Pfund. Ich sagte dem Besitzer, ich könne nur 650 Pfund bezahlen, und er war einverstanden, ihn mir für diesen Preis zu verkaufen. Ich erläuterte dann, daß ich gerade die Königliche Luftwaffe verlassen hätte und einen Ort zum Leben bräuchte, aber nur zehn Pfund besäße. Da ich einen Job als Mensaleiter an der Luftfahrtsuniversität erhalten hatte, konnte ich ihm 16 Pfund pro Monat zahlen. Er meinte, er sei selbst durch harte Zeiten gegangen und willigte ein, daß ich den Wohnwagen für eine Anzahlung von zehn Pfund haben könne. Da zu dieser Zeit Ratenabzahlungen unter Restriktion standen, ließ er seinen eigenen Anwalt den Vertrag anfertigen. Nachdem ich eingezogen und den Wohnwagen frisch gestrichen hatte, zog Eileen zu mir, und hier kam Jonathan am 18. Juni 1956 auf die Welt. Ich war bei der Geburt dabei, die schwer war.

TEIL II

DIE GEMEINSCHAFT REAGIERT AUF KLARHEIT

11. Kapitel

DUNKLE NÄCHTE UND EIN NEUER MORGEN

Denke nichts,
was du im objektiven Leben nicht als Wirklichkeit wünschst.

Sheena war mit ihrem Neffen Douglas in eine sehr einfache Bauernkate in Glenfinnan gezogen, am Ufer des Loch Shiel in Schottland. Man konnte sie nur mit dem täglichen Postboot erreichen. Da es hier gewesen war, wo *Bonnie Prince Charlie* seine Standarte aufgestellt hatte, um die sich die schottischen *Clans* scharten, um loszumarschieren und Schottland zurückzuerobern, meinte Douglas, daß dies der richtige Ort für Sheena und ihre Gefolgschaft sei, ein Zentrum einzurichten. Die Symbolträchtigkeit ließ Sheena nicht unberührt; sie fühlte sich wirklich berufen, die Nachricht vom Aufkommen des Neuen Zeitalters in Europa und darüber hinaus zu verbreiten.

In meinen Augen war Douglas ein unpraktischer Romantiker, der dem Pfad der Liebe folgte. Auch Sheena empfand nun, daß die Welt durch Liebe und nur durch Liebe gerettet werden könne; freiwillig hatte sie Licht und Weisheit aufgegeben, und das brachte sie in ein völliges Ungleichgewicht. Das Ergebnis war, daß sie und Douglas - oft auf ganz dramatische Weise - demonstrierten, in was für eine mißliche Lage Liebe allein geraten kann ohne die ausgleichende Führung und den Schutz durch Licht und Weisheit. Einmal geschah es zum Beispiel, daß Sheena krank war und ganz davon abhing, daß Douglas sie an diesem abgelegenen und unzugänglichen Flecken Erde mit Nahrungsmitteln versorgte.

Zu jener Zeit hatte Douglas einen Job als Hirte; eines Tages sah er eine Wolke am Himmel, eine wunderschöne silbrige Wolke, und er fühlte, daß sie ihn irgendwohin führen wollte. Sie führte ihn in ein Boot, und er folgte der Wolke den ganzen Weg bis zum Loch Shiel, bis er zum Kopfbahnhof am Ende des Lochs kam. Hier erhielt er eine Eingebung, nach London zu reisen und von dort nach Hamble, um Eileen und mich zu besuchen. Er ließ also die Schafe ohne Hirten und Sheena ohne Nahrung, und dabei wäre sie beinahe verhungert.

Während meiner Sommerferien besuchte ich die beiden mit der Bahn. Sheena fühlte, daß Douglas und ich, der eine die Liebe, der andere das Licht repräsentierend, mehr übereinander erfahren und in Harmonie zusammenarbeiten sollten. Sie schlug vor, daß er und ich auf eine spirituelle Suche gingen, ein gemeinsames Abenteuer. Wir beschlossen, eine Pilgerfahrt zur Insel Iona zu unternehmen, die der Westküste Schottlands vorgelagert ist; hier war im 6. Jahrhundert Sankt Kolumban gelandet und hatte das Christentum von Irland nach Schottland gebracht. Ich hatte schon lange Iona besuchen wollen, eines der Hauptzentren spiritueller Kraft in Großbritannien. Der Schleier zwischen den Welten erscheint dünner auf Iona als anderswo, und viele Menschen haben hier mystische Erfahrungen gemacht.

Wir erreichten Oban an einem Samstag und dachten, es wäre ein leicht, die Fähre für die Überfahrt auf die Insel Mull zu kriegen und auf die andere Seite der Insel zu trampen, wo wir dann noch eine Fähre nach Iona nehmen würden. Aber am heiligen Sonntag fuhren keine Fähren. Schließlich traf ich auf eine alte Frau, die mit einem kleinen Boot nach Mull schipperte, um die Sonntagszeitungen auszutragen. Douglas wurde ungeduldig und entschied, daß er genug hätte; er drehte um und ließ mich allein weitermachen.

Als ich schließlich auf Mull war, schaute ich auf die Karte und fand eine Straße, die quer über die Insel bis zur Landestelle der Fähre nach Iona verlief. Ich dachte, es würde leicht sein, mitgenommen zu werden; doch ich kannte die Inseln offensichtlich nicht - es rührte sich absolut nichts an Sonntagen, abgesehen vom Gang zur Kirche, hin und zurück. Ich lief meilenweit auf dieser Straße - es war wie »im Tal des Todes« zu wandern, so trist und leer war es. Die Straße führte in einem Tal bergan und wurde immer isolierter und enger, Wolken hingen tief über den Bergen, weit und breit kein Haus und keine Bäume - ein trostloser und gottverlassener Ort. Schließlich tauchte ein Auto auf - aber es fuhr in die entgegengesetzte Richtung. Ich beschloß, mich trotzdem mitnehmen zu lassen, noch einmal zum Ausgangspunkt zurückzukehren und von dort die andere Seite um die Insel herumzulaufen. Wieder begann ich meine Wanderung und legte einen Großteil der 58 Kilometer zurück. Ich übernachtete in einem Bauernhaus, wo ich riesige Essensportionen verschlang, denn ich war an dem Tag gut 48 Kilometer gelaufen. (Jahre später, als ich fragte, ob man in diesem Bauernhaus immer noch »Bed & Breakfast« anböte, sagte man mir: »Oh nein, vor ein paar Jahren kam ein junger Mann daher und hat die Leute aus Haus und Hof gefuttert. Danach meinten sie, das lohne sich nicht!«)

Am folgenden Tag erreichte ich Fionnphort schließlich, aber ich mußte auf die Fähre nach Iona warten. Ich schlug die Zeit tot, indem ich zu einer kleinen Bucht bei Kintra lief, wo ich ein paar Häuser vorfand, eins davon leerstehend. Ich dachte, das wäre ideal für Sheena, die einen Rückzugsort innerhalb der spirituellen Aura Ionas suchte und arrangierte, es für sie zu mieten. Ich erkundete auch die Gegend um Fionnphort und fühlte mich stark angezogen von einer Häuserreihe auf einer kleinen Insel namens Erraid, gerade einen Katzensprung von der Mullschen Küste entfernt und bei Ebbe zu Fuß zu erreichen - aber zu der Zeit gab es keine Möglichkeit, sie zu betreten.

Schließlich brachte mich die Fähre nach Iona hinüber. Alle verfügbaren Unterkünfte waren besetzt von den Pilgerscharen, die im Sommer täglich diese heilige Insel aufsuchen; daher ging ich in die Abtei der Gemeinde von Iona und fragte nach ihrem Gründer, Hochwürden George (später: Lord) MacLeod, einen großen geistigen Führer innerhalb der Schottischen Hochkirche. Dort fand sich glücklicherweise ein Bett für mich, und in den paar Tagen danach spielte ich meine kleine Rolle in dem Unterfangen, die Abtei wiederaufzubauen.

Ich kehrte nach Oban zurück mit dem Gefühl, daß ich noch einmal mit Douglas Kontakt aufnehmen und ihm über den sicheren Hafen erzählen sollte, den ich bei Kintra für Sheena gefunden hatte. Aber wo war er? Meine Intuition sagte mir, daß er in seinem derzeitigen Entwicklungsstadium Demut suchte und den niedersten Job annehmen würde, den er bekommen könnte. Ich klapperte daher eine Reihe von Hotels in Oban ab und fragte, ob sie wohl einen Küchenportier namens Douglas hätten. Am Ende kam ich zu einem, wo mir in der Tat der Hallenportier erzählte, daß Douglas angestellt worden war, daß er aber zwei Tage zuvor weggegangen und in östlicher Richtung aufgebrochen sei. Aha, dachte ich, wahrscheinlich ist er weggelaufen, um auf irgendeiner einsamen Insel Zuflucht zu finden. Ich kaufte eine Landkarte von den Inseln und machte mich nach Osten auf, ihn zu finden.

Die erste Insel erreichte ich per Zug, Bus und Boot. Als wir näherkamen, sah ich eine einsame Figur, die draußen vor dem einzigen Haus der Insel arbeitete. Das Boot kam näher heran, und ich konnte erkennen, daß es Douglas war. Ich winkte und rief ihm übers Wasser zu, daß Sheena ihn bräuchte. Sein Gesicht wurde weiß; er legte seine Gerätschaften resigniert nieder und ging. Ohne seinem Arbeitgeber ein Wort zu sagen, kam er lammfromm mit mir zurück nach Glenfinnan, wo ich ihn zurückließ.

Ich kehrte nach diesem Urlaub zu Eileen zurück und ging wieder zur Arbeit, aber nicht für lange. Die Arbeit bei *Peter Merchants* gefiel mir ganz und gar nicht. Die Direktoren waren zumeist Buchhalternaturen, die mehr an Profit als an ihrer Belegschaft interessiert waren, und ich fühlte, daß ich mein Herz nicht in die Dienste solch einer Firma stellen konnte - besonders nach meiner glücklichen Zeit in der britischen Luftwaffe, wo dem Wohlergehen von Männern und Frauen eine solche Priorität gegeben wurde. Ich hatte an der Luftwaffenschule mein Bestes getan, um zu lieben, wo ich war, den Job, den ich tat und die Leute, mit denen ich ihn ausübte, und das gelang mir auch - die Resultate sprachen für sich, der Club war sehr erfolgreich geworden - aber die Haltung der Direktoren schockierte mich, und ich lehnte es ab, für eine Firma zu arbeiten, der Geld wichtiger war als Menschen. Ich reichte meine Kündigung ein.

Unsere Zeit in Hamble war eine nützliche Erfahrung gewesen. Ich hatte mehr über Führungsqualitäten gelernt; Eileen hatte ihren Traum wahrgemacht, daß wir beide mit den Kindern zusammenleben würden, einer normalen Arbeit nachgingen, uns nicht dreimal am Tag an Gott um Führung wenden mußten und weit weg waren von Sheenas Einfluß.

Ich war jedoch im Grunde unzufrieden. In meinem innersten Wesen fühlte ich, daß wir Gott und Seine Pläne um unseretwillen betrogen. Nach alledem war uns ja total augenfällig gemacht worden, daß die Verbindung zwischen Eileen und mir auf einer Seelenebene lag; weit jenseits unserer Personen ergänzten wir einander als ein Teil eines größeren Zusammenhangs; wir waren zusammengeführt worden, um einen Zweck zu erfüllen, auch wenn dieser Zweck erst noch enthüllt werden mußte. Es schien, als hätte ich damals die Dinge mehr aus einem spirituellen Blickwinkel heraus gesehen im Vergleich zu Eileens eher normal menschlicher Perspektive, und es sollte mit dem Teufel zugehen, wenn ich mich in eine bequeme, weltliche Mittelklasse-Existenz zurückziehen sollte.

Ich erzählte Eileen, daß unsere Zukunft meinem Gefühl nach in Schottland läge, und daß ich hinauffahren würde, um Arbeit zu suchen. Douglas bereitete in der Zwischenzeit Sheenas Umzug von Glenfinnan in das Haus in Kintra vor. Ich kehrte nach Oban zurück und sah aber, daß es dort keinen für mich passenden Job gab. Diese war die erste von mehreren Reisen, die ich zwischen Hamble und Oban unternahm, jedesmal trampend. Es gibt nichts, was sich mit Trampen vergleichen läßt, wenn man lernen will, seiner eigenen Intuition zu folgen. Bei einer Gelegenheit wurde ich außerhalb von Glasgow von einem Geschäftsreisenden mitgenommen; im Verlauf unserer Unterhaltung erzählte ich ihm von Sheena. Sein Name war Fred Astell, und unsere Unterhaltung hatte ihn so inspiriert, daß er später einer Eingebung folgte, nach Mull zu gehen und mit Sheena Kontakt aufzunehmen; am Ende blieb er bei ihr und wurde einer ihrer Anhänger! Dies sollte noch eine Reihe von erstaunlichen Folgewirkungen haben.

Sheena wurde während dieser Zeit wieder einmal krank und fragte, ob Eileen hochkommen und sie pflegen würde. Zu diesem Zeitpunkt war Eileen noch immer nicht zu Gott zurückgekehrt und empfing keine göttlichen Eingebungen; ich kam noch immer an erster Stelle bei ihr, und deshalb meinte Sheena, daß wir noch einmal getrennt werden sollten. Eileen sollte nach Kintra gehen, und ich sollte in Glasgow eine Stelle suchen. Trotz Eileens Protest wußte ich in meinem Herzen, daß dies der richtige Kurs war.

Und so packte Eileen also, verließ unseren Wohnwagen in Hamble und unternahm mit unseren zwei Kindern die lange Reise nach Norden, nach Kintra, mit Zug, Fähre und Bus. Sie kam völlig erschöpft an. Douglas hatte sie bei der Fähre verpaßt, obgleich er gebeten worden war, sie dort abzuholen. Sheena begrüßte Eileen und die Kinder (die sie vergötterte) herzlich, und eine Weile zumindest schien es, als kämen die beiden gut miteinander aus.

Bei meiner Ankunft in Glasgow brauchte ich zunächst eine Bleibe, also schaute ich auf ein Anschlagbrett an einem Kiosk im Bahnhof, wo Zimmerangebote ausgehängt waren. Die erste Adresse, auf die mein Blick fiel, war in der Baliol Street. Ich ging dort vorbei und fragte, ob sie ein Zimmer frei hätten, und so war es. Die Frau, die mir öffnete, war Lena Lamont, die mit unserer späteren Arbeit eng verbunden sein würde. Sie lebte hier mit ihrem Mann Hugh, zwei Kindern und ihrer Schwiegermutter. Mit Lena kam ich überein, sofort einzuziehen.

Als ich in Glasgow nach einer Arbeit Ausschau hielt, entdeckte ich, daß ich aus der Depression herauskam, die Eileen durch ihre Abwendung von Gott bei mir ausgelöst hatte und auch der Geiz der Clubdirektoren. Als das Licht in meinem Leben wieder leuchtete, konnte ich auch den Wert der Lektionen, die ich gelernt hatte, erkennen. An einem Wochenende, ich war noch immer ohne Beschäftigung, fuhr ich von Glasgow nach Oban, um Eileen und Sheena zu treffen. Während wir bei einer Tasse Tee in einem Café saßen, verspürte ich spontan den inneren Drang, nach Hampshire zu fahren und mit dem Mann zu sprechen, dem ich unseren Wohnwagen abgekauft und versprochen hatte, £16 pro Monat zu zahlen. Ich fühlte, daß ich ihm eine Erklärung schuldete, warum ich diese Zahlungen im Moment nicht leisten konnte. Obgleich ich meine Tasse Tee erst halb ausgetrunken hatte, erinnerte ich mich sehr wohl an jenen Vorfall in einem Londoner Restaurant, wo Sheena so erzürnt darüber war, daß ich gewartet und erst meine Tasse Kaffee ausgetrunken hatte (»Jack hat eine Pistole und jetzt hat er sich erschossen!«).

Ich hatte nur einen Shilling in der Tasche, aber ich sprang sofort auf und sagte: »Ich bin weg - nach Süden -, um den Mann zu sprechen, der uns den Wohnwagen verkauft hat. Wir sehen uns, wenn ich zurückkomme, wann immer das ist«, und ich lief aus dem Café, ohne meinen Tee auszutrinken.

Da kam auf der Hauptstraße gerade ein *Rover* angefahren, mit einer Frau am Steuer. Ich hielt sie an und fragte sie, ob sie nach Tyndrum, das nächstgelegene Dorf, 39 Kilometer entfernt, führe. Sie bejahte dies. Ich fragte sie, ob ich mitfahren könne und sie bejahte wiederum. Ich fand heraus, daß sie den ganzen Weg nach London hinunterfuhr und an spirituellen Dingen interessiert war - wir hatten wunderbare Gespräche die ganze Fahrt hindurch. Und sie hatte auch einen wunderbaren Freßkorb dabei! Wir hielten am Straßenrand und breiteten eine Decke aus, wo wir ein ganzes Huhn aßen, eine Flasche Wein tranken und unsere Unterhaltung fortsetzten. Hätte ich noch meine Tasse Tee getrunken, hätte ich diese herrliche Fahrt und dieses ausgezeichnete Picknick verpaßt und vermutlich Stunden oder vielleicht gar Tage auf eine Mitfahrgelegenheit gewartet.

In Bournemouth angekommen, erläuterte ich dem vorherigen Wohnwagenbesitzer unsere Situation. Er verstand völlig und sagte, er vertraue mir vollkommen; er hätte das vielleicht nicht getan, fügte er hinzu, wenn ich mir nicht die Mühe gemacht hätte, ihn aufzusuchen. So war also die Reise die Anstrengung wert gewesen. Auf dem Rückweg gelang es mir, von einem Laster in Marble Arch in London aufgelesen zu werden, der die Great North Road befuhr. Als wir auf der Höhe von Grantham waren, schaltete die Ampel auf Rot; ich schaute nach rechts hinunter und bemerkte einen schnellen Sportwagen mit einem leeren Sitz, den ein Mädchen fuhr. Sofort sagte ich »Cheerio« zu meinem Fahrer, kletterte aus dem Führerhaus und fragte das Mädchen, ob sie nach Scotch Corner fahren würde. Sie nickte, ich sprang in ihr Auto, und wir fuhren los. Hätte ich gezögert und gedacht, »hm, das ist ja eigentlich ein bißchen arg frech...«, dann wäre sie weg gewesen und die Gelegenheit verpaßt.

Dieses »spontane Handeln«, ohne zu zaudern, ist so wichtig auf dem spirituellen Weg! Ich fand heraus, daß meine Fahrerin nicht nur nach Scotch Corner an der Ostküste fuhr, sondern die ganze Strecke nach Carlisle an der Westküste, und die ganze Zeit über fuhren wir 130 bis 145 Stundenkilometer. Sie hatte auch jede Menge Essen dabei, einen Haufen Sandwiche, also war wiederum für mein Wohl gesorgt. Darüber hinaus war sie eine sehr angenehme und attraktive Begleiterin: *Suche erst das Königreich des Himmels, und alles übrige wird dir hinzugegeben werden!*

Als wir in Carlisle ankamen, wurde es dunkel, und ich fragte mich, wie ich weiterreisen würde nach Oban. »Ah«, dachte ich, als ein Fischlastwagen daherkam - »die fahren schnell und die ganze Nacht durch!« Ich hielt ihn an und fragte den Fahrer, ob er nach Oban führe. Als er nickte, kletterte ich hinauf, aber nach einer Weile merkte ich, daß er fast am Steuer einschlief. Er sagte, er sei schon 17 Stunden gefahren. »Laß mich doch fahren!« bot ich ihm an. Er sah mich zweifelnd an: »Hm, kannst du das denn?« »Na klar!« antwortete ich (Ich hatte mein Lebtag noch keinen Lastwagen gefahren!) und übernahm das Steuer von ihm. Als ich in die Straße einbog, erinnerte ich mich an die Weisung von Doktor Sullivan: *Laß die Vokabeln »wenn« und »kann nicht« aus deinem Wortschatz verschwinden.* Während der Fahrer schlief, fuhr ich die ganze Nacht hindurch auf den gewundenen schottischen Straßen und kam um 7.30 Uhr morgens in Oban an; der Fahrer war so glücklich, daß er mir ein üppiges Highland-Frühstück spendierte. Indem ich der inneren Eingebung gefolgt war, auf der Stelle zu handeln, waren all meine Bedürfnisse während der ganzen Reise bestens erfüllt worden; und ich bezweife, ob der schnellstmögliche Weg per öffentlichen Verkehrsmitteln mich in so kurzer Zeit von hier nach dort gebracht hätte - für einen Shilling!

Ich verabschiedete mich von Eileen und Sheena und ging wieder auf Jobsuche nach Glasgow. Lena Lamonts Familie brauchte viel Unterstützung. Ihr Mann Hugh war von seiner Mutter als Kind so verwöhnt worden, daß er durch diesen Mangel an elterlicher Disziplinierung zu einem faulen Erwachsenen herangewachsen war; morgens kam er nicht aus den Federn, und zu jeder Verabredung kam er zu spät. Als Lena mich bat, ihr zu helfen, ihn auf Vordermann zu bringen, ging ich eines Morgens mit einem Eimer eiskalten Wassers in sein Schlafzimmer und warnte ihn, daß das für ihn bestimmt sei, wenn er nicht sofort aufstünde. Andere vor mir hatten ihm schon gedroht, aber eine Drohung nützt nichts, wenn man nicht auch bereit ist, sie in die Tat umzusetzen, und das war niemand gewesen. Hugh ignorierte mich, also schüttete ich das Wasser über ihn; das ganze Bettzeug triefte.

Auf der Insel Mull erholte sich Sheena währenddessen schnell von ihrer Krankheit und zog bald in ein anderes Häuschen, wobei sie Christopher mitnahm; denn sie fand, daß Eileen nach wie vor nicht in der Lage sei, sich um ihn zu kümmern. Eileen blieb in dem Häuschen in Kintra mit Jonathan zurück, der noch gestillt wurde. Sie hatte eine sehr harte Zeit auf der Insel - mitten im Winter, von mir getrennt, getrennt von ihren Freunden, allein, abgesehen von dem winzigen Baby Jonathan, und abgeschnitten von Gott. Sie empfand, daß alle sie verlassen hatten: Gott, ich, *jeder*. Sie wollte auf die stille, zarte Stimme nicht hören, die ihr einst so viel Trost und Sicherheit zugesprochen hatte. Jetzt war all dies nichts als Einbildung und Unsinn für sie. Alles wurde noch schlimmer dadurch, daß sie kein Geld hatte, um die Insel zu verlassen - ich hatte noch keine Arbeit in Glasgow gefunden und konnte ihr nur ein oder zwei Pfund Stirling von meinem Arbeitslosengeld schicken. Eileen versuchte, auf Mull eine Arbeit als Haushälterin zu bekommen, aber mit einem Baby war sie benachteiligt; die einzige Stelle, die ihr angeboten wurde, war bei einem ledigen Bauern, und sie fühlte sich zu unbehaglich, um sie anzunehmen. Ein einfacher Bauernbursche half ihr und Jonathan zu überleben, indem er ein paar Mahlzeiten vom Tisch seiner Mutter aufsparte, um sie zu ihr hinunterzutragen, zusammen mit ein bißchen Holz und Kohle fürs Feuer.

Kurze Zeit später, als Dorothy Maclean auf Mull durch eine ähnliche »dunkle Nacht der Seele« ging, war wiederum dieser junge Bursche ihr Wohltäter; seine Rolle war, so scheint es, uns allen zu dienen.

Gegen Ende ihres Aufenthalts in Kintra, während ich in Glasgow war und keine Ahnung hatte, durch welche Hölle sie ging, wandte sich Eileen in ihrer Verzweiflung wieder Gott zu und begann erneut, seine Stimme zu hören. Sie schrieb mir, um mir davon zu erzählen. So sehr ich auch mitfühlte in der Angst, die sie durchlebte, konnte ich doch nicht anders, als Gottes Hand in der Gestaltung dieses Dramas zu sehen.

Als ich Eileens Brief zu Ende gelesen hatte, wußte ich, daß die Zeit gekommen war, zu ihr zurückzukehren. Ich fühlte, daß wir nun beide bereit waren, unsere eigentliche Aufgabe in Angriff zu nehmen, daß ich nach Mull gehen und dort mit ihr Weihnachten verbringen sollte. Ich fuhr los und fand zu meiner Freude, daß sie durch all ihre Qualen hindurch den Kontakt zu Gott wieder hergestellt hatte. Ich hatte ein Huhn und andere Nahrung mitgebracht, und wir feierten eine wundervolle Wiedervereinigung und ein herrliches Weihnachtsessen zusammen. Tags darauf, am 26. Dezember, empfing Eileen die Weisung, daß wir Kintra verlassen und zu meinem ersten Wohnwagen fahren sollten, den *Rollalong*, in dem Sheena gelebt hatte, den ich vom New Forest (in Hampshire) heraufgebracht und auf einen wunderbaren Platz am Meer, ein paar Kilometer von Oban entfernt, gestellt hatte. Als wir zur Fähre kamen, die uns zum Hauptland hinüberbringen sollte, stieg gerade Dorothy Maclean aus, um Sheena zu sehen und den letzten Herausforderungen ihrer eigenen »dunklen Nacht der Seele« entgegenzutreten. Später dämmerte mir, daß wir alle, Eileen, Dorothy und ich selbst, in ungefähr dieser Zeit eine Erfahrung der Kreuzigung durchgemacht hatten oder noch dabei waren - Sheenas Erklärung zum Trotz, daß im Neuen Zeitalter keine Notwendigkeit mehr dafür bestünde. Es scheint, daß wir diesen Weg gewählt hatten. Es dauerte Jahre, und es war sehr schwer; alles wurde weggerissen, und erst, als ich am anderen Ende wieder herauskam, konnte ich sehen, daß die Ersteigung hoher Pässe im Himalaya im Vergleich dazu ein Sonntagsspaziergang war.

Unsere Tests und unsere Ausbildung durch Sheena waren nun vorbei. Bis auf den heutigen Tag empfinde ich, daß sie falsch verstanden und oft in Veröffentlichungen über die Geschichte der Findhorn Community falsch dargestellt worden ist; in der Tat bezweifle ich sehr, daß es ohne sie überhaupt eine Findhorn-Gemeinschaft gegeben hätte. Die Ausbildung, die Sheena jedem von uns mitgegeben hat - Dorothy, Eileen und mir selbst - war ganz unabdingbar für ihr Entstehen. Festhalten, Starrheit, Verhärtung, Ungehorsam und Schludrigkeit, sei es in Gedanken, Wort oder Tat, waren nicht erlaubt. Sobald so etwas auftauchte, wurde es abgebaut, damit wir flexibel und beweglich waren und der von innen erhaltenen Führung folgen konnten, von einem Augenblick zum nächsten. Dieses Training stellte sicher, daß man sich nicht auf das kleine Selbst konzentrierte. Sheena ging kein Risiko ein, damit, wenn unsere Zeit gekommen wäre, eine Aufgabe zu übernehmen, wir diese womöglich benutzen würden, um unser Ego aufzublasen.

Wen der Herr liebet, den züchtiget er, war eines von Sheenas beliebtesten Zitaten, und gegen das Ende unserer Zeit mit ihr, so glaube ich, fühlten wir uns alle wie ein Hiob in der Gegenwart. Es war, als sei man wie ein Stahlschwert ins Feuer gehalten, herausgenommen und geprüft worden; gab es noch Unreinheiten, so wurde das Stück Stahl wieder in den Brennofen gehalten, bis es gehärtet, stark und dennoch biegsam war.

Bis zu dieser Zeit war Sheena vollkommen selbstlos und ihrer Aufgabe ergeben gewesen. In jedem ihrer Anhänger förderte sie die Geburt des inneren Christus, und jedem von uns half sie durch die verschiedenen spirituellen Erfahrungen, die bis hin zu einer symbolischen Kreuzigung führten, in der wir in der Tat von allem entblößt wurden. Unsere Hoffnungen, unsere Ideale, alles mußte versagen. Ihre Mission war es, jeden von uns zu Gott zu führen, damit wir Seine Stimme klar hören, oder (wie in meinem Fall) durch innere Gewißheit Seinen Willen kennen und in die Lage versetzt würden, der angegebenen Richtung nach zu handeln. Die ganze Zeit wußte ich, daß es hinter dieser Schulung einen Zweck gab. Wir wurden auf irgendeine Arbeit vorbereitet, darauf, eine Rolle zu spielen; aber wenn unser Glaube wankte, oder wenn wir dem Geist gegenüber ungehorsam waren, half uns Sheenas unnachgiebige Beharrlichkeit weiter.

Nun jedoch wurde mir klar, daß die Zeit reif war, da sich unsere und Sheenas Wege trennten, die selbst einige Veränderungen durchmachte. Die gewaltige Kraft, deren Kanal sie war, forderte schließlich ihren Tribut; sie begann, etwas aus dem Gleichgewicht zu geraten und ihre Unterscheidungsgabe zu verlieren. Liebe und ihre Fähigkeit, die Welt zu retten, wurden ihr zur fixen Idee; dabei vergaß sie, daß es immer des Lichtes der Wahrheit bedarf, um der Liebe die Waagschale zu halten, ihr zu dienen und sie aufrechtzuerhalten. Es war quälend, Sheenas Niedergang mitzuverfolgen, doch gab es nichts, was wir hätten tun können. Ich werde sie jedoch immer so in Erinnerung behalten, wie sie auf der Höhe ihrer Kraft war, voller Leben und erfüllt von der Liebe Gottes, unaufhörlich dem göttlichen Geiste in all seinen Manifestationen auf der Spur.

Diese Gedanken kamen mir, als ich einen Hügel außerhalb von Oban hinauflief, nahe bei dem Wohnwagen, in dem Eileen, Jonathan und ich wohnten. Da ich Sheena nun in meinem Herzen losgelassen hatte, versicherte ich Eileen, daß uns Christopher bald zurückgebracht würde.

Nach ein paar gemeinsamen glücklichen Tagen in Oban, gingen wir nach Glasgow, wo wir zu dritt mein Zimmer bei der Familie Lamont teilten, während ich weiter auf Arbeitssuche ging. Es war Januar 1957, und so gewiß wie die Tage länger wurden, nachdem der Winter seinen tiefsten Punkt überschritten hatte, so gewiß wurde das Licht in unserem Leben täglich stärker.

12. KAPITEL

DAS HIMMLISCHE HOTEL

DENKE DARAN:
WAS IMMER ANDERE KÖNNEN,
KANNST DU AUCH.

NACH IHRER AUF MULL gemachten Erfahrung der »dunklen Nacht«, wandte sich Eileen nun mehrfach am Tage an Gott und schrieb die Mitteilungen nieder, die sie erhielt. Niemals zweifelte ich auch nur eine Sekunde an der Reinheit ihres Ursprungs. Was die Botschaften enthielten, war weit entfernt von den Zweifeln und Schwierigkeiten in der Person Eileens! Viele Jahre früher, als Eileen erstmals begonnen hatte, die Stimme zu hören, und ich Naomi in den Philippinen darüber schrieb, hatten Naomis Fragen über den Ursprung der Worte Sheena zu einer scharfen Antwort veranlaßt:

Niemand anderes würde es wagen, die erste Person Singular zu benutzen, wie Dir zweifellos klar ist durch Dein Wissen über diese Dinge. Nicht allein bewiesen die Worte selbst, in ihrer vollkommenen Liebe, Gewißheit, Kraft, Sanftheit und Geduld die Quelle, sondern auch ihre Wirkung auf das Leben derer, die sie erhielten, an sie glaubten und nach ihnen handelten. Diese Zeilen beruhen auf dreierlei. Sie basieren auf drei Wahrheiten oder Realitäten. Die erste und hauptsächlichste ist ihr Ursprung: Gott, der Vater, wie sie unzählige Male selbst bestätigen. Die zweite ist der Sohn, der Christus, durch den und durch den allein Gott selbst auf diese Weise fähig ist, mit dem winzigen, irrenden menschlichen Geist Kontakt zu knüpfen. Die dritte Wahrheit ist die unendliche

Liebe, die sich durch sie über jeden ergießt, der diese Liebe empfängt; die dritte ist jedoch abhängig von der Akzeptanz der ersten beiden Wahrheiten. Verleugne eine und Du verleugnest alle. Du bist nicht bei uns und kannst nicht mit eigenen Augen die unauslöschlichen Zeichen der Wahrheit dieser drei Dinge sehen, aber Du hast diese Lehren angenommen, und sie haben Dir viel geholfen. All dies kann Dir enthüllt werden, sehr tief und vollkommen, wenn Du Dich richtig nach dem großen Licht hin ausrichtest, wenn das Ego für immer hinter Dir liegt, vergessen, und vor Deinem Angesicht der Glanz Gottes aufleuchtet.

Zusätzlich zu besonderen Botschaften, die sich mit dem Zustand der Welt und dem wahrscheinlichen Schicksal der Menschheit befaßten, falls diese sich weigerte, gewisse Bewußtseinsänderungen vorzunehmen, und zusätzlich zu dem allgemeinen Rat, wie wir unser Leben leben sollten, wurde Eileens Führung manchmal überraschend spezifisch; keine Frage schien zu klein oder zu banal, um vor Gott gebracht zu werden, und wenn die Antwort kam, handelte ich dann demgemäß. Es war eine perfekte Partnerschaft.

Für mich war die Zeit gekommen, mir eine regelmäßige Arbeit mit festem Einkommen zu sichern. Aufgrund meiner Ausbildung in Essensversorgung und meiner Erfahrung in leitenden Positionen in der RAF schien mir der am besten auf mich zugeschnittene Job der eines Hoteldirektors zu sein; daher suchte ich also die Leiterin der Hotel- und Gaststättenabteilung im Glasgower Arbeitsamt auf. Sie sagte, daß die einzigen passenden Stellen, die damals in Schottland vorhanden waren, in der Hand einer einzigen Hotelkette mit 25 Hotels lägen; diese behandele ihr Personal und ganz besonders ihre Hoteldirektoren so schlecht, daß sie mich nicht einmal im Traum zu einem Vorstellungsgespräch hinschicken würde.

Zufällig sollte die Hauptgeschäftsführerin dieser Gesellschaft, eine Mrs. Bruce, am nächsten Tage Glasgow besuchen. Intuitiv wußte ich, daß ich sie treffen mußte. Als sie fragte, welche Erfahrung ich in der Leitung von Hotels hätte, mußte ich deren Fehlen zugeben; aber ich fügte schnell hinzu, daß ich in Küchenversorgung ausgebildet sei und die meisten der wichtigeren verantwortlichen Versorgungsposten in der britischen Luftwaffe innegehabt habe und auch Befehlshabender Versorgungsoffizier an der Burma-Front gewesen sei, der größten des Krieges mit 250 Versorgungsoffizieren unter mir. »Oh«, meinte sie und schien nicht gerade über die Maßen beeindruckt, »aber wir betreiben das als Geschäft. Woher sollen wir wissen, ob Sie ein Geschäft leiten können?« »Nun«, antwortete ich und beschloß, alle Register zu ziehen, »ich weiß, wie man Sachen managt in Übereinstimmung mit spirituellen Gesetzen, und meine Erfahrung hat mich gelehrt, wenn alles auf dieser Ebene in Ordnung ist, dann stimmt es auch auf allen anderen Ebenen, einschließlich der finanziellen.« Sie dachte eine Weile darüber nach, und dann sagte sie: »Ja, ich könnte das glauben, aber meine Direktoren nicht.« Ich antwortete, daß ich es ihren Direktoren beweisen würde, wenn sie mir nur ein Hotel gäbe.

Ich machte ihr klar, daß ich drei Bedingungen stellte. Nach meiner seelentötenden Glasgower Erfahrung mußte ich den Ort, in dem ich arbeitete, lieben können, wenn ich mein Bestes geben sollte; zweitens, da sich jemand um unsere zwei kleinen Buben kümmern mußte, würde Eileen nicht Co-Direktorin mit mir sein (daß Eheleute gemeinsam ein Hotel leiteten, war damals die Regel); und drittens, ich mußte den Menschen, für den ich arbeiten würde, lieben können. Ich deutete an, daß ich mit ihr auskommen würde. Ich glaube, inzwischen dachte sie wohl, ich sei ein bißchen komisch, aber zu meiner großen Begeisterung bot sie mir eine Stelle als Hoteldirektor an, und dann zeigte sie mir Fotos von zwei Hotels. Das erste war ein Foto von Cluny Hill in Forres, Morayshire, das ungemein attraktiv aussah - ein großer viktorianischer Palast, der wie eine Wache auf halber Höhe auf einem dicht bewaldeten Berg stand. Ich wußte, so einen Ort könnte ich lieben. Das andere Foto zeigte ein Hotel in den Trossachs, einem Ort von herausragender Schönheit in einem engen Tal nahe Loch Lomond. Mrs. Bruce ließ mich zwischen beiden wählen, doch da ich spürte, daß sie eine intuitive Frau war, ließ ich sie entscheiden. Sie wählte Cluny Hill.

Da das Hotel über den Winter geschlossen blieb, war meine Anwesenheit erst im März nötig; um bis dahin ein Einkommen zu haben, ergatterte ich einen Übergangsjob als Haus-zu-Haus-Verkäufer in der Kleenezee Bürsten-Firma. Dies lehrte mich bald, wie wenig ich nach meinem beschützten Leben als Offizier in der britischen Luftwaffe darüber wußte, wie andere Menschen leben. Als ich herumlief und an anderer Leute

Türen klopfte und einen Blick erhaschte auf das Leben in großen Mietskasernen in einer großen Stadt wie Glasgow, war ich erschrocken über all die grauen Gesichter, die Augen voller Argwohn oder Furcht, und die grausige Umgebung, die ich hier vorfand.

Wieder einmal erfuhr ich die Wahrheit von Doktor Sullivans Schulung über die Macht positiven Denkens. Bürsten zu verkaufen, war harte und ermüdende Arbeit. Ich war immer sehr erschöpft, wenn ich eine schwere Kiste sechs oder sieben Stockwerke pro Gebäude hinaufgetragen hatte, und wenn ich an eine Tür klopfte und mein Gesicht drückte aus: »Du willst heute keine Bürsten kaufen, nicht wahr?« dann schlug man mir die Tür vor dem Gesicht zu. Andererseits, wenn ich frisch und voller Lebenskraft war, dann würde ich mit einem Ausdruck an die Tür klopfen wie: »Na, was für Bürsten hätten Sie denn heute gern?« und ein gutes Geschäft machen.

Während dieser Zeit verfolgte uns unsere vergangene Verbindung mit Sheena wie ein Gespenst. Fred Astell, der Geschäftsreisende, dem ich von Sheena erzählte hatte, als er mich beim Trampen mitgenommen hatte, war bei ihr gewesen, hatte den Christus in ihr gesehen und beschlossen, seine Frau und Familie aufzugeben, um ihr folgen zu können. Er berichtete seiner Frau Sylvia über diese Entscheidung und wollte sich nun Sheena auf der Insel Tiree anschließen; er hatte die Rechnung jedoch ohne seine unglückliche und zu allem entschlossene Schwiegermutter, Elsie Moss, gemacht, eine kleine Frau mit eisernem Willen. Sie wandte sich an die Zeitungen und, mit Reportern im Schlepptau, zog sie aus, um ihren vom Wege abgekommenen Schwiegersohn zu finden - entweder, um ihn zurückzubringen oder zumindest um ihm (und der Welt) unmißverständlich zu sagen, was sie von ihm hielt.

So begann eine verrückte Jagd rund herum auf den Inseln der Inneren Hebriden, einschließlich Mull, mit Zeitungsreportern, die Fred und Sheena wie Hunde hetzten, und seiner Schwiegermutter auf ihren Fersen. Ein paar Reporter machten sogar Dorothy ausfindig, die nun in unserem Wohnwagen in Oban lebte, während sie als Sekretärin arbeitete. Einmal tauchten zwanzig von ihnen auf, als sie beim Frühstück war, alle gierig auf Informationen über diese ungewöhnlichen Leute und was sie so taten; da sollte es eine weibliche Kultfigur geben, so wurde gemutmaßt, eine Führerin mit ihren Jüngern, die behaupteten, »Botschaften von Gott« zu erhalten. Es muß wohl Sauregurkenzeit bei der Presse gewesen sein!

Die Reporter fielen in den Lamontschen Haushalt in Baliol Street ein, als ich gerade mit Grippe im Bett lag, und lungerten tagelang vor unserer Haustür herum; einmal drangen sechzehn von ihnen in unser Badezimmer ein, wo sie mich mit Fragen bedrängten. Ein gewitzter Reporter hatte die Idee, uns »die Namenlosen« zu nennen, da unsere Gruppe natürlich keinen Namen hatte - es war nicht einmal eine Gruppe! Nun, wir hatten unseren Aufkleber weg, und schon bald machte die Story von den »Namenlosen« Schlagzeilen auf den ersten Seiten der meisten schottischen Zeitungen. Ein Sonntagsblatt veröffentlichte eine Serie mit seitenfüllenden Artikeln von verschiedenen »Jüngern« dieser bemerkenswerten Frau, Sheena Govan, die - zumindest laut Presse - von vielen als der Messias betrachtet wurde, der gekommen war, die Welt durch Liebe zu retten.

Mitten in diesem Trubel fiel mir plötzlich ein, daß Eileen und ich nicht amtlich getraut waren. Sollte das herauskommen, würde ich mit Mrs. Bruce und der Hotelkette in Schwierigkeiten geraten. Ich stand von meinem Krankenlager auf und zog mich an, mußte aber feststellen, daß es keinen Weg aus dem Haus gab - die Reporter und Fotografen warteten noch immer vor der Haustüre. Schließlich verschwanden wir durch ein rückwärtiges Fenster, kraxelten über eine Mauer und winkten einem Taxi, das uns zum Standesamt brachte, wo wir mit dem Taxifahrer als Trauzeugen getraut wurden. Zurück beim Haus kletterten wir wieder über die Mauer und ich wieder ins Bett, ohne daß uns jemand entdeckt hätte. Was das für eine Story abgegeben hätte, wenn man uns gesehen hätte! Kurz danach brachte uns Sheena Christopher zurück, und auch dies geschah unbemerkt von den wachenden Augen der Presse.

Dieser Orkan an Publizität dauerte ungefähr zwei Wochen; die Verwicklungen in der Story wurden mit jedem weiteren Tag absonderlicher, da die Reporter keine »Fakten« mehr hatten und also welche erfinden mußten. In gewisser Hinsicht war das ein gutes Training für Eileen für die Tage, die kommen würden, denn oft mußte sie mitten beim Kochen oder wenn sie gerade mit Jonathan beschäftigt war aufhören und innere

Weisung erhalten über die beste Reaktion auf die letzten Entwicklungen. Mrs. Bruce war natürlich ganz aufgelöst, als sie mitbekam, daß ihr neuer Hoteldirektor in solch einen Unfug verwickelt war, aber es gelang uns, sie davon zu überzeugen, daß wir zu jener Zeit jede Verbindung zu Sheena abgebrochen hatten und versprachen, sie in keiner Weise irgendwie in das Hotel einzubeziehen.

* * * * *

Die Stadt Forres ist eine alte *Royal Burgh* im Norden Schottlands, ein Ort mit altem, vom König verliehenen Stadtrecht. Sie liegt rund 42 Kilometer östlich von Inverness, der Hauptstadt der Highlands, an der geschäftigen Hauptverbindungsstraße nach Aberdeen. Shakespeare setzte die drei Hexen in Macbeth »auf eine Heide nahe Forres«; heute noch hat die Stadt ihre mittelalterliche Hauptstraße, das Marktkreuz und Mauthäuschen. Ihr hervorstechendstes Merkmal aber, und darin unterscheidet sie sich von den Nachbarorten Nairn und Elgin, ist ihr Hausberg Cluny Hill, eine baumbestandene Anhöhe, welche die Landschaft über Meilen hinweg dominiert und als Orientierungspunkt von Seeleuten im Moray Firth benutzt wird. Der Nelson-Turm, 1812 in Erinnerung an die Schlacht von Trafalgar errichtet, steht auf seiner Spitze wie ein Finger, der himmelwärts zeigt über die ihn umstehenden Buchen und Birken hinaus; von hier hat man einen spektakulären Ausblick auf die Findhorner Bucht und den Moray Firth, die Berge im Norden sowie Wälder und Bauernhöfe im Süden.

Ich erhaschte einen ersten Blick auf Cluny Hill vom Zug aus, als wir uns im März 1957 Forres näherten. Ich weiß nicht weshalb, aber sein Anblick erregte mich; vielleicht, weil Eileens Eingebungen versprochen hatten, uns in ein Land zu führen, »wo Milch und Honig fließen«. Am Bahnsteig empfing uns Graham MacDonald, der Hauptverwalter des Hotels, der den Winter über im Hotel nach dem Rechten gesehen hatte. Er fuhr uns durch die Stadt und die mit Bäumen gesäumte Auffahrt zu unserem neuen Heim hinauf.

Das *Cluny Hill Hotel* lag mitten im dichten Wald auf dem Südhang des Hügels mit Blick auf die grünen Matten eines von dunklen Kiefern umstandenen Golfplatzes sowie Hügeln voller Heidekraut in dunstiger

Ferne. Früher war es als das *Hydro* bekannt gewesen. Es war gegen Ende des 19. Jahrhunderts gebaut worden, als Kurbad für den schottischen und englischen Adel, der mit seinen Dienstboten hierherkam, um sich einer Reihe von Wasserkuren und Behandlungen zu unterziehen, dem Hotel gegenüber Golf zu spielen und sich anderer Freizeitbeschäftigungen zu erfreuen.

Seine äußere Erscheinung bestätigte das Versprechen des Fotos; in der Spätnachmittagsonne sah es tatsächlich aus wie ein Lichtpalast, besonders nachdem wir Glasgow so finster erlebt hatten. Auch unser erster Eindruck vom Inneren, als uns Graham MacDonald im Gebäude herumführte, war positiv. Wir sahen Luxussuiten, wunderschöne Möbel, geräumige Aufenthaltsräume, großartige Badezimmer mit gewaltigen Wannen und einen großen, holzgetäfelten Speisesaal mit Erkerfenster, der zum Golfplatz hin herausragte, so daß man über den darunter stehenden Bäumen zu schweben meinte.

Dann wurden wir nach hinten geführt, und man zeigte uns den Wohnbereich für den Direktor - zwei winzige, dunkle Räume. Ich sagte, wir könnten hier unmöglich mit zwei Kindern leben, aber Herr MacDonald meinte, es täte ihm leid, doch dies seien die dem Direktor zugewiesenen Räume, und wir müßten eben das beste daraus machen. Da wir mittlerweile alle unsere Fragen Gott vortrugen, bat ich Eileen, herauszufinden, was wir tun sollten. Ihre Eingebung sagte uns, der Erfolg dieses ganzen Unternehmens hinge von der Gesundheit und dem Wohlbefinden des Direktors ab - daher sollten wir die besten und nicht die schlechtesten Zimmer des ganzen Hotels haben. Das waren nun wirklich tolle Neuigkeiten! Wir marschierten nach draußen, um das Hotel herum, und suchten uns im ersten Stock eine Suite aus mit einem zauberhaften großen Zimmer mit Erkerfenstern als Wohnzimmer, einem Zimmer mit Doppelbett daneben für Eileen und mich, ein Zimmer mit zwei Betten für unsere beiden Jungs und am Ende ein luxuriöses privates Badezimmer. Es peinigte Graham Macdonald, als wir in diese Räume umzogen. Er fürchtete Mrs. Bruces Reaktion, denn gewöhnlich herrschte sie durch Furcht.

Sehr bald erfuhr Mrs. Bruce in ihrem Hauptquartier in Aberdeen, was orgefallen war. Sofort kam sie nach Forres gestürmt und verlangte zu wissen, wer uns zu diesem Schritt befugt hätte. »Frau Bruce«, erzählte ich ihr ruhig, »Sie müssen von Anfang an verstehen, wie dieses Hotel geführt werden wird, denn ich werde nicht derjenige sein, welcher es tut.« »Oh!« sagte sie, perplex. »Was meinen Sie denn damit?« Ich sagte: »Gott wird dies Hotel leiten, durch mich.« Dann erklärte ich ihr, wie wir vorgingen und lasen ihr die Weisung vor, die Eileen über die Zimmer erhalten hatte. Nun, das brachte sie ein bißchen durcheinander - sie wußte gar nicht, was sie antworten sollte. Am Ende brach sie in Lachen aus und sagte: »Na, also gut, dagegen kann ich nicht an!« Und das konnte sie natürlich nicht. So hatte ich also die erste Runde gewonnen mit einer Mrs. Bruce, die beim Hinausgehen meinte, sie wüßte nicht, wie sie das ihren Direktoren erklären sollte.

Obgleich ich in der Essensversorgung ausgebildet war und in der Personalleitung beträchtliche Erfahrung besaß, hatte ich doch keine Ahnung, wie man ein Hotel führte, noch dazu so ein großes wie Cluny Hill, mit einer Belegschaft von mehr als fünfzig Leuten. Ich hatte keinen Schimmer davon, was für eine Bezahlung für sie angemessen wäre, wen ich anstellen oder was unsere Gäste bezahlten sollten. Als wir uns ein paar Wochen vor Saisonbeginn häuslich eingerichtet hatten, um alles für die Ankunft der ersten Gäste vorzubereiten, wurde mir das Ausmaß dessen, was wir da auf uns genommen hatten, erst richtig klar.

Über meinen Mangel an Erfahrung hinaus gab es noch eine weitere Hürde. Obschon das Hotel von außen so grandios aussah, zeigte sich doch bei näherer Überprüfung, wie heruntergekommen es war. Am Ort nannte man es das »Leichenschauhaus«, und das aus gutem Grund. Die Atmosphäre drinnen erschien wie tot. Dieser Mangel an Leben spiegelte sich auch in den Buchungen wider. Ich habe den Verdacht, daß dieses Hotel in all seinen Jahren unter dieser Gesellschaft kaum Profit abgeworfen hat, und ich war sicher, daß die Schuld daran in der Vorgehensweise der Hotelkette lag, die es besaß.

Nach dem Zweiten Weltkrieg hatten sich gesellschaftliche Normen und Anschauungen in Großbritannien revolutionär verändert. Das größte Empire der Geschichte war in weniger als einem Jahrzehnt zerfallen; ehemals rigide Klassenunterschiede wurden abgebaut; der Wohlfahrtsstaat mit seinem Angebot an freier Gesundheitsfürsorge, Sozialwohnungen und anderen Leistungen für all jene, die sie brauchten, befreite Millionen von Menschen aus den Fesseln von Herkunft oder sozialem Umfeld. Vor dem Kriege war es in vielen englischen Adelshäusern üblich gewesen, einen Teil des Sommers im schottischen Hochland zu verbringen und sich dort der guten Luft und den Freuden der Jagd, des Schießens und Fischens, hinzugeben. Grandhotels wie das von Cluny Hill sorgten ganz vorzüglich für ihre Bedürfnisse. Nach dem Krieg war das ganz anders. Die Reichen und Angehörigen der Oberschicht verbrachten ihren Urlaub zunehmend im Ausland, während die niedrigeren Schichten und Angehörigen der »Arbeiterklasse« das erste Mal in der Lage waren, Ferien zu machen. Buspartien und Pauschalreisen innerhalb Großbritanniens wurden populär, und die großen Hotels, von ihrer ehemaligen Klientel alleingelassen, wurden zu Schleuderpreisen verfügbar, um diese Menschen aufzunehmen. Die Besucherzahl wurde nun ausschlaggebend, nicht die Güte des Services.

Daher hatte die Kette, die Cluny Hill und noch zwanzig weitere Hotels in Schottland besaß, allen Grund, sie »billig und fröhlich« zu belassen (obgleich daran gezweifelt werden konnte, inwieweit letzteres erreicht wurde). Diese Preisknüller-Verkaufspolitik war raffiniert ausgeklügelt, um das Potential verschiedener Gesellschaftsgruppen zu verschiedenen Zeiten in der Saison von April bis Oktober, in der das Hotel offen war, auszuschöpfen. Pensionäre zum Beispiel kamen lieber, bevor im Sommer die Massen mit Kindern eintrafen; die betuchten oder feineren Familien kamen gewöhnlich, wenn überhaupt, zu Ostern und dann wieder im Herbst. Der Automobilclub bewertete jedes britische Hotel mit Sternen von Eins (was für »sehr einfach« stand) bis Fünf (de luxe), und dies hing nicht allein von der Anzahl der zur Verfügung stehenden Räume und speziellen Einrichtungen ab, sondern auch vom Standard, insbesondere des Essens; als Eileen und ich im Cluny Hill Hotel ankamen, hatte es im Hotelführer des britischen Automobilclubs drei Sterne.

Ich war entschlossen, all dies zu ändern. Da für Gott nur das Beste gut genug ist, überlegte ich, warum sollte man nicht die Quantität, eine hohe Gästezahl, mit der Qualität des Services verbinden? Ich wußte, daß wir dies zu einer Erfolgsstory machen konnten, und Eileens Weisung schien diese Überzeugung nur zu bestätigen:

Mein Sohn, ich möchte, daß dies Hotel ein Vier-Sterne-Hotel wird, und du sollst dein Möglichstes tun, um dies zu erreichen. Ignoriere einfach, was Mrs. Bruce dem Mann vom Automobilclub erzählt hat, denn sie wäre ganz zufrieden, wenn dieser Ort ein Drei-Sterne-Hotel bliebe. Es ist an dir, Mrs. Bruce zu beweisen, daß dies kein normaler Ort ist, und du wirst nie damit zufrieden sein, ehe du es nicht in ein Vier-Sterne-Hotel verwandelt hast. Du hast meinen vollen Segen dafür, und schreitest voran unter meiner Autorität, und nichts hält dich auf.

Eileens Eingebungen glichen meinen Mangel an Erfahrung in der Leitung von Hotels mehr als aus. Ich suchte ihre innere Führung zu jeder Einzelheit, wie das Hotel zu leiten sei, egal, wie geringfügig die Frage war oder wie offensichtlich ihre Lösung. Man sagte uns, daß wir Cluny Hill als ein »Zentrum des Lichts« einrichten sollten und lernten bald, daß Licht Schatten wirft - dunkle Kräfte, die fest entschlossen waren, von allem Anfang an unsere Bemühungen zunichte zu machen. Die Leiter unserer fünf Abteilungen waren zum Beispiel sämtlich Alkoholiker, und wenn sie alle zur selben Zeit betrunken waren, war im ganzen Hotel die Hölle los. Ich mußte dies angehen, indem ich jedes Problem einzeln zu Eileen trug und dann die schriftlichen Anweisungen ausführte, die sie erhalten hatte. Sie lernte, Weisungen zu empfangen, egal, was um sie herum los war; sie mußte auch alles stehen und liegen lassen, selbst wenn sie kochte oder dem Baby die Windeln wechselte, und sich augenblicklich an Gott wenden für eine Antwort.

Vor allem jedoch wandte ich das Leitprinzip an, zu lieben, wo ich war, mit wem ich war und was ich tat. Mit der Zeit entwickelte sich meine eigene Intuition darüber, wie man ein Hotel führt, aber ich ging noch immer zu Eileen für eine Bestätigung, daß die von mir gewählte Handlungsweise richtig war. Normalerweise war sie es; zuweilen war mein Zeitplan falsch; weniger oft war ich total auf dem Holzweg. In den frühen Tagen in Cluny Hill trug ich freilich *jede* Frage zu Eileen, und wir arbeiteten gleichsam als eine Person. Sie empfing die Eingebung, und ich handelte dementsprechend. Weder das Personal noch die Gäste wußten, daß das Hotel auf diese Weise geführt wurde, da wir nicht darüber sprachen, sie wußten allerdings, daß dieses Hotel anders war.

Liebe war die andere für den Erfolg von Cluny Hill ausschlaggebende Kraft. Eileen erhielt darüber ganz explizit Weisung:

Ich möchte, daß ihr jetzt mehr als jemals zuvor begreift, wie ungeheuer wichtig es ist, daß alles, was immer ihr tut, in diesem von mir ausgewählten Ort, mit Liebe geschieht. Ich möchte, daß ihr euch Zeit nehmt, euch umzuschauen. Beobachtet das Personal, das ihr hier habt, und ihr werdet sehen, daß sie mit Liebe ausführen, was immer sie tun, oder lernen, es mit Liebe zu tun. Wenn ihr sie fragen würdet, warum, könnten sie es euch nicht sagen, der Grund ist jedoch, daß ich hier nur Leute gebrauchen kann, die mit Liebe im Herzen arbeiten. Die Atmosphäre ist so überaus wichtig. Ihr werdet einige von hier weggehen sehen, und der Hauptgrund wird sein, daß sie ohne Liebe arbeiteten.

Wir hatten ein gutes Beispiel dafür in einem Küchenchef, den ich einstellte, kurz nachdem das Hotel für die neue Saison geöffnet hatte. Als er sich hinter unserem Rücken über die Hotelleitung beschwerte, wie das in Hotels üblich ist, reagierte keiner der anderen Mitarbeiter darauf. Er fand das sehr seltsam. Die offensichtliche Liebe und Gutwilligkeit unter denen, die für das Hotel arbeiteten, machten es ihm so unbehaglich, daß er bald darauf ging.

Eileen und ich wurden oft daran erinnert, die Liebe in unserer Beziehung in Fluß zu halten. Wir waren beide außerordentlich beschäftigt. Ich arbeitete vom Morgen bis weit über Mitternacht hinaus, sieben Tage die Woche; Eileen, zusätzlich zu den Kindern, für die sie sorgte, machte all die Blumenarrangements im ganzen Hotel und arbeitete manchmal an der »Drehscheibe« in der Küche, wo sie die Bestellungen von den Kellnern und Kellnerinnen erhielt und dem Küchenpersonal zurief. Es war nicht überraschend, daß wir beide müde und gestreßt werden konnten und dies unsere Beziehung belastete. Manchmal versäumte ich, Eileen wissen zu lassen, was gerade vorging, was weitere Verbitterung nach sich zog. Ihre innere Führung sagte ihr:

Mein Kind, wichtiger als alles andere ist, daß du und Peter einig seid. Peter hat viel im Kopf, aber das sollte ihn nicht hindern, dir gegenüber höflich zu sein, wenn du ihn etwas fragst. Peter, mein Sohn, diese Fra-

gen mit einer Handbewegung vom Tisch zu wischen, ist sehr lieblos. Erlaube meinem Kind, an allem teilzuhaben, was vorgeht...auf diese Weise weiß sie, wann ein Gebet nötig ist. Sie kann fühlen, wann Hilfe gebraucht wird. Peter, ich habe dich und mein Kind Seite an Seite gestellt. Erinnere Dich - ihr ergänzt euch. Einer kann nicht ohne den anderen handeln. Ihr seid eine vollkommene Einheit, wenn ihr zusammenarbeitet. Die Atmosphäre, die ihr schafft, übt eine Wirkung auf jeden aus. Ihr seid nur in meiner Göttlichen Liebe vereint. Also bleibt sehr nahe bei Mir.

Nachdem wir eine kurze Weile in Cluny Hill gewesen waren, gesellte sich Dorothy zu uns; sie wurde meine Sekretärin und arbeitete auch als Empfangsdame. Lena Lamont kam mit ihren Kindern von Glasgow herauf, um sich um die Belegschaft zu kümmern. Eileen, Dorothy, Lena und ich vermochten, eine große Einigkeit in Cluny Hill mit den Abteilungsleitern und dem übrigen Personal zu erzielen, zum Teil dank der harten und strengen Schulung, durch die wir bei Sheena gegangen waren.

Auf die Menschen kommt es an, wurde mein persönliches Motto. Fast jeder, der in das Hotel kam, erfuhr meine persönliche Aufmerksamkeit, selbst wenn sie nur auf eine Tasse Tee oder einen Drink an der Bar hereinschauten. Normalerweise sprach ich dann über das Hotel und, wenn möglich, machte ich einen Rundgang mit ihnen; oft waren sie so beeindruckt, daß sie ihren Sommerurlaub hier buchten. Ich traf gerne jeden Gast bei seiner Ankunft, vorzugsweise, wenn er gerade aus dem Auto stieg. Ich führte ihn dann selbst in sein Zimmer und knüpfte so die ganze Zeit eine persönliche Verbindung. Danach sahen die Gäste gewöhnlich alles durch eine rosarote Brille. Tagsüber verbrachte ich soviel Zeit wie möglich in der Halle im Zentrum des Hotels, wie der Kapitän auf der Kommandobrücke, statt mich in meinem Büro zu verstecken.

Jeder Brief an das Hotel wurde sofort beantwortet. Wenn die Morgenpost kam, setzte ich mich gewöhnlich mit Dorothy zusammen und diktierte, sowie ich einen Brief geöffnet hatte, die Antwort, ehe ich den nächsten Brief aufmachte. Tatsache war, daß ich einen Brief nicht einmal öffnete, wenn ich ihn nicht auch sofort beantworten konnte, denn die erste Lektüre schuf einen frischen Eindruck und Einsichten, die man später schwer wieder einfangen konnte. Normalerweise erhielten Leute, die an ein Hotel schrieben, einen formalen Brief, den die Empfangsdame ausfüllte, aber mir war wichtig, jedem eine persönliche Bemerkung zu schreiben. Dorothy tippte dann den ganzen Tag über diese Briefe; ich kam gewöhnlich am Spätnachmittag zurück, um sie zu unterschreiben, und mit der 5 Uhr-Post wurden sie losgeschickt. Auf diese Weise wurde jeder Brief am Tag seiner Ankunft beantwortet und mit einer sofortigen und persönlichen Auskunft durch den Hoteldirektor versehen.

Eine Methode, die ich anwandte, damit sich Leute willkommen und zu Hause fühlten, war es, kleine persönliche Details in einer Gästekartei über sie zu notieren - was sie gern aßen und tranken oder Einzelheiten über ihre Familien und so fort. Wenn sie das nächste Mal kamen, war ich dann in der Lage, so etwas zu fragen wie: »Wie geht es Ihrer Tochter Sally in der Schule? Hat sie diesmal die Prüfung in Chemie bestanden?« Das Interesse, das man an ihnen zeigte, erstaunte sie dann sehr, mit dem Ergebnis, daß sie Jahr um Jahr wieder ins Hotel kamen.

Jene verrückte Story über die »Namenlosen« sollte uns während unserer ersten Saison in Cluny Hill noch einmal heimsuchen. Aus irgendeinem Grund machten wir wieder Schlagzeilen: Das »Himmlische Hotel« hieß es da in den Zeitungen, mit einem nicht sehr himmlischen Bild von mir im Bett, wie ich in Glasgow mit Grippe darniederlag. Der Artikel beschrieb, wie dieses »Luxushotel für Millionäre« von Gott geführt wurde; natürlich lauter journalistischer Unfug, aber der Vorsitzende der Hotelkette trat Mrs. Bruce deswegen auf die Füße - und sie daraufhin mir. Ich mußte beiden eine feste Zusage machen, daß es künftig keinerlei solche Publizität mehr geben würde und wir nicht länger mit Sheena zu tun hätten, die die Zeitungen den »Messias der Namenlosen« nannten. Mrs. Bruces wahre Angst war jedoch, daß das Cluny Hill Hotel am Ende zum Hauptquartier dieser »Gruppe« werden könnte.

Trotz dieses Zwischenfalls waren wir sehr zufrieden mit dem Resultat unserer ersten Saison in Cluny Hill. Die meisten Belegschaftsmitglieder, die in anderen Hotels wie Dreck behandelt wurden, verabschiedeten sich fröhlich und versprachen, im nächsten Jahr zurückzukehren. Normalerweise durften nur der Direktor und seine Familie die Wintermonate im Hotel verbringen; da Eileen jedoch wieder schwanger war, blieb Dorothy hin und wieder bei uns als »Mutters Hilfe«; sie tippte dann auch die umfangreichen Weisungen, die Eileen jeden Tag in einer Reihe von Notizbüchern aufgeschrieben hatte.

Anfang des Jahres hatte Eileen einen Brief an Naomi auf den Philippinen geschrieben:

Bitte danke nicht mir, daß ich Dir Gottes Wort sende. Es ist Dorothy, die so treu alles tippt und zu Dir schickt. Wie Du weißt, bin ich bloß ein Instrument, das Gott als Empfänger dieser Botschaften benutzt. Aus mir selbst heraus bin ich in der Tat nichts. Der einzige Grund, weshalb ich ein Instrument bin, ist, daß Sheena gelitten hat, mehr als irgendein Mensch leiden kann, um mir meine gewaltige Sündenlast abzunehmen, um mich freizumachen, damit ich Gottes Arbeit leisten kann. Naomi, meine Liebe, ich glaube nicht, daß Du ahnst, was das für ein Sündenpaket war. Ich nehme nicht an, daß Du weißt, wie es sich anfühlt, in die tiefste Hölle hinabzusinken, Gott und Sheena vollkommen zu verwerfen, und dennoch, trotz alledem, wieder in Gottes wunderbare Liebe und sein Licht emporgehoben zu werden. Es ist das Wundervollste, was einer menschlichen Seele widerfahren kann, und mir ist es widerfahren. Sheena, die die Liebe ist, mußte sogar noch tiefer sinken, um mich aus der Dunkelheit zu retten. Wundert es Dich, daß ich alles aufgegeben habe, um ihr zu dienen? Wenn sie bereit ist, dies für mich zu tun, ist doch das geringste, was ich für sie tun kann, mich selbst ihr anzubieten, damit sie mich im Dienst der Liebe benutze. Das war kein leichter Weg, aber es war meine eigene Schuld, daß es zuweilen so schwer sein mußte. Es war im allgemeinen der Widerstand in mir, der es erschwerte. Wenn ich bereit und willig war, Gottes Führung zu folgen, ohne einen Augenblick zu zögern, dann gab es keinen Schmerz und kein Leiden, aber wenn ich um mich trat, sobald mir etwas weh tat, dann habe nicht bloß ich gelitten, sondern andere ebenso. Wenn wir das nur alle schnell begreifen, den Widerstand aufgeben und nach Seinem Wort handeln würden, wie leicht würden Gottes Versprechen wahr werden!

Sheena hatte per Brief und Telefon mit uns in Verbindung gestanden. Sie war nach wie vor mit Fred Astell zusammen, der in ihren Augen den göttlichen Aspekt des Lichtes repräsentierte, während sie Liebe verkörperte. Eileen, Dorothy und Lena empfingen alle in der Meditation, daß dies nicht wahr sei - zu jener Zeit - und Eileens Weisung fuhr mit dem

Vorschlag fort, daß Sheena Fred wegschicken sollte und sich in unsere Hände begeben, damit wir uns um sie kümmerten. Sheena lehnte das ab. Sie sagte uns, sie nähme nun nur Dinge an, wenn sie »in Liebe angeboten« würden, mit anderen Worten, durch eine spontane Eingebung des Herzens, nicht als ein Ergebnis einer Weisung, die Eileen oder irgend jemand sonst erhalten habe, um sie an sie weiterzugeben, denn eine solche Gabe käme dann »vom Licht«. So das Licht meidend, versank Sheena immer tiefer in Dunkelheit, geriet in lauter unschöne Situationen und litt unbeschreiblich.

Im Dezember 1957 sagte uns Eileens Führung, daß wir jeden weiteren Kontakt mit Sheena abbrechen sollten, die uns mit der Bitte um Geld angeschrieben hatte und wollte, daß Christopher sie besuche. Dann tauchte sie an einem verschneiten Tag ohne Vorwarnung in Cluny Hill auf und wollte bleiben. Sie sah müde und verzweifelt aus und sagte, sie habe ihr letztes Geld ausgegeben, um mit dem Zug hierher zu kommen. Da wußte ich, daß ich sie fortschicken mußte; ganz abgesehen von der ausdrücklichen Anweisung durch Eileens Führung hatten wir auch Mrs. Bruce versichert, daß niemand anderes im Hotel leben würde, wenn es geschlossen war. Ich erklärte Sheena, wir hätten ihr geschrieben, mit ihr telefoniert und sie aufgefordert, zu uns zu kommen, so daß wir uns um sie kümmern könnten, als das Hotel offen war, aber sie hatte abgelehnt. Jetzt müßte ich sie mitten im Schnee wegschicken. Sie war böse. Sie schlug mich ins Gesicht, machte kehrt und ging weg. Später fiel mir wieder ein, wie wir zusammen im Hyde Park in London spazierengegangen waren und sie gesagt hatte, daß ich Gott so nahe sein werde, daß ich mich von ihr abwenden würde. Damals hatte ich ihr nicht geglaubt; und jetzt geschah es, genau so, wie sie vorausgesagt hatte. Mit großer Trauer sah ich der einsamen Gestalt dieser Frau nach, die ich geliebt und der ich gedient hatte, wie sie die vereiste Auffahrt hinunterschritt.

13. KAPITEL

NEUES LEBEN IM LEICHENSCHAUHAUS

DENKE, HANDELE UND VERGEWISSERE DICH STETS JENER WEISHEIT.
DAS LEBEN IST UNENDLICH,
UND ICH HABE ALLES, WAS ICH WÜNSCHE.

WÄHREND DER SECHS MONATE, da das Hotel geschlossen war, arbeiteten Eileen, Dorothy und ich oft im Garten, harkten Blätter zusammen und jäteten Unkraut, und mehr als alles andere schickten wir soviel Liebe und positive Energie in die Erde, wie wir nur konnten. Es ist wie überall - wenn man mit Liebe und Freude arbeitet, sich jeder Einzelheit zuwendet und sich um Vollkommenheit bemüht, dann fließt die Energie dieser Geisteshaltung in das Objekt, mit dem man umgeht. Dasselbe geschieht, wenn man verärgert ist, deprimiert und nicht weiter weiß; dann wird eine negative Energie übertragen. Wenn man zum Beispiel ein Essen zubereitet und dabei schlecht gelaunt ist, dann bekommen die, die das später essen, etwas von dieser Energie ab. Wenn man mit Freude und Spaß an die Hausarbeit geht, wird dies auf die Leute, die später den Raum betreten, eine fröhliche Wirkung haben. Manche Menschen sind sensibler als andere und können diese Schwingungen genau beschreiben; aber sie wirkt auf jeden, bewußt oder unbewußt. Deshalb ist die Energie, mit der man jegliche Arbeit angeht, so außerordentlich wichtig. Ich erlaubte keinem von uns, auf dem Gelände oder im Gebäude von Cluny Hill zu arbeiten, wenn unser Geist, unsere Haltung und Laune nicht positiv, liebevoll und korrekt waren. Immer und immer wieder machte uns unsere Führung auf die Notwendigkeit all dessen in unserer Arbeit aufmerksam.

Im Winter beschloß ich, den großen Wohnwagen, in dem Eileen und ich in Hamble gelebt hatten, nach Schottland hinaufzubringen. Ich hatte Glück, daß mein *Lagonda* so einen starken Motor besaß, denn wir hatten nicht das Geld, ein Transportunternehmen damit zu beauftragen. Es war aber immer noch eine gewaltige Herausforderung, einen 2,70 Meter langen Wohnwagen die ganze Strecke von Südengland nach Nordschottland zu schleppen. Oft eskortierte mich örtliche Polizei auf Motorrädern durch schmale Straßen in Städten und Dörfern, doch ich erreichte Forres ohne einen Zwischenfall. Kaum war ich jedoch in die Stadt hineingefahren, in einem letzten Endspurt, wie ein Pferd, das den Heimatstall schnuppert, da nahm ich eine Rechtskurve zu scharf und fuhr ein erleuchtetes »Links fahren«-Schild auf einer Verkehrsinsel um. Dies ließ die Sicherungen durchbrennen, und das ganze Viertel versank in Dunkelheit. (Wenn Sie heute von Inverness kommend nach Forres hineinfahren, werden Sie mein Vermächtnis sehen - einen Kreisverkehr, den der Stadtrat auf meinen Unfall hin einrichten ließ.)

Ich stellte den Wohnwagen in der großen Hotelgarage ab, reparierte den Schaden an seiner Seite und richtete ihn den Winter über neu ein. Ich hatte vor, ihn zu verkaufen, da wir ihn noch immer nicht abbezahlt hatten, aber Eileens Weisung in Bezug auf ihn war strikt: »Mein Sohn, ich möchte nicht, daß du den Caravan verkaufst, egal, welches Angebot man dir macht!« Dies überraschte mich, denn ich dachte, mit dem Geld wäre uns mehr gedient, aber ich hatte meine Lektion in Gehorsam inzwischen gut genug gelernt.

Unser dritter Sohn, David Jeremy, wurde am 13. Januar 1958 im Cluny Hill Hotel geboren. Einige Wochen davor schon hatte der Arzt Eileen Bettruhe verordnet, da die Gefahr einer Fehlgeburt bestand, und er wollte sie zur Entbindung ins örtliche Krankenhaus schicken. Doch Gott sagte, das Baby solle in der Geborgenheit von Cluny Hill auf die Welt kommen; daher lehnte ich meine Einwilligung ab. Der Arzt war sehr böse und sprach fast nicht mehr mit uns; getreu Gottes Wort verlief die Geburt jedoch leicht.

Als zu Beginn der neuen Saison die Belegschaft ankam, stellte Eileen Blumen in all ihre Zimmer, und Lena achtete darauf, daß diese genauso glänzend rein waren wie die Gästezimmer. Die Liebe, mit der diese Arbeit geleistet wurde, strahlte aus jeder Ecke; das Personal fühlte sich dadurch sehr herzlich aufgenommen, und dies führte nicht allein dazu, daß sie ihre Räume achteten und pflegten, sondern auch dazu, daß sie dieselbe Pflege dem übrigen Gebäude angedeihen ließen. Wie ich es gelernt hatte. Wenn man mit Liebe arbeitet, dann möchte man die Arbeit perfekt tun und Freude und Humor hineinlegen. Die Zimmermädchen lagen in freundlichem Wettstreit darüber, welche wohl am meisten Liebe in ihre Badezimmer steckte; sie polierten die Linoleumfußböden, bis sie blitzten, und bald strahlte das ganze Hotel.

Nach unserem ersten Jahr war der Küchenchef zum Hoteldirektor avanciert und gegangen, daher suchte ich per Anzeige einen neuen. Eines Tages kam ein junger Mann namens Charles Campbell, um sich für den Job zu bewerben. Er war ein leiser Mensch mit einem frischen Gesicht und unschuldigen blauen Augen; er schien wenig mehr als ein Junge zu sein, und ich war mir sicher, daß er nicht erfahren genug sein könnte. »Tut mir leid«, sagte ich, »aber der Job ist für ein Drei-Sterne-Hotel, und ich habe die Absicht, ihm einen vierten hinzuzufügen.« Er erwiderte sanft, daß er zwei Jahre vorher Küchenchef in Cluny Hill gewesen sei. Just in diesem Augenblick rief meine rechte Hand, Graham MacDonald, an und bestätigte die Geschichte. Er erzählte mir, was für ein guter Chef er gewesen sei, und daß er außerdem als Küchenchef in einem der besten Bahnhofshotels in Schottland gearbeitet hätte. Ich fragte mich, warum er dann arbeitslos war, aber da Graham ihn empfohl, beschloß ich, ihn anzustellen.

Charles zog in die Küche ein mit einer ruhigen Autorität, und er war in der Tat ein wundervoller Chef, ein wunderbarer Mensch - und ein entsetzlicher Alkoholiker. Wir wußten nie, ob er nüchtern genug sein würde, um das Abendessen zu servieren. An einem sehr geschäftigen Samstagabend zum Beispiel ging ich in die Küche, und da war er, betrunken, und verlangte gerade nach einem weiteren Whisky. Sofort lief ich zu Eileen und bat um Weisung, denn ich wußte nicht, wie ich mit Alkoholikern umgehen sollte. Sie öffnete ihr Notizbuch, nahm einen Stift zur Hand und schrieb unmittelbar: »Mein Sohn, wenn du willst, daß das Essen auf den Tisch kommt, gib ihm noch einen Whisky!« Dieser Rat erschien mir sehr seltsam, aber ich lief sofort zu Charles zurück und ließ mir einen großzügigen Schluck für ihn einschenken, denn ich hatte absoluten und bedingungslosen Gehorsam Gottes Wort gegenüber gelernt. Er nahm sich zusammen und servierte ein exzellentes Dinner. Mrs. Bruce bedrängte mich immerzu, Charles hinauszuwerfen, aber ich sagte schließlich zu ihr: »Mrs. Bruce, was hätten Sie lieber - einen Küchenchef, der trinkt und ein erstklassiger Koch ist? Oder einen, der das nicht tut, aber ein schlechter Koch ist - wie die, die sie in Ihren anderen Hotels anstellen?«

Eines Tages fragte Charles, ob er ein paar Tage frei nehmen könne, um seine Frau und Familie an der schottischen Westküste besuchen zu können. Ich willigte ein. Er lieh einen Kastenwagen und verließ uns mit einem unserer Hallenportiers. Am selben Abend kam die Polizei und fragte mich, ob wir einen gewissen Charles Campbell als Küchenchef beschäftigten. Als ich das bejahte, berichtete der Inspektor, daß Charles in einen leichten Unfall verwickelt sei und man dabei entdeckt hätte, daß er Nahrungsmittel in einem nahegelegenen Wald versteckt habe, darunter ein halbes Schaf, Schinken und anderes Fleisch in Konserven. Ich überprüfte das Vorratslager und bestätigte, daß diese Dinge fehlten. Als ihn die Polizei wegen Diebstahl anzeigen wollte, bat ich Eileen, mir doch bitte zu dieser Situation Weisung zu geben. Sie empfing, daß wir ihn nicht anzeigen sollten, da er an einem Scheidewege stehe: »*Gebt Chef alle Hilfe, die ihr geben könnt, er ist es sehr wohl wert, daß man um ihn kämpft. Er wird euch nie wieder enttäuschen.*«

Wir warteten auf die Rückkehr von Charles. Er kam einen Monat später mitten in der Nacht, um seine Sachen abzuholen und sich der Polizei auszuliefern. Ich fragte ihn, warum er das tun wollte, da ich keine Anklage gegen ihn erhoben hatte. Er war überrascht und betroffen, aber er willigte ein zu bleiben. Wenn er ins Gefängnis ginge, würde er weiterhin ein kriminelles Leben führen, aber ich appellierte an ihn, daß wir gemeinsam beweisen könnten, daß Cluny Hill in Liebe geführt würde. Zudem könnten wir Mrs. Bruce, die durch Furcht regierte, beweisen, daß man ein Hotel auf diese Weise führen könne, und jedes Unternehmen, wenn es in Liebe und in Übereinstimmung mit spirituellen Gesetzen geleitet würde, gedeihe.

Charles kehrte in die Küche zurück, in einer sehr stillen und sanften Art. Wieder einmal erwies er sich als Meisterkoch. Darüber hinaus jedoch, und seiner häufigen Trunkenheit zum Trotz, schien jeder ihn zu lieben und besonders gern mit ihm zu arbeiten. Während unserer ersten Saison mit Charles hatte ein Medizinstudent nach einem Ferienjob gefragt, und die einzige Arbeit, die ich ihm anbieten konnte, war, in der Küche die Töpfe und Pfannen zu schrubben. Er nahm an und fand die Arbeit mit Charles so unterhaltsam - es gab mit ihm keinen einzigen langweiligen Augenblick - daß er Jahr um Jahr wiederkam.

Es ist Tradition, daß sich Küchenchef und Oberkellner in einem Hotel in den Haaren liegen. Zwischen Charles und unserem Oberkellner, einem Mr. Lovey, der schon 16 Jahre lang in Cluny Hill gearbeitet und früher Kammerdiener gewesen war, war das nicht der Fall. Mr. Lovey liebte seinen Speisesaal über alles und verließ ihn während der Saison nie, nicht einmal, um dem Städtchen Forres einen Besuch abzustatten. Er war an den meisten Tagen gewöhnlich von 6 Uhr morgens bis weit nach Mitternacht im Speisesaal. Personal und Gäste empfanden gleichermaßen eine echte Zuneigung und Achtung für Mr. Lovey, der so etwas wie eine feste Einrichtung war. Das engste Band der Freundschaft bestand aber zwischen Charles und Mr. Lovey, die alles Erdenkliche füreinander taten; ihre Beziehung war der Schlüssel zum Erfolg des Speisesaals. Als die Kundschaft des Hotels jedoch dramatisch wuchs, überstieg dies Mr. Loveys Kräfte; heimlich begann er zu trinken und war offensichtlich zuweilen unpäßlich. Schließlich kam Charles mit Tränen in den Augen zu mir und sagte: »Sie wissen, was Sie tun müssen, nicht wahr, Sir? Sie müssen Mr. Lovey hinauswerfen, um seinetwillen.« Er tat dies aus Liebe zu seinem Freund. Weil ich Charles mit Liebe begegnet war, wollte er es mir vergelten und hielt immer die Augen auf in meinem Interesse. Wie Lena war auch er sehr feinfühlig; manchmal kam er zu mir und riet mir, mich von einem Belegschaftsmitglied zu trennen, wenn nicht um dessentwillen, so zum Guten des Hotels. Oft fand ich, daß ich dieser Person noch eine Chance geben sollte, aber am Ende sah ich, daß Charles immer richtig lag. Alles in allem kann man wohl sagen, daß ich die Leute anheuerte und er sie feuerte.

Charles Campbell war eine unglaubliche Mischung von Licht und Dunkelheit. Er trank, wettete und benahm sich Frauen gegenüber einfach fürchterlich, aber er hatte erstaunliches Verständnis und Einsichten - geradezu einen sechsten Sinn - was einzelne Menschen betraf. Zudem besaß er oft ein hellsichtiges Wissen um künftige Ereignisse. Ohne ihn und seine Hilfe und Unterstützung wäre Cluny Hill ein ganz anderer Ort gewesen.

Einmal ging ich an einem sehr hektischen Sonntag in die Küche, etwa eine Stunde vor dem Mittagessen, und fand dort nur einen einzigen von der Belegschaft vor. »Wo ist Charles?« fragte ich. »Wo ist das übrige Personal?« Charles hatte sich offenbar so schuldbeladen gefühlt darüber, daß er am Vortage betrunken gewesen war, daß er acht Leute seiner Belegschaft im Taxi mitgenommen hatte, um in der örtlichen Kirche Buße zu tun. Irgendwie erwischten sie die falsche Uhrzeit für den Gottesdienst, deshalb konnten sie nicht in die Kirche und wanderten stattdessen in eine Wirtschaft. Dort genossen sie ihre Buße in vollen Zügen und kamen gerade rechtzeitig nach Cluny Hill zurück, um Lunch zu servieren. Ich muß ergänzen, daß sie, ehe sie gingen, sicherstellten, daß alles fertig sein würde, aber ich kam niemals aus dem Staunen heraus darüber, wie Erwachsene Charles in dieser Weise folgen konnten. Er war ein geborener Führer.

Ich ließ kein einziges Essen vorübergehen, ohne Charles gegenüber meinen Kommentar abzugeben. Wie es meine Praxis auch beim übrigen Personal war, paßte ich auf, daß ich immer meine Anerkennung ausdrückte, ehe ich irgendwelche Verbesserungen empfahl. So sagte ich vielleicht etwas wie: »Das Essen war *wunderbar*, Charles - wie wär's, wenn wir das nächste Mal die Farbkombination sogar noch besser hinkriegten?« Kochen ist eine Sache des Herzens, und es ist für Köche und Küchenchefs ungemein wichtig, daß man Aufmerksamkeit schenkt und ihre Mühe anerkennt. Sonst wird das Essen herzlos zubereitet und schmeckt fad.

Charles war ein Meister im Bereiten von Banketten. In einem Jahr gab ein Millionär eine große Dinnerparty, und Charles kreierte ein Abendessen mit vielen Gängen. Als der Gastgeber die Rechnung erhielt, sagte er zu mir, sie sei viel zu niedrig, und ich hätte mehr verlangen können. Als er im nächsten Jahr wiederkam, nahm ich ihn beim Wort. Charles bereitete ein hervorragendes Dinner mit Kaviar, Räucherlachs und anderen Delikatessen, und natürlich tankte er unterdessen gehörig auf. Am Ende des Essens wollte der Millionär einen Toast auf den Küchenchef sprechen und bat ihn, an den Tisch zu kommen. Ich war entsetzt, denn ich wußte ja, daß Charles zu dieser Stunde völlig betrunken sein würde. Doch Charles kleidete sich rasch um in frische weiße Kochkluft, nahm noch einen Whisky zur Brust und erwiderte den Toast mit einer äußerst gewandten Rede, ganz anders als sein gewöhnliches unzusammenhängendes Gemurmel. Er steckte immer voller Überraschungen.

Wie viele Küchenchefs versuchte auch Charles, in jeder Gaunerei mitzumischen, wo hinter dem Rücken des Hoteldirektors Geld zu machen war. Die alten Wassertanks auf dem Berg hinter dem Hotel spielten eine Rolle in so einer Klüngelei. Er setzte mehrere hundert kleine Entenküken in diese Tanks und beorderte den Hotelmetzger, sie mit Küchenabfällen zu füttern. Dazu mußte man auf den Berg steigen, der zufällig ein Ort von großer Kraft und spiritueller Energie ist. Wir waren gewarnt worden, daß nur jene dort hinaufgehen sollten, die einen gewissen Grad an innerer Bewußtheit und Reinheit erreicht hätten. Eileens Führung war da ganz eindeutig: *Orte von solcher Kraft haben die Tendenz, die Dinge in den Menschen zu verstärken, die bereits ein wenig aus dem Gleichgewicht sind, damit sie uns bewußt werden und wir sie korrigieren oder jedenfalls mit ihnen umgehen können.* Kaum ein geeigneter Ort für ein Picknick und schon gar nicht für einen fragwürdigen Nebenerwerb.

Weder Charles noch der Metzger wußten irgend etwas über die Energien dieses Kraftortes. Charles ging es gut - Gott hatte bereits über ihn gesagt, *einige im Personal werden kommen und gehen, aber es gibt ganz bestimmte, die ich hier brauche, und der Küchenchef ist einer davon.* Es schien jedoch, daß der Geisteszustand des Metzgers dadurch aus dem Gleichgewicht geriet, daß er wiederholt diesen kraftvollen Energien ausgesetzt war, denn er benahm sich plötzlich sehr seltsam. Er verliebte sich in Dorothy - nicht, daß dies an und für sich seltsam gewesen wäre! - aber einmal überreichte er ihr einen Strauß Plastikblumen, die er von den Gräbern des nahegelegenen Friedhofs zusammengeklaubt hatte. Bei Dorothys großer Liebe zur Natur war das, als würde man einem Vegetarier ein Schinkenbrot anbieten. Ein andermal jagte er, total nackt bis auf seine dicken Brillengläser, ein Mädchen mit einem Hackbeil in der Küche herum; wir mußten ihn einfangen und in einen Raum im Erdgeschoß stecken, dazu unseren Empfangshallenportier, der Krankenpfleger in der Psychiatrie gewesen war und wußte, wie mit ihm umzugehen war. Ich rief den Doktor, der einen zweiten Arzt mitbrachte, und sie wiesen den unseligen Metzger in die Nervenklinik ein. Gott allein weiß, was mit den Entenküken passierte.

Charles besaß ein ausgeprägtes Ehrgefühl und rächte jede Missetat gegen einen seiner Freunde, aber er war nie nachtragend. Eines Samstags waren drei Belegschaftsmitglieder - unser Hausfotograf, unser neuer Oberkellner und der Barkeeper - im Auto des Fotografen für den Nachmittag weggefahren. Das war mitten in der Ferien-Hochsaison, und wir hatten alle Hände voll zu tun. Das Auto mit den dreien war zur Abendessenszeit noch immer nicht zurück, und ich wartete nervös auf ihre Rückkehr. Was war ihnen passiert? Als ich schließlich ihr Auto die Auffahrt hinauffahren sah und zur Hintertür lief, um herauszufinden, warum sie so spät kamen, traten mir statt dessen ein Polizeihauptmann und ein Wachtmeister entgegen. Sie waren ihrem Auto gefolgt und wollten den Fahrer identifizieren, um danach eine Anklage wegen Trunkenheit am Steuer zu erheben. Da keiner der drei die Beschuldigung auf sich nahm, wurden sie alle drei zur Polizeiwache mitgenommen, um dort weiter verhört zu werden.

Ich ging in die Küche und fragte Charles, was los wäre. »Was meinen Sie?« fragte er. Ich erzählte ihm, was vorgefallen war, und er griff nach dem Telefon. »Geben Sie mir den besten Anwalt in der Stadt!« sagte er, und dann: »Meine Freunde sind in der Klemme. Wir treffen uns auf der Polizeiwache in zehn Minuten!« Er bestellte ein Taxi, und weg war er. Etwas später kamen sie alle zusammen in einem Taxi zurück, in offensichtlich bester Laune; die Polizei hatte sie in drei verschiedene Zellen gesperrt und befragt, hatte aber nicht herausfinden können, wer der Fahrer gewesen war. Natürlich mußten sie diesen Sieg mit ein paar Gläsern feiern, bevor sie heimkamen.

Am nächsten Tag fehlte Charles wieder vor dem Dinner, und diesmal wurde ich wirklich böse. Ich wartete am Hintereingang auf ihn. Schließlich raste ein Taxi die Auffahrt hinauf, und Charles stieg aus mit einem Mann mit Boxerohren und einer gebrochenen Nase - er war ein ehemaliger Boxer und mindestens dreißig Zentimeter größer als Charles. Sein dick verbundener Arm ruhte in einer Schlinge. Charles ignorierte mich und führte diesen Fremden in die Küche, wo er ihn auf einen Stuhl setzte und ihm ein Bier und ein Steak gab. Ich folgte ihnen, inzwischen eher amüsiert als verärgert. »Was geht hier vor?« fragte ich, aber Charles gab mir keine Antwort. Ich fand später heraus, daß Charles den ganzen Nachmittag versucht hatte, den Mann zu finden, den seine Freunde am Vortag im Auto mitgenommen hatten. Sie hatten diesen Mann nahe bei der Polizeiwache herausgelassen, und er hatte offenbar der Polizei gesagt, daß der Fahrer zuviel getrunken hatte. Als Charles ihn schließlich fand, schlug er den Ex-Boxer zusammen, brach ihm den Arm und brachte ihn dann per Taxi ins Ortskrankenhaus, damit das gebrochene Glied gerichtet wurde. Dann nahm er ihn mit auf einen Drink und brachte ihn ins Hotel, wo er ihn wie einen geachteten Gast behandelte. Der Ehre war Rechnung getragen worden; nun ergoß er seine Liebe aus vollem Herzen über ihn.

Wie Charles, war auch Lena ein sehr feinfühliger Mensch und wußte oft, was jemand in der Belegschaft dachte oder fühlte. Sie ließ mich dann wissen, was in deren Innenleben vor sich ging, so daß ich entsprechend handeln konnte, wenn es Schwierigkeiten gab. Insgesamt hatte ich eine wunderbare Kollektion von Sensitiven beieinander - Eileen, Dorothy, Lena und Charles -, die mich immer darüber auf dem Laufenden hielten, was unter dem Personal und bei den Gästen wirklich vorging. Cluny Hill wurde schnell zu einem Kraftwerk an Liebe und Licht, und es wurde uns gesagt, daß Hotels wie dieses die klösterlichen Altarräume ersetzen würden, wo Menschen Trost in einer chaotischen Welt suchten. Wer zu uns kam, würde uns an Körper und Geist erfrischt verlassen, oft ohne den Grund zu wissen, doch immer hoffend, zurückzukehren.

Eine unserer Besucherinnen war die Gräfin von Mayo, eine bemerkenswerte, sehr dynamische Frau, die als die »Dame in Lila« bekannt war, weil sie immer diese Farbe trug. Während ich im Ballsaal einen Quickstep mit ihr tanzte, erfuhr ich zu meiner Überraschung, daß sie über achtzig Jahre alt war, denn mit ihrer klaren Haut, glänzenden Augen und dunklem Haar sah sie nicht älter aus als fünfzig - und sie war eine sehr gute Tänzerin. Das Geheimnis sei, erzählte sie mir, daß sie sich durch Fasten, eine Diät und - vor allem - durch positives Denken verjünge. Sie befehle ihrem Körper, ihren positiven Gedanken Folge zu leisten. Dies machte sie mir natürlich sehr sympathisch.

Lady Mayo war ein fabelhafter Mensch und viel gereist; sie besaß totalen Glauben an Gott und erzählte einige wunderbare Stories, um die Kraft positiven Denkens zu illustrieren. Eine davon spielte gerade nach dem Krieg, als Auslandswährungen knapp waren. Lady Mayo wollte nach Amerika reisen, aber sie hatte nicht genug Geld. Sie bot ihre Wohnung in Edinburghs Princes Street an - eine vornehme Adresse - im Tausch für ein Haus in Miami, Florida, für ein paar Urlaubsmonate. Schließlich kam ein Angebot, was ihr ein zufriedenstellendes Arrangement zu sein schien: Im Tausch für ihre Wohnung sollte sie sich sechs Monate lang der Benutzung eines Hauses mit Dienerschaft, Rennpferden, Swimming Pool und dergleichen erfreuen. Sie wollte gerade an Bord der *Queen Mary* gehen, um nach Amerika zu fahren, als man ihr ein Telegramm übergab, in dem die ganze Sache abgeblasen wurde. Sie stand einen Moment still, dann sagte sie: »Vater, Dir gehören alle Häuser in Miami, deshalb gehe ich in Treu und Glauben voran. Danke, Vater.« Sie hatte sehr wenig Geld bei sich, als sie an Bord ankam, aber gewann sehr schnell mehrere hundert Dollar bei einer Pferdewette auf Platz und Sieg. Als sie an Land ging, wurde sie von einer kleinen Gruppe von Leuten begrüßt, und man fragte sie, wo sie unterkommen würde; sie nannte das teuerste Hotel in der Gegend. In diesem Augenblick trat eine stille ältere Dame vor und sagte: »Lady Mayo, ich habe da ein Haus, für das ich verantwortlich bin. Es hat einen Swimming Pool. Die Besitzer sind fort - es wäre eine große Ehre, wenn Sie zu mir zögen und das Haus mit mir teilten.« Sie nahm sofort an und sagte: »Dankeschön, Vater.« Das Haus war sogar noch feudaler als das, welches man ihr zuerst angeboten hatte.

Bei Lady Mayos erstem Besuch im Cluny Hill Hotel beschlossen wir, auf der Terrasse draußen Tee zu trinken. Die Kellnerin kam und deckte den Tisch, und gerade, als wir zugreifen wollten, schaute ich hoch und sah eine dunkle Wolke, die sich soeben vor die Sonne schieben wollte. »Ich denke, wir werden wohl hineingehen müssen, Lady Mayo. Es sieht nach Regen aus«, sagte ich. »Unfug!« antwortete sie gebieterisch. »Ich werde der Wolke befehlen, sich zu verziehen.« Das tat sie, und die Wolke verzog sich. Wir genossen unseren Tee im Sonnenschein.

Wenn die Gräfin Mayo positives Denken verkörperte, so hatten wir aber auch Beispiele für das Gegenteil. Eine von unseren Buspartien, die eine Woche bei uns wohnte, wurde vom Unglück verfolgt. Ihr Bus hatte mehrere Male Pannen. Sie bekamen einen Ersatzbus - der fuhr in den Graben. Ich kam zu dem Schluß, daß irgend jemand unter ihnen starke negative Gedanken hegen müsse, die all diese Unbilden anzog. Eines Nachmittags blieb eine Frau aus dieser Gruppe zurück, als alle anderen mit dem Bus einen Ausflug machten; alles lief gut für die Buspartie, während sie beim Reiten vom Pony fiel und sich böse Schrammen zuzog. Es war dieselbe Frau, die gesagt hatte, es überrasche sie nicht, daß man ihr das Hinterzimmer ganz oben gegeben habe, denn sie habe sich gesagt, als sie sich Cluny Hill näherte: »Ich gehe davon aus, daß die mich irgendwo hinten raus einquartieren werden.« Ich sagte, es geschähe ihr recht; hätte sie ein Zimmer im ersten Stock mit wunderbarer Aussicht erwartet, hätte sie das wahrscheinlich bekommen. Die Frau dankte mir und sagte, sie würde das in der Zukunft ausprobieren. *Denke nichts, von dem du nicht willst, daß es im objektiven Leben Realität wird.*

Wir hatten unter unserem Personal zwei Beispiele dafür, wie jede Hilfe mit Licht und Liebe unmöglich ist, wenn der Betreffende auf seinem eigenen Weg beharrt. Das erste Beispiel war Hugh Lamont, Lenas Ehemann, der als Nachtportier zu uns kam. Man bemühte sich um ihn mehr, überflutete ihn mehr mit Liebe und Licht, als irgend sonst jemanden, den ich kenne, doch alles ohne den geringsten Effekt. Er schien ganz versessen auf seine eigene Zerstörung; er war faul, verantwortungslos und ein Lügner, und wenn es nicht Lenas wegen gewesen wäre, dann hätte ich ihn nie angestellt. Hugh erhielt die große Chance zu Gottes direkter Führung durch Lena und Eileen. Aber er ging dennoch nur seinen eigenen Weg, was immer das Gegenteil dessen war, was Gott ihn tun sehen wollte. Es ging ihm immer nur um ihn selbst und seine eigenen Wünschen, so daß Liebe und Licht ihn nicht erreichen konnten. Hugh beschloß, uns zu verlassen und zu seiner ihm treu ergebenen Mutter nach Glasgow zurückzukehren, wo er sein zügelloses Leben wieder aufnahm; er landete schließlich in einer Nervenklinik.

Anfangs konnte ich nie verstehen, warum Hugh so viel gegeben worden war. Monatelang erhielt Eileen Weisungen für ihn; Lena ergoß Liebe über ihn. Ich bemühte mich eine Woche um die andere, ihm zu helfen und ihn anzulernen. Wenn ich zu ihm sagte: »Hugh, gehe in diese Richtung«, dann ging er unweigerlich in die entgegengesetzte. Er war so weit ab vom Weg und irrte im Dunkeln umher, daß ich, wenn ich mir der richtigen Handlungsweise und der Wahrheit in einer bestimmten Situation nicht sicher war, nur Hugh zu fragen brauchte, denn ich wußte: Das Gegenteil dessen, was er zur Antwort gab, war mit Sicherheit richtig. Später erkannte ich dann allerdings die Absicht hinter unserer Erfahrung mit Hugh - sie lehrte uns, daß, da jedes Individuum einen freien Willen hat, positives Denken, Liebe oder Licht, egal in welchen Mengen, nichts ausrichten können, um einen Menschen vor der Zerstörung zu retten, wenn das die Wahl des Betreffenden ist.

Manchmal beschuldigte man mich der Herzlosigkeit, wenn ich bei Leuten wie Hugh das Schwert der Wahrheit schwang, aber ich war eher uneigennützig als ohne Mitgefühl; ich nahm das Schwert immer erst dann aus der Scheide, wenn das wirklich nötig war, und ich hatte nur die besten Intentionen für den anderen im Herzen. Die Wahrheit schmerzt manchmal, und die Liebe, die sie begleitet, ist nicht immer sofort ersichtlich, doch wenn man aus dem Urgrund seines Wesens heraus handelt und nicht aus dem niederen Selbst, dann verursacht man nie einen bleibenden Schaden, und es kann nur Gutes dabei herauskommen. Im Februar 1960 erhielt Eileen für mich die Botschaft:

Du kannst so viel helfen, andere auf eine höhere Bewußtseinsebene zu heben. Zu welchem Thema auch immer du dich ausläßt, es geschieht immer mit dem Ziel, das Bewußtsein jener, zu denen du sprichst oder an die du schreibst, zu heben und zu erweitern. Aber immer muß die Absicht vorherrschen, die Wahrheit und nichts als die Wahrheit in allem zu suchen und zu finden. Du wirst nie ruhen, ehe du nicht das Falsche überwunden und die Wahrheit ans Licht gebracht hast. Eine deiner Rollen hierin ist sehr unangenehm, denn niemand möchte das Falsche in sich aufgedeckt sehen; du bist jedoch in einer Weise dazu herangebildet worden, daß die Reaktionen, egal wie heftig sie ausfallen, einfach an dir abprallen. Es gibt nur sehr wenige, die wirklich eine solch unangenehme Aufgabe erfüllen können, ohne in irgendeiner Form selbst verletzt zu werden. Der Grund dafür ist, daß in den meisten Menschen augenfällig noch immer ein Teil des niederen Selbst existiert, und dieser Teil ist es, der getroffen wird...in dir gibt es nichts, was verletzt werden kann. Die Leute haben manchmal eine Härte in dir festzustellen geglaubt, die an Gefühllosigkeit grenzt, aber mache dir jetzt klar, daß dem nicht so ist. Du tust den Willen des Allerhöchsten. Daher darf diesem Willen nichts im Wege stehen - auch wenn er beinhaltet, das Falsche ans Licht zu bringen und darüber in einen Kampf zu geraten, wirst du dir ungeachtet all dessen den Weg freikämpfen. Dies ist eine unbezahlbare Eigenschaft von dir. Du kannst nun erkennen, warum man dich so oft den »Felsen« oder unerschütterlich genannt hat. Deine Schulung war wirklich gründlich; jeder Stein ist umgedreht worden und kein Riß blieb unbedeckt und ungeschützt.

Verschiedene Botschaften Eileens betonten, wie wichtig es ist, jenen Liebe zu senden, die sich vom Licht abgewendet hatten. Dies geschah zu einem Teil als ein Schutz vor ihrem Wunsch, uns zu schaden; dieser Wunsch schnellte freilich wie ein Bumerang zu ihnen zurück. Hughs Mutter und Schwester zum Beispiel sandten Lena und uns viele negative Gedanken. Ohne daß wir irgendwie gehandelt hätten, landeten sie wieder bei ihnen, um ein Hundertfaches verstärkt; eine Schwierigkeit nach der anderen schien sie heimzusuchen. Immer und immer wieder bemerkten wir, daß, wenn jemand Cluny Hill und seinen Bewohnern schaden wollte, dies in ähnlicher Form auf sie zurückfiel. Gott schützte seinen »gewählten Platz« in der Tat!

Paddy Hefferman war das zweite Beispiel für jene in der Belegschaft, die das Licht von sich wiesen; dies war freilich eine persönliche Tragödie, und Paddy wollte niemandem Übles zufügen. Er war ein enger Freund; wir waren zusammen Schwadronführer in der *Royal Air Force* gewesen, und ich kannte ihn seit Jahren, einschließlich der Zeit, als er Befehlshabender Versorgungsoffizier in Indien war, während ich dasselbe an der Bengalen-Burma-Front war. Er war ein zurückhaltender Mensch mit einem köstlichen Sinn für Humor und wunderbarem Charakter. Paddy hatte eine gute Stelle in Kanada aufgegeben, um mit uns in Cluny Hill zu arbeiten, als unser entzückender Barkeeper mit unverkennbar persönlicher Note. Wir liebten ihn von Herzen, aber als sich die Dinge plötzlich gegen ihn wendeten und er uns um Hilfe bat, waren wir machtlos - wir konnten nichts für ihn tun, weil er so störrisch alles ablehnte.

Paddy verliebte sich in eine Frau, doch weil sie mit ihm blutsverwandt war, verbot ihm sein katholischer Glaube, diese Beziehung einzugehen. Er fragte Eileen, ob sie für ihn eine Weisung erhalten könne; als sie das tat, lehnte er die Weisung jedoch ab, wie er auch ablehnte, auf die Liebe und Unterstützung, die wir ihm gaben, einzugehen. Er sagte, er zöge es vor, auf seine eigene Weise unglücklich zu sein, als auf jemandes anderen Weise glücklich. Seine Sturheit konnte lächerlich werden; den ganzen Winter über trug er zum Beispiel drinnen und draußen Tropenhosen, beschwerte sich unablässig über die Kälte, aber weigerte sich stur, etwas Wärmeres anzuziehen, nur weil wir ihm das geraten hatten. Da war er also, in einem Zentrum von Licht, in einer liebevollen Atmosphäre, unter erprobten und vertrauten Freunden, und dennoch war er ohne Leben und total elend, und wir konnten nichts tun, um ihm zu helfen. Es konnte einem das Herz brechen, denn wir mochten ihn so sehr, und er war die Art Mensch, die nie irgend jemandem Schaden zufügen würde. Es ging kontinuierlich bergab mit ihm, bis er am Ende, als er das Hotel bereits verlassen hatte, Selbstmord beging.

Im Mai 1959 kamen uns meine Eltern für zwei Wochen besuchen. Sie verbrachten viel Zeit mit den Kindern, und es war in jeder Hinsicht ein sehr erfolgreicher Besuch; mein Vater war offensichtlich sehr stolz darauf, wie ich das Hotel leitete. Eileen empfing die Worte:

Mein Sohn, der Besuch deiner Eltern ist nur die Einlösung eines Meiner zahlreichen Versprechen. Dein Vater ist ein neuer Mensch. So viele harte und bittere Dinge sind einfach von ihm abgefallen. Sein Herz, das zu benutzen er sich aus Angst vor Verletzung gefürchtet hatte, ist weit offen, und sehr große Liebe fließt durch ihn. Die Kinder haben Wunder bei ihm vollbracht. Dieser Besuch war die glücklichste Zeit, die sie je in ihrem Leben hatten. Sie sind nicht sicher, warum, aber sie spüren eine Menge über diesen Ort. Die Kinder wirken Wunder bei ihnen. Liebe ist der größte Heiler, und die Liebe zwischen den Kindern und ihren Großeltern wird Wunder bewirken, besonders bei deinem Vater.

Und dann, kurz bevor sie uns verließen:

Mein Sohn, deine Mutter und dein Vater gehen mit dem Gefühl, völlig andere Menschen zu sein. Zum ersten Mal nach vielen, vielen Jahren ist dein Vater frei von Vorurteilen, und deswegen ist er ein wirklich glücklicher Mensch.

Als wir gerade erst in Cluny Hill angekommen waren, hatte ich entdeckt, daß der Ballsaal gegenüber der Cocktailbar nie benutzt wurde. Kein Wunder, daß der Raum sich so leblos anfühlte! Mein Ziel war, daß hier jeden Abend etwas los sein sollte. In unserem zweiten Jahr schon war, zusätzlich zu Abenden mit Gesellschaftstänzen und schottischem Volkstanz, einer der Höhepunkte der Woche ein *Ceilidh* - ein Abend mit Tänzen aus den Highlands, Puppenspiel, Gesang und Geschichtenerzählen. Gestaltet wurde der *Ceilidh* von örtlichen Künstlern, die ich zusammengeführt hatte, nachdem ich den Winter über landauf, landab in der Umgebung nach begabten Vortragskünstlern Ausschau gehalten hatte. Sogar das Personal gründete eine Skiffle-Band, mit verschiedensten unglaublichen Instrumenten, wie etwa einem Waschbrett. All das kam bei den Gästen aus England und dem Ausland sehr gut an. Einige Journalisten, die einmal auf Besuch waren, meinten, dies sei die beste Show, die sie je gesehen hätten. Ihr Lob verblüffte mich damals, denn das waren ja so abgebrühte Leute, die doch Hunderte von Unterhaltungsshows in allen Teilen der Welt gesehen haben mußten. Dann wurde mir klar, daß die Show, da sie aus Liebe hervorgebracht wurde, eine besondere Qualität enthielt. Die Auftretenden hatten Freude an ihrem Tun - sie waren nicht bezahlte Unterhalter - und sie betrachteten es als Privileg, ins Cluny Hill Hotel zu kommen und vorzuführen, was sie am liebsten taten. Die Atmosphäre ließ sie ihr Bestes geben. Über den Beifall hinaus war ihre einzige Bezahlung ein freier Drink an der Bar und am Ende der Saison ein Festessen im Hotel.

Forres liegt nahe an der weltberühmten »Whisky-Route« am Spey-Fluß, daher brachte uns die Schottische Whisky-Vereinigung alljährlich eine Gruppe von zwischen zwanzig und dreißig Spitzenjournalisten als Besucher ins Hotel, um vom Cluny Hill aus tägliche Besuchertouren zu verschiedenen Whisky-Destillerien im Distrikt zu unternehmen. Die Woche endete gewöhnlich mit einem besonderen Dinner, zu dem Eileen und ich immer eingeladen waren. Ich habe immer kundgetan, daß ich versuchen würde, alles heranzuschaffen, was die Gäste nur wünschten (leichte Mädchen ausgenommen). So stieg ich etwa ins Auto, um eine bestimmte Marke Schnaps zu besorgen, wenn das Hotel diese nicht vorrätig hatte und ein Gast danach verlangte. In einem Jahr beschloß einmal John Hope, der PR-Mann, der die Woche der *Whisky Association* organisiert hatte, mich auf meine Angeberei hin zu testen. Er erzählte beim

Abschlußessen eine irrsinnig komische Geschichte über ein Pferd namens Brown John, und gegen Ende drehte er sich zu mir und fragte: »Peter, können Sie das managen, daß Brown John in den Speisesaal gebracht wird?« »Gewiß doch!« antwortete ich, stand sofort auf und verabschiedete mich. »Ich bin in Kürze zurück!« Ich verließ den Speisesaal, sprang ins Auto und fahndete nach Leslie Klein, dem ich geholfen hatte, eine Pony-Farm auf die Beine zu stellen. Als ich ihn fand, bat ich ihn, so schnell er nur könne sein eigenes braunes Pferd zum Hotel hinaufzubringen.

Das Pferd kam die Anhöhe hinaufgaloppiert, kam ein wenig atemlos vor dem Hotel an, und ich bat Leslie, es in die Halle zu bringen. Das machte Leslie sehr nervös, aber das Pferd benahm sich, und ich sagte: »Jetzt bring es in den Speisesaal.« So wurde denn, zur Überraschung und Begeisterung der Journalisten, »Brown John« im Saal herumgeführt. Ich mußte sie bitten, nicht zu klatschen oder ein Geräusch zu machen, damit das Pferd nicht ausschlüge, doch trotz des anerkennenden Gelächters in der Runde ging alles gut. Ich habe mich oft gefragt, ob die Reklame für White Horse Whisky, die kurz danach herauskam und ein Pferd in einem Speisesaal zeigte, womöglich ihre Inspiration bei dieser Gelegenheit erhalten hatte. An jenem Abend, als die Jungs davon hörten, meinte unser ältester Sohn Christopher: »Mami, was hat Mr. Lovey dazu gesagt? Ein Pferd in seinem Speisesaal!« Mr. Lovey, der zu jener Zeit noch bei uns war, regierte den Speisesaal mit einem einzigen Blick, einer hochgezogenen Augenbraue, und wehe dem Speisenden oder Belegschaftsangehörigen, der sich daneben benahm. Zum Glück hatte das Pferd verstanden!

14. KAPITEL

FLIEGENDE UNTERTASSEN

GIB STETS IDEALISTISCHE RATSCHLÄGE.
SUCHE UND LEBE DAS IDEALE.

OBGLEICH EILEENS WEISUNG von Cluny Hill immer als »dies ist mein erwählter Ort« sprach, kam uns zunächst kaum in den Sinn, daß dahinter eine bestimmte Bedeutung lag. Ein paar Jahre, nachdem ich den Aufsatz »Eine Einführung in Natur und Zweck von Unidentifizierten Fliegenden Objekten« geschrieben hatte, hatte Eileen mit ihrem inneren Auge das Wort LUKANO in Buchstaben aus Feuer gesehen. Da keiner von uns wußte, was das bedeutete, wurden wir geheißen, Naomi zu schreiben und sie zu fragen, die ja eine bemerkenswerte Sensitive war und in sofortigen telepathischen Kontakt mit jedem Namen treten konnte, der ihr gegeben wurde, zu wem er auch immer gehörte. Sie war in sofortigem Kontakt mit einem Wesen namens LUKANO, der mitteilte, er sei der Kapitän eines »Mutterschiffs« von der Venus und wolle mit uns Kontakt aufnehmen, da die Menschheit in großer Gefahr schwebe und der Hilfe ihrer Brüder im All bedürfe. Nun wurde uns in Cluny Hill gesagt, daß die Zeit für diese Kontaktaufnahme gekommen sei.

Der Kalte Krieg begann sich in den späten 50er Jahren aufzuheizen, beide Seiten testeten thermonukleare Waffen von immer größerer Gewalt; die Gefahr eines totalen nuklearen Holocaust, wenn der falsche Finger im falschen Zeitpunkt auf den falschen Knopf drückte, war ganz real. Eine planetarische Krise von solchen Ausmaßen würde das Gleichgewicht des ganzen Sonnensystems ins Wanken bringen, und daher hatten außerirdische Wesen bestimmte Pläne für eventuelle Ereignisse ausgearbeitet. Einer der radikaleren Notfallpläne sah vor, daß Gruppen von Menschen von ausgesuchten Plätzen auf der Erde aus evakuiert werden sollten. Während der folgenden Jahre standen wir daher in täglichem Kontakt mit diesen Wesen durch Dorothy, Lena, Eileen und später Naomi. In den Monaten, in denen das Hotel alljährlich geschlossen war, gingen Lena und ich regelmäßig zu einem am Findhorner Strand ausgewählten Landeplatz, eine Woche lang jede Nacht vor und nach dem Vollmond. Es war betont worden, daß hierüber absolute Geheimhaltung geboten war, daher liefen wir nach Mitternacht hinunter, nahmen Decken und Kissen mit, damit es, falls man uns entdecken würde, hieße: »Aha, da geht Peter Caddy mit einer von seinem Personal; er hat was mit ihr.«

Eines Tages besuchte uns unser Fotograf Marcus Johnson aus Aberdeen mit einem Freund, der Journalist war, um zu besprechen, ob man Bilder vom Hotel und seinen Aktivitäten machen könne. Irgendwie war zu ihnen gedrungen, ich nehme an durch Colonel Lester von der »Kirchengesellschaft für psychische und spirituelle Forschung«, daß ich mich für UFOs interessierte, und sie wußten über die Schrift, die ich drei Jahre zuvor für das Luftfahrtministerium geschrieben hatte. Ihr ganzer Besuch erschien so außerordentlich, und sie standen dem Thema so positiv gegenüber, daß es mir schien, als hätten beide eine Rolle zu spielen, wenn die Zeit käme, der Welt über die Mission der Brüder im All und ihre Botschaft für die Menschheit zu berichten. Daher erzählte ich ihnen gerade genug über die Geschichte, um sie vorzubereiten und nahm ihnen das Versprechen ab, die Angelegenheit geheimzuhalten.

Als aber der Reporter wieder ins Büro seiner Sonntagszeitung ging, schrieb er ein vertrauliches Memo für den Nachrichtenchef. Irgendwie sickerte dieses Wissen durch zu anderen Presseleuten; und um mit der Konkurrenz Schritt zu halten, fühlte sich der Nachrichtenredakteur gezwungen, die ganze Story zu drucken, und das tat er auch. Wir versuchten, was wir konnten, ihn davon abzuhalten - der Reporter drohte sogar mit Kündigung - aber es nützte alles nichts. Ein Artikel wurde veröffentlicht, mit riesigen Schlagzeilen auf der ersten Seite, über eine Landesstelle für UFOs oben auf dem Hügel hinter dem Cluny Hill Hotel. Es rief eine riesige Aufregung hervor! Wir wurden am nächsten Tag geradezu überrannt von Reportern, doch ich lehnte es ab, sie zu treffen und erklärte, daß die Story auf einem Aufsatz basiere, der vor Jahren für das Luftfahrtministerium geschrieben worden sei und niemals hätte veröffentlicht werden sollen. Wir erhielten in der Tat eine Menge Unterstützung in Briefen aus dem ganzen Land, und der Reporter, der mir sein Versprechen gegeben hatte, kündigte tatsächlich, aber der Schaden war nun einmal angerichtet.

Der Vorsitzende der Hotelkette war in Rage, weil ich anscheinend meine Garantie, daß es keinerlei Publizität um das Hotel mehr geben werde, gebrochen hatte. Was ihn ganz besonders auf die Palme brachte, waren Berichte über »kleine grüne Männer«, die in einem seiner Hotels ihr Unwesen trieben. Er kriegte eine Menge Spott ab; seine Freunde machten sich lustig über ihn, und manch einer erklärte sich das Phänomen recht unbarmherzig mit seiner Vorliebe für dreifache Gin-Tonics. Das Maß war voll. Er kam mit seinem Sekretär und Mrs. Bruce angefahren, um mich hinauszuwerfen. Ich weigerte mich jedoch, ihn anzuhören und sprach einfach immer weiter über meine Zukunftspläne für das Hotel, so positiv wie möglich, als ob es gar nicht zur Diskussion stünde, daß wir gehen würden. Mrs. Bruce wurde von meiner Begeisterung angesteckt und begann, mich auf subtile Weise zu unterstützen. Am Ende gaben sie auf. Die Macht Gottes und positives Denken waren unwiderstehlich.

Der ganze Zwischenfall hatte ein amüsantes Nachwort bei der »Versammlung der Schottischen Whisky-Vereinigung« im Jahr 1960. Einer der Teilnehmer beim Abschlußessen war der Hauptnachrichtensprecher der BBC; während des Essens wurde Musik von der BBC über Lautsprecher in den Speisesaal übertragen. Die Musik wurde leiser und stoppte und eine vertraute BBC-Stimme ließ sich über die Lautsprecher vernehmen: Man habe soeben eine dringende Nachricht empfangen. Seltsame kleine Männer seien nach der Landung eines Raumfahrzeuges in der Nähe von Forres, Schottland, gesichtet worden, und diese bewegten sich nun in Richtung auf das Cluny Hill Hotel. Wenige Minuten später wurden die Fenster des Speisesaals hochgezogen und Männer in Raumanzügen kletterten, zu jedermanns Ergötzen, in den Saal.

Meine ununterbrochenen Gefechte mit Mrs. Bruce gingen weiter. Sie versuchte, mich einzuschüchtern und niederzuwalzen, wie sie das mit jedem tat, aber ich glaube nicht, daß sie an den Umgang mit einem Hoteldirektor gewöhnt war, der sich nicht so behandeln ließ. Manchmal, wenn sie schlecht gelaunt ankam, marschierte sie durch das Hotel wie eine Dosis Abführsalz, und das Personal zerstob in Furcht vor ihr in alle Himmelsrichtungen. Ich bat sie, dies nicht zu tun, nicht einzeln mit Angehörigen des Personals zu reden, sondern zu mir zu kommen. Ich war der Kapitän auf diesem Schiff, und wenn etwas geändert werden müßte, würde ich sicherstellen, daß dies auf anständige Art vonstatten ging. Es war nicht meine Praxis, mich in die interne Organisation der verschiedenen Abteilungen einzumischen oder direkt einen Kellner, eine Kellnerin oder einen Koch in der Küche zu tadeln. Ich kommunizierte nur durch die Leiter der Abteilungen, und ihnen gab ich die Handlungsgewalt. Meine Erfahrung in der britischen Luftwaffe hatte mich den Wert klarer Autoritäts-, Befehls- und Kommunikationsstrukturen schätzen gelehrt.

Eine bestimmte Fehde mit Mrs. Bruce machte mir besonders viel Spaß. Jeden Monat hatte ich, mehrere Jahre hindurch, eine Bestellung aufgegeben für mehr silberne Saucieren für den Speisesaal. Sie kamen nie an, doch mit Geduld, Beharrlichkeit und Ausdauer bestellte ich sie jeden Monat neu. Schließlich wurde ein Dutzend Saucieren geliefert. Der Kleinbusfahrer brachte sie in die Küche, aber als ich die Kiste öffnete, sah ich, daß es billige Porzellansaucieren waren, vermutlich von Woolworth. Ich wußte, daß der Busfahrer für Mrs. Bruce spionierte, um sie über die Vorgänge im Hotel auf dem Laufenden zu halten; deshalb nahm ich jede einzelne Sauciere heraus und zerschmetterte sie auf dem Boden. »Wie kann Mrs. Bruce es wagen, solche Porzellansaucieren anstelle von silbernen nach Cluny Hill zu schicken, in ein Vier-Sterne-Hotel?« Ich rauchte vor Zorn, hatte im Stillen jedoch einen Heidenspaß an meiner Vorführung, wohl wissend, daß meine Handlungsweise Mrs. Bruce zugetragen würde. Charles war sehr bestürzt und bat mich dringend, sofort aufzuhören. Ich bekam nie eine Reaktion von Frau Bruce, zweifellos, weil sie das Geheimnis über die Rolle des Busfahrers wahren wollte. Mrs. Bruce reagierte jedoch positiv auf Liebe, und nach ihren Besuchen verließ sie uns gewöhnlich strahlend, mit Küßchen für die Kinder und Abschiedsgewinke. Sie war eine sehr kraftvolle Frau mit einem starken Charakter und tief drinnen besaß sie auch eine sehr spirituelle Ader. Meine Kräfte mit Mrs. Bruce zu messen, war allerdings ein

Kinderspiel verglichen zu Sheena, deren Attacken ihresgleichen suchten; letztere hatten mich gelehrt, geringeren Kräften gegenüber wie ein Felsen in der Brandung zu stehen.

Das Gelände um das Hotel war, als wir ankamen, eine wuchernde Wildnis gewesen; ganze Areale waren nie kultiviert worden, und die Schönheit der Auffahrt stand im Schatten allzu vieler Bäume. Ich stellte mir vor, wie das Gelände in einen Garten verwandelt werden könnte und erläuterte dies Mrs. Bruce sehr detailliert, aber sie erhob eine ganze Reihe Einwände gegen meinen Plan, einschließlich dem Fällen der Bäume - offenbar lagen sie dem Vorsitzenden sehr am Herzen. Eines Tages jedoch riß ein gewaltiger Sturm viele Bäume um und legte sie quer über die Auffahrt; dies gab mir eine gute Entschuldigung, die übrigen zu fällen. (Die meisten waren sowieso alt und am Sterben). James McLeod, der Chefgärtner, war auch nicht sehr begeistert über einige meiner Ideen für den Garten, doch ich fand heraus, daß er, wenn ich nur immer meine Vision im Auge behielte und meine Gedanken positiv blieben, meine Pläne durchführte und glaubte, es wären seine eigenen.

James McLeod erklärte mir einmal, man könne einen guten Gärtner immer an seinem Stillsein erkennen und an der Langsamkeit seiner Sprechweise und Bewegungen, denn die Natur könne man nicht zur Eile antreiben. Was ich außerdem von ihm lernte, war, Gartengeräte zu pflegen, die immer Spitzenqualität haben sollten. Es hatte mich immer leicht geärgert, daß die Gärtner gewöhnlich um Viertel vor Fünf das Gelände verließen, 15 Minuten vor dem offiziellen Ende des Arbeitstages; dann entdeckte ich, daß sie in dieser Zeit die Werkzeuge einsammelten, sie reinigten und ölten und an den vorgesehenen Ort hängten. Wann immer ein Werkzeug fehlte, gingen sie erst nach Hause, wenn sie es gefunden hatten. Solche gute Pflege der Werkzeuge war eine unvergeßliche Lektion.

Der Garten und das Gelände des Hotels waren seit dem Krieg gänzlich vernachlässigt worden, und wir hatten das Glück, zwei der besten Gärtner in der Gegend unter uns zu haben. James MacLeod hatte eine siebenjährige Lehre im nahegelegenen Darnaway Castle, dem Heim des Grafen von Moray, absolviert; ihm gesellte sich der ehemalige Chefgärtner von Schottlands berühmtem Gleneagles Hotel zu, der sich nach der Pensionierung in Forres niedergelassen hatte; es wurde ihm aber bald zu langweilig, und er wollte die Arbeit wieder aufnehmen, die er so liebte. Obschon älter und sehr viel erfahrener als James, paßte er doch auf, James Stellung als Hauptgärtner in Cluny zu respektieren und nie dessen Autorität zu untergraben. Sie waren ein fabelhaftes Team; ich lernte eine Menge von ihnen, als sie einen Gemüse- und einen Obstgarten und eine 136 Meter lange Kräuterrabatte an der Straße am unteren Ende des Hotelgeländes schufen.

In unserem vierten Jahr in Cluny Hill arbeiteten wir monatelang an der Vitalisierung und Ausbreitung der Rasenflächen auf dem Abhang vor dem Hotel, so daß im folgenden Frühjahr die Besucher beim Hinauffahren hinter der letzten Kurve das Hotel in einer Oase von leuchtendem Smaragdgrün sahen. Wir schufen auch diverse Gärten in einer geschützten Falte im abfallenden Teil des Geländes, einen Felsengarten mit einem Wasserfall, der in einen kleinen Teich mit Seerosen und Goldfischen führte und daneben einen Geröllgarten, der am unteren Ende in einen Sumpfgarten überging. Mein Ziel war, jeder Art von Pflanze ihr vertrautes Umfeld schaffen zu können.

* * * * *

Im Sommer 1961 war die Spannung zwischen den USA und der Sowjetunion so groß, daß eine nukleare Auseinandersetzung vor der Tür zu stehen schien, und dementsprechend wurden außerirdische Pläne für eine Rettungsaktion eingeleitet. Eileen, Dorothy und Lena erhielten nicht allein Botschaften und Instruktionen von dem damit befaßten Raumfahrzeug, sondern standen außerdem in telepathischem Kontakt mit unzähligen anderen Gruppen rund um die Welt, die ebenfalls mit dieser Operation befaßt waren. Drei Jahre zuvor hatte Eileen die Worte erhalten:

Mein Sohn, dies ist nicht die einzige Oase, von der aus Menschen gerettet werden, wenn die Zerstörung stattfindet, aber es ist die einzige in diesem Land. Es gibt andere in anderen Ländern. Du wirst rechtzeitig von ihnen hören, aber im Moment kümmere dich nicht darum.

Am selben Tag war ihr in der Meditation eine Vision gegeben worden: *Ich sah die Silhouette vom Kopf und den Schultern eines Soldaten mit einem Stahlhelm auf dem Kopf und konnte den Lauf eines Gewehrs sehen. Vor ihm leuchtete ein strahlend helles Licht, und es schien ihn zu sich zu rufen, doch er schien unfähig, sich zu bewegen, deshalb schoß er danach und tat dies immer wieder; jedes Mal, wenn ein Schuß fiel, war das Licht völlig ausgelöscht. Dann sah ich den Kopf und die Schultern des Soldaten vornüber fallen, und so etwas wie eine Dampfwalze rollte über ihn, und dann sah ich nur noch vorne dieses grell scheinende Licht ohne irgendein Hindernis.*

Eileens Führung bot eine Interpretation an:

Dieses Bild repräsentiert die Weigerung der Menschheit, Mein Licht anzunehmen, Meine Wahrheit - und da der Mensch sich weigert, es anzunehmen, möchte er es zerstören und denkt, daß er mein Licht zerstören kann, indem er es verdunkelt und ignoriert. Die Dampfwalze ist die Zerstörung, die da kommen und über die Menschheit hinwegrollen und sie zerstören wird, so daß nichts außer meinem Göttlichen Licht und Meiner Wahrheit bleibt. Alles übrige ist vernichtet.

Das war knallhart, und es lag gewissermaßen wie in einem Sandwich zwischen mehr prosaischen Botschaften wie: *Mein Sohn, schlage die Einführung einer Abendessen-Lizenz vor, aber ohne Druck,* und *zahle Mrs. Brussene £ 5.10 pro Woche - sie wird genug durch Trinkgelder verdienen.* Aber es wurde uns immer und immer wieder klargemacht, daß trotz der apokalyptischen Natur dieser Warnungen die Menschheit nach wie vor einen freien Willen hatte und den Untergang abwenden konnte; darüber hinaus sollten wir uns auf die Arbeit, die vor uns lag, konzentrieren: *Ich möchte, daß ihr tut, was ihr nur könnt, damit dieser Ort ein Erfolg wird...baut unablässig auf und laßt nie locker oder denkt, daß es sich nicht lohne, wenn die Vernichtung unausweichlich sein sollte.*

Die Welt stand, so sah es aus, am Rande der Zerstörung. Im Sommer 1961 wurde uns mitgeteilt: *Jeder von euch soll sich bereithalten, ihr werdet nur sehr wenig Vorwarnung bekommen.* Ein Beispiel zeigt, wie ernst und dringlich wir diese Botschaft nahmen, die von verschiedenen unabhängigen Quellen bestätigt wurden: Ich ließ die Bäume auf dem Hügel hinter dem Hotel in Vorbereitung auf die Landung abschlagen. Dies löste bei Mrs. Bruce Entsetzen aus, denn sie fürchtete den Zorn ihres baumliebenden Vorsitzenden; aber als sie es herausfand, waren die Bäume bereits weg.

Eine Landung war auf dem Hügel am Weihnachtsabend 1960 und dann noch einmal in der ersten Nacht von 1961 versucht worden, doch beide Versuche scheiterten. Man sagte uns, dies läge an klimatischen Bedingungen und, noch wichtiger, an der radioaktiven Strahlung durch die Explosion bei einem vor kurzem erfolgten Atomtest in der Atmosphäre. Ein dritter Versuch würde vor dem nächsten Atomtest gemacht werden müssen. Wochenlang saßen Lena und ich - und manchmal Eileen - um ein Uhr in der Frühe geduldig Wache auf der Landestelle, für ein bis zwei Stunden. Es war verdammt kalt! In der Zwischenzeit bestand unsere innere Arbeit darin, uns darauf zu konzentrieren, den anderen Zentren des Licht-Netzwerks Liebe zuzustrahlen, wie auch dem Raumfahrzeug, das zu landen versuchte, zudem richteten wir positive Gedanken auf alles, was wir taten.

Das ganze Jahr hindurch fand die Intensität dieser inneren Arbeit natürlich ihren äußeren Ausdruck, obgleich die Schwingungen nur allmählich erhöht werden konnten, da es sonst zu Chaos geführt hätte. Licht ergoß sich durch das ganze Hotel und dies zeigte seine Wirkung auf die einzelnen Menschen, besonders auf Angehörige des Personals; was manchmal verheerend war. Es beeinflußte jeden in einer anderen Weise. Eines jeden Fehler, jedes Versagen und jede Schwäche kamen an die Oberfläche, als sie so mit dem Licht in Berührung gebracht wurden; jene, die das nicht aushalten konnten, verließen uns aus freiem Willen, während jene, deren Schwachstellen ins Scheinwerferlicht kamen und die dennoch zu bleiben wählten, sehr viel Liebe empfingen. Es war für uns alle eine außerordentliche Zeit.

Das Hotel machte in jenem Jahr mehr als nur einen ansehnlichen Gewinn. Ich stellte fest, daß wir die Einnahmen seit der Zeit, da wir in Cluny Hill angefangen hatten, verdreifacht hatten. Getreu Gottes Wort wurde es auch ein Vier-Sterne-Hotel. Wir hatten einen Besucherkreis aufgebaut, der Jahr um Jahr wiederkam, angezogen von diesem »etwas anderem Hotel«, selbst wenn die Leute nicht hätten sagen können, worin der Unterschied bestand. Ich hatte Mrs. Bruce und ihren Direktoren gezeigt, daß ein Unternehmen durch Liebe und nach spirituellen Gesetzen geführt werden konnte. Der Markenname des blauen Heftes, in das Eileen getreulich Tag für Tag fünf Jahre lang ihre Führung eintrug, war *Challenge* (»Herausforderung«), und der Hersteller hatte den Namen dick herausgestrichen. In Cluny Hill, fühlte ich, waren wir unserer Herausforderung mit Erfolg begegnet.

15.KAPITEL

VOM LEICHENSCHAUHAUS ZUM FRIEDHOF

WANN IMMER UNEINIGKEIT HERRSCHT,
HÖRE IN JEDEM FALL AUF ZU STREITEN.
VERHARRE IN STILLE.

IM DEZEMBER 1961 SAGTE Eileens Führung ihr, *Liebe, Liebe und immer mehr Liebe* zu Mrs. Bruce auszusenden, *immer daran denkend, daß sie der Schlüssel zu vielen Dingen sei.* Dies verwirrte mich; gewiß war Mrs. Bruce als Generaldirektorin der Kette, die das Cluny Hill Hotel besaß, »der Schlüssel zu vielen Dingen«, aber weshalb dies so besondere Aufmerksamkeit verdienen sollte und weshalb Eileen aufgefordert wurde, ihr Liebe zu senden, das machte mich hellhörig. Es lag mit Sicherheit irgend etwas in der Luft.

Man hätte meinen sollen, daß der Erfolg des Cluny Hill Hotels Mrs. Bruce gefallen hätte, die sich ihren Direktoren gegenüber hätte brüsten können, daß ihre - wenn auch widerwillige - Unterstützung für mich am Ende gerechtfertigt war; das Gegenteil war der Fall. Je größer mein Einsatz in Cluny, je mehr ich es verbesserte, umso weniger schien ihr das zu behagen, vermutlich, weil die anderen Hotels vergleichsweise in ein schlechtes Licht gerieten. In vielerlei Hinsicht war ich ihr ein Dorn im Auge. In anderen Hotels der Gruppe war sie die absolute Herrscherin, und alle Ideen kamen von ihr; in Cluny war ich der Mann mit den Einfällen und setzte sie auch immer in die Tat um, ob Mrs. Bruce sie nun guthieß oder nicht - und da sie oft dagegen war, mußte ich dann das Geld dafür selbst auftreiben. Einmal stellte ich zum Beispiel in den allgemein benutzbaren Räumen und den Fluren eine Ausstellung von Hunderten von schottischen Landschaftsaufnahmen von einem bekannten Fotografen zusammen; der Ertrag der verkauften Fotos wurde für Projekte im Garten benutzt. Mrs. Bruce hatte wahrscheinlich den Verdacht, daß ich das Geld in die eigene Tasche steckte, aber ich war nicht an dem Profit interessiert, nur am Erfolg des Cluny Hill Hotels - Gottes Hotels. Sie war argwöhnisch (und wohl ein wenig eifersüchtig), weil Beschlüsse über das Management so oft von Eileens Führung herrührten. Es brachte sie in Verlegenheit, so oft in der Hotelgesellschaft Bemerkungen zu hören, in denen die anderen Hotels, im Vergleich zu Cluny Hill, schlecht abschnitten.

Schon eine Weile hatte Mrs. Bruce in ein bestimmtes Hotel, das »Trossachs«, eine Menge Geld gesteckt und viele meiner Ideen von Cluny Hill dort ausprobiert; jedoch, ohne die rechte Person als Direktor, das rechte Personal und - wichtiger als alles andere - den rechten Geist, war dies zum Scheitern verurteilt. Das Trossachs-Hotel verfiel immer mehr und geriet in einen sehr schlechten Ruf.

Vielleicht wollte sie zwei Fliegen mit einer Klappe schlagen, jedenfalls sagte sie mir Anfang Januar 1962, daß sie uns ins Trossachs-Hotel verlegen wollte. Es war sogar noch größer als Cluny Hill und lag im Herzen des Trossachs-Berglandes, nördlich von Glasgow und Edinburgh, aber von beiden aus erreichbar. Trotz seiner herrlichen Lage mit Blick auf das Loch Katrine war das Hotel eine einzige Katastrophe. Man nannte es den »Friedhof für Hoteldirektoren«, und es konnte sein Personal nie lange halten; die Leute gingen und wurden ersetzt in einem Turnus von mindestens zweien pro Tag. Kein Direktor schien in der Lage, dieses Hotel mit Erfolg zu führen, egal wie gut er anfing.

Darauf also hatte uns Eileens innere Führung vorbereitet, und ich war entsetzt. Die Zeitungen bestätigten in jenen Tagen die düsteren Warnungen durch Eileens Führung über die Gefahr eines Kernwaffenkrieges. Zu jener Zeit - im Januar 1962 - war Kuba aus der OAS, der Organisation Amerikanischer Staaten, hinausgeworfen worden, das Säbelrasseln zwischen den USA und der Sowjetunion wurde immer lauter, und die Franzosen und Chinesen entwickelten ebenfalls Atomwaffen. Wie Prometheus, als er das Feuer von den Göttern stahl, hatte die Menschheit sich nun eine furchtbare Macht angeeignet, spielte damit aber eher wie ein Kind mit Streichhölzern, und die Aussichten waren furchterregend. Wir nahmen die Warnungen und unsere Arbeit mit den Brüdern im All zu jener Zeit sehr ernst - und unsere Stellung auf Cluny Hill war ein Schlüssel dafür.

Natürlich wollte ich vermeiden, Mrs. Bruce in diese Einzelheiten einzuweihen, statt dessen erinnerte ich sie an die erste Bedingung, die ich bei meiner Einstellung gestellt hatte, daß ich den Ort, an dem ich arbeitete, lieben müßte, wenn ich mein Bestes geben sollte. Sie konterte, daß ich dies im Trossachs-Hotel genauso gut könnte. Kein Zweifel, sie versüßte uns die Pille: Ich sollte einen Assistenten bekommen, es gebe dort Motorboote, Wasserski, eine Flotte kleiner Segelboote für den See, Pony-Reiten, ein ausgezeichnetes Tanzorchester und eine schöne Landschaft zum Spazierengehen. In starkem Gegensatz zu den winzigen, engen Räumen, die man uns zuerst in Cluny Hill offeriert hatte, versprach man Eileen und mir die Köngliche Suite als unserem Privatbereich, so genannt, weil Königin Victoria hier zu residieren pflegte; wir würden einen wundervollen Blick über die Seen und Berge der Trossachs haben. Mrs. Bruce malte ein wunderbares Bild, um uns zu überreden, bereitwillig dorthin zu gehen. »Alles gut und schön«, sagte ich, »aber ich kann nur mit Liebe arbeiten, und ich liebe Cluny Hill, nicht das Trossachs-Hotel.« Ich erklärte, man könne Mann und Frau zusammenführen und dem Mann sagen, daß er die Frau lieben solle, aber »die Liebe fließet, wie es ihr beliebet«. Dies fiel jedoch auf taube Ohren, und Mrs. Bruce blieb beharrlich. Wir sollten gehen.

Obwohl sie sagte, daß die Entscheidung bereits getroffen war, zweifelte ich daran. Ich war sicher, ich könnte sie dazu überreden, alles so zu regeln, daß wir bleiben könnten, wo wir waren. Eileens Weisung besagte, daß sie weiterhin Liebe zu ihr senden solle: *Dies ist ein Kampf um Leben und Tod, und er muß mit eurer ganzen Kraft ausgetragen werden, und meine Göttliche Liebe ist eure größte und mächtigste Waffe.* Für mich war dies eine Bestätigung, daß wir in Cluny Hill sein müßten, falls es zum Schlimmsten käme und unsere Brüder im All eine Rettungsaktion in die Wege leiten würden, um an ihr teilnehmen zu können. Wir erwarteten, daß Mrs. Bruce am nächsten Tag wiederkäme, doch als sie nicht erschien, wurden wir geheißen, frohgemut zu bleiben: *Je länger alles verschoben wird, umso besser, macht euch keine Sorgen über Verzögerungen. Laßt nur die Liebe immer weiter zu ihr fließen.*

Am folgenden Tag, dem 17. Februar, war ich durch folgende Botschaft auf meine Begegnung mit Mrs. Bruce vorbereitet:

Mein Sohn, sprich so, wie du dich durch mich inspiriert fühlst. Du brauchst nicht denken, wie das letzte Mal, daß deine Hände gebunden sind. Sehr viel Liebe ist vorbereitend zu Mrs. Bruce gesendet worden, daher kannst du frei mit ihr sprechen, solange ihr allein seid. Du wirst genau wissen, was du sagen und wieviel du ihr erzählen willst. Ich werde dich nicht anhalten, vorsichtig zu sein, sondern fühle dich geführt. Wenn du einfühlsam bist und ihre Bedürfnisse erspürst, wirst du genau wissen, wieviel sie akzeptieren kann. Beobachte jede ihrer Reaktionen mit sanfter Aufmerksamkeit. Dinge, die du als natürlich hinnimmst, sind für andere wie eine Fremdsprache. Lerne, dich in die Lage des anderen zu versetzen - dies wird euch beiden sehr helfen.

Als Mrs. Bruce kam und in mein Büro geführt wurde, entschied ich, alle Karten auf den Tisch zu legen. Es sei wohl wahr, daß mein Herz am Cluny Hill Hotel hänge, erklärte ich, es gebe jedoch einen triftigeren Grund hierzubleiben. Dunkelheit breite sich aus in der Welt, und daher seien Befestigungsanlagen für das Licht gebraucht; Cluny Hill sei ein solches Zentrum des Lichts. Die letzten fünf Jahre über seien wir behutsam angeleitet worden, dieses Licht aufzubauen, was wir getan hätten - sie möge doch die äußerlichen Resultate selber sehen. Auf einer höheren, inneren Ebene seien die Ergebnisse sogar noch eindrucksvoller. Gott habe diesen Ort für einen bestimmten Zweck ausgesucht, und wir seien diejenigen, die für die Durchführung verantwortlich seien. Mrs. Bruce dachte eine Weile darüber nach, und dann meinte sie, sie glaube kein bißchen daran: Gott sei überall, sagte sie, und ich könne im Trossachs-Hotel alles tun, was ich hier im Cluny Hill Hotel getan habe. Die Entscheidung war endgültig.

Nachdem sie gegangen war, erhielt Eileen in ihrer Führung, daß Mrs. Bruce nie wieder dieselbe sein könne, nach allem, was ihr nun enthüllt worden war, daß sie aber jetzt nicht mehr ihre Meinung über unsere Versetzung habe ändern können, selbst wenn sie gewollt hätte: *So vie-*

les spielt da hinein, in das sie euch nicht einweihen konnte. Sie ist, mein Sohn, was diesen Ort und dich betrifft, in die Klemme geraten. Wir wurden geheißen, auf ein Probejahr den Umzug in das Trossachs-Hotel zu akzeptieren, mit der Versicherung, daß Mrs. Bruce nach Ablauf eines Jahres unsere Rückkehr ins Cluny Hill Hotel organisieren würde, sollte ich über die ganze Situation dort unglücklich sein. Wir müßten in die Trossachs gehen, weil wir dort einige »Lektionen zu lernen« hätten.

Eileen wurde geheißen, weiterhin Liebe zu Mrs. Bruce zu senden, und mir wurde beschieden, daß ich Mrs. Bruce versichern sollte, daß ich im Trossachs-Hotel für sie arbeiten würde und nicht, wie im Cluny Hill, für Gott. Die Weisung fuhr fort:

Sage Peter, er solle nicht versuchen, was er hier getan hat, auf das Trossachs-Hotel zu übertragen - es würde einfach nicht klappen. Sage ihm, er soll neu anfangen, mit neuen Ideen für Personal und Gäste gleichermaßen. Das wird ihm alles ganz klar werden, sobald er im Trossachs ankommt, aber ich will es nicht, daß er Zeit vergeudet mit Plänen, die nicht funktionieren werden. Am Ende wäre er nur sehr frustriert.

Das Datum für unseren Umzug war auf den 9. März 1962 festgesetzt, und bis dahin gab es eine Menge auszusortieren und zu packen. Als ich Eileen bat, Weisung zu erhalten darüber, was mit unserem 27 Meter langen Caravan in der Hotelgarage geschehen solle - und ich dachte, wir sollten ihn entweder verkaufen, mit zum *Trossachs* nehmen oder zumindest vermieten -, da erhielt ich eine ziemlich verwirrende Antwort:

Stelle ihn für diesen Sommer auf den Campingplatz in Findhorn. Es wird dir gelingen, jemand zu finden, der ihn den Sommer über sauberhält, das ist kein allzu harter Job, einmal pro Woche oder alle vierzehn Tage. Gegen Ende der Saison wirst du den nächsten Schritt wissen...

* * * * *

Das *Trossachs* Bergland ist eine 8km breite Gegend in *West Perthshire* von überragender Naturschönheit; man nennt es auch »die Highlands im Kleinen«, denn hier konzentrieren sich Berge, Moore, *Lochs* (Seen) und

Glens (Kerbtäler) auf dramatische Weise. Künstler wie John Everett Millais und John Ruskin ließen sich von dem sanften Licht inspirieren und idealisierten die Landschaft; Sir Walter Scotts Roman *Rob Roy* spielt hier und ebenso das Gedicht *Die Dame vom See,* wobei der See im Titel das *Loch Katrine* meint. All dies hat die Gegend seit viktorianischen Zeiten in Romantik gehüllt, als die Königin selbst nur eine von vielen Besuchern war. In diesem Jahrhundert war gleichfalls das amerikanische Musical *Brigadoon* von den *Trossachs* inspiriert - es geht darin um ein schottisches Dorf, das nur immer einmal in hundert Jahren für einen Tag aus dem Nebel auftaucht umd tags darauf wieder verschwindet. Nicht zuletzt konnte man als britischer Fernsehzuschauer in der Stadt Callander das »Tannochbrae« aus *Dr Finlay's Casebook* (Ein Fall für Dr. Finlay) erkennen.

Das Trossachs-Hotel lag etwa 11km mit dem Auto von Callander entfernt in erhabener Einsamkeit an den Gestaden des *Loch Katrine*. Wie *Brigadoon* tauchte es aus dem Nebel auf, der in dem bewaldeten Tag hing, wo die Berge zum Loch abfielen. Die Luftfeuchtigkeit und das zarte Licht gaben seiner Umgebung eine sanfte, grüne Erscheinung, als ob eine freundliche Macht es mit ewiger Fruchtbarkeit gesegnet hätte. Das Hotel selbst war sogar noch palastartiger als Cluny Hill, ein viktorianisches Gebilde aus runden und spitzen Türmen und Giebeln, gerade wie aus einem Märchenbuch. Das Interieur war ähnlich grandios gestaltet, und die Königliche Suite - die unsere Wohnstatt werden sollte - war das Paradestück überhaupt. Getreu ihrem Wort hatte uns Mrs. Bruce in ein, wie es schien, Paradies geschickt.

Es war schwer, die bösen Gerüchte, die wir über das Hotel gehört hatten, zu glauben, aber wir waren uns völlig sicher, daß wir mit Gottes Hilfe dies Hotel zum Erfolg führen könnten. Wir brachten fünf Abteilungsleiter und fünfundzwanzig Leute von unserer Cluny Hill-Belegschaft mit, einschließlich Dorothy, Charles und Lena. Mit einem so erprobten und eingespielten Team, das ein Personal von insgesamt rund achtzig Leuten vervollständigte, und mit all den Freizeitmöglichkeiten und anderen Einrichtungen, mit denen Mrs. Bruce so dick aufgetragen hatte, war ich zuversichtlich, sogar noch größere Ergebnisse zu erzielen.

Man hatte mir freie Hand gelassen, das Hotel so zu managen, wie ich wollte. Wir hatten materiell alles, was wir nur wünschen konnten, was das Leben nach den Schlachten mit Mrs. Bruce um das Cluny Hill Hotel um so vieles leichter zu machen versprach. Einen kurzen Weg vom Hotel entfernt hatte das Personal ein schönes Haus für sich, das »Woodlands«, vor ihrer Ankunft gemütlich und frisch hergerichtet für sie. Wiederum schaute hier Lena hervorragend nach dem Rechten. Unsere drei Jungen waren in der netten kleinen Dorfschule angemeldet, wo sie dank der individuellen Aufmerksamkeit, die der Lehrer ihnen widmen konnte, gut vorankamen.

Für den Anfang hatte ich den Ehrgeiz, die ganze Belegschaft in ein Team zusammenzuschweißen. Dies führte zu einem unvermeidbaren Ausleseprozeß; einige gingen und wurden ersetzt, doch irgendwie lief das nicht mit der gleichen Leichtigkeit und Harmonie ab, welche unsere letzten Jahre in Cluny Hill ausgezeichnet hatte; ich begegnete einem Gefühl von Hoffnungslosigkeit und negativem Denken über dem Ort. Ich versuchte, dem mit positivem Denken und Handeln entgegenzutreten. Es gelang uns, das Hotel innen auf Hochglanz zu bringen; und an einem Tag war fast das ganze Personal im Garten beschäftigt, bevor wir für die Saison öffneten. Und dennoch, irgend etwas war falsch, doch ich wußte nicht zu sagen, was es war.

Kurz nach unserer Ankunft rief ich einige meiner wichtigsten Leute vom Personal, die ich mit hierhergebracht hatte, ins Büro und sagte ihnen, daß wir das Cluny Hill Hotel einfach vergessen würden: Die vor uns liegende Aufgabe bestünde darin, die gleichen Qualitäten von Licht und Liebe in das Trossachs-Hotel zu bringen, die wir in Cluny erreicht hatten. Charles, der Küchenchef, schaute mich scharf an. »Das Böse«, sagte er, »ist an diesem Ort bis in die Steine selbst hineingedrungen, und Sie werden es da nicht rauskriegen.« Meine Erfahrung hatte gezeigt, daß er in seinen prophetischen Äußerungen niemals falsch lag, egal, ob nüchtern oder betrunken, aber diesmal glaubte ich ihm nicht. Die Zeit schien ihm jedoch rechtzugeben. Es gab soviel Uneinigkeit im Personal, daß niemand hier glücklich war, und viele gingen. Unter denen, die ich mitgebracht hatte, ging es mit einem nach dem anderen bergab, körperlich, moralisch und spirituell. Sie fingen an zu trinken, Drogen zu nehmen, zu stehlen und sexuell promiskuitiv zu werden. Egal, wie sehr wir uns bemühten, schienen wir einfach außerstande, irgend etwas dagegen zu tun.

Ein Teil des Problems bestand darin, daß wir weit ab lagen von der nächsten Stadt und es keine öffenlichen Verkehrsmittel gab. Um dem zu begegnen, stellte ich dem Personal einen Hotelbus zur Verfügung, aber das verbesserte die Stimmung nicht sonderlich - allzuoft lieferte es ihnen lediglich eine Gelegenheit mehr, ihren Kummer in der Dorfschenke zu ertränken. Die Belegschaft hatte alles an Bequemlichkeiten, was man ihnen nur geben konnte, einschließlich Radio und Fernsehen, und dennoch gab es dauernd Streit, besonders unter dem Küchenpersonal. Charles als Küchenchef gab ihnen oft ein sehr schlechtes Beispiel. Alle Makel, die wir an ihm im Cluny Hill Hotel entdeckt hatten - Saufen, Frauengeschichten, Schiebereien - kamen im *Trossachs* voll ans Licht. Einmal bedrohte er im Suff Eileen mit dem Messer; ein andermal wurde sie mitten aus einem Tanz aus dem Ballsaal gerufen, um zu helfen, ihn aus dem See zu fischen. Charles hatte offenbar von einem versunkenen Schiff gehört, dessen Ladung Gold enthalten sollte - sein Interesse an einer Bergung war natürlich schnell geweckt. Zuerst hatte er sich eine anständige Menge Whisky einverleibt und beschlossen, sich in der Kunst des Tauchens zu üben - er zog einen Taucheranzug an, belud sich mit Tauchergewichten und stürzte sich vom Ende des Bootshaussteges ins Naß, zu betrunken, um sich zu erinnern, daß er gar nicht schwimmen konnte. Mit Ach und Krach schafften es Eileen und Charles Freundin Madge, ihn an Land zu bugsieren.

Da er im Grunde jedoch ein rechtschaffener Mensch war, schämte sich Charles immer, wenn er zuviel getrunken hatte, denn er fand, daß er mich enttäuscht hatte; er strengte sich dann doppelt an, um es mir recht zu machen. Er war Eileen und mir ganz ergeben und hätte alles für uns getan. Ich wurde ihm gegenüber nie laut, denn ich wußte, daß er eine Rolle in Gottes Plan zu spielen hatte - er war gewiß im Cluny Hill Hotel der Schlüssel für den Erfolg dieses Ortes gewesen. Eines Abends fand ich ihn im *Trossachs*, als er ein wenig zu viel getrunken hatte, an der Durchreiche, wo Personal von der Bar Drinks bekommen konnte; er lehnte sich unsicher dagegen und stammelte: »Du Hund, wenn du mir gegenüber nur einmal heftig oder ärgerlich werden würdest, dann wüßte ich, was ich mit dir täte, aber so weiß ich es nicht.« Er war nie zuvor mit Liebe behandelt worden und wußte einfach nicht, wie damit umgehen.

Wie sehr ich es auch versuchte - das Trossachs-Hotel zu leiten war wie durch Sirup waten, jeder Schritt bedeutete eine langwierige und klebrige Anstrengung. Auch die Atmosphäre war niederdrückend. Trotz der schönen Lage des Hotels schien es fortwährend zu regnen, und selbst ohne Regen, senkte sich doch der Nebel herab, physisch ebenso wie psychisch und machte aus diesem Ort einen deprimierenden Platz. Ich vermißte sehnlichst die funkelnde Klarheit von Luft, Himmel und Sonnenschein, die wir im Norden Schottlands genossen hatten.

Meine Beziehung zu den Gästen, die im Cluny Hill so wichtig und so beglückend gewesen war, verkümmerte im *Trossachs* ebenfalls aufgrund wesentlicher Unterschiede in der Klientel. Das *Trossachs* war ein Hotel für Touristen. Die meisten Gäste benutzten es nur für eine oder zwei Nächte als Durchgangsstation mit Abendessen, Übernachtung und Frühstück, wenn sie auf Durchreise durch die Gegend waren. Es gab wenig oder keine Gelegenheit, mit ihnen einen Kontakt anzuknüpfen (noch, so muß ich zugeben, verspürte ich ein großes Bedürfnis danach). Ich war nicht mehr der »Kapitän auf der Kommandobrücke« und verbrachte mehr Zeit in meinem Büro. Eileen vermißte Cluny Hill Hotel auch, obschon die Jungen jetzt groß genug waren, so daß sie mehr Zeit mit dem Personal und den Gästen verbringen konnte. Im April warnte ihre Führung sanft: *»So lange da so ein kleines Gefühl ist, das besagt, »nun ja, eines Tages werden wir nach Cluny Hill zurückgehen«, so lange kann ich euch nicht voll benutzen.«*

Wenn es schon schwer war, die augenscheinlich negative Energie beim Namen zu nennen, die jeden unserer Schritte im *Trossachs* niederdrückte, unsere Stimmung und Ausblick auf die Zukunft untergrub und jeden nach unten zog, so war es sogar noch schwerer, einen Geisteszustand heraufzubeschwören, mit dem man all dies hätte überwinden können. All die besonderen Angebote hätten uns diesen Job erfreulich machen sollen, aber irgendwie taten sie das nicht. Im Rückblick wundere ich mich, daß ich es so lange versuchte; tief im Herzen *wußte* ich damals, daß auch mein Bestes nie reichen würde; doch Entschlossenheit und zweifellos auch eine Prise Stolz ließen mich weitermachen. Dabei hätte ich mich damit zufriedengeben können, einfach meinen Job zu tun und ab und an einen Tag frei zu machen und Zeit mit meiner Familie zu verbringen. Eileens Führung sagte ihr: »*Du weißt, daß Peter Dinge nur dann 200-prozentig tun kann, wenn er mit dem Herzen dabei ist, egal, was es ist - er wird es 99- oder gar 100-prozentig machen, aber du kannst nicht von ihm erwarten, daß er dieses bißchen Extra gibt...*« und die Wahrheit ist, daß ich nicht mit dem Herzen dabei war. Sogar die Anwendung dessen, was mir die Rosenkreuzer-Schule beigebracht hatte, schien wenig auszurichten.

Als die Saison zu Ende ging, wußte ich, daß es nicht fair wäre, die Leute vom Personal, die ich mitgebracht hatte, zu bitten, noch einen Sommer wiederzukommen. Daher sagte ich Mrs. Bruce, daß ich nicht bereit sei, zum Trossachs-Hotel zurückzugehen und fragte, ob ich zum Cluny Hill Hotel zurückkehren könnte. Sie gab keine Antwort. Die Wochen vergingen, und ich bat sie wiederholt in Briefen, das *Trossachs* zu besuchen, da es verschiedenes gab, was ich mit ihr zu besprechen hätte. (Zum Beispiel hatte ich Naomi eingeladen, bei uns mitzumachen, die Sensitive, die ich auf den Philippinen getroffen hatte und welche so tiefgreifend an unserer Arbeit mit den Brüdern im All beteiligt war. Ich wollte, daß sie den Winter über bei uns im Trossachs-Hotel bleiben könnte und dann in Cluny Hill, wohin zurückzukehren ich erwartete.) Aber Mrs. Bruce ignorierte uns weiterhin. *Meine Prüfungen sind sehr streng*, sagte Eileens Führung, *weil sie es sein müssen. Die ist ein letzter Test für euch alle.*

Eines Morgens, am letzten Tag der Saison, ehe das Hotel zumachte, empfing Eileen eine Anweisung, die sogar noch seltsamer war:

Ich wünsche, daß ihr dem Morgen gegenüber in allem sehr, sehr positiv eingestellt bleibt. Wenn ihr in dauerndem Kontakt mit Mir bleibt, könnt ihr euch mitten im Fluß der Dinge ändern, ohne daß ihr herausgespült werdet, und ihr müßt darauf eingestellt sein, dies zu tun. Ihr müßt bereit sein, eure Pläne von einem Moment zum anderen zu ändern. Keiner von euch kann starr werden und einen Plan vorantreiben ohne Rücksicht darauf, was passiert. Wenn ich euch sage, daß ein Wandel vonnöten ist, tut dies ohne zu streiten oder das Wieso und Wofür in Frage zu stellen. Ich weiß, keinem von euch fällt dies leicht, und doch ist es lebenswichtig! Immer wieder einmal versucht ihr, euch ein Bild zu machen, wie es hier wohl sein wird im Winter, und ihr merkt, daß ihr immer nur einen Tag im voraus sehen könnt, nicht weiter. Genau so sollte es sein. Wenn ihr zu weit in die Zukunft sehen könntet, würdet ihr starr werden, und wenn ich euch riete, eure Pläne schnell zu ändern, würde euch das so gar noch schwerer fallen als jetzt schon...

Am nächsten Tag, dem 11. Oktober, kam Mrs. Bruce mit einem Aufgebot an Rechnungsprüfern, die die Bücher durchgingen und das Inventar vom Speicher bis in den Keller überprüften. Während sie das taten, informierte sie uns brüsk, daß die Gesellschaft unsere Mitarbeit nicht länger benötige: Sie gab uns einen Scheck über ein Monatsgehalt und vier Stunden Zeit, um unsere Sachen zu packen und zu gehen. Sie gab uns keine Erklärung für diese drastische Entscheidung über die Bemerkung hinaus, daß es sich um »einen Wandel in der Politik der Hotelkette« handele. Es hatte nichts damit zu tun, wie wir das Hotel führten; die Bücher erwiesen sich als in Ordnung, und in der Bestandsaufnahme konnte alles bis auf den letzten Salzstreuer nachgewiesen werden. Als ich protestierte, dies sei zu kurzfristig, und wir wüßten nicht, wohin, warf uns Mrs. Bruce das Gnadenbrot der freien Übernachtung an drei Nächten in einem Hotel unserer Wahl innerhalb der einundzwanzig schottischen Hotels der Kette zu, vorausgesetzt natürlich, daß es nicht auch bereits geschlossen hatte.

Noch nie zuvor in meinem Leben war ich je gefeuert worden, und dieser plötzliche, unerwartete und schroffe Rausschmiß war ein totaler Schock. Mit bloß vier Stunden für unsere Räumung gab es jedoch keine Zeit für eine Nabelschau. Etwas benebelt gingen wir in unsere Räume und suchten unsere Habe zusammen, wobei wir alles, was nicht unbedingt wichtig war, wegwarfen. Wir packten, was gerade hineinpaßte, ins Auto, und verstauten mehr Zeug auf dem Gepäckträger; alles andere mußte weggeworfen werden, denn wir hatten keine Ahnung, wohin wir gehen oder was wir tun würden.

Ich rief meine Eltern an, erzählte ihnen, was passiert sei und fragte sie, ob sie uns bei sich aufnehmen könnten, bis ich einen neuen Job und Ort zum Leben gefunden hätte. Sie waren kein bißchen hilfsbereit und wollten uns nicht in ihrem Heim in *Devonshire* aufnehmen, obwohl das ein riesiges Haus mit sechs Schlafzimmern war, in dem wir leicht für eine Weile hätten untergebracht werden können. Das verletzte mich, aber ich tröstete mich mit dem Gedanken, daß Gott etwas anderes mit uns vorhaben müsse.

Dann fiel mir unser Wohnwagen auf dem öffentlichen Campingplatz in Findhorn ein und Eileens Führung, die gesagt hatte: *Gegen Ende der Saison werdet ihr wissen, wie euer nächster Zug aussehen wird...* Wir beschlossen, daß wir, nachdem wir die Jungen von der Schule abgeholt hatten, Mrs. Bruces Angebot der freien Übernachtung annehmen würden und zum *Stotfield Hotel* in Lossiemouth fahren würden, etwa 16 Kilometer östlich von Findhorn an der Küste gelegen. Wir könnten dort bleiben, während ich den Caravan vorbereitete. Dorothy sollte mit uns kommen. Die Jungen waren verwirrt, als wir sie von der Schule abholten, aber Kinder nehmen Änderungen viel leichter hin als Erwachsene. Was für uns eine Krise war, sahen sie als Abenteuer. Hier war etwas Neues und Aufregendes im Gange - wir würden in unserem Wohnwagen leben, bis ich einen neuen Job hätte.

Alle Sechs fuhren wir kurz vor dem Mittagessen los, vollgeladen mit unserem ganzen Gepäck, und während ich fuhr, versuchte ich mir über unsere Situation Klarheit zu verschaffen. Sie schien überhaupt keinen Sinn zu ergeben. Eileens Führung hatte uns wieder und wieder erzählt, daß wir ins Cluny Hill zurückkehren würden, und ich war so völlig sicher, daß wir das tun würden. Ich hatte alles gegeben, um das Trossachs-Hotel zum Erfolg zu führen, und oberflächlich betrachtet - vom Profit-Standpunkt der Gesellschaft aus - war das auch geschehen, obschon nicht annähernd so sehr wie mit dem Cluny Hill Hotel. Warum hatte man mir gekündigt? Was war los? Abrupt fuhr ich an den Straßenrand und bat Eileen, darüber eine Antwort zu empfangen.

Sie saß still und begann, in ihr Heft zu schreiben. Man sagte uns wie zuvor, daß wir viele Lektionen zu lernen hätten und die Prüfungen im *Trossachs* für unsere Zukunft wichtig seien. Es wurde uns versichert, daß »alles bestens« sei, und alles, was geschehen war, ein Teil von Gottes Plan für uns sei. Desweiteren sollten wir Mrs. Bruce Liebe senden, weil sie eine wichtige Rolle in diesem Plan zu spielen hätte.

Das war das letzte. »Was, diesem Miststück Liebe senden?« explodierte ich. »Tag und Nacht habe ich gerackert, Woche um Woche, Monat um Monat, Jahr um Jahr ohne einen einzigen freien Tag - und *so* behandelt sie uns! Wie um alles in der Welt kann so eine Frau eine Rolle in Gottes Fügung haben?« Jedoch, als ich mich etwas abgeregt hatte, taten wir unser Bestes, um der Weisung zu folgen und ihr Liebe zu senden.

Es war Spätnachmittag, als wir die Nordostküste erreichten, aber statt direkt nach Lossiemouth zu fahren, machte ich einen Abstecher nach Forres hinein und zum Cluny Hill hinauf, wo ich den Wagen parkte. Die Jungen spielten herum, während Dorothy, Eileen und ich auf den Hügel hinter dem Hotel stiegen, den »Ort der Kraft«, dessen Hüter ich laut Eileens Führung war. Die Sonne geht zu dieser Jahreszeit an einem so nördlichen Breitengrad früh unter, und der Himmel war in feuriges Licht getaucht; die Luft war frisch, klar und trocken, in völligem Gegensatz zu der dunklen, beklemmenden Atmosphäre, aus der wir gekommen waren. Plötzlich schien dies symbolisch und beeindruckte mich tief - ich fühlte mich mit Licht erfüllt, als wenn eine unglaubliche Last von uns genommen worden sei. Das Trossachs-Hotel war hinter seinen Nebelschleiern verschwunden, wie *Brigadoon*. Hier waren wir nach Hause gekommen, waren wieder zurückgekehrt ins Licht.

16. Kapitel

LEBEN AUF DER MÜLLHALDE!

Dein Schutz wird zu allen Zeiten
in deinem Glauben an dich selbst liegen
und in dem All-Guten.

Mehr als dreissig Jahre nach unserer deprimierenden und scheinbar verheerenden Erfahrung im *Trossachs* merke ich, daß ich bis heute die Erinnerungen an jene Zeit verdränge. Von den »Lektionen, die wir lernen mußten«, laut Eileens Führung, springen nur zwei besonders hervor. Eine war die Wichtigkeit einer einigen Belegschaft. Als wir dort ankamen, waren mein Assistent und die Hauptempfangsdame schon seit einiger Zeit im *Trossachs* gewesen und gehörten in Wahrheit zu Mrs. Bruces Leuten - ich entdeckte später, daß beide meine Arbeit unterminierten, insbesondere mein Assistent, den ich stark im Verdacht hatte, daß er hinter meinem Job her war. [1]

Die andere, größere Lehre war, daß es Zeitvergeudung ist, ein ganz offensichtliches Zentrum der Dunkelheit in eines des Lichts verwandeln zu wollen. Es gibt ein paar Orte, die aus sich heraus auf einer physischen Ebene düster, freudlos und bedrückend sind, und es gibt andere, die äußerlich recht schön zu sein scheinen, die aber auf einer psychischen Ebene dieselben negativen Eigenschaften haben, und ich habe immer empfunden, daß das *Trossachs* so ein Ort war. Mit den besten Absichten der Welt und allem Enthusiasmus hatten wir unser Bestes versucht, um die-

1) Jahre später bestätigte sein Sohn - der ein begeisterter Anhänger der Findhorn Gemeinschaft war - meinen Verdacht.

sem Hotel seine enervierende Düsternis zu nehmen, aber wir schafften es nicht und mußten unsere Niederlage eingestehen. Hätte ich nur fünfzig Prozent gegeben, hätte ich *mir* die Schuld für den Mangel an Erfolg zugeschrieben, aber das war nicht der Fall. Trotz der melodramatischen Stimme, mit der Charles erklärt hatte, daß »das Böse an diesem Ort bis in die Steine selbst gedrungen sei«, muß ich einräumen, daß etwas daran gewesen sein mag. Zweifellos korrespondierte dies damit, wie ich unsere Zeit dort erlebt hatte.[2]

Meine spirituelle Ausbildung hatte mich gelehrt, daß es auf dem Planeten gewisse Zentren natürlicher Kraft gibt, die man mit den Chakras[3] und Akupunkturpunkten im menschlichen Körper vergleichen kann. Die eine oder andere Energie konzentriert sich auf einen solchen Punkt und übt eine subtile, aber tiefgreifende Wirkung auf jeden oder jedes aus, der oder das zufällig da ist. Wie viele Leute kann auch ich solche Plätze nicht physisch wahrnehmen - gerade so, wie ich auch erfuhr, daß ich leicht farbenblind war, als ich zur Royal Air Force berufen wurde - aber es gibt viele, die diese Energie empfinden und entsprechend beschreiben können. Viele der großen Kathedralen und heiligen Plätze wurden absichtlich auf solchen Kraftorten, die spirituelle Arbeit fördern, gebaut, um dies auszunutzen. Irgendwann in ihrem Leben finden die meisten Menschen einen »besonderen Platz«, der irgendwie mit ihrem Wesen in Resonanz steht.

Gerade so wie die Energie, die an einigen dieser Zentren konzentriert ist, eine positive und wohltuende Wirkung auf die Menschen haben kann, so tendiert die Energie anderer Orte zu einem negativen und bösartigen

---

2) Ich bin nie dorthin zurückgekehrt, seit wir es 1962 verlassen hatten, und ich möchte in keiner Weise nahelegen, daß die Bedingungen, die wir dort erlebten, noch immer die gleichen sind.(Jeremy Slocombe fügt hinzu:) Das Trossachs-Hotel ist 1993 bis auf die Außenmauern völlig umgebaut worden und besteht nun aus Ferienwohnungen für Selbstversorger. Laut vergangenem und gegenwärtigem Management gab es eine lange Geschichte von bösartigem Spuk im Hauptgebäude und, noch schlimmer, in »Woodlands« (dem Haus für das Personal) die Umtriebe von Poltergeistern und andere übernatürliche Phänomene. Sie verstärkten das Gefühl von »Bösem, das an diesem Ort sogar in die Steine eingedrungen« ist, vor dem Charles gewarnt hatte. Als Ursache wurden die Geister von zwei Leuten verdächtigt, die auf der Hoteltreppe bei einem Feuer 1864 den Tod fanden. Die Treppe war danach abgenommen und woanders wieder aufgebaut worden, was den Zorn der Geister über den Verlust ihres »Ortes« heraufbeschwor. »Von all unseren Häusern wurde hier am meisten gespukt«, sagt Geoffrey Baber, der Direktor von *Holiday Property Bond*, der Gruppe, die es jetzt besitzt. »Sogar die Hunde der Sicherheitswache weigerten sich, das Gebäude während des Wiederaufbaus zu betreten.« Mr. Baber rief einen Geistlichen, um eine heilige Kommunion und Segnung zu zelebrieren, bevor das Gebäude wieder bewohnt wurde, und seither hat es keine Probleme mehr gegeben.

3) Laut vieler alter Traditionen sind Chakras die sieben Hauptenergiezentren im Körper. Diese müssen der Reihe nach aktiviert oder völlig »geöffnet« werden, ehe Erleuchtung eintreten kann.

Effekt. Einige Orte scheinen das Beste aus den Leuten herauszuholen, andere das Schlechteste - aber es hängt alles von der Empfänglichkeit des Betreffenden ab. Ich denke, daß viele jener, die ich im *Trossachs* angestellt hatte, hier ihre Schwächen aufgezeigt bekamen; der Ort prüfte uns alle, aber es wäre unfair, ihm die Schuld zuzuschreiben und nicht der Person selbst, wenn diese dem Test nicht standhielt. Stärke gewinnt man, wenn man sich der Opposition entgegenstellt, so wie man körperliche Kraft gewinnt, wenn man Gewichte stemmt.

Eileens Führung nannte diesen Prozeß der Prüfung die »Kräfte der Dunkelheit« - im Juli 1962 etwa wurde sie gefragt: *Kannst du den Kräften der Dunkelheit widerstehen, oder wirst du ihnen unterliegen?* - doch damit wurde nie angedeutet, daß wir ihnen hilflos ausgeliefert seien. *Ich habe jedem von euch die Kraft gegeben, sich zu schützen, wenn ihr sie nur anwendet.* Wir hatten immer die Wahl. Ich glaube, wir bewahrten unsere Integrität, mehr jedoch hätten wir im Trossachs-Hotel nicht tun können, und als wir diese Lektion gelernt hatten, war es Zeit zu gehen.

Wenn mich heute Menschen um Rat fragen, wie man ein Zentrum oder eine Gemeinschaft aufbaut, betone ich immer, wie wichtig der Ort ist, den man wählt. Die äußerliche Attraktivität einer Lage mag betrügerisch sein - wie uns das in den *Trossachs* widerfuhr - Tatsache ist jedoch, daß sich manche Orte für spirituelle Arbeit besser eignen als andere, und man sollte große Sorgfalt üben, einen solchen Platz auszumachen und zu wählen.[4]

Natürlich hatten wir 1962 keinerlei Absicht, irgend etwas aufzubauen, doch Eileens Weisungen gehorchend, wurden wir Schritt für Schritt an genau den richtigen Ort für unsere künftige Arbeit geführt, obwohl wir das damals noch nicht wußten.

Wenn ich auf Eileens Führung zurückblicke, kann ich im nachhinein weitere Zeichen über die Bedeutung jener Zeit erkennen. So war uns etwa gesagt worden: *Ihr seid nun an diesem Ort, der den Zustand der Welt repräsentieren könnte...ihr seid an, aber nicht von diesem Ort.* Ich

---

4) Die Chinesen haben eine komplexe Technik dafür entwickelt, das *Feng Shui.*

war zu beschäftigt damit, das Hotel zu leiten, um dem große Aufmerksamkeit zu zollen, aber der Zustand der Welt war in der Tat gefährlich: Der Anfang der Kuba-Krise, als der amerikanische Präsident Kennedy die UdSSR vor das Ultimatum stellte, alle ihre Mittelstreckenraketen abzubauen und von Kuba abzuziehen, fiel zeitlich mit unserer Kündigung vom *Trossachs* zusammen. Es war die entscheidende Kraftprobe der Supermächte, die jedermann fürchtete, und die Welt war bis dahin und wahrscheinlich seitdem nie wieder dem nuklearen Holocaust, vor welchem uns Eileens Führung nun über ein Jahr lang so explizit gewarnt hatte [5], so nahe gewesen. Kein Wunder, daß wir so stark daran interessiert waren, in der geschützten Umgebung von Cluny Hill zu sein, wo das Licht verankert worden war und es eine Landestelle für unsere Brüder im All gab, sollte eine Rettungsaktion ihrerseits nötig werden! Damals jedoch war dies nicht eine intellektuelle oder emotionale Reaktion auf Angelegenheiten der Weltpolitik, denen ich kaum Aufmerksamkeit schenkte; es war schlicht Gehorsam Gottes Wort gegenüber, das durch Eileen kam, lange bevor die Krise öffentlich gemacht wurde.

Und wenn es denn Prophezeiungen geben soll, so sollen diese nicht eintreffen. Gott sei Dank traten sie tatsächlich nicht ein, obgleich wir damals nicht wissen sollten, was wir später entdeckten: Wie nahe am Rand des Untergangs die Menschheit in jenen dunklen Monaten stand. In späteren Jahren habe ich folgendes gelernt: Egal, wie hochstehend oder wie rein die Quelle der Prophezeiung ist, egal, wie klar oder spezifisch die Voraussage, egal, wie oft dieselbe Prophezeiung geäußert wird und egal, wie viele verschiedene Quellen dies tun, egal auch, ob die Vorhersage von guten oder bösen Dingen spricht, von Erleuchtung oder von Erdbeben oder dem Ende der Welt selbst - wir als Menschen haben einen freien Willen und eine freie Hand, um zu helfen, die künftigen Dinge zu formen, die Prophezeiung ungültig zu machen - wenn wir uns entscheiden, dies zu tun. [6]

* * * * *

5) Das offizielle Ultimatum wurde formell am 22. Oktober 1962 gestellt, und die amerikanische Marine verhängte eine Seeblockade über Kuba. Die UdSSR gab sechs Tage später schließlich klein bei und zog die Raketen ab.

6) Die Hawaiianer besitzen eine große, natürliche Sehergabe; sie prognostizieren und machen Prophezeiungen. Es gibt eine bestimmte Gruppe von Hawaiianern, die zusammenkommt und sich in über uns hängende Einflüsse einblendet. Wenn sie einen Einfluß aufspüren, der nicht gut ist, reichen sie ihn weiter an eine andere Gruppe, die gegen diese Einstrahlung arbeitet, und sie manifestiert sich nie. Die Hindus sagen: »Ein Mensch kann weissagen und ein anderer Mensch kann die Erfüllung der Weissagung stoppen.« *The Life and Teachings of the Masters of the Far East, Vol.4, Baird T. Spalding, De Vorss and Co.*

Das *Stotfield* war ein einfaches, tristes Hotel im Fischerhafen Lossiemouth. Wir verbrachten zwei Nächte dort, und tagsüber fuhr ich zum Findhorn Sands Caravan Park, der über den Moray Firth blickt, um dort unseren Wohnwagen herzurichten. Es ist ein trister Campingplatz in den Dünen, eisigen Nordostwinden ausgeliefert. Wir wußten, daß wir hier nicht auf Dauer bleiben konnten, denn der Campingplatz war nur während der Saison offen.

Ich war noch immer wie betäubt von unserem offensichtlich dramatischen Sturz aus der Gnade, doch wir erhielten von Gott einige beruhigende Worte:

Ich weiß, daß ihr alle gestern einen sehr schweren Schock erlebt habt, aber ich habe versucht, euch sanft darauf vorzubereiten. Ich möchte, daß ihr wißt, daß nur das Allerbeste daraus entstehen wird. Ihr mögt im Augenblick nicht in der Lage sein, dies zu sehen, aber ihr werdet es sehen. Euer Glaube wird in einer neuen Weise gestärkt werden. Ihr werdet dichter zusammenrücken. Jetzt gibt es nicht viel Zeit, alles zu tun, was getan werden muß, aber so wie ihr einen Schritt nach dem anderen macht, werdet ihr erkennen, daß sich die Dinge vollkommen entwickeln werden. Eure Aufgabe ist es, jetzt eine Bleibe zu finden.

Am nächsten Tag, dem 13. Oktober 1962, packten wir alles wieder ins Auto und fuhren die 16 Kilometer von Lossiemouth bis zum Wohnwagen. Eileen wurde gesagt:

Mein Kind, fürs erste wäre es am besten, so nahe wie möglich bei Findhorn zu bleiben. Findhorn strahlt großartiges Licht aus, und du brauchst den Schutz durch das Licht.

Das Dorf Findhorn liegt auf der Spitze einer Halbinsel zwischen der Bucht von Burghead, dem Moray Firth und der Findhorner Bucht, in die der Fluß Findhorn nach einer langen, mäandernden Reise von seinem Oberlauf in den Cairngorm Bergen her hineinströmt. Findhorn war einst einer der wichtigsten Häfen für ganz Moray gewesen, große Schiffe liefen in die Bucht ein und handelten mit ihrer Ware - feinem Tuch, Weinen, Gewürzen und Lebensmitteln - im Tausch für Getreide, Lachs, Whisky und Hirschhäute der Gegend. Es ist das dritte Dorf, das den

Namen Findhorn trägt - mindestens einer seiner Vorläufer war vom Fluß überschwemmt und weggespült worden. Die Einführung der Schienenwege und die allmähliche Versandung der Bucht beendete die Rolle des gegenwärtigen Findhorn als Hafen; es wurde ein populärer Badeort; seine langen und oft wolkenlosen Sommertage haben diesem Küstenstrich seinen Ruf als »die Riviera des Nordens« eingetragen. [7]

Wenn jedoch der Sommer und die Massen fort sind, dann stehlen sich die langen, kalten Nächte herein und stellen das Gleichgewicht wieder her. Ein klarer Himmel bringt klirrenden Frost, und ein strenger Wind pfeift durch die Leitungen.

Ich schloß unseren Wohnwagen in den Dünen an den Strom an und ging daran, es uns so gemütlich wie nur möglich zu machen; doch am Tage unseres Einzugs fiel mir siedenheiß ein, daß unsere Freundin Naomi auf der *Queen Mary* war, mitten auf dem Atlantik. Sie kam herüber, um für drei Wochen bei uns zu sein, wie wir gedacht hatten im *Trossachs*, aber in dem Drama der letzten drei Tage hatte ich sie total vergessen. Eilig nahm ich von der Familie Abschied, sprang ins Auto und fuhr nach Southampton hinunter, um sie abzuholen.

Da die Zeit moderner Autobahnen noch nicht gekommen war, brauchte ich drei Tage hin und drei zurück. Ich traf Naomi genau im richtigen Moment, beim Einlaufen der Queen Mary, und ich fuhr auf kleinen Straßen durch besonders schöne Landschaften zurück, denn ich wollte ihr die traditionellen Flecken der »alten Welt« zeigen, die amerikanische Touristen so lieben. In Glastonbury übernachteten wir in dem wunderlichen *Pilgrim's Inn* mit seinen abgetretenen, klapprigen Stufen, Holzdekken mit niedrigen Balken und am Ende des Flurs einem großen altmodischen Badezimmer; für unsere Mittagessen unterwegs nach Schottland umging ich nichtssagende Raststätten und führte sie stattdessen in traditionelle Pubs mit ihrer Wandtäfellung aus Eichenholz und Ausblick auf den Dorfanger. Man stelle sich meine Enttäuschung vor, als wir am letzten Abend vor unserer Ankunft daheim nichts anderes auftreiben konnten als ein billiges, modernes Motel, was aber auch nicht den geringsten Charme oder Charakter aufwies. Ich entschuldigte mich bei Naomi, doch

---

7) Ich war es, der diesen Slogan zu Reklamezwecken geprägt hatte, in meinen Jahren im Cluny Hill Hotel, als Vorsitzender der Touristen-Vereinigung für Moray und Nairn. Er zündete und wird heute noch benutzt.

meine Enttäuschung wandelte sich in Bestürzung, als ich herausfand, daß sie dieses Lokal mehr mochte als alle anderen: »Den Reiz der alten Welt« konnte ich vergessen, alles, was sie wollte, war ein vernünftiges Bad in ihrem Hotelzimmer!

Wir konnten Naomi bei Miss Harold unterbringen, einer älteren Dame, die im Dorf Findhorn lebte. Das Zimmer war sehr klein und nicht eben warm, aber obwohl Naomi als amerikanisches Geschöpf an ihren Komfort gewöhnt war, nahm sie die Lage doch gut auf. Tagsüber war sie bei uns im Wohnwagen, und abends brachte ich sie zu ihrer Unterkunft zurück. Wir lernten uns alle sehr gut kennen. Sie war eine bemerkenswerte Sensitive und erhielt Botschaften aus verschiedenen Quellen. Eine davon beinhaltete, daß ich niemals mehr eine solche bedrückende Aufgabe wie die im *Trossachs* würde auf mich nehmen müssen. Nun sei es an der Zeit, mit meiner eigentlichen Arbeit zu beginnen. Da ich nicht wußte, worin meine »eigentliche Aufgabe« bestand, half das nicht allzu viel.

In dieser Zeit erhielt Dorothy die Anweisung, daß sie bei uns bleiben solle, doch da es im Wohnwagen keinen Platz zum Schlafen für sie gab, mußten wir etwas für sie finden. Das Hotel am Ort hatte eine kleine Hütte als Anbau, die in der Hauptsaison für Aushilfspersonal benutzt wurde; es gab ein Bett darin, aber keinerlei Heizung. Mit Einwilligung des Hotelbesitzers zog Dorothy hier ein, kaufte sich eine elektrische Heizdecke und verbrachte dort jede Nacht eines bitterkalten Winters.

Während ihres Aufenthalts gesellte sich Naomi jeden Morgen und Abend zu Dorothy, Eileen und mir hinzu, als wir unsere innere Arbeit weiterführten, mit den diversen Gruppen im *Netzwerk des Lichts* in Verbindung zu treten. Ich las gewöhnlich eine Liste der wichtigsten Orte vor, an die wir Liebe oder Licht sendeten (oder manchmal beides, je nachdem, wie wir die Bedürfnisse jeweils einschätzten). Am Tage, während die drei Jungen in der Schule waren, teilten sich die drei Frauen die verschiedenen Botschaften oder Visionen mit, die sie empfangen hatten. Oberflächlich betrachtet ergibt das ein komisches Bild - vier Erwachsene, die auf dem Höhepunkt der Kuba-Krise still in einem Wohnwagen sitzen, umgeben von Dünen, an einem einsamen Flecken im Norden Schottlands. Mit Herz, Kopf und Geist waren wir freilich mit einem

Netzwerk anderer Menschen verbunden, welches den Planeten im wahrsten Sinne umspann.

Diese Arbeit ging weiter, nachdem Naomi in die Vereinigten Staaten zurückgekehrt war, und in der Zwischenzeit mußten wir mit der praktischen Realität unserer Situation zurechtkommen. »Vertraue auf Gott - und halte dein Schießpulver trocken!« war eine nützliche Maxime des Grafen von Wellington in den napoleonischen Kriegen. Ich war fünfundvierzig, arbeitslos und mußte eine Familie ernähren. Wir hatten sehr wenig Geld. Hoteldirektoren sind schlecht bezahlt, da Unterkunft und Verpflegung Teil des Gehalts sind; ich hatte außerdem mein eigenes Geld in verschiedene Projekte im Cluny Hill Hotel gesteckt, wie etwa die Landschaftsgestaltung, und besaß daher keine Ersparnisse. Dorothy hatte, da sie allein lebte, etwas Geld beiseite legen können und bot uns großzügig an, es mit ihr zu teilen. Aber ich empfand sehr deutlich (und sagte ihr das auch), daß sie es aufbewahren sollte.

Eileen war schockiert, als sich Dorothy und ich im Arbeitsamt von Forres zur Arbeitsvermittlung eintragen ließen, um Arbeitslosengeld zu kassieren (und später Arbeitslosenhilfe). Wieviel tiefer, fragte sie sich, würden wir wohl sinken können! Von meiner Sicht aus wurden alle unsere Bedürfnisse aufs wunderbarste befriedigt - die Jungen, zum Beispiel, die in die Dorfschule in Findhorn gingen, hatten freie Milch und täglich ein warmes Mittagessen - aber Eileen war entsetzt darüber, daß ich im Arbeitsamt Schlange stehen mußte, um neben meinem früheren Personal mein Arbeitslosengeld zu bekommen. Ich war einmal der größte Arbeitgeber im Distrikt gewesen.

Dieses Ritual hatte seine lichteren Momente. Einmal traf ich, in der Schlange stehend, eine dicke ältere Frau namens Babs, die im Cluny Hill Hotel Töpfe und Pfannen geschrubbt hatte. Ihr schottischer Akzent war so stark, daß ich sie nie verstehen konnte und immer Charles gerufen hatte, um für mich zu übersetzen. »Unglück schafft seltsame Bettgefährten«. Bei dieser Gelegenheit erzählte sie mir durch einen Freund, daß auch sie, obschon ich im Cluny Hill nahezu jeden Tag mit ihr gesprochen hatte, nie *meine* Sprache verstanden hatte. Kein Wunder, daß sie mich zur Antwort immer nur angegrinst und fröhlich mit den Töpfen geklappert hatte!

Ich fühlte mich springlebendig und putzmunter in jenen Tagen. Das Leben war auf einmal sehr einfach geworden. An dem Tag, nachdem wir das *Trossachs* verlassen hatten, hatte Eileens Führung gesagt:

Versucht nie, vorzupreschen und Pläne zu schmieden. Ich möchte, daß ihr einfach in den Tag hineinlebt. Ihr könnt dies in allem tun, was ihr unternehmt, sogar in eurer Nahrungsversorgung. Gegenwärtig möchte ich, daß ihr einen völligen Wandel erlebt. Während ihr alles andere als einfach gelebt hattet, möchte ich nun, daß ihr dies tut - und daß es euch Freude macht. Habt wirklich Spaß dabei!

Diesen Ratschlag konnte ich leichten Herzens annehmen. Nachdem ich mich von meiner ersten Verblüffung über unseren Rausschmiß aus dem Trossachs-Hotel erholt hatte, war ich innerlich überzeugt, daß wir am rechten Ort zur rechten Zeit waren und das Rechte taten - Gott aufs Wort folgend. Eileens Führung sagte auch: *Bleibt immer sehr optimistisch hinsichtlich eurer Rückkehr nach Cluny Hill...* was ich als einen Gesinnungswandel in Mrs. Bruce interpretierte, dahingehend, daß wir uns rechtzeitig für die Öffnung der Saison im nächsten Jahr wieder im Hotel etabliert sähen. Aus irgendeinem Grunde jedoch - vielleicht, weil mein Augenmerk woanders lag - versäumte ich zu jener Zeit, den zweiten Teil des Satzes richtig wahrzunehmen, der schloß *...aber nicht unter dieser Gesellschaft.*

Ende Oktober 1962 mußten wir einen anderen Stellplatz für den Wohnwagen finden, da der *Findhorn Sands Caravan Park* für den Winter zumachte. Wir waren fest entschlossen, einen abgelegenen, privaten Stellplatz zu finden und dachten, wir wären dort nur für eine kurze Zeit; deshalb suchte ich den mir bekannten Aufsichtsbeamten vom regionalen Gesundheitsamt in Elgin auf, der die Campingplätze in der Region beaufsichtigte. Ich hatte einen privaten Stellplatz in Findhorn entdeckt, doch er erlaubte uns nur, dort bis Weihnachten zu bleiben - dann würden wir auf einen der großen Plätze der Region mit Dauerwohnrecht ziehen müssen.

Der eine Platz, den wir - das wußten wir - nie würden akzeptieren können, war der *Findhorn Bay Caravan Park*, anderthalb Kilometer außerhalb des Dorfes. Jahrelang waren wir auf dem Weg zum Findhorner

Strand an diesem Platz vorbeigefahren, und ich hatte oft eine Bemerkung gemacht wie: »Stellt euch bloß vor, auf so einer Müllhalde zu leben, Backe an Backe mit lauter anderen Caravanen!« Es war ein kahler, baumloser und trister Platz mit Wohnwagen, die in Reih und Glied standen wie schäbige Soldaten auf einer Parade zwischen zementierten Wegen, die während des Krieges vom anliegenden Luftwaffenstützpunkt als Abstellplätze für Flugzeuge benutzt wurden. Der RAF-Stützpunkt Kinloss war nach wie vor in Betrieb, und *Nimrod*-Aufklärungsflugzeuge donnerten Tag und Nacht über die Runway.

»Nie« ist eine gefährliche Vokabel im Wortschatz des Menschen, und besonders dann, wenn man sein Leben nach dem ausrichtet, was einem der Geist eingibt. Nach Wochen fruchtloser Suche in der ganzen Gegend, hörten wir von einem freien Stellplatz für unseren Wohnwagen - neben einer Mulde im *Findhorn Bay Caravan Park*. Wir schauten uns den Platz an. Himmel, was für ein Loch das war, neben einer alten Garage mit zerbrochenen Fensterscheiben, und rings herum alte Blechdosen, kaputte Flaschen, Brombeergebüsch und Stechginster. Wenigstens war es abseits von den anderen Wohnwagen auf dem Campingplatz. Eileen erhielt die klare Weisung, daß dies der richtige Platz sei; wir dachten noch immer, daß es sich nur um ein paar Wochen handeln würde, ehe wir nach Cluny Hill zurückkehren oder eine neue Beschäftigung finden würden.

So schleppte denn der Campingplatzbesitzer an einem verschneiten Tag, dem 17.November 1962, unseren neun Meter langen Caravan auf den Stellplatz, auf dem er noch heute steht. Jonathan, unser zweiter Sohn, war damals krank, deshalb blieb er im Bett, während der Caravan gezogen wurde. Mein erster Job bestand darin, den Caravan aufzubocken und auf eine feste Grundlage aus sechzehn Zementblöcken zu stellen sowie ihn mit Elektrizität zu versorgen. Die Leitungen waren gefroren, und wir mußten unser Wasser von einem nahen Standrohr holen und zurückschleppen. Pro Woche verfügten wir nur über acht Pfund Stirling Arbeitslosengeld und zusätzlich ein Pfund und zehn pence Kindergeld. Jedesmal, wenn ich das Geld nach Hause trug, bezahlte Eileen zuerst die Stellplatzmiete, dann tat sie Shillinge in den Schlitz für unseren Strom, legte genug zur Seite für das Gas für den Herd und Kohle für den Ofen, und der Rest kam in eine Schale auf dem Kaminsims für Essen. Der erste Winter war so kalt, daß der Ofen durchgehend brannte - nahezu drei Monate lang lag Schnee.

Uns wurde gesagt: *Diese Lage wird euch unzweideutig zeigen, wer eure wahren Freunde sind.* Ich fand diese Führung äußerst interessant, weil es einen in der Tat seltsam berührte, auf so eine Art nach einem Jahr in die Grafschaft Moray zurückzukehren. Als wir gegangen waren, waren wir Leute von einiger gesellschaftlicher Bedeutung gewesen. Ich war nicht allein der Direktor eines Vier-Sterne-Hotels gewesen, sondern auch der Gründer und Vorsitzende der Hoteliers-Vereinigung des Moray District, der Touristen-Vereinigung von Moray und Nairn und der Hoteliers-Vereinigung von Forres und Umland. Wir waren häufig zu Dinners und Parties eingeladen worden. Nachdem wir in den Campingplatz gezogen waren und von Arbeitslosengeld lebten, wollte uns keiner mehr kennen; in der Tat, als Gerüchte laut wurden, daß mir wohl gekündigt worden war, weil ich die Hotelkette beraubt hatte, wechselten einige Leute in Forres die Straßenseite, um uns nicht begegnen zu müssen. Die einzigen Leute, die uns besuchen kamen, waren zwei Frauen, ehemalige Prostituierte, die ihre frühere Beschäftigung aufgegeben hatten, um in Cluny Hill zu arbeiten, und die uns wirklich liebten.

Im Rückblick ist es natürlich klar, daß dies alles Teil des Planes war. Man kann nicht eine aktive Rolle im gesellschaftlichen Leben spielen und gleichzeitig die Grundlagen für eine spirituelle Gemeinschaft legen. Außerdem mußten wir von der Welt abgeschieden sein, um uns darauf zu konzentrieren, was uns zu tun aufgetragen war. Wir lebten wirklich wie die Einsiedler. Wenn mich Leute fragten, ob es nicht meinen Stolz verletze, daß ich mich für Arbeitslosengeld anstellen mußte, wurde mir bewußt, daß meine einzige Sorge war, ob wir wohl Gottes Willen taten. Ich fand, wir taten es, obwohl die ganze Situation damals keinen Sinn ergab.

Im November 1962 erhielt Eileen die Botschaft:

Versuche zu verstehen, daß Peter das Ziel sieht, und dadurch sieht er nicht die vielen Hindernisse im Weg. Was ihn betrifft, so sind all diese Hindernisse nichts. Heute erwartet er von dir, daß du das Ziel erreichst. Hierin, mein Kind, muß er Geduld und Sanftheit lernen. Seine energi-

sche, kraftvolle Art macht dir Angst, und du willst dich zurückziehen... Diese Gaben, die Peter mitbekommen hat, sind unbezahlbar, und es gibt nur sehr wenige, die sie bekommen haben - aber sie müssen mit Weisheit ausgeglichen werden. Laß Peter dir in dieser Zeit helfen. Er ist der Felsen, stark und unerschütterlich, und so ist sein Glaube. Er wird das Äußere aufrechterhalten. Laß ihn das willig tun. Du, Peter und Dorothy, ihr werdet eine neue Einheit verwirklichen, sowie ihr Mich und Meine Arbeit vor alles andere stellt. Der Rest wird sich von selbst ergeben. Eure Rollen werden euch sehr klar gemacht werden. Versucht nicht, es mit dem Kopf zu verstehen. Ich werde alles enthüllen. Mit Weisheit kann Dorothy Peter helfen, während du ein Kanal für die Liebe bist. Schreite furchtlos voran ins Neue, wissend, daß ich bei dir bin und alles sehr, sehr gut ist.

Während des langen, kalten Winters konnten wir wenig tun, daher verbrachten wir viel Zeit in Meditation und fuhren in unserer inneren Arbeit mit den Lichtzentren in aller Welt fort. Manchmal erhielten Eileen oder Dorothy eine Vision von einem bestimmten Zentrum, oder zuweilen stellten sie einen telepathischen Kontakt her und beschrieben mir dies, während es geschah, was für mich - der ich ja ihre Verbindungen weder sehen noch hören konnte - ungefähr so war, als wenn man die eine Seite eines Telefongesprächs mithörte! Weniger als vierzehn Tage nach unserer Ankunft zogen Lena und ihre Kinder in einen Wohnwagen neben unserem, und sie machte mit bei unserer Arbeit.

Die Kinder genossen ihre neue Freiheit, nach ihrem ziemlich eingeengten Leben in einem großen Hotel, über die Maßen. Als wir in Findhorn ankamen, hatten sie jede Menge frische Luft und Sonnenschein und konnten zudem am Strand spielen; nun liebten sie das kalte, schneereiche Wetter ebenfalls, und sie gingen richtig gern zur Schule. Sie nahmen den Schlitten und zogen sich abwechselnd den Fußweg zum Dorf entlang. Ihre Freunde kamen und sprachen und spielten mit ihnen im und um den Wohnwagen herum. Im ganzen paßten sich die Jungs gut an, und es war eine nützliche Übung, zu lernen, ihr winziges Zimmer aufzuräumen.

Ihre Einstellung war beispielgebend für uns Erwachsene. Bald, nachdem wir auf den Campingplatz gezogen waren, hatte Eileen die Botschaft erhalten:

Lerne, dankbar zu sein für all die zahllosen Segnungen, die dir beschert wurden; danke Mir unablässig dafür. Es gibt Zeiten, da ein jeder von euch sich so bedrückt und beladen fühlt, daß ihr eure Segnungen nicht erkennen könnt. In solchen Zeiten ist es gut, sich Rechenschaft abzulegen über jede einzelne gute Sache in eurem Leben, und wenn ihr jede einzeln anseht, werdet ihr bald sehen, in welch außerordentlicher Gnade ihr steht.

Wie leicht hätten wir in jener Zeit in Pessimismus, Resignation und Bitterkeit verfallen können! Wir waren aus dem *Trossachs* herausgeschmissen worden, hatten in einen Wohnwagen auf einer reinen Abfallhalde ziehen müssen und waren von Arbeitslosengeld abhängig. Wir hätten eine Menge Selbstmitleid haben können; stattdessen waren wir dankbar für alle Segnungen. Wir waren dankbar für die klare Luft, die schöne Landschaft, die Freiheiten, den Frieden, die Liebe zwischen uns allen und viele andere Segnungen mehr. Es wurde uns gesagt, daß wir nun lernen sollten, als Gruppe zu leben, daß unsere Stärke von unserer Einheit abhinge. Mehr als alles sollten wir uns darauf konzentrieren, einander zu lieben, da Liebe ein Schild gegen Negativität und Depression ist.

Wir waren alle sehr verschieden, so daß dies nicht immer leicht war, besonders auf so gedrängtem Raum. Wie die Führung andeutete, repräsentierte Eileen in einem archetypischen Sinne Liebe, ich selbst Licht und Dorothy Weisheit, drei sehr verschiedene Aspekte des Göttlichen, die versuchten, Einssein zu schaffen. Dieses Vereinigen von Licht, Liebe und Weisheit war das Fundament für die Etablierung der Gruppe und später der Findhorn Gemeinschaft. Während Naomis Aufenthalt bei uns, hatten wir zu diesem Thema eine Menge Botschaften erhalten; eine davon besagte, daß es dreier Leute bedürfe, um ein »Lichtzentrum« zu halten, wobei jeder dieser drei Aspekte mit den anderen in Balance ist, wie ein gleichseitiges Dreieck. Eins ohne das andre ist nutzlos, obgleich im Idealfall ein Mensch in seiner persönlichen Entwicklung lernt, alle drei in sich zu verkörpern.

Wir lernten außerdem, daß es am Anfang wichtig war, ohne irgendeine Routine zu sein, damit wir ein gänzlich neues Leben unter Gottes Führung beginnen konnten. Am 22. Dezember 1962 erhielt Eileen für mich die Worte:

Du und Eileen, ihr arbeitet als eine Person in Mir. Deine Inspiration, deine Führung kommt direkt von Mir, dem Herrn, deinem Gott. Benutze das geschriebene Wort durch Eileen nur, wenn du irgendwelche Zweifel hast und Bestätigung brauchst. Laß mich mehr und mehr durch dich wirken.

Eine entscheidend wichtige Maßnahme war es, den Wohnwagen gründlich zu reinigen, innen und außen. Daher begannen Dorothy und ich damit, innen zu schrubben, die Farbe abzulösen und überall frisch zu streichen. Eileen erhielt die Weisung, wenn wir dies nicht mit Liebe tun könnten, wäre es besser, es überhaupt nicht zu tun und am Strand spazierenzugehen oder zu meditieren, weil es wichtig war, daß die Energien von Liebe und Licht geradewegs in die Materie hineingestrahlt werden sollten, aus der der Caravan bestand. Dieser Prozeß wurde »die Schwingungen heben« genannt und diente als ein Schutz für die einfühlsame innere Arbeit, die hier getan werden sollte. Im *Trossachs* hatte Eileen sich ungeschützt gefühlt, wie eine Schnecke ohne Haus, und dies beeinträchtigte ihre Fähigkeit, leicht Führung zu empfangen; hier in Findhorn wurde dieses schützende Schneckenhaus geformt. Ich glaube, daß dieses Säubern und Streichen notwendig ist, wenn man ein Zentrum, für welche spirituelle Arbeit auch immer, vorbereitet, und in je schlimmerem Zustand das Gebäude, um so besser, denn es bedeutet, daß um so mehr Licht und Liebe hineingegeben werden muß, um den Schutz zu vergrößern. Ordentlichkeit und Reinlichkeit lassen keinen Raum für abwegige, chaotische oder negative Einflüsse.

Es gab auch banalere Gründe, um sauber zu sein. Obwohl der Wohnwagen an sich groß war, war er doch als unser Heim sehr klein. Sein Hauptzimmer diente als unser Schlaf-, Eß- und Wohnzimmer; bevor wir das Bett von der Wand herunterlassen konnten, mußten die Eßzimmerstühle gestapelt und der Sessel oben auf dem Sofa plaziert werden. Jeder mußte durch dieses »Schlafzimmer« hindurch, um ins Bad zu gelangen, das eine winzige Wanne hatte, in der wir badeten, und wo Eileen auf ihren Knien die Wäsche wusch. Eine weitere Tür führte in die Küche, eine Tür links war für die Toilette und geradeaus lag das Zimmer der drei Jungs mit einem Dreiviertelbett und einem Einzelbett mit Hochbett darüber. Es gab zwei Türen zwischen den Schlafzimmern, was den Lärm dämpfte. Am Samstagnachmittag schauten die Jungs und ich im Fernsehen Ringkämpfe an, während Eileen das Abendessen in der kleinen Küche zwischen unseren Zimmern kochte. Dann räumte ich die Möbel aus dem Weg, und sie rangen miteinander, immer zwei, während der andere zuguckte. Früher oder später wurde einem wehgetan, und der rannte dann weinend zu Eileen und der dritte übernahm seinen Platz; wenn der Verwundete zurückkam, hatte er dann noch einmal eine Chance. Ich fungierte als Schiedsrichter, und nach zwei bis drei Stunden waren sie total erschöpft. Wir hatten eine Menge Spaß.

Eileen machte sich große Sorgen darüber, daß ich keine Stelle bekam. Ich suchte tagsüber fleißig und verbrachte den Abend und Schlechtwettertage über Bücher gebeugt, die das Gärtnern aus jeder nur denkbaren Sicht heraus beschrieben - biologisch und nicht-biologisch, traditionell und progressiv - und freute mich auf die Zeit, wenn ich meinen eigenen kleinen Garten anlegen würde. Ich beabsichtigte, meinen eigenen Salat, Radieschen und Petersilie anzubauen als Dreingabe für unsere Lebensmittelversorgung, aber ich hatte keinerlei Absicht, dies zu einem größeren Projekt auszubauen.

Geld für Weihnachtskarten hatten wir nicht. Früher in Cluny Hill hatten wir drei- bis vierhundert Karten verschickt und erhalten, aber die kamen von gesellschaftlichen und geschäftlichen Bekanntschaften und kaum von dem, was ich »Seelenverbindungen« nennen würde. Für Eileen war dies jedoch ein greifbares Indiz für unseren offensichtlichen Sturz aus der Gnade. Wenn sie nach Forres ging und in dessen »geschäftige« Hauptstraße, kam sie gewöhnlich mit Kopfschmerzen zurück, und daher ging sie nicht mehr. Sie liebte unseren Wohnort wirklich und war sich darüber bewußt, was für ein besonderer Flecken dies war, aber mit dem Alten zu brechen und sich voll auf das Neue einzulassen, war ein sehr schmerzhafter Prozeß, zumal es nicht viel Altes gab, das man hätte ablegen können. Wir waren wie Schmetterlinge, die sich aus ihren Puppen herauskämpfen. Sie kämpfen und dann tauchen sie auf, naß und braungrau, bis das Licht der Sonne ihre volle Pracht hervorbringt. Das war es, was wir zu tun versuchten - in das Neue einzutauchen. Doch wir brauchten Gottes Stärke, um uns dazu zu befähigen.

17. Kapitel

WIR ERSCHLIESSEN NEULAND

Es gibt eine innere Welt,
eine Welt von Gedanken, Gefühlen und Kräften,
von Licht, Leben und Schönheit,
und ihre Macht ist, obgleich unsichtbar, doch enorm.

Am 14. Januar 1960, als wir noch im Cluny Hill Hotel arbeiteten, hatte ich in einem Brief an Naomi einen seltsam prophetischen Absatz geschrieben:

Dorothys Arbeit entwickelt sich gut; sie hat soeben ein Buch über Feen und Naturgeister erhalten.[1] *Ich bin sicher, du wirst an der folgenden Botschaft interessiert sein, die wir heute erhalten haben: »Die Verantwortung, die ich meinen Naturgeistern gebe, ist unmittelbar ihre; obgleich alle Macht durch den Menschen kommt, sind doch, wie bei Licht und Liebe, beide in der Schöpfung notwendig. Als die Welten geformt wurden, atmete ich innen meinen Hauch des Lebens ein, und durch die Zeitalter hindurch erbaute ich eine Welt und alles in ihr zum Gebrauch für mein Kind, den Menschen; doch jetzt, da das Kind Meine Schöpfung zerstören wird, wird es sie auch wieder zum Bewohnen aufbauen. Daher ist die Zusammenarbeit zwischen Mensch und Natur so nötig wie nie zuvor. Eine großartige Arbeit ist dies, sie soll getan werden in der Freude des Herrn.« Dies wirft mehr Licht auf die Arbeit der Naturgeister, die du und ich in der Vergangenheit, wie es scheint, eher aus dem großen Plan der Dinge herausgehalten haben. Hier wird Dorothy mit ihrer Arbeit die Lücke füllen.*

1) 1993 schreibt Dorothy: »Ich nehme an, das Buch war *The Kingdom of the Gods* von Geoffrey Hodson, in dem ich erstmals dem Wort »Deva« begegnete.«

Während dieser Periode erhielten alle, Dorothy, Eileen und Lena, jeden Tag seitenlange Botschaften, und während diese Botschaften ebenso pflichtgetreu notiert wurden wie alle anderen aus jener Zeit, war jedoch meine Aufmerksamkeit abgelenkt, und ich hatte all das völlig vergessen, als wir nun drei Jahre später in Findhorn lebten.

In der Tat wurde Dorothy an dem Tag, als wir auf dem Campingplatz angekommen waren, am 18. November 1962, eine weitere Botschaft gesandt, die sich auf die Natur bezog:

Alle Gewalten der Natur fühlen sich anders an. Sogar die Wildheit des Windes ist benutzt worden; in der Schöpfung werden gewaltige Mächte benötigt, ganz verschiedene (...) Fühle dich ein in die Naturkräfte dahinter, und verbinde dich mit ihnen...Es geht darum, sich in die Zustände der Natur einzufühlen und eins zu werden mit ihren Kräften. Schwingst du erst einmal mit ihnen in Einklang, so kannst du benutzt werden, um ihre Aufgabe zu fördern...dies sind mächtige Wesen, und der Mensch kann mit ihnen zusammenarbeiten. Fühle dich in sie hinein, und die Zusammenarbeit kann beginnen.

Doch sogar ihre innere Stimme gab zu, daß »dies alles vage« sei, und Dorothy verstand es einfach so, daß sie sich während ihrer täglichen Spaziergänge über die Dünen zwischen dem Dorf Findhorn und unserem Wohnwagen an der Natur erfreuen solle.

Im Februar 1963 beschloß Dorothy, etwas von ihrem bescheidenen Ersparten auszugeben und einen fertigen Anbau zu kaufen, den wir seitlich an unserem Caravan anfügten, damit sie bei uns sein konnte. Wir strichen den Anbau und richteten ihn her, und nun hatte Dorothy nicht nur einen Platz zum Wohnen, sondern auch zum Arbeiten, wo sie tippen und die Botschaften, die Eileen, sie selbst und Lena in der Meditation erhielten, ordnen konnte. Während der Jahre im Cluny Hill Hotel und in den frühen Tagen in Findhorn widmete sich Dorothy ganz der Aufgabe, nicht nur dieses Material, sondern auch meine wöchentlichen Briefe an Naomi abzutippen und abzuheften - dank dessen gibt es sehr klare Aufzeichnungen über alles, was damals geschah.

Uns wurde gesagt, nichts, egal wie geringfügig, solle getan werden, ohne zuerst Gottes Führung zu befragen; wenn dies nicht geschah, waren die Folgen unselig. Zum Beispiel schaute sich Dorothy nach einem Teppich um, und ich entdeckte, daß es in der Stadt einen Ausverkauf von leicht ladenbeschmutzter Ware gab. Dorothy sah einen Teppich, der ihr gefiel, und da sie es ziemlich eilig hatte, kaufte sie ihn, ohne zuerst nach innerer Vergewisserung zu fragen. Später merkte sie dann, daß nicht allein das Muster falsch für den Raum war, nein, er war auch aus Baumwolle und nicht aus Wolle - man hatte sie übers Ohr gehauen. Dies mag manchem sehr trivial erscheinen, aber oft lernen wir gerade in den Details des täglichen Lebens Lektionen, die uns auf den Umgang mit den großen Fragen vorbereiten.

Im März 1963 wurde uns bewußt, daß wir in dieser Saison nicht ins *Cluny Hill Hotel* zurückkehren würden; es wurde mir zunehmend klarer, daß es nicht richtig für mich war, in diesem Jahr eine Stelle zu finden, da die Schritte, die wir unternahmen, um ein Zentrum des Lichts aufzubauen, nur abgeschirmt von der Welt und ihren Einflüssen getan werden konnten. Das bedeutete nicht, daß ich nicht bereit gewesen wäre, eine Stelle anzunehmen oder es abgelehnt hätte, mich für irgendeine mir angebotene Stelle zu bewerben. All diese frühen Jahre hindurch tat das Arbeitsamt sein Bestes, um für mich eine Anstellung zu finden - der Leiter war Graham McDonald, der mein Assistent im Cluny Hill Hotel gewesen war. Ich führte ein Bewerbungsgespräch nach dem anderen, aber jedes Mal passierte irgend etwas, und ich bekam die Stelle nicht. Natürlich war es nicht eben hilfreich, daß ich keine Referenzen aufweisen konnte. Die britische Luftwaffe gibt keine, und Mrs. Bruce weigerte sich ungerührt, eine zu schreiben, trotz meiner beharrlichen Nachfragen.

Während dieses ersten Frühlings in Findhorn bemerkten wir, daß wir Sand und Erde um den Wohnwagen herum durch die Vordertür hineintrugen und Fußspuren auf unserem blauen Teppich hinterließen. Daher kam mir die Idee, eine Betonplatte als Patio vor den Wohnwagen zu legen und einen Pfad rings um den Caravan herum und zwischen Caravan und Garage anzulegen. Ich wollte auch einen Zaun aufstellen, damit es privater wäre und wir etwas mehr Schutz vor dem Wind hätten. Die Kinder und ihre Freunde spielten oft recht geräuschvoll in der Nähe, und das störte die Meditation. (David, unser jüngster, warnte seine Freunde gewöhnlich, daß wir unseren »Frieden« *(peace)* hätten; als Schotten verstanden sie dies als *piece* und meinten, wir hätten ein Stück Brot oder Kuchen mit unserem Nachmittagstee.)

Beton zu mischen, ist wegen des Preises von Zement ein teures Unterfangen, und es schien ausgeschlossen, daß wir uns das leisten könnten. Ich entschied jedoch, in Treu und Glauben daranzugehen; Eileens Weisung hatte uns gesagt, daß, wenn der erste Schritt in die richtige Richtung getan ist, sich alles übrige von selbst ergeben werde. An dem Tag, als ich die Arbeit anfing und mich fragte, woher um alles in der Welt der Zement kommen sollte, erwähnte jemand beiläufig, daß jemand eine Reihe von Säcken mit leicht durch Wasser beschädigtem Zement vor dem Campingplatz als Müll deponiert hätte. Ich sammelte sie sofort ein und sah, daß es mehr als genug für unsere Bedürfnisse reichte - in klingender Münze hätte diese Menge mehr als dreimal unser wöchentliches Einkommen gekostet! Solch augenscheinliche Zufälle wurden alltäglich; ich war überrascht, wie Gott in kleinen Dingen und auf scheinbar seltsame Art nach uns schaute.

Ich lagerte mehrere Tonnen dieses Zements in unserer Garage und verbrachte dann Wochen damit, den Boden zu begradigen und ihn mit Holzplanken einzufassen. Dorothy und Eileen sammelten Sand und kleine Steine vom Fluß. Als alles vorbereitet war, machten wir drei uns an die mörderische Arbeit, Sand, Zement und Steine zu mischen und den Beton mit Spaten anzurühren. Gegen 4 Uhr nachmittags hatten wir ein rund dreieinhalb Quadratmeter großes Viereck für den Patio gelegt und, total erschöpft, beschlossen, daß wir für diesen Tag genug geschafft hätten - wir würden die Wege morgen fertigstellen.

Der nächste Tag kam, aber da mußte etwas anderes getan werden, und der Tag darauf, und der Tag nach diesem...immer gab es irgend etwas Neues zu schaffen, alles mit seiner eigenen, neuen Energie. In der Tat gingen sechs Jahre ins Land, ehe der Weg rund um den Wohnwagen fertiggestellt war! Hier lernten wir eine wichtige Lektion in Sachen »eine Gemeinschaft aufbauen« - und dies gilt für ähnliche Projekte genauso. Man sollte immer nur eine Arbeit vollenden und zu einem perfekten Abschluß bringen, ehe man an die nächste geht. Es ist ausgesprochen schwer, auf eine Arbeit zurückzukommen und sie zu vollenden, wenn erst einmal die Energie, die zu ihrer Entstehung führte, in eine andere Richtung abgelenkt ist.

Ich errichtete einen 1.80 Meter hohen Leistenzaun um das 3,6 Quadratmeter große Viereck herum mit ein bißchen extra Boden, das uns ganz von der Außenwelt abschirmte und vor dem Wind schützte. Dieser kleine Patio sollte uns in den kommenden Jahren noch viel Freude bereiten. Wenn das Wetter es zuließ, diente er als Eßzimmer und als Raum für Besprechungen und Meditationen.

Da ich noch immer ohne Arbeit war, beschloß ich, einen kleinen Garten anzulegen. Innerhalb des Zaunes gab es ein etwa 6 qm großes Stück Boden. Ich wollte ein paar Radieschen und Salatköpfe pflanzen, um etwas zu unserem mageren Einkommen beizusteuern. Es gab dort nur etwa dreieinhalb Zentimeter Grasnarbe, eigentlich nur einen wirren Haufen Quecke, alles andere war Sand und Kies, was durch die langen, sich überallhin ausbreitenden Wurzeln der Quecke zusammengehalten wurde. Ehe ich irgend etwas pflanzen konnte, mußte ich diese Grasschicht loswerden, indem ich sie verkehrt herum und tüchtig kleingehackt in 46 cm breite und 30 cm tiefe Gräben legte. Dann kam der feine Sand wieder obenauf. Dieser »Boden« hatte praktisch keinerlei Humus, so daß kein Wasser eindrang. Ich versuchte, die Sämlinge jeden Tag zu gießen, aber es bildeten sich einfach Blasen auf der Oberfläche, und das Wasser lief ab.

Hier begann der Garten von Findhorn. Bevor ich eine Saat ausgesät hatte, wußte ich, das das Ganze ohne eine gute Beimischung von Kompost oder Mist nutzlos sein würde. An eben jenem Tag entdeckte ich auf dem Campingplatz einen großen Haufen schwarzen Zeugs, welches sich als die verrotteten Reste von geschnittenem Gras herausstellten - ausgezeichnet für Gemüse, wenn man es dem Boden beigibt. Die Art, wie verschiedene Materialien einfach so für den Garten »auftauchten«, wenn sie gebraucht wurden, versetzte uns zuweilen in Staunen[2]; es ließ mich glauben, daß dies wohl ein sehr wichtiges Projekt sein müsse, aber ich war zu beschäftigt, meine Zeit mit Rätselraten zu verbringen. Was mich betraf, so genügte es mir, daß wir unsere eigene Nahrung anbauten. Dies

---

2) Später nannten wir dieses Phänomen »Manifestation«; siehe Kapitel 19.

würde nicht allein dazu beitragen, daß das bißchen Geld, welches wir hatten, länger reichte, es würde außerdem (und dies war noch wichtiger) die »Schwingungen«, die wir in das Land schickten, in Form nährender Nahrung zurücksenden und helfen, uns körperlich zu verfeinern. Eileens Führung hatte die Notwendigkeit hierfür ganz genau erklärt.

Wenn es auch nicht gerade »Manna vom Himmel« war, so war das Material für den Kompost, das wir fanden, was den Garten betraf, fast genauso wertvoll. Eines Tages wurde mir gesagt, daß ein Ballen Heu von einem Lastwagen gefallen sei und an der Straße läge. Sofort sprang ich ins Auto und fuhr los, um es einzusammeln. Auf dem Rückweg nahm ich einen Mann mit, den ich flüchtig kannte; ich erläuterte, daß der Haufen Stoh hinten im Auto als Kompost für unseren Garten dienen sollte. Als wir an einem Feld mit Pferden vorüberkamen, sagte er: »Warum sammeln Sie nicht den Pferdemist von dem Feld da?« »Das kann ich nicht machen«, antwortete ich, »ich kenne den Besitzer nicht.« Er sagte mir, daß *er* der Besitzer sei, und ich könne sehr gern den Mist holen! Nachdem wir ihn eingesammelt hatten, brachte er seine Pferde in ein Feld, das an den Campingplatz angrenzte, damit die Mistlieferung weitergehen konnte. Der Anblick von Eileen und Dorothy, wie sie den Pferden mit Eimern und Schaufeln hinterherliefen, um diesen wertvollen frischen Mist einzusammeln, war für manchen Passanten eine Quelle der Erheiterung. Wir brachten ihn heim in einer alten Eisenwanne hinten im Auto.

Unsere Fähigkeit zum Aufstöbern aller möglichen Ingredienzen für den Kompost war bemerkenswert. Ein Laden im Ort gab uns schlecht gewordenes Obst und Gemüse; Grasschnitt kam vom Campingplatz. Wir holten Torfschlacke und Gerstenkeime, letzteres ein potenter Dünger, von einer nahegelegenen Malzerei für die Whisky-Destillerien. Wenn ich irgendwo am Horizont Rauch aufsteigen sah, holte ich mein Fernglas, um die Quelle zu lokalisieren, in dem Wissen, daß die Asche von Holzfeuern Pottasche enthält, was ebenfalls ein unersetzbarer Bestandteil ist. Manchmal fanden Eileen, Dorothy und ich, während der schweren, kalten Arbeit, Algen in der Findhorner Bucht von den Felsen zu schneiden, einen toten Lachs oder Schwan; die kamen dann gleichfalls in die Mixtur hinein. Sogar die »Nachttöpfe« im Wohnwagen wurden auf dem Komposthaufen geleert - kein Wunder, daß unsere Nachbarn uns ein bißchen komisch fanden!

Im Mai konnte ich Naomi bereits mitteilen, daß unser Komposthaufen »wie ein Ozeandampfer« vor sich hin dampfte. Die ersten Gemüse, die ich gepflanzt hatte - Radieschen, Salat, Erbsen, Bohnen, Karotten und Frühlingszwiebeln - gediehen prächtig auf der Mixtur, und die Jungen hatten große Freude daran, sie wachsen zu sehen. Eines Abends pflanzte ich einen Haufen kleiner Salatsetzlinge, die ich im nahen Elgin gekauft hatte; als die Jungen sie am nächsten Morgen sahen, fragten sie sich, ob die wohl über Nacht gewachsen seien!

Hinter dem Wohnwagen lag ein steiler, mit Ginster und Brombeergestrüpp überwachsener Abhang. Den wollte ich kultivieren, damit ich dem Garten weiße Rüben, Sellerie, Lauch und ein paar Gemüse mehr hinzufügen könnte; doch bei näherer Untersuchung entdeckte ich, daß der Boden sogar noch weniger hergab als der erste Flecken Erde. Er bestand vorwiegend aus Kieseln; was es an »Boden« gab, war den Hang hinuntergespült worden. Mit Schaufel und Schubkarren begann ich die anstrengende Tätigkeit, die zwei auszutauschen: Der Sandboden kam wieder obenauf an den Hang, und die Kiesel wurden benutzt, um die Lücke zwischen dem Wohnwagen und der Garage am unteren Ende zu füllen.

Es gab einen lebenswichtigen Grund für diese harte Arbeit, die mehrere Monate dauerte. Eileen empfing für mich: *Wisse, daß du jedesmal, wenn du einen Spatenstich tust, Schwingungen in den Boden sendest.* Dadurch, daß ich voll konzentriert und mit Liebe für das, was ich tat, arbeitete, konnte ich die Erde mit Liebe tränken, und dies wiederum schuf ein Kraftfeld wie einen Schutzwall um den Wohnwagen.

Einmal in dieser Periode bekam ich Besuch von Phimister Brown, einem Anwalt, der die Geschäfte für eine Reihe von Hotels führte. Seit einigen Jahren war er schon an mir interessiert, und im vorangegangenen Oktober hatte er mir in der Tat die Leitung eines Hotels in Aberdeen angeboten, kurz nach unserer Kündigung vom Trossachs. (Ich hatte damals abgelehnt, da ich so sicher war, daß wir ins Cluny Hill zurückkehren würden.) Er lud uns zum Essen ein, was ein besonderes Ereignis war, und wiederholte sein Angebot, aber leicht verändert: Wenn ich das Aberdeener Hotel in einer kurzen Zeit nach oben bringen würde, dann könnte er es verkaufen und das Cluny Hill Hotel kaufen (mit dem es immer mehr bergab ging) und mich dort als Direktor einsetzen, da er wußte, daß dies der einzige Ort sei, an dem ich wirklich interessiert war. Das war ein verlockendes Angebot. Eileens Führung für mich lautete, dies nicht abzulehnen, sondern bereit zu sein, es anzunehmen, falls der derzeitige Direktor unter dem Druck, das Hotel in Aberdeen zu führen, zusammenbrechen sollte. In der Zwischenzeit hatte ich mehr als genug zu tun, um mit dem Garten voranzukommen.

Dorothy war immer ein großer Naturliebhaber gewesen, aber die früheren Hinweise, daß sie benutzt werden könnte, um »die höheren Aufgaben des Naturreichs« in den Vordergrund zu bringen, kamen eines Morgens im Mai erneut und mit überraschender Klarheit. In ihrer Meditation wurde ihr gesagt *»die Naturgewalten zu spüren, positiv zu sein und mit deren Essenz zu harmonisieren«*. Sie hielt das für eine gute Entschuldigung zum Sonnenbaden und über die Dünen zu stromern, aber ich interpretierte es anders - vielleicht bedeutete es, daß sie Informationen erhalten solle, als Hilfe für den Garten.

Mein spirituelles Training unter Dr. Sullivan hatte Informationen über die Elementargeister von Erde, Luft, Feuer und Wasser enthalten und ihre Rolle in der Schöpfung; die Möglichkeit einer bewußten Kooperation mit ihnen hatte mich immer fasziniert. War nun eine Gelegenheit geboten, dies zu tun? Ich bedrängte Dorothy, und am nächsten Morgen erhielt sie folgendes:

Ja, mein Kind, du sollst im Garten mitarbeiten. Fang damit an, indem du über die Naturgeister nachdenkst, die höheren Naturgeister, die die Natur überstrahlen, und indem du dich auf ihre Wellenlänge einstellst. Es wird für sie so ungewöhnlich sein, daß jemand ihre Aufmerksamkeit anzieht, daß sie überglücklich sein werden zu helfen und darüber, daß es ein paar Mitglieder der menschlichen Rasse gibt, die diese Hilfe dringend wünschen. Dies ist der erste Schritt; die kleineren, individualisierten Naturgeister unterstehen ihren Gesetzen.

Mit höheren Naturgeistern meine ich nicht nur die geographisch das Gebiet überstrahlenden, sondern die Geister der verschiedenen physischen Formen, wie die Wesen der Wolken oder des Regens, der verschiedenen Gemüse. In der neuen Welt werden ihre Reiche den Menschen ganz offen sein - oder sollte ich sagen, die Menschen werden ihnen ge-

genüber offen sein - und wenn zum Beispiel Regen nötig ist, so wird es regnen. Das wäre euch sogar jetzt möglich, wenn der Glauben groß genug wäre und es nicht die Idee von Beschränkung gäbe. Nun wandere einfach mit offenen Augen in die prächtigen Naturreiche hinein, mit Sympathie und Verständnis und dem Wissen, daß dies Lichtwesen sind, bereit zu helfen, aber Menschen gegenüber mißtrauisch; daher schauen sie nach Falschheit und Tücke aus. Bleib mit Mir verbunden, und dann werden sie nichts finden, und ihr werdet alle am Aufbau des Neuen teilhaben. [3]

Zwei Wochen später, nach viel Drängeln meinerseits, nahm Dorothy mit einem Wesen des Pflanzenreichs Kontakt auf, dem Engel oder »Deva«[4] der Gartenerbse. Sie war genau so überrascht über die Plötzlichkeit des Kontaktes, wie über die Botschaft selbst:

Ich kann zu dir sprechen, Menschenkind. Meine Arbeit, die klar umrissen und definiert ist, leitet mich vollständig, ich bringe sie lediglich zur Verwirklichung; doch du bist direkt in mein Bewußtsein getreten. Meine Arbeit liegt klar vor mir, die Kraftfelder sind da, um manifestiert zu werden, egal, was für Hindernisse es gibt, und davon gibt es allzu viele in dieser Welt, in der der Mensch eine Plage ist. Du denkst, daß Schnecken zum Beispiel eine größere Bedrohung für mich darstellen als der Mensch, aber das stimmt nicht; Schnecken sind Teil der natürlichen Ordnung, und das Gemüsereich ist nicht böse auf jene, die es nährt; der Mensch jedoch nimmt, was er kann, ganz selbstverständlich, und bedankt sich nicht; dies stimmt uns seltsam feindlich.

Was ich dir sagen möchte, ist, daß ihr dasselbe tun könntet wie wir, die wir vorwärtsschreiten, ohne je auch nur einen Moment lang von unserem Kurs abzukommen, abgelenkt etwa durch Gedanken, Gefühle oder Handlungen. Im allgemeinen scheinen die Menschen nicht zu wissen, wohin sie gehen oder warum sie etwas tun; wenn sie es aber wüßten, was könnten sie dann für ein Kraftwerk sein, und wie gut könnten wir mit ihnen zusammenarbeiten, wenn sie nicht vom wahren Weg abkämen! Ich habe meine Meinung geäußert und wünsche dir Lebewohl.

---

3) Dies ist die originale, ungekürzte und unveränderte Botschaft, wie sie Dorothy damals tippte; andere veröffentlichte Versionen variieren in kleinen, aber bedeutsamen Einzelheiten.

4) »Deva« bedeutet in Sanskrit: »Leuchtendes Wesen«. Dorothy schreibt: »Für mich war der Begriff »Engel« voll von Christentum, Harfen und Heiligenscheinen. Engel und Devas sind absolut das gleiche.«

Wie aufgeregt ich über diesen Durchbruch war, ist in einem Brief erhalten, den ich damals an Naomi schrieb:

...Dies ist erst der Anfang, und was für unendliche Möglichkeiten eröffnet es! In der Lage zu sein, Gemüse anzubauen mit direkter Hilfe des Archetypischen Wesens, das für die Gemüsesorten verantwortlich ist! Kooperation zwischen dem Menschen und den Naturkräften! Ich habe nichts darüber gehört, daß dies schon einmal geschehen ist, freilich ist es vermutlich instinktiv passiert in jenen vergangenen Zeiten, da der Mensch der Natur näher war...Ich warte begierig auf weitere Kontakte.

Ich brauchte nicht lange zu warten. Dorothy wiederholte das Experiment, und diesmal versuchte sie, mit dem Wesen Kontakt aufzunehmen, das für den Garten allgemein verantwortlich war, welches sie den Landschaftsengel nannte. Damit war sie ebenso erfolgreich. Wir verstanden allmählich, daß jede Pflanzenart ihren eigenen Deva hat, eine Intelligenz, die das Grundmuster von Form, Eigenschaften und der Entwicklung von Pflanzen innerhalb dieser besonderen Spezies hält - ganz so wie ein Architekt einen Entwurf für eine bestimmte Gebäudeart hat. Die Devas leiten auch Energie dahin, individuelle Pflanzen in Übereinstimmung mit ihrem Grundmuster in ihre physische Form zu bringen, gerade so wie der Architekt seinen Bauarbeitern seine Pläne überreicht.

Ich ergriff die Gelegenheit, die Devas durch Dorothy (die weniger über Gärtnern wußte als ich) um praktischen Rat bei der Lösung von vielen Problemen zu bitten, denen ich im Garten begegnet war. Bevor ich nach Findhorn kam, hatte ich sehr wenig Erfahrung als Gärtner; die Bücher, die ich gelesen hatte, behandelten alles, das Problem war jedoch, daß sie für Gärten im fruchtbaren Südengland oder in den Midlands geschrieben waren und nicht für solche im Norden Schottlands - insbesondere nicht für so harsche, aussichtslose Bedingungen, wie sie uns auf dem Campingplatz umgaben. Desweiteren widersprachen diese Bücher einander oft, und in solchen Fällen mußte ich mich für Antworten an die Devas halten.

Als ich zum Beispiel Brunnenkresse pflanzen wollte, hieß es in einem Buch, dies sei unmöglich ohne fließendes Wasser, und in einem anderen hieß es, im Schatten wäre es möglich, wenn man gut bewässern würde;

in wieder einem anderen hieß es, man könne sie in vollem Sonnenlicht anbauen. Das war sehr verwirrend. Als ich fragte, meinte der Brunnenkresse-Deva (nicht eben hilfsbereit, was sehr untypisch war): »Experimentiere!« Ich grub einen Graben und tat viel Kompost hinein, um die Feuchtigkeit zu halten; eine Hälfte des Grabens lag in der Sonne, die andere im Schatten. Wie es so kam, fanden wir die perfekte Lösung. Die Brunnenkresse, die in der Sonne wuchs, kam sehr früh und entwickelte Samen und ließ uns mit der Brunnenkresse im Schatten zurück für den Rest der Saison.

Normalerweise waren die Devas jedoch enthusiastisch und sehr genau in ihren Ratschlägen. Unser Arbeitsverhältnis war beidseitig - dieses Experiment in bewußter Kooperation zwischen Menschen und den Naturkräften war für sie ebenso neu wie für uns. Ich wandte mich jedoch nicht immer und automatisch an die Devas um jede Antwort; ich gab Fragen nur an Dorothy weiter, nachdem ich etwas auf meine Weise ausprobiert und damit offenbar keinen Erfolg gehabt hatte. Wenn ich ein erfahrener Gärtner gewesen wäre, hätte ich vielleicht viele der Praktiken, die die Devas empfahlen, gekannt, aber, wie ich später herausfand, gingen einige ihrer Vorschläge über das Wissen konventionellen Gärtnerns weit hinaus.

Während mein Hauptinteresse an den Devas in dem spezifischen Rat lag, den sie mir geben konnten, war Dorothy mehr von ihrer feinstofflichen, philosophischen Kommunikation angezogen, und sie nahm mir meine ewige Fragerei nach handfester, praktischer Information übel. Meine Art zu jäten empfand sie als »brutal«, ausdünnen, zurückschneiden und ähnliche Handlungen, die eben nötig sind, wenn man einen Garten in Ordnung halten will, das ärgerte sie. Dies führte zu Reibereien zwischen uns, die manchmal in einen hitzigen Streit ausarteten. Ich blieb dabei, daß der Mensch als Schöpfer des Gartens das letzte Wort behalten müsse; es war nicht immer möglich oder angemessen, den Vorschlägen der Devas zu folgen, mit Rücksicht auf die Zeit, die Arbeit und materielle Ressourcen, die wir uns leisten konnten. Wenn man sie in Ruhe ließe, würden die Naturkräfte sehr schnell den Garten in seinen wilden Zustand zurückverwandeln. Dorothy räumte ein, daß ein Garten eine künstliche Schöpfung war, aber sie blieb bei dem Argument, daß man den Devas zutrauen könne, Jäten, Beschneiden und dergleichen unnötig zu machen, wenn wir erst einmal das rechte Maß an Zusammenarbeit mit ihnen gefunden hätten.

Die Devas selbst schienen an dem menschlichen Zank nicht interessiert, aber sie warnten uns, daß unsere Gedanken und unser innerer Geisteszustand den Garten sehr wohl beeinflussen würden, wenn wir in ihm arbeiteten. Die Liebe, mit der ich die Erde behandelte und mich um die Pflanzen kümmerte, war wichtiger als Sentimentalität; positives Denken war mächtiger als Zweifel über das, was wir taten. Zu jener Zeit spielte Dr Sullivans Vortragsreihe über positives Denken eine wichtige Rolle darin, Eileen, Dorothy und Lena zu helfen, mit den außerordentlichen Ereignissen, die in unserem Leben passierten, zurechtzukommen. Jeden Abend, zwei Wochen lang, erarbeiteten wir vier eine bestimmte Lektion des Kurses, ehe wir zur nächsten übergingen, und die drei Frauen erhielten in ihrer eigenen persönlichen Führung oft zusätzliche »Instruktionen« in bezug auf die gerade anstehende Lektion.

Diese Lehren und unsere gemeinsamen täglichen Zeiten der Stille, wenn wir den inneren Gott anriefen, halfen uns, Differenzen in unseren Persönlichkeiten oder Meinungsunterschiede zu transzendieren (wenn nicht sogar zu lösen). Dies war nicht allein wichtig für uns, um effektiv in solch gedrängten Verhältnissen miteinander arbeiten und leben zu können, sondern auch um unsere Aufnahmebereitschaft für die materiellen sowie spirituellen Bedürfnisse der Pflanzen in unserem Garten zu erhöhen. Ich lernte zum Beispiel, daß die Art Musik, die gespielt wurde, das Wachstum der Pflanzen beeinflußte; daher schaltete ich fortwährend klassische Musik im Radio ein (obwohl dies manchmal Dorothy ärgerte, die es lieber still hatte.)

Dorothy empfing Botschaften von den Devas von Bäumen, Büschen, Gemüse und Blumen; ebenso vom Landschaftsengel, der die Lebenskraft in den ganzen Garten sendete, so daß die individuellen Arten sie in der Erfüllung ihrer bestimmten Aufgabe benutzen konnten. Dieser Engel bot oft praktischen Rat zu allgemeinen Belangen an, etwa was den Boden und Kompost betraf:

Nein, es ist nicht nötig, Torf in den Garten zu tun. Was es Gutes tut an Schutz, wird mehr als aufgehoben durch den Schaden durch ein totes

Gewicht, wenn man so sagen will, welches in das lebendige Wesen des Gartens eingefügt werden muß. Besser in den Kompost: Wir beschleunigen euren Kompost für euch sehr. Mischen!

Diese Wesen sprachen zu Dorothy nicht in einer hörbaren »Stimme«. Sie trat telepathisch in Kontakt mit ihnen (oder sie mit ihr), so daß also die Botschaft in einem Bewußtseinsfluß kommuniziert wurde, die ihr eigener Geist in die englischen Wörter übersetzte, die dem Sinn am nächsten kamen. So wie mit Eileens Führung, betrachtete ich die Botschaften erst als erhalten, wenn sie niedergeschrieben waren, als Sicherung dagegen, daß sie durch den Geist und die Emotionen in einer mündlichen Wiedergabe eine noch stärkere Färbung erhielten. Doch Dorothy war ein äußerst sensitives Medium, sorgfältig und streng geschult durch Sheena. Sogar wenn sie manchmal an der erhaltenen Information selbst zweifelte, war diese doch durchgehend tadellos (und sehr nützlich). Ich bezweifle, daß viele Leute außerhalb Schottlands den Namen Findhorn heute gehört hätten ohne Dorothys stoischem Dienst an dem Garten, den ich schuf. Ihre Autobiographie *»Du kannst mit Engeln sprechen«* wurde 1980 veröffentlicht.

18. KAPITEL

DER ZAUBERGARTEN

HARMONIE IN DER INNEREN WELT SPIEGELT SICH IN DER ÄUSSEREN WELT
IN HARMONISCHEN BEDINGUNGEN WIDER,
IN ANGENEHMER UMGEBUNG, IN DEM BESTEN VON ALLEM.

WIE ICH SO DEN GARTEN weiterentwickelte, wurde er zum Intensivanbau; jeder Zoll wurde genutzt. Pastinaken zum Beispiel wurden in 50cm Abstand gesät, und dazwischen kamen zwei Reihen Salat, und zwischen Salat und Pastinaken eine Reihe Radieschen. Die Radieschen reiften als erstes und wurden gepflückt, das schuf Raum für die Salatköpfe; sobald die schnittbereit waren, gab es genug Platz für die Pastinaken, um sich auszubreiten. So viel Leben und Vitalität in diesem Garten machten ihn zum Ausstellungsstück. Zuerst kamen Leute vom unteren Teil des Campingplatzes und dann aus der näheren Umgebung, um zu schauen. Sie waren überrascht und beeindruckt von diesem fruchtbaren Flecken Erde in einer ansonsten dürren Umwelt und rätselten über unser Geheimnis: Hatten wir einfach ein Händchen fürs Gärtnern? Warum schufen wir überhaupt einen dauerhaften Garten um ein vorläufiges Heim herum? Manchmal verkaufte ich ihnen meinen Überschuß an Gartenprodukten, um mehr Pflanzen kaufen zu können, aber über die wahre Natur unserer Arbeit sprach ich nie.

Gegen Ende unseres ersten Sommers war Schritt für Schritt ein Garten rings um unseren Caravan herum geschaffen worden. Eileen empfand, daß mehr und mehr Schutz hinzugefügt wurde; die Schale um uns herum wurde stärker, und wir fühlten uns sicherer. Sie empfing auch in ihrer Führung, daß, was wir in diesem Garten taten, sehr wichtig war für die Welt und eines Tages Tausende von Menschen kommen und ihn sehen würden. Daraus konnte ich mir damals keinen Reim machen. Dagegen fühlte ich allerdings, daß wir, indem wir bewußt mit den Devas arbeiteten, die Geheimnisse der Schöpfung selbst lernten.

Obgleich wir weder Kunstdünger noch Pestizide benutzten, strotzten die Pflanzen in unserem Garten vor Leben und hatten einen natürlichen Widerstand gegen Erkrankungen und Befall entwickelt. Im ersten Jahr, 1963, hörten wir, daß unsere Kohlköpfe und unser Rosenkohl die einzigen in der Nachbarschaft waren, die eine Plage von Kohlraupen überlebt hatten (die, wie der englische Name *root grub* besagt, die Wurzel einer Pflanze zerstören.) Die Devas hatten mir gesagt, ich solle die Erde um den Pflanzenstengel herum anhäufeln und sie feucht halten, mit dem Ergebnis, daß die Pflanzen ein paar Extrawurzeln erzeugten und überlebten.

Zu dieser Zeit erhielt Eileen die Botschaft:

Sage Peter, daß all die Arbeit, die er in diesen Ort hineingelegt hat und noch immer hineinlegt, Gemüse in Hülle und Fülle erzeugen wird. Strahlungen und alles, was er dem Boden beigefügt hat, um ihn zu nähren, machen diesen zu einem ganz besonderen Ort. Seine Belohnung wird darin liegen zu sehen, wie wunderbar dieser Ort in künftigen Tagen genutzt werden wird.

In diesem winzigen Garten rund um den Wohnwagen pflanzte ich am Ende fünfundsechzig verschiedene Gemüsearten (dies schließt viele Varietäten jeder Art ein), zweiundvierzig Kräuterarten und einundzwanzig verschiedene Arten Obst. Obwohl wir von Arbeitslosenhilfe lebten, war unser Essen fabelhaft - dank der vitalen, vegetarische Kost aus dem Garten, die mit Hilfe der Devas gewachsen war, die Schlange zu stehen schienen vor Eifer, mit uns zusammenzuarbeiten. Kaum daß die erste Ernte fällig war, erhielt Eileen auch schon spezifische Anweisungen darüber, wie wir unsere Körper verfeinern konnten, indem wir unsere eigenen Produkte aßen und ebenso Obst, Honig und Weizenkeime.

Täglich aßen wir einen großen Salat, dessen Zubereitung uns reihum oblag, und jeder pflückte die Kräuter seines Geschmacks, um sie einer Vielfalt von Zutaten beizumengen; dann machte ich ihn mit Olivenöl an. Abends hatten wir gewöhnlich einen Gemüseeintopf mit Kartoffeln, Karotten, Zwiebeln, Lauch, Steckrüben, Pastinaken, Artischocken, Selleriestangen, Blumenkohl, gelben Kohlrüben, Tomaten, Knoblauch und Kürbis, gewürzt mit jeder Menge Kräutern. Als Nachtisch aßen wir oft die überreifen Bananen, die ich vom Gemüsehändler für den Komposthaufen gesammelt hatte, und von der Milch seihten wir die Sahne ab. Eine andere wichtige Zutat zu unserer Nahrung waren Kartoffeln. Ich sammelte Säcke beschädigter Kartoffeln von einem Laden, nach außen hin, um sie auf den Kompost zu tun, aber in Wirklichkeit schnitten wir die schlechten Stellen heraus und machten aus dem Rest Suppe. Wir aßen fast jeden Tag Kartoffelsuppe.

Diese graduelle Verfeinerung unserer physischen Körper durch unser Essen und körperliche Übungen bedeutete, so wurde uns gesagt, daß sich unsere Esseneinnahme verringern und wir beginnen würden, mehr Energie direkt von der Sonne zu beziehen - sogar unsere Haut würde aufnahmefähiger werden. Ich muß sagen, daß ich nach Tagen in der Sonne und der frischen Luft, mit einem täglichen Strandlauf, dem ein schnelles Bad in den eisigen Wassern des Moray Firth folgte, allerdings einen Unterschied feststellte, aber wer hätte das nicht? Wir machten das Beste aus dem guten Wetter, trugen so wenig Kleidung wie möglich und picknickten regelmäßig am Strand. *All dies hilft euch und bereitet euch auf die Zukunft vor*, sagte Eileens Weisung, *aber was immer ihr tut, es ist ungeheuer wichtig, daß ihr richtig Freude dabei empfindet.*

Das Bedürfnis nach physischer Fitness wurde bald offenbar. Den Boden in unserem Garten aufzubauen, das war bei mir fast schon zur Manie geworden, und gegen Ende des Sommers hatten wir unseren Mistvorrat beinahe aufgebraucht. Ich begann, nach einem Haufen Mist auf dem Hof nebenan zu schielen. Der Bauer schien keinen Bedarf dafür zu haben; er benutzte lieber Kunstdünger, der von der Regierung subventioniert wurde. Deshalb suchte ich ihn auf, nachdem ich den Haufen zwei Monate lang hatte herumliegen sehen.

Das war im Oktober, wenn die *tatties* (Kartoffeln) - ein Grundnahrungsmittel für die Schotten - erntereif sind. Ich bot dem Bauern unsere

Hilfe bei der Kartoffelernte an im Tausch gegen soviel Mist, wie wir nur wegschleppen konnten. Der Bauer protestierte - unsere Arbeit sei doch gewiß mehr wert... Aber ich versicherte ihm, dies sei alles, was wir bräuchten. Am Ende willigte er ein, denn er hatte nicht genug Leute und konnte ein paar extra Hände gut gebrauchen.

Es konnte einem das Kreuz brechen, den ganzen Tag, zwei Wochen lang, gebückt die Kartoffeln herauszubuddeln, aber Dorothy und ich hielten durch - um des edlen Mistes willen. Der Bauer dachte immer noch, daß er uns zu wenig bezahle, aber seine Verlegenheit wandelte sich in Bestürzung, als er sah, wie über die nächsten zwei Monate der gesamte Haufen an Mist in Blechdosen, Abfall- und anderen Eimern weggeschafft wurde. Dieser vier Jahre alte Dung war ideal für den Garten, und ich verlor keine Zeit, ihn generös zu verteilen.

* * * * *

Trotz der wachsenden Bedeutung, die meine Arbeit im Garten anzunehmen schien, konnte ich die Gewißheit nicht abschütteln, daß es nicht mehr lange hin sein würde, bis wir zu »unserem rechtmäßigen Ort«, ins Cluny Hill Hotel, zurückkehren würden, obwohl das keinen Sinn ergab angesichts Mrs. Bruces unnachgiebigem Widerstand sogar dagegen, mir eine Empfehlung auszustellen. Um Sozialleistungen in Anspruch nehmen zu können, war ich jedoch gesetzlich verpflichtet, in der Zwischenzeit kein »vertretbares« Arbeitsangebot auszuschlagen, und meine offenbaren Qualifikationen lagen im Bereich des Hotelmanagements und der Essensversorgung.

Während unseres ersten Sommers in Findhorn forderte mich das Arbeitsamt auf, nach Glasgow zu fahren zu einem Bewerbungsgespräch für den Posten eines Hoteldirektors in einem von zwei großen Hotels in dem Urlaubsort Strathpeffer im nördlichen Hochland. Ehe ich ging, erhielt Eileen die Nachricht:

Es ist derzeit noch nicht richtig, daß Peter eine Stelle bekommt. Er muß bereit sein, ein Bewerbungsgespräch zu führen. Ihr braucht das nicht zu forcieren, und es wird nichts daraus werden. Durch seine Gedanken kann er einen Job hervorrufen oder zurückweisen. Wenn er zu dem Gespräch gehen muß, wird er einen Schritt nach dem anderen tun und Mich sein Handeln führen lassen müssen. Ihr müßt euch immer wieder vor Augen halten, daß ihr ins Cluny Hill Hotel zurückkehrt und dies Wirklichkeit werden wird. Vergeudet nie Zeit damit, euch zu fragen, wie das wohl angehen kann und wischt alle negativen Gedanken weg. Seht Meine Hand in allem, was passiert. Nichts kommt durch Zufall.

Beim Gespräch am nächsten Tag behielt ich Cluny Hill fest im Kopf, aber es war mir schleierhaft, wie ich verhindern konnte, einen dieser zwei Jobs anzunehmen, da der Hauptgeschäftsführer der Gesellschaft wollte, daß ich sofort anfinge. Während ich in seinem Büro war, erhielt ich jedoch telefonisch eine Mitteilung, die Hotelabteilung des Glasgower Arbeitsamtes anzurufen. Als ich dort hinging, entdeckte ich, daß noch eine weitere Gesellschaft mit Erste-Klasse-Hotels in Schottland einen Direktor suchte; der Generaldirektor kam an jenem Nachmittag von Edinburgh, um mit mir zu sprechen. Ich traf mich mit ihm. Er offerierte mir sofort eines der besten Hotels in Schottland in North Berwick, nahe der englischen Grenze, mit einem sehr guten Gehalt, und schlug vor, mich augenblicklich dorthin zu fahren. Das half mir aus den Stellen in Strathpeffer heraus, aber wie sollte ich diesem hier entkommen? Ich wurde nicht lange in Zweifel gelassen. Während wir unterwegs in Edinburgh hielten, rief der Generaldirektor Mrs. Bruce in Aberdeen an, und sie kam mit den ganzen Schlagzeilen über die »Namenlosen« heraus; sie sagte, sie käme auf der Stelle (jeweils vier Stunden Fahrt hin und zurück) nach Edinburgh, um dies mit ihm zu besprechen. Wir warteten auf ihre Ankunft, aber gegen Nachmittag des nächsten Tages schlug ich vor, nach Findhorn zurückzufahren; er könne dort mit mir in Verbindung treten. Mrs. Bruce muß ihn wohl abgeschreckt haben, denn wir hörten nie wieder von ihm.

Ich kehrte nach Findhorn zurück, wo Eileen die Botschaft erhielt:

Sei kein bißchen besorgt über das, was mit Peter passiert; wenn er Meiner Führung Schritt für Schritt folgt, kann nur Gutes dabei herauskommen. Er kann immer nur eins nach dem anderen tun, und auf diese Weise wird Meine Absicht sich eröffnen. Sei dir klar darüber, daß Meine Hand über allem wacht, was zu dieser Zeit geschieht, und daß allem ein Plan zugrundeliegt. Du kannst es jetzt noch nicht sehen, weil du dem Geschehen zu nahe bist, aber du wirst es sehen. Wann immer Peter ei-

nen starken Impuls verspürt, unterstütze ihn. Er wird wissen, wie der nächste Zug aussehen wird, und gib ihm dabei in allem deine volle Unterstützung. Beobachte, wie sich Mein Plan offenbart - so gewiß wie eine Blume im warmen Sonnenschein.

Am Tag nach meiner Rückkehr hörten wir Gerüchte, daß es sehr schlecht liefe in Cluny Hill und sie eine verheerende Saison gehabt hätten. James McLeod, der Gärtner, bestätigte uns, daß das Hotel halb leer stehe. Wiederum erhielt Eileen eine Botschaft:

Ihr sollt alle wissen, daß ihr nach Cluny Hill zurückkehren werdet, euren rechtmäßigen Platz. Wie oder wann oder unter wem, wird sich erst noch zeigen müssen. Oft habe ich dir gesagt, daß Peter der Hüter von Cluny Hill ist. Ein Hüter kann einen Ort verlassen, aber er muß irgendwann einmal zurückkehren, und genau das wird geschehen. Belasse all das in Meinen Händen und entspanne dich.

In Glasgow hatte ich mich bereit erklärt, nach Strathpeffer zu fahren, wo die zwei großen Hotels lagen, um mir selber ein Bild zu machen und um den Vorsitzenden der Gesellschaft noch einmal zu treffen. Eileen empfing: *Geht morgen alle zusammen nach Strathpeffer, macht einen Familienausflug daraus, nehmt ein Picknick mit, schaut euch alles an. Sage Peter, daß er keine Zusagen machen, sondern die Entwicklungen abwarten soll.* Wir fuhren hin, aber ich konnte mir nicht vorstellen, dort zu arbeiten - nichts fühlte sich richtig an. Der Vorsitzende und der Generaldirektor führten uns alle herum, und wir besprachen danach die Einzelheiten, aber es war ihnen vollkommen klar, daß unser Herz wirklich für Cluny Hill schlug und wir bei der nächstbesten Gelegenheit dorthin zurückkehren würden. Jedenfalls hatte der Vorsitzende noch nichts von Mrs. Bruce gehört, der er von mir geschrieben hatte. Das Arbeitsangebot wurde zurückgezogen.

Später hörte ich von Naomi, daß ihre Quellen äußerst besorgt waren, daß ich bloß nicht in meiner üblichen dynamischen Art alles durcheinanderbrächte und eine Stelle annähme, wo doch meine Energie anderswo gebraucht wurde. Es war nicht meine persönliche Wahl, daß ich mich zurückhielt, alles daranzusetzen, einen Job zu kriegen, und es fiel mir auch nicht leicht; nichts mag ich lieber, als im Zentrum der Aktivität zu sein und Dinge zu organisieren. Es schien, als sei Mrs. Bruces Rolle in Gottes Plan gewesen, zu verhindern, daß ich einen Job bekäme, damit ich mich auf die Arbeit im Findhorn Garten konzentrieren konnte und - obgleich ich dies damals nicht wußte - auf den Aufbau einer Gemeinschaft.

Über fünfundzwanzig Jahre später war ich zufällig in Edinburgh auf meinem Weg nach Findhorn und beschloß, Mrs. Bruce zu besuchen. Nachdem ich zuerst angerufen hatte, um sicherzugehen, daß sie da war (und den Hörer aufgelegt hatte, sobald sie antwortete), nahm ich ein Taxi zu ihrer Wohnung und hörte eine Stimme sagen: »Komm rein, die Tür ist auf!« Das kam mir komisch vor, und ich ging hinein. Als wir uns sahen, fragte ich sie, ob sie sich an mich erinnere. »Gewiß erinnere ich mich an Sie, Mr. Caddy, kommen Sie doch herein«, sagte sie und bot mir eine Tasse Tee an. Sie sagte mir, daß sie ihren Sohn erwartet habe und deshalb die Türe offen stand.

Ein paar Freunde von ihr saßen im Eßzimmer, daher folgte ich ihr in die Küche, um mit ihr zu reden, während sie den Tee machte. »Mrs. Bruce«, fing ich an, »ich wollte Ihnen schon lange erzählen, daß ohne Sie und die Rolle, die Sie gespielt haben, nie eine *Findhorn Community* entstanden wäre.« Sie war überrascht und sagte: »Ah ja? Erzählen Sie mir mehr!« Ich erwiderte: »Nun, dadurch, daß Sie mir keine Referenz ausstellten, haben Sie effektiv verhindert, daß ich eine Stelle bekam. Damals war ich böse auf Sie, aber wenn Sie anders gehandelt hätten, würde man mir eine Arbeit gegeben haben und die Gemeinschaft hätte nicht gegründet werden können.«

Sie lächelte süß und sagte: »Nun ja, wir müssen alle unseren Eingebungen folgen, nicht wahr?« Nun war es an mir, überrascht zu sein. Ich ging bald darauf, um den Zug zu erreichen, nachdem wir uns in bester Freundschaft getrennt hatten.

* * * * *

Am 8. September 1963 besuchte uns Sheena. Dorothy saß und tippte auf dem Patio, und ich strich innen im Wohnwagen. Ich kam für einen Moment heraus und sah auf dem Weg eine Frau zu uns laufen. Ich erkannte sie nicht sofort. Sie war bleiern, abgehärmt und in trüben Farben gekleidet. Es war Sheena, aber nicht die Sheena, die wir gekannt hatten - nur ein Schatten ihres früheren Selbst, der wie ein grauer Geist aus der Vergangenheit auftauchte, um zu sehen, was wir trieben. Es war ein unangenehmes und verkrampftes Wiedersehen. Sie bat beide, Eileen und Dorothy, zu meditieren, um herauszufinden, was Gott über ihr unerwartete Wiederauftauchen zu sagen hatte.

Was Eileen niederschrieb, war schonungslos und traf den Punkt:

Die Vergangenheit ist vorbei und zu Ende...Sheena hat keinen Teil an eurem Leben...Sie paßt nicht in den Plan, den ich für jeden von euch habe. Sie weiß dies, aber sie weigert sich, es zu akzeptieren - wie ein Ertrinkender, der sich am Strohhalm festklammert. Deshalb ist sie heute gekommen.

Dorothys Weisung, obwohl freundlicher, war ebenso klar:

Du fühlst nur ungeheure Dankbarkeit für alles, was Sheena für dich getan und in Gang gesetzt hat - und ich allein weiß, wie viel das wirklich war - und du möchtest, und ich möchte es durch dich, daß sie das weiß. Das ist eine unvergängliche Wahrheit.

Eure verschiedenen Kräfte, die verschiedenen Personen, sind zu einem tieferen Zweck zusammengekommen, und dieser Zweck ist nur zum Teil vollendet worden. Die ursprüngliche Harmonie darin ist jetzt unmöglich, und eure Wege haben sich getrennt. Was immer für Mich arbeitet, kommt auf Meinen Ebenen zusammen. Damit laß es bewenden.

Nachdem ihr dies vorgelesen worden war, stand Sheena auf und ging, wobei sie ärgerlich negierte, daß sie »sich an jeden Strohhalm klammere«. Es war erkenntnisreich für uns zu sehen, was uns zuvor gesagt worden war: Jener Teil Sheenas - jener hohe, feine, sensitive Geist - der einst jeden von uns durch unsere persönlichen Himmel und Höllen geführt hatte, war nun zurückgenommen worden, nur eine leere Hülle zurücklassend. Dorothys Führung nach dieser letzten verkrampften Trennung unserer Wege faßt, so denke ich, zusammen, was wir alle fühlten:

Du hast dich oft gefragt, wie Sheena nach dem, was sie war, nun sein kann, was sie jetzt ist, und nun verstehst du besser. Die Kraft ist zurückgenommen worden, die Sensitivität getrübt, sogar die Erinnerung zerschmettert...Das Herz ist zu mir zurückgekehrt und versteht. Erinnere dich an Sheena, wie sie war, ein Teil Meines Herzens, und laß deine Dankbarkeit zu Uns fließen.

Es machte mich traurig - ohne die Schulung durch Sheena und wie sie jeden von uns zu Gott geführt hatte, hätten wir bestimmt nicht zu jenem Zeitpunkt eine neue Welt betreten - aber ich konnte nur Dorothy zustimmen, daß wir ihr viel Dankbarkeit schuldeten. Ein paar Jahre später starb sie an einer Gehirnblutung in Edinburgh.

* * * * *

Die Nächte werden an einem so nördlichen Breitengrad sehr lang, wenn sich der Winter nähert; es gibt weniger Zeit, um draußen zu arbeiten und mehr, um Bilanz zu ziehen. Da waren wir nun, noch immer in Findhorn. Ich hatte noch immer keinen Job. Ich hatte einen Garten geschaffen, aber wozu war das gut, abgesehen von der Notwendigkeit, uns zu ernähren? Wir hatten eine Arbeitsbeziehung mit den Devas etabliert, aber diese waren einzig an den Pflanzen unter ihrer besonderen Zuständigkeit interessiert und boten wenig oder gar keine Einblicke auf das größere Bild. Ungeachtet unserer finanziellen Lage waren wir tatkräftig, gesund und glücklich: Aber was taten wir hier?

Eines Morgens kam mir die Antwort: *Wir waren Pioniere für etwas Neues.* Uns war alles entrissen worden - außer unserem Glauben. Weder trauerten wir der Vergangenheit nach noch fürchteten wir die Zukunft. Wir fanden Gott auf einem scheinbar gottverlassenen Campingplatz, und mit den geringen Mitteln, die wir hatten, schufen wir einen Beweis der Tatsache, daß mit Gott alle Dinge möglich sind.

An jenem Abend erhielt Eileen in ihrer Führung: *Sage Peter, daß das, was ihm heute morgen als Erkenntnis kam, die Wahrheit ist... Was jetzt geschieht, ist etwas Neues, und dies ist der Weg, wie die Welt neu erschaffen werden soll.* Dies wurde später noch herausgehoben mit einer Erklärung meiner Rolle im Garten:

Peter ist derjenige, der ihn schafft und der die ganze Zeit inspiriert ist...Die Inspiration kommt, und er sieht ein Bild dessen, was an den einen oder anderen Ort kommen soll. Er kann diese Vision verwirklichen. Wenn sie anzeigt, daß er Obstbäume kaufen soll, sollen Obstbäume gekauft werden. Seine Vision des Gartens soll vollendete Wirklichkeit werden. Er wird sehen, daß er alles immer nur stückchenweise bekommt. Daher wird er nicht das Ganze in einem planen können; aber es wird ihm Stück um Stück enthüllt werden...

Tatsächlich wachte ich einmal mitten in der Nacht mit der glasklaren Erkenntnis auf, daß hier in Findhorn, genauso wie in Cluny Hill, wo ich alle Arten von Gärten angelegt hatte, jede Frucht-, Gemüse-, Salat- und Kräuterart vertreten sein sollte, die in diesem Teil der Welt angelegt werden konnte.

Es schien daraufhin klar, daß wir genau da weitermachen sollten, wo wir waren. Die Weisung, die Eileen im Dezember 1963 gegeben wurde, verdeutlichte dies:

Ich möchte, daß du diesen Ort als euer dauerhaftes Heim betrachtest und weißt, daß alle Mühe, die hineingesteckt wird, Früchte in Hülle und Fülle tragen wird, nicht allein materielle, sondern auch spirituelle Früchte. Bedenke, dies ist eine enorme Arbeit. Peter wird euer aller Hilfe und Mitarbeit brauchen, um sie auf allen Ebenen zu leisten. Nur wer sucht, der findet auch. Daher lehne dich niemals zurück und erwarte, daß dir alles in den Schoß fällt.

Als Weihnachten vor der Tür stand, fragten wir uns, ob sich unsere Kinder in irgendeiner Weise zu kurz gekommen fühlen würden, da wir so wenig Geld übrig hatten. Aber dieses Weihnachten machte ihnen mehr Freude als je zuvor. Verschiedene Leute hatten die Eingebung, uns genau das zu geben, was wir brauchten, und alle Geschenke für die Kinder schienen perfekt zu sein und bereiteten ihnen große Freude. Wir luden Lena Lamont und ihre Familie ein, mit uns zu Abend zu essen, aber dann »kam der erwartete Vogel nicht«, und wir sahen, daß wir nicht genug Essen hatten; im letzten Augenblick schickte uns Eileens Bruder einen herrlichen Truthahn. Wir saßen mit elf Personen um den Weihnachtstisch herum - Dorothy, Eileen und ich, unsere drei Jungs, Lena und ihre drei Kinder und Miss Harrold (die alte Dame im Dorf, bei der Naomi untergekommen war) - und wie reibungslos unsere Teamarbeit lief, das gab uns eine erste richtige Erfahrung der Vorteile, die man hat, wenn man in einer Gruppe lebt.

Meine einzige Enttäuschung war, daß Naomi nicht dabei war. Ein paar Monate hatten wir nun schon versucht, sie zu überreden, Amerika zu verlassen und zu uns nach Findhorn zu kommen, wo, wie wir schon im Jahr zuvor bemerkt hatten, ihre physische Präsenz sowohl zu der inneren Arbeit beitragen konnte als auch die »Basis von Vier in einem Viereck«[1] vervollständigen würde, die nötig war, ehe ein Bau begonnen werden konnte (obgleich wir keine Ahnung hatten, *was* wir wohl bauen würden - wir folgten einfach innerer Richtungsgebung, Schritt für Schritt). Ich plante auch, die riesige Menge an Material, das Naomi von verschiedenen Quellen erhalten hatte, zu ordnen und ein Buch zur Veröffentlichung vorzubereiten.[2] Im September 1963 hatte ich sogar einen Wohnwagen für sie erhalten, aber sie blieb nach wie vor unschlüssig, ängstigte sich, daß sie nicht genug Mittel habe, und am Ende ließen wir den Wohnwagen gehen.

---

1) Naomi selbst hatte empfangen, daß es dreier Leute bedürfe, um die spirituellen Energien in einem Lichtzentrum zu verankern - die die Aspekte von Licht, Liebe und Weisheit repräsentieren - und vier, um mit dem Bau zu beginnen.

2) Aus mehreren Gründen geschah das nie; einige von Naomis Aufzeichnungen wurden schließlich 1981 in *A World Within A World/X-7 Reporting* (Neville Spearman, Jersey) veröffentlicht, telepathische Botschaften, die eine Gruppe von »Gefangenen aus Gewissensgründen« unten in einer Salzmine in Sibirien empfingen. 1996 bei Findhorn Press erschienen.

19. Kapitel

Manifestationen

So wie wir uns der Weisheit der inneren Welt bewusst werden, nehmen wir geistig diese Weisheit in Besitz und dadurch kommen wir in den tatsächlichen Besitz der Macht und Weisheit, die nötig sind, um die wesentlichen Elemente zu manifestieren, die für unsere vollständige und harmonische Entwicklung notwendig sind.

Bis zum Sommer 1964, unserem zweiten Jahr in Findhorn, erzeugten wir etwa 70 Prozent all unserer Nahrung im eigenen Garten. Der Garten wurde meiner spontanen Eingebung folgend weiterentwickelt; manchmal fragte mich Eileen, was ich als nächstes im Garten tun würde, aber meine unvermeidliche Antwort war, daß ich keine Ahnung hätte - ich wußte es nur beim ersten Spatenstich. Zu jener Zeit hatte ich zum Beispiel eine Menge kleiner Salatsetzlinge, die ich überall pflanzte - am Boden des Selleriegrabens, auf Erdwällen, zwischen anderen Pflanzen - so daß es schließlich Hunderte davon gab. Ich überlegte nicht lange, wie wir wohl all diesen Salat essen sollten! Nun, wegen eines frühen Kälteeinbruchs in jenem Jahr waren all die örtlichen Salatpflanzen, die unter Glas gepflanzt worden waren, verzehrt, und die freiwachsenden waren noch nicht soweit. Wir waren die einzigen Salatlieferanten in der ganzen Gegend, und ich konnte sie an örtliche Läden verkaufen; die Einnahmen wurden zur Anschaffung von mehr Pflanzen und Obstbäumen benutzt. Ich hatte dieses Unternehmen nicht geplant, sondern war meiner Intuition gefolgt.

Wir fanden den Garten zuweilen durch einen starken südwestlichen Wind beschädigt und hatten nicht das Geld, um Kotoneaster-Pflanzen zu kaufen und eine Hecke anzulegen. Jede Pflanze kostete neun Pence, deshalb pflanzte ich extra Kohlköpfe da, wo die Kotoneaster gepflanzt werden sollten und verkaufte sie für je neun Pence; das deckte gerade die Kosten für die Hecke. Wir nannten sie unsere »Kohlhecke«; sie war ein Schutzwall auf der Südseite des Gartens, dreißig Meter lang. Davor war eine Reihe Goldlack, eine weitere Reihe mit Frühlingskohl, gefolgt von einem 1,80 Meter hohen Drahtzaun und innerhalb davon eine Reihe Himbeeren.

Es war schwierig, für all die verschiedenen Gattungen, die ich pflanzen wollte, und deren Devas mit Eifer an dem Experiment beteiligt sein wollten, Platz zu finden. Wie die Dinge lagen, plante ich einen Obstgarten mit Äpfeln, Birnen, Pflaumen, Reineclauden, Kirschen, Schwarzen und Roten Johannisbeeren, Stachelberren, Himbeeren, Erdbeeren, Pfirsichen, Aprikosen, Brombeeren und Loganbeeren. Da ich von kurz nach acht Uhr jeden Morgen bis zehn Uhr abends im Garten arbeitete, war ich ihm so nahe, daß ich nicht bemerkte, wie außerordentlich stark und saftig die Pflanzen geworden waren. Erst an einem Sonntagnachmittag, als wir dem nahegelegenen Cawdor Castle einen Besuch abstatteten, dessen Gärten seit mehreren hundert Jahren durch professionelle Gärtner eingerichtet und fürsorglich gehegt wurden, dämmerte mir, wie prächtig die Resultate unserer Zusammenarbeit mit den Devas waren. [1] Unser Gemüse war viel größer und in besserem Zustand als das in Cawdor, und wir konnten nur staunen.

Dorothy hatte in der Zwischenzeit einen Job als Sekretärin für einen Mann in Forres angenommen, der vorhatte, den Verkauf der Fischproduktion der Gegend für Großbritannien und das Ausland zu verbessern. Da Charles, unser Ex-Küchenchef, ein Experte im Räuchern von Lachs war, wurde er einbezogen, um mit der Verarbeitung zu experimentieren; wenn dies erst einmal perfekt liefe, sollte ich dem Team als Verlaufsleiter beitreten. Charles war oft gekommen, um bei uns zu wohnen, nachdem wir uns auf dem Campingplatz häuslich eingerichtet hatten - gewöhnlich zur Ausnüchterung und um zwischen Jobs und krummen Geschäften zur Ruhe zu kommen - und er und Christopher teilten dann ein Zelt. Während dieser Besuche half er mir im Garten. Manch-

1) Für mehr Information über die Devas siehe *Du kannst mit Engeln sprechen, Der Findhorn Garten* und *Im Licht der Engel* (siehe Bibliographie).

mal kam er in der Nacht, noch aufgewühlt von einem Handgemenge mit einem der Ortsansässigen, das er begonnen hatte, um meinen Namen zu verteidigen. Es war noch immer Klatsch im Umlauf, daß man mir gekündigt hätte, weil ich die Kasse im *Cluny Hill Hotel* ausgeraubt hätte, und Charles - der oft ohne Erfolg versucht hatte, mich an einer seiner Schiebereien zu beteiligen - wußte besser denn jeder andere, wie absurd diese Gerüchte waren. (Eine andere Story besagte, daß wir Mormonen seien und ich fünf Frauen hätte!)

An einem Wochenende aber fuhr Charles gegen den Willen seines Arbeitgebers nach Hause an die Westküste; er wurde sehr depressiv und beschloß, sich das Leben zu nehmen. Er stürzte sich vom Ende einer Pier und wurde - sehr zu seinem Ärger - gerettet. Das Ergebnis davon war, daß er hinausgeworfen wurde, und das war das Ende des Fischprojektes. Da ich jedoch in diesem Unternehmen einen künftigen Job hatte, gab das Arbeitsamt nahezu ein Jahr Ruhe.

Gegen Ende des Sommers von 1964 wollte ich den Garten erweitern. Als ich den Besitzer des Campingplatzes fragte, ob ich weitere 4,50 Meter dranhängen könnte, meinte er, was ihn beträfe, so könne ich ihn ganz bis zu einem anderen Wohnwagen hin ausdehnen, der 60 bis 90 Meter entfernt war. Ich machte mich an die Arbeit. Der fast ununterbrochene Wind rund ums Jahr in Findhorn war das Haupthindernis in der Anlegung eines Gartens, und es wurde mir klar, daß besonders das Frühgemüse Schutz brauchte; um den zu gewährleisten, schätzte ich, daß ich rund sechsunddreißig Frühbeetkästen machen mußte aus Glas oder Kunststoff (vorzugsweise letzteres, da es leichter war). Für die Hinterwand und die Seiten organisierte ich Bahnschwellen von verschiedenen Quellen und dann, ein paar Tage später, schaute ich mich zufällig nach etwas auf einem Schrottplatz um, als ich auf einen Haufen Kunststoff-Frühbeete stieß - und es waren genau sechunddreißig, die ich zum lächerlichen Preis von je zwei Shilling und sechs Pence erstand. Als diese an Ort und Stelle waren, bereitete ich sogleich die Erde in den Frühbeeten, damit sie fertig wären, um die Frühernte der nächsten Saison gegen Wind und Frost zu schützen.

Eine weitere Nutzung der Frühbeete lag im Pflanzen von Pilzen, die ich besonders mag, die wir im Garten jedoch nicht hatten. Um einen dafür geeigneten Boden zu schaffen, sammelten wir frischen Mist, indem wir den Pferden auf einer Weide neben uns mit Eimer und Schaufel hinterherliefen! Die Erfahrung zeigte uns, daß die Devas Humor hatten: Ich kann die Story nicht besser wiedergeben als in meinem ursprünglichen Bericht in *Der Garten von Findhorn* :

Bei dem Versuch, alles perfekt zu machen, holten wir uns frischen Pferdemist und bereiteten ihn auf, indem wir ihn mehrfach wendeten, Bücher lasen und den Anleitungen mit äußerster Genauigkeit folgten. Wir erwarben sogar ein Thermometer, um die Temperatur des Pferdemists zu messen - in jenen Tagen etwas äußerst Extravagantes. Dorothy kontaktierte den Pilz-Deva, der meinte, wir würden »erstaunliche Resultate« sehen. En passant hatte Dorothy erwähnt, daß sich dieser Deva irgendwie rundlich angefühlt habe und so, als ob er Humor habe.

Wir taten alles Erdenkliche für diese Pilze, stellten ein paar vorsichtig in die Garage und ein paar in Frühbeete. Die ganze Zeit über erinnerte uns der Pilz-Deva: »Wachstum hängt von vielen Faktoren ab, die wir nicht vorhersagen können, und deshalb wachsen wir immer, alle von uns, wo immer das möglich ist.« Wir schenkten diesen Pilzen mehr Aufmerksamkeit als allem, was wir sonst je angepflanzt hatten - schließlich und endlich erwarteten wir ja erstaunliche Resultate. Nach Wochen endloser Pflege produzierten unsere Pilzbeete zwei winzige Nachkömmlinge. Überall im Garten jedoch, wo wir vier Jahre alten Pferdemist verstreut hatten, wuchs eine superbe Pilzernte!

Im Wohnwagen nebenan lebte ein uns feindselig gesonnener Mann, der einen großen, bezaubernden, aber unerzogenen Dalmatinerwelpen hatte. Eines Tages wanderte dieser junge Hund über die neuen Frühbeete und zerstörte jedes einzelne. Anfangs war ich darüber sehr erbost - ich empfand, daß eine dunkle Gewalt uns hindern wolle, die Nahrung anzubauen, die für uns so lebenswichtig war - und ich verbrachte die nächsten drei Monate damit, einen kräftigen Drahtmaschenzaun um das ganze Gelände zu ziehen, das ich zu bebauen gedachte, um beides, Dalmatiner als auch dunkle Kräfte, in Schach zu halten. Ich war kaum damit fertig, da verkaufte der Besitzer auf einmal den Campingplatz; als der neue Besitzer fragte, was ich für all das Land bezahlte, das ich benutzte, meinte er, wir sollten vielmehr dafür bezahlt werden, daß wir das Land so verbesserten! Auf diese Weise wurde der Garten auf Grund ausgedehnt, den wir weder besaßen noch zu zahlen hatten, dank der destruktiven Tätigkeit eines Welpen!

* * * * *

Noch einmal, 1964, erhielt Naomi die innere Richtungsgebung, daß sie aus den Staaten kommen und sich uns zugesellen solle, aber ihr Mangel an Glauben hielt sie davon ab. Sie schrieb, sie glaube niemals, daß Gott verlange, unsere ganze Zeit dem Dienen zu widmen. Ich antwortete, daß Er eben das erwarte, und die einzige Art von Dienst, die etwas gelte, sei, sich Ihm von ganzem Herzen hinzugeben. Er wolle uns ganz und nicht nur einen Teil von uns. Wenn wir unser Ganzes gäben, werde uns alles und mehr zurückgegeben werden, und Gott werde darauf achten, daß unsere inneren und äußeren Aktivitäten unser Leben lang ausgeglichen seien. Ich erinnerte sie daran, daß wir in Findhorn diesen Ausgleich hergestellt hätten.

Eileen erhielt die Weisung, daß sie nun die »Gesetze der Manifestation« lernen und das Geld »manifestieren« solle, um einen Wohnwagen für Naomi zu kaufen, die von einer Rente abhängig war. Diese sogenannten Gesetze basierten auf meinen Rosenkreuzer-Lehren und wurden von Anfang an in Findhorn angewandt; sie sollten ein Eckpfeiler in unserer Arbeit werden. David Spangler hat die eleganteste und prägnanteste Beschreibung dieser Gesetze der Manifestation geliefert:

Alles aufgeben, was dein kleines Selbst ausmacht, damit man eine klare Vision des göttlichen Willens haben kann und dessen, was ein echtes Bedürfnis ist und nicht einfach ein Wunsch der Person. Sich an Gott und an Gott allein wenden, um dieses Bedürfnis zu erfüllen. Eine präzise Vision oder Vorstellung dessen haben, was manifestiert werden soll, wenn erforderlich diese Vision anderen mitteilen, damit alle, die an dem Prozeß beteiligt sind, dieselbe Vorstellung haben und in ihren Gedanken und ihrer Vorstellungskraft vereint sind. Einmal bitten und im Glauben wissen, daß dem Bedürfnis nun aufs Beste Rechnung getragen wird. Dafür Danksagen, daß dem so ist und das Ganze loslassen. Wenn eine Handlung erforderlich wird, im Glauben vorwärtsschreiten und dabei den positiven Gedanken und das Bild des erfüllten Bedürfnisses im Kopf behalten. Wenn die Manifestation eintritt, wieder Dank sagen. Sich bewußt sein, daß das, was man manifestiert hat, nicht persönliches Eigentum ist, sondern ein Teil Gottes, der in deine Fürsorge gelegt und dir anvertraut ist. Behandele alles, was du hast, als wenn du dessen Hüter wärest, gewillt, es loszulassen, wenn die Arbeit damit getan ist. Pflege alles, was du hast, mit Liebe und Geschicklichkeit, da du alles als Geschenke Gottes erkennst.

Als Übung zur Anwendung dieser Prinzipien, sozusagen zum Anwärmen, sollte Eileen zuerst 72 Pfund Sterling für eine Rechnung über eine Autoreparatur manifestieren, die wir machen ließen, ehe wir das *Trossachs* verließen. In unseren gegenwärtigen Umständen bedeutete das eine Menge Geld. In der Meditation wurde sie geheißen, einem Treuhänder ihrer Ehevereinbarung zu schreiben, um zu sehen, ob es möglich sei, etwas von diesem Kapital zu benutzen; die Antwort war, es dürfe nicht angerührt werden, aber der Anwalt fragte, ob sie versucht habe, eine Rückzahlung der aufgrund früherer Dividenden geleisteten Einkommenssteuer zu bekommen. Daran hatten wir nicht gedacht, daher gingen wir nun also zu einem Anwalt in Forres und füllten die notwendigen Formulare aus. Fristgerecht erhielten wir einen Scheck vom Finanzamt über 72 Pfund, genau soviel Geld, wie wir der Werkstatt zahlen mußten (was damals unsere einzige unbezahlte Rechnung war.)

Eileen war überglücklich darüber, und es stärkte ihren Glauben, was die Gesetze der Manifestierung betraf - aber wir besaßen noch immer nicht das Geld für einen Wohnwagen für Naomi. In der Zwischenzeit machte ich weiter in dem Glauben, daß das Geld da sein würde. Ich dachte, der ideale Wohnwagen für Naomi wäre im Stil wie unserer oder Lenas, ein *Rollalong*, der beste Wohnwagen, der erhältlich war, zudem auch warm und bequem. (Ich hatte seit Naomis letztem Besuch nicht vergessen, wie sehr sie als amerikanisches Geschöpf die Behaglichkeit liebte.) Lena hatte ihren *Rollalong* von einem Mr. Cameron gemietet, der ein paar davon besaß, und eines Tages sagte er ihr, er habe einen größeren für sie und ihre drei Kinder. Da kam mir in den Sinn, daß ihr derzeitiger Wohnwagen für Naomi ideal sein würde. Ich fragte Mr. Cameron, wieviel er dafür wolle, und er antwortete 750 Pfund. Ich sagte, das sei ja viel zu viel und konnte den Preis auf 650 Pfund drücken; am Ende bot ich ihm 325 und wir kamen zu einem Kompromiß bei 350 Pfund. Um auch sicherzugehen, daß dies ein fairer Preis war, baten wir einen örtlichen Wohnwagenhändler, zu kommen und ihn zu schätzen, was er auch tat - auf £275!

Eileen wurde nun in Meditation mitgeteilt, meinem Vater zu schreiben und ihn um eine Anleihe von £275 zu bitten. Vater war entschieden gegen alles, was wir in Findhorn taten. Er war auf meine Karriere in der *Royal Air Force* stolz gewesen und auch, als ich Leiter eines Vier-Sterne-Hotels war; nun aber war er bitter enttäuscht, nicht so sehr, weil sein Sohn arbeitslos war, aber weil ich meine Situation mit solch »offensichtlicher Selbstzufriedenheit« betrachtete, wie er in seiner Antwort auf Eileens Brief schrieb. Später schrieb er mir:

Ich habe die Tage seit der Ankunft Eures Briefes damit verbracht, der Versuchung zu widerstehen, Dir klipp und klar zu sagen, was ich von dem Inhalt halte. Aber Dir meinen ersten Brief zu schreiben, hat mir schon Sorgen und Qualen genug bereitet. Und ich fürchte, ein weiterer Versuch, Dich Deiner Verblendung zu entwöhnen, hätte gar keinen Zweck...Ich hatte gehofft, daß ich es irgendwie rechtfertigen könnte, wenn ich Dir in bezug auf einen zweiten Wohnwagen helfe, aber es wäre nicht in Deinem eigenen Interesse, und in jedem Fall würde eine solche Handlung falsch interpretiert. Der Nachlaß an Einkommenssteuer, den Eileen erhalten hat, ist das Ergebnis einer Routinehandlung des Finanzamtes und schwerlich das Ergebnis göttlicher Einmischung.

Der Brief enthüllte die tiefe Verwundung und Traurigkeit in meinem Vater; er wußte, egal, was er sagte oder tat, er würde nie in der Lage sein, meine Denk- oder Lebensweise zu ändern, die er nicht guthieß. Der Brief machte es ganz klar, daß Vater nicht die Absicht hatte, uns das Geld zu leihen, und daß ich einen Job finden sollte.[2]

Eileen war am Boden zerstört durch diesen Brief und weinte bitterlich, aber ihre Führung sagte ihr:

Mache dir keine Sorgen um das Geld für den Wohnwagen. Ich werde eine andere Tür für dich öffnen. Gib niemals auf. Wisse, daß ich will, daß du den Wohnwagen früher oder später erhältst...habe Geduld, Ausdauer und Beharrlichkeit, und alles wird gut werden.

---

2) Was er allerdings in die Wege leitete, war, daß unsere drei Jungen über die nächsten sieben Jahre an ihren Geburtstagen je £10 erhalten würden und mit Einkommenssteuernachlaß belief sich das genau auf £350.

Sie erhielt dann den Rat, an ihre Schwester zu schreiben, um sie zu bitten, ihr das Geld zu leihen. Ihre Schwester und deren Ehemann waren beide Lehrer; es ging ihnen finanziell recht gut - jedes Jahr machten sie Urlaub im europäischen Ausland und kauften sich ein neues Auto - doch trotz ihres materiellen Komforts fand ich, daß sie eher unglücklich waren. Sie lehnten unsere Lebensweise ebenfalls ab. Der Brief, der zurückkam, ließ einer Menge Zorn freien Lauf: Wie könnten wir es wagen, sie um £350 als Anleihe zu bitten, wo ich noch nicht einmal zur Arbeit ging und dazu doch durchaus fähig sei? Es war gerade so, wie wenn man eine Eiterbeule durchbohrt hätte und eine Menge Gift wird freigesetzt (soviel davon, daß wir in der Lage waren, sie wenige Wochen darauf zu besuchen); aber wir hatten noch immer nicht das Geld für diesen Wohnwagen. Geduld, Beharrlichkeit und Ausdauer waren gefragt.

Dorothys Bruder Don reiste auf seiner Urlaubsreise von Kanada nach Russland über Schottland. Er kam für eine Nacht, und Eileen erhielt die Anweisung, ihn um £200 zu bitten. Das war ein bißchen hart; zumal sie ihn noch nie gesehen und Dorothy ihr hatte gesagt, daß er mit Geld sehr geizig sei. Irgendwie konnte Eileen soviel Mut aufbringen, Don um einen Kredit zu bitten; er wand sich, wie er konnte, und sagte, er würde darüber nachdenken. Am nächsten Morgen verließ er uns. Wir hatten alles getan, was uns aufgetragen worden war und ließen die Dinge in Gottes Hand.

Etwa zwei Wochen darauf schickte uns Don einen Scheck über £200. Wir waren voller Freude - unsere Bedürfnisse wurden in der Tat erfüllt - und ich bat Eileen, Weisung für den nächsten Schritt zu erhalten. Uns wurde gesagt, wir sollten Mr. Cameron £200 für den Wohnwagen bieten, denn mehr sei er nicht wert, und er wisse das. Ich ging mit Dorothy hinunter und bot ihm diese £200 an. Er schaute überrascht und fragte, ob dies eine Anzahlung sei? Ich sagte: »Oh nein, das ist die volle Bezahlung!« Er erwiderte, das sei nicht akzeptabel, jemand anderes hab ihm bereits £350 geboten. Aber seine Frau war anwesend, und da sie eine Schwäche für Dorothy hatte, flüsterte sie danach: »Überlaßt das mir, ich werde ihn bearbeiten.«

Tags darauf ging ich nochmal zu ihm hinunter und sagte: »Nun, wie steht's, Mr. Cameron?« Zu jener Zeit besaß er auch einen alten Zigeunerwagen, gerade neben uns, der als Lagerraum genutzt wurde, und dessen Farbe abblätterte. Ich wußte, daß es Dorothy, die für ihr Leben gern malte, in den Fingern kribbelte, da einmal mit dem Pinsel ranzugehen. Man stelle sich meine Überraschung vor, als Mr. Cameron sagte: »Ich sage Ihnen, was ich tun werde. Ich gebe Ihnen den *Rollalong* für £200, wenn Miss Maclean sich bereit erklärt, diesen alten Zigeunerwagen zu streichen.« Und so kamen wir voller Freude überein. Binnen einer Woche hatte Mr. Cameron jedoch einen Streit mit dem Campingplatzbesitzer und nahm alle seine Wohnwagen vom Platz, einschließlich des Zigeunerwagens - so mußte Dorothy ihn am Ende gar nicht streichen. Der *Rollalong*-Wohnwagen brauchte einen neuen Teppich und neue Vorhänge, was sich auf fünfzig Pfund belief, und just zu jener Zeit hatte Dorothy fünfzig Pfund geerbt, so daß das restliche Geld, um die Manifestation zu vervollständigen, da war. Sogar der Campingplatzbesitzer verzichtete bis Naomi ankam auf die Grundmiete, im Tausch dafür, daß ich ihm half, zwei weitere Stellflächen vorzubereiten.

* * * * *

Einmal kam unser Hausarzt, Dr. Spence, um mich zu besuchen, aber ich war fort. Er fragte Eileen, ob ich gesund sei. Sie sagte, es ginge mir gut, aber er fragte, ob sie ganz sicher sei. Leicht verwirrt antwortete Eileen, daß es mir in der Tat sehr gut ginge, und warum er wohl frage? Anfangs wollte er gar nicht damit heraus, aber dann sagte er es ihr. Offenbar hatte meine Schwester Joan, die für einen Psychiater in Neuseeland arbeitete, Dr. Spence geschrieben, er möge mich aufsuchen und herausfinden, ob ich eine psychiatrische Behandlung bräuchte. Nachdem sie einen Brief meiner Eltern an sie gelesen hatte, muß sie geglaubt haben, ich sei verrückt, mit einer Familie in einem Wohnwagen zu hausen mit so wenig Geld und keinerlei offenkundigen Zukunftsplänen. Ich schrieb Joan, um sie zu beruhigen. Nie in meinem Leben sei ich glücklicher und zufriedener gewesen als jetzt.

Da gibt es noch eins, etwas, das Mutter und Vater, wie mir scheint, betrübt, und das ist, daß ich mein Leben, wenn ich es noch einmal würde leben müssen, um keinen Deut anders haben wollte, und daß ich absolut gar nichts bedauere. Ich habe viele tiefgreifende Erfahrungen gemacht und ein sehr erfülltes Leben geführt, und meine Erfahrungen haben mich viele Lektionen gelehrt. Eine der wichtigsten ist, daß man die individuelle Seele ihr eigenes Leben führen lassen muß, ohne sie mit den Ideen und Wünschen anderer Menschen zu beeinflussen.

Obgleich mein Vater mit dem, was wir taten, nicht einverstanden war, wurde uns gesagt, daß wir dennoch mit meinen Eltern in Verbindung bleiben sollten. Im Spätsommer 1963 fuhren wir in den Süden und verlebten einen herrlichen Urlaub mit ihnen in ihrem Haus in Devonshire, wobei viele der früheren Mißverständnisse geheilt werden konnten. Es gab einen zweiten, ebenso wichtigen Grund für unseren Besuch, wie Eileen in der Meditation gesagt wurde:

Sehr oft, wenn du dabei bist, Lektionen zu lernen, kannst du den Wald vor lauter Bäumen nicht sehen. Erst später, wenn du Abstand nehmen kannst und sie von einem anderen Blickwinkel aus betrachtest, leuchten dir die Lektionen, die du gelernt hast, vollkommen ein. Einmal wirst du auf diese Zeit zurückblicken können und sehen, was für erstaunliche Dinge du gelernt hast.

Nach unserer Rückkehr nach Findhorn konnte ich klar erkennen, wie sehr das zutraf, und dieser Faden spann sich durch unsere ganzen Ferien. Unsere Erfahrungen befähigten uns eine nach der anderen, zu erkennen wie weit wir uns tatsächlich schon auf dem Weg in eine neue Lebensweise fortbewegt hatten, und daß der Spalt zwischen dem Alten und dem Neuen immer größer wurde. Wenn man eine Rosenknospe beobachtet, kann man nicht sehen, wie sie sich zu einer perfekten Rose öffnet, es scheint keinerlei Bewegung zu geben; doch wenn man fortgeht und am nächsten Tag wieder hinschaut, kann man eine Veränderung wahrnehmen. Wir konnten dasselbe tun, indem wir ein Weilchen in der Welt draußen lebten.

Das erste, was uns wie ein Schlag traf, war die gänzlich materialistische Haltung, die so viele Menschen dem Leben gegenüber einnehmen. Eileens Verwandte und meine Eltern konnten unsere Art zu leben weder verstehen noch akzeptieren. Ihnen erschien das als Wahnsinn, denn sie maßen Erfolg an materiellem Besitz und am Geld auf dem Konto. Wir merkten, wie groß unser Glaube an Gott wirklich war, wußten wir doch, daß Er vollkommen für uns sorgen würde. Nachdem wir einmal unser ganzes Leben in Gottes Hand gelegt hatten, brauchten wir uns um die Zukunft keine Gedanken mehr zu machen. Nachdem wir Gott die Verantwortung übergeben hatten, wußten wir, daß wir nie enttäuscht würden. In Findhorn lebten wir im Jetzt, ohne uns viel um Vergangenheit oder Zukunft zu kümmern - Gott kann nur im Jetzt gefunden werden - und auf diese Weise lebten wir ein viel erfüllteres Leben. Es wäre zwecklos gewesen, unseren Ansatz zu erklären, da er sich doch so leicht mißverstehen ließ.

Auch der Lärm und die panische Hektik der Welt rüttelten an uns, und es war ein Schock zu sehen, daß sogar Leute, die gerade Urlaub machten, noch immer in Eile waren. Die meisten Leute schienen Häuser zu haben, die zu groß für sie waren und die sie mit nutzlosen Dingen vollstopften, welche geputzt und gepflegt werden mußten, die ihnen aber in keiner Weise wirklich nützten. In unserem Wohnwagen besaßen wir nur das Allernötigste, nur die Dinge, die wir fürs Überleben brauchten und für unsere Behaglichkeit.

Als wir nach Findhorn zurückkamen, merkten wir, daß wir durch das Fernsehen ein Fenster zur Welt hatten, aber sogar das vermittelte nicht, wie schlimm es um die allgemeine Atmosphäre in der Welt wirklich stand.[3] Wir hatten jedoch keine Lust, uns damit aufzuhalten, sondern bemühten uns, in Gedanken und Gesprächen positiv zu bleiben. Bei der Geburt eines Babys ist es klüger für die Mutter, sich auf die Schönheit und Vollkommenheit des Kindes, das da geboren werden soll, zu konzentrieren als auf den damit verbundenen Schmerz und das Leiden. Bei der Geburt eines neuen Zeitalters ist es nötig, sich auf das Positive zu konzentrieren, um ihm so zu Geburt und Wachstum zu verhelfen, statt in der Zerstörung des Alten hängenzubleiben.

Nach unserer Reise verspürten wir keinen Wunsch mehr, Findhorn zu verlassen. Unser Leben war vollständig, wir besaßen mehr als genug zu tun. Ich fühlte mich wie Noah, eine Arche unter Gottes detaillierten Anweisungen bauend, obgleich Noah meilenweit vom Wasser entfernt war und die Leute um ihn herum ihn für total verrückt hielten. Er selbst muß sich das von Zeit zu Zeit gefragt haben, aber er baute immer weiter und

---

3) Die Vereinigten Staaten zum Beispiel begannen ihre Verwicklung in Vietnam in jenen Tagen.

ignorierte die Kritik und die höhnischen Bemerkungen jener um ihn herum.

Unser Ziel in allem, was wir zu jener Zeit taten, war Perfektion, da nur das Beste gut genug war für Gottes Arbeit. Wir konzentrierten uns auf funkelnde, leuchtende Reinlichkeit in unserer Umgebung. Wir stellten unsere Antennen auf Gott ein, sahen zu, daß Sein Wille gehört wurde und wir entsprechend handelten; wir ernährten uns mit einfacher Kost, die saubere, starke Körper aufbaute, wert, Tempel des Geistes zu sein. Wir arbeiteten in einer Form von bewußter Zusammenarbeit mit dem Naturreich. Wir standen ganz in Gottes Dienst, Liebe durchfloß unsere Arbeit und unser Spiel, und wir machten unser Leben, so gut wir konnten, zu einer freudevollen, harmonischen Erfahrung, ob wir nun im Garten arbeiteten, den Wohnwagen reinigten, ein Picknick veranstalteten oder im Meer baden gingen. Wir taten etwas.

20. Kapitel

GRUNDSTEINE

Alles Wachstum kommt von innen,
das zeigt sich in allem Leben.

Als der Garten gedieh, kamen immer mehr Besucher, um ihn sich anzusehen. Es war faszinierend, inmitten eines ansonsten dürren Campingplatzes auf solch eine Oase zu stoßen. Eines Tages, im August 1964, brachte ein Mann einen Freund mit, um den Garten zu sehen, doch da sie nur kurz bleiben konnten, kam der Mann tags darauf noch einmal mit Frau und Kindern vorbei. Sie schauten sich lange um und stellten detaillierte Fragen. Am Ende ihres Besuchs erzählte mir der Mann, daß er eine Pflanzschule betreibe und wie beeindruckt er sei über die Menge an Nahrung, die wir anbauten, über die Planung und Organisation des Gartens und vor allen Dingen die Güte der Produkte. Er meinte, man solle dies im Fernsehen zeigen und ein Buch darüber schreiben. (Später erzählte mir der Mann, der ihn bei uns eingeführt hatte, sein Freund habe sich gar nicht beruhigen können über das Erlebnis dieses Gartens und habe stundenlang darüber gesprochen.)

Ich sehnte mich danach, dem Mann von der Pflanzschule mein wahres Geheimnis über den Garten zu erzählen, nämlich die Kooperation mit den Devas und Gottes Führung, doch die Vorsicht gebot, daß ich die erstaunlichen Resultate harter Arbeit und dem Kompost zuschrieb. In diesem Zusammenhang empfing Eileen:

Dieser Garten ist Mein Garten. Du bist dir darüber völlig im klaren, du siehst Meine Hand am Werk, wo immer du hinschaust. Denke immer daran: Du bist in dieser Welt, aber nicht von ihr. Auf gar keinen Fall dürft ihr zu jenen sprechen, die nie verstehen würden, wie dieser Garten mit der ständigen Hilfe der Devas und mit Meiner Führung geschaffen worden ist. Ihr wißt, wie es geschehen ist, aber ihr dürft nie darüber sprechen, abgesehen zu Menschen, bei denen ihr sicher seid, daß sie verstehen.

Sage Peter, die Zeit, den Garten im Fernsehen vorzustellen, ist noch nicht gekommen. Ich werde es ganz klarmachen, wann er an die Öffentlichkeit kommen soll. Jetzt darf dies auf keinen Fall geschehen. Ihr habt erst begonnen; Wunder um Wunder wird von diesem Ort ausgehen, und zur rechten Zeit wird dies der Öffentlichkeit vor Augen gebracht werden; den rechten Zeitpunkt zu finden, ist so ungemein wichtig. Wenn man etwas zur falschen Zeit tut, kann einen das unnötig zurückwerfen, und das wollen wir jetzt nicht, wo alles so wunderbar läuft. Ja, Peter kann immer sagen, es sei der Kompost, der ja wirklich dem Garten und Boden geholfen hat.

Im selben Herbst bat ich den Garten-Berater der Grafschaft, einen Mr. Berridge, ob er kommen und eine Bodenprobe nehmen würde, um sie zu analysieren. Als er kam, sagte er, er kenne diesen Boden bereits; er benötige 30 Gramm schwefelsaures Kalium pro Quadratmeter. Ich sagte, daß ich nicht an Kunstdünger glaube und stattdessen Holzasche benutze, aber er antwortete, dies sei kein Ersatz. Nach einer einstündigen Diskussion hatte er mich fast überzeugt; doch als er mit den Ergebnissen der Analyse zurückkam, hatte er entdeckt, daß der Boden gut ausgeglichen und vollkommen zufriedenstellend war. Er konnte es nicht glauben. Mir jedoch bewies dies, daß die Devas ihr Versprechen, daß sie alle für den Boden notwendigen Spurenelemente schaffen könnten, gehalten hatten.

Mr. Berridge war so beeindruckt, daß er vorschlug, ich solle an einer Radiosendung mit einem professionellen Gärtner, der auch Rundfunkprogramme mache, teilnehmen; Berridge hätte die Leitung und würde die Fragen stellen. Die Ausstrahlung sollte in einigen Monaten stattfinden, und ich stimmte zu.

Berridges Begeisterung gab mir den Mut dazu. Der Garten-Berater hatte mit eigenen Augen die riesigen Kohlköpfe mit einem Gewicht von bis zu 41 Pfund gesehen und die großartige Lebenskraft in all dem Gemüse im Garten. Ich hatte Kohl zwischen die Stachelbeerbüsche gepflanzt, doch eine davon war tatsächlich eine Broccolipflanze, die fast zu Buschhöhe wuchs - sie lieferte uns drei Monate lang Broccoli. Als sie fertig war, konnte man sie kaum tragen, deshalb schleifte ich sie über den Boden zum Komposthaufen.

Unsere zweite Saison im Garten war sogar noch erfolgreicher als die erste. Als sie zu Ende ging, richtete ich mein Augenmerk darauf, alles vorzubereiten, damit Naomi zu uns kommen könne. Ich bereitete den Stellplatz für ihren Wohnwagen vor und, als der erst einmal dort stand, legte ich davor einen Rasen an mit einem Rosengarten und einem schützenden Zaun rings herum. (Es war uns gesagt worden, daß rote Rosen die einzigen Blumen seien, die wir zu dieser Jahreszeit pflanzen sollten.) Da es in diesem Teil des Gartens nahezu keinen Boden gab - nur armseliges Gras auf Sand - mußten wir ihn aus altem Rasen und Kompost aufbauen; mit jedem Quadratzentimeter Erde wurde mehrfach umgegangen. Eileen hatte jede Menge Arbeit mit Vorhänge-Nähen und Stuhlpolster-Beziehen, während Dorothy einige Holzflächen abschliff und neu lackierte sowie die Badewanne neu emaillierte. Jeder von uns hatte etwas beizusteuern, und ich sah dies als ein gutes Beispiel dafür, wie wir als Gruppe[1] arbeiteten, um die rechte Atmosphäre für Naomis spirituelle Arbeit zu schaffen.

Ich wollte, daß alles perfekt sein sollte für Naomi. Sie war eine alte Dame in den Siebzigern und war an einen hohen Lebensstandard gewöhnt mit einem bestimmten Essen, feinem Kaffee und Cocktails am Abend - dies würden wir ihr nicht liefern können; sie genoß auch, wie ihre Gruppe in Amerika sie auf ein Podest stellte und umschmeichelte. Zusätzlich zum Kohleofen in ihrem Wohnwagen installierte ich einen elektro-thermostatischen Raumheizer und Ölofen, damit sie es auch bestimmt warm hätte. Ich stellte ihr die letzten zwei Dinge aus meinem früheren Besitz - ein schönes blaues Teeservice aus Hongkong und eine

1) Obschon Lena noch immer mit ihren Jungen neben uns lebte, wurde sie in jener Zeit nicht als Teil unserer Gruppe angesehen. Sie rang damit, eine Auslegung der Offenbarung des Johannes zu schreiben und blieb meistens für sich; in der Meditation wurde uns geheißen, sie in Ruhe zu lassen.

zerbrechliche Lackschale aus Kaschmir mit passenden Fingerschalen - zur Verfügung. Die Komposthaufen im Garten wurden so abgeschirmt, daß sie sie nicht sehen würde, und ich brachte mehrere Tage damit zu, in ihrer Küche neues Linoleum zu legen.

Der Grund für all dies war, daß Naomi und ich den Winter damit verbringen sollten, die Tausenden von Seiten geistiger Botschaften durchzugehen, die sie ihr ganzes Leben hindurch erhalten hatte, und an mir war es, sie so zu ordnen, daß sie in einer Buchreihe veröffentlicht werden könnten. Intuitiv wußte ich, daß wir nach diesem Winter nie wieder Zeit dafür haben würden, daher wuchs meine Frustration, als Naomi ihre Abreise aus den Staaten immer wieder aufschob. Weihnachten kam, aber Naomi kam nicht. Ich verbrachte die Zeit mit dem Lesen von Garten-Büchern, Fernsehen und Gartenarbeit, wenn der Boden nicht gefroren war.

Eileen sah in einer Vision, wie Naomi über den Atlantik flog, um zu uns zu kommen, aber als Naomi schließlich ihre Ankunft ankündigte, war dies per Schiff, welches in Southampton (im Süden Englands) am 21. Januar 1965 ankommen sollte. Ich fuhr eine Woche vorher hinunter, um sie abzuholen, wobei ich unterwegs bei alten Freunden und Bekannten vorbeischaute. Darunter war auch Lady Mayo (die »Dame in Lila«, die wir im Cluny Hill Hotel getroffen hatten), bei der ich eine Nacht in Edinburgh verbrachte, und Grace Cookes Schwiegersohn, der die Veröffentlichung ihrer Botschaften von White Eagle überwachte. Er gab mir einige sehr wertvolle Ratschläge dafür, wie man Material zur Publikation aufarbeitet. Als ich jedoch in Southampton ankam, war da kein Schiff und auch keine Naomi. Ihr Passagierdampfer war das einzige Schiff gewesen, dessen Abfahrt in Folge eines Dockarbeiterstreiks in New York zwei Stunden vor seinem Abfahrtstermin gestrichen worden war, und Naomi war in einem Zustand von Schock nach Hause gegangen.

Ich war ebenfalls wie betäubt und fragte mich, welch widrige Gewalten unser und Naomis Zusammenkommen verhinderten, doch als ich schließlich wieder in Findhorn eintraf, erwartete mich ein Brief mit der Nachricht, daß sie nun doch fliegen würde. Sie kam drei Wochen später auf dem Glasgower Flughafen an.

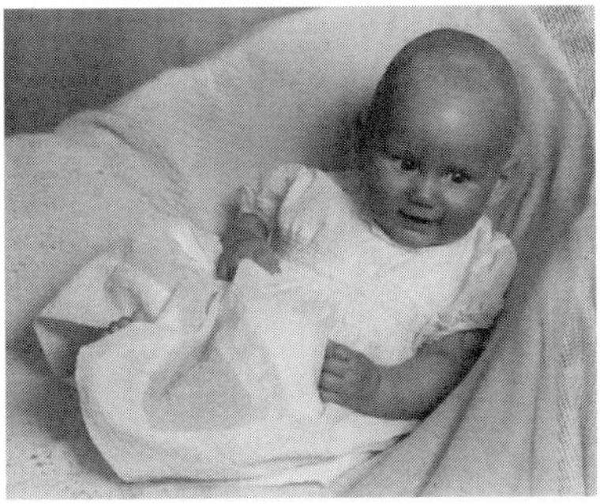

Peter Caddy als Baby

Peter (rechts) mit
Pfadfinder-Kamerad

Dr. Sullivan - Aureolis -
im Theaterkostüm und
(Bild rechts) in seinem
Hauptquartier in Christchurch

Peter in der britischen
Luftwaffe

Peters Eltern bei ihrer
goldenen Hochzeit (1966)

Mit seiner ersten Frau, Nora

Peter mit Baby Michael

Peter (vorne) im Himalaya

Sheena mit Eileens und Peters Sohn Christopher

Luftaufnahme vom Cluny Hill Hotel, Forres

Abendessen im Speiseraum

Peters Lagonda und
der Wohnwagen

Dorothy, Eileen und
Peter: Der Innenhof und
der ursprüngliche Garten

Der Wohnwagen mit
Dorothys Anbau

Eileen, Peter und Dorothy mit Christopher und Jonathan

Jonathan, Christopher und David beim Spielen im Garten des Cluny Hill Hotels

Das Trossach Hotel in Perthshire

Peter mit den neuen Bungalows (1968), der neue Garten
(das eingefügte Bild zeigt den gleichen Ausschnitt von 1970)

Das Gemeinschaftshaus im Bau

David Spangler

»Der Mann der Bäume«
Richard St Barbe Baker

Roc (Robert Ogilvie Crombie)

Die Caddy-Familie mit Dorothy Maclean
(von links, Jonathan, David und Christopher

Peter, Eileen und
Joanie Hartnell-Beavis

Die neuen Sänger: erste Kunstaufführungen in der Gemeinschaft

Peter und Eileen in Abendkleidung (in den frühen 70er)

Der Findhorn Garten verbreitet Neuigkeiten von der Arbeit

Alice Weybull

Im Meditationsraum

Peter schneidet den Geburtstagskuchen zum 30-jährigen Bestehen des Findhorn Gartens an; zu seiner Linken Eileen und Dorothy; zu seiner Rechten François Duquesne

Das Gemeinschaftsgebäude

Die Findhorn Gemeinschaft zu ihrem 30-jährigen Bestehen (17. November 1992) außerhalb des erweiterten Gemeinschaftshauses. In der Mitte der dritten Reihe: Dorothy, Peter, Eileen mit dem Großkind Arran und Joanie

Mt. Shasta an einem windigen Tag

Paula, Peter und Shari

Peter und Paula, die 1982
heirateten...

... und Peter zusammen mit ihrem
Sohn Daniel

Hochzeit am Kailash -
Renata und Peter

Der Haidakhan Ashram
mit der 108 Stufen langen
Treppe hinunter zum
Gautam-Ganga Fluß

Peter während der Arbeit
im »Paradies-Garten« in
der Nähe vom Bodensee

Sir George Trevelyan, Peter und Renata vor dem Gemeinschaftsgebäude im Findhorn Garten

Mit dem engen Freund Peter Dawkins

Peter und der „Feuerswami“

Peter und Jeremy Slocombe

Shri Muniraji

Shri Mishra Vishnu Dutt Shastriji

Hochzeitsfeier im Himalaya

Häuptling Ze Luiz der
Xavante Indianer zeigt zum
heiligen See UU

Peter und Renata (1993)

Ein Blick auf Peters geliebten Himalaya

Peters Grabstein

Ein Stein - für Peter den Felsen. Als ich Gott fragte: » Welchen Stein soll ich wählen?« wurde mir das Bild eines Steines zuteil, ein strahlender, leuchtender Stein: weder ein Würfel noch eine Kugel, aber eine Mischung daraus, er war nicht schwer und auch nicht leicht, seine Oberfläche weder rauh noch geglättet.

Ein in den Stein gemeißeltes Dreieck, dessen

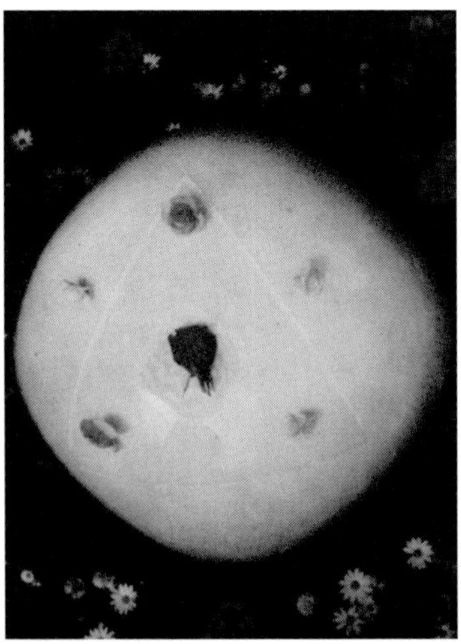

Mittelpunkt von einer Rose gekürt wird, das Zeichen symbolisierend, das Peter im Augenblick des Todes gegeben wurde, die Rose an Stelle seines Herzens.

Unter seinem Namen wurde die Inschrift angebracht: 1917 »Er brachte den Himmel auf die Erde, indem er auf Erden ein Paradies errichtete.« 1994

Ich holte Naomi ab, nachdem wir die Radiosendung aufgenommen hatten, die Mr. Berridge zwischen mir und einem professionellen Gärtner vereinbart hatte. Berridge stellte mich vor, indem er unseren Garten in Findhorn in leuchtenden Farben schilderte und laut sein Staunen über das Geheimnis unseres Erfolges kundtat. Eingedenk Eileens Weisung dachte ich, es wäre nicht klug, so zu sprechen, daß man denken könnte, in unserem Garten hausten die Feen; stattdessen sprach ich das phänomenale Wachstum dem Gebrauch von Kompost zu. Ich konnte aber doch mein Empfinden ausdrücken, daß Mensch und Natur ernstlich aus dem Gleichgewicht seien, und daß Kunstdünger die Lage nur verschlimmere und der Nahrung, die wir essen, die Lebenskraft entzöge. Der professionelle Gärtner reagierte darauf wie ein Stier auf ein rotes Tuch; wir verbrachten fünfzehn Minuten damit, die Tugenden des Komposts contra Kunstdünger zu debattieren.

Das Programm wurde eine Woche später gesendet und diente mehreren Zwecken. Jene spirituell denkenden Leute, die wir im Cluny Hill Hotel getroffen hatten, konnten nun erfahren, was wir taten und wo sie uns finden könnten, wenn sie wollten. All die örtlichen Zeitungen berichteten über die Sendung, und in den Augen mancher wurden wir nun wieder »ehrbar« - die Zahl der Besucher aus der Gegend wuchs. Lady Mayo schickte uns einen Kirschbaum für den kleinen Obstgarten, den ich gepflanzt hatte. Darüberhinaus aber erhielt ich eine Bezahlung von zwölf Guineas[2] für meine Dienste, eine fürstliche Summe in jenen Tagen! Da ich es jedoch beim Arbeitsamt angab, verlor ich fast alles.

* * * * *

Ehe ich mit der Erzählung fortfahre, ist es vielleicht nützlich, ein bißchen die in diesem und den kommenden Kapiteln benutzte Terminologie zu erläutern. In einigen esoterischen Kosmologien, einschließlich jenen, die ich in meinen frühen Jahren studiert hatte, wird das Universum als aus einer einzigen Quelle oder der Gottheit hervorkommend gesehen. Diese Emanation drückt sich in drei klar unterschiedenen Eigenschaften aus: Wille, Liebe/Weisheit und Intelligenz. Manchmal wird auf sie als Kreativität, Leben und Geist verwiesen, und sie stimmen auch

2) In der vor-dezimalen Währung der Zeit war ein Guinea ein Pfund Stirling und einen Shilling wert; 12 Guineas waren also noch einmal mehr als halb so viel wie unsere wöchentliche Sozialleistungszahlung.

überein mit der Dreieinigkeit in der christlichen Tradition von Vater, Sohn und Heiligem Geist. Wenn man akzeptiert, daß Gott Liebe ist, dann sind diese drei wirklich der Wille (oder die Macht) der Liebe, die Weisheit der Liebe und die Intelligenz der Liebe.

Diese drei Qualitäten agieren miteinander und vermischen sich untereinander in insgesamt sieben Arten, die manchmal die »Sieben Strahlen« genannt werden. Eine oder mehrere der drei Qualitäten herrschen in jedem Strahl vor, geradeso wie die drei Primärfarben rot, gelb und blau in verschiedenen Kombinationen die sieben Farben des Regenbogens hervorbringen. So heißt es nun allgemein, daß der erste Strahl der Wille ist; der zweite Liebe/Weisheit; der dritte aktive Intelligenz; der vierte Harmonie-Schönheit; der fünfte objektives Wissen oder Wissenschaft; der sechste Anbetung; und der siebente Strahl ist geordnete Aktivität, Planung oder Synthese.

Die Eigenschaften von Wille, Liebe, Intelligenz, Harmonie, Wissen, Anbetung und Synthese sind so die sieben Emanationen der Göttlichkeit, die die zugrundeliegenden archetypischen Fäden bilden, die gemeinsam das Gewebe der Schöpfung formen.

In gewissen esoterischen und okkulten Traditionen wird jeder einzelne Strahl durch einen »Meister« oder eine »Meisterin« manifestiert und personifiziert, der (oder die) seinen (ihren) Platz in einer Hierarchie großer Wesen einnimmt, die sich der Aufgabe verschrieben haben, zur Entfaltung des Göttlichen Planes beizutragen. Der Meister des Siebten Strahles ist zum Beispiel verschiedentlich in den Mysterien der westlichen Tradition als St. Germain bekannt, als Prinz Rakoczi, der Herr der Zivilisation oder (ein bevorzugter Name - damit dies nicht allzu ernst genommen wird) der Meister der Fröhlichkeit. Es ist nicht wichtig (es kann vielmehr närrisch sein), sich von dem Glanz der Terminologie zu sehr einfangen zu lassen; die Wörter und Symbole stammen aus einer Zeit, wo man sich der Lächerlichkeit preisgab, der Verfolgung und sogar dem Tode, wenn man offen über diese Dinge sprach.

Jedoch so wie ein Zeitalter dem nächsten Platz macht, wird, was ursprünglich verborgen war, nun enthüllt, und von Meistern und Strahlen zu sprechen ist für viele Menschen kein größeres Rätsel, als wenn Physiker in ihrer eigenen esoterischen Sprache von Quarks, Wurmlöchern und Superstrings sprechen. In keinem Fall sollte Unvertrautheit mit der Terminologie Leute abschrecken oder sie zu wilden Fantasien verleiten - sie sind schlicht eine Form von Kurzschrift, um eigentlich komplexe Inhalte zu beschreiben, und man findet in jeder guten Buchhandlung Bücher zu diesem Thema.

* * * * *

Naomi fiel das Leben in Findhorn nicht leicht, insbesondere auf der physischen und der Persönlichkeitsebene. Sie war von ihrem Ehemann und ihrer Gruppe wie ein Kind verpäppelt und verwöhnt worden; sie war eine sehr empfindsame und zerbrechliche Seele, und man mußte sich um sie kümmern und sie beschützen. Eileen war es, die vor allem für sie sorgte. Als Naomi von mir erwartete, daß ich ihr täglich die Uhr aufzog und ihr Hühnchen zum Abendessen zurechtschnitt, wie ihr verstorbener Mann das getan hatte, lehnte ich ab - ich hatte weitaus wichtigere Dinge zu tun. Und dennoch war sie die beste Sensitive, der ich je begegnet bin.

Viele Jahre hindurch hatte Naomi mit dem »Netzwerk des Lichtes« rund um den Planeten gearbeitet, wobei sie telepathisch zu den verschiedenen »Kraft-Zentren« sendete und empfing, Zentren, die, wie wir glaubten, Leute anzogen, um Vorbereitungen für die nukleare Zerstörung zu treffen, die so viele Quellen voraussagten. Wenn man Naomi einen Namen gab, auf den sie sich einstellen sollte, war sie immer sogleich in Kontakt mit diesem Wesen, sei es ein Bruder im All, ein Prophet aus alter Zeit, ein Mitglied der Hierarchie oder ein Mensch (tot oder lebendig). Es war, als hätte sie eine hochentwickelte Antenne, durch die sie eine unglaubliche Menge an Information empfing, die für unsere spirituelle Entwicklung und unser Verständnis von großer Hilfe war, und insofern half dies auch unserer Arbeit in Findhorn voran.

Dies war eine Zeit der Verinnerlichung. Wir trafen uns täglich um 11 Uhr morgens, wenn Eileen, Dorothy und Naomi die frühmorgendliche Botschaft, die jede in ihrer individuellen Meditation erhalten hatte, mitteilten. Dem folgte eine Zeit für Gruppenmeditation, wo mehr Botschaften empfangen wurden; es war auch eine Zeit, in der wir mit vielen

Gruppen, »Kraft-Zentren« und Leuten in der Welt in Verbindung traten, indem wir Licht und Liebe ausstrahlten und telepathische Kontakte knüpften. Dies wurde um 5 Uhr nachmittags wiederholt, wobei Naomi und Dorothy sich auf unsere außerirdischen Verbindungen konzentrierten; spät am Abend gab es eine letzte Sitzung mit weiterer ausstrahlender und telepathischer Arbeit.

Im Prinzip legten wir das »viereckige Fundament«, auf dem aufgebaut werden konnte. Es wurde uns gesagt, es sei, als bauten wir einen Tempel und eine Zufluchtsstätte, ein Zentrum des Lichts in der kommenden Dunkelheit. So wie es in den ursprünglichen Dunklen Zeitaltern, dem dunklen Mittelalter, vereinzelte Plätze wie Iona und Lindisfarne gegeben hatte, deren kleine spirituelle Gemeinschaften das Licht der Wahrheit und des Wissens entzündet hielten, so war unser Zweck in Findhorn, wie wir erfuhren, einen Platz einzurichten, der einen auf Gott ausgerichteten Lebensstil demonstrierte im Falle einer Katastrophe. Ich nahm mir jedoch nie Zeit, über diese Dinge nachzudenken. Ich war zu sehr damit beschäftigt, die Anweisungen, die jeder von uns in seiner eigenen Weise von der inneren göttlichen Quelle empfangen hatte, auszuführen.

Damit diese vier Grundsteine perfekt paßten, mußten freilich die rauhen Kanten abgeschliffen (und zuweilen abgeschlagen) werden. Das war nicht immer leicht. Mit unseren verschiedenen Persönlichkeiten gerieten wir vier oft aneinander. Naomi hatte zumindest ihren eigenen Wohnwagen, aber Eileen, Dorothy, ich selbst und die drei Jungs lebten in sehr bedrängten Umständen miteinander.

Wenn es zwischen uns Uneinigkeit gab, diskutierten wir dies nie, wir teilten einander bloß mit, was es war. Dann verbrachten wir gewöhnlich eine Zeit in der Stille, um uns auf den inneren Gottesfunken einzustimmen, unsere tiefe Liebe füreinander neu zu kräftigen, und das Problem verschwand. Während Eileen, Dorothy, Naomi und Lena alle psychisch sensitiv waren, und ich dagegen nicht, fehlte es ihnen allen doch (zuerst) an Glauben an das, was sie empfangen hatten. Naomi war oft voller Ängste; Dorothy fand intellektuelle Einwände gegen eine bestimmte Vorgehensweise; Eileen, obschon sie jahrelang täglich seitenweise klare und präzise Führung erhalten hatte, kämpfte noch immer mit Schwierigkeiten, anzuerkennen, daß diese von Gott kam. Was mir an psychischer Empfänglichkeit fehlte, machte ich wett mit Glauben und einer Fähigkeit, auf der Stelle der erhaltenen Weisung entsprechend zu handeln.

Es war lebensnotwendig, daß wir unter uns vieren die Balance hielten zwischen Licht, Liebe und Weisheit, wenn das Fundament solide werden sollte. Ich habe entdeckt, daß mehr Gruppen und Gemeinschaften gescheitert sind, weil diese Eigenschaften aus dem Gleichgewicht geraten waren, denn aus irgendeinem anderen Grund. Wenn die Liebe allen, die kommen, die Pforten öffnet, ohne die Unterscheidungsfähigkeit des Lichtes, scheitern Gemeinschaften; wenn Licht nicht durch die Liebe gedämpft wird, kann es hart und zuweilen unbarmherzig werden, und es mangelt ihm an der anziehenden und vereinenden Kraft der Liebe. Weisheit - gesunde Urteilskraft - gleicht zwischen den beiden aus, doch wenn sie sich selbst überlassen bleibt, kann sie kühne Handlungsweise durch intellektuelle Debatte lähmen und Visionen in den Schlamm ziehen. Daher wurde jeder von uns in den frühen Jahren in Findhorn auf seine besonderen Qualitäten und unsere Fähigkeit hin getestet, sie in eine ausgeglichene Einheit zu flechten.

Mein Glaube wurde getestet, kurz nachdem sich Naomi im Jahre 1965 zu uns gesellt hatte. Sie begann, innere Botschaften zu empfangen, daß ich hinausgehen und Vorträge halten sollte in der Öffentlichkeit, und daß ich »auf die Haupt- und die Nebenstraßen« gehen solle, um Leute einzusammeln. Ich wußte aber mit unverrückbarer Gewißheit, daß dies nicht meine Rolle war, und daß ich zu jener Zeit in Findhorn zu bleiben hatte; die Leute würden zu uns hierher angezogen werden. Ich erzählte Naomi, daß selbst wenn sich die ganze Hierarchie von Meistern vor meinen Augen manifestieren und mich heißen würde, zu gehen und in der Öffentlichkeit zu sprechen, ich es nicht tun würde. Diese Kampfansage wurde offenbar angenommen; die nächsten drei Monate erhielt Naomi Botschaft über Botschaft von verschiedenen Mitgliedern der Hierarchie, die mir befahlen, hinauszugehen und Leute hereinzuholen. Das verwirrte uns beide. Ich erkannte an, daß Naomis psychische Fähigkeiten von allerhöchstem Rang waren, und ihre Botschaften klangen ausnahmslos wahr, aber, was nun kam, konnte ich nicht annehmen, und ich blieb standfest. Dann dämmerte mir, daß die ganze Geschichte ein Test war, und daß ich getestet werden mußte durch jemanden, an den ich sehr glaubte. Die Botschaften hörten auf in dem Moment, da mir dies klar wurde.

Mein Glaube wurde auch getestet, als mir ein Buch mit dem Titel *The One* in die Hände fiel, welches Botschaften enthielt, die vom Erzengel Michael empfangen worden sein sollten. Da es um eine Gruppe ging, die nahe bei uns im Norden Schottlands lebte, war ich ganz aufgeregt und las es sofort. Dann schrieb ich ihnen und erzählte ihnen ganz begeistert, wie wir nicht allein von den Propheten und dem Erzengel Michael, sondern auch von Gott Selbst Botschaften empfingen, und daß es sich bei unserer Arbeit im wesentlichen um die Zusammenarbeit mit gleichgesinnten Gruppen handele. Ich erhielt eine ziemlich kühle und bevormundende Antwort. Es hieß, angesichts des möglichen kommenden Untergangs könnten wir unsere Wohnwagen auf ihren Platz im Glen Rossal stellen, einem geschützten Ort.

Ich schrieb zurück, daß wir ebenfalls geschützt seien, daß wir Schritt für Schritt geführt würden, und daß wir, wo wir seien, Arbeit zu leisten hätten; ich erzählte ihnen auch darüber, daß Eileen das Bild des Christus in unserer Mitte sähe. Sie hatten in ihrem Brief erwähnt, daß sie allabendlich um 11 Uhr das Vaterunser auf Lateinisch sprächen. Um zusammenzuarbeiten und Brücken zu bauen, erzählte ich ihnen, daß ich Pater Ninian in der Priorei von Pluscarden nahe Elgin konsultiert hatte, damit wir die korrekte lateinische Aussprache des Gebets lernen könnten, um es selbst um 11 Uhr zu rezitieren.

Am selben Tag, als ich den Brief auf die Post gab, kam das letzte Buch von der Chronistin »des Einen« an. Ich las es sofort. Es ließ nichts Gutes ahnen; es verkündete, daß jene, die Visionen des Christus und anderer solcher Wesen sähen, von der »Ebene der Illusion« empfingen, und daß die Kräfte der Dunkelheit ihnen etwas vorgaukelten.

Wie zu erwarten war, erhielten wir bald einen langen Antwortbrief von der Chronistin, in dem sie uns beschuldigte, Botschaften vom Teufel zu empfangen. Sie fuhr fort damit, zu sagen, wir seien offensichtlich zu Pater Ninian geleitet worden, damit er uns exorzieren könne und hätten die Gelegenheit verpaßt, ihn darum zu bitten! Ich machte mir meine eigenen Gedanken und ging wieder nach Pluscarden mit der gesamten

Korrespondenz und außerdem einigen von Eileens Weisungen, und ich legte alles Pater Ninian vor, damit er es beurteile.

Er meinte, wenn man wissen wolle, wie etwas schmeckt, müsse man es kosten. In den vielen Jahren, in denen wir im Cluny Hill Hotel waren, hatten wir die Priorei oft besucht, und Pater Ninian sagte, er habe durch das Leuchten in unseren Augen gewußt, daß wir eine Quelle spiritueller Kraft und Hilfe besäßen. Er sagte, daß der Stolperstein im Wege der Glen Rossal-Gruppe zu sein schien, daß wir unsere Botschaften von Gott empfingen; doch Menschen hätten in allen Zeiten von Gott empfangen, und es sei daran gar nichts ungewöhnlich. Pater Ninian meinte, wenn wir sie einlüden, uns zu treffen und die Früchte unserer Führung zu sehen, dann würden sich jegliche Differenzen sicherlich auflösen.

Ich folgte seinem Rat, aber sie lehnten die Einladung ab. Die Chronistin »des Einen« blieb mit dem ganzen Gewicht ihrer Autorität dabei, daß wir hoffnungslos auf der Ebene der Illusion gefangen seien. Wir sprachen jedoch weiterhin das Vaterunser um 11 Uhr abends und sendeten Liebe zu ihnen. Insgeheim hatte ich den Verdacht, daß Stolz und Eifersucht der Kern dieser Zensur durch die Chronistin waren - daß sie in ihren Augen bloß vom Erzengel Michael empfing, während wir behaupteten, von Gott Selbst zu empfangen.

TEIL III

DAS UNIVERSUM REAGIERT AUF TATEN

21. Kapitel

TÜREN NACH DRAUSSEN ÖFFNEN

Ich bin Kraft.
Diese Kraft manifestiert sich in mir;
durch meine Gedanken wird sie nur auf Gutes gerichtet.

Im Sommer 1965 schrieb mein Vater, um mitzuteilen, der Arzt habe ihm geraten, von seinem großen dreistöckigen Haus mit steil abfallendem Garten in einen kleinen Bungalow umzuziehen - meine Eltern alterten beide merklich, und in ihrem gegenwärtigen Zuhause kamen sie schwer zurecht. Vater bot mir an, meine Auslagen zu erstatten, wenn ich im August hinunterkommen und ihnen beim Umzug helfen würde. Dies schien eine wunderbare Gelegenheit, Naomi und Dorothy Glastonbury zu zeigen, wo sie bleiben könnten, während ich weiterfuhr zu meinen Eltern in Devon. Ich könnte dann auch verschiedene spirituelle Leute in Großbritannien treffen und ihnen erzählen, was wir in Findhorn taten. Nachdem wir monatelang innere Verbindungen hergestellt hatten, wurde uns gesagt, es sei nun an der Zeit, den ersten äußeren Kontakt mit Gleichgesinnten zu knüpfen, und daß viele von Findhorn angezogen würden »wie Eisen von einem Magneten«.

Ich schrieb etwa zwanzig Leuten, um sie über meine Reise nach Süden und meinen Wunsch, mich mit ihnen in Verbindung zu setzen, zu informieren. Ich war jedoch sehr bestürzt, als ich vor unserer Abreise nicht eine einzige Antwort erhalten hatte. Dies war sehr verwirrend; denn ich war mir sicher, daß diese Kontakte der eigentliche Grund für die Reise waren. Daher machte ich mit Eileen aus, sie während wir fort waren jeden Abend über das öffentliche Telefon auf dem Campingplatz anzurufen, um herauszufinden, ob es irgendwelche späten Antworten gäbe.

Wir drei fuhren an einem Feiertags-Wochenende im August los, die schlimmstmögliche Zeit, was Straßenverkehr und Unterkünfte betrifft. Wir wußten aber, daß alles gut sein würde. Eileen erhielt die Weisung:

Als Gruppe braucht ihr keinem festen Muster zu folgen. Laßt daher Meinen Geist euch führen. Die Freiheit des Geistes - das ist's, was ich Peter gegeben habe, was er mit sich führen soll als sein Motto, und so ist es mit euch allen.

Wir unterbrachen die Reise zuerst in Edinburgh, um der Gräfin von Mayo einen Korb mit unserem Obst und Gemüse zu bringen. Sie war noch immer eine legendäre Arbeiterin für das Licht und war ihrer Zeit weit voraus. Lady Mayo hatte uns geschrieben, daß eine »äußerst hochentwickelte Seele« bei ihr wohne, die ich hoffentlich würde treffen können; ihr Name war Eileen Keck, und sie half Lady Mayo bei der Organisation einer internationalen ökumenischen Konferenz in Edinburgh. Als sie hörte, daß wir keine Unterkunft gebucht hatten, lud uns Lady Mayo ein, die Nacht in einer unbenutzten Wohnung ein Stockwerk unter ihr zu verbringen.

Eileen Keck wollte am folgenden Tag abfahren, um eine Gruppe in St. Annes-on-Sea, in Blackpool in der Grafschaft Lancashire zu besuchen, daher bot ich ihr an, sie dorthin zu bringen. Die Gruppe war die Universal Link (Universelle Verbindung), gegründet von Liebie Pugh und angeregt durch eine Reihe prophetischer Botschaften, die empfangen wurden von einem Geistwesen, das als der Alles-Wissende bekannt ist (manchmal wird er »Grenzenlose Liebe und Wahrheit« genannt).

Wir kamen spät am nächsten Tag in St. Annes an und brachten Eileen Keck zu Liebie Pughs Haus auf dem St. George-Platz. Wir wollten Eileen nun verlassen, aber entschieden uns im letzten Moment zu bleiben und Liebie auch zu treffen. Zuerst jedoch mußten wir einem Zerberus entgegentreten - Joan Hartnell-Beavis, Liebies Sekretärin und und Schatzmeisterin, die in der Wohnung nebenan lebte und ganz offensichtlich

Liebie treu ergeben war. Als wir ankamen, sagte sie, daß Liebie ganz müde und es schon weit über ihre Abendessenszeit hinaus sei; wir würden nur am Tag darauf einen Termin bekommen. Ich antwortete, daß wir am Morgen nach Glastonbury müßten und Joanie ließ sich erweichen, als wir uns besser kennenlernten. Später entdeckten wir, daß Liebie selten jemand ohne vorherige Verabredung empfing, denn die Nachfrage war groß; die Leute kamen aus der ganzen Welt angereist, um sie zu sehen.

Liebie Pugh war eine bemerkenswerte Frau. Sie hatte ein ungewöhnliches Gesicht, wie eine Tibeterin, und ihre Gesichtszüge schienen weder männlich noch weiblich, weder orientalisch noch abendländisch zu sein, sondern hatten von allem etwas; ihre Haut war leicht gelb mit der größten Anzahl Falten, die ich je in einem einzigen Gesicht gesehen habe. Sie nahm meine Hände, und die ersten Worte, die sie sprach, lauteten: »St. Germain«. Sie erkannte, daß ich eine starke Verbindung mit dem Meister des Siebenten Strahls hatte. Mir wurde klar, wir waren in der Gegenwart von jemandem, der eine außerordentliche Wirkung auf die Menschen hatte - als sie zum Beispiel Naomis Hände nahm, verfiel Naomi augenblicklich in Trance!

Obgleich Liebie Pugh zwei Jahre lang Mitglied der katholischen Kirche gewesen war und mehrere katholische Bücher über religiöse Dinge geschrieben hatte, war sie doch die meisten spirituellen Wege selbst gegangen oder kannte sie, und mir schien sie »Grenzenlose Liebe und Wahrheit« zu verkörpern. Sie schaute immer nur nach dem Besten in jedem und in allem aus und brachte es zum Vorschein. Bei Liebie mußte alles perfekt, mühelos und mit Liebe geschehen. Ihre Fähigkeit, die Wahrheit zu sehen, war beunruhigend. Der Name ihrer Gruppe, die Universal Link, war treffend. Ihr Ansatz von Spiritualität war universal, er umfaßte die Wahrheiten aller Religionen, und sie kannte mehr spirituell motivierte Gruppen und Individuen als irgend jemand sonst, den ich kannte; für viele von ihnen schuf sie mit einem regelmäßig erscheinenden Nachrichtenblatt eine Verbindung.

Als wir St. Annes am folgenden Tag verließen, wußten wir, daß wir Liebie und Joanie wiedersehen würden. (In der Tat machte ich später in St. Annes regelmäßig Station auf meinen Reisen von und nach England.) Auf dem Wege zu meinen Eltern setzte ich Dorothy und Naomi in Glastonbury ab, wo sie im Chalice Well-Gästehaus übernachteten, welches der Chalice Well Trust führt. Der Trust war von Major Wellesley Tudor Pole, bekannt als »TP«, gegründet worden, um die alte heilige Quelle in Glastonbury zu bewahren. Wir hatten Glastonbury viele Male zuvor besucht und hatten häufig inneren Kontakt mit dem Zentrum. Tudor Pole war der Urheber der »Schweigeminute« während der dunklen Tage des Zweiten Weltkriegs, einer Zeit des Betens für den Frieden, in der in ganz Großbritannien die Menschen eine Minute lang schwiegen, wenn allabendlich, von der BBC übertragen, die Glocke des Big Ben neun Uhr schlug.[1] Nachdem ich fünf Tage lang in Devon meinen Eltern beim Umzug in ihr neues Heim geholfen hatte, kehrte ich nach Glastonbury zurück. Es war uns gesagt worden, daß wir die letzte Nacht nicht in dem Gästehaus würden verbringen können, da am folgenden Tag die Jahresversammlung der Mitglieder des Chalice Well stattfinden sollte und Major Tudor Pole wollte am Vortage das Haus für sich allein haben. Im letzten Augenblick ließ sich die Haushälterin erweichen, und wir drei verbrachten den ganzen Abend mit TP. Dies war in der Tat eine Ehre, da er ein vielbeschäftigter Mann war, den man schwer zu sehen bekam - normalerweise mußte man einen Termin mit ihm weit im voraus vereinbaren - und wir hatten die Gelegenheit, ihn in einer entspannten Atmosphäre kennenzulernen.

Beim Abendessen erzählte TP einige wundervolle Geschichten. In einer davon ging es um eine mysteriöse Begegnung auf einer Bahnreise, als er auf dem Weg zu einer archäologischen Expedition in der Türkei durch Europa fuhr. TP war ein in ein Cape gehüllter Mann aufgefallen, der mehrere Male an seinem Abteil vorbeigegangen war und ihn mit durchdringenden Augen gemustert hatte. Schließlich kam der Fremde hinein und setzte sich TP gegenüber, und sie begannen eine faszinierende Unterhaltung. TP stellte viele Fragen über spirituelle Dinge und erhielt aufklärende Antworten, doch er beobachtete etwas Seltsames, daß sich nämlich der Mann nicht rhythmisch mit der Zugbewegung auf seinem Sitz auf- und ab bewegte. Als TP ihn aufforderte, mit ihm im Speisewagen zu Abend zu essen, erwiderte der Fremde: »Ich esse nicht«, und als TP ins Abteil zurückkehrte, war der Fremde gegangen.

---

1) Als die BBC nach dem Kriege entschied, die Schweigeminute abzuschaffen, erhielt TP die Führung, sie mit dem Entzünden immerbrennender gelber Lichter in den oberen Räumen zu ersetzen. Sir George Trevelyan griff diesen Vorschlag auf, und das erste Licht wurde 1964 in einem oberen Fenster von Attingham Park, dem Shropshire Adult College, entzündet. Später entstand daraus das »Lamplighter Movement«.

In Istanbul, damit beschäftigt, daß sein Gepäck auf einen Nahverkehrszug geschafft wurde, erblickte er den Mann plötzlich in einiger Entfernung. Er lief ihm hinterher, doch als er endlich das Gleis überquert hatte, war der Mann verschwunden, und als TP zurückkam, um in den Zug zu steigen, war der Zug abgefahren. Später hörte er, daß der Zug einen Zusammenstoß hatte und alle Passagiere getötet worden waren. TP fühlte, daß dieser rätselhafte Fremde ihm das Leben gerettet hatte. Als ich ihn fragte, wer seiner Meinung nach der Fremde war, antwortete TP ohne zu zögern: »St. Germain«.

Nachdem sich die Frauen zurückgezogen hatten, verbrachte ich etwas Zeit alleine mit TP. Zu meiner Überraschung überkam mich eine gewaltige Energie. Ich erzählte ihm über die Warnungen, die wir von höheren Ebenen über die beunruhigenden Entwicklungen in der Welt bekommen hatten, und von der außerordentlichen Bedeutung geistiger Zentren wie Findhorn und Glastonbury, die sich auf Tausende von Menschen, besonders junge, vorbereiteten, die sich zu diesen Zentren würden hingezogen fühlen. Ich schlug sogar vor, daß die angrenzende »Glastonbury-Schule« für Jungen, dessen Direktor er war, dafür genutzt werden könnte, Schlafstätten zur Verfügung zu stellen. Ich lief vor ihm auf und ab und bemerkte leidenschaftlich, daß er der Hüter von Glastonbury sei. Dorothy und Naomi hatten verschiedene spirituelle Gruppen in der Gegend besucht und hatten sie in Zwist miteinander vorgefunden - was würde er, Tudor Pole, damit machen? Er war verblüfft. Ich glaube, niemand hat je so mit ihm gesprochen. Welche Quelle es auch gewesen sein mag, die mich inspirierte, ich war jedenfalls ebenso überrascht wie er über den Inhalt und die Eindringlichkeit meiner Worte.

Dorothy, Naomi und ich eilten zurück nach Edinburgh, um am letztenTag an Lady Mayos Konferenz teilzunehmen, nachdem wir gehört hatten, daß Dan Fry und seine Frau, Freunde Naomis, dort angekommen waren. (Naomi hatte ihnen, bevor wir Schottland verließen, im Auftrag von Lady Mayo telegrafisch eine Einladung in die Staaten übermittelt.) Dr. Daniel Fry war der amerikanische Raumfahrtspezialist, der mit dem Buch *The White Sands Incident*[2] berühmt wurde, in dem er die Landung eines Raumschiffes, nur wenige Meter von ihm entfernt, in

Cave

2) Nachgedruckt aus dem Royal Air Force Quaterly, April 1952, pp 145-9

New Mexico beschrieb. Diesem Bericht zufolge war Dan aufgefordert worden, in das Raumfahrzeug zu steigen und war in wenigen Minuten auf einen Trip von über 4800 Kilometer nach New York und zurück mitgenommen worden; er brauchte drei Jahre, ehe er sich überwinden konnte, darüber zu schreiben. Dan verbrachte nun seine Zeit damit, durch die Welt zu reisen und seine Erfahrung weiterzugeben, der Menschheit die Existenz von Leben auf anderen Planeten nahezubringen und den Wunsch unserer Brüder im All, der Menschheit durch diese Zeit der Krise hindurchzuhelfen.

Die Edinburgh Ecumenical and International Convention von 1965, um den vollen Titel von Lady Mayos Konferenz wiederzugeben, war eine seltsame Versammlung von Vertretern der Kirche, Vegetariern, Ufologen und Heilern, die zusammengeführt worden waren, um über ihre kleinlichen Abgrenzungen hinauszuwachsen und zu helfen, »den Atomkrieg zu überwinden«. Unseligerweise hatte Lady Mayos kraftvolle Persönlichkeit die Tendenz, wenn sie nicht gerade ein starkes und vereintes Team hinter sich hatte, eben diese Barrieren und Ressentiments, die die Konvention lösen sollte, noch zu verschlimmern. Wir kamen zur Abschlußsitzung an, und was wir vorfanden, war eine Menge Leute, die sich verletzt fühlten, angegriffen, niedergemacht oder ignoriert, und es gab mehr Uneinigkeit und Dissonanz als vor der Konferenz. Die Lehre, die ich daraus zog, war, daß Erfolg einzig durch eine einige Gruppenkraft kommen kann, zu der jeder seine oder ihre einzigartigen Talente beiträgt, so daß sie sich gegenseitig ausgleichen.

Eine amüsante Einzelheit des Treffens war es, daß Klatschen nach Reden oder Auftritten untersagt war, damit nicht die Energie, die aufgebaut worden war, dadurch zerstreut würde. Stattdessen, so wurde uns gesagt, sollten wir unsere Anerkennung in der »tibetischen Art« zeigen, indem wir mit den Händen winkten, »wie man es tut, wenn man einen Freund auf einem Schiff oder Zug bei seiner Ankunft entdeckt«. Es ist eine Praxis, die sich seither weit verbreitet hat, oft zur Verblüffung nichteingeweihter Vortragender.

Als wir nach Findhorn zurückkehrten, sahen wir, daß nicht ein einziger von den »spirituellen« Leuten, denen ich vor unserer Fahrt geschrieben hatte, geantwortet hatte - aber wir hatten mehr als dreißig andere getroffen, inklusive einer Menge Personen, die in den künftigen Tagen eine überaus wichtige Rolle spielen sollten. Dan Fry, seine Frau und ein Freund kamen mit uns zurück nach Findhorn. Sie waren unsere ersten Besucher, die über Nacht blieben, und es gelang uns, sie in Naomis Wohnwagen zu zwängen. Eileen erhielt den Hinweis, daß noch viele mehr folgen würden und wir für sie Unterkünfte besorgen müßten, daß dies jedoch und all unsere anderen Bedürfnisse perfekt befriedigt würden. Das empfand ich als gut, da die Führung damit fortfuhr zu sagen: *Dem Weg, den Peter als Pionier beschreitet, werden Tausende und Abertausende von Seelen folgen.*

Kurz nachdem die Frys gegangen waren, trafen noch zwei Besucher ein, Eileen Keck und Meg Emerson, die von Glastonbury zu uns kamen. Beide wollten sie, wie Naomi und ich, Iona besuchen. Wir hatten gehört, daß das St. Columba-Hotel auf der Insel kürzlich von einem Mann namens John Walters gekauft worden war, der es zu einem Unterkunftsort für Pilger zu machen plante. Es schien wichtig, mit ihm eine Verbindung herzustellen und ihm Hilfe, die er vielleicht brauchte, anzubieten. Daher war ich einverstanden, diese drei älteren Damen mit auf die Reise zu nehmen, vorausgesetzt sie würden meinem Rhythmus folgen, so wie er mir eingegeben wurde. Da würde es kein langes Kaffeetrinken geben, wenn ich den inneren Drang verspürte, weiterzugehen.

Es liegt etwas Einmaliges in der Atmosphäre von Iona, eine Qualität, die die Insel als eine spirituelle Oase heraushebt, so wie sie sich geologisch seit Jahrtausenden absetzt von den benachbarten Inseln der Inneren Hebriden. Es herrscht eine funkelnde Klarheit des Lichtes, denn der physische Himmel scheint sich direkt dem geistigen Himmel zu öffnen; nicht nur geht die Sonne in unvergleichlicher Pracht unter, sondern sie bricht an den meisten Tagen, wenn tiefliegende Wolken über Mull und dem Hauptland hängen, auf wundersame Weise hindurch, um Iona in Licht zu baden, welches im Vergleich zu den unbeleuchteten Hügeln auf dem gegenüberliegenden Ufer nur um so heller erscheint. Tausende von Menschen zieht es jeden Sommer zu diesem Pilgerort. Laut Eileens Führung sollte unsere Reise jedoch mehr sein als nur eine Pilgerfahrt:

Es ist ein Sich-Verbinden mit einem äußerst starken Lichtzentrum. Dies ist ein Dreieck, Glastonbury, Iona, Findhorn. Du magst die Bedeutung dessen jetzt nicht sehen, aber in künftigen Tagen wirst du es erkennen. Peter soll für jeden Kontakt offen sein, und es wird verschiedene sehr wichtige geben. Sie werden sich von ihm angezogen fühlen. Mein Segen liegt auf dieser Reise. Viele wichtige Dinge werden daraus hervorgehen.

Eileen hatte dann eine Vision von einem großartigen Engel des Lichts mit weit ausgebreiteten Flügeln, der über die gesamte Insel schwebte, als ob er sie hütete und vor den Kräften der Dunkelheit beschützte. Er erinnerte sie an einen Muttervogel, der gerade dabei ist, auf seinem Nest zu landen, deren Eier fertig zum Ausbrüten waren.

Ich fuhr mit den drei Damen los, und wir hatten eine prächtige Fahrt nach Oban, von wo aus wir das Auto mit der Fähre nach Mull brachten. Auf Mull kamen wir durch ein Tal auf einer leeren Straße, welche die bedrohlichen Berge, die der Nebel verhüllte, hinaufstieg - »das Tal des Todes«, das ich das erste Mal vor nun fast zehn Jahren erwandert hatte, als Sheena Douglas und mich auf Pilgerfahrt geschickt hatte. Wir ließen das Auto in Fionnphort und überquerten die enge, windgeschüttelte Meerenge von Iona in einem winzigen Boot, um auf der anderen Seite von John Walters empfangen zu werden. Er brachte uns in einem der nur zwei Autos auf der Insel zum St.Columba- Hotel.

John Walters war ein großer Mann, der Armeeoffizier gewesen war und danach in der Palästina-Polizei gedient hatte. Dort hatte er einen Sensitiven getroffen, John Morris, der später eine Gruppe in Glastonbury gründete. Jahre darauf besuchte Walters Morris, der eine Botschaft empfing, die darauf hinwies, daß John Walters nach Iona gehen solle, was er tat, um dort die Bekanntschaft mit einer Frau zu machen, die ebenfalls sensitiv war. Ihre Führung legte nahe, daß John das St. Columba-Hotel kaufen und als einziger darüber zu bestimmen haben solle. Auch sollte es keine Lizenz für Alkoholausschank haben, da Iona ein Ort spiritueller Kraft ist und eine Lizenz die besondere Atmosphäre auf der Insel verdürbe.

John hatte nie zuvor ein Hotel geleitet und geradeso, wie wir es in Cluny Hill erkannt hatten, wußte auch er, daß dies nur mit Gottes Hilfe geschehen könne. Zunächst einmal mußte er das Hotel bekommen. Es wurde zum Verkauf angeboten, und er war in der Lage, das Geld für den

Kauf aufzubringen. Er hörte aber, daß das Hotel zunächst dem Grafen von Argyll angeboten werden mußte, der als Besitzer der Insel automatisch ein Vorkaufsrecht über jedes Grundstück hatte. In diesem Fall wollte der Graf das Hotel für die Unterbringung seiner Gäste und beantragte eine Lizenz zum Ausschank von Likören. John grübelte über die Botschaft nach, die ihm gegeben worden war und machte sich daran, in einer Petition die Inselbewohner zu bitten, der Gewährung einer Schanklizenz entgegenzutreten. Sein Anwalt meinte jedoch, er habe da kaum Aussicht auf Erfolg, denn die meisten Mitglieder des Lizenzamts waren Pächter auf den gräflichen Gütern.

Die Petition war jedoch erfolgreich, und der Graf erhielt seine Lizenz nicht. Er lud John Walters in sein Schloß ein, um bei ihm zu wohnen, und offerierte John den Direktor-Posten im Rahmen einer Gesellschaft, die das Hotel führen sollte. Wiederum erinnerte sich John an die Botschaft, die besagte, daß einzig er die Kontrolle innehaben solle, daher lehnte er das Angebot ab. Später wurde er wiederum ins Schloß geladen und diesmal wurde ihm die Leitung des Hotels angeboten mit einem ansehnlichen Gehalt, aber wieder lehnte er höflich ab. Schließlich gab der Graf nach, und John kaufte das Hotel ohne Umschweife; er hatte es sechs Monate lang geführt, als wir ankamen. Die Geschichte zeigte mir Johns Kaliber und Charakterstärke, die er in den kommenden Jahren brauchen würde, um das Licht auf Iona in hellem Glanz erstrahlen zu lassen.

Während unserer zwei Tage auf der Insel führten wir mehrere interessante Gespräche mit John über Iona und seine künftige Rolle dort, welche die eines Hüters zu sein schien und eines Menschen, der Einigkeit unter den verschiedenen spirituellen Gruppen und Fraktionen, die sich zu dem Ort hingezogen fühlte, schaffen würde. Naomi erhielt eine Menge innere Information über John, inklusive einer Botschaft, daß er das Gros der Unterkunftsmöglichkeiten auf Iona unter seiner Kontrolle haben solle, was bedeuten würde, daß er das einzige andere Hotel, das *Argyll*, ebenfalls erwürbe.

John gab mir die Namen von ein paar Leuten, die ich treffen sollte, einschließlich die einer bemerkenswerten Heilerin und Mystikerin, Ellen Hilton, und ihrer Gefährtin, Miss Bamber, die wir in einem großen weißen Haus, dem *Grianon*, auf der Nordseite der Insel besuchten. Wir gingen auch zum nahegelegenen *Traigh Bhan*, einem Haus, dessen kraftvoller Meditationsraum, nach dem Gästebuch zu urteilen, Menschen aus aller Welt anzog. Während unserer ganzen Reise durch diese winzige Insel, einschließlich Besichtigungen der restaurierten Abtei und verschiedener alter spiritueller Orte, empfand ich ein wachsendes Gefühl der Wichtigkeit seiner Verbindung mit unserer Arbeit in Findhorn.

Ich sann darüber nach, als wir früh am nächsten Morgen heimwärts fuhren, und meine Gedanken wurden unterbrochen durch Meg Emersons Frage, wann die nächste Fähre nach Oban abginge, falls wir unsere Fähre nicht erreichen sollten. Ich antwortete, dies sei unerheblich - wir würden genau zur rechten Zeit ankommen. Meg widersprach. Sie war Lehrerin gewesen, und in ihrem Leben mußte sie immer einen Alternativplan haben, der meist anstelle des ersten zur Ausführung kam. Für mich war das ein rotes Tuch; es war ein klassisches Beispiel dafür, *das* Realität werden zu lassen, was man dachte. »Natürlich, wenn du einen alternativen Plan projizierst, dann wird der perfekte Plan nicht klappen«, sagte ich ihr, »weil du deine Energie mehr auf die Alternative konzentrierst.« Sie verstand meinen Gedankengang, und wir erreichten die Fähre.

Bei unserer Rückkehr bestätigte Eileens Führung die Bedeutung unserer Pilgerfahrt und sagte, ich solle darauf vorbereitet sein, hinüberzufahren und John Walters zu helfen und ihm das mitteilen. John und ich hatten die Möglichkeit besprochen, einen Garten für das Hotel anzulegen, um damit zu beweisen, daß man auf Iona Gemüse anbauen könne; denn bis jetzt hatte das ganze Gemüse eingeführt werden müssen. Daher schrieb ich ihm und bot ihm meine Dienste als Gärtner an, um im Hintergrund zu arbeiten und ihn, wie ich nur konnte, zu unterstützen (auch mit meinen Erfahrungen in der Leitung vom Cluny Hill-Hotel). Nun, Gott hatte andere Pläne für mich, aber das Angebot diente dazu, unsere Verbindung zu festigen; und als John später schrieb, um mitzuteilen, daß sich für ihn ein Weg geöffnet habe, das *Argyll* zu kaufen, wurde Naomis Botschaft Wirklichkeit, daß es für ihn unbedingt erforderlich sei, beide Hotels zu leiten, um Konferenzen über spirituelle Themen zu veranstalten.

* * * * *

Als ich von Iona zurückkam, wartete ein Haufen Briefe auf mich. Obwohl das Wetter schön war und ich in Versuchung kam, draußen zu arbeiten, fühlte ich, daß es wichtig sei, die Post sogleich zu lesen und zu beantworten. Zuunterst in dem Haufen war ein Brief von Sheila Walker, der Sekretärin der schottischen UFO-Gesellschaft, der mich Lady Mayo in Edinburgh vorgestellt hatte. Sheila schrieb über eine Konferenz von »New Age Gruppenleitern«, die im Kolleg für Erwachsenenbildung in Attingham Park, Shropshire, stattfinden sollte, dessen Prinzipal Sir George Trevelyan war. Sheila war eingeladen worden, konnte jedoch nicht gehen und schlug daher vor, daß ich an ihrer Statt ginge.

Meine spontane Reaktion war zustimmend. Es gingen mir dann jedoch diverse Vernunftgründe durch den Kopf, und ich bat Eileen, meine Entscheidung in der Meditation zu bestätigen; doch alles, was sie empfing, war: *Ich sage nicht, gehe oder gehe nicht, Peter wird selbst wissen, was zu tun ist.* Binnen einer halben Stunde war ich im Auto und unterwegs. Eileen war sehr verstört darüber, da ich gerade erst eine Woche fort gewesen war und so vieles im Garten getan werden mußte, aber ihre Führung sagte ihr:

Mein Kind, laß los und entspanne dich; Peter mußte seine Entscheidung selbst treffen, und das hat er getan. Nun überlasse ihn Meinen sicheren Händen. Denke positiv über seine Reise, damit es keine Hemmnisse gibt und alles glatt verläuft. Es ist richtig für ihn, schon wieder aktiv zu werden.

Ich übernachtete bei Sheila Walker und ihrer Mutter Molly in Edinburgh. Sheila erklärte, sie würde von ihrem Job nicht freibekommen (sie war die Sekretärin eines Schulrektors), um die Konferenz mit mir zu besuchen, aber ich bedrängte sie, es doch zu versuchen, zumal sie einen so großen Wunsch hegte, Liebie Pugh zu besuchen, die ich auf dem Weg in St. Annes zu besuchen plante. Sheila fragte, und zu ihrer großen Überraschung erhielt sie die Erlaubnis zu gehen. Als wir Liebie am nächsten Tag im Park von St. Annes trafen, war diese sogar noch überraschter - daß wir nach Attingham gingen, ohne zuvor zu klären, ob wir willkommen wären. Die Konferenz lief nur über persönliche Einladungen, und eine ihrer Freundinnen, Merta Mary Parkinson, eine energische Frau, die viel herumreiste, um spirituelle Leute miteinander in

Kontakt zu bringen, war den ganzen Weg von den Vereinigten Staaten herübergekommen, um am Ende nicht eingelassen zu werden.

Ich rief auf der Stelle Ruth Bell, Sir George Trevelyans Sekretärin, in Attingham an. Ruth erklärte, daß Sheilas Teilnahme als Sekretärin der schottischen UFO-Gesellschaft in Ordnung sei, aber von mir habe sie nicht gehört. Sie betonte, daß die Konferenz nicht öffentlich sei, sie sei ein ganzes Jahr lang geplant worden und nur für Leiter der verschiedenen spirituellen Gruppen und Bewegungen in Großbritannien. Wer war ich, und wieso glaubte ich, ich müsse dabeisein? Ich begann mich ziemlich stolpernd zu erklären, als eine patriarchische Stimme ans Telefon kam und sagte: »Mein lieber Freund, natürlich müssen Sie kommen!« Offenbar hatte eine Sensitive mit Sir George nahe am Telefon gestanden und ihm gesagt, wie wichtig es sei, daß ich teilnähme.

Sheila und ich kamen am frühen Nachmittag in Attingham an, einem stattlichen ländlichen Herrensitz. Man zeigte uns die Bibliothek, wo ich Anthony Brooke und seine Partnerin Monica Parish traf. Zu meiner großen Freude und Überraschung begrüßte mich Anthony, indem er seine Arme um mich warf und sagte: »Hier ist Peter. Wir kennen uns seit Jahrmillionen!« John Walters auf Iona und Liebie Pugh hatten mir beide viel von Anthony erzählt, und Liebie war es vor allem, die unbedingt wollte, daß wir uns begegneten.

Anthony Brooke ist ein zauberhafter Mann mit viel Charme. Er kommt von einem schillernden Hintergrund; so war er der letzte Regent von Sarawak gewesen, einem Land größer als Schottland, welches an Borneo grenzt. Er war der zweite Staatsmann gewesen, der Deutschland den Krieg erklärte. Als die britische Regierung nach dem Zweiten Weltkrieg die Familie Brooke entließ, war Anthony bei seinen früheren Untertanen in Sarawak so beliebt, daß er des Landes verwiesen wurde aus Angst, man würde dort seine Wiedereinsetzung verlangen! Er sagte oft, er habe ein Königreich verloren, aber ein größeres gewonnen, das Königreich Gottes. Er wurde eine Art Botschafter des Lichts und besuchte die meisten Länder der Welt; er wurde ins kommunistische Moskau eingeladen, traf Mao Tse-tung und Chou-En-Lai in China und kannte U Thant, damals Generalsekretär der Vereinten Nationen, sehr gut. Er und Monica Parish waren die Gründer der *Universal Foundation*, die sehr eng mit der Arbeit der *Universal Link* und Liebie Pugh in Verbindung steht. Diese Begegnung in Attingham war der Anfang einer langen und glücklichen Zusammenarbeit mit Anthony; es gab sofort einen solchen Kontakt zwischen uns, daß es in der Tat so schien, als seien wir einander schon früher begegnet.

Der erste Sprecher der Konferenz, Christopher Hills, lud uns alle ein, Ideen zusammenzutragen, damit wir eine Charta zur Gründung einer New Age-Gemeinschaft formulieren könnten. Die nun folgenden Beiträge und die Diskussion verwirrten mich, und schließlich begann dies, meine Geduld auf die Probe zu stellen; deshalb stand ich auf und meinte, wir in Findhorn täten bereits, worüber hier alle sprächen. Wir seien bei jedem Schritt von Gott geführt worden, erklärte ich, und nur im nachhinein seien wir in der Lage gewesen, zurückzublicken und Muster und Plan dahinter zu erkennen. Es sei Unfug, »Chartas« zu entwerfen und »Konzepte«! Ich setzte mich wieder; der Raum war plötzlich still.

Sir George genoß solche »kämpferischen Worte« und lud mich später ein, über unsere Arbeit in Findhorn und seine Entwicklung zu reden. Es war freilich damals erst in den Kinderschuhen, und ich hatte wenig Ahnung, was ich sagen sollte, doch, mich an Sheenas Rat erinnernd: »Stehe auf und lasse Gott durch dich sprechen«, tat ich mein Bestes. Am Ende meiner Rede herrschte sogar noch tieferes Schweigen; dann erhob sich der Marschall der Luftflotte, Sir Victor Goddard, und fragte mich, ob ich ihnen etwas über unsere Finanzpolitik berichten würde. *Finanzpolitik?* So etwas hatten wir nicht - wir lebten noch immer von Arbeitslosenhilfe! Einen Moment hatte Sir Victor mich verblüfft, aber dann sammelte ich mich und sagte bestimmt: »Es ist ganz einfach. Man gibt alles auf, um Gott und Seinen Willen an erste Stelle zu stellen, dann werden einem alle Bedürfnisse aus seinem überfließenden Vorrat vollkommen erfüllt.«

Ich fragte mich in der peinlichen Stille, die folgte, ob uns nun ein paar als hoffnungslose Idealisten abschreiben würden. Ich hatte jedoch nichts außer der Wahrheit gesagt, denn alle unsere Bedürfnisse wurden vollständig erfüllt, und ich war froh, daß mich Sir Victor gezwungen hatte, offen Farbe zu bekennen. In der Teepause, die folgte, kam eine Frau auf mich zu und sagte, in der alten Zeit hätte man mich für einige Dinge, die ich gesagt hatte, auf dem Scheiterhaufen verbrannt. »Haben wir dann nicht Glück, in der heutigen Zeit zu leben?« erwiderte ich süffisant. Sie wäre, glaube ich, eine der ersten gewesen, die nach den Streichhölzern greifen würde.

Wie sich herausstellte, kam uns binnen weniger Jahre fast ein jeder von dieser Konferenz in Findhorn besuchen, und die Kontakte und tiefen Beziehungen, die in Attingham geformt wurden, sollten sich für die künftige Entfaltung unserer Arbeit als ganz wesentlich erweisen.

Doch dies war nicht das Ende der Kontakte, die auf dieser denkwürdigen Reise geknüpft wurden. Auf der Konferenz erneuerte ich meine Bekanntschaft mit Kathleen Fleming, einer zauberhaften Frau, der ich zuerst in St. Annes begegnet war, und da sie eben erst auf Iona und in Glastonbury gewesen war, schlug ich vor, daß sie auch Findhorn besuchen sollte, um das Dreieck zu vollenden. Kathleen war eine Sensitive, deshalb sagte ich ihr ganz offen, daß Sheila und ich bereit wären, etwaigen spontanen Eingebungen, die sie vielleicht unterwegs erhielte, nachzukommen. So geschah es auch. Nachdem wir Liebie Pugh in St. Annes besucht hatten und nach Edinburgh unterwegs waren, fühlte Kathleen ganz intensiv, daß wir einen Umweg zum Lake District machen und Jessica Ferreira treffen sollten, der *Traigh Bhan* gehörte - das Haus auf Iona, dessen Meditationsraum ich als so kraftvoll empfunden hatte. Es sollte sich dies als eine wichtige Verbindung herausstellen.

Wir verbrachten die Nacht in Edinburgh, wo wir Sheila verließen, und am Morgen darauf schickte ich Eileen ein Telegramm, um ihr zu sagen, daß Kathleen und ich um die Mittagszeit in Findhorn zurück sein würden. Kathleens Führung hatte andere Vorstellungen! Zuerst mußten wir nach Strathmiglo fahren, um Major Bruce MacManaway zu treffen, einen der besten britischen Heiler; er sollte eigentlich einen Patienten besuchen, aber sein Auto hatte an diesem Morgen mysteriöserweise nicht anspringen wollen, bis wir unseren Besuch gemacht hatten. Eine Weile später auf der Straße meinte Kathleen, sie fühle, daß wir ein paar spirituelle Leute in Abernethy besuchen sollten. Als wir da fertig waren, wurden wir noch einmal umgeleitet, zum Haus eines Oberst Mathieson in Aviemore.

Es war spät nachts, als wir schließlich in Findhorn ankamen. Eileen war nicht entzückt und empfing uns frostig - sie hatte erst das Mittagessen, dann einen Nachmittagstee und dann ein Abendessen für uns vorbereitet, und meine Begeisterung über die Kontakte, die ich gemacht und die unsere Rückkehr verzögert hatten, ließen sie kalt. Ich schwor mir im Stillen, niemals wieder meine weiteren Schritte voreilig zu planen oder anzukündigen.

22. Kapitel

ARBEITSREICHE TAGE

Sei immer und überall ein gutes Schiff,
ein Seemann, ein Kompass und Löser von Knoten.
Bleibe ruhig auf unruhiger See.
Denke an deinen Hafen und dein Ziel.

Nach fast drei Jahren, seit wir auf den Findhorn Bay-Campingplatz gezogen waren, war unsere Zeit in Isolation vorbei. Während die innere Arbeit, die geistige Einstimmung auf Gott, jeden Tag weiterging, und die äußere Arbeit im Garten weiterhin phänomenale Resultate erzeugte, fühlte ich mehr und mehr den Impuls, weiterhin zu reisen und zwischen Individuen und Gruppen im ganzen Land Verbindungen zu knüpfen - geradeso wie auch sie sich gedrängt fühlten, uns zu besuchen, um mit eigenen Augen zu sehen, was wir trieben. Der Gedanke hat mich immer amüsiert, daß wir uns in Findhorn offenkundig dem biblischen Befehl, seine Fundamente nicht auf Sand zu bauen, widersetzten! Nun, die wahren Fundamente waren freilich auf felsenfestem Glauben gebaut.

Ein Teil dieses Glaubens bestand nun darin, daß Gott, so wie er uns gesagt hatte, eine wachsene Besucherzahl zu erwarten, auch für deren Unterkunft sorgen würde. Ein Brief von Sir George Trevelyan nach meiner Attingham-Fahrt drückte dieses Versprechen von Besuchern aus:

Laß Dir sagen, wie sehr mich Dein Besuch gefreut hat, und wie sehr ich den Kontakt mit Dir schätze. Wir haben gerade eine Konferenz mit der Soil Association *hinter uns, und ich sprach mit ihnen über Dich und die Arbeit, die ihr mit dem Wachstum von Pflanzen leistet. Ich will Dich hiermit vorwarnen, daß ein paar von ihnen auf Dich zukommen könnten, um mehr darüber zu erfahren.*

Es kam mir auch wieder ins Bewußtsein, daß Liebie Pugh und die Leute um sie herum in St. Annes in naher Zukunft nach Findhorn ziehen wollten, sollte dies ein Teil des göttlichen Planes sein. Ich schrieb ihr dies und fügte hinzu, daß wir dank des Gartens in der Lage wären, eine Gemeinschaft »im Notfall« ohne Einkäufe von außen zu ernähren. (Wir glaubten zu diesem Zeitpunkt noch immer, daß die Welt ihrem Untergang entgegenstrebte.) Liebie war auch überfordert, und zu viele Besucher nahmen sie in Beschlag, von denen einige aus reiner Neugier kamen; Findhorn war relativ abgelegen und dies würde garantieren, daß nur die richtigen Leute sie erreichen würden.

Als Kathleen Fleming noch bei uns war, während ihres ersten Findhorn-Besuchs im Oktober 1965, sah sie in einer Vision, wie wir mehrere Bungalows aus Zedernholz besaßen. Ich sagte ihr, dies sei unwahrscheinlich, man bräuchte eine spezielle Baugenehmigung, um auf einem Campingplatz Bungalows zu errichten. Dann kam mir in den Sinn, daß es auf dem Campingplatz bereits einen Bungalow aus Zeder gab, ein Wohnmobil namens »Sonnen-Cottage«, das in zwei Teilen zusammengebaut war. Weil es »technisch« beweglich war - ein Untersatz mit Rädern - erfüllte es die bestehenden Bedingungen. Ich besorgte mir die Verkaufsbroschüren und nähere Einzelheiten, und binnen sechs Monaten hatte Molly Walker, Sheilas Mutter aus Edinburgh, eines gekauft und nahe bei uns aufgestellt.

Davor hatten wir jedoch unseren ersten Gästewohnwagen »manifestiert«. Als uns Meg Emerson von Glastonbury besucht hatte, kam sie zu der Überzeugung, daß sie zu uns ziehen solle und hatte mit dem Platzbesitzer vereinbart, einen Wohnwagen, der neben dem Laden stand, für £700 zu kaufen; doch während unseres Aufenthalts auf Iona wurde ihr ganz klar, daß ihr Platz weiterhin in Glastonbury sein würde. Daher lief ich zum Campingplatzbesitzer und meinte, ich würde den Wohnwagen an ihrer Stelle kaufen, sofern wir ihn auf einen Platz neben unserem stellen könnten (obgleich ich keine Ahnung hatte, woher das Geld dafür kommen sollte!) Er war einverstanden. Da erhielt Dorothy völlig überraschend einen Scheck über £750 - ihren Anteil am Erbe ihrer Mutter - und ich lief triumphierend hinunter, um den Handel abzuschließen.

Der Campingplatzbesitzer war in der Tat gerade unterwegs zu mir; er wollte mir sagen, daß er sich nun doch dagegen entschieden habe, den Wohnwagen zu verkaufen; er bräuchte ihn als Büro und um darin das Wasser für den Laden zu erhitzen. Ich war sprachlos. Der Wohnwagen eignete sich ideal zur Beherbergung unserer Gäste, und wir hatten das Geld! Der Besitzer versprach, ein ähnliches Modell zu finden, aber es gab nur wenige von diesem Typ in der Gegend, und man sagte mir, es wäre äußerst unwahrscheinlich, daß zufällig so ein Wagen zum Verkauf angeboten würde.

Als ich von einer Fahrt nach Glastonbury zurückkam, hatte der Platzbesitzer tatsächlich noch so einen Wohnwagen von genau derselben Bauart gefunden, der kürzlich neu eingerichtet worden und weitaus besser in Schuß war als der ursprüngliche. Der Verkaufspreis betrug £750 - nun hatte Dorothy jedoch in der Zwischenzeit ein Radio gekauft, hatte also nur noch £700 von ihrer Erbschaft übrig. Wir boten dem Verkäufer diesen Betrag, bar auf die Hand, und er nahm an, denn er hatte es eilig, den Wohnwagen zu verkaufen, ehe er zu Weihnachten gen Süden fuhr. Diese, unsere erste »offizielle« Gästeunterbringung, wurde am nächsten Morgen auf ihren Stellplatz geschoben, gerade rechtzeitig für unseren jüngsten Besucher, John Shelly, einen Freund und bekannten Töpfer in Glastonbury, der das eine oder andere, was dafür gebraucht wurde, kaufte. Danach kommende Besucher handelten ebenso, denn jedem fiel etwas auf, was fehlte und er besorgte es, so dauerte es nicht lange, bis der Wohnwagen perfekt ausgestattet war. Miss Bamber - »Bambi« - von Iona beschloß ebenfalls etwa um diese Zeit, einen kleinen Wohnwagen zu kaufen und ließ ihn vom unteren Teil des Campingplatzes hinaufbringen, damit er neben dem Garten stünde.

Kathleen Fleming verließ uns nach zehn wundervollen Tagen, in denen unsere Unterhaltung immer wieder zu dem Dreieck Findhorn, Iona und Glastonbury zurückkam, das wir weiterhin in unseren Meditationen verbanden. Für mich waren dies damals die drei leuchtendsten Flecken auf der britischen Landkarte. Meine Intuition legte mir, bestätigt durch Eileens Führung, nahe, daß ich in allen drei Zentren eine Rolle zu spielen habe; wie es kam, folgte das »Vorsprechen« für diese Rollen schnell hintereinander.

Mein starkes Gefühl einer Verbindung mit John Walters und seiner Arbeit auf Iona veranlaßte mich intuitiv, ihn nochmals zu besuchen, diesmal mit Eileen. Dies würde in den drei Jahren, in denen wir nun in Findhorn waren, ihr erster Ausflug sein. Wir fuhren nur für zwei Tage hinüber und fanden John bereits in ersten Verhandlungen darüber, das zweite Hotel auf der Insel, das *Argyll*, zu erwerben. Ich bestärkte noch einmal meine Bereitschaft, über die kommenden Ostertage hinüberzukommen, um ihm bei der Leitung der Hotels zu helfen und einen Gemüsegarten zu kultivieren. Obgleich das *Argyll* eigentlich zu klein war, um zu rechtfertigen, daß Eileen, Dorothy und ich es als Ganztagsjob annähmen, schlug ich doch vor, daß eine mögliche Strategie sein könnte, das St. Columba-Hotel und das Argyll-Hotel gemeinsam zu führen, und das letztere nur dann zu öffnen, wenn das St. Columba-Hotel im Sommer ausgebucht sei. Ich war auch begierig darauf zu beweisen, daß die Insel gewinnbringend bewirtschaftet werden und ihr eigenes Gemüse hervorbringen könne, indem man praktizierte, was wir in Findhorn getan hatten.

Eileen liebte die Insel und teilte meine Begeisterung, eine Verbindung zwischen Iona und Findhorn zu festigen, zumal sie mit John Walters sehr gut auskam und zahlreiche beeindruckende Visionen hatte, während sie dort war. Nach dieser denkwürdigen und (stürmischen) Pilgerfahrt schrieb ich John, um mein Angebot zu bestärken, wobei ich hinzufügte:

Das Sozialamt ist sich bewußt, daß irgend etwas Komisches vor sich geht in der Art, wie es mir versagt scheint, eine Anstellung zu erhalten, aber sie haben mir nun mitgeteilt, daß ich willens sein müsse, Findhorn zu verlassen und in einem weiteren Umkreis nach Arbeit auszuschauen. Bislang konnte ich mir nicht vorstellen, in einem anderen Hotel als Cluny Hill zu arbeiten, da ich nur für einen spirituellen Grund arbeiten könnte, doch jetzt zieht mich die Möglichkeit, ein Lichtzentrum auf Iona zu schaffen und mit dir zu arbeiten, gewaltig an.

Eileen hatte die folgende Botschaft erhalten:

Mein Kind, die volle Bedeutung dieser Pilgerfahrt nach Iona ist noch nicht jedem von euch klar geworden. Es geschah alles so schnell, und ihr seid noch wie betäubt, doch die Dinge werden sich klären, und das

Ergebnis wird großartig sein. Es hat für Peter mehr bedeutet als für jeden von euch. Die Verbindung, die er mit jener großen Seele (John Walters) eingegangen ist, war etwas, was geschehen mußte.

Ich überlegte bereits, ob John Havelock Davies, ein Gartenbauexperte, den ich in Glastonbury getroffen hatte und der, so war es geplant, bald zu uns stoßen sollte, die Arbeit in Findhorn übernehmen könnte, um uns zu ermöglichen, eine Zeitlang auf Iona zu sein. Ich hatte keine Ahnung, was wir mit den Jungen tun würden, die in ihrer Schule sehr glücklich waren, aber, wie ich John Walters ebenfalls schrieb, »wir sollen einfach wissen, daß etwas, wenn es recht ist und von Gott gesegnet, rundum recht sein wird.«

Halloween kam - eine volkstümliche Tradition, welche die Schotten viel mehr feiern als die Engländer - deshalb beschlossen wir, um den Jungen eine Freude zu machen, eine große Party zu veranstalten. Wir bereiteten das Fest tagelang vor (worin das meiste Vergnügen besteht), machten schreckliche schwarze Spinnen, Hexen, Katzen, Hexengebräu, Schilder, ausgehöhlte Kürbisse und kandierte Äpfel. Siebzehn Kinder kamen zu unserer Party auf den kleinen Patio. Christopher hatte für sein Piratenkostüm einen wunderbaren Krummsäbel ausgehöhlt und bemalt und zog David an den Haaren als Mutter Hubbard hinter sich her, Jonathan, der in diesem Alter normalerweise schlampig war und dem es völlig wurst war, wie er ausschaute, schien so angetan von der Eleganz seines Ritterkostüms, von der Feder auf dem Haupt bis zu den Spangenschuhen, daß er sich richtig in sich selbst verliebte und darauf bestand, am nächsten Tag genauso gekleidet zu sein, damit man ein Foto von ihm machen könne! Obwohl ich im Rückblick wünsche, ich hätte mehr Zeit mit meinen Kindern verbracht, als sie heranwuchsen, konnte ich doch bei solchen Gelegenheiten ihre Fröhlichkeit teilen und wissen, daß alles gut um sie stand. Ich erinnere mich, daß Christopher damals dem Zauber von Räucherstäbchen verfallen war! Über mehrere Monate hinweg kam er in der Mittagszeit den ganzen Weg von der Schule heim, lediglich um ein Stäbchen anzuzünden und sich in seinem Duft zu baden.[1]

* * * * *

1) Erstaunlicherweise entwickelte mein jüngster Ssohn (geborren 1982) dieselbe Faszination für Räucherstäbchen in etwa demselben Alter.

Der nächste Ruf der Straße kam aus Glastonbury. Ich erhielt einen Brief von meinem Töpferfreund, John Shelly, der mitteilte, daß die Glastonbury-Tor-Schule (neben dem *Chalice Well*, über die ich kürzlich in so starken Worten zu Tudor Pole gesprochen hatte) Gefahr liefe, verkauft und in eine Brauerei verwandelt zu werden. Eine Gruppe in der Stadt wollte die Schule stattdessen in ein spirituelles Heilzentrum verwandeln, doch zunächst mußten sie Geld auftreiben, um es zu kaufen und die Treuhänder der Schule ebenso wie die von *Chalice Well* (dem das Land, auf dem es stand, gehörte) davon überzeugen, daß ihre Referenzen und Pläne in Ordnung seien. Ob ich einwilligte, Direktor dieses Projekts zu werden?

Ich fand, daß ich dies nicht tun könne. Abgesehen von meiner Aufgabe in Findhorn, hatte ich bereits John Walters auf Iona meine Hilfe für den nächsten Sommer zugesagt. Ich machte den Vorschlag, daß John Shelly den Job selbst übernähme, ich aber hinunterführe in den Süden, um ihm zu assistieren; Sir George Trevelyan hatte mich sowieso zu einer zweiten Konferenz im November nach Attingham eingeladen, diesmal zum Thema »Die Erziehung besonders begabter Kinder«. Unterwegs könnte ich auf der Reise Besuche bei all jenen Heilern und anderen spirituellen Leuten machen, die ich getroffen hatte, um über Wege zu diskutieren, wie wir das benötigte Geld zusammenbekommen könnten, und sie zu einem Treffen über das Projekt einzuladen.

Wir waren etwa fünfzig Leute, die sich Ende November 1965 im Südwesten Englands trafen, um Pläne für die *Glastonbury Foundation* zu entwerfen - der Name, den wir der geplanten Wohlfahrtseinrichtung zum Erwerb der Schule gegeben hatten - und einen passenden Vorsitzenden zu finden, der spirituelles Bewußtsein mit Erfahrung in bestehenden Wohlfahrtsverbänden verband. Zu meiner großen Freude wurde Ronald Heaver gewählt, ein behinderter, aber wackerer Mann, der sowohl als Schatzmeister als auch als Sekretär für die *Garden Tomb Association* in Jerusalem gearbeitet hatte (der Garten, der mich dreizehn Jahre früher auf meinem Besuch in Jerusaelm so sehr beeindruckt hatte). Er unterhielt das Meditationszentrum von *Avalon,* in der Nähe von Glastonbury, und schien die ideale Wahl zu sein. Zu meiner Überraschung wurde ich gebeten, für sechs Monate der erste Vorsteher der *Foundation* zu sein und hörte mich »Ja »sagen.

Anthony Brooke war gerade am Tage vor diesem Treffen von einer Weltreise zurückgekehrt und kam, als er davon hörte, sofort von London zu uns, um dabei zu sein. Er sagte, der einzige, den er kenne, der die Summe von £30 000 oder mehr hätte, die zum Kauf der Schule gebraucht würde, wäre Andrew Wilson, ein Geschäftsmann, der in der Nähe von Glasgow lebte. Er war auch ein Heiler und der Gründungsvorsitzende der *Truth Research Foundation,* einer Gesellschaft zur Unterstützung von Heilprojekten. Anthony meinte weiter, seinem Gefühl nach würde Andrew Wilson sein Geld nicht übergeben, ohne erst das Medium zu konsultieren, das er gewöhnlich in solchen Angelegenheiten um Rat fragte. Da ich auf dem Heimweg über Glasgow fahren würde, lud ich Anthony ein, mich zu begleiten, damit wir vielleicht eine Chance hätten, ihn zu sehen. Anthony wollte ohnehin Findhorn besuchen.

Ich war sehr gespannt, wie Gott mich nach Schottland zurückbringen würde; denn auf dieser Reise war ich bis nach Cornwall vorgedrungen, die südlichste Spitze Großbritanniens. Ich war jetzt mehr als 800 km von zu Hause entfernt und, nachdem ich den Tank gefüllt hatte, besaß ich nur noch zwei Shilling und Sixpence. Ich lachte über meine offenbar prekäre Lage, aber jetzt mußte ich zu Anthony gehen und ihm erzählen, wie wenig Geld ich hatte. Er brach auch in Lachen aus. »Mache dir darüber mal keine Gedanken«, sagte er, »ich kann unsere Kosten tragen. Das ganze Geld gehört ja eh dem Herrn!«

Anthony und ich machten uns auf wie ein Paar Schuljungen zu einem großen Abenteuer, ungeachtet der Tatsache, daß wir beide in mittleren Jahren waren. Das Gefühl für die Richtigkeit und Dringlichkeit unserer Arbeit, das durch die Weisung, die Eileen erhielt, ebenso bestätigt wurde wie durch jene, denen wir unterwegs begegneten, ließ uns keine Zeit, unser Verhalten zu rationalisieren. Unterwegs, nördlich von Warminster am Rande der Salisbury Ebene, wanderten wir gar los, um den Heiligen Gral zu suchen (ganz physisch den Becher!), aber nachdem wir uns durch Schneestürme geschlagen hatten, beschlossen wir, daß die Straße blockiert sein würde. Stattdessen drehten wir um und fuhren zu Attingham Park, wo wir am Morgen darauf ein wundervolles Frühstück mit Sir George und seiner Sekretärin Ruth einnahmen, und kamen zu dem Schluß, daß es nur darauf ankäme, den inneren Gral zu finden. Liebie Pugh bestätigte dies später am selben Tag mit einem Augenzwinkern, als wir St. Annes im Norden Englands erreichten. Kathleen Fleming war ebenfalls da. Sie erzählte uns, sie sei sich eines Wesens bewußt, das große Kraft ausstrahlte - des Erzengels Michael, der mit ausgestreckten Armen vor ihr stünde und offenbar unsere Arbeit leite. Ich war überrascht, denn dies erinnerte mich an eine Vision, die Eileen einige Monate vorher am Sankt Michaelstag, dem 29. September, empfangen hatte: »Ich sah den Erzengel Michael. Er stand mit einem Fuß in Glastonbury und einem in Findhorn und trug ein Schwert, das nach Iona zeigte, so als wolle er die drei vereinen. Nun, durch Kathleen, erzählte mir offenbar dasselbe Wesen, daß Glastonbury der Schmelztiegel sei, und als Antwort auf meine spezifische Frage über die Glastonbury-Tor-Schule sagte er mir: »Die Tor-Schule wird das Eigentum von *Chalice Well* werden. Du kannst sicher sein, daß alles laut Plan ablaufen wird.« Dies verblüffte mich wirklich, da wir unterwegs waren, um Andrew Wilson zu treffen, um ihn um dessen materielle Unterstützung zu bitten, die Tor-Schule für die *Glastonbury Foundation* zu kaufen, nicht den *Chalice Well Trust* (dem das Land sowieso gehörte und der grünes Licht würde geben müssen für jeden potentiellen Käufer der Gebäude auf dem Land). Meine Intuition sagte mir außerdem, daß er unserem Gesuch nachkommen würde. Doch in langer Erfahrung hatte ich gelernt, ein scheinbares Paradox und Widersprüchlichkeiten in den inneren Botschaften, die Leute für mich empfingen, zu akzeptieren. Manchmal waren dies Tests, und oft wurde ihre volle Bedeutung erst im Rückblick offenbar.

Alles in allem hatten wir eine wunderbare Reise, als ob die biblische Feuersäule uns vorangezogen wäre, um den Weg zu ebnen; sogar der Schnee, der den dafür berüchtigten Pass bei Shap Fell in Nordengland sieben Tage lang geschlossen hatte, taute rechtzeitig, um uns durchzulassen. Wir kamen rechtzeitig in Glasgow an, um Andrew Wilson zu treffen, dessen Kalender so voll war mit Verabredungen, daß ein anderes Treffen nicht möglich gewesen wäre; er erzählte uns von einer bemerkenswerten »Psi-Heilung«, deren Zeuge er gerade gewesen war, lehnte aber rundum ab, die Glastonbury-Pläne mit uns zu diskutieren, bis er mit seinem Medium und uns am nächsten Tage eine Sitzung gehabt haben würde. Andrew Wilson erschien mir als eine kuriose Mischung zwischen spirituellem Sucher und pragmatischem Geschäftsmann. Sein Haus war vor kurzem ausgebrannt, und dabei habe er entdeckt, wie er uns erzählte, daß materielle Dinge letztendlich doch keinerlei Bedeutung für ihn besäßen. Doch wie es so vielen von uns geht - er klagte, daß, während er die großen Prüfungen des Lebens so leicht bestehen könne, es die kleinen Dinge des Lebens seien, die ihn herunterzögen.

Als wir Andrew Wilson am nächsten Tag wiedersahen, lernten wir sein Medium als einen sehr stillen, bescheidenen Mann kennen, der lieber im Hintergrund blieb. Im Trancezustand channelte er einen Nordafrikaner, der sich »Ali« nannte, und sprach sofort über Glastonbury wie es durch die Zeiten hindurch ein Ort der Heilung gewesen sei, aber nun schlummere es und müsse erneut zum Leben erweckt werden. Jeder von uns, fuhr Ali fort, habe darin eine Rolle zu spielen - Anthony, ich und Andrew. Ali kicherte ein bißchen, als Andrew fragte, worin sein Beitrag bestünde. »Im Finanziellen, natürlich!« antwortete Ali. Andrew Wilson lachte und erklärte sich bereit, das Geld für die Schule zur Verfügung zu stellen.

Wir fuhren weiter nach Edinburgh, wo Monica Parish (Anthonys Partnerin) von England einflog, um sich uns zu einem Treffen in Sheila Walkers Haus anzuschließen. Eine ganze Gruppe von uns verbrachte eine glückliche Zeit damit, bis vier Uhr morgens über die Glastonbury-Saga zu sprechen. Als wir die nächste Nacht in Strathmiglo bei Bruce und Patricia Macmanaway verbrachten, bemerkte Bruce (der die Eingebung erhalten hatten, die lange Reise zu unserem Treffen in Devonshire zu unternehmen), daß zwei Reifen meines Autos schon sehr abgefahren waren, und mit Monicas Einverständnis nahm er das Auto und ließ zwei Winterreifen aufziehen, ohne daß ich davon wußte. Auf diese Weise waren wir fähig, durch tiefen Schnee in den Cairngormer Bergen heil nach Findhorn zurückzugelangen.

Insgesamt unternahm ich acht Reisen durch Großbritannien in Verbindung mit Glastonbury, erfüllt mit jenem gewaltigen Eifer und der Energie, die einen befällt, wenn man »weiß«, daß man das Richtige tut. Das Universum schien dies zu bestätigen, indem es sicherstellte, daß all meine Bedürfnisse vollständig befriedigt wurden. Jedesmal, wenn ich Findhorn verließ, hatte ich sehr wenig Geld, aber fast jedesmal kam ich mit mehr zurück, als ich ursprünglich hatte. Einmal fuhr ich los, ohne einen Pfennig in der Tasche, mit der Absicht, unterwegs beim Forreser Arbeitsamt meine neun Pfund und zehn Shilling Sozialhilfe abzuholen[2]. Doch bevor ich da überhaupt ankam, besaß ich bereits £30 - ich hatte unterwegs den Postboten getroffen, der zwei Briefe für mich hatte, einen mit einem £10-Schein und einen mit einem Scheck über £20.

Ein andermal, als ich in Südengland war, rüttelte jemand an meinem Glauben mit der Bemerkung, daß so zu leben nicht wirklich funktioniere: Meine Autobatterie war leer, und ich mußte den Motor jedesmal mit der Kurbel andrehen. Auf der Rückfahrt in den Norden wurmte mich diese Bemerkung richtig. Ich hielt am Straßenrand und sah, daß ich £12 und 15 Shilling in der Tasche hatte - nicht ganz genug, dachte ich, für eine neue Batterie. Bald darauf fuhr ich jedoch an einer Werkstatt vorbei, die Batterien für £12, 12 Shilling und Sixpence anpries; als ich vorbeifuhr, schien eine kleine Stimme in mir zu sagen:: »Wo ist dein Glaube?« Sofort drehte ich und kaufte die Batterie.

Damit hatte ich nur noch zwei Shilling und Sixpence, und ich war noch immer sehr weit von daheim entfernt. Bei meinem nächsten Stop sollte ich mit Ellen Hilton und Bambi zu Mittag essen; sie überredeten mich, zum Abendessen zu bleiben und dann über Nacht, da sie ein Treffen und einen Gottesdienst in ihrer Kapelle hätten. Ich genoß dies sehr. Am Morgen sagte Ellen Hilton: »Nun werde ich dir zeigen, wie *Pilgrim House* funktioniert.« Zuerst gab sie mir ein paar Blumen vom Altar und bat mich, diese Liebie Pugh bei meinem nächsten Stop mit lieben Grüßen von ihr zu überreichen. Dann gab man mir eine Kerze von ihrem Altar für unsere Meditationen in Findhorn. Schließlich leerte Ellen die Schachtel, in die Leute ihre Spenden für Heilungen legten und gab den Inhalt mir. Ich war bestürzt über diese Großzügigkeit und dankte ihr von Herzen. Die Summe kam auf £12,12 Shilling und Sixpence - der genaue Preis für die Autobatterie.

* * * * *

Im Dezember 1965 hatte ich noch immer nichts von John Walters über mein Angebot gehört, herüberzukommen und im nächsten Sommer bei der Leitung der beiden Hotels auf Iona zu assistieren; daher schrieb ich

2) Da ich allwöchentlich meine Sozialhilfe in Empfang nehmen und persönlich unterschreiben mußte, bestimmte dies die Zeiten, in denen ich Findhorn verlassen konnte.

ihm, daß ich mich anders entschieden hätte, da inzwischen das Geld für den Erwerb der *Tor* -Schule in Glastonbury versprochen war, würde ich dort das Amt des Vorstehers annehmen - jedoch nur auf sechs Monate, da mein eigentliches Zentrum, wie ich fühlte, in Findhorn sei. John verstand vollkommen, und wir unterhielten auch weiterhin eine starke und enge Beziehung zu ihm.

In Glastonbury lief jedoch nicht alles so gut. Aus irgendeinem Grund gab es eine spirituelle Rivalität zwischen Tudor Pole im *Chalice Well* und Ronald Heaver, dem Vorsitzenden unseres Komitees, die nun schon seit vierzig Jahren bestand. Als TP von den Plänen der *Glastonbury Foundation* hörte, die Schule zu kaufen, trat er dazwischen und brachte das Geld selbst zusammen, so daß der *Chalice Well Trust* sie kaufen konnte; nur damit sein Rivale sie nicht in die Hände bekäme. Eileen erhielt verschiedene Visionen, die sich auf den Kampf zwischen diesen spirituellen Giganten bezogen und Weisung, daß ich die beiden zusammenführen solle, doch das Ergebnis meiner Bemühungen war, daß sich beide gegen mich wendeten im Glauben, ich sei in des anderen Lager!

So wurde die Glastonbury-Tor-Schule also in den *Chalice Well Trust* einverleibt, getreu Kathleens Voraussage des Erzengels Michael, und die *Glastonbury Foundation* wurde aufgelöst. Das ganze Abenteuer beanspruchte sechs Monate und Tausende von Kilometer auf der Straße, und oft führte es mich zu Leuten, die ich nie zuvor getroffen hatte. Nicht allein war das spirituelle Ziel erfüllt - die Schule eher einem spirituellen Zweck zuzuführen, statt dort Bier brauen zu lassen - sondern ich hatte auch, und dies ist noch wichtiger, die meisten Schlüsselfiguren und Zentren in Großbritannien besucht, die entweder noch nach einer spirituellen Vision für das neue Zeitalter suchten oder sie bereits praktizierten, und ich hatte meine Rolle darin gespielt, daß sie einander kennenlernten. William Blakes »neues Jerusalem« wird oft mit Glastonbury assoziiert, doch mir dämmerte die Erkenntnis, daß alle diese verschiedenen Leute und Orte in ganz Großbritannien zusammen den Tempel des wahren »neuen Jerusalem« formten - und mein Job war es, einer seiner Bauinspektoren zu sein.

Daheim in Findhorn kamen weitere Hinweise über Eileens Führung hinsichtlich unserer Zukunft, obwohl hier eher die Rede von einem Zelt als von einem Tempel war: Am 26. Dezember hörte sie:

Versuche, dir diesen ganzen Platz von einer Gemeinschaft bevölkert vorzustellen, die sich ganz Mir und Meinem Werk widmet. Erkenne die Grenzenlosigkeit dieses Projektes. Was ganz klein begann, wird so wachsen, daß es nicht wiederzuerkennen ist. Es hat eben erst begonnen. Es ist erst in seinem Embryo-Zustand. Das Zelt Abrahams wird fest stehen, und groß wird die Menge sein, die Mein Lob singen und Mein Werk tun wird.

23. KAPITEL

JENSEITS DES GLAUBENS

DER MEISTER IST WILLENS,
DICH ZU TRÖSTEN UND ZU FÜHREN,
SOLANGE DU BEREIT BIST ZU LERNEN.

AUF MEINEN REISEN von und nach England, im Jahre 1965, übernachtete ich normalerweise bei Sheila Walker und ihrer Mutter Molly in Edinburgh, und durch Sheilas Beziehungen als Sekretärin der Schottischen UFO-Gesellschaft lief ich einem außerordentlichen Mann über den Weg, dessen Beitrag zu unserer Arbeit unschätzbar werden sollte. Ich bemerkte ihn das erste Mal, als der Vorsitzende der Gesellschaft, Oberst Henderson, ihn zu den Versammlungen mitzubringen begann, auf denen ich die letzten Entwicklungen in Glastonbury mitteilte.

Robert Ogilvie Crombie (einigen seiner Freunde als »Roc« bekannt) war ein älterer, leise auftretender schottischer Gentleman, der im Hintergrund blieb, viel zuhörte und sehr wenig sprach. Um ihn war eine Aura von Weisheit und ruhiger Autorität mit einem Augenzwinkern, als wolle er sagen, nichts solle allzu ernst genommen werden. Ich wurde sehr neugierig auf ihn und erkundigte mich nach seiner Geschichte. Roc war ein Mann mit vielen Talenten. Er war während des Ersten Weltkriegs Funker auf einem Boot im Ärmelkanal gewesen, hatte an der Universität Musik studiert und war ein vollendeter Pianist und Schauspieler. Er war auch als Wissenschaftler ausgebildet, aber ein angeborenes Herzleiden machte eine Ganztagsanstellung unmöglich. Er war zwar in Edinburgh geboren und aufgewachsen, aber die Ärzte rieten ihm während des Zweiten Weltkrieges, auf dem Lande zu leben; das tat er und verbrachte zehn Jahre in einem abseits gelegenen Haus 15 Kilometer außerhalb von Perth. Er erhielt eine staatliche Invalidenrente und entwickelte einen engen Kontakt zur Natur; zugleich widmete er sich dem Studium einer ganzen Reihe von wissenschaftlichen, philosophischen und spirituellen Themen. Nun lebte er sehr einfach in einer makellos sauberen Wohnung in Edinburgh, deren Wände voll waren mit Tausenden von Büchern, und trotz seines Herzfehlers schwamm er regelmäßig in der eisigen See. Alles in allem war er ein außergewöhnlicher Mensch, zu dem ich bald eine enge Beziehung knüpfte.

Ich wunderte mich über Rocs Beziehung zu Oberst Henderson und die UFO-Gesellschaft. Bis vor kurzem, erzählte er mir, habe er nichts mit UFOs oder Wesen aus dem All zu tun haben wollen - als Wissenschaftler »wußte« er, daß es so etwas nicht geben könne. Dann, eines Tages, als er gerade in seiner Wohnung saß und las, wurde er sich eines Wesens bewußt, das so etwas wie einen Raumanzug zu tragen schien, welches im Sessel ihm gegenüber saß. Er dachte, er verlöre den Verstand, aber beschloß, ruhig zu bleiben und zu sehen, was passieren würde. Das Wesen verschwand. Später am selben Abend, als Roc sich schon zurückgezogen hatte, sah er zu seiner Überraschung dasselbe Wesen am Fußende seines Bettes stehen. Es sagte zu ihm: »Ich bin von der Venus - und was fängst du nun damit an?« Roc lachte und antwortete: »Was meinst du?« Das Wesen sagte: »Du glaubst nicht, daß es mich gibt, nicht wahr?« Roc sagte: »Nein, ich glaube es nicht. Wenn du mir sagst, daß du in einem physischen Körper steckst, ähnlich wie unsere, dann glaube ich das nicht.« Innerlich war er erstaunt, daß er sich überhaupt so unterhielt. Das muß ganz einfach eine Halluzination sein, sagte er sich, aber es sah so normal aus und fühlte sich auch so normal an. »Du hast ganz recht«, beantwortete das Wesen seine frühere Bemerkung, »denn Wesen von anderen Planeten, aus dem All, haben höher schwingende Körper, die mit euren physischen Augen nicht gesehen werden können. Doch wenn wir auf diesen Planeten kommen, verringern wir unsere Schwingung, erniedrigen unser Drehmoment, damit wir grobstofflich werden. Und wenn man uns analysieren würde, würde man finden, daß zwischen eurer Materie und unserer kein Unterschied besteht. Wir neigen freilich dazu, unsere Schwingungen zu erhöhen und für eure Augen zu verschwinden.« Das leuchtete Roc immerhin ein, der durch seine Lektüre wußte, daß es viele Berichte über Raumfahrzeuge gab, die einfach verschwanden. Nun, mit diesem »Wesen aus dem All«, das da vor ihm stand, war er offen genug, um zu akzeptieren, was ihm seine Sinne bewiesen; und von nun an studierte er das Thema mit vorurteilsfreiem Blick.

Dies war nur eine von mehreren Begegnungen mit diversen außerplanetarischen Wesen, die Roc um diese Zeit widerfuhren, so als ob ein Vorhang in eine andere Dimension vor ihm aufgezogen worden wäre. Dies waren nicht Visionen, wie Eileen und andere Sensitive sie aufnahmen, sondern für Roc tatsächliche Erfahrungen einer anderen Realität, welche jenseits unserer Welt bestand und dennoch ebenso natürlich erschien wie sie. Die spannendste dieser Begegnungen, soweit sie unsere Arbeit in Findhorn betrafen, begab sich im März 1966, kurz bevor Roc uns das erste Mal besuchte. Er saß eines sonnigen Nachmittags, mit dem Rücken gegen einen Baum gelehnt, in Edinburghs schönen Königlichen Botanischen Gärten, als er zu seinem Erstaunen vor sich einen kleinen Faun tanzen sah, geradeso wie der griechischen Mythologie entsprungen. Er erschien so real und körperlich wie die anderen Leute in den Gärten. Der Faun war überrascht, daß Roc ihn sehen konnte, und bald unterhielten sich die beiden miteinander.[3]

Kurmos (wie der Faun genannt wurde) war ein Naturgeist, eines der Elementarwesen, die dafür zuständig sind, individuellen Pflanzen zu helfen, ihrem übergeordneten Bauplan nach zu wachsen, welchen der Deva ihrer Art überwacht, geradeso wie Bauleute nach den Plänen eines Architekten arbeiten. Kurmos Aufgabe lag darin, das Wachstum der Bäume im Park zu fördern. (Roc erklärte mir später, daß diese Elementarwesen in Wirklichkeit Energiewirbel oder Strudel seien, die dem menschlichen Auge - zumindest seinem - in archetypischen Formen als Faune, Elfen, Kobolde und dergleichen erscheinen können, da dies die leichteste Weise für unser Hirn ist, die Sinnesinformation aufzunehmen. Manche Leute sehen sie nur als kleine Licht- oder Farbexplosionen.)

Kurmos und Roc hatten danach mehrere Treffen, entweder in den Gärten oder in Rocs Wohnung, und Roc erfuhr viel über die Beziehung zwischen dem Reich der Menschen und der Natur, insbesondere über

---

3) »Ich bin mir nicht sicher, ob ich mit ihm gedanklich oder laut sprach«, schrieb Roc in *Der Garten von Findhorn* (und erwähnte es auch in der Kassette *Gespräche mit Pan,* worin er die ganze Geschichte dieser Begegnung wiedergibt).

die Gefahr, wenn die Menschen weiterhin die Natur mißbrauchten, verseuchten und ausbeuteten. Wenn die Naturgeister als Folge davon ihre Energie zurückzögen, würde dies eine vernichtende Wirkung auf alles Leben haben. Diese Warnung wurde einen Monat später sogar noch klarer ausgesprochen, als Roc die überwältigende Erfahrung machte, dem großen Wesen und Herrn über alle Naturgeister zu begegnen - Pan, dem traditionellen Gott der Wälder und Fluren.

Ich war unglaublich aufgeregt, als Roc über Ostern zu seinem ersten Besuch nach Findhorn kam und diese neuen Erklärungen mit uns teilte; es sollte unserer Arbeit im Garten eine neue Dimension hinzufügen. Wir hatten natürlich von der Existenz der Naturgeister gewußt, waren jedoch nie in direkten Kontakt mit ihnen getreten (Dorothys Arbeit verlief fast ausschließlich mit den Devas, dem Reich der Engel). Für Roc wiederum schien sich, indem er uns beobachtete, seine Erfahrung zu vergrößern und sein Verständnis der inneren Welten, in die er kürzlich Einlaß erhalten hatte, zu erweitern. Er begann wirklich aufzublühen. In einem Brief an Eileen schrieb er:

Ich kann dir gar nicht sagen, was für eine wunderbare Erfahrung mein erster Besuch in Findhorn war. Ich finde keine Worte dafür. Es gibt ein wunderbares Gefühl von Harmonie und Frieden in eurer Gemeinschaft, etwas, das ich nirgendwo sonst in solchem Ausmaß erlebt habe. Ich bin sicher, ihr habt von Zeit zu Zeit viele Sorgen und Schwierigkeiten zu meistern - die gibt es nun einmal im Leben - aber mein bestimmendes Gefühl ist es, daß ihr alle dem entwachsen seid. Man fühlt sich der göttlichen Gegenwart nahe, was sehr wunderbar ist, und ich danke Euch allen für eine wunderbare Erfahrung.

Obgleich er so still und unauffällig wirkte, war Roc doch einer der kraftvollsten Menschen, denen ich je begegnet bin. Molly und Sheila Walker brachten ihn fast jedes zweite Wochenende mit hinauf nach Findhorn, und er schien immer genau zur rechten Zeit zu kommen, um mit irgendwelchen Problemen umzugehen. Während er am meisten für seinen Kontakt mit den Naturgeistern (darüber später mehr) bekannt ist, waren Rocs große Kenntnisse und wachsende Erfahrung mit anderen Aspekten der inneren Welten seine wesentlichen Beiträge zu unserer Arbeit in den frühen Tagen. Er war für unseren Schutz verantwortlich, indem er eine innere Festung des Lichts gegen die Kräfte der Dunkelheit und Schwarzen Magie errichtete, die uns manchmal angriffen.

Zuerst fiel es Eileen schwer, die offensichtliche Dualität von »lichten« und »finsteren« Kräften zu verstehen, und die Notwendigkeit, daß Roc die letzteren »bekämpfe«. Gewiß, so folgerte sie, würde die Dunkelheit auf natürliche Weise verschwinden, wenn alles einfach im Lichte Gottes gehalten würde. Doch ihre eigene Führung wies darauf hin, daß Rocs und ihre Arbeit nur polare Gegensätze seien, gleichermaßen wichtig und notwendig:

Sage Peter, er solle mit großer Sorgfalt alles ausführen, was ihm Ogilvie (Roc) weitergibt, und dann wird alles sehr, sehr gut. Ogilvies Arbeit besteht darin, das Scheinwerferlicht auf das Böse, die Dunkelheit, zu werfen und sie zu besiegen. (Er und Peter) sind eine sehr mächtige Kraft und müssen immer enger zusammenarbeiten.

Obwohl es eine meiner Aufgaben war, die Leute herauszusuchen, die für die Gemeinschaft nicht richtig waren, so schlüpfte doch zuweilen einer durch, und dann war es gewöhnlich Roc, der sie »schnappte«. Einmal zum Beispiel war eine Frau von der Isle of Man zu Besuch eingeflogen, und Roc und ich holten sie vom Flughafen in Inverness ab. Im Auto sprach sie ununterbrochen über ihre Zeit in Kenia und ihre Erfahrungen mit Magie und Medizinmännern. Es war schon sehr spät, als ich ihr ihren Wohnwagen gezeigt hatte, aber Roc sagte: »Diese Frau ist eine Hexe, und entweder sie geht noch vor dem Morgen oder ich gehe.« Wir brauchten Roc am nächsten Tag, um zwei wichtige Besucher zu treffen, also war es wieder einmal an mir, die Schmutzarbeit zu leisten. Ich erklärte der Frau, daß unser Zentrum nicht für jeden sei, und da es so schien, als sei sie hier am falschen Platz, müsse sie mit dem ersten Flugzeug um 6 Uhr abfliegen. Sie nahm die Lage gutwillig auf und schien zu verstehen.

Eileen wurde mitgeteilt, daß ich als Leiter der Gemeinschaft nur jeweils einen Menschen um Rat fragen sollte, und dies sei Roc. Während ich ohnehin seine Erfahrung und seine Weisheit hoch einstufte, so war es doch seine Beziehung zu St.Germain, den Meister des Siebenten

Strahls, die ich am höchsten schätzte. Auf einer öffentlichen Veranstaltung, die ich in Edinburgh über Glastonbury gehalten hatte und auf der ich darüber sprach, daß ich den Eindruck hätte, als sei die ganze Aktion von St.Germain geleitet, hatte Roc plötzlich hinter mir eine Figur erscheinen sehen, als ich den Namen erwähnte, die lächelte, nickte und auf sich selbst zeigte. Ein paar Monate später war ich auf einer Heimreise von Glastonbury wieder in Edinburgh, diesmal mit einer Sensitiven namens Kathy Sparks, einer lebhaften, liebevollen Frau in den frühen Vierzigern, die von ihrem Mann Eric, einem Rosenkreuzer, in esoterischen und spirituellen Dingen ausgebildet worden war. Kurz bevor wir Glastonbury verließen, war Kathy innerlich gesagt worden, daß wir auf der Fahrt St.Germain »begegnen« würden; wir schauten eifrig überall nach ihm aus, hatten aber kein Glück. Als wir dann zur Tür von Rocs Wohnung kamen, rief sie aufgeregt: »Er ist da drinnen!«

Roc akzeptierte ihre Geschichte ruhig und sagte, es sei von allen Richtungen gekommen; so habe man ihm soeben eine Ausgabe von St.Germains *Trinosophia* gegeben, und die Symbole und Erfahrungen darin seien ihm seltsam vertraut erschienen. Er behauptete jedoch nicht, St. Germain »zu sein«. Er fühlte eher, daß St.Germains Wesen ihn »überstrahle«, manchmal mit ihm im Bewußtsein eins würde, und er sprach aus diesem Bewußtsein heraus, um eine Erklärung von St.Germain zu wagen:

Ich kann dich so vollkommen übernehmen, daß wir eins werden, so wie wir das in der Vergangenheit waren. Darin liegt ein Mysterium, das du nicht verstehen kannst. Ich bin nicht in dir wiederinkarniert, so wie du Reinkarnation verstehst, und doch ist es, als wäre es so. Wir sind eins, du bist ich, und ich bin du. Auf die gleiche Weise werde ich Peter und Peter wird zu mir. Du und Peter, ihr seid eins. Ich bin in beiden von euch, und dennoch seid ihr jeder ein individueller Mensch. Akzeptiere ganz einfach diese mysteriöse Tatsache. Mache dir keine Gedanken darüber und baue keinen Widerstand auf. Ihr müßt beide viel Arbeit leisten: Teilweise als individuelle Persönlichkeiten, teilweise in Einheit mit mir. Dies wird oft zusammen sein, indem ihr gleichsam als ein Wesen arbeitet, und dennoch in verschiedenen Aspekten, aber zuweilen wird es allein sein. Durch dich (Roc) als Werkzeug werde ich helfen und leiten, soviel ich kann.

Später wurde uns gesagt, daß es von einem menschlichen Blickwinkel aus fast unmöglich ist, das Konzept von »drei Seelen in einer« zu begreifen: Das Bild, welches uns gegeben wurde und dem am nächsten kam, war das eines großen Stückes Quecksilber, das sich in drei verschiedene Brocken teilen und dann wieder eins werden konnte. Desweiteren erklärte St.Germain, daß er nur Hinweise und Rat anbieten könnte und uns nicht sagen würde, was wir zu tun hätten; denn es war wesentlich, daß wir einen freien Willen behielten und die persönliche Verantwortung für unser Handeln übernähmen.

Roc war zunächst über diese intensive Art des Austausches ebenso überrascht wie wir, aber er folgerte, daß er sie, solange daraus kein Schaden erwüchse, mühelos akzeptieren könne. Die Tatsache, daß sie in unabhängigen Botschaften bestätigt wurde, die von vielen Leuten zu jener Zeit empfangen wurden, einschließlich Eileen, Naomi und Liebie, stärkte meine eigene Überzeugung, daß hier eine machtvolle und wohlwollende Quelle der Weisheit zu unserer Verfügung stand.

Anfang Mai dieses Jahres (1966) brachen Roc, Kathy und ich in aller Unschuld von Findhorn auf, um Kathy zu ihrem Heim in Devon im Süden Englands zurückzubringen. Wir wollten dann ein Ehepaar, das wir kannten, Wilfred und Violet South, auflesen, sie auf einen viertägigen Urlaub nach Glastonbury mitnehmen und unterwegs verschiedene Kraftpunkte aufsuchen. Dies wurde zu einem außerordentlichen, völlig unerwarteten Abenteuer, das alle unsere Pläne über den Haufen warf und bis auf den heutigen Tag zu fantastisch erscheint, um gedruckt zu werden.[4]

Wir begannen diese »spontane Reise« mit einer Fahrt nach Iona, und am Ende kehrten wir mit Kathy nach zwei erschöpfenden Reisewochen in Schottland und England zurück nach Findhorn. Es schien, der Hauptanlaß der Reise war, das alte Netzwerk von Kraftzentren, die überall in Großbritannien verteilt sind, zu entdecken und zu »reinigen«, und mir waren nie zuvor so viele geplatzte Reifen widerfahren, so viele umgeworfene Pläne von Leuten, Straßensperren und Brücken, die gerade repariert wurden, um sicherzustellen, daß wir sie auch alle finden würden! Die Reise wurde zu einer Lektion darin, im Moment zu leben. Oft, wenn

---

4) Obschon ich damals tatsächlich einen 150 Seiten langen Bericht schrieb, den ich privat zirkulieren ließ.

ich mich einer Abzweigung näherte, wußte ich erst, wohin ich abbiegen sollte, wenn ich dort ankam. Unvermeidlicherweise führte uns dies in die entgegengesetzte Richtung, als wir geplant hatten, jedoch mit Sicherheit zu einem weiteren Kraftort, was dann von Kathy und von Roc bestätigt wurde. Ihre innere Erfahrung des Ortes stimmte immer überein, und die »Reinigung« geschah gewöhnlich, indem Roc durch seinen Körper das im Boden verankerte, was er als einen magenta-roten Lichtstrahl erlebte.

Dies verwirrte uns alle, bis wir in Attingham Park ankamen, wo uns Sir George ein Buch über Goethes »Farbenlehre« zeigte und ein Prisma zur Demonstration zwischen zwei dunkle Oberflächen legte. Wenn das Spektrum so um sich selbst herum gebogen ist, daß seine ersten und letzten Farben (verwandt mit dem Ersten und Siebenten Strahl) sich mischen, entsteht daraus die Farbe Magenta-Rot. Dies, so wurde uns gesagt, übte eine reinigende und klärende Wirkung auf jene Orte aus, deren Kräfte in der Vergangeneheit mißbraucht oder vernachlässigt worden waren. Natürlich mußte ich dafür meinen Glauben bemühen, daß das, was wir taten, tatsächlich eine Wirkung hatte, aber die Übereinstimmung in Rocs und Kathys getrennt gegebenen Berichten und die unglaubliche Menge von »sinnvollen Zufällen«, die während unserer Reise auftraten, ließen in mir keinen Zweifel an einer verborgenen Methode in unserem offenbaren Wahnsinn aufkommen. Bei der Rückkehr zu unserem Zentrum in Findhorn, wo dieser »neue« Strahl ebenfalls verankert wurde, erhielt Eileen in der Meditation:

Dieser Strahl kann sehr gefährlich sein, denn er ist ein Zerstörer all dessen, was in jeder Seele dunkel ist, und wo es irgendeinen Widerstand dagegen gibt, wird die Dunkelheit zerstört...von nun an werden nur die richtigen Leute in der Lage sein, hier zu bleiben. Jene, die nicht vom Licht erfüllt sind, werden sich so unbehaglich fühlen, daß sie abfahren werden müssen.

Eileen selbst fühlte sich irgendwie ungemütlich mit der unwirklichen Natur einiger der Erfahrungen, die wir von unserer »spontanen Reise« berichteten, aber ihre Führung beruhigte sie:

Im dem Augenblick, da du der Erzählung von dieser erstaunlichen Reise zuhörst, auf der die drei gerade gewesen sind, ist dein Bewußtsein erhoben. Dann siehst du alles ganz klar. Schritt für Schritt erkennst du alles, was geschehen ist. Dann, wenn du weggehst und für dich bist, ist das Bewußtsein getrübt, und die ganze Sache wird so fantastisch und unwirklich. Es wird zu Fantasterei. Sei nicht beunruhigt und quäle dich nicht, sondern versuche, dein Bewußtsein erhoben zu halten, egal, was du tust oder wo du bist. Akzeptiere, daß dies wirklich besondere Tage sind und die Dinge, die geschehen, wirklich erstaunlich sind.

Zwei Wochen darauf war Pfingstsonntag, und eine Gruppe von ungefähr sechzehn mit Bedacht ausgewählten Leuten (sowie ein paar, die sich hineindrängelten!) versammelte sich bei uns in Findhorn. Uns war gesagt worden, wir sollten einen Landeversuch unserer Brüder aus dem All erwarten, daher trafen wir uns alle am Strand an der Landestelle, die wir vorbereitet und über die Jahre in unseren Meditationen aufgebaut hatten. Jene mit innerer Sicht beschrieben tatsächlich ein Raumfahrzeug, wie es herunterkam und über uns schwebte; ich sah natürlich wie gewöhnlich nichts, aber als Roc gesagt wurde, in der Mitte zu stehen, wo ein Lichtstrahl auf ihn gerichtet würde, um »seine Vibrationen zu erhöhen«, da sah sogar ich ihn kurz verschwinden! Es gab mir einen ganz schönen Schock. Und obgleich danach nichts weiter zu passieren schien - laut den Sensitiven flog das Raumfahrzeug wieder weg - waren wir doch alle erfüllt von einem ungeheuren Gefühl, erhoben zu sein, als ob sich etwas sehr Tiefgreifendes geändert hätte und die Dinge nie wieder die gleichen sein würden. Eileens Führung bestätigte dies hernach:

Laßt nicht zu, daß irgendeiner von euch irgendein Gefühl der Enttäuschung hegt, was die letzte Nacht betrifft (die Landung unserer Brüder im All). Alles geschah in Vorbereitung auf etwas sehr, sehr viel größeres, als ihr je ersonnen habt. Erhebe dein Denken, und du wirst dein Leben auf eine gänzlich neue Ebene heben. Tue es in dem selben Augenblick, während du deinen verschiedenen Dingen nachgehst, im Wissen, daß dies tatsächlich jetzt euch allen passiert. Erhebt euch zusammen.

Die Führung fuhr damit fort, darauf hinzuweisen, daß genug Licht auf dem Planeten verankert worden sei und die Zerstörung nunmehr nicht unvermeidlich war. Alles, was in den frühen Jahren vorausgesagt worden war, stimmte nun nicht mehr. Es gab keinen Bedarf mehr für eine außerirdische »Rettungsmission«, um einen Teil der Bevölkerung von diesem Planeten zu evakuieren - das Raumschiff, das gekommen war, wie wir dachten, um eine solche Evakuierung vorzubereiten, hatte in der Tat »nur mal eben vorbeigeschaut«, um uns zu erzählen, daß alles in Ordnung war.

Wir waren alle sehr glücklich über diese Rückversicherung und die Botschaften von anderen, die sie bekräftigten. Einige von uns - Kathy Sparks, Roc, Molly Thompson (Liebie Pughs Vertreterin) und ich - fuhren wenige Tage darauf zu einer Konferenz nach Attingham hinunter zum Thema »Die Dunkelheit und das Licht«. Wir fuhren über St. Annes und wurden weiter inspiriert durch Liebie, die es immer abgelehnt hatte, das Dunkle zu sehen. Sie sagte, wenn man immer »schwarzsieht«, dann ziehe man das Verhängnis förmlich an; stattdessen betonte sie die Wichtigkeit, positiv eingestellt zu sein: »Erhobenes Denken« und »Erhobenes Sein«. Als wir schließlich in Attingham ankamen, waren wir in einem erhobenen Gemütszustand und fragten sofort nach Sir George.

Wir teilten ihm die Botschaften mit, die Eileen und andere erhalten hatten und drängten, daß die Konferenz nicht die Dunkelheit betrachten solle, sondern nur das Licht: Sir George solle daher die Begrüßungsrede, die er halten wollte, neu schreiben. Ich denke, er glaubte, wir hätten alle unseren Verstand an der Garderobe abgegeben! Wir kamen so elektrisiert an, daß uns klar wurde, daß wir uns alle ein wenig beruhigen mußten - jeder von uns mußte mit den anderen, die an diesem Kurs teilnahmen, in Harmonie kommen. Sir George mußte ebenfalls einen Drahtseilakt vollziehen; schließlich und endlich war er der Prinzipal eines respektablen Kollegs für Erwachsenenbildung, doch nun wurde er in eine Lage versetzt, wo er entweder die eine oder die andere Richtung einschlagen mußte, entweder beim alten verharren oder neue Wege begehen.

An dem Sonntagmorgen, nach einem langen inneren Gefecht, hielt er die bewegendste Rede, die er je gehalten hat und hob jeden in einen Zustand des »höheren Bewußtseins«. Er schloß gar damit ab, daß er den »Halleluja-Chor« spielte.

Die ganze Episode erschien mir wie ein Wendepunkt in der menschlichen Geschichte, denn bis dahin hatten wir uns auf das Schlimmste gefaßt gemacht. Nun hatten die Gezeiten gewechselt, und wir waren vereint. Leute in Schlüsselpositionen aus den verschiedenen Lichtzentren in Großbritannien wollten unbedingt mit uns als Einheit zusammenarbeiten, um den Neuen Himmel und die Neue Erde eines Neuen Zeitalters zu etablieren. Es würde weiterhin Unruhe geben, wurde uns gesagt, doch nicht die totale Vernichtung. Es gab Hoffnung - dies war eine Zeit der Wiederauferstehung. Viele der Sensitiven auf dieser Konferenz erhielten dieselben Botschaften, wie Eileen sie erhalten hatte, und wir fuhren beruhigt weg, zugleich aber mit der Einsicht, daß die wahre Arbeit gerade erst begann.

* * * * *

Im Oktober empfing Eileen die Worte:

Der Magnetismus dieses Ortes zieht immer mehr Seelen an. Ihr müßt bereit sein und auf alles Mögliche vorbereitet, zu jeder Zeit. Zögert nie, euch zu erweitern und mehr Wohnwagen zu mieten, um jene zu beherbergen, die es hierher zieht. Erlaubt eurer Vision und eurem Herzen, sich ebenso schnell auszudehnen wie euer Bewußtsein. Seht diesen Platz erfüllt von Seelen, die für das Licht arbeiten, die in Frieden und Harmonie miteinander leben und Meinen Willen tun. Wie diese Gruppe lebt und arbeitet, ist einzigartig, daher sucht nicht nach einer Blaupause, sondern seht, wie sie ganz natürlich und sehr rapide wächst, so wie ein jeder kommt.

Zwei Wochen zuvor waren Aileen und Ross Stewart, zwei Freunde Joan (»Joanie«) Hartnell-Beavies' (Liebie Pughs Sekretärin und Schatzmeisterin), während eines Schottland-Urlaubs zu uns zu Besuch gekommen. Aileen war Mitglied der *Universal Link,* und ihr Mann war ein pensionierter Marinekapitän, Vertreter der Krone in der Grafschaft Hampshire und Friedensrichter. Joanie war sich gar nicht sicher, wie Ross Stewart auf so eine Gemeinschaft wie in Findhorn reagieren würde. Wir waren in der Stadt einkaufen, als sie ankamen, und bei unserer Rückkehr fanden wir eine Notiz vor, sie wären im Dorf Findhorn in einer Gaststätte untergekommen. Wir zogen uns schnell um und fuhren hin, um sie zu treffen, als sie gerade losgingen, uns zu sehen. Ross lud mich zu einem Drink in die Bar ein, wo er fragte, was ich gern hätte. Während meiner Jahre in der RAF hatte ich gelernt, daß das Lieblingsgetränk in der Königlichen Marine rosa Gin ist, das verlangte ich nun. Sein Gesicht hellte sich auf - ich denke, er hat wohl eher erwartet, daß ich Karrottensaft bestellte! - und wir hatten eine tolle Unterhaltung und wurden dicke Freunde. (Leute haben mich manchmal gefragt, warum so viele rangältere Militärs sich so sehr von spirituellen Zentren und Gruppen wie unserer eigenen angezogen zu fühlen schienen. Ich glaube, der Schlüssel liegt in dem Wort Dienst: Seinem Lande zu dienen, ist nur einen Schritt davon entfernt, der Welt dienen zu wollen. Die Kamaradschaft, Einstellung und Disziplin, die entsteht, wenn eine Gruppe eine gemeinsame Anstrengung unternimmt, mag damit auch etwas zu tun haben, und auch die überraschend große Aufmerksamkeit, die man auf der Ebene der höheren Offiziere spirituellen Angelegenheiten einräumt.)

Ein weiterer Besucher in diesem Oktober war Joanie Hartnell-Beavis selbst. Es gab so ein Aufwallen von Liebe zwischen ihr, Eileen und mir, daß ich von Zeit zu Zeit richtig erschüttert war - es schien, daß in der Geschäftigkeit unserer Tage mein Herz irgendwie zugemacht hatte, und nun wurde es plötzlich wieder geöffnet! Eileen empfing, daß unsere Beziehung einzigartig sei, und daß wir drei in Liebe vereint seien, ein Dreieck, welches das Dreieck des Lichtes, welches Roc, Kathy Sparks und ich schufen, ausgleichen sollte.

Roc und ich waren gerade von einer weiteren »spontanen Reise« zu den Kraftpunkten Schottlands und Englands zurückgekehrt, um den Magenta-Strahl zu verankern, als wir abschließend in St. Annes landeten - achtzehn Leute aus allen Teilen des Landes waren hier versammelt. Wir trafen uns alle in Liebies Zimmer. Die meisten Teilnehmer waren Sensitive, und man bat mich, den Verlauf zu steuern. Man sagte mir, daß man mir die Anleitungen hierfür geben würde, wenn es soweit wäre. Der Zweck dieses Treffens war zweierlei: Jene zu vereinen, die sich aus diesem Anlaß nach St. Annes hingezogen fühlten, um als Werkzeuge für die Verankerung des neuen Magenta-Strahles hier benutzt zu werden. Roc war bei diesem Treffen nicht dabei, da ihm eingegeben worden war, daß er in den öffentlichen Gärten vor dem Gebäude sein sollte.

Während des Treffens wurde sich Kathleen Fleming eines glühenden, lebhaft grünen Lichtstrahls bewußt, der vom Boden zu ihren Füßen emporstieg, sich wie ein Fächer etwa 90 Zentimeter weit erstreckte und sich durch die Zimmerdecke nach oben bewegte. Es war die Farbe von Gras, so wie es am wunderbarsten im Frühjahr wächst. Dann sah sie zu ihrer Rechten zweifelsfrei und in fester Form die Figur Pans.

Sie erzählte diesem Wesen, daß sie ihn seit frühester Kindheit schätze und ehre, und lieferte eine ganz bildhafte Beschreibung. Er stand turmhoch über ihr, und seine massigen und dennoch schönen Lenden, die ihr bis zur Schulter reichten, waren üppig mit reh-farbenem Fell bedeckt. Sein Bein hatte einen feinen Umriß in violettem Licht, welches leuchtete und pulsierte und außen von einem Rand aus weißem Licht umrahmt war. Er gab ihr diese Worte: *Du sollst meine Vertretung sein, um an diesem Nachmittag für mich zu sprechen.* Kathleen war tief beeindruckt von seiner Würde und dem gewaltigen Strom von Kraft.

Durch Kathleen sagte Pan, daß die Menschen sein Königreich mit Insektiziden und Sprays vergiftet und es zerstört hätten mit ihrer Grausamkeit und Gefühllosigkeit, doch daß nun Zusammenarbeit und Verständnis aufgebaut werden müßten, damit die ganze Natur mit uns in Einheit verbunden werden könne. Auch er arbeite unter Gottes Befehl. Wir hätten seine Funktion und den Ausdruck seines Gesichts verzerrt und hätten eine Farce aus seiner wahren Schönheit gemacht.[5]

Ich rief dann Roc vom Garten herein, damit er seine Erlebnisse mit uns teilen könnte. Er sagte:

Ich war mir der Präsenz Pans bewußt. Pan übernahm mich dann, wie er das schon zu einer anderen Gelegenheit getan hatte, und ich wurde mir der Pferdehufe und der zottigen Beine gewahr. Es gab dann ein unwahrscheinliches Gefühl von Kraft. Pan rief daraufhin alle Naturkräfte und Geister herbei, sich zu versammeln und bei dem, was geschehen sollte, zu helfen. Ich war mir dessen bewußt, daß alle Pflanzen und Bäume mit Wesen verschiedenster Art, wie ich sie schon zuvor gesehen hatte, lebendig geworden waren. Ich kehrte um und lief um

---

5) Die frühchristliche Kirche entstellte das Bild von Pan zum Gehörnten, einem Ziegenbock ähnlichen Teufel.

den Teich herum zu einer kleinen Bodenerhebung. Stehend und zu Liebies Zimmer hinschauend, rief Pan durch mich den Grünen Strahl der Naturkräfte auf, um durch das Haus hinaufzusteigen wie Saft durch einen Baum; dies füllte den Raum aus und jene, die sich darin aufhielten. Ich war mir in diesem Moment bewußt, daß ich meine Hände und Arme hob und konnte sehen, wie der grüne Strahl darauf reagierte und durch das Gebäude nach oben stieg. Pan fuhr fort, den Strahl in die Höhe zu schicken, und allmählich stieg er zum Dach hinauf und tauchte darüber auf.

Zur gleichen Zeit stieg der Magenta-Strahl hinab. Die beiden Strahlen trafen sich und mischten sich, wobei sie ein Band aus blaugrüner Farbe schufen. Nach etwa zehn Minuten zog sich Pan zurück, und ich wußte, das Ziel war erreicht worden. Kurz danach kam Peter heraus und überraschte mich ziemlich, als er sagte, daß Pan im Zimmer gewesen sei und zu Kathleen gesprochen habe.

Die zwei Berichte von Kathleen und Roc fügten sich nahtlos ineinander. Es war offensichtlich, daß sich während des Nachmittags der Grüne Strahl Pans und des Naturreiches mit dem magenta-roten Strahl spiritueller Kraft gemischt hatte, der in den Morgensitzungen verankert worden war. Fast alle Anwesenden waren sich dieser beiden Farben besonders bewußt.

Am Abend spazierten Kathleen, Roc und ich durch die Gärten, und Roc erschaute, wie der Magenta-Strahl herunterkam und sich in drei Ströme teilte und zu jedem von uns floß, während der Grüne Strahl aus dem Boden aufstieg. Als wir umhergingen, hörten Kathleen und Roc Stimmen aus Bäumen und Büschen, von allen Seiten, die sagten: »Willkommen, willkommen, Freunde Pans.« Sie fühlten, daß dies die Verankerung des Magenta-Strahls und sein Vermischen mit den Naturkräften bestätigte.

Manchmal bin ich froh, diese inneren Gesichte und Geräusche nicht direkt zu erfahren, weil ich auf die Wahrheit der Botschaft reagieren und handeln kann und von den schillernden Spezialeffekten verschont bleibe. Und es gibt andere Nebenwirkungen, die ich zum Glück nicht abbekomme. Nach dieser Erfahrung empfanden Kathleen und Roc, daß sie sich eine Weile den Menschen fernhalten mußten, da sie sie mit den Augen der Naturgeister sahen. Und in deren Augen erscheinen Leute als ungeschickt, trampelig, verständnislos, schwerfällig und unsympathisch.

* * * * *

Liebie Pugh starb langsam an Krebs, aber nur zwei oder drei Leute wußten es. Physisch litt sie außerordentlich, aber sie schien sich über den Schmerz erheben zu können - eine wahre Demonstration des »Erhobenen Denkens«, das sie so stark vertreten hatte. Auf einer inneren Ebene war Eileen schon einige Monate lang über Liebies Zustand im klaren gewesen; schon im Januar hatte Liebie selbst Richard Graves eine Botschaft von dem »Alleswissenden« diktiert, die sagte, daß Liebie am 5. Dezember 1966 ihre »irdische Funktion« erfüllt haben würde.

Liebie weigerte sich, einen Arzt zu befragen, irgendwelche Mittel einzunehmen, um den Schmerz zu stoppen oder ins Krankenhaus zu gehen. Joanie sorgte für sie, aber es war eine große Anstrengung, deshalb wurde arrangiert, daß sie am 5. Dezember in ein Krankenhaus käme. Es gab einen »Familienrat« - eine Zusammenkunft jener, die der *Universal Link* am nächsten standen - welches bereits in St. Annes für den Vortag geplant war, und Eileen empfing:

Nichts wird dieses Treffen am vierten stoppen dürfen. Es ist absolut notwendig, daß es stattfindet. Nur jene, die sehr nahestehen und sich ganz der Aufgabe hingeben, werden dabeisein können.

Dorothy, Roc und ich reisten zwei Tage vor dem Treffen selbst hinunter. Als wir ankamen, hörten wir, daß Liebie ihren ersten Tag im Bett verbracht hatte, und zu meiner großen Überraschung wünschte sie mich zu sehen. Sie war sehr lebendig und geistig wach. Am selben Tag kam Merta Mary Parkinson aus den Vereingten Staaten. Nachdem sie über die vorangegangene Sitzung in St. Annes gehört hatte, wo der Rote und Grüne Strahl gemischt wurden, tauchte sie in einem grünen und magentaroten Mantel auf, einem Magentakleid, Stola, Schuhen und sogar riesigen magenta-farbenen Ohrringen. Roc schüttelte es, aber er konnte ebenso wie ich selbst die Komik darin sehen.

Auf dem Treffen am nächsten Tag fühlte sich Merta Mary zu dem Vorschlag inspiriert, daß alle zweiunddreißig Anwesenden die Gelegenheit mit einer Dinner-Party mit Champagner feiern sollten. Sie war sogar ein noch stärkerer Verfechter positiven Denkens als ich - es schien unmöglich, solch ein Bankett in einem Badeort mitten im Winter an einem Sonntagnachmittag organisieren zu können. Doch ich wußte, wenn es denn im Plan sein sollte, so würde auch alles bestens gelingen. Wir sprachen mit dem Direktor des Hotels *Majestic*, und er war einverstanden, die Cocktailbar für unsere Party zu schließen. Roc saß am Kopfende des Tisches, man toastete Liebie mit rosa Champagner zu, und wir genossen ein ausgezeichnetes Dinner mit fünf Gängen und funkelndem, magenta-rotem Burgunder. Es war gerade so ein Erlebnis, wie Liebie es voll unterstützt hätte, um ihre Erlösung aus all dem körperlichen Leiden auf dieser Erde in die Reiche des Lichts zu zelebrieren.

Eileen, obgleich noch in Findhorn, war sehr eng bei uns in allen, in St. Annes. Sie empfing:

Dies Treffen wird sein, wie wenn man eine Buchseite im Buch des Lebens umschlägt. Die Seite ist voll, und nun wird sich eine neue, glorreiche Seite präsentieren. Ungeheurer Wandel findet hier in diesem Magnetischen Zentrum, Findhorn, statt. Eine neue Kraft ist hierher transferiert worden, und daher wird die Arbeit in großen Sprüngen vorangehen. Und die ganze Natur der Arbeit wird sich ändern. Sei auf diesen Wandel vorbereitet.

Am 4.Dezember lautete die Botschaft:

Heute ist der Tag der Tage. Es wird heute eine gewaltige Kraftausgießung geben. So sei bereit, sie zu empfangen und aufzunehmen. Erinnere dich daran, wann immer die Dinge äußerlich besonders schlimm zu sein scheinen.

Zu dieser Zeit erfuhr Eileen, obgleich natürlich weniger stark, die Schmerzen und das Leiden, das Liebie durchmachte:

Liebies äußerer Körper löst sich nun sehr schnell auf. Sehr bald wird nur noch ein sehr kleiner Teil davon existieren. Je weniger es im Körper-

lichen davon gibt, um so größer ist der spirituelle Aufstieg, bis nichts mehr vom Physischen übrig und alles Geist ist. Die Zusammenkunft zu dieser Stunde soll dies beschleunigen. Je größer die Kraft, die zusammenkommt und ins Bewußtsein tritt, um so schneller wird dies geschehen. Akzeptiere die Tatsache, daß die Person nun nicht mehr existiert. Sie ist mehr außerhalb denn innerhalb ihres Körpers, und die Zeit ist nahe, wo sie nicht mehr in ihren Körper wird zurückkehren können, sondern im Geiste bleiben wird. Dies wird eine Zeit großer Freude sein für all jene, die sich klar sind darüber, was hier passiert.

Am Tag nach dem Bankett fuhren, bis auf sieben von uns, alle weg, - getreu einer Vision, die Eileen zuvor gesehen hatte, von sieben Leuten, die Liebie durch dunkle und turbulente Wasser in glorreiches Licht fuhren. Man ließ sie im Licht verbleiben, und die Gruppe kam voller Freude zurück. Dies waren Anthony Brooke, der am Bug navigierte, während ich steuerte; Kathleen Fleming mit Liebies Kopf auf ihrem Schoß, Roc zu ihren Füßen und Monica Parish, Molly Thompson und Joanie, die Loblieder sangen. Mit Dorothy als Ausnahme - die eine Stellvertreterrolle einzunehmen schien für Molly - waren diese Sieben in der Vision jene, die zu dieser Stunde bei Liebie waren.

Da Liebie am nächsten Tag ins Krankenhaus sollte, schlug Anthony vor, daß wir in Liebies Wohnzimmer, das neben ihrem Schlafzimmer lag, eine Nachtwache hielten. Sie war überglücklich darüber und traf jeden von uns für ein letztes Wort. Mir vertraute sie den Namen eines wohlhabenden Wohltäters der *Universal Link* an und schlug vor, daß ich Kontakt zu ihm aufnähme.[6] Sie fiel in einen tiefen Schlaf und verstarb um 23.30 Uhr. Arzt, Bestatter, Krankenschwester und Ambulanz kamen schnell, und um Mitternacht war sie schon aus dem Haus.

Es mußten viele Entscheidungen getroffen werden über Verbrennung, Gottesdienst und die Benachrichtigung von Leuten, aber wir merkten, daß wir alle wie eine Person handelten und Entscheidungen sofort und einstimmig getroffen wurden. Innerhalb von 24 Stunden nach Liebies Verscheiden hatten wir einen kurzen Bericht dessen, was geschehen war, verfaßt, geschrieben und gedruckt und versandten 500 Exemplare da-

---

6) Ich folgte diesem Rat später, und der Wohltäter gab uns danach viele Spenden für unsere Gemeinschaft.

von. Das Begräbnis war sehr schlicht, mit einer weißen Rose auf ihrem Sarg. Danach tauschten wir Erinnerungen über Liebie aus; und ich entdeckte, daß nur sehr wenige Menschen von ihrer Krankheit und ihrem Leiden gewußt hatten und daß die obere Hälfte ihres Körpers von Krebs zerfressen war, weil sie dem durch Positivität und schiere Willenskraft entwachsen war. Aber das war eben Liebie!

24. Kapitel

DER FAKTOR X IST ENTSCHEIDEND

Die innere Welt ist die praktische Welt,
in der tatkräftige Männer und Frauen,
Hoffnung, Enthusiasmus, Vertrauen und Glauben entwickeln,
wodurch sie die feine Intelligenz und praktische Fähigkeit
entfalten,
eine Vision zu erschauen und diese Vision zu verwirklichen.

So wie eine Tür sich schliesst, so öffnet sich eine andere: Liebies Tod erzeugte einen sofortigen und bemerkenswerten Zufluß der Energie von St. Annes hin zu unserer Gruppe in Findhorn. Die Leute, die zuvor nach St. Annes geschrieben hatten, begannen nun an uns zu schreiben. Das deutlichste Beispiel für diese Verschiebung war Joanie, die der *Universal Link* (und Liebie) mit solch reiner Liebe gedient hatte, und die nun ihre Entscheidung, zu uns zu ziehen, bekräftigte, wenn sie erst einmal ihre Geschäfte in St. Annes erledigt hätte. Sie wollte ihren eigenen Bungalow kaufen, ein physisches Symbol für mehr Dauerhaftigkeit als die bestehenden Wohnwagen.

Ein Mann namens Willie, halb blind, völlig taub und wahrhaft einfältig, dessen Leidenschaft es im Leben war, hart zu arbeiten, und der sehr kräftig war, half mir, Joanies Bungalow aufzustellen. Man konnte ihn nicht sich selbst überlassen, daher verschoben wir unsere Mittagspause von 12.00 Uhr auf 12.30 Uhr, da dies seine Mittagspause war. Er mochte auch keine Teepausen einlegen, da dies seine Arbeit unterbrach. Willie half mir, den Zement auf dem Grund, den ich für Joanies Bungalow vorbereitet hatte, zu legen (ich hatte mehr als einen Monat gebraucht, um Wasser- und Abflußrohre sowie die Elektrik zu verlegen). Als dann der fertig zubereitete Beton mitten im Winter ankam, stolperte Willie in einem fort über die Kabel und Rohre und zerrte sie heraus. In der Zwischenzeit wurde der Zement hart! Als es dunkel wurde, mußte ich meine Autoscheinwerfer auf den Bauplatz richten und versuchen, die Betonoberfläche glattzukriegen - es war ein Alptraum. Als schließlich der Bungalow ankam, mußte er plaziert werden, und ich sagte: »Schiebt«, und wir schoben, und es lief prima. Aber als wir nach hinten gingen, konnten wir ihn nicht bewegen. Ich entdeckte, daß Willie nichts gehört hatte, weil er ja taub war, und er drückte noch immer in die andere Richtung! Schließlich wurde eine Person beauftragt, auf Willie aufzupassen, der so unglaubliche Kräfte besaß, daß er gegen drei oder vier Leute anstemmen konnte.

Ich hatte in der Tat eine Menge Energie in das Fundament und das Aufstellen von Joanies Bungalow gesteckt und in die Errichtung eines Holzzauns oben auf einer Betonmauer um ihn herum. Der Garten um den Bungalow war gerade eine Viertelstunde vor Joanies Ankunft im März vollendet worden und die ganze Operation erschien wie ein Wunder.

Um etwa diese Zeit empfing Roc eine Botschaft von St.Germain, um uns mitzuteilen, daß unser Ziel in Findhorn auf Vollkommenheit gerichtet sein müsse, es nichts Zweitklassiges geben dürfe, da wir Gottes Arbeit leisteten. Nur das Vollkommene sei gut genug. Joanie schwelgte darin, denn mit ihrem Bungalow waren wir fähig gewesen, der Perfektion so nahe wie nur möglich zu kommen, und dieses Flair der Perfektion sollte sich allmählich in der übrigen Gemeinschaft ausbreiten. Roc erhielt die Botschaft:

Richte dich nach dem Vollkommenen aus. Vollkommenheit muß das Ziel sein, denn hier in Findhorn soll das Königreich des Himmels auf Erden offenbar werden. Im himmlischen Königreich gibt es nur das Vollkommene. Daher muß es in seinem irdischen Gegenstück ebenfalls nur das Vollkommene geben. Dies kann im Moment nicht leicht erreicht werden, da die Menschheit von Vollkommenheit weit entfernt ist, aber es ist das Endziel, das anzustreben ist...es gibt jene, die ein Leben der Selbst-Aufopferung geführt haben, gottergeben, die sich Dinge versagt haben, die sie hätten haben können, in dem Glauben, daß dies Gott gefalle. Um diesem Lebensweg zu folgen, mußten sie sich mit dem weniger Guten abfinden, dem Mangelhaften. Diese Art Leben ist richtig für sie. Es ist ein aufrichtiges Leben gewesen, und es liegt viel Verdienst darin für jene, die sich berufen fühlen, ihm zu folgen. Doch hier in Findhorn ist ein solches Leben jetzt nicht richtig...Dies bedeutet nicht, im Luxus und extravagant zu leben. Es ist eine Frage des Bedarfs. Wenn ein echter Bedarf besteht, so muß er durch das Beste, das in jeder Hinsicht Passendste gestillt werden.

Diese Nachricht übte eine große Wirkung auf mich aus. Sie wurde ein Teil meiner selbst, und ich kannte sie auswendig. Ich sagte sie jede Woche während unserer Meditation auf und tat mein Bestes, um sie in die Praxis umzusetzen.

Im Januar 1967 waren wir gewarnt worden, daß sehr viel mehr Leute zu uns zu Besuch kommen würden:

So wie sich mehr und mehr von diesem Zentrum werden angezogen fühlen, wird es viele geben, die mitmachen wollen und lernen möchten, als Gruppe zu leben und zu arbeiten. Sie werden keiner Überredungskünste bedürfen, keiner Ermunterung in welcher Form auch immer, doch wenn sie eine Wahl getroffen haben, dann soll in jeder Hinsicht zusammengearbeitet werden. Viel Liebe ist erforderlich, dazu tiefes Verstehen und Toleranz. Alles wird anders sein. Alles wird besonderer Handhabung und großen Verständnisses bedürfen. Versuche nie, Leute in einen Topf zu werfen. Jeder ist ein Individuum, der ganz besondere Fürsorge braucht. Jeder hat ganz spezifische Probleme, die geklärt werden müssen. Große Geduld wird nötig sein. Es wird nicht immer leicht sein, aber verbinde dich nur intensiv mit Mir und überlasse Mir in jedem Wort und jeder Handlung die Führung.

1967 stieß Evelyn Sanford, die ich im vergangenen Oktober in St. Annes getroffen hatte, zu uns. Sie schrieb uns im Januar 1967, denn sie wollte wissen, ob sie zu uns zu Besuch kommen könne. Wir dachten, das ist recht seltsam, daß da jemand in den Sechzigern, der im äußersten Süden Englands lebte, mitten im Winter zu uns in den fernen schottischen Norden kommen will. Als sie ankam, war ihre erste Frage: »Kann ich kommen und mich zu euch gesellen?« Offenbar hatte eine telepathisch Veranlagte ihr etwa dreißig Jahre vorher gesagt, daß sie ihre Tage in einer Gemeinschaft im Norden Schottlands beenden würde. Nach ihrem Besuch fuhr sie nach Hause zurück, verkaufte ihr Haus, kam, machte Findhorn zu ihrem Heim und sie trug großartig zum Leben in der Gemeinschaft bei. Evelyn war wie jedermanns Tante; die Leute gingen zu ihr, und sie hatte Zeit, zuzuhören, wenn alle anderen zu beschäftigt waren. Sie leistete auch einen wichtigen Beitrag zur inneren Arbeit.

Ein bezauberndes und sich ganz dem Spirituellen widmendes junges Paar, John und Janet Willoner, kamen auch um diese Zeit, um bei uns mitzumachen. John war ein stiller Mann, spirituell und intuitiv, mit viel innerer Stärke. Er gab seinen Posten als Vorschullehrer auf, um nach Findhorn zu kommen. Tatsächlich war es Janet gewesen, die John in spirituelle Dinge einführte, der wiederum Dennis Orme inspirierte (einen jungen Psychologiestudenten an der Universität von Hull). Dennis sagte mir, er suche nach richtig harter physischer Arbeit - und daran herrschte keine Knappheit!

John, Janet, Dennis und ein junger Schotte namens Andrew wurden ein Team hart arbeitender junger Leute, die um acht in der Frühe anfingen und oft erst um elf Uhr abends Schluß machten. Sie klebten im Büro Briefmarken, dann arbeiteten sie im Garten, auf dem Bau, und später leiteten sie Wander- und Sportaktivitäten. Ich werde John und Janet stets dankbar sein, daß sie so viel mit unseren drei Buben unternahmen, mit ihnen Felsen erkletterten, zelteten, wanderten und Streifzüge in den Cairngormer Bergen machten - was ich alles wegen meiner Arbeit in Findhorn nicht tun konnte. In gewisser Weise waren sie Ersatzeltern für unsere Jungen.

Die frühen Mitarbeiter in Findhorn waren nahezu alle jung, nicht ältere Damen mit getöntem Haar, wie manche Leute mutmaßten. Einmal nahm mich ein Freund von Dennis zur Seite und meinte, es sei an der Zeit, daß Dennis ein Heim habe und wollte ihm einen Wohnwagen kaufen, und natürlich war der richtige gerade vorrätig. Er lieferte ein Heim für Dennis, John und Janet. Andrew war ein eifriger Fotograf, der besonders gern Fotos von den schönen Sonnenuntergängen über der Findhorner Bucht und dem Moray Firth machte, doch er kam nie dazu, etwas von der Arbeit aufzunehmen, die wir taten, oder von der Gartenpracht. (Deshalb haben wir keinerlei Fotos von den frühen Tagen der Gemeinschaft - zur Frustration vieler, die später die Geschichte dokumentieren wollten.)

So wie unsere Zahl wuchs, gab es immer stärkeren Druck auf unsere häuslichen Verhältnisse, aber jeder machte mit Begeisterung mit, und offensichtlich wurde die Arbeit immer getan. Eileen kochte für alle in unserem Wohnwagen, manchmal für bis zu sechzehn Leute. Sie benutzte noch immer unseren Zwei-Flammen-Herd, und zuweilen, wenn wir viele Gäste hatten, machten wir ein Büffet. Die Leute gingen dann durch eine Tür des Wohnwagens hinein, holten sich ihre Mahlzeit in der Küche und wanderten dann der Reihe nach durch das Wohnzimmer zum Patio hinaus. Der Patio war auch der Mittelpunkt für unsere Meditationen, die draußen abgehalten wurden. Wir genossen nach wie vor wunderbare Salate, die aus den diversen Gemüsesorten und Gartenkräutern angerichtet wurden. Joanie machte Eileen eine Waschmaschine zum Geschenk, was einen großen Wandel in ihr Leben brachte! Sie mußte nun nicht mehr auf den Knien die Wäsche in der winzigen Wanne im Badezimmer waschen.

Bis zum September 1967 benutzte ich unseren Wohnwagen als Büro und hatte dort ein Archiv eingerichtet. Wir erhielten zu jener Zeit nur etwa ein Dutzend Briefe pro Woche, aber wir behielten auch abgetippte Kopien von diversen Botschaften von Sensitiven und alles von Eileens, Dorothys und Lenas Führung. Eines Tages meinte Eileen, daß wir einen eigenen Wohnwagen als Büro haben sollten. Ich fand, wir sollten ein Gebäude haben, und Eileen wurde in ihrer Führung bestätigt, daß dies so sei und wir genau bekommen würden, was wir benötigten. Ich lief sofort zum Baubüro für Anbauten und sagte, daß wir eine Garage bräuchten, die 60 cm länger und breiter als Joanies sein müsse (die sie geliefert hatten), denn so war es von unserer Führung bestimmt worden. Ich bat darum, daß man Fenster einbaute, und die Innenwände sollten ausgekleidet sein. Natürlich hatten wir kein Geld, aber ich hatte sofort gehandelt, denn ich wußte, daß dies ein Bedarf war und unser Bedarf erfüllt werden würde. Daher bestellte ich diese Garage, zumal wir gesagt bekamen, daß große Eile geboten sei, das Büro fertigzubekommen und es durch nichts aufgehalten werden solle (der Grund für diese Eile war uns damals nicht bekannt). Es sollte die beste Ausstattung erhalten, die erhältlich war, daher bestellte ich die beste Schreibmaschine, die ich kaufen konnte, eine Olivetti für £350; es wurde uns auch gesagt, daß wir ausreichend eingerichtet sein sollten, um hier die Arbeit von sechs Leuten zu ermöglichen. Das machte in meinem Kopf keinerlei Sinn, da wir so wenig Korrespondenz erhielten - aber wir hatten Gehorsam gelernt, also taten wir alles in bestem Glauben.

Das Büro wurde schnell errichtet und gestrichen, und am Tage seiner Fertigstellung kamen die Möbel an - vier Schreibtische, sechs Stühle und verschiedene andere Sachen. Es waren auch dreitausend Exemplare der ersten gedruckten Ausgabe von *Gott sprach zu mir* angekommen! Unsere Freundin Iris Ratsey war sehr beeindruckt gewesen von Eileens Botschaften und meinte, sie sollten um die Welt gehen; sie hatte angeboten, sie zu redigieren. Sie hatte uns auch ein Vervielfältigungsgerät gegeben. Zu dieser Zeit erhielt Eileen die Botschaft:

Mein Wort ist nun bereit, hinauszugehen...laß es in Hunderten und Tausenden hinausgehen. Das Bedürfnis ist sehr, sehr groß, halte nichts zurück. Wirf dein Brot ins Wasser, und die Netze werden berstend voll sein...wahrlich, du wirst überrascht sein von der Resonanz.

Die ersten sechs bis siebentausend Exemplare des Büchleins *Gott sprach zu mir* wurden über die Adressenliste der *Universal Link* kostenlos verschickt; ein weiterer Wohltäter ermöglichte uns später, es in Buchform herauszubringen. (In den frühen Tagen gab es unsere Schriften umsonst, da die Worte von Gott frei gegeben worden waren. Nachdem jedoch Tausende von Ausgaben verteilt worden waren, wollten Leute sie in Buchhandlungen kaufen - diese hätten die Bücher nicht umsonst und ohne Gewinn verbreitet. Daher waren wir genötigt, für unsere Schriften einen Preis zu verlangen.)

Dorothy hatte vor Ort als Sekretärin gearbeitet und einen Monat im voraus ihre Kündigung eingereicht, doch eine Woche später, am Tage, als das Büro fertig war, erhielt sie ein Monatsgehalt, und es wurde ihr gesagt, sie könne sofort gehen. Es passierten also vier wundervolle Dinge gleichzeitig - aber wie sollten wir das Büro bezahlen? Nun, einige Tage später erhielten wir einen Scheck über eintausend Pfund von einem anonymen Spender. *Gott sprach zu mir* hatte eine durchschlagende Wirkung, und dies sollte nun wahrlich der Beginn unseres Wachstums sein; Dorothy wurde von morgens bis abends mit Anfragen auf Trab gehalten.

Im September erhielt Eileen folgende Botschaft:

Erwarte, daß die wundervollsten und unerwartetsten Dinge eintreten werden...so wie dein Denken sich ausdehnt, so wie du anfängst, »große Gedanken« zu denken, so wirst du sie einen nach dem anderen Wirklichkeit werden lassen. Die ganze Arbeit hier soll sich ausdehnen und an Kraft und Stärke zunehmen. Die wenigen werden viele werden...Es muß viel Arbeit getan werden, aber es wird viele Hände geben, und es wird licht und freudevoll werden...Alle Bedürfnisse werden Befriedigung finden...Dieser Ort wird in der Welt Bekanntheit erlangen.

Zu dieser Zeit gab es eine ganze Menge von Berichten in der Zeitung über Tagediebe auf Staatskosten, die sich nicht genug anstrengten, einen Job zu finden; deshalb wurde ich wiederholt aufgefordert, mich einem speziellen Komitee zu stellen, um herauszufinden, warum ich noch immer keine Anstellung gefunden hätte! Durch meine Unterlagen wußten sie, daß ich Hoteldirektor des Cluny Hill Hotels gewesen war und einen guten Ruf hatte und auch, daß ich fit und gesund war. Warum war ich arbeitslos? Wann immer mir eine freie Stelle angeboten worden war, hatte ich in jedem Fall gehandelt, wie die Eingebung es geheißen hatte und war zu Vorstellungsgesprächen gefahren; aber es kam immer irgend etwas dazwischen, was verhinderte, daß ich den Job antreten konnte. Schließlich kam ein Vertreter der Hauptstelle des Sozialamts zu mir, mit einer dicken Akte über alle meine gescheiterten Versuche, Arbeit zu finden. Nachdem er alles durchgegangen war und mich bis ins Detail befragt hatte, schaute er auf und sagte: »Würden Sie sagen, daß Gott Sie daran hindert, einen Job zu bekommen?« Ich war überrascht und sagte: »Ja, in der Tat.« »Gut, dann ist wohl anzunehmen, daß Gott auch für Sie sorgen wird, wenn wir unsere Zahlungen einstellen.« In der eigenen Schlinge gefangen stammelte ich: »Ja, ich - ich nehme an, das würde er.« Und genau das taten sie dann; aber gerade zu dieser Zeit begannen, als Reaktion auf die erste Ausgabe von *Gott sprach zu mir,* Spenden einzugehen, und diese unterhielten unsere Familie und die Gemeinschaft.

So wie mehr und mehr Leute kamen, ließ ich sie ihre eigene innere Eingebung erhalten darüber, wie eine bestimmte Aufgabe zu tun sei, aber es war in jenen frühen Tagen außerordentlich wichtig, daß ich die Gesamtübersicht und Kontrolle behielt. Manchmal tauchten Leute mit ihren eigenen Vorstellungen darüber auf, was Findhorn sein und wie es geführt werden sollte; dann kam etwa wieder jemand anderes und sagte etwas völlig neues. Zum Beispiel meinten zwei sehr energische Frauen, regelmäßige Besucherinnen, wir sollten doch einen Fixpreis pro Person für deren Unterkunft fordern, wohingegen es unsere Praxis war, daß Leute eine Spende gaben, wie es ihren Möglichkeiten entsprach. Ich mußte ihnen erklären, daß Findhorn unter (göttlicher) Führung geleitet wurde und diese klar besagte, kein Geld zu verlangen. Eine der Frauen blieb beharrlich dabei und meinte, wir könnten die anfallenden Kosten für Essen, Strom etc. errechnen. Ich sagte, wir täten dies nicht und sie meinten, sie würden nicht wiederkommen, es sei denn, es gäbe einen festen Preis. Und sie kamen auch nie wieder. Wir konnten nicht zulassen, daß uns Leute, die von außen kamen, vorschrieben, wie wir dieses Pionierzentrum zu leiten hätten, weil es keinerlei Vorlage gab. Während dieser Zeit erhielt Eileen die folgende Weisung:

Ich sagte dir vor kurzem, die Zeit würde kommen, da ihr alle so fein aufeinander eingestimmt sein werdet, daß alle genau wissen, was zu tun ist und nicht mehr detaillierte Anleitungen benötigen, wie eine bestimmte Arbeit zu tun ist. Doch bis diese Zeit kommt, ist es sehr wichtig, daß einer da ist, der die Zügel hält, und das ist Peter. Wenn irgendeiner von euch seine Führungsrolle nicht akzeptieren kann, wird es das beste sein, ganz still und leise aus der Gemeinschaft zu verschwinden, denn bis die Zeit kommt, da vollkommene Liebe, Verständnis und Sensitivität in jedem von euch herrscht, wenn ich eure Leben von innen führe und dirigiere, bis dahin wird Peter Meine Hände, Füße und Stimme sein müssen, und ich werde durch ihn arbeiten...Ich sage dir, die Zeit wird kommen, wenn jeder von euch völlig durch diese leise innere Stimme von Mir geleitet sein wird. Doch bis diese Zeit kommt, kämpft nicht gegen Peters Führung. Denn ich habe ihn gewählt, diese Arbeit zu tun, und er wird mich nicht enttäuschen, selbst wenn es bedeutet, scheinbar unbarmherzig zu sein. Es erfordert ungeheure Stärke, diese Aufgabe zu erfüllen, die ich ihm zu tun gegeben habe. Es muß daher jeder von euch wählen, entweder ihn und seine Führungsrolle anzunehmen oder sich einfach zurückzuziehen. Ich sage dir, jede Opposition wird aufgelöst werden. Wenn du also in Opposition zu dieser Führung stehst, bereite dich darauf vor, daß man dich entfernt. So muß es sein. Die Aufgabe ist zu groß, als daß es anders sein könnte.

Immer wieder waren Leute unsere Prüfungen, deren Vorstellungen von den Bedürfnissen der ganzen Gemeinschaft abzuweichen schien. Als Naomis Arbeit in Findhorn vollendet war und sie in die Vereinigten Staaten zurückkehrte, benutzten wir ihren kleinen Wohnwagen, als Raum für unsere Meditationen; doch gegen Ende 1967 war er einfach zu voll geworden. Eileen erhielt eine Vision von einem Gebäude aus Zedernholz, das ihn ersetzen sollte, und Naomis Wohnwagen wurde auf eine andere Stellfläche gebracht (wo hernach Roc während seiner Besuche unterkam). Zu jener Zeit war ein junges Paar bei uns; der Mann war ein Heiler und Medium, und er begann, Botschaften zu empfangen, daß der Meditationsraum für Heilungen bestimmt sei. Er sagte, er solle blau sein, mit einer Couch zum Heilen in der Mitte und zwei Nebenräumen, einem für Heilkräuter und einem für Massagen. An den Wänden ringsum sollten die Symbole für verschiedene Religionen hängen. Ich dachte, dies sei wundervoll, und nahm an, daß Eileen die Vision der äußeren Gesamtstruktur erhalten habe, während die Einzelheiten durch andere kämen. Das einzige Problem war, daß uns in schneller Folge acht Medien besuchten, und jeder eine andere Vorstellung für den Meditationsraum hatte! Einer kam vom Baugeschäft und meinte, es solle aus Stein gebaut sein (und nicht Zedernholz); ein weiterer, ein Jude, sah es wie Salomons Tempel mit einem inneren und einem äußeren Hof. Ein dritter hingegen sagte, es solle keine Fenster haben, sondern ein Oberlicht über dem Zentralaltar. Da gab es die Vision einer Urne über dem Ort der Kraft, die auf offenem Grund stehen solle, durch eine Öffnung im Fußboden. Natürlich wurde inmitten all dieser Verwirrung kein Handschlag für den tatsächlichen Bau getan.

Dann, eines Morgens, wurde mir klar, was da vorging. Ungefähr achtzig Prozent dessen, was die Medien empfingen, erschien wahr, wohingegen zwanzig Prozent eine Spaltung in unserer Gruppe verursachte. Ich erinnerte mich nun an die Warnung, die ich durch Roc erhalten hatte, daß gegen Ende 1967 alle Lichtzentren durch die »Kräfte der Dunkelheit« angegriffen würden und wir darauf vorbereitet sein sollten. Ich sagte zu Roc, daß wir vollkommen geschützt seien, und er erwiderte, wir seien dies von außen, nicht aber von innen. Er warnte, daß der Einfluß ganz subtil durch die Medien geschehen könne, sowie diese sich der Astralenergie öffneten[1] und die negativen Kräfte durch ihre eigene Eifersucht, ihren Stolz oder irgend etwas anderes, das in ihnen negativ war, einließen. So könnten sie benutzt werden, um Teilung und Chaos innerhalb einer Gemeinschaft zu verursachen.

Eine Person mit großem Ego zeigte, als das Licht auf ihn gehalten wurde, eine Verbitterung und einen Stolz, die eine beträchtliche Störung verursachten. Von nun an wurde uns klar, daß wir unsere Weisungen von Gott erhalten mußten, im klaren, präzisen Licht erhöhter Wahrnehmung und nicht durch Medien. Jegliche mediale Tätigkeit durch Trance wurde augenblicklich gestoppt und mir wurde bewußt, daß Medien, die von den niederen Astralebenen empfingen, keinen Platz in diesem Neuen Zeitalter hatten. Als ich dies Roc übers Telefon mitteilte, war er sehr erfreut, daß ich endlich die Lage erkannt hätte. Ich dachte: »Wie konnte ich nur so blind sein?« Aber andere, jüngere Mitglieder der Gemeinschaft mußten die Wahrheit auch sehen.

Eileen erhielt nun eine Vision von einem Meditationsraum als einer schlichten Konstruktion ohne irgendwelche Symbole oder Bilder an der Wand und ohne einen Altar; so würden sich Leute, die von verschiedenen spirituellen Ausrichtungen oder Religionen kamen, alle gleichermaßen wohl und eins fühlen, wenn sie sich dort versammelten. Sie sagte auch, es solle ein vollkommenes Heiligtum sein, und ich würde in der praktischen Verwirklichung geführt. In der Tat machte ich kaum fünf Minuten später eine Skizze des Gebäudes! Ich ging zu einem Fertigbau-Unternehmen und meinte: »Ich möchte ein sieben mal sieben Meter großes Gebäude«, denn das war die erste Zahl, die mir in den Kopf kam. Es sollte Fenster haben und einen Anbau. Dennis, John und ich gruben das Fundament aus, wobei tonnenweise Sand und Kies bewegt werden mußten.Wir mischten den Beton in Handarbeit mit Schaufeln, so daß wir unsere Schwingungen bis in das Fundament selbst und in den Boden hineingeben konnten.

---

1) Oft aus ungeläuterten Emotionen oder Gedanken-Formen zusammengesetzt.

Das Geld für das Gebäude und die Möbel kam auf erstaunlichen Wegen, einschließlich einem großzügigen Geschenk von einem anonymen Spender. Ein Armeemajor und seine Familie kamen und halfen mit der Elektrik, sie bauten die Heizkörper ein und hängten sogar die Vorhänge auf. Der Major war ein sehr akribischer Mensch, der ideal zu uns paßte. Ein Freund, Geoff Everett, der ein Möbelunternehmen besaß, kam und legte den grünen Teppich, den wir ausgesucht hatten, und ließ uns nicht dafür bezahlen. Wir hatten fünfzig Stühle, aber Eileen erhielt in Führung, daß wir mehr benötigten. Obwohl wir kein Geld besaßen, bestellte ich weitere zwanzig, für je zehn Pfund. Zu dieser Zeit erhielten wir einen Scheck über £200 von einer kanadischen Dame, die wir nie getroffen und von der wir nie gehört hatten, so waren sie also bezahlt. Die Vorhänge sollten magenta-farben sein und die Stühle gold, aber es war schwer, goldenen Stoff aufzutreiben. Schließlich entdeckten wir einen Stoff, der in Deutschland hergestellt wurde, der hundertmal geschrubbt werden konnte, ohne Schaden zu nehmen. Wir baten Geoff, dies Material zum Beziehen der Stühle zu benutzen, aber er schrieb zurück, es sei für Stühle zu gut. Schließlich fanden wir irgendeinen dünnen Stoff und schickten den stattdessen, doch Wochen später schrieb Geoff zurück, die Firma weigere sich, ihn zu benutzen, weil er nicht dick genug sei. Wir hatten vergessen, daß Gott gesagt hatte: *Seht nicht auf die Kosten.* So ließen wir die Stühle nun in dem ursprünglichen goldenen Stoff aus Deutschland beziehen. Über fünfundzwanzig Jahre später sehen die Stühle noch immer wie neu aus. Wir hatten eine wichtige Lektion gelernt.

Drei Tage vor der Eröffnung des Meditationraumes wurden wir per Telefon gebeten, beim Bahnhof in Forres ein Paket entgegenzunehmen. Es war eine schöne Webarbeit, ein Wandbehang, der einen Sonnenaufgang darstellte, speziell für uns als Geschenk von den Donavourd-Webern in Pitlochry in Mittelschottland entworfen und gewoben. Er bestand aus vielen Farben oder Strahlen, die in sein Zentrum führten, ein wunderbarer Konzentrationspunkt für unsere Meditationen und eine visuelle Erinnerungshilfe, daß alle Wege zur einen Wahrheit Gottes führen.[2]

---

2) Patrick Liddington von den Donavourd-Webern übergab Mitgliedern des Webstudios in Findhorn den Webstuhl, das Muster und die Technik, Sonnenaufgangsmuster zu weben, die diese bis auf den heutigen Tag produzieren.

Im Januar 1968 kam Eileen zu mir und sagte, es sei ihr eine Vision von sieben mobilen Zedernholz-Bungalows gegeben worden, die auf einem Gelände direkt neben unseren Wohnwagen aufgestellt und von schönen Gärten und Blumenbänken umgeben sein sollten. Aber hier gab es nichts weiter als eine Abfallhalde; ich konnte nicht sehen, wie wir sieben Bungalows auf diesen Raum stellen sollten, und es gab da auch bereits vier weitere Wohnwagen, ein Glashaus und Schuppen. Innerhalb von vier Tagen wurden jedoch »zufällig« all diese Wohnwagen weggeschleppt. Ein anderes Mitglied der Gemeinschaft und ich verbrachten sofort den Tag damit, das Gelände auszumessen, um zu sehen, ob sieben Bungalows überhaupt darauf Platz hätten. Zu unserer Überraschung entdeckten wir, daß dies möglich war und planten es so, daß jeder Bungalow mit den Vorderfenstern auf Cluny Hill schaute.

Auf dem Gelände, auf das diese Bungalows kommen sollten, war eine Bodensenke, etwa vier bis sechs Meter niedriger als der übrige Grund, die als Abfallgrube für den Campingplatz benutzt worden war; hier war Schutt abgeladen worden, um mehr Raum für weitere Wohnwagen zu schaffen. Allmählich wurde auch Boden hier abgeladen. Ich wußte, daß wir zementierte Stellflächen und eine Menge Bruchstein brauchen würden. Eines Tages kam ein Lastwagen an, um Abfall abzuladen, aber jemand erklärte ihm, daß wir das hier nicht wollten; doch als der Lastwagenfahrer sich anschickte, wegzufahren, sagte ich ihm, was wir *allerdings* bräuchten, wäre Bruchstein und zerbrochener Zement, und ich fragte ihn, ob er so eine Ladung wohl hier abladen könnte. Am nächsten Tag war ich fort, und als ich wiederkam, hörte ich, daß eine kontinuierliche Flotte von achträdrigen Lastern gekommen war und das gesamte Gelände mit Bergen von Bruchstein, Backsteinen und Zement bedeckt hatten. Wir hatten gewiß Überfluß manifestiert.

Zunächst mußten die Stellflächen vorbereitet werden. Dennis Orme, der nach Findhorn gekommen war in dem Glauben, dies sei nur ein Abstecher auf seinem Rückweg nach Amerika, wo man für seine Ideen über Psychologie empfänglicher sein würde, wurde beauftragt, die Betonflächen für die Bungalows zu vollenden; schließlich hatte er ja gesagt, daß er »harte physische Arbeit« suche! Es war eine ungeheure Aufgabe, diese Masse mit Vorschlaghämmern kleinzuhauen. Dennis und ich taten dies mit Willies Hilfe. Als ich Gott fragte, für wen diese Bungalows seien, wurde mir gesagt, daß die richtigen Leute zur richtigen Zeit kommen würden. Alle sieben Bungalows kamen an und mußten binnen sieben Tagen bezahlt werden; und noch immer gab es kein Zeichen, für wen sie wohl bestimmt waren. Als ich sie begutachtete, sah ich jedoch, daß die Bungalows in schlechtem Zustand waren und mehr Arbeit hineingesteckt werden mußte. Ich sagte der Firma, ich würde erst zahlen, wenn die schludrige Handarbeit ausgebessert wäre. Daraufhin schickten sie ein Team von fünf Fachleuten, einen Schreiner, einen Elektriker, einen Klempner, einen Ingenieur und einen für die Oberaufsicht. Wiederum fragte ich Gott, für wen diese Bungalows seien, und wiederum wurde mir gesagt, daß die rechten Leute zur rechten Zeit kommen würden. Dies geschah in der Tat.

Kurz darauf beschlossen die Ross Stewarts und seine Familie, daß sie einen haben wollten. Ich erzählte Ross von einer Betty McPherson, die kommen und uns besuchen wollte, und es stellte sich heraus, daß sie seine direkte Nachbarin in einem kleinen Dorf in Hampshire war. Ross erwähnte, daß sie recht wohlhabend sei. Betty war eine Heilerin und kam die Woche darauf zu Besuch. Sie plante, einmal pro Monat zu kommen, um Heilbehandlungen zu geben und wollte einen Wohnwagen kaufen. Ich zeigte ihr einen der Bungalows, und sie meinte, das wäre fein und kaufte auf der Stelle einen. Ihre Heiltechnik war Akupressur, und sie benutzte ihre kräftigen Daumen. Es war erstaunlich, daß sich Leute, die über ihre vielen Zipperlein und Schmerzen gejammert hatten, sofort besser fühlten, sobald sie erschien - ihre Daumen taten oft mehr weh als das Leiden selbst, das entdeckte ich in einer persönlichen Erfahrung!

Anthony Brooke kaufte einen der Bungalows als Hauptquartier für die *Universal Foundation*. Er verbrachte gewöhnlich drei Monate bei uns, drei in Skandinavien und sechs Monate lang reiste er in den Vereinigten Staaten herum. Gott hatte gesagt, die richtigen Leute würden zur richtigen Zeit wegen der Bungalows kommen, und das taten sie wirklich. Der wohlhabende Sponsor der *Universal Link*, den mir Liebie Pugh empfohlen hatte, kaufte einen der sieben in der Hoffnung, daß Eileen und ich darin wohnen würden, aber wir fühlten, die Zeit dafür sei nicht recht, und so benutzten wir sein Geschenk als Gästebungalow.

Alle sieben Bungalows mußten fertiggestellt sein, ehe wir zuließen, daß ihre neuen Besitzer einzögen - alles mußte perfekt sein. Das ganze Gelände um die Bungalows herum mußte geebnet werden, umgegraben, Unkraut und Quecke mußten entfernt werden und der Garten mußte mit Bäumen, Sträuchern und Blumenbänken bepflanzt werden. Dies würde dann Eileens Vision vervollständigen.

Die ganze Zeit über kamen immer mehr Leute - alle möglichen Figuren. Eine Frau namens Mary Coulman kam und erwies sich als die negativste Person, die ich je getroffen hatte. Nichts fand vor ihren Augen Gnade. Sie sagte, sie würde niemals in einem Ort wie Finhorn leben, sondern sei nur gekommen, um zu schauen, wie es war. Aber sie meinte, wenn sie *doch* käme, dann würde sie jedenfalls nur in einer bestimmten Wohnwagenmarke leben, und nur, wenn der Wohnwagen an eine ganz bestimmte Stelle geschoben würde - die zu der Zeit von einer Luftwaffenfamilie besetzt war, die für die nächsten dreieinhalb Jahre nebenan stationiert worden waren. Zum Glück war Captain Gibson nicht in der Lage, einen solchen Wohnwagen auszumachen, und ich dachte, Gott sei Dank! Mit einem Seufzer der Erleichterung fuhr ich Mary zum Zug für ihre Rückfahrt nach London. Einige Zeit später erzählte mir Captain Gibson, er habe Miss Coleman geschrieben, um zu sagen, daß er den gewünschten Wohnwagen nun trotz alledem habe erhalten können. Ich dachte: »Oh nein!« Kurz darauf wurde die RAF-Familie woanders stationiert, also kam Mary Coleman, und viele Jahre lang fuhr sie fort, an allem herumzukritteln. Sie war eine Prüfung für uns, denn wenn wir sie lieben konnten, dann könnten wir jeden lieben. Sie hatte jedoch ein Herz für Pflanzen, Katzen und Kinder. Die gaben keine Widerrede!

Ich erhielt einen Brief von Magda Woeger, 82 Jahre alt, aus San Diego in Südkalifornien. Sie sagte, der Herr habe ihr grünes Licht gegeben, um nach Findhorn zu kommen. Ich dachte, wie kann so eine ältere Dame aus dem sonnigen Kalifornien mitten im Winter nach Nordschottland kommen wollen? Also schrieb ich ihr und versuchte, sie abzuhalten, aber sie ließ sich nicht abschrecken. Sie schrieb erneut - der Herr habe ihr gesagt, sie solle kommen, und sie würde kommen. Sie schickte eine Liste von Sachen und fragte nach, ob sie die mitbringen sollte, und das letzte darauf war ein Ventilator. Ich antwortete, daß wir nicht weit vom Nördlichen Polarkreis entfernt seien und der Wind rund ums Jahr blase und sie gewiß keinen Ventilator bräuchte - ich dachte, diese Information würde sie abhalten. Aber sie beharrte, der gute Herrgott wollte, daß sie käme, und er kenne das Klima, daher nähme sie an, es würde wohl in Ordnung sein. Und natürlich war es in Ordnung. Es war vollkommen. Der genau richtige Wohnwagen stand gerade zur Verfügung, mit Zentralheizung und doppelverglasten Fenstern. Er stand auf der Stellfläche neben unserem; aber im Moment war diese besetzt. Es lebte dort ein Paar, dem das, was wir taten, gar nicht paßte, und sie hatten so viel auszusetzen, daß Eileen gesagt hatte: »Also, gut, die werden halt gehen müssen und einen besseren Platz finden.« Wie auf Mary Colemans Platz war der Mann gerade auf dem benachbarten RAF-Stützpunkt stationiert worden, aber dann erzählte mir Captain Gibsons Helfer, daß sie beschlossen hätten, im Oktober zu gehen. Tatsächlich zogen sie genau eine Woche vor Marthas Ankunft aus. Martha blieb zwei Jahre bei uns und war mit ihrem positiven Enthusiasmus, ihrer Vitalität, ihrem Glauben und Hingabe ein Beispiel für uns alle.

Ich machte mir Sorgen, ob Antagonismus und Eifersucht auf Findhorn vielleicht Leute davon abhalten könnten, uns zu besuchen, zumal zwei jener Leute, die uns gegenüber negativ eingestellt waren, ziemlich einflußreich waren. St.Germain beruhigte mich jedoch durch Roc, daß dies zu unserem Nutzen sein könne; es würde die Spreu vom Weizen trennen und verhindern, daß die falschen Leute kämen und dagegen sicherstellen, daß die rechten zur rechten Zeit zu uns zu Besuch kommen würden. Sir George Trevelyan war einer von jenen gewesen, die abgeschreckt worden waren, doch schließlich kam er im April 1968. Der Zeitpunkt seines Besuchs war in jeder Hinsicht ideal, denn der Garten hatte sich weit genug entwickelt, daß er die Resultate dessen sehen konnte, worüber ich theoretisch gesprochen hatte; er war auch in der Lage festzustellen, daß unsere »Finanzpolitik« funktionierte.

Sir George war begeistert über das, was er sah. Er bemerkte, wir seien in einer Position, den »ganzen Weg zu gehen«, da wir in der Welt, aber nicht von ihr und völlig frei seien, uns Gottes« Willen anheimzugeben. Sein Besuch zeitigte eine sehr anregende Wirkung auf uns alle, besonders auf Dorothy, da ihr dabei die Bedeutung ihres Kontakts mit der Welt der Devas wirklich bewußt wurde. Sir George war sehr an ihren Erfahrungen interessiert und an dem, was Dorothy hervorgehoben hatte.

Die Devas wollten den Garten nicht planen, sondern mit uns an der Ausführung unseres Planes zusammenarbeiten. (Dies bedeutet nicht, jeder Spezies freien Lauf zu lassen. Ich fragte einmal einen jungen Mann, warum er Weidenröschen in einem der Beete gepflanzt hatte, und er antwortete, daß er sich auf den Deva eingestimmt und dieser dort Weidenröschen gewollt habe. Ich antwortete, der Mensch erbaut den Garten und bestimmt, was an welchen Platz soll, und wenn man das Weidenröschen sich selbst überlasse, würde es jeden Fleck übernehmen, den es kriegen könne.)

Nach diesem Besuch schrieb mir Sir George:

Ich bin unermeßlich glücklich, daß ich bei Euch gewesen bin. Es sind so viele verschiedene Kommentare durchgesickert, man muß es einfach selbst anschauen. Du wirst gemerkt haben, wie begeistert ich war. Was hier geschieht, ist so wichtig, es übersteigt alle Worte. Ich sehe, daß ihr als Gott-geführte Gruppe in einer Position seid, uns für solche Gruppen einen Prototyp vorzuführen. Leute sind selten in der Lage, etwas so vollständig durchzuziehen, wie ihr es tut; aber wir alle können von dem Beispiel angeregt werden, und viele werden in künftigen Tagen mit Freude erkennen, daß dies der Weg ist. Und dann die Gartenarbeit - das Bild kommt immer wieder in mir hoch. Der Faktor X, der bewußte Kontakt mit den Devas und der Elementalwelt ist der ungeheuerste Schritt nach vorn; es ist in der Tat der Schritt, den die Menschheit machen muß. Offensichtlich haben bereits einige hervorragende Persönlichkeiten dies demonstriert, zum Beispiel Steiner. Aber für einfache Leute ist es von ganz ungeheurer Wichtigkeit, zu zeigen, daß eure kleine Gruppe, die aus dem Nichts anfing, diese Hilfe und Unterstützung erhalten kann. Du bist wirklich gesegnet, daß du in einem Team mit Dorothy, Ogilvie und Eileen bist, die diesen Kontakt bewußt herstellen...bewußte Kooperation und Kommunikation, was den Sprung nach vorn in Findhorn so besonders macht. Ich werde, wann immer es möglich ist, darüber sprechen, da die Soil Association-Kreise, soweit sie es verstehen können, davon wissen sollten. Ich schätze die fortlaufende und nun vertiefte Verbindung mit euch und eure tägliche Sendung von Licht zu uns; wir tun dasselbe für euch.

Von da an schien es, als spräche Sir George über die aufregenden Geschehnisse in Findhorn in fast jedem Vortrag, den er hielt. Das hatte zum

Ergebnis, daß viele Menschen nach Findhorn auf Besuch kamen, um sich selbst ein Bild zu machen. Nach dem Besuch in Findhorn schrieb er außerdem ein Memorandum an Lady Eve Balfour, die Gründerin und Präsidentin der einflußreichen Soil Association:

Ich schreibe über ein Phänomen, über dessen Existenz Sie Bescheid wissen sollten. Zu Ostern war ich bei Peter Caddy, der mit einer kleinen Gruppe von Freunden auf dem Campingplatz an der Findhorner Bucht in Morayshire lebt. Die Wohnwagen dort umgibt ein zauberhafter Garten. Da gibt es Osterglocken und Narzissen, die ich nie schöner und größer gesehen habe, und sie wachsen in Beeten, die zum Brechen voll sind mit Blumen. Ich habe das beste Gemüse zu essen bekommen, das ich je geschmeckt habe. Ein junger zweieinhalb Meter hoher Kastanienbaum stand da als zentrale Erscheinung, der strotzte geradezu von Vitalität und Kraft. Obstbäume jeder Art waren in Blüte - kurz, es war einer der üppigsten und produktivsten Kleingärten, die ich je gesehen habe, mit einer unübertroffenen Qualität an Geschmack und Farben. Viele Spezies breitblättriger Bäume und Sträucher sind angepflanzt worden und gedeihen gut, obwohl der Campingplatz auf der landeinwärtigen Seite der Dünen liegt. Der Boden ist schlicht Sand und Kies, auf dem spitziges Gras wächst. Genau gegenüber von ihnen liegt Culbin Sands, wo nach fünfzig Jahren des Wachstums nun Koniferen Wurzel gefaßt haben und die Dünen so weit halten, daß nun wieder zähes Gras wurzeln kann. Andere Leute auf dem Campingplatz pflanzen, wenn sie das bezaubernde Wachstum um die nachbarlichen Wohnwagen herum sprießen sehen, auch Kohl und Narzissen an, die aber nur zu kümmerlichen Exemplare heranwachsen. Caddy behauptet, er habe einen etwa 40 Pfund wiegenden Kohlkopf geerntet. Er holt Stroh und andere Ingredienzen und macht Kompost. Einige Beete werden freizügig gemulcht und mit Kompost bedeckt, aber ein paar scheinen zu gedeihen, auch wenn nur wenig davon dem Sand beigemischt wird.

Bald rief Sir George eine Konferenz der führenden Vereinigungen zusammen, die mit dem Boden zu tun haben, wie etwa die Biodynamic Association und die Soil Association, um den Faktor X, wie er es nannte - die Kooperation mit den Devas und Naturgeistern - näher zu diskutieren.

Ein weiterer wichtiger Findhorn-Besucher war Richard St. Barbe-Baker, ein Umweltschützer, Förster, Gründer von *Men of the Trees* und Buch-Autor. Er arbeitete mit dem amerikanischen Präsidenten Franklin Roosevelt zusammen, um das Civilian Conservation Corps zu etablieren, das sechs Millionen junge Leute zusammenbrachte. Er begann auch die *Rettet die Redwoods-Kampagne* in Kalifornien und war derjenige, der über internationale Organisationen, die er entweder gegründet hatte oder denen er half, das Pflanzen von über 26 Billiarden Bäumen vorantrieb. St. Barbe-Baker verbrachte sein ganzes Leben damit, Leute anzuregen, doch auf die Bäume zu achten und sie zu hüten, als seien sie unsere älteren Brüder; denn wenn wir Bäume fällten, legten wir die Saat für künftige Wüsten. Ich traf ihn das erste Mal auf einer Konferenz in Attingham, wo er für Sahara Conquest geehrt wurde, das just als »Buch des Monats« gepriesen wurde. Damals dachte ich, er sei nur an Bäumen interessiert, nicht an spirituellen Dingen. Ich schrieb ihm jedoch einige Zeit später nach Neuseeland und schickte eine Ausgabe von *Gott sprach zu mir* mit und teilte ihm einiges über unsere Experimente im Garten mit. Zu meiner großen Freude entdeckte ich, daß auch er das spirituelle Leben an erste Stelle setzte - er war ein Baha'i[3] - und kurz nach meinem Brief kam er nach Findhorn.

St.Barbe-Baker war sich der Naturkräfte und der Hilfe, die er von ihnen erhielt, lange schon bewußt gewesen. An seinem ersten Besuch erhielt Dorothy eine Botschaft von einem der Baum-Devas:

Es herrscht großer Jubel in unseren Königreichen, da sich der Mann der Bäume, den wir so lieben, hier mit uns verbindet. Ist dies nicht ein Beispiel in eurer Welt, daß es nur eine Arbeit gibt, einen göttlichen Plan, der durch verschiedene Kanäle verwirklicht wird? Du verstehst jetzt besser, warum wir unablässig betonen, wie groß das Bedürfnis nach Bäumen auf der Erdoberfläche ist. Große Wälder müssen gedeihen; der Mensch muß sich darum kümmern, daß dies geschieht, wenn er weiterhin auf diesem Planeten leben möchte. Das Wissen um diese Notwendigkeit muß in sein Bewußtsein eingehen und genauso akzeptiert werden wie die Tatsache, daß er Wasser zum Leben benötigt. Bäume braucht er genauso sehr. Beide sind miteinander verbunden. Wir sind in der Tat die

3) Anhänger einer östlichen Religion, die im letzten Jahrhundert gegründet wurde und die für den Frieden und die Vereinigung der Menschheit arbeitet.

Haut der Erde; die Haut bedeckt nicht bloß und schützt, sondern sie läßt die Kräfte des Lebens hindurch. Nichts könnte für das Leben insgesamt von entscheidenderer Bedeutung sein als Bäume, Bäume und wieder Bäume.

Nach seinem Besuch gab uns St. Barbe-Baker seine und der Organisation *Men of the Trees* volle Unterstützung. Er war ein bemerkenswerter Mann. Nicht nur seine Zielstrebigkeit, sondern auch seine, wie es schien, endlose Energie, waren umwerfend. St. Barbe-Baker besuchte die Gemeinschaft viele Male; er inspirierte uns in unserer Arbeit und badete uns in seiner einzigartigen menschlichen Wärme[4]. Er gab uns eine Menge praktischen Rat zum Pflanzen von Bäumen und entwarf Schutzgürtel, die uns vor den starken schottischen Winden schützten. Einmal schlug er gar vor, daß wir die gesamte Gemeinschaft in die Sahara verlegen und uns dort in Wohnwagen niederlassen sollten, um zu helfen, das Land der Wüste zu entreißen. Er schrieb sogar dem Generaldirektor der FAO (Nahrungs- und Landwirtschaftsorganisation der Vereinten Nationen), Baron Porcelli, um ihn zu bitten, uns dafür brauchbare Wohnwagen zur Verfügung zu stellen!

Er war enttäuscht, als ich respektvoll mit dem Hinweis ablehnte, daß unsere Arbeit in Findhorn zu bleiben hätte.

Dank der Unterstützung dieser und anderer verdienstvoller Persönlichkeiten, die damals kamen - und ganz besonders der enthusiastischen Anerkennung durch Sir George - entwickelte unsere kleine Campingplatz-Gemeinschaft die »Weltbekanntheit«, welche Eileens Führung versprochen hatte.

---

4) Findhorn Press veröffentlichte später seine Autobiographie »My Life My Trees« (siehe Biographie).

25. Kapitel

VIELE HÄNDE ERLEICHTERN DIE ARBEIT[1]

Wenn jeder einzelne die Einheit erfährt,
wird er nicht fragen, wer rechts oder links steht,
sondern alle willkommen heissen
und seinen Mitbrüdern eine helfende Hand reichen.

Wir fanden, es war an der Zeit, daß wir eine gemeinnützige Stiftung wurden. Bob Copley, ein englischer Anwalt mit spirituellem Hintergrund, nahm es auf sich, uns als Stiftung eintragen zu lassen; er war überrascht gewesen, als er hörte, daß uns das Land nicht gehörte, auf dem wir bereits unseren Meditationsraum gebaut hatten sowie das Büro und weitere Gebäude, vom Garten selbst zu schweigen! Er war äußerst beunruhigt darüber, daß wir keinerlei Sicherheiten hatten, und als ich ihm erwiderte, daß unsere Sicherheit in Gott läge, antwortete er: »Ach, das reicht doch nicht!« Als Anwalt hatte er gesehen, wie Leute in vergleichbaren Umständen alles verloren hatten. Mit Wellingtons Ausspruch im Kopf: »Vertraue auf Gott, aber halte dein Schießpulver trocken«, beauftragte ich ihn, weiterzumachen, sagte ihm aber auch, ich hätte das Gefühl, daß Captain Gibson, der Campingplatz-Besitzer, mit einer Pacht nie einverstanden wäre. Eines Abends war Bob nicht zum Essen da; er war zu den Gibsons gegangen, wo er seinen reichlich vorhandenen Charme spielen ließ (dazu gehörte auch, daß er Frau Gibson die Hand küßte), um ihre Einwilligung zu einer Pacht auf 21 Jahre zu gewinnen. Als die Vereinbarung unterzeichnet war, sagte Bob: »Ich werde deine

1) »Many Hands Make Light Work« im engl. Original erlaubt auch das Wortspiel: Viele Hände bewirken, daß das Licht sich offenbart (die Übers.)

Gerichtskosten bezahlen - zu beweisen, daß du unrecht hattest, war mir die Sache wert.«

Wir erhielten auch so viele Anfragen über den Garten, daß wir, dazu ermuntert und unterstützt von Sir George, begannen, drei kleine Büchlein zu schreiben und zu produzieren, in denen die Rollen, welche Menschen, Devas und Naturgeister in unserem »Experiment der Zusammenarbeit zwischen drei Reichen« spielen, im einzelnen erläutert werden. Gemeinsam publizierten wir sie als *Der Garten von Findhorn* mit einem Vorwort von Sir George und Testaten von einigen der Boden- und Gartenexperten, die gekommen waren, um sich selbst von den Beweisen zu überzeugen. Schließlich wurde eine stark erweiterte Version dieses Buchs mit Fotos bei dem angesehenen Verlag Harper and Row veröffentlicht.

Wir waren jedoch schwerlich auf die nächste seltsame Erscheinung und deren reichlich exotische Ausbreitung im Garten vorbereitet:

»Die Blumenkinder«. 1968 erhielt ich einen Brief ohne Absender von einem gewissen Neil Oram. Er hatte die Adresse absichtlich unterschlagen, denn er sagte, er käme mit Frau und Tochter nach Findhorn und wollte jedenfalls nicht von mir hören: »Komm nicht!« Sie tauchten einige Tage später um 22.00 Uhr auf, ganz aus dem Häuschen vor Aufregung - zu meiner Bestürzung allerdings waren sie schmutzige und strubbelige Hippies. Neil hatte langes verfilztes Haar und alle rochen schlecht, da sie mit Zigeunern auf der Landstraße gelebt hatten. Sie wollten sofort in den Meditationsraum gehen, während ihr kleines Mädchen über alle unsere schönen goldenen Stühle lief. Joanie ließ sie nicht in einen Wohnwagen, ehe sie nicht ein Bad genommen hätten, was sie schließlich taten, obwohl Neil sich das Haar erst nach einer Willensschlacht mit Joanie wusch (die er natürlich verlor). Mit dieser Familie zu leben, war ein Test, der uns alle viele Lektionen zu lernen half. Unsererseits mußten wir Toleranz und Verständnis aufbringen, um die kindhafte, liebevolle Einfachheit der Blumenkinder schätzen zu lernen. Sie dagegen mußten lernen, daß schmutzige, zerrissene und schlampige Kleidung in Findhorn, insbesondere im Meditationsraum, nicht akzeptabel waren.

Ein paar Monate zuvor hatte sich Roc einer langen Diskussion mit einem anderen jungen Hippie, der in Findhorn aufgetaucht war, erfreut, und es wurde ihm klar, daß die Hippies sich als das New Age selbst empfanden und daß, wer älter als fünfundzwanzig Jahre war, sich normal kleidete und kurzes Haar trug, das Alte repräsentierte und nicht in die Neue Zeit gehen könnte. Es schien, als hätten sie die ältere Generation abgelehnt, ihre Werte und ihre Lebensart und deshalb den Kontakt mit den verschiedenen spirituellen Gruppen und Lichtzentren gescheut; doch nachdem sie aus der Gesellschaft ausgestiegen waren, hatten sie bisher nichts gefunden, womit diese ersetzt werden könnte; daher tendierten sie zu einem negativen Leben in ziemlich abgerissenen Verhältnissen.

Nach dieser Unterhaltung erhielt Roc durch die höheren Reiche den Hinweis, es sei wichtig, daß *beide* Seiten ihre Hand um Verständnis und Toleranz ausstreckten. Er sagte, die Hippies würden sich am Ende mit jenen mischen, die älter waren und traditioneller schienen, und dies würde in Findhorn geschehen. Mein Herz sank mir in die Hosen, als wir hörten, »dort, wo die beiden Strömungen sich mischten, würde es eine gewisse Turbulenz geben«, am Ende jedoch würde Harmonie herrschen.

Joanie war insbesondere beunruhigt, da wir die Stewarts zu Besuch erwarteten; sie meinte, wir sollten Neil und seine Familie bitten, vorher wegzugehen. Eileen bat um Rat durch ihre Führung und wurde beruhigt: Alles sei gut, und sie solle die Begegnung von Leuten in Gottes Hand lassen. Alles war in der Tat gut; denn als Ross, der pensionierte Marinekapitän, den strubbeligen Neil traf, lächelten sie einander an und gerieten in eine tiefschürfende Unterhaltung über die Dinge, auf die es wirklich ankam - und wurden dabei dicke Freunde.

Ich hatte nicht so viel Glück mit Neil. Er war unter seinen Freunden ziemlich bekannt als Dichter und redete den lieben langen Tag; er war auch ein geborener Führer und mochte nicht, wie ich die Gemeinschaft führte. Schließlich mußte ich ihm sehr liebevoll, aber direkt erklären, daß er, wenn er wirklich dächte, er wisse, wie man eine Gruppe führt, gehen und seine eigene gründen solle. Er solle dies nicht hier in Findhorn starten, aber er könne ja an einen anderen Ort gehen und seine Ideen dort in die Praxis umsetzen. Es könne nur einen Führer in einer Gruppe geben, erklärte ich, und hier in Findhorn sei ich das. Ich sagte ihm, er schaffe Uneinigkeit und wies darauf hin, daß er ein paar Leute durch zuviel Rederei in Verwirrung stürze. Nun, er ging nicht, und schließlich packte Eileen all ihre Habe in einen Kinderwagen, verfrachtete diesen ins Auto und fuhr die Familie ein Stück weit vor die Tore von Forres. Dort drehte sie den Kinderwagen in Richtung Inverness und schickte sie los. Nahe am Loch Ness fanden sie schließlich ein verlassenes Haus, welches sie in ein Zentrum verwandelten.

Kurze Zeit darauf kam ein Mädchen namens Sabina an. Sabina war Anfang zwanzig und hatte in Irland den Bauernhof ihrer Großmutter mit einem halben Dutzend ihrer Hippie-Freunde bewirtschaftet. Ihr Experiment mit dem Gruppenleben war gescheitert, und sie ging nach London zurück. Sie hatte jedoch einen Impuls, nach Findhorn zu kommen und mehr über das Leben in Gruppen zu lernen, und so trampte sie von London mit ihrem dreieinhalb Jahre alten Sohn nach Findhorn. Es gab einen Schneesturm, und sie brauchten zwei Tage. Als ich aber ihren Freund in London anrief, um ihm mitzuteilen, daß sie heil angekommen war, in der Annahme, sie würde bald dorthin zurückgehen, meinte er, es wäre besser, wenn sie in Findhorn bliebe: »So lange ihr sie aushaltet, und sie es mit euch.« Sie war mehrere Jahre in Findhorn und lernte viele Lektionen, da unsere Art ihr fremd war und ihre uns. Doch unter Gottes Führung und dank der großen Liebe, die zwischen uns entstand, gingen wir die notwendigen Kompromisse ein, so daß Harmonie und Einigkeit herrschten.

Kurz nach ihrer Ankunft merkte Sabina, daß sie schwanger war. Sie und ihr Sohn lebten in einem Wohnwagen mit einem Zimmer, mit Toilette, aber ohne getrenntes Badezimmer. Sie hatte über die »Gesetze der Manifestation« gehört und beschloß, einen Wohnwagen mit einem zweiten Schlafzimmer und einem Badezimmer zu visualisieren, und wir stimmten zu, dies sei eine gute Idee. Sie machte ihre Bedürfnisse bekannt, und zu ihrer überwältigenden Freude erhielt sie binnen weniger Tage einen Scheck über £200. Just zu dieser Zeit beschloß jemand, der einen Wohnwagen gekauft hatte, doch nicht zu kommen. Joanie, unsere großzügige und liebevolle Schatzmeisterin, sagte, sie würde ihn für Sabina kaufen und meinte, Sabina könne ihr das Geld so zurückerstatten, wie sie das restliche Geld manifestiere. Sie zog ein, aber es war klar, daß sie ihren neuen Wohnwagen nicht achtete. Im Nu wurde es ein Schweinestall - schmutzig und chaotisch. Zwei Tage, nachdem sie eingezogen war, wurde der Scheck überraschend zurückgezogen.

Sabina war darüber sehr betroffen. Ein paar Monate später gab es mehrere Botschaften durch Eileen, Dorothy und andere darüber, wie wichtig es sei, Dankbarkeit auszudrücken. Die Gesetze der Manifestation beinhalten, wie ich es gelernt habe, daß man dem Spender dankt und vor allem Gott, dem Geber aller guten Geschenke. Auch ist es als Ausdruck dieser Dankbarkeit wichtig, daß man, was einem gegeben wurde, achtet und liebevoll hegt und pflegt. Es dämmerte mir, warum Sabina kein Geld mehr manifestieren konnte: Sie hatte Joanie nie für den Wohnwagen gedankt, und sie pflegte ihn auch nicht. Ich nahm Sabina deshalb den Wohnwagen weg; sie mußte in den alten zurück und damit klarkommen. Sie hing Plakate rund um den Wohnwagen herum auf, auf denen stand: Ich muß Dankbarkeit zeigen. Sie hatte ihre Lektion gelernt, daß, wenn man keine Dankbarkeit zeigt, die Versorgung stoppt.[2]

John Michell, Autor von *The View Over Atlantis* und anderer Bücher, war für viele junge Leute eine Inspiration mit seinen Berichten über die mystischen Traditionen und Erdmysterien in Großbritannien und andernorts. Er war in Eton und Cambridge ausgebildet worden und hochintelligent - aber er hatte ebenfalls Hippie-Kleidung und -Stil angenommen. Ich fühlte, es war nun an der Zeit, daß er einige der älteren Führer der New-Age-Bewegung kennenlernte. Roc und ich sollten Sir George Trevelyan auf einem Besuch bei Major Bruce MacManaway treffen, der Sir George eine Heilbehandlung gab. Ich lud deshalb John Michell ein, mit uns zu kommen. Roc und ich trafen ihn am Bahnhof und nahmen ihn mit zu den MacManaways - wo uns Bruce die Tür öffnete, John von oben bis unten musterte und meinte: »Willst du ein Bad nehmen?« John antwortete, höflich genug, daß es ihm, wie er war, gutgehe. Nicht lange und Sir George und John hatten eine gemeinsame intellektuelle Herangehensweise an spirituelle Wahrheiten erkannt und kamen sehr gut miteinander aus. Schließlich erwärmte sich auch Bruce für ihn und lud ihn sogar ein, vor einer Reihe von hochangesehenen Leuten auf der Jahreskonferenz der *Dowsers' Association* (Vereinigung der Wünschelruten-Gänger) einen Vortrag zu halten. Viele seiner Gruppe waren zusammengekommen, weil sie von Bruce eine Heilbehandlung erhalten hatten, einschließlich dem Befehlshabenden General der schottischen Landstreit-

---

2) Mehrere Jahre lang schien die Gemeinschaft jeden Herbst in eine Finanzkrise zu schliddern - was die Mitglieder bewog, zu prüfen, wie gut wir die Gesetze der Manifestation anwandten. Zum Beispiel: Drückten wir genug Dankbarkeit aus? Pflegten wir, was uns gegeben worden war? Sind die Werkzeuge gut gereinigt und weggelegt worden?

kräfte. Nach seinem Vortrag erhielt John noch viele weitere Aufforderungen für Vorträge. Er schrieb mir: »So wie unsere Zahl wächst, können leicht Mißverständnisse aufkommen zwischen denen, die das gleiche Ziel aus ganz verschiedenen Richtungen angehen und Wege benutzen, die ihnen gut erscheinen, nicht aber anderen.«

Ich teilte Sir George eine Vision mit, die Eileen von ihm gehabt hatte: Er saß, in einer Rüstung steckend, auf einem Schimmel, mit einem Schwert in der Hand. Er war, kam mir dabei in den Sinn, der ideale Mann, sich auf die Hippies einzulassen, und zwar während eines gerade anstehenden Kurses in Attingham mit dem Titel: »Die allegorische Reise«. Ein Kurs, der so ziemlich alles einbezog, von Homers *Odyssee* bis hin zu Tolkiens *Herr der Ringe,* - letzteres war bei den Hippies ganz besonders beliebt. Es tauchte tatsächlich eine Truppe Hippies in vollem Ornat auf und saß hinten im Raum. Nach dem Vortrag näherten sie sich Sir George: Seine Rede sei genau das gewesen, wonach sie suchten, und sie hätten ja nicht gewußt, daß jemand von der älteren Generation ihre Sprache spreche. Als die Idee aufkam, einen ähnlichen Kurs für sie zu halten, waren sie sehr begeistert und boten an, das Haus mit ihren Freunden zu füllen. Das wurde vereinbart, und es kamen fünfundsechzig Hippies in Attingham zusammen; die Teilnehmer fanden, daß Sir George ihre Hoffnungen und Ideen in Worten herauskristallisierte, die sie verstehen konnten; er inspirierte sie und gab ihnen Auftrieb. Es war für Sir George ganz offenbar, daß die jungen Leute, weil sie die Gesellschaft ablehnten, nicht die Gelegenheit hatten, von den diversen Aktivitäten an der spirituellen Front weltweit und insbesondere in Großbritannien zu hören (Zum Beispiel hatte keiner von ihnen *Chalice Well* in Glastonbury besucht, denn für sie war das in der Hand von spießigen »mittelalterlichen« Leuten aus der Mittelschicht und mußte um jeden Preis vermieden werden!). Doch es fühlten sich immer mehr gesellschaftliche Aussteiger von Findhorn angezogen, und wir arbeiteten daran, Verständnis zwischen den beiden Generationen aufzubauen. Ross Stewart, nun unser Vorsitzender der Treuhänder, war unermeßlich hilfreich, weil er einen solchen Schatz an Erfahrung hatte und junge Menschen so sehr liebte.

Da Gleiches Gleiches anzieht, sahen wir einen wahren Strom von Hippies aus dem Süden nach Findhorn trampen: Das Wort hatte die Runde gemacht, daß man in Findhorn einen Platz zum Wohnen finden konnte und für alles gesorgt würde. Wir hatten noch immer zahlreiche Probleme zu lösen, da wir eine arbeitende Gruppe waren und jeder seinen Beitrag leisten mußte, finanziell ebenso wie mit Fähigkeiten und Talenten. Wir brauchten der Aufgabe hingegebene Menschen, die fähig waren, einen nützlichen Beitrag zu leisten, sei es im Büro oder im Garten, beim Kochen, Klempnern, elektrischen Arbeiten oder wo immer. Weil die meisten vor dem Ende ihrer Ausbildung aus der Gesellschaft ausgestiegen waren, waren unsere »Blumenkinder« gewöhnlich nicht qualifiziert und besaßen weder Erfahrung noch Fähigkeiten, die sie hätten einbringen können. Sie wollten in Gemeinschaften leben, aber hatten nicht die nötige praktische Erfahrung dafür. Sie konnten nicht alle bei uns bleiben und hatten Schwierigkeiten, eigene Zentren aufzubauen. Ich fragte einen jungen Mann, der bei uns ankam, ob er den Garten umgraben könne, und er erwiderte: »Yeah, ich kann alles *diggen«*[3]. Ich gab ihm einen Spaten und zeigte auf den Boden; aber das war nicht seine Interpretation des Wortes; er wurde es bald leid und verließ uns.

Es war kein Zufall, daß ein weiterer junger Mann in Findhorn ankam. Er war auch »ausgestiegen«. Eines Nachts war er im Bett gelegen, in arger Verwirrung darüber, wie er sich und andere junge Leute aus dem Chaos führen könne, das sich überall in der Welt manifestierte, als er schließlich eine Stimme hörte: »Gehe nach Findhorn.« Er kam jedoch nicht sogleich, denn er glaubte der inneren Stimme nicht; stattdessen versuchte er, die Erfahrung logisch zu analysieren. In den Wochen, die folgten, brach alles um ihn herum zusammen, er sah sich alleingelassen, hatte kein Geld mehr und kein Dach über dem Kopf; seine Aussichten und die seiner Freunde erschienen ziemlich trübe. Er reiste herum und besuchte viele Gemeinschaften - und sah viele, die in ihrem Kampf ums Überleben und darum, nicht den Verstand zu verlieren, zu leiden schienen. Was ihm nicht klar wurde, war, daß dieses Leiden sehr wichtig war, da es half, alles wegzureißen.

Schließlich fand er sich in Findhorn wieder, dem Ort, zu dem seine innere Stimme ihn geführt hatte. »Ich weiß nun«, sagte er, »daß ich sofort hätte gehorchen sollen. Dann hätte ich nicht wochenlang mit der

---

3) Im Slang steht *to dig* (graben) auch für »gut finden« (die Übers.).

Illusion ringen müssen, daß wir die einzigen Kinder des Neuen Zeitalters sind.« Was er in Findhorn vorfand, überraschte ihn: Eine Gruppe von spirituell ausgerichteten Leuten aller Altersgruppen, die unter dem direkten Einfluß Gottes arbeiteten. Wir hatten gelernt, die Visionen, die uns gegeben worden waren, auf der materiellen Ebene zu verwirklichen. Er begriff die Tatsache, daß Arbeit Liebe ist, die sich physisch ausdrückt. Er entdeckte auch, daß Findhorn nur ein Zentrum innerhalb eines weitgespannten globalen Netzwerks des Lichts war, das sich aus Individuen und Gruppen zusammensetzte, die daran arbeiteten, das menschliche Bewußtsein auf die höchste Ebene zu heben, um das Neue Zeitalter einzuleiten. Indem er aus der etablierten Gesellschaft ausstieg, erkannte er, daß Hippies oft den Zugang zu ihrer wahren spirituellen Entwicklung verloren hatten und auch gerade die Leute ablehnten, die ihre ganze Kraft darin investiert hatten, die frühen Grundlagen des *New Age* zu schaffen. Er sah, daß uns unsere Disziplin die Erfahrung und Stärke verliehen hatte, um angesichts unwahrscheinlich negativer Kräfte die gewaltige Arbeit vor uns auszuführen. Er sagte: »Wir müssen lernen, die diversen Masken der Persönlichkeit, welche große Seelen angenommen haben, um auf der Erde zu arbeiten, zu durchschauen und dürfen nicht alle »bürgerlichen« Leute als negativ brandmarken. So viele von uns leben, obschon sie ein spirituelles Leben anstreben, in Schmutz und Elend und werden lethargisch.« Er fuhr damit fort, daß so viele seiner Generation sich, nachdem sie eine Vision dessen erlangt hatten, was in der Zukunft getan werden müsse (mittels der Einnahme von LSD oder anderen Drogen), sich einfach zurücklehnten, das sie umgebende Chaos betrachteten und dabei nur die Worte »unmöglich, unmöglich« nachplapperten. Er äußerte weiterhin, daß wir nicht nur ablehnen dürften - weil Ablehnung darin resultiert, daß man am Ende ohne irgend etwas sei. Wir müßten auch erkennen, daß alles in der Hand des Unendlichen sei; es läge jedoch im freien Willen eines jeden Menschen, ob er eine Rolle im Aufbau des *New Age* spiele oder nicht. Das Neue Zeitalter benötigte Hippies und Aussteiger, die die Vision einer wahrhaft harmonischen Welt erhalten hatten, welche auf den Gesetzen der Liebe und Weisheit beruht. Doch es brauche genauso Leute jeden Alters, die ihre verschiedenen Talente so weit wie möglich entwickelten und ihr Geschick in den praktischen Aufbau einbrächten.

Er kam zu dem Schluß, daß es nun, da das *New Age* dämmere, für alle Beteiligten an der Zeit sei, Persönlichkeitsdifferenzen zu vergessen - *alle* alten Wege würden womöglich verschwinden müssen. Er glaubte, daß die etablierte Gesellschaft ihren Materialismus und ihre abgetragenen Traditionen würde aufgeben müssen und die Hippies ihre Drogen und Nachtschwärmerei. Sein Besuch gab uns allen die Inspiration, daß es nicht mehr um Alte und Junge ging, sondern daß die Kluft eigentlich zwischen den Vertretern des alten und des neuen Denkens bestand. Dieses Verständnis war eine der wertvollsten Einsichten, die ich in den sogenannten Generationskonflikt hatte.

* * * * *

Im Anfang des Jahres 1969 erhielt ich einen Anruf von der BBC; der Sender wollte uns in einer Fernsehdokumentation über alternativen Lebensstil aufnehmen. Ich sagte ab, weil ich dachte, wir seien für eine Publizität von solcher Größenordnung noch nicht bereit. Später am selben Tag erhielt Eileen in der Meditation, daß wir unser Licht nicht länger unter den Scheffel stellen sollten. Ich erhielt darauf einen Anruf von einer Shirley Fisher, die die Recherchen für diese BBC-Sendung betrieb - sie käme »zufällig« nach Schottland und wolle uns trotzdem besuchen. Eileens Führung versprach uns des weiteren, daß dies Interview sehr viel Gutes bringen und unser Archetyp in Sachen Gruppenleben bei Abertausenden Schule machen würde.

Shirley Fisher verbrachte einen ganzen Tag mit uns; heutzutage, erläuterte sie, glaubten viele, daß die Antwort auf die aktuellen Probleme im Zusammenleben in der Gruppe läge, sie wüßten jedoch nicht, wie dies anzugehen sei. Einige Wochen zuvor hatte sie sich mit einer Liste von Dutzenden von Gruppen auf den Weg gemacht, die man ihr gereicht hatte, doch zu ihrer Frustration hatte sie entdeckt, daß die meisten nur viel schwätzten, viele ganz aufgehört hatten zu bestehen oder weggezogen waren. Sie war überrascht, uns im Gegensatz zu anderen so gut etabliert zu sehen. Eine Gruppe in Wales, zum Beispiel, war beschrieben worden als 300 Mitglieder umfassend. Sie fuhr hin und erwartete um die dreißig, aber in Wahrheit waren es nur drei, und zwei von ihnen, fand sie, waren reif für die Klapsmühle. Als letztes hatte sie schließlich unsere Gemeinschaft entdeckt.

Ich wies darauf hin, daß es schade sei, Findhorn im Winter zu filmen, aber sie erklärte, sie wollte die Gruppen so vorstellen, wie sie wirklich waren und unter den unangenehmsten Bedingungen. Viele Gruppen entsprängen im Sommer, wenn alles herrlich ausschaute und die Leute draußen in Zelten lebten, und auf diese Weise blühten solche »Strohfeuer«-Gemeinschaften kurz auf, nur um bei Einbruch des Winters einzugehen. Ich widerrief meine frühere Entscheidung und war mit der Produktion des Films einverstanden.

Am 2. Februar, zwei Tage bevor das Team kommen sollte, befanden wir uns mitten in einem Schneesturm, der zwei Tage lang gewütet hatte. In mehreren Bungalows waren die Wasserrohre gefroren, und es schien das beste, den BBC-Besuch zu verschieben. Ganz besonders war der Garten - eine der wichtigsten Besonderheiten von Findhorn - mit Schnee bedeckt. Eileen erhielt den Hinweis, daß ich den Produktionsleiter anrufen, ihm die Umstände schildern und die BBC ihre Entscheidung selbst fällen lassen solle; wir würden uns daran halten. Die BBC verzögerte ihre Entscheidung bis zum nächsten Morgen, dem geplanten Abfahrtstermin von London; als sie mich anriefen, sagte ich ihnen, daß es noch immer schneie und wir zugefroren seien. In der Tat war es mehr eine gefrorene Hölle denn der Himmel auf Erden! Sie entschieden zu kommen, und es gab keine Garantie, daß sich das Wetter in der folgenden Woche bessern würde. Gerade vor dem Telefonanruf empfing Eileen die Weisung, die besagte, daß die Dinge nicht immer so seien, wie sie erschienen: *Meine Wege sind nicht immer die Wege der Menschen. Doch bedenke, Meine Wege sind immer vollkommen. Lege alles in Meine Hände und alles wird vollkommen laufen.* Wir ließen daher alles in Gottes Hand. Am selben Abend wurde es warm, und als das BBC-Team ankam, am Morgen des 4. Februar, war der Schnee geschmolzen und die Sonne schien - es war ein herrlicher Tag. Wir vereinbarten mit dem Produktionsleiter, daß das Gemeinschaftsleben wie normal weitergehen würde und ließen sie filmen, was sie wollten. Dies schloß auch die Morgenmeditation in unserem Meditationsraum mit ein. Davor hatten wir ein wenig Angst, aber Eileen empfing: *Bleibt versichert, daß alles vollkommen läuft. Jene, die die Leitung dieser Arbeit haben, sind sehr sensible Leute, also bewahrt euren Frieden.* Die Erfahrung war einfach gewaltig, und wir waren fähig, uns über die Fernsehscheinwerfer und surrenden Kameras hinwegzuheben.

Am nächsten Tag wollten sie mich im Gewächshaus interviewen, aber Eileen wehrte das ab; sie hatte den Hinweis erhalten, daß sie das tun solle. Gott benötigte Stimmbänder, durch die er sprechen könne. Das Interview lief so gut, daß Harold Williamson, der Interviewer, ganz außer sich war. Er sagte, er habe nie etwas Ähnliches erlebt: Ein Strahlen sei von Eileen ausgegangen, und sie schien zu sprechen, ohne darüber nachzudenken, was sie sagen würde. Und Eileen konnte sich danach an nichts erinnern, was sie gesagt hatte. Am letzten Morgen, an dem gefilmt wurde, gingen wir zur Findhorner Bucht hinunter, um Aufnahmen von der leuchtendblauen See und dem Himmel zu machen, und es gab noch ein Interview mit mir. Sie waren kaum fertig, da verdunkelte sich der Himmel wieder, und wir hatten wieder einen Schneesturm. Gottes Zeitplan war in der Tat perfekt gewesen; wir hatten drei warme, sonnige Tage innerhalb Wochen von Schnee und Frost.

Kurz bevor die Sendung im Fernsehen ausgestrahlt wurde, rief mich Harold Williamson an, um mir zu sagen, daß alle bissigen Fragen herausgeschnitten worden waren, weil unsere Antworten so charmant seien, daß es die BBC-Leute in einem ungünstigen Licht gezeigt hätte. So etwas sei ihnen fast nie untergekommen, erläuterte er, da sie sich gewöhnlich bemühten, beide Seiten darzustellen; in diesem Film waren die Sympathien jedoch fast ganz und gar pro Findhorn.

Es gab eine wunderbare Resonanz auf den BBC-Film und kaum einen negativen Brief. Unsere Korrespondenz und die Zahl unserer Gäste wuchs immer mehr, und die Leute verlangten, über Findhorn informiert zu bleiben. Daher beschlossen wir, ein regelmäßig erscheinendes Magazin herauszubringen - die *Findhorn News*. Die Presse hungerte ebenfalls nach Information, daher schrieb ich die *Findhorn Story* und ermöglichte ihre Verbreitung. Auf diese Weise hoffte ich, daß wir Sensationsgier und fehlerhafte Berichte vermeiden könnten.

Obwohl wir zu jener Zeit nur etwa zehn ständige Mitglieder in der Gemeinschaft waren, hatten wir für weitere dreißig Gäste Unterkunftsmöglichkeiten, und daß wir alle in Joanies Bungalow zu Abend aßen wie gehabt, war keine Lösung mehr. Nachdem die Hippie-Invasion begonnen hatte, bestand St. Germain über Roc darauf, daß wir in kultivierter Weise essen sollten, daß wir uns zuvor wuschen und umzogen, die

Tischsitten makellos seien und wir in schöner Umgebung saßen. Gewiß, Joanie konnte all dies durchaus bieten, abgesehen von genug Raum für uns alle; doch selbst, wenn wir auch noch Betty McPhersons Bungalow dazu benutzten, gab es doch nicht für jeden Platz.

Eines Tages sagte Betty nach dem Mittagessen, sie wolle einmal mit mir sprechen. Schon eine Weile habe sie gedacht, wir näherten uns sehr schnell der Zeit, da wir eine zentrale Küche und Speisesaal für die Gemeinschaft bräuchten; sie sei bereit, finanziell zu helfen. Diese Idee bekräftigte sich für sie beim Mittagessen; dreißig Leute aßen da, und zwar draußen in der Sonne. Was hätten wir getan, wenn es geregnet hätte? Ich stimmte zu; also schauten wir sofort nach einer passenden Stelle aus und beschlossen, daß der leere Platz auf der anderen Seite der Straße von der Auffahrt zum Meditationsraum dafür ideal wäre. Wir sahen, daß ein neun mal zwölf Meter großes Gebäude auf das Gelände passen würde. Ich ersuchte und erhielt die Einwilligung des Besitzers dafür. Später am selben Tag empfing Eileen:

Dieses Gemeinschaftszentrum mußte kommen. Betrachtet es als Ort der Schönheit und der Nützlichkeit. Seid nicht mit irgend etwas zufrieden. Alles wird für Mich getan, und also muß es das Beste sein. Also gebt euch nicht mit irgend etwas Schäbigem zufrieden. Ich werde für alle eure Bedürfnisse sorgen, für die Hände, die es bauen und die, die es unterhalten.

Ich nahm sofort mit dem Planungsbeamten Kontakt auf, und wir entdeckten, daß die vollständigen Pläne für das nächste Zusammenkommen des Planungskomitees am folgenden Tag vorliegen müßten - ansonsten würden wir noch drei Monate warten müssen. Er sagte mir, wenn ich zu ihm ins Büro käme, würde er mir sagen, was nötig wäre. Ich fuhr ins etwa 24 Kilometer entfernte Elgin und erfuhr, daß sie sechs Kopien unseres Planes benötigten. »Plan?« sagte ich. »Wie soll ich bis morgen sechs Kopien des Planes zusammenkriegen?« Man sagte mir, wenn ich die Entwürfe brächte, würden sie sie mit ihrem Gerät fotografieren. Dann fragte ich sie, ob sie einen Architekten wüßten, der die Pläne bis zum nächsten Tag zeichnen könne. Die Angestellten schauten einander verwirrt an - ich nehme an, sie hielten mich für verrückt. (Seitdem habe ich herausgefunden, daß ein Architekt gewöhnlich neun Monate beansprucht für Pläne für ein Gebäude der Art, wie wir es wollten!) Daher lächelten sie mich milde an und meinten, nein, so einen Architekten würden sie nicht kennen.

Ich kehrte nach Findhorn zurück und bat Eileen, Führung einzuholen über dieses Problem. Es wurde uns gesagt, nun wäre die Zeit gekommen, daß wir ein Gemeinschaftszentrum hätten, und es solle eines der allerbesten sein und es sollten dafür keine Kosten gescheut werden. Gott werde unsere Bedürfnisse aus Seinem grenzenlosen Vorrat erfüllen. Ich fragte, welchen Architekten ich bekommen würde, um das Gemeinschaftszentrum zu entwerfen und die Pläne zu zeichnen. Mir wurde gesagt: *Peter wird es selbst entwerfen und keine Hilfe von außen bekommen. Er weiß besser als irgend jemand sonst, was nötig ist. Daher wird er es entwerfen.* Mir wurde auch gesagt, daß die Küche zur Verpflegung von 200 Leuten ausreichen solle, und daß der Speisesaal so entworfen und konstruiert werden solle, daß er später erweitert werden könne. Ich entwarf dies an einem Abend, und es ist interessant festzustellen, daß ich, wenn ich es noch einmal tun müßte, nichts ändern würde. Ein paar Einzelheiten waren nicht im Plan enthalten, aber wir klärten diese im Verlauf der Bauarbeiten.

Später an diesem Abend übergab ich die Pläne einem Mädchen im Fertigbau-Büro mit der Frage, ob sie sie für das am nächsten Tag stattfindende Treffen des Planungsausschusses nachzeichnen und verbessern könne. Sie tat es, und ich brachte sie dem Planungsbeamten - nur um zu hören, daß wir außerdem eine Baugenehmigung bräuchten, und *dieser* Ausschuß würde nicht vor Ablauf von sechs Wochen zusammentreten. Daher rief ich den offiziellen Bauinspektor an und bat ihn, sofort herüberzukommen. Ich stellte ihm die Pläne vor und bat ihn, hineinzuschreiben, welche Spezifikationen der Ausschuß benötigen würde - zum Beispiel, wie dick der Beton sein solle, wo die Abflußleitungen verlaufen sollten und ob wir einen Faulbehälter bräuchten. Tatsächlich stand das Gebäude bereits, als wir endlich die Baugenehmigung erhielten! Aber wir wußten, daß alles gut sein würde, da ja der Bauinspektor selbst uns gesagt hatte, was wir brauchen würden und es kaum zu erwarten stand, daß er seine eigenen Empfehlungen verwerfen würde.

Etwa um diese Zeit bekam ich zweimal mit, wie zwei Gemeinschaftsmitglieder über die Gesetze der Manifestation sprachen und darüber ihre

Zweifel ausdrückten. Ich erläuterte, wie alles in Findhorn manifestiert worden war. Zuerst war uns eine Vision oder Weisung gegeben worden und dann handelten wir dementsprechend im Glauben und Wissen, daß Gott unsere Bedürfnisse erfüllen werde. Nie hatten wir das Geld zuerst. Einer von den beiden schaute mich zweifelnd an und meinte: »Gut, wenn das Geld für das Gemeinschaftszentrum aufkreuzt, was ja Tausende von Pfund Stirling kosten wird, dann werde ich's glauben.« Als uns später am selben Morgen eine Geldsumme angeboten wurde, die unserer Annahme nach ausreichen würde, die Baukosten zu decken, waren unsere Zweifler sprachlos. Aber wir waren ebenfalls sprachlos, als wir hörten, daß sich die geschätzten Kosten für die Konstruktion des Gebäudes allein auf £3.800 beliefen, weit mehr, als wir angenommen hatten. Darin waren die Ausgaben für Küchenausstattung, Möbel für den Speisesaal, Anstriche, Heizung, Licht etc. nicht enthalten. Wir fragten uns, ob wir das ganze Projekt noch einmal überdenken sollten und es vielleicht in einem weniger kostspieligen Material als Zedernholz bauen lassen sollten, etwa Betonquadern oder Stein. Doch alles schien richtig zu sein und alles war glatt gelaufen. Eileen suchte um Führung nach:

Fürchtet euch nicht, Meine kleine Herde, denn es ist Meine große Freude, euch das Königreich zu geben, und wenn das Königreich ein Gemeinschaftszentrum beinhaltet, dann wird eines der besten Gemeinschaftszentren Gestalt annehmen. Schreitet voran in absolutem Glauben und Vertrauen und bestellt es. Schritt für Schritt wird alles, was für das Gemeinschaftszentrum nötig ist, erfüllt werden. Begrenzt Mich nie irgendwie. Ich möchte nur das Allerbeste. Was geschieht, wird sehr weitreichende Folgen haben. Fühlt daher, wie ihr bei allem, was hier stattfindet, geistig erwacht. Es soll unbedingt ein Zedernholzgebäude sein, der Speisesaal sollte einen Teppichboden haben und wirklich behaglich sein. Denn er wird für viele verschiedene Anlässe benutzt werden, nicht nur fürs Essen. Alles ist sehr gut, daher sagt ewig Dank und seht es entstehen.

Ein paar Wochen danach sagte unsere Freundin, sie habe einigen Schmuck verkauft und wolle ihren Beitrag von £3.000 auf £5.000 erhöhen. Dies deckte noch immer nicht die Kosten von £10.000, aber wir wußten, daß Gott unsere Bedürfnisse über seine Kanäle so oder anders erfüllen würde.Die Kücheneinrichtung wurde bestellt. Wir begannen mit dem Minimum, aber mit dem Besten. Teppichböden und Vorhänge wurden ausgesucht, wir machten uns jedoch noch immer Sorgen über die Kosten. Wieder wurden wir beruhigt: *Ich sage euch, jedes eurer Bedürfnisse, das Gemeinschaftszentrum betreffend, wird wunderbar erfüllt werden. Seid in keiner Weise knauserig. Nehmt von Meinem endlosen, in aller Fülle vorhandenen Vorrat und erwartet das Allerallerbeste. Alles geschieht zu Meiner Ehre und Meinem Ruhm. Daher könnt ihr Meine Hand in allem sehen.* Eines Tages kam Joanie, unsere Schatzmeisterin zu mir. Sie habe zwei sehr große Rechnungen zu begleichen, und wir hätten kein Geld. Ich gab das Geld aus und hatte den Glauben, daß mehr kommen würde, aber Joanie mußte die Rechnungen bezahlen. Sie sagte: »Es kommen jetzt diese dicken Rechnungen auf uns zu. Es gibt nur zehn Mitglieder in der Gemeinschaft. Wir brauchen wirklich keinen so großen Kartoffelschäler oder einen großen Hobartmixer, und auf gar keinen Fall brauchen wir eine Warmhalteplatte. Wir können doch das Essen vom Herd aus servieren. Sollten wir diese Sachen nicht erst später besorgen?« Ich überlegte und meinte: »Nein, Joanie, wir haben exakte Anweisungen über dieses Gemeinschaftszentrum erhalten und das Versprechen, daß all unsere Bedürfnisse erfüllt würden. Deshalb gehen wir im Glauben voran.« Sie machte ein bestürztes Gesicht und schüttelte den Kopf. Ich glaube, sie bekam ein wenig Panik. An genau dem nächsten Tag erhielt sie einen Brief von einer Dame, von der wir nie gehört hatten. Sie habe soeben eine Ausgabe der Findhorn-Publikation erhalten und sei sehr beeindruckt davon. Mit derselben Post waren ihr 3000 Aktien geschenkt worden, und sie sagte, diese seien ganz offensichtlich für uns gedacht. Joanie verkaufte sie für £650, und das war genau der Geldbetrag der ausstehenden Rechnungen.

Man muß sehr vorsichtig mit allem sein, was man sagt und denkt, insbesondere in einem Lichtzentrum; denn durch die Kraft der Gedanken wird, was man auch denkt, sehr schnell Wirklichkeit. Zum Beispiel meinten wir im Scherz, wenn wir uns weiterhin so ausdehnten, würden die Leute in Busladungen eintrudeln - und wahrhaftig bekamen wir einen Brief von einer Gesellschaft in Aberdeen; nachdem Sir George und Bruce MacManaway Vorträge gehalten und ihnen über die Findhorn Community erzählt hätten, wollten sie nun mit einer 47-Mann starken Gruppe am 15. Juni zu Besuch kommen. Joanie, die immer Tee für die Gäste kochte, stellte sich diese Gruppe als Teegäste in ihrem Bungalow vor und bat, daß das Gemeinschaftszentrum bis zu diesem Termin fertig sein möge. Wir hatten nur sechs Wochen Zeit und es schien unmöglich, aber mit Gott sind alle Dinge möglich. Es standen uns genau zum richtigen Zeitpunkt die richtigen Leute und die richtigen Materialien zur Verfügung. Zum Beispiel war ein Heizungsingenieur, der auch als Elektriker und Klempner ausgebildet war, der Gemeinschaft auf sechs Monate beigetreten; seine Frau hatte jedoch eine fürchterliche Lache, und wir machten ihr den Vorschlag, doch in ihrem eigenen Bungalow zu essen. Ich fragte mich, was wir bloß mit dieser Lache tun würden, wenn wir alle in den neuen Speisesaal ziehen würden. Dann erinnerte ich mich an den Eßraum im Erwachsenenkolleg in Attingham Park, wo man rufen mußte, um gehört zu werden, deshalb beschied ich, eine schalldämmende Decke einziehen zu lassen, was sehr teuer war. Die Dame mit der Lache verließ uns zwei Tage, nachdem die Decke fertig war! Ich fand, daß der liebe Gott sogar eine Lache benutzt hatte, um sicherzustellen, daß wir das Perfekte hätten; sonst hätte ich gewiß nicht an eine Lärmdämmung gedacht.

Es war herrlich, loszugehen und immer nur das Beste von allem zu kaufen, etwa nur rostfreien Stahl für die Küchengeräte. (Es mußte das passendste sein, nicht unbedingt das teuerste.) Geoff Everett erhielt die besten Tische für uns zum Herstellungspreis, aber beim Verschiffen gingen sie verloren. Gleichzeitig hatte Geoff einen Besuch vom Chef einer Möbelfirma und fragte ihn, ob er zehn Tische machen könne wie jene, die wir bestellt hatten und sie in zwei Wochen nach Nordschottland liefern könnte. Er meinte, er würde sie selbst ausliefern, wenn wir ihm eine Übernachtungsmöglichkeit geben könnten, da seine Frau seit vier Jahren keinen Urlaub gehabt habe. So erhielten wir unsere Tische zur rechten Zeit.

Das Gemeinschaftszentrum war am Abend des 14. Juni fertig und bereit, ein Abendessen für zweiunddreißig zu servieren, und es war auf den Empfang der Buspartie am Tag darauf vorbereitet. Es erschien wie ein Wunder, aber es war uns gelehrt worden, Wunder zu erwarten (und dann zu akzeptieren).

Ein großer Patio mit Rasen und Garten wurde draußen angelegt für warmes Wetter. Das Ganze wurde eingeschlossen mit einem breitgeflochtenen Holzzaun. Wir säten den Rasen im November, der falschen Jahreszeit, besonders in diesem Klima. Er wuchs trotzdem, und der rechte Mann tauchte zum Helfen auf - ein Platzwart von Beruf, der gerade seinen einzigen Sohn verloren hatte und für drei Wochen nach Findhorn gekommen war, um seinen Schmerz in Arbeit zu ertränken. Er lehrte die ganze Gemeinschaft, wie man einen Rasen pflegt, und die nächsten drei Wochen bewirkte er, daß wir nichts anderes im Kopf hatten als Rasen.

Etwa fünf Tage vor seiner Abfahrt kam ein weiterer großer Enthusiast, Donald Wilson, Gründungssekretär der Soil Association und ein wahrer Kompostfanatiker. Als Donald kam, war es niemandem erlaubt, an irgend etwas anderes zu denken als an Kompost. Für ihn war dies das Alpha und Omega allen Gärtnerns. Donald war überrascht, daß so viele junge Frauen unter uns waren, da er erwartete, daß Männer Kompost machen würden. Als Martha, unsere 82-jährige, davon hörte, sagte sie: »Herr, wir brauchen junge Männer, um diesen Kompost zu machen. Schikke sie.« In dieser Nacht begannen sie von überallher einzutrudeln, und bis zum nächsten Tag hatten wir sieben junge Männer für die harte Arbeit, Kompost zu machen. Einer von ihnen war ein Architekt, und ich erinnere mich, ihn bis zu den Knien in Schweinemist gesehen zu haben, in Klärschlamm und Algen, und ich fragte mich, was er wohl von diesem Ort hier hielt. Zwei Monate später schrieb er mir, die Zeit, die er in Findhorn verbrachte, sei die glücklichste in seinem Leben gewesen.

Es gab in diesem Jahr für Eileen, die Jungen und mich noch eine weitere glückliche Manifestation. Merta Mary Parkinson hatte uns besucht, und auf ihrem Rückweg nach Hause schrieb sie, sie fände, daß ich die Gesetze der Manifestation in Verbindung zu unserer Behausung nicht für mich und meine Familie anwände. Sie fand, es sei überaus wichtig für die Gemeinschaft und die Arbeit, daß wir einen Bungalow hätten, da die Arbeit von Eileen und mir selbst abhinge. Sie meinte, wir sollten zumindest eine Unterkunft haben, die dem Besten gleichkäme, statt in die allerschlimmste gedrückt zu sein - es sei falsch, daß wir sechs in dem einzigen Wohnwagen ohne ein Klo mit Wasserspülung lebten. Ich schrieb zurück, daß es uns gut gehe.

Eileen hatte jedoch auch gesagt, daß die Jungs nun sehr viel größer seien und mehr Platz bräuchten, und daß es für uns an der Zeit sei, in einen Bungalow umzuziehen. Ich fand, wir könnten weiterleben wie bisher. Doch am nächsten Tag mußte ich mich auf einem Bett der Jungs ausstrecken, denn ich hatte Ärger mit der Galle, und da sah ich selbst, wie klein der Raum war. Dann zog ich um in mein eigenes Bett im Wohnzimmer, und Ross Stewart besuchte mich dort. Er hatte unsere beengten Verhältnisse nie gesehen und war entsetzt. Am nächsten Morgen kam seine Frau Aileen, um zu sagen, sie habe im Meditationsraum den Hinweis erhalten zu helfen, daß wir einen anderen Wohnwagen neben dem alten bekämen, damit wir mehr Platz hätten. Wir drückten aus, wie sehr wir ihre Sorge schätzten, aber ich wies darauf hin, daß dies nicht machbar sei, da es keinen Platz für noch einen Wohnwagen gäbe. An diesem Tag, ich lag im Bett, grübelte ich über einen neuen Wohnwagen nach. Dann kam mir die Idee, daß es gegenüber des *Universalen Bungalows*, neben der Straße, in der Mitte der Gemeinschaft, noch einen freien Platz gab; aber wir konnten nicht den perfekten Bungalow dafür finden mit einem extra Raum, der genügend Platz für die drei Jungen hätte.

Dann kam Mrs. Gibson, die Mitbesitzerin des Campingplatzes, die unsere Nöte kannte, ganz aufgeregt mit einem Brief von einem Hersteller angelaufen, der geschrieben hatte, daß sie ein spezielles Modell übrig hätten, welches uns alle aufnehmen würde, und es könne sofort geliefert werden. In der Zwischenzeit hatte Joanie allen auf der Adressenliste geschrieben, um zu sagen, sie fühlte, daß wir eine bessere Unterkunft bräuchten als den kleinen Wohnwagen, in dem wir lebten. Vertrauensvoll versammelte ich also ungefähr zwanzig Leute, um die Stellfläche zu räumen und den Beton zu gießen, gerade rechtzeitig für die Ankunft des Bungalows. Viele Leute trugen dazu bei, den Bungalow anzuschaffen und auszustatten. Wir hatten eine Einzugsparty am 5. November, und zogen schließlich zu Silvester ein.

Ein *Unity*-Prediger aus den Vereinigten Staaten hatte uns kurz davor besucht. Einer seiner Sprüche war: »Wenn du deine Hand in die deines Herrn legst, halte mit der anderen deinen Hut fest!« Wir stellten immer wieder fest, wie wahr dies war.

26. Kapitel

OFFENBARUNG

Ich pflanze nur auf vorbereitetem Boden.
Ich werde Gedankensaat grosszügig ausstreuen,
und sie wird dort aufgehen,
wo der Boden Tiefe hat.

1970 ERWEITERTE SICH DIE GRUPPE von 17 Mitgliedern auf 42 Erwachsene und neun Kinder, und wir hatten über 500 Besucher, die eine oder mehrere Nächte blieben. Während in den Jahren zuvor die Betonung auf der materiellen Ausdehnung des Gartens, der Wohnwagen und Gemeinschaftsgebäude gelegen hatte, lag sie nun definitiv bei den Menschen. *Es liegt ein unglaubliches Gefühl der Expansion in der Luft*, sagte Eileens Führung. *So wie euer Bewußtsein sich weitet, so weitet sich euer Horizont, bis ihr begreift, daß es einfach keine Begrenzung dessen gibt, was entstehen kann und wird.* Wir hatten bewiesen, was beim Wachstum der Pflanzen gelingen kann; nun sollten wir unsere Arbeit und Konzentration auf das Wachstum von Menschen richten.

Ich wurde oft gefragt, weshalb der Findhorn Garten aufhörte, so außergewöhnlich große Pflanzen - wie vierzig Pfund schwere Kohlköpfe - hervorzubringen, was ja seinen Ruhm zunächst begründet hatte. Manche Leute nehmen an, dies waren nur verrückte Auswüchse einer einzigen Saison; andere meinen, daß meine Nachfolger im Garten nicht die gleiche Beziehung zu ihm hatten wie ich, nachdem ich mein Hauptaugenmerk vom Garten abgelenkt und mich auf die Organisation der Gemeinschaft konzentriert hatte. Beide Annahmen sind falsch. Ganz abgesehen von der Tatsache, daß unsere erstaunlichen Exemplare nicht auf eine einzige Saison beschränkt waren, scheint mir, daß die Devas und Naturgeister bewiesen hatten, was sie beweisen wollten, daß Zusammenarbeit nötig ist - und dafür mußte nun nicht mehr mittels übergroßer Produkte die Werbetrommel gerührt werden. Der Garten entwickelte sich zum Wachstum gesunder, normal großer Gemüsesorten zurück, die noch genau so saft- und kraftvoll, nahrhaft und delikat waren wie je. Dies war, obwohl wir nun nach Jahren des Kompostierens allmählich den Boden aufgepäppelt hatten, an und für sich nach wie vor eine beachtliche (bescheiden ausgedrückt!) Leistung. Außerdem - wenn Leute den langen Weg zu uns hinaufkamen, nur um ein paar fette Kohlköpfe anzugaffen oder darauf hoffend, einen flüchtigen Blick auf Feen zwischen Stiefmütterlein zu erhaschen, dann hätten sie den ganzen Sinn unserer Tätigkeit sowieso total verfehlt, der darin lag, in *allen* Aspekten des Lebens zu demonstrieren, was möglich ist, wenn man Gott an die erste Stelle setzt.

Beim Rückblick ist es bemerkenswert zu sehen, wie schnell sich die *Findhorn Gemeinschaft* formte, wenn man so sagen will, einzig geführt durch meine Intuition, Eileens Botschaften und Dorothys Klarheit. Als ob uns Gott ein Zahlen-Bild zum Ausmalen gegeben, und unsere Aufgabe lediglich darin bestanden hätte, sicherzustellen, daß die richtigen Farben an die richtigen Stellen kamen. Dies erforderte Glauben, Gehorsam und Disziplin - und natürlich eine Menge harter Arbeit; aber wenn man am rechten Ort zur rechten Zeit das Rechte tut, mit der richtigen Einstellung, dann verfügt man über unerschöpfliche Energiereserven, und harte Arbeit erscheint eher als Vergnügen. Der große Entwurf, den Eileens Führung lieferte, war atemberaubend: Es begann als eine Familiengruppe, ist nun eine Gemeinschaft, wird zu einem Dorf heranwachsen, dann zu einer Stadt und schließlich zu einer weit ausgedehnten Metropole des Lichts - atemberaubend um so mehr, als bereits das, was gerade vor uns lag, unsere Ressourcen bereits bei weitem zu überfordern schien.

Zum Beispiel erhielt Eileen etwa um diese Zeit eine Vision, daß das große und weithin vernachlässigte Gebiet des Campingplatzes mit dem Namen Pineridge, im Nordosten des zentralen Geländes und erreichbar über einen Weg zwischen einem Bauernhaus und einer Kiefernpflanzung, vier Kunsthandwerkstätten und noch ein paar Bungalows mehr beherbergen sollte. Davon war ich natürlich begeistert, aber ich war auch verwirrt. Wo sollten wohl diese Künstler und Kunsthandwerker herkommen?

Als es soweit war, wurden sie sehr schnell von uns angezogen. Kurz nach Eileens Vision erhielt ich im August 1969 einen Brief von einem Mann, der - ausgerechnet! - in *The News of the World*[1] über uns gelesen hatte. Er erklärte, er sei einer von sieben Leuten, die die Eingebung erhalten hätten, irgendwo in der Wildnis der Cairngormer Berge eine Gemeinschaft aufzubauen, nicht allzu weit von Forres entfernt. In seinem Brief berichtete er weiter, daß sie nahezu alle Künstler und Kunsthandwerker seien...

Die Gruppe erhielt nun die Anweisung, daß sie stattdessen nach Findhorn kommen sollte, aber keiner von ihnen wollte dies tun. Die Botschaft blieb beharrlich und ihr Widerstand ebenso, bis die Gruppe mit Selbstauflösung konfrontiert war. Schließlich kündigte Ken seinen Lehrerposten in Nordengland auf und bewarb sich um einen Job in der Grafschaft von Nairn, nahe Findhorn, obgleich er und seine Frau noch immer nicht vorhatten, unserer Gemeinschaft beizutreten. Als er zum Vorstellungsgespräch für die Stelle hierherfuhr, hatte sein Auto jedoch wenige Kilometer außerhalb von Forres eine Panne, und er rief an und fragte, ob er wohl bei uns übernachten könne. Tatsächlich dauerte die Reparatur eine Woche, und in dieser Zeit überkam Ken machtvoll die Erkenntnis, daß er und seine Gruppe zu uns gehörten.

Die anderen in der Gruppe, Jonathan und Dorothy Snell, folgten bald. Ein dritter, Brian Nobbs - ein erfahrener Drucker, Töpfer und Kunstlehrer (und ein ausgezeichneter Koch!) - hatte tiefersitzende Zweifel. Er war fünf Jahre ein Benediktinermönch gewesen und fragte sich, ob sein römisch-katholischer Glaube ihm erlauben würde, unserer spirituellen Arbeit beizutreten. Trotz der Versicherung durch den Prior seiner ehemaligen Abtei auf der Isle of Wight, daß wir durchaus göttlich geleitet zu sein schienen, fuhr Brian mit seiner Gewissensprüfung fort. Es verlangte ihm danach, mit Kanonikus Andrew Glazewski darüber zu sprechen, auf den er große Stücke hielt - aber er kam trotzdem erst einmal hinauf nach Findhorn, um sich ein Bild von uns zu machen. Er kam an

1) Ein reißerisches Blatt der Regenbogenpresse, was normalerweise mehr an schlüpfrigen Pfarrern und weiblichen Brüsten interessiert ist.

einem Sonntag, und Brians erster Gedanke war, wo er wohl den Gottesdienst besuchen könnte; man stelle sich seine Überraschung und Freude vor, als er Kanonikus Glazewski just dabei antraf, seine tägliche Andacht in unserem Meditationsraum zu halten! Letzte Reste von Zweifeln in Brian verflüchtigten sich dann schnell in ihrem nachfolgenden Gespräch.

Dieser plötzliche Zustrom von Künstlern und Kunsthandwerkern hörte nicht auf, mich zu überraschen, und oft kamen sie in der unerwartetsten Weise an. An einem schönen Frühlingstag hatte ein Team von zehn Leuten eifrig eine drei Meter hohe Sandbank weggeschaufelt, um Platz zu schaffen für eine neue Druckerei. Der Bauunternehmer kam am nächsten Morgen, um das Betonfundament zu legen, daher maß ich das Gelände ein letztes Mal aus und fand zu meiner Bestürzung, daß der Platz noch immer etwas über einen halben Meter zu knapp war - und um diese Zeit waren ein paar aus dem Team schon heimgegangen in ihre Wohnwagen und zu erschöpft, um weiter umzugraben. Bekümmert stieg ich ins Auto und fuhr nach Forres, um den Termin mit dem Unternehmer zu verschieben.

An der Straße erspähte ich eine farbige Erscheinung, die in Richtung Findhorn unterwegs war - in jenen Tagen stachen die Hippies wie Paradiesvögel gegen die sanften Farbtöne der Morayschen Landschaft ab, und nahezu ausnahmslos gingen sie bei uns nieder - ich zwang ihn sofort mit einem Spaten in den Dienst, um den Job zu vollenden. Es war offensichtlich, daß Ian sich in der Arbeit auskannte (er hatte in der Parkverwaltung von Lancashire gearbeitet); als er mit dem Stück Land für die Druckerei fertig war, ließ ich ihn mithelfen, mehrere hundert Bäume zu pflanzen, ein Job, den ich nicht allein bewältigen konnte. Dann entdeckte ich, daß er die ganze Strecke von Südengland getrampt und gelaufen war - er kam müde, hungrig und durstig an, und ich hatte ihm nicht einmal eine Tasse Tee angeboten! Dennoch entschied er sich, uns zusammen mit seiner neuen Frau, Carol, einer ausgebildeten Schreibkraft (so jemand brauchten wir auch) beizutreten, und nach mehreren Monaten, in denen er im Garten gearbeitet hatte, überraschte uns Ian alle mit der Enthüllung, daß er ein professioneller Pianist und beginnender Komponist war.

Bezugnehmend auf unsere vielen Besucher und neuen Mitglieder empfing Eileen folgendes:

Viele werden hierher kommen, sehen, was geleistet wurde und ihre eigenen besonderen Gaben beisteuern wollen. Es gibt viele Gebiete, die noch nicht ergründet worden sind. Die Fachleute werden kommen und geben, und sie werden gern geben. Es gibt da noch eine unangetastete Quelle der Weisheit und des Wissens, die darauf wartet, daß man sie erschließt. Jeder Aspekt der Arbeit steckt noch in den Kinderschuhen.

Hilfe und Rat von Fachleuten für die Ateliers kam weiterhin. Elizabeth Grindley, eine Architektin und Radiästhesistin[2] kam über die Ostertage; ich fragte mich, ob sie wohl die rechte Person sei, um uns eine Töpferei zu entwerfen. Ich schrieb zwei erfahrenen Töpfern, die ich von meinen Reisen her kannte, John Shelley und Mary Jackson, und fragte sie um ihren Rat. Er kam am Karfreitag, einem Tag vor Elizabeth. Als sie kam, fragte ich sie, ob sie etwas über Töpfereien wisse. Ich war begeistert, als sie mir erzählte, daß sie aus einer Familie stamme, die eine ganze Reihe von Töpfern hervorgebracht habe, daß sie in der englischen Landschaft gelebt habe, wo traditionell getöpfert wird, und daß sie viele Töpfereien entworfen habe. Sie war für den Job wie gemacht und verbrachte die meiste Zeit dieses Urlaubswochenendes bei uns mit dem Zeichnen der Pläne. Als aber der Montag und damit der Tag ihrer Abfahrt kam, war sie noch immer mit dem Ergebnis unzufrieden, da ihr die nötigen Ausmaße der Ausstattung, die installiert werden sollte, fehlten.

Es erschien zweifelhaft, ob die Pläne rechtzeitig für den nächsten Tag, den letzten Einreichungstermin für den Planungsausschuß, fertig sein würden. Doch eine halbe Stunde, nachdem Elizabeth fort war, kam Pat Johnson an, eine professionelle Töpferin aus Glasgow, und »per Zufall« hatte sie ihre eigene Ausstattung und einige Kataloge für Töpfereiartikel dabei. Daher vervollständigte also Pat die Pläne in den verbliebenen Stunden des Tages.

Zwei auf Besuch weilende Architekten planten das Layout und die Landschaftsgestaltung des Kunst- und Kunsthandwerkzentrums und seiner Umgebung, so daß ich in der Lage war, für beides ein Baugesuch einzureichen, und im Prinzip auch für das Webatelier und ein Gebäude

2) Eine Energieform oder Vibrationsmedizin, in der ein Behandler radiästhetische Eigenschaften und Instrumente benutzt, um aus dem Gleichgewicht geratene Energien im Patienten zu entdecken und korrektive Energiemuster zu senden.

für Musik und Theater. Zu meiner großen Überraschung wurde mir die Baugenehmigung mit der Begründung verweigert, daß ein Campingplatz für Wohnwagen eben nur dafür eine Genehmigung habe. Eileen erhielt die Aufforderung:

Es gibt da eine Menge ganz entscheidender Lektionen, die gelernt werden müssen und Prinzipien, die angewandt werden müssen, um zu ermöglichen, daß das augenscheinlich Unmögliche möglich wird. Ohne Geduld, Ausdauer und Beharrlichkeit werdet ihr nirgendwo landen. Ihr dürft euch nie mit einem Nein zufriedengeben. Akzeptiert niemals das Zweitbeste, wenn doch das Beste da ist und euch hingehalten wird. Bittet und Ihr werdet empfangen.

Angespornt durch diese Botschaft ging ich den Planungsbeamten aufsuchen. »Ich weiß, daß Sie und Ihr Ausschuß sich nach den Bestimmungen zu richten haben«, sagte ich zu ihm, »aber wir brauchen ein Kunst- und Kunsthandwerkszentrum auf diesem Gelände, eine Töpferei, weitere Ateliers und außerdem Bungalows, in denen Leute leben können. So, wie umgehen wir diese Bestimmungen?« »Das ist das Problem, Herr Caddy«, antwortete er. »Wir können es nicht.« Ich strahlte ihn an. »*Nicht können* gibt es in meinem Wortschatz nicht, und ich glaube nicht an Probleme. Also, wie umgehen wir nun die Bestimmungen?« Er hüstelte nervös und begann, mögliche Alternativwege aufzulisten, die ich alle - eingedenk Eileens Eingebung - abwinkte, weil sie nur zweitbeste waren. Endlich, um den armen Kerl aus seiner mißlichen Lage zu befreien, schlug ich vor, daß der *Findhorn Trust* das Land vom Besitzer des Grundstücks pachtete; dann könnte sein Ausschuß ihm eine Genehmigung für die Ateliers, Wohnwagen und Bungalows ausstellen. Natürlich hatte ich keine Ahnung, ob sich der Besitzer darauf einlassen würde, was das kosten oder wie die Gemeinschaft darauf reagieren würde - aber ich war fest entschlossen. Der Planungsbeamte konnte dies sehen und ebenso einen Weg aus unserer Sackgasse, daher nahm er den Vorschlag an.

Im Auto auf dem Weg nach Hause kam mir der Gedanke, daß der Campingplatz-Besitzer, wenn ich ihn aufforderte, Co-Leiter der Ateliers zu sein, eher geneigt wäre, uns die Pacht zu gewähren, und so war es. Trotz etwas Opposition aus der Bevölkerung erhielten wir, während eines nachfolgenden Treffens zwischen dem Planungsbeamten, dem Campingplatzbesitzer und mir, formell die Baugenehmigung.

Es war ganz klar, daß wir die Bauten selbst zu errichten hatten, daher bereiteten wir das Gelände vor mit neuen Straßen, Abflußrohren, Elektrizität und Wasser. Die verschiedenen Künstler und Kunsthandwerker, einschließlich vier Töpfern, wurden in einer Gruppe zusammengefaßt, damit ihre eigene Energie in den Bau der Ateliers, die sie später benutzen würden, einflösse - durch diese Zusammenarbeit würden sie auch lernen, ihre Individualität den Bedürfnissen des Ganzen anzupassen. Ich empfand es als sehr wichtig, daß sie sich nahtlos in die Gemeinschaft einfügten, ehe sie ihre Arbeit auf dem besonderen Feld, auf dem sie glänzten, aufnahmen; und nur, wenn sie gelernt hätten, Gott an die erste Stelle zu setzen, würden die Energien des *New Age* in ihrer Kunst bzw. ihrem Handwerk ihren Ausdruck finden.

Die darstellenden Künste begannen ebenfalls aufzublühen. Neben Konzerten mit klassischer Musik wurde ein Chor gegründet, und ich organisierte auch unterhaltsame Abende - Musikabende mit Liedern, Tänzen und Parodien, die regelmäßig im Gemeinschaftszentrum stattfanden. Ich hielt fortwährend nach neuen Talenten Ausschau und ermunterte Mitglieder dazu, aufzutreten. Als ein paar schließlich eine Kabarett-Gruppe gründeten, war ich gewöhnlich die Zielscheibe für ihre Witze (die mir noch mehr Spaß machten als allen anderen!). Wir brachten sogar eine Oper in einem Akt auf die Bühne, getextet, komponiert und aufgeführt von Mitgliedern der Gemeinschaft.

* * * * *

Wir waren im wesentlichen eine arbeitende Gemeinschaft, und wenn Leute längere Zeit diskutieren oder meditieren wollten, dann konnten sie dies nachts tun oder dahin gehen, wo man auf diese Dinge besonderen Wert legte. In Findhorn tat man dies gewiß nicht: *Arbeit ist angewandte Liebe,* war im wesentlichen unser Ethos. »An ihren Früchten sollt ihr sie erkennen«. Es war mir ganz klar - und Eileens Eingebung bestätigte das - daß wir ein Demonstrationszentrum sein sollten, und dies konnte nur über Taten geschehen.

Wegen unserer wachsenden Zahl mußten wir einen Tagesrhythmus einführen, damit die Neuankömmlinge - als Mitglieder oder Gäste - wissen würden, was von ihnen erwartet wurde. Deshalb listete ich das folgende Tagesprogramm auf und machte einen für alle sichtbaren Aushang:

Frühstück in unserem Wohnwagen oder Bungalow
und Hausarbeit beendet vor 9 Uhr
9.00 Uhr Meditation
9.30 Arbeit
12.30 Uhr Schwimmen (wenn es das Wetter erlaubt)
13.00 Uhr Mittagessen
14.15 Uhr Arbeit
16.15 Uhr Teepause in unserem eigenen Wohnwagen oder Bungalow
17.00 Uhr Arbeit, Vorträge, Proben, Chorprobe, Yoga, Schwimmen, etc.
19.00 Uhr Abendessen
20.15 Uhr Meditation
20.30 Uhr Musik
21.00 Uhr Abendprogramm (täglich angekündigt)

Pünktlichkeit ist unbedingt erforderlich, damit die Gemeinschaft funktionieren kann.

Ich konnte hier meine Erfahrung in der Essensversorgung der Luftwaffe und als Hoteldirektor einbringen, aber der stärkste Einfluß auf die Leitung, die ich uns geben wollte, kam vermutlich aus meiner Erinnerung an die Art, wie Dr. Sullivan die *Crotona Fellowship* organisiert hatte. Kunst, Aktivitäten im Freien, Ausbildung, harte Arbeit, Meditation und Spaß hatten in seinem »Ashram« alle ihren rechten Platz gefunden und hielten sich die Waage, und dasselbe wünschte ich mir für Findhorn, obwohl ich nicht die Absicht hatte, aus uns eine »Rosenkreuzergemeinschaft« zu machen. Ganz abgesehen von dem Eid[3], den ich geleistet hatte - es gab so viel neues Material, welches Eileen, Dorothy, Roc und andere empfingen, daß mir klar wurde, daß wir an der Speer-

3) Der sogenannte Eid der vier S (*Silence, Secrecy, Sincerity und Service):* Schweigen, Verschwiegenheit, Aufrichtigkeit und (die Bereitschaft zu) Dienen.

spitze für etwas Neues standen und nicht durch alte Wege, Formen und Traditionen gebunden oder beschränkt sein sollten. Sogar Liebies apokalyptische Botschaften, die über Richard Graves von einer Intelligenz durchgegeben wurden, welche als »Grenzenlose Liebe und Wahrheit« bekannt war, schien ihr Verfallsdatum erreicht zu haben, obwohl Anthony Brooke und andere nach wie vor warnten, daß die Erde in Gefahr sei und wir unsere Vorbereitungen für das schlimmstmögliche Ereignis nicht aufgeben sollten, »nur um sicherzugehen«. Es herrschte jedoch ein neuer Geist in der Gemeinschaft, getragen von dem Versprechen und der Möglichkeit eines friedlichen und freudvollen Übergangs in etwas völlig Neues und anderes. Eileens Führung deutete sehr stark in diese Richtung; meine eigene Intuition war sich dessen sicher. Man konnte es fast sehen in den leuchtenden Augen von den Menschen und konnte es in ihrem Lachen hören, während sie ihre Arbeit taten. Niemand jedoch hatte dem bisher einen Namen gegeben; daher fuhren wir einfach in unserer Geschäftigkeit fort.

Ebenfalls 1967 hatten Anthony und ich einen bemerkenswerten jungen Mann in San Francisco getroffen, David Spangler, und er brachte ein Buch von David zurück mit dem Titel: »Die Christus-Erfahrung und das Neue Zeitalter«. Dieses Buch übte auf uns alle eine große Wirkung aus und war um so bemerkenswerter, als David Spangler, als er es schrieb, in seinen frühen Zwanzigern war. Soviel Weisheit wäre in einem doppelt so alten Menschen eine Seltenheit gewesen. Das Buch schien auszudrücken, was wir erlebten. Eileen und ich fühlten beide, daß wir David gewiß eines Tages begegnen würden, doch trotz der Tatsache, daß sein Name von Zeit zu Zeit in Unterhaltungen auftauchte, unternahmen wir nichts, um mit ihm Kontakt aufzunehmen, weil wir fühlten, wir würden ihn dann treffen, wenn die Zeit dafür reif wäre.

Deshalb waren wir begeistert, als uns David im Juni 1970 schrieb, daß er und seine Partnerin Myrtle Glines in London seien und gern zu uns zu Besuch kommen würden.[4] Wir fühlten uns in dem Augenblick

4) In der Tat erzählte mir David viel später, daß er im Sommer 1969 einen Besuch bei uns geplant hatte und den ganzen Weg mit Myrtle nach Inverness gekommen war. Aber an dem Morgen, an dem sie zu uns fahren wollten, hatte er beim Frühstück die starke Eingebung, daß der Zeitpunkt nicht recht war, deshalb fuhren sie an der Abfahrt nach Findhorn vorbei und setzten ihre Reise fort. Er hatte, wie meistens, recht, wir wären damals noch nicht für ihn bereit gewesen, da wir zu jener Zeit unsere ganze Energie in den Bau des Gemeinschaftszentrums und andere Projekte steckten.

ihres Eintreffens miteinander verbunden. An seinem ersten Abend bat ich David, uns im Meditationsraum einen Vortrag zu halten - eine bis dato ganz unerhörte Einladung - und ich war sehr beeindruckt von seiner Klarheit, dem Fluß seiner Worte und seiner Weisheit. Bald wurde mir klar, daß er in einem erhöhten Bewußtseinszustand sein mußte, um diese Rede zu halten, und daß wir bestimmt auch unser Bewußtsein heben müßten, um zu verstehen, worüber er sprach!

Obgleich die Gemeinschaft von Sommergästen geradezu überquoll, fuhr ich David und Myrtle doch nach Edinburgh hinunter, um Roc zu treffen. Da David und Roc beide von Natur aus schüchtern und zurückhaltend waren, empfand ich meine Anwesenheit als nötig, um ihnen da herauszuhelfen; sonst hätten die zwei vermutlich einfach dagesessen und sich angeguckt. Es gab eine spontane Verbindung zwischen uns vieren, und es wurde uns gesagt, daß diese Begegnung den Beginn einer neuen Phase für uns alle ankündigte.

Myrtle war beträchtlich älter als David und ergänzte nahtlos dessen Fähigkeit, sich auf höhere Intelligenzströme einzustimmen, indem sie ihre eigene natürliche Weisheit, Reife und psychologische Begabung ins Spiel brachte - sie war eine Expertin im Umgang mit Leuten und in ihrer Beratung, und gemeinsam waren sie ein perfektes Team. Obwohl sie nur etwa eine Woche mit uns verbringen und Anfang Juli in die Vereinigten Staaten zurückkehren wollten, wurde beiden schnell klar, daß ihr Platz bei uns war. Jahre danach schrieb David folgenden Bericht:

Als ich 1969 und 1970 in den Vereinigten Staaten war, wurde mir innerlich gesagt, daß der nächste Schritt in meiner eigenen Arbeit darin läge, nach Europa zu reisen und ein Zentrum zu finden, welches die Rosenkreuzertradition (oder besser, den inneren Geist des Rosenkreuzerordens) in einer neuen Weise trug. Ich dachte, ich würde in der Schweiz oder in Deutschland nach einem solchen Ort suchen und erwartete schon halb, daß dies im Rudolf-Steiner-Hauptquartier sein würde. Als ich jedoch in Findhorn ankam, wußte ich augenblicklich, daß dies der Ort war, der mir genannt worden war, denn ich erkannte die inneren Zeichen, nach denen Ausschau zu halten ich geheißen worden war. Ich persönlich betrachtete Findhorn als das neue Zentrum dieses besonderen

Geistes, der auch dem Rosenkreuzerorden und dessen Tradition zur Geburt verholfen hatte, und tue dies noch immer...

Die unerschütterliche Überzeugung packte mich, daß David und Myrtle zu genau dem rechten Zeitpunkt zu uns gekommen waren, um zentrale Figuren in unserer Entwicklung zu werden; daher lud ich sie beide nur Tage nach ihrer Ankunft ein, gemeinsam mit mir Co-Direktoren der Gemeinschaft zu werden. Sir George Trevelyan war ebenfalls ganz begeistert darüber, daß David bei uns war, und die beiden waren bald in eine lebhafte Korrespondenz verwickelt; Sir George bat David, Ende Juli und noch einmal im Oktober in Attingham als Sprecher aufzutreten.

Kurz bevor er eine kurze Reise nach England antrat, erzählte David der Gemeinschaft:

Wir wissen, daß wir in ein Neues Zeitalter treten. Eines der Konzepte unserer Zukunft ist, daß jeder von uns das Wort ist, welches Fleisch geworden ist. Wir sind alle die Stimme Gottes, mit dem Verlangen, sie auszudrücken. In vergangenen Zeiten wandelten und sprachen die Menschen mit Gott, denn sie waren eins mit ihm. Mit der intellektuellen Weiterentwicklung ging dieses Einssein verloren oder wurde verlegt. Doch sowie der Mensch lernt, sein Denken auf höhere Ebenen zu erheben, zuzuhören und sich einzustimmen, wird er wieder mit Gott wandeln und sprechen und jene Stimme hören...höre die Stimme, vermische dich mit ihr, und auf diese Weise wirst du Vorreiter der nächsten zweitausend Jahre.

Viele Leute in unserer Gemeinschaft und im Ausland prophezeiten jedoch noch immer Untergang und Verderben - gewalttätige Veränderungen auf der Erde, nuklearen Holocaust, industrielle Umweltverschmutzung und andere Schrecken, die über der Wiege des *New Age* kreisten und darauf warteten, das Kind zu verschlingen. Ich erhielt allwöchentlich viele Briefe zu diesem Thema. Eines Tages kam ein solcher Brief aus Australien, und ich nahm ihn mit hinein, um Davids Meinung zu hören. War er mit dem Inhalt einverstanden? Ganz gewiß nicht, antwortete er. Seine Vorstellung dessen, was wir hier in Findhorn taten, hatte nichts damit zu tun, eine Art »Überlebenszentrum« zu unterhalten, das »auf das Kommen der Brüder im All wartet, auf die Apokalypse und auf das Neue Zeitalter«. Stattdessen sollten wir verkünden, daß das Neue Zeitalter bereits gekommen sei und wir da wären, um die Modelle zu dessen Demonstration zu bauen. Davon war er tief beeindruckt.

Als Ergebnis hiervon und anderer spontaner Eingebungen trat eine kleine Schar von uns in einem der Bungalows zusammen, um das Thema »Das *New Age* hier und jetzt« zu erörtern, was dazu führte, daß David Informationen von einer höheren Intelligenz *channelte*, die zuvor mit jenem Wesen assoziiert war, welches Liebie Pugh als »Grenzenlose Liebe und Wahrheit« gekannt hatte. Dies war die erste in einer Reihe von Offenbarungen durch David; sie fand ihren Höhepunkt in einer offenen Sitzung vor der ganzen Gemeinschaft am 15. August, und diese Sitzungen ließen wirklich unter den apokalyptischen Tauben die spirituelle Katze aus dem Sack! Ihre Grundaussage war, daß das *New Age* da sei, es sich unaufhörlich in einem selbst und um einen herum offenbare und man demnach besser daran täte, ans Werk zu gehen und die Schwarzmaler sich selbst zu überlassen.

Nun, ein paar Schwarzmaler schlugen zurück - sie behaupteten, David sei von einer bösen Wesenheit besessen, durch welche die Gemeinschaft von ihrem rechten Pfade abgebracht werde (was immer das war). Davids Übermittlungen kamen zunächst in Form mehrerer kleiner Hefte über unsere private Adressenliste heraus, die wir zum großen Teil von Liebie geerbt hatten. Sie riefen bei fast der Hälfte unserer Abonnenten eine ärgerliche Reaktion hervor, und viele fielen von uns ab. Unnötig zu sagen, daß David und ich den daraus hervorgegangenen Tumult sehr genossen, doch was an der Oberfläche wie Spaß aussah, war ein Trennen der Wege - der alten und der neuen - welches unseren eigenen Weg voran freischaufelte. Wie die Chinesen sagen: »Es ist besser, eine einzige Kerze anzuzünden, als die Dunkelheit zu verfluchen.« Später veröffentlichten wir das Material mitsamt Kommentar in einem Buch: *Revelation: The Birth of a New Age* (»Offenbarung: Die Geburt eines Neuen Zeitalter«), eines der ersten aus unserem gerade flügge gewordenen Verlag *Findhorn Press* und außerordentlich erfolgreich in der Marktnische, für die es gedacht war.

* * * * *

Davids erster Besuch half mir auch, mich den Veränderungen zu stellen, die ich persönlich durchstehen mußte. In diesem Jahr (1970), an meinem dreiundfünfzigsten Geburtstag, hatte Eileen empfangen, daß ich nun, während ich nach wie vor in der Gemeinschaft die Zügel halten sollte, sie doch weit mehr lockern müsse, wenn ich aus den anderen das Beste herausholen wollte:

Ein guter Führer muß seine Arbeit planen und seine Arbeit nach Plan tun. Er muß willig sein, alles zu tun, was er von anderen verlangt. Sage Peter, er werde eine neue Tiefe an Liebe und Verständnis für jene, die er führt, finden müssen, um in allem, was getan werden muß, deren volle Kooperation und Hilfe zu bekommen. Er muß sie wie Menschen behandeln, nicht wie Maschinen.

Etwa zwei Jahre früher hatte man bei mir nach gelegentlichen Schmerzanfällen Gallensteine diagnostiziert, was durch Röntgenaufnahmen bestätigt wurde. Egal, was und wieviel mir an spiritueller oder anderer ergänzender Heilbehandlung zuteil wurde, nichts kurierte mich. Mehrere Heiler erzählten mir, daß Gallensteine ein Berufsrisiko seien, verursacht durch eine Überdosis an Aktivität, und sie rieten mir dringend, langsamer zu machen; das erschien mir jedoch fast als ein Ding der Unmöglichkeit. Mein Arzt empfahl einen Chirurgen und besorgte mir einen Termin fürs Krankenhaus, wohin zu gehen ich widerwillig zustimmte - nach einem letzten Versuch, alternativ geheilt zu werden. Wenigstens würde mir die Operation Zeit für mich geben, um richtig zu verdauen, was mir und der Gemeinschaft in verschiedenen Botschaften durch Eileen und David übermittelt worden war.

Im Mai erhielt Eileen die Botschaft: *Sage Peter, er solle seine Ruhe bewahren. Er wird diese Gallensteine entfernen lassen müssen, aber dies wird genau zur rechten Zeit geschehen, und alles wird glatt verlaufen.* Der Zeitplan funktionierte in der Tat reibungslos. Ich ging am 9. November ins Krankenhaus, am Ende einer Periode intensiver Tätigkeit. Dies war etwa die Zeit, da David und Myrtle in die Staaten zurückfuhren, um ihre Sachen zu packen: Sie planten, etwa Mitte März des nächsten Jahres nach Findhorn zurückzukehren, diesmal um zu bleiben. In der Zwischenzeit hatten wir absichtlich Besucher abgewimmelt: denn in den Wintermonaten wollten wir eine Periode der Ruhe haben, in der die Gruppe vielleicht auch näher zusammenrücken würde.

Mit mir ins Krankenhaus gezogen war ein Haufen verschiedenartigster Literatur, die zu lesen ich nie Zeit gefunden hatte, und eine Reihe von David Spangler-Kassetten. Ich dachte, dies wäre eine hervorragende Gelegenheit, um mich auf den aktuellen Stand der Dinge zu bringen. Ich ganz schön konsterniert bei der Entdeckung, daß ich erst nach fast zwei Wochen auch nur so etwas wie ein Boulevardblatt angucken konnte. Ich hatte ja keine Ahnung gehabt, was so eine Operation bedeutete. Ich konnte mich nicht rühren, und der Schmerz ließ sich mit nichts vergleichen, was ich je zuvor erlitten hatte. Das Gefühl totaler Erschöpfung und Müdigkeit gefiel mir überhaupt nicht, und ich dachte, jede Krankenschwester sollte eine ähnliche Operation erfahren, damit sie mehr Verständnis aufbrächte; zum Beispiel durfte ich nur jeweils einen Teelöffel Wasser auf einmal zu mir nehmen und litt einen Höllendurst; die Aufmerksamkeit einer Schwester auf mich zu lenken, damit sie mir das Wasser reichte, schien jedoch eine Ewigkeit in Anspruch zu nehmen.

Am Vortag meiner geplanten Entlassung aus dem Krankenhaus entdeckte man ein Blutgerinnsel in meinem Bein. Dies bedeutete, daß ich im Bett bleiben mußte, und also wurde meine Heimkehr auf zwei weitere Wochen verschoben. Dann war ich total frustriert, weil ich nicht einmal meine Füße auf den Boden stellen konnte. Es kam mir vor, als wäre dies alles ein Teil von Gottes Plan, um mich so lange wie möglich unbeweglich zu machen, damit ich Zeit hätte, über mein Leben und das Wachstum von Findhorn nachzudenken und über die Veränderung, die von der Gemeinschaft wie auch mir selbst verlangt wurden.

Aber ich kann nicht behaupten, daß ich diese Lektion mit Anmut und viel Dankbarkeit gelernt hätte. Ich hätte es weitaus vorgezogen, im Ausland eine richtige Erholung zu genießen, irgendwo, wohin man mich zu einem Urlaub eingeladen hätte. Ehe ich aus dem Krankenhaus entlassen wurde, gab es noch einen weiteren Aufschub: Man stellte fest, daß meine Leber nicht einwandfrei funktionierte, und ich mußte für weitere Tests bleiben. Eileen empfing die Worte: *Er braucht diese Zeit, um still zu sein; so etwas ist ihm noch nie leichtgefallen. Bleibe versichert, daß er genau im richtigen Augenblick aus dem Krankenhaus entlassen wird.*

Und ich wurde in der Tat an einem Wochenende entlassen, als fast alle jungen Leute auf einem Lehrgang in Attingham weilten und es daher ruhig war in der Gemeinschaft.

Ich erholte mich langsam, und noch mehr Ruhe war nötig. Alle meine Energie war von mir abgezogen worden, um mich stillzuhalten. Aber ich fand es immer noch schwer, im Bungalow sitzenzubleiben und Leuten bei der Arbeit zuzuschauen. Eines Tages wurde ich ungeduldig über die langsame Art, wie einige Gärtner ein Stück Land nahe bei unserem Bungalow umgruben und mit Kompost versahen. Darum stand ich auf, nahm einen Spaten und verkündete: »Ich grabe um!« Dabei platzte meine Operationsnaht und ich mußte wieder für eine Weile ins Krankenhaus, um wieder genäht zu werden und der Wunde Zeit zu geben zu heilen. »Gehorsam dem Geist gegenüber« ist eine Lektion, die immer wieder neu gelernt sein will. Bei den meisten Leuten reicht es, wenn man sie nur ganz leicht auf die Schulter klopft, damit sie verstehen; bei mir brauchte man manchmal einen Vorschlaghammer!

27. Kapitel

EINE UNGLAUBLICHE FAMILIE

Ein Mythos ist eine verschleierte Wahrheit oder ein Symbol, welcher eine grosse kosmische Wahrheit enthält.

Viele der jungen Leute, die nach Findhorn kamen, hatten wenig oder gar kein Vorwissen über esoterische Konzepte oder Ideen des *New Age*, über den Gebrauch vager Ausdrücke wie »Kannst du die Energien spüren?« oder »Muß wohl dein Karma sein!« hinaus. Und andere, die in der einen oder anderen spirituellen Schule gutes Rüstzeug erhalten hatten, sahen mit Erstaunen, wie wir Dinge bewiesen, die sie zuvor nur als intellektuelle Theorie gekannt hatten. Mit Davids und Myrtles Ankunft, im Jahre 1970, und ihrer inspirierten Arbeit und ihren Vorträgen wurde uns klar, wie wichtig Findhorn nicht allein als Demonstration von »Arbeit als angewandte Liebe« war, sondern auch als ein Schulungszentrum, in dem Theorie und Studium ermöglicht wurden.

Aber wo? Es war schwer genug, für jeden ein Bett aufzutreiben, ganz abgesehen von Klassenzimmern, Büros und einer Bücherei. Eileens Führung hatte schon seit einiger Zeit nahegelegt, daß das Park-Gebäude auf dem Campingplatz (Haus und Grund in unserer direkten Nachbarschaft, welches Captain Gibson und seiner Frau, den Campingplatzbesitzern, gehörte) eines Tages Teil der ganzen Gemeinschaft sein würde. Deshalb war ich, weil der Bedarf nach einem Lehrzentrum offensichtlich wurde, nicht überrascht, als die Gibsons im Frühjahr 1971 ihr Haus auf den Markt brachten. Sie hatten ein größeres gekauft, *Cullerne*, was näher am

Dorf lag. Der Kaufpreis, den sie für *The Park* verlangten, betrug £12.500 - wieder eine große, für uns, wie es schien, »unmöglich« aufzubringende Summe.

Gerade zu dieser Zeit kam eine Besucherin, die einige Tage in der Gemeinschaft verbracht hatte, zu mir und meinte, sie wolle sich uns gern zugesellen, ob ich wohl einen passenden Stellplatz für einen Bungalow finden könnte? Ich tat dies und nahm sie auch mit, *The Park* anzuschauen. Sie war an dem Haus nicht für sich selbst interessiert, aber sie erzählte mir, daß ihr verstorbener Mann £21.000 hinterlassen habe, die einer guten, zukunftsorientierten Sache gestiftet werden sollten, an der sie beide gleichermaßen interessiert seien. Sie fand, sie hätte nun endlich ein solches Projekt gefunden und bot uns an, das Park-Gebäude zu kaufen, wenn sie daneben einen Bungalow errichten und den Anbau des Hauses als Atelier für ihre Malerei benutzen könne. Ich war ganz hingerissen von dem Angebot und lief schnurstracks zu David, um ihm die tolle Neuigkeit zu melden.

David wollte nichts davon wissen und erklärte, da das ganze Haus unter dem Schutz von St. Germain stehe, müsse, wer es auch für uns kaufe, es ganz der Gemeinschaft überlassen, ohne Wenn und Aber. Irgendwie niedergeschlagen fragte ich mich, ob sie am Ende doch nicht die richtige Person sei; doch in derselben Nacht hatte David eine Vision von St. Germain, wie er Haus und Grund in die Falten seines Gewandes nahm und ihm, David, versicherte, daß alles unter seinem Schutz stehe (St. Germain oder der Meister R, wie vielleicht erinnerlich, obliegt es, eine neue Kultur und Zivilisation zu fördern). Am nächsten Morgen kam die Besucherin wieder und meinte, sie sei mit dem klaren Gefühl aufgewacht, daß sie *The Park*, Haus und Land, kaufen und es ganz und bedingungslos der Gemeinschaft übergeben solle - sie würde unten in *Pineridge* einen Bungalow für sich selbst kaufen und dort ihr Atelier errichten.

So hatte unser Schulungszentrum denn einen physischen Platz gefunden, wo es zur Welt kommen konnte. David und Myrtle wurden gemeinsam als Leiter erkoren, und es wurde ein ehrgeiziger Plan für siebzehn Klassen aufgestellt, um Vorträge, Lehrer oder Leiter in New Age-Projekten für Fertigkeiten und Fächer heranzubilden, die von esoterischer Weisheit bis zu Führungseigenschaften für Sport- und Aktivitäten im

Freien reichten, von öffentlichem Reden bis hin zur Kommunikation mit Engeln.

Die darstellenden Künste gediehen weiterhin vortrefflich mit Theater, Folk-Musik, klassischen Konzerten und Tanz - es schien der erstaunlichen Vielfalt von Talenten, die wir zu jener Zeit anzogen, keine Grenzen gesetzt. Das Gemeinschaftszentrum wurde zu seiner doppelten Größe erweitert und viel von seiner Einrichtung kam aus den eigenen Ateliers (Kerzen, Töpfereiartikel); es wurde auch ein alter Laden auf dem Campingplatz in ein ausgezeichnetes Theater mit siebzig Sitzplätzen umgewandelt, wo zuweilen bis zu drei Aufführungen pro Woche für die allgemeine Öffentlichkeit liefen.

An den vier Sonnenfesten (Sommer- und Wintersonnenwende sowie Tagundnachtgleichen im Frühjahr und Herbst) war David der Zeremonienmeister für Feiern, in denen wir unsere immer tieferen Verbindungen und unsere Kooperation mit der Natur zelebrierten. Um diese Tage herum nahmen wir alle eine Woche frei, abgesehen von der Arbeit, die nicht unterbrochen werden konnte, um uns an Aktivitäten im Freien, an Gebet, Meditation, Tanz, Picknicks und Parties zu erfreuen. »Es war eine guter Vorwand für Ferien!« erzählte er Gemeinschaftsmitgliedern viele Jahre später, nur halb im Scherz. Als Gruppe packten wir bei der Arbeit wirklich kräftig an, und doch konnte man die Freude fast mit Händen fassen, und ich war ganz überzeugt davon, daß Dr. Sullivan auf die Art, wie wir unsere vielen Aktitivitäten ausglichen, stolz gewesen wäre.

* * * * *

Jahrelang war es meine Praxis gewesen, Eileens Weisungen jeden Morgen im Meditationsraum laut vorzulesen - die Eingebungen, die kollektiv als Gottes Wort bekannt waren - frisch auf den Tisch, nachdem sie sie in der Nacht zuvor erhalten hatte. Und während diese eine Inspiration für den Tag waren und im Mittelpunkt des Gemeinschaftslebens standen, so schuf es doch andererseits eine Abhängigkeit. Gottes Wort ging auch in Monatsheften in Tausenden von Exemplaren um die Welt und erlaubte jenen da draußen, mit uns in spiritueller Kommunion zu bleiben. Es war jedoch direkt vor Ort beunruhigend zu sehen, wie sich die

Tendenz verbreitete, Eileens Worte als die einzige Quelle zu betrachten, den »offiziellen« spirituellen Führer, statt seitens der Leute zu erkennen, daß jeder seinen eigenen Zugang zur selben Quelle innerer Wahrheit besaß. Eileen selbst war 1968 gesagt worden, daß die größte Hilfe, die wir jeder Seele geben könnten, darin liege, sie anzuregen, in sich selbst zu suchen; dann bedürfe es nicht irgendeines äußeren Übersetzers.

Am 20. Oktober 1971 empfing Eileen die folgende Botschaft, die direkt von Bewußtsein und Verantwortung handelte:

Meine Liebe, nun ist für dich die ideale Zeit für einen vollständigen Rhythmuswechsel gekommen. Es ist jetzt nicht mehr nötig, daß du jeden Tag für die Gemeinschaft und die vielen eine Botschaft von Mir empfängst. Sehr lang habe ich Tag für Tag dasselbe wiederholt. Nun ist es Zeit, daß Mein Wort gelebt und vorgeführt wird. Für jene, denen es nicht gelungen ist, es sich zu Herzen zu nehmen, ist es da, gedruckt, schwarz auf weiß, für alle, die daran erinnert werden müssen. Nun ist es an der Zeit, es zu leben, und je eher dies geschieht, um so schneller werden die Veränderungen eintreten.

Dieser Wandel war bedeutsamer als alle anderen Ereignisse in diesem Jahr, denn er hatte mit *attunement*[1] - Einstimmung - innerhalb der Gemeinschaft als ein Ganzes zu tun. Eileen mußte nun nicht mehr fast den ganzen Tag schlafen, um sich von ihren nächtlichen Meditationen zu erholen; sie war nun frei, um selbst enger persönliche Arbeit mit Mitgliedern aufzunehmen. Ich möchte gleich hinzufügen, daß sie nicht aufhörte, zu meditieren oder Eingebungen für mich persönlich zu erhalten - doch es bedeutete einen entscheidenden Wechsel für sie selbst und für die gesamte Gemeinschaft. Es sah aus, als hätte Gott sehr entschieden die Idee ausgelöscht, daß sich die Leute außerhalb ihrer selbst statt in sich selbst nach der letzten Quelle von Weisheit und Wahrheit umsehen

---

1) *Attunement* ist ein Begriff, der in Findhorn gebraucht wird, entweder um auszudrücken, daß jemand mit Gott in Harmonie kommt und daher für göttliche Anleitung empfänglich wird oder ein einzelner oder die Gruppe mit seiner/ihrer innewohnenden Göttlichkeit harmoniert, miteinander oder mit was auch immer - es kann ein Tier sein, ein Gemüse oder Mineral. Es ist eine mit dem universellen Geist zusammenklingende Schwingung, dem Geist, der alles geschaffen hat und also in allem lebt. Geradeso wie eine Note, die auf dem Klavier angeschlagen wurde, alle Saiten derselben Note in anderen Oktaven zum Mitschwingen bringt, sogar die Saiten eines danebenstehenden Klaviers, so ruft auch das *Attunement* mit dem Göttlichen eine korrespondierende Empfänglichkeit hervor.

sollten. Ich glaube, ein Hauptgrund dafür, daß die *Findhorn Community* so viele andere Gemeinschaften überlebt hat, liegt darin, daß es keinen Guru oder, nachdem wir einmal etabliert waren, keine andere externe spirituelle Autorität gab, die allen vorschrieb, was sie zu denken oder wie sie zu handeln hätten.

Eileens Führung wurde nach wie vor allmorgendlich zu Beginn der Meditation im Meditationsraum vorgelesen, doch diese kam aus den Tausenden von Botschaften, die sie bereits empfangen hatte und wurde von dem, der gerade die Meditation leitete, je nach Geschmack und Empfänglichkeit dafür ausgesucht. Statt als Gottes »frische« Anleitungen von der letzten Nacht empfangen zu werden, waren dies immergültige Erinnerungsstützen des ABCs eines spirituellen Lebens und dienten nur als Leitgedanken, die in die nachfolgende Stille mit hineingenommen wurden.

* * * * *

1972 wurden wir legal die *Findhorn Community*, eine religiöse Bildungs- und Wohlfahrtseinrichtung, was uns Einkommensteuer- und Grundsteuervergünstigungen einbrachte. Die Treuhänder waren Dr. Ross Stewart, Kapitän der Königlichen Marine und Friedensrichter, als Vorsitzender; Joan Hartnell-Beavis; Pauline Tawse; John Hilton und Baron Sir George Trevelyan, Magister artium. (Ich erwähne die diversen Titel, weil es mich immer heimlich ergötzte, wie viele uns noch immer als Hippie-Kommune betrachteten!). Die allgemeine spirituelle Ausrichtung lag noch immer in Eileens und meinen Händen, in Absprache mit David Spangler, und ich behielt das letzte Wort in allen Dingen, die die ganze Gemeinschaft betraf. Der tägliche Ablauf wurde zunehmend in die Verantwortung der Abteilungsleiter gegeben.

Ich mußte lernen, immer mehr an andere abzugeben, obwohl ich der Hauptverantwortliche war; doch zuerst mußte ich loslassen und anderen erlauben, nicht nur die Arbeit zu tun, sondern auch für ihre eigenen Bereiche verantwortlich zu sein. Zum Beispiel fiel es mir, als ich den Garten einem Team übergab, nicht leicht zu sehen, wie Dinge anders gehandhabt wurden, selbst wenn dies mit Liebe und bester Absicht geschah. Wenn es irgend etwas gab, das ich nicht billigte, so sagte ich es, aber ich bemühte mich immer, das beste in den Menschen und dem, was sie taten, zu sehen. Ich versuchte, die Gaben, die ein jeder zu geben gekommen war, herauszulocken. Jene, die mit dem Ganzen nicht in Harmonie schwangen, gingen gewöhnlich, ohne daß ich sie dazu auffordern mußte.

Gleichzeitig gründeten wir einen Leitungsausschuß, mit mir als Vorsitzendem. Der hatte die Verantwortung sicherzustellen, daß die spirituelle Richtung der Gemeinschaft Anwendung fand; er garantierte auch, daß die legalen und finanziellen Direktiven der Treuhänder erfüllt wurden. Im Geiste, vielleicht, jedoch nicht immer wortwörtlich! Eileen hatte die Worte empfangen:

Es ist total richtig, daß Peter die Freiheit hat, voranzustürmen, wenn er den Wind in den Segeln hat, ohne von den Treuhändern, Exekutiv- oder Finanzausschüssen irgendwie behindert oder zurückgepfiffen zu werden, wenn er sich dazu inspiriert fühlt. Was hier getan wird, kann nicht an den Methoden dieser Welt gemessen werden...Jene um Peter herum müssen erkennen, daß er nicht aus eigener Kraft handelt, sondern aus Meiner Kraft. Seine Methoden mögen zuweilen sehr seltsam anmuten und sogar herzlos, aber es ist unabdingbar, daß sie ohne jede Angst oder Negativität in den Leuten um ihn herum ausgeführt werden. Wenn schnelles Handeln und der rechte Moment notwendig sind, damit etwas geschieht, werden jene um ihn herum lernen müssen, ihm stillschweigend zu vertrauen. Dann kann er voranschreiten, sogar ohne sie zu konsultieren, wenn er sich dazu berufen fühlt.

Das war ein rotes Tuch für den Vorsitzenden der Treuhänder, die unter schottischem Recht alle für die Finanzangelegenheiten der Gemeinschaft verantwortlich waren. Eileen wurde eingegeben, daß wir mit Joanie sowie Ross und Aileen Stewart eine Woche nach *Traigh Bhan* gehen sollten, das Retreat-Haus der Gemeinschaft auf Iona.[2]

Ich fragte mich, warum wir dorthin geschickt wurden, wo ich soviel in der Gemeinschaft zu tun hatte, doch ich entdeckte schnell, daß Ross und ich die Beziehung zwischen mir und den Treuhändern diskutieren soll-

---

2) Traigh Bhan, im Nordosten von Iona, wurde dem Findhorn Trust 1972 von Jessica Ferriera überschrieben, als Dank ihrer Freundschaft mit dem Gemeinschaftsmitglied Katherine Collis.

ten. Ich erzählte ihm, daß ich sofort meiner Intuition und Eileens Führung folgend handeln müsse, ohne mich mit den Treuhändern abzusprechen, in dem Wissen freilich, daß Gott unsere Bedürfnisse erfüllen werde, ob wir das Geld auf der Bank hatten oder nicht. Ross ging an die Decke: »Das ist unerhört!« sagte er, »und steht in krassem Gegensatz zu jeder gesunden Geschäfts- oder Verwaltungspraxis! Ross war ehemals Kapitän auf einem Schlachtschiff gewesen, Friedensrichter, Landrat in Hampshire und Mitglied einer Reihe von Ausschüssen in der Grafschaft - er war daran gewöhnt, zu befehlen und daran, daß man ihm gehorchte. Ich wich jedoch keinen Fußbreit zurück. Mehrere Tage lang glich das winzige Haus auf Iona einem Dampfkochtopf unter Druck, bis Ross sich mit der Lage anfreundete.

Eine Entscheidung gab es, die Ross allerdings mitgeteilt bekam, und zwar, als uns gesagt wurde, es sei an der Zeit, die Gäste für ihre Unterkunft zahlen zu lassen, je nach ihren finanziellen Mitteln abgestuft. Zuvor hatten wir den Gästen erlaubt, beizusteuern, was sie geben konnten; diese Haltung war jedoch von einigen ausgenutzt worden[3]. Die große Ausdehnung, die knappen Unterkunftsmöglichkeiten und die große Zahl junger Leute, welche die Gemeinschaft trug, machten eine Änderung notwendig. Teil unserer Vision war es, daß jeder überall ein New Age-Leben führen könne, wenn er nur gewillt war, sich nach innen zu wenden, auf Gott einzustimmen und dieser inneren Stimme oder Intuition zu gehorchen - dafür brauchte man nicht zu uns kommen. Wir wurden überschwemmt von Leuten, die uns beitreten wollten, aber Findhorn bot nicht für jeden etwas. Viele Menschen konnten das Gemeinschaftsleben und die dauernde Interaktion mit anderen Leuten schwer akzeptieren; manchen erschien das Arbeitspensum als eine Herausforderung, da sie in ihrem Verständnis von Spiritualität nicht die Notwendigkeit erkannten, daß man Energien »erden« und inneres Leben durch Dienen im Äußeren demonstrieren mußte. Wieder andere fanden es schwierig, sich Veränderungen anzupassen, und die Gemeinschaft verlangte nun einmal, daß Leute sich ändern und innerlich wachsen mußten.

3) Um fair zu sein, muß ich sagen, daß viele durch irreführende Informationen in ein paar »alternativen« Reiseführern und Publikationen in London beirrt wurden zu glauben, daß wir ein freier, freundlicher Ort waren, wo man bleiben konnte, wenn man sich mit Drogen kaputtgemacht hatte.

Persönliche Probleme konnten innerhalb der Gemeinschaft geheilt werden, aber es war nicht ein Platz, zu dem Leute mit dem Ziel kommen sollten, Heilung zu finden. Findhorn ist ein Ort für Menschen, die gewillt sind, das Ego in der totalen Bereitschaft zu opfern, eine neue Kultur aufzubauen, ein Gruppenbewußtsein und eine neue Vision. Die emotionalen Probleme von Leuten wurden gewöhnlich intensiviert und an die Oberfläche gebracht, und dies machte ihnen das Leben um so schwerer. Viele der psychologischen Kenntnisse und der natürlichen Weisheit mancher älterer Mitglieder, insbesondere Myrtles, erwiesen sich wieder einmal als unermeßlich wertvoll, indem sie den weniger Erfahrenen halfen, festen Boden unter die Füße zu bekommen (auch wenn das bedeuten sollte, sie zur Eingangspforte zu weisen!).

Dienen - dies war ebenfalls eine wesentliche Erwartung an alle hier, egal, wer sie waren und was sie taten. Eine Zeitlang blühten die Kunst- und Kunsthandwerksateliers; sie wurden als getrennte Unternehmen geführt, jedoch in jedem anderen Aspekt als Teil des Ganzen betrachtet. Leider fanden wir, daß Mitglieder dieser Gruppe allmählich vom Ganzen abdrifteten und sich und ihre Bedürfnisse an erste Stelle setzten, wobei sie oft ihre eigene spirituelle Entfaltung vernachlässigten. Sie benutzten die Gemeinschaft, um der Kunst zu dienen, statt, um der ganzen Gemeinschaft zu dienen. Ken und Kate im Webatelier zum Beispiel - zwei der am schwersten arbeitenden Leute in der Gemeinschaft - waren so fest entschlossen, dieses Atelier zum finanziellen Erfolg zu führen, daß sie sogar ihre Mahlzeiten dorthin mitnahmen, statt im Gemeinschaftszentrum zu essen. Sie wollten keine Zeit von ihrer Weberei abziehen. Andere Atelier-Mitglieder kamen nicht mehr zur Meditation oder zu Gemeinschaftstreffen. Ich sagte Kate und Ken, daß sie sich entweder ändern oder aber gehen müßten; sie wählten zu gehen und wanderten nach Neuseeland aus. Es war traurig, unser am kräftigsten zupackendes Paar gehen zu sehen, aber wir wußten, daß es richtig war. Schließlich beschlossen wir, die Ateliers ganz zuzuschließen, bis sie richtig in die Ausbildungsmöglichkeiten der ganzen Gemeinschaft integriert werden konnten. David, Myrtle, Eileen und ich befragten jedes Mitglied der Gruppe und erklärten ihnen die Situation. Allen wurde gesagt, daß sie gehen müßten, mit Ausnahme von Craig Gibsone, dem einzigen, der voll in die Gemeinschaft integriert war. Er war ein Töpfer, Schauspieler, Sänger, Tänzer und an der Ausbildung beteiligt - ein ganzer und ausgeglichener Mensch. Er koordinierte die Ateliers, als sie später als Teil des Schulungszentrums wieder öffneten.

Die darstellenden Künste blühten jedoch weiterhin. Die *New Troubadours*, eine Gruppe von Sängern (einschließlich David) aus verschiedenen Ländern, die sich in Findhorn getroffen hatten und geblieben waren, begannen, professionelle Aufnahmen ihrer eigenen Songs zu machen, die den Geist jener Tage vollendet zum Ausdruck brachten. Tanz, Theater und klassische Konzertabende waren weiterhin angetan, die Schranken zwischen uns und unseren mißtrauischen Nachbarn abzubauen; selbst wenn sie uns noch immer für seltsame Käuze hielten, konnten sie doch die Zeit und Sorgfalt würdigen, die in eine professionell ausschauende Produktion gesteckt wurde.

Der Stützpunktkommandant der RAF Kinloss - einer der größten Luftwaffenstützpunkte in Großbritannien und direkt in unserer Nachbarschaft - hatte das Gefühl, daß über die *Findhorn Foundation* beträchtliches Mißverständnis herrschte. Er dachte auch, daß es in der *Foundation* vermutlich ebenfalls einiges Mißverständnis bezüglich der Rolle der RAF in Kinloss gebe. Daher lud er vierzehn Gemeinschaftsmitglieder ein, sich mit einer gleichen Zahl von Offizieren in ihrer Messe auf dem Stützpunkt zu treffen. Das Abendprogramm enthielt eine Rede des Stationskommandanten, worin er mit Dias die Rolle der RAF Kinloss erläuterte, gefolgt von einem Dia-Vortrag von mir und David Spangler über unsere Gemeinschaft. Nach einer Besichtigungstour von Teilen des Stützpunkts tranken wir Kaffee und hatten bis spät in den Abend eine außerordentlich interessante Diskussion. Wir gelangten zu dem Schluß, daß wir alle das gleiche Ziel - Frieden auf Erden - anstrebten, doch über verschiedene Routen. Wir empfanden, daß Frieden nur in die Welt kommen könnte, wenn man zunächst inneren Frieden erlangte und dann innerhalb einer Gruppe oder Gemeinschaft diesen Frieden leben würde; hernach könnten solche Gruppen und Gemeinschaften überall in der Welt miteinander verbunden werden. Der Gruppenkapitän stimmte unseren spirituellen Zielen und Prinzipien zu und fand, daß er und seine Gemeinschaft und ähnliche Gemeinschaften überall in Großbritannien, welche die Königliche Luftwaffe repräsentierten, die Landstreitkräfte und die Marine, die politische und militärische Lage in der Welt stabilisieren halfen, so daß die Menschheit Zeit fände, einen inneren und bleibenderen

Wandel des Bewußtseins zu erfahren. Als er sprach, wurde mir bewußt, daß ich, wären da nicht ein paar Biegungen und Wendungen im Weg gelegen, genausogut jener Gruppenkapitän hätte sein können, der da zu der glücklichen Schar von »Blumenkindern« von jenseits des Stützpunktzaunes sprach!

Dies war der Anfang von vielen geselligen und kulturellen Austauschbesuchen zwischen unseren beiden benachbarten Zentren. Gewisse Leute auf unserer Seite des Zaunes, junge ebenso wie alte (aber zumeist Gäste, wie ich froh bin zu betonen), standen privat unserer Annäherung an das, was sie als militärische Einrichtung betrachteten, deren Daseinszweck ihrer Meinung nach im Töten von Menschen lag, kritisch gegenüber. Sie fanden, wenn wir wirklich ein spirituelles Zentrum seien, sollten wir uns an den Pforten des Luftwaffenstützpunkts aufstellen und die Leute am Hineingehen hindern. Unserer Philosophie nach lag die Straße zum Frieden jedoch im Verständnis für andere und im Errichten von Kommunikationsbrücken, aus denen größere Formen der Kommunion erwachsen könnten. Wenn jemand zu uns in die Gemeinschaft kam und meinte: »Also, ich bin gegen die Aufrüstung, ich bin gegen Armut, gegen Umweltverschmutzung, ich bin dagegen, daß der Planet ausgebeutet wird und ich möchte der Arbeit beitreten, die ihr hier tut«, dann sagte ich gewöhnlich: »Prima - komm wieder, wenn du nicht mehr nur *gegen* alles bist, sondern auch etwas Positives zu bieten hast.« Eileens Eingebung ließ oft die Frage erklingen: »Bist du Teil des Problems oder ein Teil der Lösung?«

Dick Barton, welcher Leutnant des Fliegenden Personals bei der Königlichen Luftwaffe in Kinloss war und später Mitglied in der *Findhorn Community* wurde, leitete in die Wege, daß der Stützpunktkommandant und drei Befehlshabende Geschwaderkommodore mit ihren Frauen zu uns zu Besuch kamen. Nach einem Rundgang durch die Gemeinschaft aßen sie mit uns zu Abend und danach war Zeit für weitere Diskussion. Der Stützpunktkommandant fragte mich, wie Findhorn in den nächsten fünfundreißig Jahren aussehen werde. Eine der Frauen unterbrach und meinte: »Oh, ich nehme an, Sie werden die RAF Kinloss übernehmen.« Ich antwortete: »Ganz richtig, so wird es sein!« wobei ich an Eileens Führung dachte, darüber, daß wir uns in »eine Metropole des Lichts« verwandeln würden. Eine andere Frau sagte: »Das habe ich mir gedacht!« Meine Bemerkung erzeugte großes Gelächter, aber ich glaubte, sie stimmte, und das glaube ich noch heute. In der Zwischenzeit hat die RAF ein Zentrum für fünftausend Belegschaftsangehörige und ihre Familien geschaffen, mit einem Theater, Sporthalle, Schwimmbad, Krankenhaus, Bücherei und einer Menge Wohnhäuser.[4]

* * * * *

Unsere wachsende Findhorn Gemeinschaft zog oft Leute an, die in bezug auf Essensgewohnheiten fanatisch waren, und als ehemaliger Versorgungsoffizier und Hoteldirektor wußte ich, daß es kritisch war, diese Leute aus der Küche herauszuhalten (und diese in Fragen der Diät leicht spinnerten Leute zog es *ausnahmslos* zur Küche!). Tatsache war, daß wir, wenn wir dem Diktat eines jeden Fanatikers gefolgt wären, überhaupt nichts gegessen hätten, weil entweder die Essenszeiten falsch waren oder die Art Essen, die auf den Tisch kam! Und obgleich wir prinzipiell Vegetarier waren, bestand ich doch darauf, daß wir jeden Freitag Fisch aßen und am Weihnachtsabend den traditionellen Truthahn. Alternative vegetarische Kost stand immer für jene bereit, die das wollten. Nahezu an jedem Weihnachtsabend gab es jedoch jemanden, der eine erhitzte Debatte darüber vom Zaune brach, geradeso heiß wie unsere Puter selbst.

Es bestand das Prinzip, daß die Leute ihre eigene Wahl treffen mußten, und um dieses Prinzip zu erhalten, sagte ich gewöhnlich: »Du brauchst keinen Truthahn zu essen, und gleichzeitig geht es dich nichts an, was ein anderer ißt. Du kannst die vegetarische Alternative zu dir nehmen.« Auch bei der Zucker-Frage bestand ich darauf, daß Honig, brauner und weißer Zucker auf dem Tisch stand, damit die Leute die Wahl hatten - sogar als unser jüngerer Sohn David, nachdem wir einen Vortrag über Ernährung und die teuflischen Eigenschaften des Zuckers gehört hatten, nie mehr weißen Zucker anrührte. Die Leute müssen entscheiden, was für sie in Ordnung ist, und das ist nicht unbedingt immer für jeden das gleiche.

---

4) Mit dem Ende des Kalten Krieges und massiven Zusammenlegungen in den britischen Streitkräften wurde das Personal im Kinloss-Stützpunkt stark reduziert, und immer wieder wird vor Ort der Verdacht laut, ob wohl die Militärbasis bis zum Ende des Jahrhunderts ganz aufgegeben wird. Gleichzeitig setzt sich immer mehr die Annahme durch, daß sich Eileens Phrasierung »eine sich weit erstreckende Stadt des Lichts« (wörtlich: »a vast City of Light«) gar nicht eine geographische Siedlung meint, sondern die rapide Ausbreitung des Computersystems Internet, der »Super-Autobahn« globaler Information; denn Leute in der New Age-Bewegung waren unter den ersten, die sich dem anschlossen.

Manche Leute brauchen aufgrund der besonderen Eigenschaften ihrer Arbeit eine besondere Ernährung. Eines Tages sagte mir David Spangler, er fühle, es sei nun für Eileen und mich die Zeit gekommen, da wir andere Gemeinschaften und Zentren in verschiedenen Teilen der Welt besuchen sollten. Ich konnte mir nicht vorstellen, wie das angehen sollte. Eileen bekam ja immer noch Kopfschmerzen, wenn sie nur im nahen Forres einkaufen ging - wie sollte sie da in der Lage sein, die Vereinigten Staaten und große Städte wie New York zu besuchen? Wir hatten uns, seitdem wir uns in Findhorn niedergelassen hatten, vegetarisch ernährt, im Rahmen der Verfeinerung unserer Körper. Allmählich hatten wir Rindfleisch und anderes rotes Fleisch vom Speiseplan gestrichen, dann weißes Fleisch und Geflügel, und am Ende war uns nicht einmal mehr Fisch wichtig, da wir die wunderbaren Produkte unseres Garten mit ihrer hohen Schwingung so sehr genossen. Aber Eileen war noch weiter gegangen und hatte sich seit sieben Jahren fast ausschließlich von Obst und Wasser ernährt, da sie nachts die meisten Stunden in Meditation verbrachte.

Zu dieser Zeit mußte Eileen jedoch für eine größere Operation ins Krankenhaus. Als sie herauskam, wollte sie aber keinesfalls Obst und Gemüse essen, sondern dicke, saftige Steaks! Anfangs war die immerfort liebevolle und es einem immer recht machen wollende Joanie schokkiert, doch dann bereitete sie Eileen, die sich bei ihr erholte, das Gewünschte zu. Eileen mußte auch merken, daß sie nachts nicht schlafen konnte, weil sie normalerweise fünf bis sechs Stunden in Meditation zugebracht, spirituelle Bücher gelesen oder Führung empfangen hatte. Als sie nun ihren Arzt um Rat fragte, meinte der, er sei ein altmodischer Doktor, der an altmodische Mittelchen glaube, und verschrieb ihr Whisky. Da war sie nun also auf einer Steak- und Whisky-Diät, und es machte mir einen Heidenspaß, dies in Reden einfließen zu lassen, was einige meiner Zuhörer schockierte, noch lange nachdem Eileen wieder zu ihrer normalen Ernährungsweise zurückgekehrt war. Ich habe den Eindruck, dies hatte damals zum Teil das Ziel, Eileen wieder mehr auf die Erde zu bringen, damit sie in die Lage käme, nach Los Angeles, New York und dergleichen Orte zu reisen.

Roc war ein weiterer Kandidat, dem seine inneren Führer, nachdem er seine Verankerungsarbeit geleistet hatte, auftrugen, ein gutes Steak zu essen. Diät kann benutzt werden, um die »Vibrationen« entweder zu erhöhen oder zu erniedrigen - auf die Seinsebene, in der wir aktiv sind und mit der wir in Resonanz stehen. Die meisten von uns müssen ihre Schwingungen erhöhen, aber einige sind zu abgehoben und müssen geerdet werden - und dies kann durch die Nahrung erreicht werden.

Wie nun immer mehr Leute aus Kalifornien von uns hörten, kamen sie zu Besuch, und viele waren Reis-Esser, die zu jeder Mahlzeit Reis verlangten. Das mag wohl *makrobiotisch* sein im Staate des Sonnenscheins, aber im Klima des hohen schottischen Nordens mag manches eher als *mikro-idiotisch* bezeichnet werden. Ich bestand darauf, daß, wann immer Reis auf den Tisch kam, auch Kartoffeln dazugestellt würden, damit die Leute wählen konnten. Wir hatten eine ältere schottische Dame, Jenny Walker, bei uns, die immer meinte: »I don't mind wha' I ha' for me dinna´«, so long as I ha'me tatties.« (»S'isch m'r egal, was ich zur Nacht ess'«, solang'ich meini Kartoffle ha.«) Die meisten dieser Reis-Esser waren Makrobiotiker und wollten diese Kost in Findhorn einführen, was ich absolut nicht zuließ. Als einer von diesen Leuten Eileen darum um Führung bat, wurde ihnen gesagt: Während es ganz recht war, daß so viele junge Leute in Amerika, nachdem sie Drogen und Fast Food zu sich genommen hatten, sich mittels Makrobiotik reinigten, solle ihre Ernährung hier in Findhorn ausgeglichener sein. In jedem Fall besteht eine der strikten Lehren der Makrobiotik darin, daß man diejenige Nahrung zu sich nehmen solle, die zur jeweiligen Jahreszeit in der eigenen Umgebung wächst.

Wir hatten einmal eine Besucherin aus Schweden, die uns vor ihrer Ankunft eine Menge Briefe schrieb, um uns zu sagen, daß sie auf Möhrensaft stand. Sie bevorzugte Möhrensaftdiät. Sie kam mit dem Flugzeug an und mit einem großen Möhrenentsafter und zwei Säcken voller Karotten im Schlepp. Sie war fanatisch und wollte die gesamte Gemeinschaft zur Karotte bekehren. Ich wies ihr einen Bungalow zu, und es stellte sich heraus, daß die andere Person in diesem Bungalow von ihrem Arzt eine Steak-Diät verschrieben bekommen hatte. Und die dritte war eine Journalistin, die einen Artikel für eine vegetarische Zeitschrift schrieb! Ich dachte: »Mein Gott, was nun?« Ich berief ein kleines Treffen ein und sagte: »Dies ist kein Zufall. Ihr seid hier alle zusammen, damit ihr Toleranz lernen könnt.« Die Journalistin schrieb am Ende trotz der sie umgebenden Steak-Düfte einen ganz guten Artikel für das Magazin. Sie hatte die Lektion, für die sie gekommen war, gelernt.

* * * * *

Die Nachricht über anscheinende Wunder in Findhorn verbreitete sich nah und fern, und während meine Energie in der Gemeinschaft durchaus gebraucht wurde, um mit der wachsenden Zahl von Besuchern, Gästen und Möchte-gern-Mitgliedern zurechtzukommen, gelang es mir dennoch, von Zeit zu Zeit gen Süden zu reisen. Einmal hatte mich der Pfarrer Vere Hodge aufgefordert, eine Rede zu den Gesetzen der Manifestation und den Glauben an Gott vor den Geistlichen zu halten, aus denen sich die Synode von Glastonbury zusammensetzte. Es amüsierte mich sehr, daß ich eingeladen wurde, Geistlichen eine Rede über den Glauben an Gott zu halten!

Unsere kleine Gruppe übernachtete in Moorlinch nahe Glastonbury in der viktorianischen Rektorei, die sich vermutlich seit den Tagen von Königin Victoria kaum verändert hatte (abgesehen von der Zentralheizung, Gott sei Dank!). Vere Hodge war sehr präzise; vor der Konferenz mußte alles auf die Sekunde genau geplant sein - davon könnten einige New Age-Organisatoren gut etwas lernen. In der Tat wollte er uns, als er den folgenden Tag plante, um 17.29 Uhr zum Abendessen zurückhaben, nicht etwa um 17.30 Uhr!

Es gab etwa achtzig Zuhörer, die sich zumeist aus Geistlichen aus dem Distrikt, ihren Kirchenräten und der Presse zusammensetzten. Vere Hodge eröffnete mit einem sehr schönen Gebet, wobei er die Leute aufforderte, ihre Herzen und ihre Köpfe neuen Ideen zu öffnen. Dann erzählte er in seinen einführenden Worten ein wenig über unsere Tätigkeit in Findhorn, was wir dort erreicht hatten und wie wir das Sprichwort *Suchet zuerst das Königreich Gottes, und alles übrige wird euch hinzugegeben werden* in die Praxis umgesetzt hätten; und wie dies tatsächlich funktioniert, wenn man Gottes Willen an die erste Stelle setzt. Ich lieferte dann meine Rede aus dem Stand; sie fußte auf ein paar Dias von Findhorn, die, wie mir intuitiv eingegeben wurde, etwas Licht auf den Erfolg unseres Glaubens an Gott und die Gesetze der Manifestation werfen würden. Ich gab eine Menge Beispiele, um zu demonstrieren, wie wir tatsächlich lebten, was andere nur predigten und lehrten, aber so oft zu tun verabsäumten.

Vere Hodge machte noch immer ein Getue um die Einhaltung der Zeit. Ich sollte um punkt 20.45 Uhr Schluß machen. Ich endete, nicht auf die Minute, sondern auf die Sekunde genau (und zeigte ihm naseweis meine Uhr vom Rednerpult aus, zum Beweis). Es war mehr ein Beispiel für Einstimmung denn Planung, da meine Ansprache ohne Manuskript erfolgte und es keine physische Uhr gab, nach der ich mich hätte richten können. Eine halbe Stunde lang kam ich ins Kreuzfeuer lebhafter, aber niemals feindseliger Fragen.

In seinem Schlußwort meinte Vere Hodge, er habe mich nicht nach meinen Auslagen gefragt, da er dachte, ich würde ihm dies eh nicht sagen. Er habe aber selbst ausgerechnet, daß die Fahrt mit dem Auto ungefähr £38 kosten würde, und ein Zugfahrschein kostete £37. Daher bat er um eine Kollekte zur Deckung meiner Fahrtkosten; diese wurde gesammelt, während wir ein Kirchenlied sangen. Am Ende des Liedes sollte der Organist weiterspielen, während das Geld gezählt wurde, denn er war sicher, daß die Zuhörer gern wüßten, wieviel genau zusammengekommen war. Mit anderen Worten: Er testete diese ganze Frage der Manifestation.

Er hatte mich zuvor gefragt, was ich in ihrer Situation täte, wenn ich von ihrer Vollversammlung der Kanoniker £ 5000 als Jahresbeitrag zu den allgemeinen Ausgaben durch den bischöflichen Fonds zusammenkriegen müßte. Ich hatte gelacht und gesagt: »In Findhorn würden wir es nicht auf diese Weise tun. Wir würden den Bedarf publik machen und dann Gott die Herzen und den Geist der Menschen öffnen lassen, damit sie spendeten, und, da wäre ich mir sicher, beim Zählen der Einnahmen würde sich exakt der benötigte Geldbetrag herausstellen. Jetzt also stellte er mich und die gesamte Gemeinschaft auf den Prüfstand. Als am Ende das Geld gezählt wurde, kam der Pfarrer der Kirche heraus und verkündigte, daß es £37.50 waren. Wir brauchten nur noch fünfzig Pence, die schnell dazugetan wurden. Er erzählte mir später, daß in dieser Kirche noch nie zuvor während einer einzigen Versammlung soviel Geld zusammengekommen war.

Glaube ist ein wesentlicher Bestandteil der Manifestation. Ich erinnere mich, wie ich bei einer anderen Gelegenheit einer Rede des Kanonikus Andrew Glazewski über die Gesetze der Manifestation zuhörte. Er machte eine interessante Feststellung: »Wenn du immer wieder für eine Sache betest, wirst du sie nicht manifestieren, denn du setzt damit die entgegengesetzten Gesetze in Kraft.« Damals hatte ich ihn nicht verstanden, deshalb fragte ich nach, als ich ihn ein paar Monate später wiedertraf. »Es ist ganz einfach«, sagte er. Wenn du immer wieder für eine bestimmte Sache betest, zeigt das, daß du keinen Glauben hast. Du mußt nur einmal bitten und dann in vollem Glauben voranschreiten.«

* * * * *

International wurden wir in der etablierten Presse bekannt. Im November 1972 erschien ein Artikel in der Zeitschrift *Harper's Magazine* mit dem Titel *Liebe zwischen Kohlköpfen* von Peter Tompkins, dem Autor von *Secrets of the Great Pyramid* und Christopher Bird, einem Biologen und Anthropologen. Er begann:

Die weitreichendste Revolution des zwanzigsten Jahrhunderts könnte wohl aus der unerwartetsten Ecke kommen, aus Ihrem Garten. Überall in der Welt kommen Wissenschaftler, verblüfft über die Ergebnisse sorgfältiger Laborexperimente, zu dem Schluß, daß Pflanzen Emotionen haben, die denen der Menschen ähnlich sind, daß sie auf Zuneigung positiv reagieren und sie für den Dienst an der Menschheit genutzt werden können.

Der Artikel schloß ab mit einem Bericht über unseren Garten in Findhorn. Wenige Tage nach Erscheinen dieses Artikels rief uns die BBC an: Indem die Autoren Findhorn mit anderen wissenschaftlichen Experimenten im Feld der Trans-Sensitivität in Verbindung brachten, hätten sie, sagte man uns, unserer Arbeit endgültig ihre »offizielle« Anerkennung eingebracht. Ich wurde nun noch einmal zu einem Interview eingeladen. Peter Tompkins kam uns besuchen; er verbrachte intensive sechsunddreißig Stunden mit Recherchen und machte Fotos, die in seinem Bestseller *The Secret Life of Plants* erschienen. Er wurde ebenfalls in London von der BBC interviewt für ein Programm, das in der Sendung *Pick of the Week* wiederholt wurde. Diese beiden Programme hatten ein positives öffentliches Echo zur Folge.

Ich habe hier nicht den Platz, um in diesem Kapitel mehr als ein paar Leckerbissen von der reichlichen Tafel zu offerieren, welche die *Findhorn Community* während jener drei Jahre anbot, in denen David und Myrtle bei uns weilten (1970 - 73). Wie umfangreich und zuweilen spezifisch Eileens Eingebungen auch gewesen waren, nichts bereitete uns auf die Explosion an Wachstum und Talenten in jener Zeit vor. Eigentlich verdient dies für sich genommen ein Buch, nicht nur wegen der Einsichten und der ungeheuren Freude, die es in Erinnerung rufen würde, sondern auch wegen der dauerhaften spirituellen Lektionen, die in seinen einfachen Geschichten enthalten wären; nicht zuletzt würde es für eine ganz einzigartige gesellschaftliche Entwicklung Zeugnis ablegen.[5]

Im Frühling 1973 beschlossen David und Myrtle sowie eine kleine Gruppe ihrer neuen Freunde und Arbeitskollegen hier, daß die Zeit gekommen war, die Gemeinschaft zu verlassen und in die Vereinigten Staaten zurückzukehren, um ihre eigenen, nicht auf einer Gemeinschaft basierenden weiterbildenden Programme ins Leben zu rufen. (Sie nannten sich die Lorians, und Dorothy Maclean trat ihnen später im selben Jahr bei.) Das Schulungszentrum in Findhorn lief in der Zwischenzeit ausgezeichnet, und es gab fähige Leute, die die Verantwortung von ihnen übernehmen konnten. Wir hatten beinahe mehr als genug Unterrichtsmaterial und andere Übermittlungen von Davids höheren Quellen, um bis weit ins nächste Jahrhundert hinein versorgt zu sein und, natürlich, würden wir alle auch künftig weiterhin eng zusammenwirken, trotz unserer geographischen Entfernung.

Eileen hatte David immer als einen glücklichen Troubadour gesehen, und ich denke, daß wir ihn mit seiner sehr klaren inneren Richtung und Vision nicht länger hätten halten können, wenn es seinem höheren Lebenszweck nicht weiter gedient hätte. Er fühlte bereits jetzt eine gewisse Anspannung, weil er von einigen Leuten als »neuer Christus« aufs Podest gehoben wurde, und die Klarheit seiner Vorstellungen über konzentriertere, angewandtere Erziehung hätte womöglich durch die hektische Aktivität im Gemeinschaftsleben getrübt werden können, wenn er seine Ideen hier weiterverfolgt hätte. Davon abgesehen war er erst fünfund-

5) (Jeremy Slocombe schreibt dazu:) Peter Caddy hatte selbst noch mindestens ein weiteres Buch über diese Ereignisse geplant.

zwanzig Jahre gewesen, als er uns beitrat, und er hatte ein ganzes Leben und eine eigene Familie vor sich.

David und ich initiierten zwar viele Projekte, wir fanden aber, daß jene, die nach uns weitermachten, oft die ursprüngliche Begeisterung und Energie dafür allmählich verloren. Wir fanden deshalb, es sei das beste, jene zu unterstützen, die selbst eine klare Vorstellung von eigenen Projekten hatten, und wir waren bereit, für sie Verantwortung zu übernehmen - um dann zuzusehen, wenn sie gingen! In dieser Weise war unsere Teamarbeit oft vollkommen.

Doch trotz der Tatsache, daß es noch viele Abenteuer mehr für mich und David geben würde, verbinde ich doch mit seinem Weggang von Findhorn das Ende einer bestimmten Ära, die nötig war, damit andere folgen konnten. Falls ich im Eifer des Gefechts im nächsten Kapitel allzu schnell bin, will ich doch jetzt einhalten und David für all das danken, was er gab - als einem, der den Weg wies, ein Prophet, Pionier, Freund und Bruder.

Als diese Periode zu Ende ging, empfing Eileen die Botschaft:

Findhorn ist nicht mehr ein dünnes Bäumchen, das mit jedem Windhauch des Wandels herumgeschüttelt wird. Es ist nun eine trutzige Eiche mit tief im Boden verankerten Wurzeln, festverwurzelt und geerdet. Ihr Stamm ist stark und widerstandsfähig und jeder Zweig und Ast sind vollkommen in Linie, Form und Gestaltung. Betrachte jeden neuen Aspekt der Arbeit als einen neuen Ast, der aus diesem kräftigen Stamm herauswächst. Ich bin der Saft, der Lebenssaft selbst, der in diesem Baum fließt. Ich bin ganz eigentlich seine Kraft und Stärke. Der Wind mag seine Blätter zausen, Stürme mögen seine Zweige ächzen machen und sie knikken, doch nichts kann nun die wahre Schönheit, Vollkommenheit und Kraft Meiner Arbeit beeinflussen, denn ich bin das ICH BIN in allem, was getan wird.

28. Kapitel

DAS HERZ HAT SEINE GRÜNDE

Es gibt kein höheres Gesetz, als durch die Liebe zu leben.

Etwa sechs Monate vor seinem Weggang hatte David Spangler mir gegenüber bemerkt, daß ich über viele Leben hindurch die Eigenschaften eines mächtigen männlichen Führers entwickelt habe, und daß ich darin geschult worden sei, meinen Willen und Glauben sowie die Fähigkeit zu Tatkraft und Verwaltung aufzubauen. In Partnerschaft mit Eileen und durch ihre weiblichen Eigenschaften ausbalanciert, waren dies die nötigen Eigenschaften, um an vorderster Front eines Neuen Zeitalters zu stehen.

Doch nun, fuhr David fort, brauche die Gemeinschaft diese Eigenschaften nicht mehr im gleichen Maße; daher müsse ich ausgeglichener werden, ganzheitlicher und müsse den sogenannten weiblichen Teil meiner selbst, - Herz, Liebe, Vorstellungskraft, Sein - mehr ausbilden. Es fiel mir schwer, so etwas gesagt zu bekommen, nachdem ich so hart daran gearbeitet hatte, die männlichen Eigenschaften zu entwickeln. Bald nach diesen Worten von David war ich wegen einer Hernienoperation im Krankenhaus und hatte lauter Probleme damit - alles schien falsch zu laufen. Und doch erhielt Eileen weiterhin die Weisung für mich, daß alles sehr, sehr gut sei; David sagte mir, alles liefe nach Plan. Dieser »Plan« besagte offensichtlich, daß nichts anderes mich lange genug zum Stillhalten gezwungen hätte, dazu, nach innen zu schauen und zu verstehen, daß das, was David gesagt hatte, in der Tat richtig war. Ich mußte wirklich mein Herz mehr entwickeln und liebevoller sein.

Ich kehrte in die Gemeinschaft zurück, voller Willen und guter Absicht, mit den Worten: »Ich muß liebevoller sein!« Nun ja, so leicht ging das nicht. Wie ich da zur Rekonvaleszenz in meinem Vorderzimmer lag, wurde ich ganz unruhig bei der Beobachtung, wie die Gemeinschaft ohne eine von mir aufgenötigte Disziplin auseinanderzufallen schien. Manche Mitglieder kamen morgens nicht aus den Federn, machten eine Stunde Kaffeepause und zwei Stunden Pause fürs Mittagessen. Die Lampen wurden nachts nicht ausgedreht. Schließlich meinte mein mittlerer Sohn Jonathan, der sehr weise ist: »Weißt du, Dad, es wird dir nicht gelingen, mehr Liebe zu empfinden, bis die Gemeinschaft mehr Verantwortung übernimmt und mehr Licht verkörpert.« Wie recht er hatte! Es fiel mir schwer, mich auf die Menschen einzulassen, während ich weiterhin all das im Kopf hatte, was getan werden mußte, und genauso war ich mir all der Dinge bewußt, die unerledigt geblieben waren. So beschwor ich also Liebe herauf, aber wie wenig wußte ich, was nun als nächstes passieren würde!

Ich verliebte mich in Alice Weybull! Sie war im Sommer 1972 aus Schweden nach Findhorn zu Besuch gekommen, als sie neunzehn war. Sie wollte eigentlich nur eine Woche bleiben, aber ihr Aufenthalt verlängerte sich immer wieder, bis sie mir schließlich sagte, sie gehe nach Schweden zurück, um ihre Sachen zu holen und der Gemeinschaft beizutreten. Ich sagte: »Oh nein, du mußt beenden, was du begonnen hast und deine Universitätsausbildung abschließen.« Denn inzwischen galt die Regel, daß wir nur jene aufnahmen, die ihre Ausbildung beendet hatten. Ich erklärte ihr, daß es sehr schwer sein würde, ihre Ausbildung später fortzusetzen, wenn sie ihr Examen nicht jetzt machen würde. Aber Alice blieb standfest, und es flossen viele Tränen. Sie war fest entschlossen zurückzukommen, und am Ende gab ich nach, denn ich sah ein, daß ihre Seele den rechten Weg für sie kannte.

Als sie einige Wochen später wiederkam, machte ich sie für die Reinhaltung von Lounge, Eingang und den Toiletten des Gemeinschaftszentrums verantwortlich. Diese Arbeit war eine wunderbare Ausbildungsstätte für künftige Leiter, denn dabei mußte man einen Blick fürs Detail haben, um sicherzustellen, daß die Tische richtig zusammengestellt waren, die Salz- und Pfefferstreuer voll waren, daß auf den Fensterbrettern Staub gewischt worden war und die Tische rechtzeitig für jede Mahlzeit gedeckt waren. Es beinhaltete echte Disziplin und Aufmerksamkeit für jede Einzelheit, und die Gründerprinzipien von *Findhorn* konnten hier so recht in die Praxis umgesetzt werden - zu lieben, wo du bist, mit wem du zusammen bist, und zu lieben, was du tust. Wenn dies der Fall war, spiegelte es sich in der Arbeit wider.

Nach etwa drei Monaten kam Alice zu mir und fragte, ob sie nicht für kreativere Arbeit in eine andere Abteilung versetzt werden könnte. Ich sagte: »Laß mich mal deine Toiletten anschauen.« Ich sah sie mir an, aber sie spiegelten nicht ein Bewußtsein von Liebe wider. Ich sagte Alice, daß ich ihr erst erlauben würde, in eine andere Abteilung zu gehen, wenn sie mir beweisen könnte, daß sie mit Liebe arbeitete. Ich erinnerte sie daran, daß die Fußböden täglich gewienert werden müßten, bis sie glänzten. Wieder vergingen drei Monate, und Alice kam wieder zu mir: »Kann ich jetzt woanders hin?« Wieder marschierte ich in die Toiletten, schaute und sagte ihr aber, daß sie noch nicht ein Bewußtsein der Liebe reflektierten. Mehrere Monate darauf kam sie mit leuchtenden Augen zu mir und sagte: »Peter, komm und schau dir *meine* Toiletten an!« und zeigte sie mir mit Stolz. Der Fußboden glänzte, die Toiletten waren auf Hochglanz poliert, es gab eine Vase mit Blumen in jedem Raum, und der ganze Platz strahlte.

Ich sagte zu ihr: »Gut, Alice, jetzt kannst du woanders arbeiten, denn du hast wirklich demonstriert, daß du diese Toiletten liebst.« Sie hatte ihre Lektion gelernt - und konnte sie daher anderen weitergeben.

Da dies die Zeit war, als David Spangler und andere Amerikaner in »Schlüsselpositionen« die Gemeinschaft verließen, übernahm Alice eine Menge anderer Verantwortungsbereiche. Ich übertrug ihr die Leitung der täglichen Führungen durch die Gemeinschaft und ebenso unser sich gerade entpuppendes Gästeprogramm. Sie fand bald, daß dies für einen einzelnen zuviel war und formte eine Gruppe, welche den Anfang unserer Gästeabteilung in Findhorn darstellte. Die Gemeinschaft expandierte zu jener Zeit, und da einer als Verantwortlicher für verschiedene Bereiche nicht mehr ausreichte, mußten wir Gruppen oder Abteilungen bilden, die diese Verantwortung trugen.

Nach einem geschäftigen Sommer begann Alice mit mir in der Personalabteilung zu arbeiten. Dies beinhaltete Entscheidungen darüber, wer der Gemeinschaft beitrat, wo diese Menschen arbeiten würden, was sie zu lieben fähig wären und welches ihr Gebiet wäre, in dem sich ihr eigenes Wachstum und ihr Beitrag zum Ganzen am besten entfalten würde.

Anfangs konsultierte mich Alice über alles, und ich fand, daß ihre Bewußtheit und ihre Fähigkeiten bemerkenswert waren. Sie besaß inneres Wissen, das sie in Entscheidungen leitete, wer der Gemeinschaft beitreten und wo diese Leute arbeiten sollten - und dies waren nicht immer deren eigene Vorlieben oder Wünsche ihres Egos. In jenen Tagen wollten viele der Gemeinschaft beitreten, denn es begann sich in der Welt herumzusprechen, was wir in Findhorn taten. Wenn Leute ihre Geschichte erzählten, wie sie von Findhorn gehört und zu uns geführt wurden, beobachteten wir sie, um zu sehen, ob wir Gottes Hand in ihrem Kommen erkennen konnten; und Alice hatte ein waches inneres Wissen und eine klare Wahrnehmung für Menschen. Manchmal studierten wir Leute beim Mittagessen im Gemeinschaftszentrum, um festzustellen, ob ein künftiges Mitglied beim Aufräumen der Küche half oder ob es sich stattdessen mit einer Zeitung in den Sessel setzte. Ersteres war definitiv ein gutes Zeichen, letzteres ließ Zweifel aufkommen.

Findhorn konnte als eine Gemeinschaft betrachtet werden, als ein spirituelles Zentrum, als eine Universität des Lichts, als Mysterienschule. Es war oft ein Mysterium, wie alles ablief! Aber es klappte. Vor allem, denke ich, war es ein Friedhof für Egos. Manchmal kam etwa ein weltgewandter Mann mittleren Alters in dem Glauben zu uns, auf ihn habe Findhorn gerade gewartet, aber Alice, die einfach durch ihn hindurchsah, ließ ihn nicht hinein. Ein großer Schlag gegen sein Ego, von einer jungen Frau in ihren frühen Zwanzigern abgewiesen zu werden, die noch nicht einmal einwandfrei Englisch sprechen konnte! Ich lernte, Alices innerem Wissen und ihrer Wahrnehmung vollkommen zu vertrauen, und nach einer Weile war sie allein verantwortlich dafür, wer der Gemeinschaft beitrat und wo diese Leute arbeiteten. Als dies für einen einzelnen zuviel wurde, versammelte Alice eine Gruppe um sich und schuf die Personalabteilung.

Als die Zahl der Neueintritte in die Gemeinschaft wuchs, entwarfen wir ein Orientierungsprogramm, um sie richtig zu integrieren. Es war wichtig, mit jenen, die uns beitraten, die Vision von Findhorn zu teilen, sie in einer gemeinsamen Vision zu vereinen. Sie erfuhren auch, wie die Gemeinschaft organisiert war, wie sie funktionierte und was von ihnen erwartet wurde. Alice übernahm immer mehr Verantwortung.

Zu dieser Zeit war Eileen nicht an der Organisation und Verwaltung der Gemeinschaft beteiligt, während Alice eine immer größere Rolle spielte. Am Anfang ging sie immer alles erst mit mir durch, ehe sie handelte, doch nach anderthalb Jahren vertraute ich ihrer Intuition vollkommen und gab ihr die volle Verantwortung in ihren Arbeitsbereichen. Wir arbeiteten sehr eng zusammen und hatten viele Dinge zu besprechen. Alice arbeitete sehr hart vom frühen Morgen bis spät in die Nacht; es war ihr nicht klar geworden, daß sie einen Teil ihres Lebens ablegen mußte, um diese Arbeit zu leisten.

Wenn das Wetter ganz besonders schön war, machte gelegentlich die gesamte Gemeinschaft im Sommer eine Pause und picknickte am Strand an den Gestaden des Moray Firth. An einem solchen Tag gingen wir einmal zur Primrose Bay. Alice und ich saßen am Strand und besprachen irgendeine Gemeinschaftsangelegenheit, wie wir es oft taten, aber diesmal brachte dies uns näher. Alice hatte wunderschöne Augen, und während wir so miteinander sprachen, begann sich über unsere Augen, die in der Tat Spiegel der Seele sind, eine wahre Flut von Liebe zu ergießen.Ich wußte wirklich nicht, was ich mit diesem Gefühl der Liebe tun sollte und fühlte mich total aus dem Gleichgewicht gebracht. Ich sagte Eileen nichts darüber, denn ich wußte nicht, was ich ihr sagen sollte.

Kurz darauf planten Alice und ich noch einmal ein Picknick, diesmal nur für uns beide, und als ich in unseren Bungalow stürzte, um eine Decke zu schnappen, kam in Eileen der Verdacht hoch, daß irgend etwas nicht stimmte. Eileen fand intuitiv heraus, was los war und war sehr, sehr böse. Zu dritt führten wir viele Gespräche, manchmal zusammen mit anderen Leuten, die wir über die Lage konsultierten. Es warf ein Licht darauf, wie einseitig unsere Ehe ausgerichtet war, was - um es milde auszudrücken - nicht eben normal war.

Schon seit einiger Zeit hatte Eileen ein Zimmer in Joanies Bungalow, wo sie die meisten Stunden der Nacht in der Meditation und im Gebet verbrachte. Sie ging sehr früh zu Bett und kam nicht vor 5 Uhr morgens zurück in unser Bett im Bungalow. Für mich war dies von einem ganz menschlichen Standpunkt her nicht befriedigend; ich empfand, daß die Dinge gefährlich aus dem Gleichgewicht geraten waren. Es kam ein Tag, an dem David und Myrtle mit Eileen sprechen wollten, um ihr das Gefühl mitzuteilen, daß unsere Ehe nicht überleben würde, wenn Eileen nicht zurück in mein Bett käme. Eileen sagte zu Myrtle, sie setze Gott an erste Stelle, woraufhin Myrtle antwortete: »Und was ist mit Gott in Peter?« Eileen glaubte, ebenso wie Joanie und Anthony Brooke, daß im Neuen Zeitalter Kinder nicht mehr durch Sex empfangen würden, sondern auf einer höheren Ebene - durch die Macht erleuchteten Denkens und des Geistes. Daher sollte sexueller Ausdruck auf diese höhere Ebene gehoben werden.

Ich dachte, das mag wohl so sein in ein paar tausend Jahren, aber doch noch nicht jetzt! Meiner Meinung nach sollte Liebe auf allen Ebenen in die Welt gebracht werden, einschließlich der körperlichen, und ohne diesen physischen Ausdruck, fand ich, war die Liebe nicht vollständig. Meine gesamte Vision von Findhorn war es, »das himmlische Königreich auf die Erde herunterzubringen«, in die Materie; wohingegen Eileens Augenmerk sich mehr darauf richtete, das Physische auf die Höhe des Spirituellen zu erheben. Sie nahm auf, was David und Myrtle gesagt hatten, aber ich empfand, daß es eher Pflichtgefühl war, womit sie in unser Bett zurückkehrte, als ein Empfinden von Freude und dem Wunsch, Liebe auf der körperlichen Ebene auszudrücken.

Ich war Eileen gegenüber all die Jahre hindurch, in denen wir gemeinsam in Findhorn lebten, absolut treu gewesen und ebenso im *Trossachs* und im *Cluny Hill*-Hotel. In unserer ersten Zeit drückte sich unsere Liebe zueinander in der Tat im Physischen aus, und es war eine sehr glückliche und befriedigende Beziehung. Nur mit den Jahren wandelte sich dies. Ich sagte Eileen, ich würde alles akzeptieren, was sie in ihrer geistigen Führung erhielte, außer, wenn es um Sex ginge, da mir ihre Worte durch ihre persönlichen Erfahrungen mit ihrem Ex-Mann und ihre eigenen starken religiösen Prägungen gefärbt zu sein schienen. Meine Beziehung zu Alice, die *keine* physische war, eröffnete eine große Veränderung in mir. Mir war, als wäre mir das Herz geöffnet worden, und ich entwickelte mehr feminine Eigenschaften, um meinen kraftvollen maskulinen Energien die Waage zu halten.

Es ist unmöglich, irgend etwas in einer Gemeinschaft wie Findhorn geheimzuhalten. Die Leute wußten, daß etwas im Busche war, aber sie waren sich nicht ganz sicher, was es war. Wir hatten eine Gemeinschaftsversammlung, auf der Alice und ich das Geschehene mitteilten. Die Rolle, meinte Alice, die sie im Öffnen meines Herzens spiele, würde auf lange Sicht der ganzen Gemeinschaft nützen. Sie fügte hinzu, daß die ganze Situation für sie sehr schwer sei; denn ein paar Mitglieder glaubten, sie versuche, eine »göttlich gefügte« Ehe zu zerstören.

Am 18. Juli empfing Eileen die Botschaft:

Laß los, entspanne dich, alles läuft gemäß Meinem Göttlichen Plan. Peter ist widerfahren, daß er sich auf die universelle Essenz der Liebe einläßt, und du erwartest, daß so etwas über Nacht geschieht! Denke an eine Rosenknospe, wie sie sich entfaltet, unmerklich, um ihr volles Wunder, ihre ganze Schönheit und Vollkommenheit zu enthüllen. Peter entfaltet sich. Im Moment weiß er nicht wirklich, wie er mit der Liebesenergie umgehen soll. Sei sehr liebevoll, sehr geduldig, und wisse, daß alles sehr, sehr gut ist. Diese Beziehung mit Alice wird auslaufen. Sie kann ihm helfen und ihn ausgleichen. Vertraue ihr völlig. Sie ist keine Bedrohung für deine Beziehung zu Peter oder für deine Ehe. Als Peter fort war, war dein Herz für die universelle Liebe offen. Als du diese Vision von der Tür deines Herzens hattest und wie sie weit geöffnet wurde, da sagte ich dir, nimm die Tür aus den Scharnieren und wirf sie weit weg, und laß meine Göttliche Liebe frei fließen. Und genau dies ist mit dir passiert. Du hast so große Freiheit und so viel Liebe für jeden empfunden. In diesem Zustand bewegt sich Peter jetzt. Halte dich zurück, versuche nicht, irgend etwas wegzustoßen oder negativ zu reagieren, sondern wisse ganz einfach, daß die Zeit nahe ist, wenn ihr beide in der gleichen Weise wirken werdet. Und Meine Universelle Liebe wird durch euch beide hervorströmen. Dies ist die Energie des Kosmischen Christus, die hier freigesetzt wurde. Es ist nun zu lernen, wie mit dieser ungeheuren Energie umzugehen ist - mit großer Weisheit und großem Verständnis. Es geschieht alles jetzt, jedoch unmerklich, wie bei einer Rosenknospe.

Sei dir immer dieser wahrhaft wunderbaren Transformation bewußt, die in euch und um euch alle herum stattfindet. Liebe, wie du nie zuvor geliebt hast. Dies ist Meine Universelle Liebe. Sie wirkt auf jede Seele hier in der Gemeinschaft, und ein paar sind völlig aus dem Gleichgewicht geworfen worden. Ein paar sind verwundert und fragen sich, was geschehen ist, was in sie gefahren ist. Wieder andere wissen nicht, wie sie mit diesen Energien umgehen sollen, und schwimmen völlig. Bei einer solch unerhörten Veränderung der Energie muß es zwangsläufig eine Zeit der Neueinstimmung und Neuorientierung geben, in der alte Strukturen überprüft und neu geordnet werden. Dies geschieht im Augenblick. Sei nicht verstört oder verzweifelt. Vorgewarnt zu sein meint, auf der Hut zu sein. Sei eine Hilfe. Laß Mich dich leiten. Wahrhaft wunderbare Dinge geschehen jetzt, revolutionäre Dinge - bleibe mit allem im Fluß. Dies ist nicht nur für die wenigen, sondern für die vielen. Freue, freue, freue dich. Mein Wille geschieht nun.

Ich war jedenfalls erstaunt über diesen Strom von Liebe, der in meinem Herzen erwacht war. Ich verstand Eileens Ärger, eigentlich war es schon Raserei, darüber, was mit mir passierte, nicht, und ich wußte nicht, wie ich damit umgehen sollte. Sie schien zu denken, daß ich einfach eine sexuelle Affäre mit Alice hätte, trotz der Führung, die sie erhielt und trotz unserer Beteuerungen des Gegenteils. Von dieser Zeit an schien Eileen sehr mißtrauisch zu werden, sobald ich irgendeine Zuneigung oder ein Interesse an einem Wesen des anderen Geschlechts zeigte.

Unser häusliches Leben war schon seit Jahren sehr gespannt, und es kam mir, ehrlich gesagt, vor, als lebte ich mit einem Vulkan, der jeden Augenblick ausbrechen konnte. Ich weiß, unsere Veränderungen waren hart für Eileen, doch beide schienen wir die Fähigkeit zu verlieren, spontan herzlich und rücksichtsvoll zueinander zu sein. Nachdem ich den ganzen Tag auf Versammlungen gewesen war, entspannte ich mich gewöhnlich abends vor dem Fernseher, und Eileen ging früh zu Bett und stand früh auf. Unser Bungalow stand immer offen, und unablässig kamen Leute zu Besuch - zu jeder Tages- und Abendstunde - es gab also keine echte Privatsphäre. Ich konzentrierte mich so auf die tägliche Leitung der Findhorn Gemeinschaft, daß meine persönliche Beziehung mit Eileen einfach nicht genug Zeit oder Energie für ihr Gedeihen abbekam; wir schienen uns immer weiter auseinanderzuleben.

Unsere spirituelle Beziehung wandelte sich ebenfalls. So wie Eileen einige Jahre zuvor gesagt wurde, daß sie nun keine Führung mehr für die Gemeinschaft erhalten solle, so überraschte sie auch mich eines Tages - als ich, wie so oft, mit einer Frage zu ihr ging, die sie Gott vorlegen sollte - damit, daß für mich nun die Zeit reif sei, da ich aufhören sollte, mich auf ihre Weisungen zu verlassen. Natürlich hatte ich mich die ganze Zeit über nicht so sehr um Antworten an Eileen gewandt, um »Instruktionen« von Gott zu empfangen, sondern um meine eigenen Eingebungen bestätigt und erläutert zu bekommen; dennoch wurde Eileen von innen gesagt, daß selbst dies meine eigene spirituelle Entwicklung beschränken würde. Es dauerte eine Weile, ehe ich das akzeptierte, und es hielt mich jedenfalls nicht davor zurück, weiterhin Fragen zu stellen! Im Rückblick betrachtet war es jedoch ein wesentlicher Teil der Veränderungen, die ich zu jener Zeit machen mußte, und in der Tat konnte man sehen, wie die ganze Gemeinschaft davon profitierte - denn es stärkte nur die Fähigkeit der Individuen, sich, wie von ihnen erwartet wurde, auf sich selbst zu verlassen und Eigenverantwortung zu übernehmen.

* * * * *

Daß Eileens Führung mir nun versagt blieb, geschah nicht über Nacht, sondern in einem allmählichen Prozeß, und von Zeit zu Zeit kamen durchaus noch persönliche Botschaften durch. 1974 erhielt Eileen die Weisung:

Peters Arbeit wird in den kommenden Tagen universal sein, doch in der Zwischenzeit muß dieser Ort, dieses Zentrum des Lichts, wirklich durch und durch gesund und harmonisch geführt sein, denn es ist ein Demonstrationszentrum und eine Universität des Lichts. Peters Arbeit bestand darin, dieses Zentrum aufzubauen. Die Zeit wird kommen, da er frei sein wird, die universale Arbeit aufzunehmen. Sage ihm, er soll mehr und mehr die Zügel loslassen und der Gemeinschaft erlauben zu lernen und, wenn nötig, Fehler zu machen, aber lernen muß sie. Er muß frei sein.

Wir hatten eine für dieses Jahr geplante Europa-Tour gestrichen, denn man dachte, es sei wichtiger, zuerst die USA zu besuchen. David Spangler meinte auch, daß wir vor unserer Rückkehr nach Findhorn in den Staaten auch die *Lorian Association* besuchen sollten; dann erhielt Eileen jedoch die Weisung, daß sie in Findhorn mehr gebraucht werde, so daß ich also allein fahren sollte. Ich fragte mich, wie ich die Reise finanzieren würde; denn in der Kasse der Gemeinschaft gab es dafür kein Geld. Doch Eileen lehnte es ab, irgend eine weitere Nachricht zum Thema zu erhalten. An diesem Abend riefen William Irwin Thompson[1] und David Spangler an und luden mich ein, am 21.und 22. Mai, auf einer Konferenz bei der Expo'74 in Seattle, einen Vortrag zu halten, mit dem Versprechen weiterer Vorträge an anderen Orten - und alle Ausgaben würden bezahlt.

Ich verbrachte einen Monat damit, sechs Städte zu bereisen, Freunde zu besuchen und zu vielen Gruppen und Zentren zu sprechen. Wo immer ich hinging, wurde ich mit warmer Gastfreundschaft empfangen, und die Leute waren begierig, mehr über Findhorn zu erfahren. Ich für mein Teil entdeckte den sogenannten *American Way of Life,* der mich zugleich anzog als auch manchmal abstieß.« Nie wieder!« sagte ich, nachdem ich einen Hamburger auf einem weichen weißen Brötchen mit fettigen Pommes frites und künstlichem Eis mitten in Manhattan »genossen« hatte - jetzt verstand ich besser, weshalb so viele Amerikaner, die Findhorn besuchten, so fanatische Vertreter gesunder Kost waren.

In New York traf ich auf David Spanglers Vorschlag hin Donald Keys[2] von der *Association of World Federalists* bei den Vereinten Nationen, der mir eine Insider-Tour durch das Gebäude gab mit einem Lunch mit vielen der Delegierten; es war spannend, so viele Menschen zu treffen, die sich für die Einheit der Welt einsetzten, und der kleine Campingplatz im Norden Schottlands erschien dagegen so unbedeutend! Und doch, auf der Expo 1974 in San Francisco - das Thema unseres Symposiums lautete: »Die Probleme der Menschheit« - begann ich zu sehen, daß uns

---

1) William Irwin Thompson ist ein Kulturhistoriker, Autor und Philosoph, der über die Jahre ein guter Freund Findhorns wurde.

2) Gründer der *Planetary Citizens Organisation*, die dem ökonomischen und sozialen Rat der Vereinten Nationen und der Abteilung für Veröffentlichung von Informationen und der UNESCO nahesteht. Die *Plantetary Citizens* arbeiten gleichzeitig in Bürgernähe als auch auf der Ebene internationaler Diplomatie, um das Bewußtsein zu verbreiten, daß wir alle Mitglieder derselben menschlichen Familie sind, ungeachtet nationaler, politischer oder spiritueller Identitäten, und daß wir alle zu gleichen Teilen die Verantwortung für eine umsichtige Sorge für den Planeten, den wir bewohnen, innehaben.

eher eine Frage der Größenordnung denn der Substanz zu trennen schien, als William Thompson Findhorn als erfahrbaren, vollkommen funktionstüchtigen Ansatz im Lösen von Weltproblemen beschrieb, erfahrbar durch einen Bewußtseinswandel. Später markierte eine Begegnung mit »Medicine Story« auf dem Lagerplatz des Rainbow-Stammes in Spokane den Anfang einer langen Reihe von Jahren, in denen wir mit Indianerführern zusammentrafen, und dies übte eine große Wirkung auf mich aus. Ich war schockiert gewesen über die physisch sichtbaren Beweise der weitreichenden Ausbeutung dieses großartigen und schönen Landes durch den Menschen und fühlte, daß die eingeborenen Völker einen wesentlichen Schlüssel in der Hand hielten, um die Achtung vor dem Land wiederherzustellen.

Vielleicht lag es an spiritueller Wurzellosigkeit und einem Gefühl, nicht mehr innig mit dem Land verbunden zu sein, daß meine Vorlesungen, Dia-Vorträge und Interviews über Findhorn bei so vielen Amerikanern so gut ankamen, besonders bei den jüngeren. Sie waren ganz besonders hingerissen von den Erzählungen über Dorothy und die Devas sowie Roc und die Naturgeister; es überraschte mich zu sehen, wie psychologische Berater einen Besuch in Findhorn nahelegten, bis ich merkte, daß es in der modernen amerikanischen Stadtkultur so wenig gab, woran man sich emotional halten konnte.

So war meine erste Transatlantiktour also ein Erfolg auf allen Ebenen, und ich fühlte mich die ganze Zeit über geleitet. Die Reichweite, Vielfalt und Popularität sogenannter *New Age*-Aktivitäten beeindruckte mich kolossal, und ich begann zu erkennen, weshalb die »mythologischen« Aspekte unserer Story einen solchen Reiz ausübten - während mir gleichzeitig die Einfachheit und Offenheit unserer Botschaft erlaubte, Menschen von total verschiedenen spirituellen Wegen, die sonst womöglich nichts von des anderen Existenz gewußt hätten oder auf Distanz geblieben wären, einander nahezubringen. Ich wußte, daß meine »universale Arbeit« begonnen hatte, obwohl ich noch nicht wußte, wohin sie mich führen würde.

* * * * *

Während ich 1974 auf dieser Amerikatour unterwegs war, hatten George Ripley und eine Gruppe von Architekten Pläne vorbereitet für den Bau einer Halle in Findhorn, die für Treffen, Meditationen, Theaterstücke, Musik, Videos, Dia-Vorträge, Filme usw. benutzt werden sollte. Zur gleichen Zeit hatte Eileen während meiner Abwesenheit empfangen:

Viele Veränderungen finden statt, und dies bedeutet auch Verwandlung in Peter. Sage ihm, er solle seine Augen wirklich öffnen und die wunderbaren Veränderungen wahrnehmen, die in der Gemeinschaft vorgegangen sind. Er soll erkennen, wie sehr die Menschen gewachsen sind und selbst Verantwortung übernehmen wollen. Sage ihm, er solle ihnen helfen und sie dazu ermuntern. Er muß ihnen weitaus mehr Freiheiten zubilligen, damit sie, so wie sie initiativ werden, wachsen können. Ihnen dies zu ermöglichen, kann bedeuten, daß er sich zurückziehen muß. Es ist äußerst wichtig, daß das, was entwickelt wurde, auch wachsen darf. Dieses »Gruppenbewußtsein« im Neuen Zeitalter ist der neue »Impuls« für ein Zusammenleben in Gemeinschaften. Es ist etwas, das jenseits von Demokratie ist und weiterreicht. Sage Peter, er soll geduldig sein und die sich vollziehenden Entwicklungsprozesse beobachten. Ein jeder lernt, und zwar sehr schnell. Es wäre für jeden sehr nützlich, wenn Peter die Rolle eines Beobachters einnähme, der, wenn nötig, Rat gibt und Vorschläge macht, doch sich klar aus dem Ablauf der internen Arbeitsvorgänge in den Abteilungen der Gemeinschaft heraushält.

Er muß einsehen, daß die einzelnen als Individuen nicht wachsen können, solange sie sich in allem auf ihn verlassen müssen. Er muß ihnen ein paar Fehler zugestehen, denn durch Fehler werden sie sehr schnell lernen. Er muß gewillt sein, seine Augen zu öffnen und zu erkennen, was gerade in der Gemeinschaft vor sich geht. Sie bewegt sich ins Erwachsenenstadium und ist nicht länger unverantwortlich wie ein Heranwachsender. Doch dies muß von Peter, der hier als Vater gesehen werden kann, akzeptiert und erkannt werden. Alles, was er tun soll, ist innezuhalten und auf sein eigenes Wachstum zurückzublicken, wie er selbst stark sein mußte, um sich von seinen Eltern zu lösen und seine Reife zu finden. Die Gemeinschaft muß ihre Reife entdecken, und dies kann schmerzlos und ohne jeglichen Kampf geschehen, wenn Peter nur, was jetzt vor sich geht, voll annehmen kann. Sage ihm, er soll sich entspannen, loslassen und abgeben, damit alles in Kraft, Schönheit und Einheit wachsen kann. Die Zeit dafür ist nun gekommen.

Mit anderen Worten sollte die Konstruktion dieser Halle wirklich ein Gruppenprojekt sein mit mir als interessiertem Beobachter im Hintergrund, der Mut zusprach, jedoch nie leitend einschritt. So etwas fiel mir nicht eben leicht! Zum Beispiel hatte George Ripley als Leiter der Architekten zwei oder drei Alternativpläne entworfen, aus denen Modelle gemacht wurden; die Gruppe wählte das Modell A, welches auch nach Eileens Vorstellung das war, welches gebaut werden sollte - doch obschon das Gebäude ein Ort der Schönheit war, sollte es doch als ein Nutzraum gesehen werden, aus dem die dort erzeugten Energien hinausströmen könnten.

Unseligerweise fühlte Eileen, daß der Begriff »Nützlichkeit« etwas meinte, was zweckdienlich, billig und leicht zu machen sei - ein Wortverständnis, das noch aus den Kriegsjahren haftengeblieben war - während ich und andere die Definition von »Nützlichkeit« aus dem Oxforder Wörterbuch bevorzugten: Etwas, welches für viele Zwecke genutzt werden könne. Vor allen Dingen wollte ich, daß es unser jüngster Ausdruck von etwas sein sollte, welches zum Ruhme Gottes und also mit Vollkommenheit gebaut würde, eine Demonstration des Talents und Geistes jener, die damals in der Gemeinschaft lebten.

Das Modell, auf das wir uns schließlich einigten, war das eines großen, gutaussehenden, fünfseitigen Gebäudes, welches viel Zeit und Energie für seine Fertigstellung in Anspruch nehmen würde. Unsere Pläne erhielten zur Überraschung vieler Leute eine Baugenehmigung, denn der Bauplatz lag auf Sanddünen, direkt neben dem *Park*-Gebäude. Diese Erlaubnis wurde erreicht dank der guten Beziehung, die wir zu den Planungsbehörden und insbesondere zu dem örtlichen Bauamtsleiter aufbauten, den ich zusammen mit George aufgesucht hatte. Wir baten ihn in verschiedenen Punkten um seinen Rat, bezogen ihn in das Entwerfen der Pläne ein, und ich denke, als ich ganz besonders seine Ideen für eine Klärgrube pries, auf die er stolz war, hatten wir sein Wohlwollen gewonnen!

Lyle Schnadt - der Baumeister, der die Oberleitung über den Bau des Gemeinschaftszentrums gehabt hatte - war nach Amerika zurückgekehrt, aber er bot an, die Gruppe zu leiten, welche für den Bau der Halle verantwortlich war, unter einer Bedingung: Er bestand darauf, daß das Fundament vor seiner Ankunft gelegt war. Wir bestellten den Zement, doch wegen eines Gewerkschaftsstreiks kam er nicht an. Dann erinnerte ich mich daran, daß es eine Botschaft gegeben hatte - durch wen, hatte ich vergessen - daß der Bau verzögert und der Grund hierfür augenscheinlich werden würde.

Wir warteten gespannt. Im Juni kamen Wayne Guthrie und Bella Karish zu Besuch, die Leiter einer spirituellen Gruppe, die ich während meiner Tour im Mai in Los Angeles getroffen hatte. Ich hatte die spontane Eingebung, ihnen die Pläne für die Halle zu zeigen sowie ein Modell, welches George gebaut hatte, und sie waren ganz begeistert über das ganze Projekt - sagten jedoch, etwas gefiel ihnen noch nicht. Bella erklärte, daß die Achse des fünfzackigen Fundaments des Gebäudes gerade ein paar Grade abwich von derVerbindungslinie zu dem kosmischen Kraftpunkt auf Cluny Hill, der etwa acht Kilometer entfernt lag, und von Ben Malvern, einem Berg im Norden von uns.[3] Diese leichte Ungenauigkeit in der Ausrichtung wurde korrigiert - was mehr als nur ein wenig an physischer Mühe erforderte - und kaum war dies geschehen, da war der Streik vorbei, und der Zement wurde geliefert. Das Fundament wurde gelegt, Lyle kam und die Konstruktion des Baus konnte beginnen.

Ich besuchte die Baustelle jeden Tag, aber ich versuchte - eingedenk Eileens Führung, daß dies eine Gruppenanstrengung sein solle - im Hintergrund zu bleiben, freilich mit Unterstützung und Ermutigung.

Es war zuweilen schwierig, nicht einzugreifen, wenn ich Dinge sah, die in meinen Augen schlampig oder im Hauruckverfahren gemacht schienen, aber wenn ich es schaffte, mich in Schach zu halten, korrigierte die Gruppe selbst diese Dinge auf wunderbare Weise. Es war eine fabelhafte Lektion, zu sehen, daß »Gruppenbewußtsein« und »angewandte Liebe« sich bewiesen, ohne daß ich die Rolle des autoritären »Vaters« hätte anzunehmen brauchen. Obwohl ich mit anderen neuen Initiativen in der Gemeinschaft beschäftigt genug war, fühlte ich mich doch freier als je zuvor, um mich den neuen Schritten für mich selbst und die »universale Arbeit«, die, wie ich wußte, vor mir lag, zu öffnen.

* * * * *

3) Für jene, die an Kraft-Linien interessiert sind: Dies ist jene, welche von hier weiterführt in den Süden nach Glastonbury in Südwestengland.

In diesem Herbst hielten wir eine Konferenz in Findhorn ab über »Kooperation mit der Natur«, und unter den Teilnehmern war eine wundervolle, halb-hawaiianische spirituelle Lehrerin namens Ann Franklin, die eine Gruppe von fünzig Leuten aus Hawai mitgebracht hatte. Ann führte in Honolulu einen esoterischen Buchladen und war offenbar eine Sensitive. Als sie mir freilich am letzten Tag der Konferenz sagte, daß ich Hawaii viele Male besuchen würde - das erste Mal vor Ablauf des gegenwärtigen Jahres (es war bereits November, und ich hatte keinerlei Absicht, nach Hawaii zu gehen, obwohl Eileen und ich eine sechswöchige Reise durch die Staaten vorhatten) - da hielt ich sie als Wahrsagerin für ziemlich mäßig. Ann fuhr fort, sie sehe Findhorn gegenwärtig als das »Kopf-Zentrum« des Planeten, wohingegen Hawaii sein »Herz-Zentrum« sei, und daß das Herz immer den Kopf beherrschen solle. Meine Zweifel blieben, obwohl ich immer für eine Überraschung offen bin.

Dann überraschte mich aber Eileen! Sie wollte zwei Wochen mit David Spangler allein verbringen, um seinen Rat einzuholen über die traumatische Zeit, die sie noch immer durchzumachen schien in bezug auf meine Beziehung zu Alice und die Zukunft unserer Ehe. In Erinnerung an Anns Einladung schrieb ich ihr daraufhin und schlug vor, daß sie mit mir in Kontakt träte, sobald ich in den Staaten sei, um zu sehen, ob man für zwei Extrawochen etwas verabreden könnte - könnte sie ein paar Vorträge arrangieren, um die Kosten für mich zu decken, wenn ich nach Hawaii gehen wollte? Es war eine verwirrende Zeit für mich. Auf meinem Weg in die Staaten erzählte mir in London eine verläßliche und sensitive Freundin der Gemeinschaft, daß ich schließlich die Gemeinschaft verlassen und an der amerikanischen Westküste ein Zentrum aufbauen werde, jedoch mit einer sehr viel jüngeren Partnerin, während Eileens Mutter-Energien ihr Verbleiben in Findhorn nötig machten.

Es war alles sehr verwirrend. Ich vertagte eine Entscheidung, bis ich in den Vereinigten Staaten ankam. Als ich Eileen nach ihrem Besuch bei David und Myrtle traf, war sie sehr verstört. David hatte von einer höheren Ebene eine Botschaft empfangen, daß Alice ihre Rolle im Plan spiele, um mir zu helfen, mein Herz zu öffnen; und sie solle für die Rolle, die sie spiele, geehrt werden. Ihr zuweilen königinnenhaftes Gebaren sei freilich nicht angemessen, und es sei wichtig, daß sie und Eileen eine engere Beziehung miteinander knüpften und einander hülfen. Darüber hinaus antwortete mir David, als ich ihn später traf und fragte, weshalb ich nach Hawaii gehen solle, von seiner inneren Quelle her:

Dein Hawaii-Besuch hat für dich als persönliches Wesen Bedeutung. Es gibt eine enge Beziehung zwischen dir, dem Energiefeld dieser Umgebung und den Erdelementalwesen, die in dieser Umgebung stark konzentriert sind. Irgendwann in der Zukunft wird sich ein Arbeitsmuster auf den Inseln entfalten, mit dem du in Verbindung stehen wirst...es gibt einen Akt energetischer Reinigung für dich, Peter, welche dich auf diese Insel führt. Ich kann dies nicht umfassender erklären.

Die Botschaft besagte jedoch grundsätzlich und sehr klar (wie gewöhnlich bei David), daß das pazifische Becken in den kommenden Jahren immer mehr an Bedeutung gewinnen werde für das Einfließen und den Ausdruck jener Energien, mit denen das *New Age* assoziiert ist.

Im Lichte dieser Botschaft und da ich mich ohnehin bereits festgelegt hatte, ging ich nach Hawaii. Bei meiner Ankunft in Honolulu war ich wie betäubt von dem üppigen Wachstum und der warmen, weichen Tropenluft. Ann und ihre zwei Kinder holten mich ab und schmückten mich mit einer Girlande aus rotem Jasmin. Ann nahm mich mit in ihr schönes, 500 Meter über Honolulu gelegenes Haus, wo es von Beweisen für ihre Verbindung zu Findhorn nur so wimmelte - von den Webarbeiten bis hin zu den Kerzen, allen Findhorn-Büchern, einer ganzen Serie von David Spanglers Kassetten und außerdem jede Menge anderer spiritueller und mystischer Bücher. Ann hatte sich kurz zuvor von ihrem Mann getrennt und meinte, ich könne in ihrem Gästezimmer bleiben.

Nach einem Abendessen im Kerzenlicht auf der Terrasse beobachteten wir den Sonnenuntergang und den Aufgang des Mondes über den glitzernden Lichtern der tief darunterliegenden Stadt. Wir gingen in die *Lounge*, und sie spielte wunderschön auf dem Flügel; dann legte sie Musik auf, zu der wir tanzten konnten. Ann mietete auch ein Haus am Strand auf der anderen Seite von Oahu, so daß wir am frühen Morgen schwimmen und den Sonnenaufgang betrachten konnten. Wir gingen auf ein Luau, was nur für Hawaiianer bestimmt ist; doch da Ann hawaiianisch sprach, erhielt sie für uns die Erlaubnis, an den Feierlichkeiten, dem Gesang und Tanz teilzunehmen. Als ein hawaiianischer *Kahuna*[4] die

Zeremonie eröffnete, berührte mich das ganz tief im Herzen. Nie zuvor hatte mich irgendein Erlebnis auf die gleiche tiefe Weise berührt. Ich fühlte mich mehr als je zuvor eins mit dem Meer, den Menschen, den Elementargeistern und meinem eigenen ursprünglichen Sein; ich konnte die Tränen nicht zurückhalten.

Die ganze Atmosphäre von Hawaii, die Schönheit der Insel, die Macht der Natur, übten eine tiefgreifende Wirkung auf mich aus. Als wir die heiligen Stätten besuchten, die Wasserfälle und Becken auf Oahu und auch der Großen Insel von Hawaii, erzählte mir Ann, daß sie mit den Devas und Naturgeistern in Kommunikation stehe und mit der Feuergöttin, als »Madame Pele« bekannt. Von ihnen, sagte sie, sei zu hören, daß ich ihr helfen solle, ein Zentrum auf der Großen Insel einzurichten, wo sie Land besaß. Doch eine Botschaft, die David empfangen hatte, kam mir in den Sinn:

Es liegt in deiner Verantwortung, deine eigene Ganzheit, das Feuer deiner Liebe, die Erleuchtung deiner Weisheit nach Findhorn zurückzutragen, das, was das Wachstum der Gemeinschaft durch die Beziehung nährt und unterstützt, und was deiner Partnerin helfen kann, diesmal ihren Durchbruch zu erreichen.

Ich sagte Ann, daß ich zu Eileen und der Gemeinschaft zurückkehren würde, aber sie schien mich nicht zu hören. Sie ließ ihren ganzen Charme spielen, bis mir schien, daß sie mich einfangen wollte. Ich wurde in die besten französischen Restaurants ausgeführt, und Ann war eine hervorragende Tänzerin - etwas, das ich immer sehr gewürdigt habe und was mir immer Freude machte, mein Leben lang. Mir ging es hier in Hawaii so gut, wie fast nie im Leben, ich genoß die Musik, die Hawaiianer mit ihrem Geist von Aloha, das klare, blaue, warme Wasser zum Schwimmen und die leuchtenden Fische, wenn wir schnorchelten. Ann offenbarte mir alles, was Hawaii zu bieten hatte, und ich nahm nicht bloß den Köder, sondern Leine und Schwimmer noch dazu, aber ich machte ihr auch klar, daß unsere Beziehung nicht dauern würde - und daß es mein Geschick sei, nach Findhorn zurückzukehren.

---

4) Ein eingeborener Schamane oder Heiliger.

29. Kapitel

DIE BALANCE FINDEN

Lass los, lass los, lass los:
Denn nur dann kannst du dich in Gott fallen lassen.

Auf meinem Weg von Hawaii nach Findhorn verbrachte ich noch einmal etwas Zeit mit David und Myrtle und weihte sie in meine jüngsten Erlebnisse ein. Auf meine Bitte hin erhielt David eine lange Botschaft von höherer Quelle darüber, was sich für mich auftat, die Wahl, die mir geboten wurde und die wahrscheinliche Wirkung meiner Wahl auf die Gemeinschaft. Im wesentlichen sagte die Botschaft aus, daß Elementalkräfte, denen ich auf Hawaii begegnet war, einen besonderen Aspekt der Herzenergie repräsentierten - »die vitalisierenden, leidenschaftlichen Aspekte des Feuers«. Diese würden das Sich-Öffnen meines Herzens beschleunigen, dessen Bedürfnisse bei dem Willens- und Konzentrationsakt, der nötig gewesen war, um die Gemeinschaft aufzubauen, ziemlich aufs Abstellgleis geraten waren.

Die Botschaft ging so weiter:

Findhorn ist zum Teil durch das energetische Einbringen deiner elementalen Kraft, deines Willens und jener Energie, die du als Licht bezeichnet hast, geschaffen worden. Jetzt wirst du jedoch erkennen, daß es sich nicht wirklich um Licht handelt, denn Licht ist eine gemischte Energie, ganzheitlich und friedvoll-heiter, zusammengesetzt aus Liebe, Willen und Weisheit sowie intelligent angewandter Energie. Es wird zu einer Verantwortung für dich, deine eigene Ganzheit, das Feuer deiner

Liebe und die Erleuchtung deiner Weisheit nach Findhorn zurückzutragen, welche das Wachstum und die Kommunion durch die Beziehung nährt und deiner Partnerin helfen kann, zu dieser Zeit ihren Durchbruch zu erreichen.

Ich bedachte diese Botschaft durch David sehr eingehend und interpretierte die Wahlmöglichkeiten, die sie anklingen ließ. Eine weitere Möglichkeit war, daß ich aus der Gemeinschaft fortginge, um planetarische Arbeit zu tun, um anderen Zentren bei ihrer Bildung und ihrem Wachstum zu helfen. Eine weitere Möglichkeit war, nach Findhorn zurückzugehen und von dem, was David das »Moses-Prinzip« nannte, zu dem »Maria-Prinzip« überzugehen. Ich konnte sehen, daß ich Eileen zu helfen vermochte, die maskuline Seite ihrer selbst zu entwickeln, und sie konnte mir helfen, die weiblichen Eigenschaften zu entwickeln. Dann könnten wir miteinander arbeiten, nicht als zwei Hälften eines Ganzen, sondern als zwei ganze und integere Individuen, in Liebe und Harmonie. Es kam mir zu Bewußtsein, daß meine Beziehung zu Alice dazu gedient hatte, die »alte« Kombination von Eileen und mir zu lösen, und daß wir drei zumindest für eine Weile, wenn Eileen und ich durch unsere Veränderungen gingen, als ein Dreieck arbeiten könnten. Deshalb wurde meine Entscheidung, in die Gemeinschaft zurückzukehren, durch Davids weise Worte bekräftigt; und wie sich herausstellte, hatten Alice und Eileen in meiner Abwesenheit bereits damit begonnen zu lernen, wie sie sehr schön mit einem Gefühl gegenseitiger Unterstützung miteinander arbeiten konnten.

Als ich nach Findhorn zurückkam, schien in der Gemeinschaft ein gänzlich neuer Geist zu herrschen. Ich begann zu lernen, meine Autorität mit Liebe und Weisheit abzumildern, und sowie ich dies tat, schien dies das wahre Potential von immer mehr Mitgliedern ans Licht zu befördern. Sie lernten Eileen und mich besser kennen, als wir unsere Rollen veränderten - statt strikt die Elternrolle zu spielen, wurden wir Reisegefährten in dem Abenteuer der Transformation. Als einfaches Beispiel hierfür übernahmen Eileen und ich einmal in der Woche die Gemeinschaftsküche und bereiteten für das allgemeine Abendessen eine Auswahl von Omelettes.

Die Zeit war auch gekommen für eine fundamentale Wandlung in der

Art, wie die Gemeinschaft geleitet und organisiert wurde. Eileen und ich bereiteten uns auf eine weitere Tour vor, diesmal nach Europa. Anläßlich unserer letzten Reise hatte ich während unserer Abwesenheit zwei Leuten das Ruder für die Gemeinschaft übergeben - Alice Weybull und John Hilton, dem pensionierten Bankdirektor und stellvertretenden Vorsitzenden unserer Treuhänder. Obwohl wir drei harmonisch miteinander gearbeitet hatten, mußte ich doch bei meiner Rückkehr sehen, daß ihre gemeinsame Anstrengung nicht vollkommen geglückt war. John, weise und welterfahren, fiel es schwer, mit einer so jungen, unerfahrenen Frau wie Alice zusammenzuarbeiten. Alice, mit ihrer hochentwikkelten Intuition und inneren Vision, war frustriert über Johns Mangel an Bewußtheit und Verständnis. Es wäre beiden und ganz zu schweigen der gesamten Gemeinschaft gegenüber unfair gewesen, sie zu bitten, diese Übung noch einmal, ohne andere Helfer, zu wiederholen.

Daher beschloß ich, ehe Eileen und ich wieder wegfuhren, die Gründung einer Kerngruppe. Sie sollte die zentrale, koordinierende und Richtlinien ausarbeitende Körperschaft der Gemeinschaft werden. Bis zu diesem Zeitpunkt waren alle größeren Beschlüsse von mir gefaßt worden. Da Eileen nicht mehr spezifische, regelmäßige göttliche Direktiven für die Gemeinschaft oder für mich erhielt, mußte ich mich auf mein eigenes inneres Wissen verlassen. Ich brauchte etwa ein Jahr, bis ich allmählich alles an die Kerngruppe weitergereicht hatte, was ich über die Leitung der Gemeinschaft wußte, da ich bis zu dieser Zeit der einzige gewesen war, der alle Zügel in der Hand gehalten hatte und wußte, was in allen Bereichen und Abteilungen lief.

Zu diesen Veränderungen empfing Eileen:

Du und Peter, ihr seid für dieses, Mein Lichtzentrum, verantwortlich. Ihr habt es ins Leben gerufen, und ihr seid für alles verantwortlich, was ihr aufgebaut habt. Daher ist es wichtig, daß die rechte Kerngruppe gebildet wird, um die Gemeinschaft zu führen, wann immer ihr abwesend seid, und daß diese Kerngruppe im Wesen gesund, geerdet und ihrer Aufgabe ganz ergeben ist. Ehe dies nicht so ist - und Peter wird das ganz genau mitbekommen - wird er sich nicht frei fühlen, hinauszugehen und universale Arbeit zu tun. Ich habe jedoch ein großes Interesse daran, daß ihr beide euch frei bewegen könnt. Ihr habt der Welt viel zu geben. Du wirst immer für dieses Zentrum verantwortlich sein. Peter muß willig sein loszulassen und wirklich denen zu trauen, welche die Kerngruppe formen werden und wissen, daß die Gemeinschaft unter Meiner direkten Führung, zu Meiner Ehre und Meinem Ruhm geleitet werden wird. Ehe nicht dieses Zentrum wirklich kerngesund und einig ist, wird es Zeitvergeudung sein, irgendwo hinzufahren und darüber Reden zu halten. Denn dies ist eine lebendige Demonstration eines Lebensstils, und wenn sie nicht den Lebensweg in ihrer Mitte vorlebt, wird sie sein wie ein Apfel mit einem verfaulten Gehäuse; sie würde verderben und nutzlos sein. Daher muß das Zentrum rein sein, gesund und heil, und es muß darauf geachtet werden, daß es zu allen Zeiten so bleibt.

Die Kerngruppe brauchte eine Weile, um zu lernen, als Gruppe zu arbeiten. Einmal zum Beispiel wurde ein bestimmtes Problem total von einem intellektuellen Standpunkt aus diskutiert und reflektiert, und man fand keine Lösung. Am folgenden Tag empfing Eileen die Weisung:

Warum Zeit und Energie mit Diskussionen verschwenden und damit, über ein Problem und wie man damit umgehen soll, zu streiten? Warum nicht still sein und in der Stille nach innen gehen und Mich euch die Wahrheit enthüllen lassen? Versucht nie, eine Lösung mit dem Kopf zu erarbeiten. Laßt den Kopf euer Diener sein, niemals euer Herr. Wenn ihr euch auf Mich einstimmt, kommt ihr alle zur selben Lösung, denn Ich bin der universale Kopf. Kein Problem ist zu gering, um Mir vorgelegt zu werden. Seht die Gruppe aus dem universalen Geist heraus leben; dann wird alles reibungslos laufen, und es wird perfekte Harmonie und Einssein geben.

Die Kerngruppe war für die umfassenden Richtlinien der Gemeinschaft verantwortlich, aber wir fanden bald, daß sie sich mit zu viel Verwaltungskram beschäftigte. Wir bildeten daraufhin drei Zweige: Verwaltung, Weiterbildung und Gemeinschaft; letztere setzte sich aus den Leitern aller Abteilungen zusammen, die wir *Focaliser* nannten. Jede Woche traf man sich zu einem Plenum. Übergeordnete Richtlinien wurden gewöhnlich von der Kerngruppe vorgelegt, die sie an die Verwaltungs- oder die Weiterbildungsabteilung weiterreichten, um zu sehen, wie sie in der Praxis laufen würden; dann erhielt die Kerngruppe gewöhnlich einen Bericht. Daraufhin ging die Angelegenheit weiter an die Focaliser und wurde schließlich dem Gemeinschaftsplenum in einer Sitzung zur

Diskussion vorgelegt. So wurden Beschlüsse also in Gruppen auf hierarchische Weise gefaßt und kamen allmählich herunter, bis sie von der ganzen Gemeinschaft geteilt wurden.

Anfangs war ich der Focaliser der Kerngruppe, des Verwaltungs-, des Bildungszweiges und der Gemeinschafts-Gruppe, denn es gab sonst niemand mit genug Erfahrung. Am Ende konnte ich alle diese Positionen abgeben, sobald die rechten Leute fähig wurden, diese Bereiche zu übernehmen. Ich blieb aber Focaliser für die gesamte Gemeinschaft.

Als diese Struktur erst einmal klappte, empfing Eileen:

Jetzt ist es für die Kerngruppe an der Zeit, allmählich auf eigenen Füßen zu stehen, ohne Peter, damit sie dann, wenn er gehen wird, wirklich stark ist. Peter wird loslassen und ihnen die Chance geben müssen, genau zu sehen, wo sie stehen und wie gesund und vereint sie wirklich sind. Dies wird weder für sie noch für Peter leicht sein. Er wird erst entdecken, daß er für eine längere Zeit weggehen kann, wenn er die Zügel wirklich losläßt. Diese Periode der Schulung für die Kerngruppe wird vieles offenbaren. Erwarte das Beste und sieh es hervortreten.

Wie sich zeigte, übergab ich die Macht zu plötzlich, und Eileen hörte, daß ich sanfter loslassen sollte: dann würden sie durchaus auf eigenen Beinen stehen können![1]

* * * * *

Das Jahr 1975 war in der Tat eine Zeit großer Veränderungen für uns alle. Nach einer mehrere Wochen dauernden Krankheit starb am 8.März Roc in Loch Tay. Er war ein teurer Freund und gleichermaßen der Mentor der Gemeinschaft. Die Nachricht von seinem Ableben traf mich wie ein Schlag, und den Verlust empfand ich stark. Ich hatte gedacht, wir hätten noch immer eine große Menge Arbeit zusammen zu erledigen.

An jenem Abend kam die ganze Gemeinschaft zum Anlaß seines Todes zusammen und um all das, was er uns gegeben hatte, zu würdigen.

1) Während dieser Zeit hatte Eileen offenbar weiterhin Führung zu wichtigen Anlässen empfangen, die die ganze Gemeinschaft betrafen.

Trotz einer natürlichen Trauer darüber, daß er nicht mehr physisch bei uns sein würde, tranken wir zugleich auch einen Toast auf Roc in Liebe und Freude über seine Befreiung aus den Ketten seines irdischen Körpers; wir wußten, daß er uns nicht verlassen, sondern weiterhin über uns wachen und uns von einem höheren Bewußtseinsniveau aus führen würde.

Drei Tage später gingen Eileen und ich zu Rocs Begräbnis nach Edinburgh. Sir George Trevelyan leitete die Zeremonie ganz ausgezeichnet; ernste Feierlichkeit und Freude hielten sich sehr angemessen die Waage. Er nannte Roc einen »der großen Pioniere des New Age« und fügte hinzu: »Vielen seiner Freunde war er ein Ratgeber und Führer, der tiefe Weisheit und Liebe brachte und ihnen auf dem Wege half, ihr Bewußtsein zu erhöhen und ihre Erkenntnisse zu erweitern...Roc gelang als einem fortgeschrittenen Sensitiven der Durchbruch zu einer direkten Vision der Welt der Naturgeister. Die Bedeutung dieser Brükke zwischen dem Menschen und der Elementarwelt kann zu dieser Zeit gar nicht deutlich genug gewürdigt werden. Die großen Eingeweihten und Meister des zwanzigsten Jahrhunderts, wie Rudolf Steiner und Tudor Pole, hatten direkten Kontakt mit diesen unsichtbaren Wesen und sprachen mit ihnen. Roc hatte jedoch eine besondere Mission: Die Wirklichkeit dieser Welten als Wissen ins allgemeine Bewußtsein zu bringen. Seine Verbindung mit Findhorn gab ihm diese Möglichkeit...Die Erlösung unseres verseuchten Planeten beinhaltet eindeutig die Zusammenarbeit des Menschen mit der unsichtbaren Welt der Devas und Naturgeister. Die Arbeit im Findhorn Garten und die Leistung von Ogilvies Verbindung ist von ganz überragender Bedeutung. Sowie die Brücke nun errichtet ist, wird sie mehr Wissen, mehr Energie und mehr Reinigung für den Planeten zur Folge haben. Ogilvie war in der Tat eine schöne Seele. Das Leuchten der Freude, der Weisheit und der Liebe ging von seinem Gesicht aus...Er war wahrlich der Merlin unserer Zeit...im allerbesten Sinne eines weißen Magiers.« Meine Augen brannten vor Tränen.

Nach dem Begräbnis gingen Rocs Freunde für einige Stunden in seine Wohnung zurück, und wir genossen reichlich Speise und Trank. Die Versammlung dort spiegelte die vielen verschiedenen Facetten in Rocs außergewöhnlichem Leben wider, die er, wie mir zum ersten Mal klar wurde, sorglich voneinander getrennt hielt, sozusagen in wasserdichten Behältern - auf diese Weise bewahrte er sich das »Tuch«, welches Magier brauchen, um in ihrer Arbeit besonders effektiv zu sein. Ein Beispiel dafür war Colonel Henderson, der Roc siebzig Jahre gekannt hatte und einer seiner engsten Freunde war. Er hatte von der Seite in Roc, die wir in Findhorn kannten, keine Ahnung. Für mich war Rocs Ableben das Ende einer Ära; doch, noch wichtiger, sein Tod leitete im Triumph den Beginn einer neuen Ära ein.

* * * * *

Im selben Jahr schuf die Veröffentlichung von Paul Hawkens *Der Zauber von Findhorn* eine Sensation - es war entstanden aus einem Artikel, den der Redakteur des *East-West Journal*, Robert Hargrove, bestellt hatte. Paul war der außerordentlich erfolgreiche Manager von *Erewhon* gewesen, dem damals größten Reformkost-Großhandel der Welt. Obwohl er von uns über Erzählungen in Kalifornien erfahren hatte, war er doch offen skeptisch, als er Roberts Auftrag annahm. Er war sogar noch skeptischer, als er uns das erste Mal besuchte und Eileen ihm durch ihre Führung mitteilte, daß sein Zeitschriftenartikel »wie ein Lauffeuer über die Vereinigten Staaten fegen« werde. Das genau passierte aber. Paul schrieb mir später:

Es gehen immer mehr Reaktionen auf den Artikel ein, ich nehme also an, daß ein Teil dieses Lauffeuers entzündet worden ist. Es scheint in so vielen Menschen einen leeren Raum zu geben, welchen die Geschichte und Botschaft von Findhorn erfüllt und wieder ganz macht. Ich weiß ja gar nicht, wo anfangen, um Dir und Eileen und euch allen gegenüber das überwältigende Gefühl von Dankbarkeit und Freude auszudrücken, das ich empfinde. Es ist wirklich ganz unbeschreibbar, und doch total greifbar und wirklich! Ich fühle, daß in einer bestimmten, noch nicht völlig integrierten Weise, Findhorn eine Wegkreuzung in meinem Leben darstellt; daß meine Erlebnisse dort nicht allmählich aus meinem Gedächtnis verschwinden werden, sondern eher, daß sie in mir wachsen und im Verlauf meines Lebens an Größe gewinnen werden. Dies bezeugt Findhorn, daß ihr alle fähig wart, sogar in diesem eher fruchtlosen Boden meines Selbst, einen Samen zu setzen, welcher wächst und genährt wird. Habt ihr nicht zuallererst gelernt, einen Garten zu pflanzen? Und so empfinde ich, daß diese Welt euer Garten ist, und daß Menschen, die nach Findhorn kommen, wie Samen sind, die innerhalb der Liebe und dem Nährboden der Gemeinschaft zum Leben erwachen. Und daß diese Menschen dann wie Samenhülsen sind, die über den Planeten geweht werden, welche die neuen Samen für ein Neues Zeitalter aussäen und sie zum Wachsen bringen. Wie perfekt ist das Symbol eines Gartens für Findhorn und wie wundervoll die Tatsache, daß ihr auf Sand begonnen habt. Denn ist nicht die Welt geradeso wie jene Dünen und Hügel, wie sie auf Liebe und das Bewußtsein neuer Wesen wartet, um sie ins Leben und in Schönheit zu verwandeln?

Seine Frau fügte hinzu - in einem gesonderten Brief - daß Paul nach seiner Zeit bei uns ein gewandelter Mensch war; doch nach der Veröffentlichung seines Buches war es umgekehrt, denn nun war es die Findhorn Gemeinschaft, die dadurch eine Transformation erfuhr.

Pauls schlichte, aber poetische Erzählung fing so recht den »Zauber« ein, den Findhorn in jenen Tagen ausstrahlte, und dies führte dahin, daß uns eine wahre Flut von Menschen besuchen wollte. Wir konnten sie einfach nicht alle unterbringen und mußten so viele abweisen! Der Erfolg von *Der Zauber von Findhorn* mag die Hauptursache dieser plötzlich aufkommenden Popularität gewesen sein, freilich nicht die einzige: *Der Garten von Findhorn*, *Das Findhorn Kochbuch*, eine Reihe von Eileens und Davids Büchern (von unserem eigenen Verlag herausgegeben) ebenso wie unzählige Reportagen in Tageszeitungen, Zeitschriften, im Radio und Fernsehen machten uns plötzlich »in«; hier mußte man gewesen sein. Ein Film über uns sollte bald herauskommen. Als ein sehr mächtiger PR-Mann aus den Staaten, der uns gerade besuchte, davon hörte, wies er darauf hin, daß wir in Kürze überrannt würden, und nichts geringeres als Stacheldraht und Maschinengewehre würde uns die Leute vom Leibe halten können. Was wir wohl angesichts dessen zu tun gedächten?

Ich wußte die Antwort sofort: *Cluny Hill Hotel*. Hatte nicht Eileens Führung vor so vielen Jahren versprochen, daß wir dorthin zurückkehren würden, wenn wir erst in Findhorn das Zentrum errichtet hätten und die Zeit dafür reif sei? Ohne erst die Erlaubnis oder das Einverständnis der diversen Gemeinschaftsgruppen einzuholen, die eigentlich konsultiert werden wollten, ging ich ans Telefon und rief Phimister Brown an[2]. Ich schlug ihm vor, das Cluny Hill-Hotel zu kaufen und zu leiten, und wir würden ihm die Gäste liefern. Er sagte, er werde Gammak Clark kontaktieren, den leitenden Direktor der Kette, zu dem das Hotel gehörte. Wenige Tage später rief Phimister zurück, mit einer interessanten Story: Als er Mr. Clark angerufen hatte, kurz nach meinem Anruf, sagte man ihm, er habe entweder einen Spion unter den Direktoren der Hotelkette oder aber er müsse paranormale Fähigkeiten besitzen. An just jenem Tag hatten nämlich die Direktoren den Verkauf von Cluny Hill-Hotel beschlossen.

Das war mein Stichwort. Ich brachte das Thema, Cluny Hill-Hotel zu kaufen, vor Kerngruppe und Verwaltungsabteilung und machte einen Besichtigungstermin für uns aus. Was wir sahen, gefiel uns. Dann trafen sich vier von uns mit Phimister - dessen Firma über zweihundert Hotels betreute, es fehlte ihm also wirklich nicht an Erfahrung - und forderten ihn auf, uns seine Vorschläge zu unterbreiten. Stattdessen überraschte er uns, indem er einen Gegenvorschlag machte: Warum wollten wir das Hotel nicht selbst kaufen, es als einen Teil der Findhorn Gemeinschaft führen und nur Mitglieder und Gäste der Gemeinschaft aufnehmen? Seine Schätzung von Gewinn und Verlust kam aufs gleiche heraus, egal ob das Hotel als reguläres Hotel geführt würde oder durch uns, und sie erschien gleichermaßen pessimistisch: Viel Arbeit mußte in das Gebäude gesteckt werden, welches - wie Eileens Führung vor dreizehn Jahren vorausgesagt hatte - heruntergekommen war. Sollten wir es tatsächlich erwerben, schlug Phimister vor, dann könnten wir ja in Betracht ziehen, unseren Gästen »den therapeutischen Wert, den Arbeit für sie haben könnte«, anzupreisen. Ich konnte ein Schmunzeln nicht unterdrücken, als ich ihm erläuterte, daß wir ja bereits eine arbeitende Gemeinschaft seien und unsere Gäste in der Tat dafür bezahlten, für uns arbeiten zu dürfen! Bevor er ging, meinte Phimister, wir könnten unmöglich scheitern.

Das Gebäude war auf vier Millionen Mark geschätzt worden und würde etwa 150 Gäste sowie zwanzig bis dreißig Leute als Personal aufnehmen können. Phimister sagte uns, daß es keine Schwierigkeiten geben dürfte, einen Kredit bei der Bank zu bekommen - er selbst sei bereit, für

2) Der Anwalt, der mir 1962 die Leitung eines Hotels in Aberdeen angeboten hatte.

dreißigtausend Mark zu bürgen; aber ich konnte voraussehen, daß der Vorschlag aus vielen Ecken unserer Gemeinschaft auf harten Widerstand stoßen würde. Einige Mitglieder meinten, daß das Geld - falls wir es erhielten - besser im Kauf eines Bauernhofes angelegt wäre, damit wir in unserer Nahrungsmittelproduktion unabhängig würden. Andere meinten, wenn das Geld verfügbar wäre, sollten wir die bestehenden Unterkünfte für die Mitglieder auf dem Campingplatz aufbessern. (Bungalows waren zumeist den Gästen vorbehalten; die meisten Mitglieder lebten nach wie vor in Wohnwagen.) Einige meinten ärgerlich, wir sollten es den Franziskanern mit ihrem demutsvollen Armutsgelübde gleichtun und unsere Einnahmen anderen guten Zwecken zur Verfügung stellen.

Um Einstimmigkeit zu erreichen, nahm ich die Gemeinschaftsmitglieder in Zwölfergruppen - so viele konnte unser Kleinbus fassen - hinüber zu dem Kraftort, der das Hotel überragte und forderte jede Gruppe auf, eine Weile in stiller Einstimmung zu verharren. Danach ermunterte ich sie, jedwede persönliche Einsicht oder Gefühle, die ihnen gekommen waren, mitzuteilen. Dann rief ich eine Plenumssitzung für die Gemeinschaft zusammen, auf der ich Dias des Hotels und seines umliegenden Geländes vorführte, und die finanziellen Einzelheiten und Fragen zum Personal wurden diskutiert. Michael Shaw, der zu jener Zeit den Verwaltungszweig leitete, schloß die Sitzung mit den Worten: »Ich denke, in den letzten drei Wochen habe ich Peter jeden nur denkbaren praktischen Einwand vor die Füße geworfen, und die Entscheidung für jeden einzelnen ist gekommen. Ich bin inzwischen der Meinung, daß es trotz der anscheinend unlogischen Natur dieser Entscheidung wohl Gottes Wille sein mag, daß wir dieses Hotel erwerben.«

Dies schien offensichtlich der Fall zu sein. Obwohl es auf mehr als eine Million Pfund Stirling geschätzt war, kauften wir das Gebäude - und das schloß die ganze Möblierung, zwei Flügel, Teelöffel, Leinen, fünfeinhalb Morgen Land, eine große Garage, ein kleineres Haus, Tennisplätze, ein Schwimmbecken und einen Sportpavillon ein - für gerade 60 000 Pfund. Es war ein überragendes Beispiel für eine Gruppenmanifestation.

* * * * *

Über die kommenden Jahre wuchs die Gemeinschaft noch weiter, und wir erwarben ein paar weitere Grundstücke in der Umgegend. Eileen und ich verbrachten immer mehr Zeit unterwegs, oft zusammen mit anderen Gemeinschaftsmitgliedern, auf Tour in Großbritannien, Europa, den Vereinigten Staaten, Australien und Neuseeland. Wo immer wir hingingen, gab es Beweise genug, daß das »Netzwerk des Lichts«, das wir so lange in unserer Vision gesehen hatten, in Form von Gemeinschaften, Gruppen und Zentren Gestalt annahm.

Die Findhorn Gemeinschaft wuchs nicht allein an Größe, sondern sie reifte auch. Indem immer mehr Mitglieder die Verantwortung für ihre Arbeitsbereiche übernahmen, war ich in der Lage, die Zügel zu lockern und am Ende loszulassen. Gegen Ende 1978 wurde eine neue Kerngruppe gebildet, mit François Duquesne als dessen Leiter; der von da an auch Leiter der Gemeinschaft selbst war - er hatte einen cleveren Geschäftssinn und bei der rapiden physischen Ausdehnung der *Foundation* in den späten siebziger Jahren hatte Findhorn sein Fachwissen durchaus nötig. Unsere permanente Mitgliederzahl war auf rund dreihundert Leute angewachsen mit ungefähr viertausend länger (mindestens eine Woche) bei uns wohnenden Gästen und zehntausend Besuchern pro Jahr. Ein neues Buch - *Faces of Findhorn* - war vom amerikanischen Verlag Harper& Row in Auftrag gegeben worden, als Nachfolger des erfolgreichen *Der Findhorn Garten.*

Im Januar 1979 nahm ich am *Rainbow Rose Festival* in Pasadena teil, einer riesigen Versammlung von ungefähr einhundertundzwanzig Rednern und Workshop-Leitern. Ich sollte durch Shari Secof, einer Kontaktperson für Findhorn im Bereich von Los Angeles, vorgestellt werden; ich hatte vergessen, daß ich sie 1976 in Findhorn getroffen hatte. Weder Shari noch ich hatten eine Ahnung, wie sehr das Festival unser Leben ändern sollte.

Am ersten Tag hörte Shari einen göttlichen Befehl von innen: »Rücke näher an Peter heran!« Sie fragte sich, wie sie das tun solle, dachte aber, wenn die Anweisung vom »inneren Gott« komme, würde sich der Weg dafür öffnen. Wie es so kam, fragte ich Shari an jenem Abend, ob sie gern mit ein paar Leuten aus Findhorn nach Hollywood mitkäme, wo wir die Schwester eines Gemeinschaftsmitglieds in einem Nachtclub singen hören wollten; dies erschien als eine freundliche Geste, da Shari ja unsere Kontaktperson dort war.

Wir brachen als Vierergruppe auf: Ich, Shari, François Duquesne und Linda Morris aus Findhorn. Bevor wir jedoch auf die Autobahn Richtung Hollywood einbogen, baten François und Linda darum, daß wir sie in ihrem Hotel absetzten, weil sie von der Reise und auch vom Festival her erschöpft waren. Shari nahm dies als ein Zeichen, daß ihre Botschaft korrekt gewesen war; sie hatte nun gewiß die Gelegenheit, mir näherzukommen. An jenem Abend im Nightclub lernten wir uns näher kennen und kehrten zu ihrem Hotel zurück, um dort vor verschlossener Tür zu stehen. Das Ende von der Geschichte war, daß sie die Nacht bei mir in meinem Hotel verbrachte.

Nach dem Festival hatte ich vor meinem Rückflug nach Großbritannien ein paar freie Tage, weil eine Vortrags-Einladung in Kanada abgesagt worden war. Helen Rubin, ein ehemaliges Findhorn-Mitglied, hatte mir geschrieben, sie hielte es für eine gute Idee, wenn ich eine Gruppe von fünf Erwachsenen und vier Kindern aus Findhorn besuchen könne, die nun zusammen auf der Hawaii-Insel Maui lebten; so gelang es mir also, zwei herrliche Tage dort in der Sonne zu verbringen. Ich kehrte nach Findhorn zurück, fit und klar, und wieder fühlte ich mich berührt von der außerordentlichen Liebes-Energie Hawaiis.

Meine Beziehung zu Eileen war in den letzten Jahren immer brüchiger geworden, und bei meiner Rückkehr war ich entschlossen zu versuchen, unsere Probleme gemeinsam mit ihr in den Griff zu bekommen. Ich rief deshalb Shari an, um ihr mitzuteilen, daß zwischen uns alles aus sei, da ich mich mit Eileen wiedervereinigen und alles Erdenkliche unternehmen würde, um unsere Ehe zu retten. Shari war empört, schokkiert und verletzt, nahm meine Entscheidung jedoch an in der Erwartung, nie mehr von mir zu hören.

Ich hatte die Absicht, Eileen über Shari zu erzählen, doch meine Angst vor Eileens Zorn hielt mich davon ab, das Abenteuer einer Nacht in Los Angeles zu beichten. Es war eine verzwickte Situation; denn ich wußte, daß Shari geplant hatte, Findhorn in naher Zukunft zusammen mit der Gruppe zu besuchen, mit der sie einige Jahre lang in Los Angeles gearbeitet hatte. David Spangler und andere hatten die Möglichkeit angesprochen, daß Eileen und ich uns vielleicht trennten und ich eine andere Partnerin haben würde, doch ich wollte es wirklich versuchen und die Ehe zum Erfolg führen. Wir schienen dabei jedoch nicht eben viel Glück zu haben, trotz des beratenden Beistandes durch manchen guten und bewährten Freund.

Eileen litt nach wie vor an dem Auseinanderbrechen unserer Beziehung, welches mit Alice eingesetzt hatte, und sie meinte, wir sollten uns eine Weile trennen, obwohl wir eine gemeinsame Tour durch die Staaten geplant hatten. David und Myrtle hielten es für richtig, daß wir uns trennten, aber ich glaubte, dies gelte nur für einige Monate. Uns wurde gesagt, wir befänden uns im Nebel, doch über die nächste Periode würden wir von Augenblick zu Augenblick geführt, bis es zu einer größeren Entscheidung käme.

Im letzten Moment entschied sich Eileen, nicht mit mir zu reisen, und so fuhr ich alleine los. Meine erste Unterbrechung war bei Bill und Louise Trigg, den Koordinatoren für Findhorn an der amerikanischen Ostküste, wo ich eine Reihe von Vorträgen halten sollte. Bill sagte mir, er sei nicht imstande gewesen, die Findhorn-Bücher, um die ich gebeten hatte, zu bekommen, daß jedoch alles in Ordnung gehen würde, denn er habe das scheinbare Problem mit einem Anruf an die Koordinatorin für Findhorn an der Westküste gelöst - Shari Secof! Also rief ich Shari an, und sie sagte, sie habe die Bücher verpackt in ihr Auto getan und ihre Tochter gebeten, sie per Luftpost zu schicken, denn Shari war auf dem Weg zu einer Konferenz; doch als sie zurückkam, sah sie, daß die Bücher nicht weggeschickt worden waren. Ich schlug ihr vor, in der Meditation nach einer Auskunft zu suchen, ob sie vielleicht die Bücher selbst herüberbringen solle, denn sie wurden für den nächsten Tag gebraucht.[3] Shari rief zurück und sagte, sie würde kommen.

Ich berichtete Shari, daß Eileen und ich uns für eine Weile trennten, vermutlich bis September oder Oktober. Als Shari kam, sagte sie mir, sie sei ärgerlich darüber, daß ich mich nur auf Zeit trennte - sie sei nicht interessiert an einer Beziehung mit einem verheirateten Mann. Ich be-

---

3) Der Verkauf von Büchern und Kassetten auf Workshops und Vorträgen war eine wichtige Einnahmequelle auf jeder Tournee.

wunderte ihre Klarheit, und wir kamen überein, die Dinge in Gottes Hand zu belassen.

Shari beschloß, mit Bill Trigg und mir zur *Koinonia Community* zu fahren, etwa zwei Stunden vom Wohnort der Triggs entfernt, wo ich einen Vortrag hielt. Shari wollte dann danach abfahren. Als wir ankamen, baten mich die Leute in Koinonia jedoch zu bleiben; sie hätten eine ganze Reihe von Problemen, zu denen sie meinen Rat schätzen würden. Bill Trigg meinte, ein Freund könne ihn heimfahren. Shari wollte auch schon losfahren, als sie im letzten Augenblick ihre Meinung änderte, denn sie wollte an der Diskussion teilnehmen. Diese dauerte bis spät in den Abend, daher beschlossen wir, über Nacht zu bleiben. Es gab jede Menge Einzelzimmer in der Gemeinschaft, doch zu unserer Überraschung wurden wir in ein Apartment geführt, das über dem des Führers dieser Gemeinde, eines Geistlichen, lag. Das Zimmer hatte nur ein Doppelbett. Es erschien unvermeidlich, daß Shari und ich zusammen sein sollten.

Shari war für mich die Verkörperung des weiblichen Prinzips schlechthin, mit einer hochentwickelten Intuition und fast gar nichts von einer linken Gehirnhälfte.[4]

Irgendwie wußte sie einfach, wie die feminine Seite aus mir hervorzuholen war. Mein Ziel, so teilte ich ihr mit, sei es, noch in diesem Leben androgyn zu werden. Wir seien beide Individuen, sagte ich, und ich hielte nicht so sehr nach einer Frau Ausschau, sondern wünschte vielmehr, den weiblichen Ausdruck in mir selbst zu vervollkommnen. Ich entdeckte bereits, daß Shari mir helfen konnte, mit meinen Gefühlen in Kontakt zu treten und sie leichter auszudrücken, als ich dazu vorher in der Lage gewesen war. Wir sprachen über eine Partnerschaft, wohl wissend, daß sie nicht ewig dauern würde - in jener Zeit glaubte ich noch, daß ich zu Eileen zurückkehren würde.

Gemeinsam fuhren wir von Koinonia ab, um eine große Konferenz in Paul Solomons neuem Zentrum in Virginia aufzusuchen, wo Sir George Trevelyan und ich die Hauptredner sein sollten. Paul Solomon rief sei-

---

4) Das ist nicht so abschätzig gemeint, wie es klingt! Wie ich es damals verstand, hatten Forschungen ergeben, daß die linke Gehirnhälfte primär mit kalter Logik und rationalem Denken zu tun hat, während die rechte Seite mehr mit Intuition, Vorstellungskraft und Gefühlen befaßt ist.

ne eigenen inneren Führer an und bestätigte, daß es richtig für uns sei, uns auf diese Beziehung einzulassen, obwohl ihre Form sich ändern werde. Er sagte, es wäre auch für Eileen und ihr Wachstum richtig, da es ihr helfen werde, die maskuline Seite ihrer selbst zu entwickeln und auf eigenen Füßen zu stehen, und dasselbe gelte für die Gemeinschaft. Ich begann zu fühlen, mein nächster Schritt werde sein, nach Maui zu gehen, nachdem ich diesen Ort als einen so kraftvollen Ort der Herzensenergie kennengelernt hatte.

Paul Solomon organisierte für Shari und mich, daß wir in einem nahen Hotel unterkamen. Sir George war ein wenig überrascht, als ich meine Sachen aus dem Zimmer holte, das wir hätten teilen sollen! Als wir um 6 Uhr morgens aufwachten, wurde Shari in Meditation gesagt, daß wir losgehen und ein paar Höhlen besuchen sollten. »Bei meinem vollen Programm«, sagte ich, »haben wir keine Zeit dazu!« Aber sie meinte, wir könnten das vor dem Frühstück tun. Ich stehe nicht besonders gern früh auf oder gehe vor dem Frühstück los, aber wir brachen auf zu den Höhlen - und fanden sie verschlossen! Soviel zu der rechten Seite des Gehirns! »Alles ist bestens«, meinte Shari und führte mich den Berg hinauf durch hohes Gras, Brennesseln und Giftsumach - und ich trug bloß Shorts. Mir reichte es - so früh aufgestanden zu sein und auf mein Frühstück verzichten zu müssen! Shari führte uns nach rechts, nach links und so immer weiter. Ich marschierte unterwürfig hinter ihr her. Nach ungefähr eineinhalb Stunden begannen wir, den Berg wieder hinabzusteigen und kamen zu einer Lichtung. Dort stand ein Kleinbus mit ein paar Leuten beim Frühstücken, und ganz entzückende Düfte erfüllten die Luft!. Da erkannte ich die Leute - enge Freunde von mir von der *Renaissance Community* - und ich konnte mir ihre Überraschung vorstellen, wie sie mich plötzlich mit einer Frau in den frühen Morgenstunden aus den Büschen hervortreten sahen. Nach viel Gelächter über diese unerwartete Begegnung hatten wir ein herrliches Frühstück, und diese Erfahrung flößte mir neuen Respekt vor dem Funktionieren von Sharis rechter Gehirnhälfte ein. Zu alledem hatten sich die Leute von *Renaissance* mit den Besitzern der Höhle angefreundet und organisierten speziell für uns eine private Begehung am selben Abend. Sir George war richtig neidisch, als er von unseren Eroberungen hörte, denn er hatte von den Höhlen gehört und sie ebenfalls besuchen wollen; dies hatte jedoch nicht geklappt.

Am Ende dieser Amerika-Tournee verbrachte ich zehn Tage mit Shari, in denen ich alle möglichen Übungen machte, Meditationen, Zeichnen, künstlerische Arbeit, um meine rechte Gehirnhälfte zu entwickeln. Eines Morgens frühstückten wir mit Dr. Brugh Joy, der sich auch auf meine Lage einstimmte und meinte, es sei vollkommen richtig für Eileen, für Shari und mich und für die Gemeinschaft. »Es ist wichtig«, sagte er, »daß die "ätherische Nabelschnur", die dich mit Eileen verbindet, durchgeschnitten wird.« Und er war bereit, dies zu tun. (Barbara Carpenter, die er in der Technik unterwiesen hatte, ging später nach Findhorn und half Eileen, dies ebenso zu tun.) Wir trafen uns auch mit Wayne Guthrie und Bella Karish, zwei lieben und sehr weisen Freunden, denen wir anvertrauten, was los war. Bella bestätigte ein weiteres Mal die Richtigkeit dessen, was wir taten.

Von nun an erlaubte ich Shari, mich hinzuführen, wohin immer wir ihrer inneren Eingebung nach gehen sollten. Es war eine zauberhafte Zeit zusammen - wir hielten Händchen, aßen Eis, kicherten über die albernsten Sachen - und ich merkte, daß es mir wirklich Spaß machte, mich wie ein Heranwachsender zu benehmen, was mir nahezu sechzig Jahre zuvor offenbar versagt geblieben war. Als sich Shari im Flughafen von mir verabschiedete, bat ich sie, meine Partnerin zu sein, jedoch nicht in einer Ehe. Ich empfand es noch immer als möglich, daß Eileen und ich wieder zusammenfinden würden. Shari nahm dies an, was ihr hoch anzurechnen ist, und wofür ich ihr immer dankbar sein werde.

Ich kehrte rechtzeitig aus den Staaten zurück, um bei der Abschlußfeier unseres ältesten Sohnes Christopher an der Medizinischen Hochschule in Edinburgh dabeizusein. Statt mit mir durch die Staaten zu reisen, war Eileen nach Hawaii gegangen, um sich auszuruhen und über ihr Leben nachzudenken; dort hatte sie die Gelegenheit wahrgenommen, Ann Franklin zu treffen, mit der sie sich gut verstand. Sie kehrte entspannt nach Schottland zurück, braungebrannt und überzeugt, daß wir unsere Probleme miteinander würden lösen können. Als wir uns in Edinburgh trafen, schlug Eileen vor, daß wir beide im September nach Hawaii gehen könnten. Ich war verblüfft; denn ich dachte, wir hätten bereits entschieden, uns vorläufig zu trennen.

Es fällt mir erst jetzt beim Zusammenstellen dieser Memoiren ein, daß ich zuvor Eileen gegenüber bemerkt hatte, ich würde ins *Drumduan House* ziehen[5] und auch vorhatte, eine Zeit von der Gemeinschaft entfernt zu verbringen; doch Eileen muß unsere Trennung als eine Zeit interpretiert haben, wo ich in Drumduan sein und wir dennoch weiterhin an unserer Beziehung arbeiten würden. Heute kann ich mit ihrem Schock und ihrer Verletztheit mitfühlen, doch damals antwortete ich Eileen nur sanft, daß wir nicht gemeinsam nach Hawaii gehen könnten, weil ich bereits geplant hatte, mit einer Frau namens Shari Secof zusammenzusein, die mir bei meinen Veränderungen hier helfen werde - die Fahrkarten hätte ich bereits besorgt. Ich erinnerte Eileen daran, daß David einige Jahre früher prophezeit hatte, daß die hawaiianischen Inseln ein Ausgangsort für meine künftige Arbeit sein würden.

Eileen explodierte vor Zorn; sie schleuderte mir ihren Trauring entgegen und verlangte augenblicklich nach einer Scheidung. Ich war ganz niedergeschlagen, als mir klar wurde, wie verletzt und alleingelassen sie sich fühlte, und wie ich ihre Vision von uns beiden zusammen in Hawaii zunichte gemacht hatte. Christopher war eine große Hilfe für seine Mutter wie auch für mich. Als ich erklärte, was passiert war, sagte er, er verstehe es vollkommen und unterstütze uns beide. Nach seiner Abschlußfeier ging Eileen nach Südengland, um ihrer Tochter zu helfen, die ein Baby bekam, und ich kehrte nach Findhorn zurück, um meine Angelegenheiten zu regeln.

5) Ein großes und gutaussehendes Haus auf der anderen Seite von Cluny Hill, das im Jahr 1978 von der Foundation gekauft wurde.

30. Kapitel

DIE LIEBE WIRD EINEN WEG FINDEN

Ein Schiff muss gegen den Wind segeln,
das heisst, es muss seinen Kurs verlassen,
um ihn dann auf sichere und doch auch umständliche Weise
wieder aufzunehmen.

Mein Leben lang war ich ein Inspektor gewesen, das wird mir jetzt klar - angefangen von den Lyons'schen Teehäusern in meinen frühen Zwanzigern; dann in der enormen Versorgungsausstattung in der Königlichen Luftwaffe; im Cluny Hill-Hotel; in den Gärten, Gebäuden, Workshops, Programmen (und dem Zustand von Alice Weybulls Toiletten!) in der Findhorn Gemeinschaft; bis hin zu jenen Leuten und Orten rund um die Welt, die behaupteten, mit den neuen Formen eines Neuen Zeitalters kreativ umzugehen oder mit ihnen zu arbeiten. Geradeso wie Verantwortung eine wache Aufmerksamkeit hervorbringt - »Augen aus Licht« auch für die winzigste Ecke - so sollte andererseits auch bewußte Aufmerksamkeit Verantwortlichkeit mit sich bringen. Zum Beispiel sollte, wer in Findhorn am Gemeinschaftszentrum vorbeiläuft und Abfall auf dem Weg sieht, sich nicht fragen, wo wohl die Wartungsbrigade ist, sondern es selber aufheben.

Ein eifriger junger Mann in Findhorn in den siebziger Jahren liebte die Poesie dieses Konzepts so sehr, daß er betete, er möge »Augen des Lichts« wie meine bekommen. Sein Gebet wurde erhört; doch innerhalb weniger Tage betete er darum, daß ihm diese Gabe wieder genommen werde! Denn er hatte so viel gesehen, was getan werden mußte, und er war doch nicht fähig, persönlich für alles die Verantwortung zu übernehmen - das Licht blendete ihn. Die Folge war, daß er eine meiner Rollen in der Gemeinschaft in der damaligen Zeit mit neuen Augen sah und respektierte.

Diese »Augen aus Licht« haben mich nie verlassen. Ich gehe davon aus, daß ich wohl immer ein Inspektor sein werde, ob die Leute das mögen oder nicht. Mich selbst zu inspizieren, das wurde mir andererseits freilich eher spät bewußt, da ich mein Augenmerk immer primär auf andere Leute und deren Aktivitäten zu richten schien.

Kurz nachdem ich die Leitung der Gemeinschaft François Duquesne als *Focaliser* übergeben hatte, fuhr ich mit ihm und dreien unserer Treuhänder nach Erraid.[1] François war am Steuer. Er kommt aus Frankreich, und viele Leute halten ihn für einen waghalsigen Fahrer. Ich selbst bin auch für mein schnelles Fahren bekannt, und daß ich mit hoher Geschwindigkeit blinde Kurven nehme, wobei ich mich darauf verlasse, daß meine Intuition die Kurve »nimmt«. Diesmal fuhr François sehr schnell auf einer engen, kurvenreichen Straße am Loch Ness entlang. Ich saß als Beifahrer neben ihm und drückte mit dem Fuß dauernd ein imaginäres Bremspedal herunter, wobei ich sagte: »François, du fährst zu schnell! Was, wenn jetzt jemand um die Ecke kommt?« Aus Versehen rutschte mein Fuß aufs Gaspedal des Wagens, was mich noch mehr alarmierte, bis ich dachte: Du bist ja albern, er fährt genauso wie du!

Dann wurde mir klar, daß das, was da im Auto passierte, in der Gemeinschaft geschah. François war jetzt im Fahrersitz, und intuitiv wußte er, was zu tun war und wann. Keiner, der neben ihm saß, kannte die Lage so wie er, und dasselbe galt auch für ihn als Leiter von Findhorn. Als ich der Leiter gewesen war, hatte ich das Gesamtbild vor Augen gehabt, und jenes intuitive Wissen über die nächsten größeren Schritte, die zu tun waren, kam mir gewöhnlich zuerst. Nur die Person im Fahrersitz hat das vollständige Bild, die daraus resultierende Intuition und also die Verantwortung, der Information entsprechend zu handeln.

Mir wurde auch klar, daß Findhorn wie ein menschliches Wesen ge-

1) 1979 übertrugen zwei holländische Brüder, Henk und Arend Van der Sluis, der Gemeinschaft die Obhut über diese Gezeiteninsel nahe Iona für elf Monate im Jahr. Die kleine, dort lebende Gruppe kümmert sich um die Gemüsegärten, heißt Gäste willkommen und unterhält ein paar kunsthandwerkliche Aktivitäten wie Weberei und die Herstellung von Kerzen.

wachsen war. Die ersten sieben Jahre waren vor allem auf die Entwicklung des physischen Körpers gerichtet gewesen. Die nächsten sieben, die im Erwerb des Cluny Hill-Hotels gipfelten, behandelten zunehmend den Emotionalkörper. Die Leute arbeiteten mit ihren Emotionen, indem sie verschiedene psychologische Werkzeuge benutzten - wie Rebirthing, Co-Counselling und ähnliche Techniken. Die dritten sieben Jahre beinhalteten auch die Entwicklung mentaler Klarheit. François war der ideale Mann für dieses Stadium in der Entwicklung der Gemeinschaft, da er einen klaren und logischen Kopf besaß und im Finanzwesen und Management ausgebildet war. Einige Jahre lang war er in der Gemeinschaft eher im Hintergrund geblieben und hatte seinen Emotionalkörper entwickelt, und viele neuere Mitglieder hatten nicht gewußt, daß er bereits die Buchhaltung, den Weiterbildungszweig, die Publikationsabteilung und die Kerngruppe als Leiter geführt hatte. Ich wußte auch, daß die Gemeinschaft in der Zeit meiner Abreise nicht laufen würde, es sei denn, es gebe jemanden, der die letzte Verantwortung trug und daher auch die Autorität innehatte, in Zeiten der Verwirrung, wenn sich Gruppen nicht einigen konnten, das letzte Wort zu haben.

Die Soziologen weisen allzu gern darauf hin, daß die meisten Kommunen und Gemeinschaften nach dem Tod oder sonstigen Weggang ihrer urspünglichen charismatischen Führer eingehen. Ich denke, im Falle von Findhorn, mit mir als dem starken Führer, der sich zurückzog und die Kontrolle abgab, wurde dieses übliche Muster durchbrochen - obgleich die Gemeinschaft durchaus durch schwierige Zeiten ging.

Nach meinem Schock über Eileens Wutausbruch in Edinburgh und ihrem Aufbruch nach Süden, um bei ihrer Tochter zu sein, schaffte ich meine Habseligkeiten ins *Drumduan House* und berief eine besondere Plenumssitzung ein. François und die neue Kerngruppe saßen nun fest im Sattel und hielten die Zügel der Gemeinschaft in den Händen, und mir war wichtig, daß jeder Bescheid wußte. Vor einer bis auf den letzten Platz besetzten Halle sagte ich, nun, da die Findhorn Gemeinschaft ihr achtzehntes Lebensjahr erreicht habe - die Volljährigkeit -, würde sie erwachsen werden und müsse die Verantwortung für ihre Belange selbst voll übernehmen. Ich ginge und würde mich zudem von Eileen trennen. Wir verfolgten unsere eigenen spirituellen Wege weiter, um als Einzelpersonen ausgeglichen zu werden. Ich sagte: »*Geradeso wie unse-*

re drei Jungen jetzt draußen in der Welt stehen und uns nicht länger brauchen, so braucht uns auch die Gemeinschaft, die wir geschaffen haben, nicht länger als Elternfiguren. Ich suchte andere Wege, um daran weiterzuarbeiten, meine feminine Seite zu entwickeln, und Eileen muß ihre maskuline Seite entwickeln. Unsere Ehe lief wirklich gut, als wir einander ergänzten, aber jetzt nicht mehr. So wie Dr. Brugh Joy angedeutet hatte, fühle ich, daß es mir zu schwer fallen würde, mich innerhalb der Gemeinschaft meiner Veränderung zu stellen, und deshalb muß ich fort.«

Dann bat ich die Gemeinschaft um ihre Antwort. Eine seltsame Stille machte sich breit in der *Universal Hall,* als die Leute erst einmal verdauen mußten, was ich soeben mitgeteilt hatte. Die meisten »Altvertrauten« wußten es natürlich schon, doch für neuere Mitglieder und Langzeitgäste, die entweder versucht hatten, die Gerüchte nicht wahrzunehmen oder sie überhaupt noch nicht zu Ohren bekommen hatten, kam meine Ankündigung als ein echter Schock, und in vielen herrschte eine unausgesprochene Angst, daß meine Trennung von Eileen und mein Wegzug von Findhorn den Tod der Gemeinschaft bedeuten würde. Ein paar von unseren besonders cleveren Geschäftsverbindungen im Ort hatten schon Wind bekommen von den Veränderungen und unsere Kreditwürdigkeit reduziert.

Ross Stewart, der Vorsitzende der Treuhänder, war als erster auf den Beinen. Er beschrieb mich als einen »Mann des Schicksals«, für den die »sogenannten Konventionen eines gewöhnlichen Lebens« nicht zum Tragen kamen; er drückte die Liebe und Unterstützung der ganzen Gemeinschaft für mich aus und wünschte mir für die nächsten Schritte Glück. Es war eine aufrichtige, warmherzige und oft witzige Rede, in der Ross seine frühen Kämpfe mit mir in Erinnerung brachte, seinen Versuch, mich »zur Vernunft« zu bringen im Umgang mit Angelegenheiten der Gemeinschaft, und wie er am Ende erkannt hatte, daß meine »wilde Entschlossenheit«, Gott an die erste Stelle zu setzen, am Ende immer den Sieg davontrug. Er schloß, indem er François bat, auch Eileen die tiefempfundene Liebe der ganzen Gemeinschaft zu übermitteln, die noch immer in England war, um einer ihrer Töchter bei der Geburt eines Kindes beizustehen. Indem ich Ross für seine Worte dankte, sagte ich der Versammlung: Obwohl Eileen fühle, daß die Gemeinschaft sie nicht länger bräuchte, hätte sie doch noch immer eine wichtige Rolle hier zu spielen, und daß sie und ich ja durchaus weiterhin zusammenarbeiten würden, jedoch nicht innerhalb einer Ehebeziehung.

François wollte nun ein paar Worte ergänzen:

In einer Meditation war alles, worauf ich mich einstimmen konnte, ein ungeheures Empfinden des Aufblühens für beide, Eileen und Peter, und auch für die Gemeinschaft, und dies war das Leitmotiv mit der größten Bedeutung, obwohl mich die Nachricht persönlich sehr traurig gemacht hat. Das liegt an meiner engen Verbindung zu diesen zwei Menschen, die ich liebe und achte; und vielleicht, weil in jedem von uns so ein tiefes Verlangen nach Sicherheit, nach Stabilität, nach einem Heim ist, nach dieser Art von Beziehung, die sich nicht ändert und die bestehen bleibt als ein stabiles Fundament - weil wir immer nach dieser besonderen Beziehung Ausschau halten, die sagt: »Jene, die Gott zusammengeführt hat, kann kein Mensch trennen.« Doch jene, die Gott zusammengeführt hat, kann Gott auseinanderführen. Mir machte das klar, daß die einzige Sicherheit, die ich besitze, jene ist, die ein jeder von uns hat, jene, welche in der Tat in Gott liegt - nicht in irgendeiner Ehe, in irgendeiner Stabilität. Wenn wir aufgefordert werden, stabile Punkte in einer Welt des Übergangs zu sein, dann macht es die Art Training, der sich jeder von uns unterzieht, irgendwie nötig, daß unsere Stabilität und unsere Sicherheit vollkommen in Gott liegen - und das ist für mich die Inspiration, die dieser Vorgang klargemacht hat.

Vance Martin, ein ehemaliger Leiter der Kerngruppe, der ein guter Freund und Ratgeber für Eileen und mich gewesen war (und blieb), fügte hinzu:

Ich fühle, daß dies etwas wirklich Gutes bedeutet. Nicht nur werden Menschen lernen, niemanden auf einen Sockel und ihre eigenen Vorstellungen in den Weg zu stellen, sondern ich fühle, daß in einem gewissen Sinn Findhorn befreit worden ist. Peter und Eileen sind in dieser Zeit mit ihrer Beziehung nach vorn getreten, um die Leute zu veranlassen, Findhorn wirklich auszutesten, in dem Sinne, daß wir bereits Feedback von Leuten bekommen, die schon vor einem Monat wußten, daß die beiden sich trennen würden: »Nun, das bedeutet ja wohl, daß es aus ist mit

Findhorn!« Dies ist das Bild, welches in der Welt die Runde machen wird, weil Findhorn im Zentrum gespalten ist. Ich habe einen tiefen Seufzer der Erleichterung ausgestoßen, weil es für mich bedeutet, daß es uns von den alten Bildern von Findhorn vollständig befreit und uns erlaubt, eine andere Richtung einzuschlagen. Durch all dies hindurch ist die Hauptsache, daß wir in unseren Herzen zusammenkommen und von der Liebe und dem Vertrauen wissen, die wir für diese beiden Persönlichkeiten empfinden, daß sie ihren Lebensplan erfüllen werden und wir unseren.

Nach dieser Plenumssitzung, auf der noch viele andere aus dem Herzen redeten und nur Ermutigung schenkten, schrieb ich Eileen sogleich und schickte ihr ein Tonband von allem, was gesagt worden war. Nach einem wahren Regenschauer an Treffen mit Treuhändern, Kerngruppe, Verwaltungs- und Bildungszweig verließ ich Findhorn, nachdem ich besprochen hatte, wie die Gemeinschaft künftig laufen sollte, um drei Tage in London zu verbringen.

Auf unserer letzten Konferenz hatte mich ein südafrikanischer Heiler namens Andrew Watson sehr beeindruckt. Ich wußte, daß er als Heiler die Energien im Körper behandelte und hatte das Gefühl, daß ich ihn wegen akuter Rückenschmerzen aufsuchen sollte. Als wir uns in London sahen, meinte Andrew, der Energiefluß in meinem Rückgrat sei total blockiert; diese Blockierung befinde sich in einem mit meinem Solarplexus verbundenen Bereich. Er sagte, wenn diese nicht gelöst werde, würde nicht allein meine Wirbelsäule steif werden, ich würde auch vornübergebeugt werden - und so bleiben. Er sagte, die Blockierung sei durch eine tiefe Verletzung ausgelöst.

Andere Sensitive hatten mir dies in der Vergangenheit erzählt, aber ich hatte nie herausfinden können, was oder wo diese tiefe Verletzung war. Dann, eines Tages im Meditationsraum in Findhorn, überwältigte mich auf einmal ein tiefer Kummer, und ich schluchzte in Krämpfen, denn die Ursache meiner Verletzung wurde mir offenbar. Sie lag darin, daß sich meine Beziehung zu Eileen auf der physischen Ebene nicht vollkommen hatte ausdrücken können. Auf diese Auskunft hin hob Andrew Wilson hervor, daß ich etwas zur Lösung meiner sexuellen Energien unternehmen, aber deswegen keine Schuldgefühle entwickeln solle. Damit und mit noch viel mehr im Kopf verließ ich London in Richtung San Francisco und dann weiter nach Hawaii, wo sich Shari zu mir gesellte.

Wir gingen zusammen nach Maui und lebten auf verschiedenen Teilen der Insel, nahmen mit vielen Freunden von Findhorn, die dort lebten, Kontakt auf und erlebten seine erstaunlichen und vielfältigen Energien. Wir erkundeten fast die ganze Insel - vom Dschungel zur Steppe, von Wäldern zu Busch und Wüste. Ganz besonders genossen wir die Strände und das Schwimmen in dem warmen Wasser des Pazifik, was für mich wie eine Taufe von einem Leben in ein anderes hinein war.

Es war schwer, die Insel zu verlassen, aber trostreich zu wissen, daß wir zurückkehren würden. Shari und ich flogen nach New York, wo ich auf dem *Festival of Mind, Body and Spirit* eine führende Rolle spielte; von dort ging es nach Findhorn für die jährliche *One Earth-Zusammenkunft* im Oktober und zu einem besonderen Treffen zwischen Mitgliedern der *Lorian-* und der *Lindisfarne Associations* und der *Chinook Community*, die gemeinsam mit der *Findhorn Foundation* die Idee prüfte, eine »globale Universität« einzurichten, deren Campus diese zwei und weitere zukunftsorientierte Orte umfassen könnte. Ich wohnte in *Drumduan House*, während Shari im Cluny Hill Schulungszentrum wohnte, wo sie an einer Findhorn Erfahrungswoche teilnahm. Shari und Eileen hatten mittlerweile begonnen, einander kennenzulernen; sie hatten miteinander telefoniert und sich geschrieben und waren einander persönlich in Toronto begegnet. Aber ich blieb auf der Hut und unsicher darüber, wie die Dinge zwischen mir und Eileen standen.

Der siebzehnte Geburtstag der Gemeinschaft, am 17. November jenes Jahres, schien mir einen Wendepunkt darzustellen in Eileens und meiner Beziehung zu diesem, unserem unbeholfensten Kind. Mir schien, daß es zumindest die grundsätzlichsten Lektionen gelernt hatte, die wir ihm beizubringen versucht hatten, vor allem: Setze Gott in allen Dingen an die erste Stelle und erkenne, daß du dann wahre Sicherheit findest. Dieses Prinzip würde nötig sein, um die Gemeinschaft sicher durch die nächste Zeit zu bringen. Es würde wichtig sein, daß ich und Eileen als Eltern zurückträten und weder kritisierten noch gar verurteilten, sondern ihm seine geziemende Freiheit zugestanden.

Zehn Tage später, am 27. November 1979, ließ ich mich ein letztes Mal »beurlauben« - damit will ich sagen, ich hatte endgültig meine Sachen gepackt, um in die Vereinigten Staaten umzusiedeln (auf Dauer, wie ich zumindest damals dachte). Wieder einmal war die *Universal Hall* brechend voll, und die Würdigung, die Gefühle und guten Wünsche für die Zukunft, mit denen man mich bedachte, waren überwältigend. Tränen brannten in meinen Augen, als ich in die Runde all der leuchtenden Gesichter blickte, Hut und Mantel nahm und einen Gang entlang dem Ausgang zusteuerte. Das tibetische Beifalls-Winken ging über in handfestes Klatschen und dann in eine laute, stampfende und pfeifende Ovation. Ich drehte mich an der Tür noch einmal um für einen letzten Blick auf die aufgewühlte Menge und bat dann mit der Hand um Stille. Sofort war alles mucksmäuschenstill. Kaum fähig zu sprechen, mit diesem Kloß im Hals, sagte ich: »Was für eine Erinnerung, die ich von hier mitnehme!« Wieder brauste wilder Applaus auf, und ich drehte mich schnell um und verließ das Gebäude - die Tränen konnten nun frei fließen.

* * * * *

Nach Findhorn sollte die nächste Phase in meinem Leben Ruhe sein, Entspannung und die Wiedererlangung meiner Gesundheit. Unausgesetzte Aktivität über einen langen Zeitraum hinweg hatte mich innerlich leer werden lassen. Ich hatte die Gemeinschaft mit Reisefahrkarten für Hawaii und nur rund einhundert Pfund Stirling in der Tasche verlassen; als Shari und ich nun von Dr. Brugh Joy eingeladen wurden, als seine Gäste neun Tage - vom Ende November an - im Interconti Hotel in Maui zu wohnen, empfand ich dies wahrlich als ein Geschenk Gottes. Brugh führte eine spirituelle Reisegruppe, und in diesem Vier-Sterne-Hotel in luxuriöser Umgebung hatten wir viel Freude im Umgang mit diesen Leuten. Ich fragte mich, wohin wir wohl nach dem Intercontinental gehen würden, doch mein Vertrauen, daß alle unsere Bedürfnisse bestens erfüllt würden, war total.

Ich erinnerte mich dann an die Einladung durch eine wohlhabende Frau, das nächste Mal, wenn ich nach Maui käme, in ihrem schönen Haus zu wohnen - sie lud oft spirituelle Leiter ein, in ihrem Gästehaus zu übernachten. Wie es so kam, hatte Brugh Joys Gruppe einen Tag mit ihr eingeplant; da aber ihr Sohn auf der Intensivstation im Krankenhaus lag und auch kurz vorher in ihr Haus eingebrochen worden war, lud sie die Gruppe nur für den Abend ein. Ich nahm die Gelegenheit wahr, sie an die Einladung an mich zu erinnern und fragte, ob Shari und ich in ihrem Gästehaus bleiben könnten. Sie lehnte dies jedoch höflich ab: Sie denke gerade daran, es zu vermieten. Ich meinte, ich bräuchten es bloß bis zum 27. Dezember, dann würden wir auf dem amerikanischen Festland an einem Seminar mit David Spangler und Brugh teilnehmen. Da stellte sich heraus, daß sie selbst zu diesem Seminar gehen würde, und angesichts dessen meinte sie, daß wir nun doch bleiben könnten.

Wir waren hell begeistert und zogen in ein wunderschönes Haus mit einer fabelhaften Aussicht auf die blaue See. Wir saßen am Swimmingpool und alles schien einfach vollkommen. Wir dankten Gott und drückten unserer Gastgeberin gegenüber unsere Dankbarkeit aus. Wir gingen einkaufen und füllten den Kühlschrank. Am Morgen, nachdem wir im Schwimmbad geschwommen waren, lud uns unsere Gastgeberin ein, nach Norden zu einem Strand zu fahren, für ein Bad im Meer. Es war zauberhaft, und auf der Rückfahrt spielte sie im Auto eine Kassette von Joel Goldsmith, der sie besuchen wollte, wenn er nach Hawaii käme. Die Kassette handelte von seiner Reise nach Südafrika und davon, wie er unterwegs sein Gepäck verlor. Dies erschütterte ihn, bis er über die Tatsache nachdachte, daß es lediglich materielle Dinge enthielt, wohingegen ihm doch eigentlich nur die spirituellen Dinge wichtig waren. Als ihm das klar wurde, fand sich das Gepäck wieder.

Als wir aus dem Wagen stiegen, fragte Shari unsere Gastgeberin, wie sie darüber denke, daß ihre Antiquitäten gestohlen worden waren und meinte, sie seien ihr sicherlich auch nichts weiter als »Gepäck«. Die Frau erstarrte und lehnte es total ab, darüber zu sprechen. Mir wurde klar, daß Shari alles verdorben hatte. Ein paar Stunden später rief mich unsere Gastgeberin an und sagte: »Es tut mir leid, daß ich euch das sagen muß, aber ich muß allein sein und euch bitten, morgen bis um 12 Uhr mittags zu gehen.« Ich war erschüttert, denn mir war das Gästehaus als der richtige Platz für meine Gesundung erschienen. Shari meinte ruhig, wenn dies nicht der Ort sei, dann hätte Gott einen anderen, sogar noch besseren. Ich antwortete ziemlich schroff: »Den gibt es nicht. Es gibt nirgendwo auf der Insel ein idealeres Haus als dies hier!« Am Abend trafen wir uns mit einigen der Schlüsselfiguren auf der Insel und erzählten, was geschehen war. Sie lächelten wissend und meinten, sie seien alle durch ähnliche Erfahrungen gegangen.

Am nächsten Morgen wachte Shari auf und meinte, wir sollten das *Pritikin-Programm* mitmachen. Ich wußte nicht genau, was das *Pritikin-Programm* war, außer daß es eine Diät und Übungen gab, die im Mana Kai Maui Hotel in Kihei abgehalten wurden und Helen Rubin aus Findhorn derzeitig dessen Direktorin war. Helen war mit Eileen und mir viel auf Tour gewesen. Ich rief sie sofort an und erzählte ihr, was Shari empfangen hatte; sie erwiderte, daß sie die ganze Zeit gewußt habe, daß ich es mitmachen sollte. »Ich habe aber kein Geld«, meinte ich und fragte, ob Shari und ich das Programm mit einem Preiserlaß absolvieren könnten. Sie antwortete, sie würde mit dem Hoteldirektor, James Christman, sprechen. Wenig später rief Helen zurück: Wir könnten ein Stipendium bekommen; das Programm begänne am nächsten Tag und sei das letzte in diesem Jahr. Mir wurde klar, daß das, was als ein Fehler von Shari erschienen war, ganz und gar richtig gewesen war. Hätte man uns nicht aufgefordert, unsere »ideale Unterkunft« zu verlassen, hätte sich dieser sogar noch idealere Plan nicht vor uns aufgetan. »Wenn sich eine Türe schließt, öffnet sich eine andere.«

Wir nahmen eine Woche an dem *Pritikin-Programm für eine bessere Gesundheit* teil. Täglich wurde mein Blutdruck gemessen, und zu Beginn und am Ende der Woche erstellte man einen vollständigen Bluttest. Wir erhielten außerdem siebenmal am Tag einen Imbiß oder eine kleine Mahlzeit, an einem besonderen Tisch im Hotelrestaurant mit Blick aufs Meer, und außerdem täglich drei Vorträge über Gesundheit. Wenn ich gewußt hätte, was das *Pritikin-Programm* beinhaltete, wäre ich vermutlich gar nicht hingegangen, denn es bedeutete, daß ich schier alles von meinem Speiseplan streichen mußte, was ich mochte - wie Salz, Fette und Zucker. Die Diät basiert auf Nathan Pritikins Studien der Eßgewohnheiten Eingeborener, die nicht an degenerativen Erkrankungen leiden, daher gab es massenhaft braunen Reis und andere ganze Körner, Gemüse, Obst, Salate (ohne Öl angemacht), fettarme Milchprodukte und Kräutertees. Ein beredtes Zeugnis dafür, wie Gott meine Bedürfnisse erfüllt, aber nicht meine Wünsche!

Da ich auf Maui war, um mich zu verjüngen und gesund zu werden, war dies gerade das richtige. Es gab jede Menge Zeit zum Schwimmen im Hotel-Pool oder im Ozean, und wir liefen täglich meilenweit am Sandstrand entlang. Shari überwachte meine Diät und ich ihre Übungen. Ich hielt einen Dia-Vortrag und erzählte den Teilnehmern die Geschichte von Findhorn. Der Programmleiter James Christman war so beeindruckt, daß er eine Angestellte im Pritikin-Hauptquartier in Kalifornien anrief. Sie fragte James, wie er mich dazu gebracht habe, an dem Programm teilzunehmen und meinte, wenn ich eine Tournee durch die Welt machte und dabei schlanker, jünger und gesünder aussähe, dann wäre dies eine prima Reklame für sie! Das Ergebnis war, daß Shari und ich eingeladen wurden, im Hotel zu bleiben und am Pritikin-Tisch zu essen; im Tausch dafür sollte Shari jeden Tag zwei Stunden im Büro arbeiten, und ich sollte allgemein Rat und Hilfe geben und Leute ins Hotel bringen. Das war ideal, da wir nicht das Geld hatten, anderswo hinzugehen.

Wir verbrachten die Tage mit Wanderungen, Strandläufen oder Schwimmen in der See und aßen eine gesunde Kost. Wir verloren beide schnell zehn Pfund an Gewicht. Nach einer Weile kamen immer mehr Leute, um im Hotel zu übernachten, weil sie wußten, daß ich da war. Das war ausgezeichnet für das Hotel, aber es war nicht das, was ich brauchte, denn bald nahmen zu viele Menschen zuviel von meiner Zeit in Anspruch. Hilfe kam mittels einer Gruppe von neun Leuten von der *Madre Grande Community* in der Nähe von San Diego. Drei von ihnen, darunter Perry Vickers und Diana Soash, waren einer inneren Stimme gefolgt, um mich in Maui aufzusuchen. Sie entschieden sich dann, auf die Insel zu ziehen und boten uns an, mit Shari und mir ein Haus zu teilen.

Wir fanden genau das richtige Haus in einer der zauberhaftesten Wohngegenden, in *Maui Meadows*, an den tieferen Hängen des 3048 Meter hohen Haleakala-Kraters. Es lag rund 300 Meter über dem Mana Kai Hotel. Das Haus war geräumig und luftig, mit vier Schlafzimmern, Schwimmbecken und einem wunderbaren Blick auf die darunterliegenden Gestade des Pazifik. Unsere Freunde mieteten es für sechs Monate, und Perry, Diana, Shari und ich zogen sogleich ein. Shari und ich hatten ein privates Schlaf- und Badezimmer besaßen allerdings keine Möbel. Aber ich entdeckte bald Garagenverkäufe und hatte großen Spaß daran, alles für unser eigenes Heim anzuschaffen. Am Tag nach unserem Einzug gaben wir eine Party, und unter den rund fünfzig Leuten auf dem Fest waren viele Ex-Mitglieder der Findhorn Gemeinschaft.

Maui schien ein wahrer Magnet für ehemalige Findhorn-Mitglieder zu sein - zwanzig lebten dort zu jener Zeit, einschließlich der Kinder, und alle liebten sie das Klima, die Spiele an den Stränden und das Schwimmen. Aber wenn ich sie fragte, was sie lieber hätten, Findhorn oder Maui, sagten sie alle ohne Ausnahme, sie wären lieber in Findhorn. Es fiel mir schwer, dies zu verstehen, nahm aber an, daß es etwas mit der Freiheit, der Kameradschaft und der spirituellen Atmosphäre zu tun haben müsse, die sie in der Gemeinschaft genossen hatten.

Die Party war so erfolgreich, daß wir beschlossen, jeden Sonntag eine Pot-Luck-Party zu feiern, und auf diese Weise wurde das Haus schnell zu einem Zentrum der Synthese und Schönheit, wo Leute, die gleichen Geistes waren, sich versammeln konnten. Am Tage nach unserem Einzug kamen Anthony und Gita Brooke zu Besuch, die ersten aus einer Flut von Gästen aus allen Teilen der Welt. Man hielt mich auch auf dem laufenden über die letzten Entwicklungen in Findhorn: Eileen schrieb einige lange Briefe, in denen sie die wunderbaren Veränderungen beschrieb, die sie durchlebte, und François schickte regelmäßig Tonbänder.

Shari und ich versuchten, Arbeit, Übungen, Entspannung und Sonnenschein in perfektem Ausgleich zu halten. Jeden Morgen standen wir vor dem Morgengrauen auf, gingen schwimmen und spurteten am Strand entlang, beobachteten den Sonnenaufgang über dem Wasser und meditierten vor dem Frühstück und dem Beginn der Tagesaktivitäten. Zuvor hatte ich meinen Körper vernachlässigt; jetzt lebte ich nach einer gesunden Diät, erhielt Rat von zwei Gesundheitsexperten, Behandlungen durch zwei Chiropraktiker und tägliche Massagen von Shari, einer professionellen Masseuse. Sensitive waren zur Hand, um über die tieferen Ursachen irgendwelcher physischer Unausgeglichenheiten Rat zu geben (ich hatte sogar einen Haarschnitt, der die Aura ausbalancieren sollte!), doch mehr als alles andere war es die liebevolle Fürsorge, mit der Shari mich so reichlich bedachte, die mich mehr als alles andere verjüngte. Etwa um diese Zeit schrieb Shari:

Peter ist hierher angezogen worden, um einen wahren Ausgleich zu finden, eine Balance zwischen seinem Geist und seinem Herzen, seiner maskulinen und seiner femininen Seite, zwischen Geben und Nehmen. Viele erkennen nicht, daß Peter achtzehn Jahre lang unablässig gegeben hat, Findhorn und der Welt, ohne sich genügend zu entspannen. Maui lullt ihn ein, damit er sich mehr zurücklehnt, und doch ruft sie auch nach ihm, damit er ihr eine synthetische Kraft ist, um ihre vielen Teile zusammenzubringen, jedoch in anmutig langsamer Maui-Zeit. Das Haus liefert Peter eine ausgezeichnete Übergangsphase, denn es ist ein Ort der Aktivität, der zugleich auch Zeit zum Spielen läßt... Unsere Differenzen werden deutlicher, und obwohl wir einander nicht brauchen, wählen wir das Zusammensein, um die anderen Teile unseres Selbst zu entdecken. Wegen unserer wachen Aufnahme dieses Prozesses, uns aufeinander einzulassen, dank eines guten Sinnes für Humor, der Dankbarkeit für die Zeit zusammen in diesem Haus auf Maui und der Betonung einer bedingungslosen Liebe, wachsen wir schnell und berühren einander und jene um uns herum tief.

Von dem Abstand aus, den mir dieses neue Leben gewährte, begann ich zu verstehen, wie meine künftige Beziehung zu Findhorn aussehen würde, so wie Eileen sie lange in ihrer Vision gehalten hatte; erst jetzt war aber dafür die Zeit gekommen. Ich sollte mehr ein Freund und Berater sein und mich nicht weiter um die täglichen verwaltungstechnischen Geschäfte des Ortes kümmern. Getreu den Worten vieler, war es notwendig gewesen, daß ich Findhorn ganz verließ, ehe die Veränderungen, die ich jetzt durchlebte, stattfinden konnten.

* * * * *

Im Mai 1980 gingen Shari und ich auf eine sechswöchige Tour an die West- und Ostküste der Vereinigten Staaten, um viele Vorträge und Workshops zu halten und eine Reihe von Zentren zu besuchen. Während der Tour kam mir die Idee, daß die *One-Earth*-Zusammenkunft, die jedes Jahr in Findhorn lief, auch in verschiedenen Ländern stattfinden könnte, und daß die erste davon auf Maui sein sollte.

Wir gründeten eine Gruppe, um das Ereignis vorzubereiten. Zuerst wollte jemand mit einer starken Persönlichkeit eine ganz unorganisierte und formlose Zusammenkunft durchsetzen, wo man sich ganz gewöhnlich kleiden und benehmen sollte und frei war, Marihuana zu rauchen[2]. Zum Glück zog diese Person sich nach ein paar Treffen zurück. Jay und Joan Jerman wurden die Leiter dieses Ereignisses, mit einem sehr starken Team im Rücken und viel Unterstützung von all den ehemaligen Findhorn-Mitgliedern auf der Insel. Es war gut, daß ich die Leitung der Versammlung an andere abgeben konnte in dem Wissen, daß sie Ausgezeichnetes leisten würden.

Das *One Earth*-Treffen wurde im Mana Kai Maui Hotel abgehalten, mit mir als dem Zeremonien-Meister und Koordinator des Ereignisses. Unter den Rednern war auch Lionel Fifield vom *Relaxation Centre* in Brisbane, Australien, ein bekannter Redner zum Thema Wohlstandsbewußtsein; Patricia Sun; Bill Mollison, der Begründer der Permakultur; und Robert Whiteside, der Begründer der Personologie.[3] Eileen kam aus Findhorn. Wir hielten die Hauptvorträge in einem großen Saal im InterContinental Hotel in Wailea, während die Gäste im Mana Kai Maui Hotel wohnten, wo wir Workshops veranstalteten und wo gegessen wurde. Tagsüber unternahmen wir Bustouren zu Orten spiritueller Kraft, so daß die Menschen die Energien der Insel kennenlernen konnten. Wie ich es mir bei solchen Gelegenheiten zur Praxis gemacht hatte, bat ich einen *Kahuna*, bei der Eröffnung einen Segen zu sprechen und eine Rede zu halten. Ich hatte unter anderem vor allem dazu beigetragen, unterwegs auf meinen Touren diese Versammlung bekannt zu machen, und so zogen wir 250 Leute aus den Staaten, Australien, Neuseeland, den Philippinen, Kanada und England an. Shari erhielt eine innere Weisung, daß sie in der *One Earth*-Zusammenkunft keine Rolle spielen solle, daher war sie nicht im Komitee und nahm an dem Ereignis nicht teil.

Während der Versammlung führte ich einige gute Gespräche mit Eileen, und beide erhielten wir therapeutische Beratung, was uns half, die Dinge so anzupacken, daß ein Weg offenblieb, um in künftigen Jahren vielleicht gemeinsam zu reisen und Vorträge zu halten. Das Ereignis endete mit einem wundervollen *Luau* mit hawaiianischer Musik, Gesang, Tanz

---

2) Auf der Insel ist eine besonders starke Marihuanasorte erhältlich, genannt »Maui Wowee«. Ich glaube, der Umstand daß ihr so üppig zugesprochen wurde, war ein wesentlicher Faktor in dem Scheitern vieler junger Leute, ihre Träume vom Aufbau einer Gemeinschaft Wirklichkeit annehmen zu lassen. Ein weiterer Faktor war natürlich auch das herrliche Klima - warum sich Mühe geben zu arbeiten, wenn die Sonne heiß ist, das Bier kühl und die Wellen hoch?

3) Myrtle Glines - David Spanglers spirituelle Partnerin in jenen Tagen - hatte Personology in Findhorn eingeführt, als sie in den frühen siebziger Jahren bei uns lebten.

und köstlichem Essen. Es ließ ohne Zweifel die Atmosphäre Hawaiis von neuem erstehen, in all seiner Schönheit und Wärme. Manche Leute bemerkten, wie viel gesünder und entspannter ich aussähe, und ich fühlte mich voller Energie und Spannkraft. In jenen Tagen wurde mir bewußt, wie sehr ich mich verändert hatte, denn ich nahm die Leute viel mehr wahr und ließ mich mehr auf sie ein, anstatt mich auf all das zu konzentrieren, was »getan werden« mußte. Maui war in der Tat ein Ort der Wiederherstellung und des Wandels für mich gewesen.

* * * * *

Als Shari und ich in diesem Jahr David Spangler besuchten, wartete eine große Überraschung auf mich. Durch Davids Eingebungen und Erkenntnisse wurde mir klar, daß Maui nicht länger mein Heim sein würde, daß ich meine Zelte das nächste Mal auf dem Hauptland der Vereinigten Staaten errichten würde, und daß Shari nicht länger meine Partnerin in meiner künftigen Arbeit sein würde, obwohl wir weiterhin befreundet blieben. Mir wurde gesagt, sie sei ein Teil des Zyklus des Wandels in meinem Leben gewesen, und es sei nun Zeit für uns, unsere eigenen Wege zu gehen. Shari nahm diese Nachricht bemerkenswert leicht und verständnisvoll auf, was so typisch war für ihr offenes und großes Herz, und ich ehre sie für die Rolle, die sie damals in meinem Leben spielte, sehr.

Wie gewöhnlich hatte ich keine Ahnung, was Gott als nächstes für mich auf Lager hatte, daher nahm ich die Dinge weiterhin, wie sie kamen. Touren und Workshops hielten mich auf Trab. Anfang 1981 ging ich mit Helen Rubin und einem weiteren ehemaligen Gemeinschaftsmitglied auf eine dreimonatige Tour in die Vereinigten Staaten und Kanada; Shari begleitete uns anfangs. Die Tour kulminierte in einer Verbindungen knüpfenden Konferenz, die ich für Gemeinschaften und Gruppen an der Westküste, in Stewart Mineral Springs, nahe Mt. Shasta in Nordkalifornien, hielt. Später in demselben Jahr - was, wie sich herausstellen sollte, ungefähr das Ende meines Maui-Aufenthalts war - unternahm ich eine ausgedehnte Welteise, von Honolulu nach San Francisco, London, Findhorn, Indien, Nepal, Ceylon, Singapur, Hongkong und dann zurück nach Honolulu.

* * * * *

Kurz nach meiner Rückkehr nach Maui von meiner USA-Tour, und ehe ich eine weltweite Tournee antrat, erhielt ich einen Brief von Paula McLaughlin, einer jungen, großen, sehr direkten Frau, der ich bei der Netzwerk-Konferenz in Stewart Mineral Springs begegnet war. Offenbar hatte sie in einem Buch, das sie hier nach dem Workshop gekauft hatte, zwei Schecks gefunden, die auf meinen Namen ausgestellt waren, die sie mir nun schickte. Ich schrieb zurück und dankte ihr, wobei ich erwähnte, daß ich im Mai für zwei Tage nach San Francisco käme. Kurz nach meinem Brief meldete sich Paula, die in dieser Gegend lebte, bei mir, und wir verabredeten ein Treffen.

Als wir uns in San Francisco trafen, schlug Paula vor, daß wir meditieren gingen. Ich stimmte zu. Während der Meditation empfing ich, was für mein Hirn wohl die lächerlichste innere Eingebung war, die ich je hatte: Paula zu fragen, mich zu heiraten. Das war ja absurd! Ich kannte sie nicht, sie war halb so alt wie ich, ich war nicht in sie verliebt, und davon abgesehen hatte ich zu jener Zeit nicht die Absicht, mich jemals wieder zu verheiraten. Doch meine »innere Stimme« beharrte darauf. Nach der Meditation herrschte peinliche Stille zwischen uns. Paula schien genauso großen Widerstand zu haben, mir mitzuteilen, was sie »empfangen« hatte. Schließlich bekam ich es aus ihr heraus und die Information, die sie empfangen hatte, war sogar noch verblüffender als meine; nicht nur war ihr gesagt worden, mich zu heiraten, sondern ich sollte auch der Vater ihres Kindes werden, das ihr in ihren Meditationen erschienen war.[4]

Dies war eine überwältigende Nachricht und erwischte mich ganz unvorbereitet. Ich näherte mich schließlich meinem fünfundsechzigsten Lebensjahr - schwerlich ein Alter, um eine neue Familie zu starten. Und doch fühlte ich irgendwie die Hand von St.Germain in alledem, und ich hatte überdies so oft im Leben gelernt, solche klare Anweisungen nicht zu ignorieren, egal, wie verblüffend sie dem logischen Geist erscheinen mögen.

Paula und ich diskutierten danach die Lage beim Mittagessen. Sie stimmte mir zu, daß wir überhaupt nicht zueinander paßten - von Paulas

4) Der Impuls war so stark, daß sie sogar begonnen hatte, Schwangerschaftsvorbereitungs-Kurse zu besuchen, obwohl sie überhaupt nicht schwanger war.

Seite war ich weder vom Alter noch vom Typ her der Mann, den sie heiraten wollte. Doch beide waren wir Gott und Seinem Plan treu ergeben, und da die Botschaft zu uns beiden so stark durchgekommen war, willigten wir auf der Stelle ein, mitzumachen. Ich blätterte in meinem Tagebuch und meinte: »Für die nächsten paar Monate bin ich ausgebucht. Ich habe aber danach zwei Tage frei, wo ich schnell mal zum Mt. Shasta herüberkommen könnte, um es in Angriff zu nehmen.« So bizarr es klingt, waren wir doch damals beide sehr klar. Paula ließ mich später wissen, daß sie sogar ein Zelt gekauft habe, damit wir das Baby auf dem Berg selbst empfangen könnten.[5]

Wie zu erwarten, löste die Nachricht unserer außergewöhnlichen Partnerschaft große Betroffenheit und Widerstand bei Eileen aus, bei David Spangler, François Duquesne, in der Findhorn Gemeinschaft und bei anderen. War ich von allen guten Geistern verlassen? Meine Reaktion auf das Geschrei läßt sich aus einem Brief an François entnehmen:

Was die Bestürzung der Leute über meinen gegenwärtigen Kurs betrifft, denke ich, daß wir doch erkennen sollten, daß wir diese Reaktion schon einmal gesehen haben und womöglich auch noch einmal sehen werden. Zum Beispiel, als ich meinem Freund verkündete, daß ich Nora heiraten werde, nachdem ich sie gerade das erstemal gesehen hatte - wäre ich damals meiner Intuition nicht gefolgt, hätte ich nicht meine frühe Schulung und Einweihung in den Rosenkreuzerorden von Aureolis erhalten... als ich Nora, meine Kinder und den Rosenkreuzerorden verließ, da gab es bekanntlich einen Aufruhr in Noras Familie, bei meinen Eltern, in Sheenas Familie, bei unseren Freunden und im Rosenkreuzerorden. Als ich die Eingebung hatte, mit Sheena zusammenzuziehen - die am Ende ja Eileens, Dorothys und meine spirituelle Lehrerin werden sollte - nachdem wir uns erst das zweitemal getroffen hatten... Wo wären wir denn, wenn ich diesem Impuls damals nicht gefolgt und stattdessen auf die Empörung gehört hätte, die er auslöste? Als ich innerlich empfing, daß Eileen meine Dualseele sei und Gott uns zusammenführen werde, obwohl sie bereits verheiratet war und fünf Kinder hatte, da gab es wieder ein großes Geschrei - in ihrer Familie, meiner Familie und bei unseren Freunden. Wo wäre Findhorn, wenn ich auf andere gehört hätte und

5) Mt. Shasta ist einer der mächtigsten Kraftpunkte an der amerikanischen Pazifik-Küste und ein Anziehungspunkt für allerlei spirituelle Typen und Aktivitäten.

nicht meiner eigenen inneren Richtung gefolgt wäre? Wenn ich mir das alles betrachte, so wird mir klar, wie mein Kurs verlaufen mußte und muß. Jede größere Richtungsänderung wird von einem Partnerwechsel begleitet, und dieser wiederum wird begleitet von einem Aufschrei der Empörung. Bitte mißverstehe nicht, wie ich das meine. Ich kann durchaus die Bestürzung mitfühlen, welche diese Veränderung bei Leuten auslöst, die sich um mich sorgen und mir lieb sind, und ich wünschte, ich könnte etwas tun, um ihren Schmerz zu lindern, aber ich kann nicht.

Paula und ich wurden in Mt. Shasta am 5.Juni 1982 durch einen nordamerikanischen Indianer und einen römisch-katholischen Priester getraut, der der Präsident unserer Neugründung wurde, die wir die *Gathering of the Ways* (das Zusammenführen der Wege) nannten. Es war unsere Absicht, hier eine spirituelle Gemeinschaft aufzubauen.[6] Anfangs lag unser Hauptquartier im nahen Stewart Mineral Springs, einem uralten Heilungsort, wo wir für die vielen spirituellen Führer, die ich in den verschiedenen Bereichen kennengelernt hatte, Workshops gaben.

Damals schien mir, daß das Zusammengeführtwerden von Paula und mir als zwei Individuen, deren weibliche und männliche Energien anscheinend in sich selbst ausgeglichen waren, zum einen dazu diente, eine *Foundation* aufzubauen und eine Famillie. Paula war für die Organisation und die finanzielle Handhabung der *Gathering of the Ways*-Gründung zuständig, während ich mich in einer liebevolleren und mitteilsameren Weise um die Leute in den Workshops kümmerte. Dies war ein großer Wandel für mich - ich hatte seit meiner Zeit mit Sheena, vor über dreißig Jahren, nicht mehr in solchem Ausmaß eine derartige Rolle gespielt. Daheim teilten sich Paula und ich in die Hausarbeit, das Kochen und Abwaschen; und während ich nie viel mit dem Großziehen meiner anderen Kinder zu tun gehabt hatte, war ich nun mindestens halb für die Pflege unseres Sohnes Daniel Elias zuständig, der im Dezember 1982 auf die Welt kam.

Eines Tages erhielt ich einen Anruf von Eileen aus Findhorn. Sie war sehr aufgeregt; sie war gerade von einer Versammlung in Indien zurückgekehrt, wo sie vor über 3000 Menschen gesprochen hatte. Ich gratulier-

6) Aus mehreren Gründen sollte dies nicht sein - die Gründe sind freilich zu komplex und für die Allgemeinheit nicht interessant genug, um sie hier darzustellen.

te ihr und bemerkte, wie groß die Veränderungen seien, die wir beide durchlebt hätten, seit unserer gemeinsamen Zeit in Findhorn. Da war sie und »fütterte die Massen«, und hier war ich, Daniel fütternd und ihm die Windeln wechselnd!

* * * * *

Die Findhorn Gemeinschaft war in Kalifornien in den fünfzehn Jahren, seit Paul Hawken und andere zuerst über uns geschrieben hatten, zur Legende geworden - Symbol für die besten und die schlimmsten Ausdrucksformen des *New Age*. Daher war mir, als einem seiner Gründer, ein herzliches Willkommen garantiert, wo immer ich hinging, und es mangelte mir nie an Vortrags- und Workshop-Einladungen. Ich hatte in Paula und Daniel eine neue Familie; eine größere »Familie« von vielen alten und neuen Freunden; und ein behagliches, geräumiges Heim in einem sonnigen und wunderbaren Klima, welches die Leute veranlaßte, mehr draußen als drinnen zu leben, und das schien sie freundlicher und unverkrampfter zu machen. Doch ich konnte es versuchen, wie ich wollte, ich fühlte mich nie wirklich zu Hause in Kalifornien. Während die Amerikaner und ich (meistens) die gleiche Sprache teilten, gab es doch eine kulturelle Kluft, die ich einfach nicht überbrücken konnte. Es war schon schwer genug, eine anständige Tasse Tee aufzutreiben!

Vielleicht wird das Problem am besten illustriert, wenn ich ein paar Erinnerungen an meine erste Tour in den Vereinigten Staaten wiedergebe, im Jahre 1974, als ich auch David Spangler und den *Lorians* einen Besuch abstattete. David hatte immer von Disneyland geschwärmt, und einer seiner Wunschträume war es, mich dort hinzuführen. Also fuhren wir - eine große Gruppe - während meines Aufenthalts mit drei Autos nach Los Angeles. Wir verbrachten drei Tage in Disneyland, und ich war entsetzt. Hier sah ich das erste Mal Touristen in Massen in ihrer Sommerkluft, die ihre plumpen Körper und hervortretenden Bäuche enthüllten. Mir wurde klar, weshalb die Leute so übergewichtig waren, als ich auf die Suche nach etwas Eßbarem ging. Dies war das erste Mal, daß ich mich mit einer solchen Überfülle an Fastfood konfrontiert sah, und die einzige Erfrischung, derer ich habhaft werden konnte, war wunderbar frischer Orangensaft. Der Rest war Weißbrot, Hot Dogs (Würstchen),

Berliner, Zuckerzeug und dergleichen - was immer eßbar war, schien ein vom Menschen hergestelltes Kunstprodukt zu sein.

Die Vögel und Tiere, die gezeigt wurden, waren alle mechanisch, allerdings konnte ich irgendwo einen Blick auf einen lebendigen Spatz erhaschen. Ich machte eine Runde in einem unechten U-Boot mit und sah Kunstalgen und Tropenfische aus Plastik - ziemlich langweilig, wenn man schon einmal die echten gesehen hatte, beim Tauchen im Roten Meer und am Great Barrier Riff vor der australischen Küste. Ich konnte nicht begreifen, warum Leute in Heerscharen kamen, um all diese Künstlichkeit anzuschauen, bis ich die kalifornischen Vororte sah, da schien nun alles künstlich zu sein. Am Ende des Tages kam David mit strahlenden Augen zu mir gelaufen: »Nun, was hältst du davon?« Ich bemerkte, jener lebendige Vogel, den ich gesehen hatte, hätte mich allerdings gefreut. Obwohl man mir beigebracht hatte, nur das Positive zu sehen, war dies das einzig Positive, was ich finden konnte![7]

Je länger ich jedoch in Kalifornien lebte, um so mehr war ich in der Lage, seine »Sonnenseite« zu entdecken, die positiven und oft bezaubernden Aspekte seines extrovertierten Lebensstils, und ich erwartete, daß ich mein Leben dort abschließen würde. Es blieben jedoch Zweifel bestehen, ob ich da wirklich je echt hinpassen würde. In Mt. Shasta gab es einen »echten« englischen Pub, »The Spinners Arms«, von zwei ausgewanderten Briten geführt, deren ausgezeichnete Speisekarte Mahlzeiten wie Steaks- und Nieren-Pastete und Lankashire-Eintopf anbot, und ich muß zugeben, daß meine erste Wahl, wenn ich Besucher zum Essen ausführte, meist auf dieses Lokal fiel.

Die kulturelle Verschiedenheit - und zweifellos der Altersunterschied - schuf auch Mißverständnisse und Kommunikationsfehler in meiner Beziehung zu Paula, über der sich die ersten Sturmwolken zusammen-

7) Ich will mich freilich beeilen, diese grämliche Ansicht von Disneyland selbst zu revidieren. Einige Jahre später waren Sir George Trevelyan und ich die Hauptredner auf der *Whole Life Expo* in Florida, und wir waren in einem großen Hotel untergebracht, das an *Disney World* angrenzte. Sir George eröffnete die Tagesereignisse mit einer Morgenmeditation, aber eines Morgens fehlte er und konnte nirgendwo gefunden werden. Er erschien zur Mittagszeit und erzählte hell begeistert über seinen Besuch in *Disney World* - ich war verblüfft. Sir George lud mich ein, am Nachmittag noch einmal mit ihm hinzugehen, und das tat ich - es war herrlich! Ich sah *Disney World* durch seine Augen wie durch die Augen eines Kindes, und so ließ ich mich auf den Geist des Ortes ein. Ich fühlte, daß ich eine wichtige Lektion gelernt hatte: »Wenn du nicht wirst wie ein kleines Kind, so kannst du keineswegs in das himmlische Königreich eintreten.«

brauten. Nach rund drei Ehejahren verkündete Paula, sie habe von ihrer inneren Führung die Botschaft erhalten, daß wir uns trennen sollten. Sie würde gehen und in San Francisco ein Unternehmen starten. Ich war am Boden zerstört. Ich ging für eine Woche ins *Esalen Institute*[8], um zu trauern; im wahrsten Sinne heulte ich die Gefühle heraus, bis ich dahin gelangte, die Richtigkeit ihrer Entscheidung zu akzeptieren.

Das ganze nächste Jahr lebte ich in einer Wohnung in Mill Valley, nahe bei Paula und Daniel, und genoß es, für mich zu sein, mich zu pflegen und ein wenig zu reisen und Vorträge zu halten. Jeden Tag holte ich Daniel von der Schule ab und ging mit ihm schwimmen oder wandern, und er verbrachte mehrere Nächte unter der Woche bei mir.

Später zog ich nach Ashland in Oregon, wo Laurence und Sylvia[9] Schechter eine Gruppe namens Alcyone gegründet hatten. Paula und Daniel ließen sich ebenfalls wieder in der Gegend vom Mt. Shasta nieder, gerade jenseits der Staatengrenze, so daß wir miteinander in Kontakt bleiben konnten. Meine Arbeit blieb eine erzieherische, und außerdem bestand sie darin, gleichgesinnte Menschen, deren Herz für dasselbe schlug und die gleichen Geistes waren, zueinanderzuführen - selbst wenn sie sich zuvor nicht gekannt hatten! Mir scheinen zwei meiner wichtigeren Beiträge während dieser Jahre darin zu liegen, anderen die Rosenkreuzer-Lehre, die ich in jungen Jahren erhalten hatte, weiterzureichen; und den pessimistischen Vorhersagen und Prophezeiungen, das uns »Veränderungen auf der Erde« alle in den apokalyptischen Untergang stürzen würden, entgegenzutreten. Besonders in Kalifornien hatten Gerüchte über ein unmittelbar bevorstehendes Erdbeben viele Leute soweit verängstigt, daß sie ihre Häuser verkauften und in den Osten abwanderten. Wann immer ich dazu Gelegenheit hatte, erklärte ich, daß *wir* dafür verantwortlich sind, unsere eigene Realität zu schaffen, welche die ganze Welt beeinflußt, und daß es ein gefährliches und törichtes Unterfangen ist, eine solche Furcht zu schüren.

* * * * *

8) Das Esalen Institute in Big Sur, Kalifornien, war und bleibt ein Pionierzentrum für die Erforschung und Entwicklung des menschlichen Potentials und persönlichen Wachstums; über die Jahre erfreute es sich einer dauerhaften Freundschaft mit der Findhorn Foundation.

9) Dies ist dieselbe Sylvia, deren ärgerliche Mutter, Elsie Moss, das Riesentheater um die »Namenlosen« ausgelöst hatte (beschrieben im 12. Kapitel), als Sylvias damaliger Mann Fred Astell Sylvia verlassen hatte, um Ende 1956 Sheena nachzufolgen.

1987, im Jahr des fünfundzwanzigsten Geburtstags (und meines siebzigsten!) der *Findhorn Community,* lud mich Eileen ein, sie mit Loren Stewart, einem respekteinflößenden Langzeitmitglied, auf einer Dreiwochentour durch Europa zu begleiten. Dies sollte nach fast zehn Jahren das erste Mal sein, daß Eileen und ich zusammen eine Tour machten, und ihre Aufforderung machte mich neugierig. War dies ein tastender Versuch ihrerseits, zu sehen, ob wir als Paar wieder zusammenkommen könnten oder eine echte Aufforderung durch den Geist, die Arbeit fortzuführen, die uns zuerst zusammengebracht hatte? Ich wählte, letzteres darin zu sehen. Wir waren beide, so schien es, erfolgreich durch die Wandel gegangen, derentwegen wir uns getrennt hatten, und ich hatte Findhorn verlassen. Wir waren nun beide stark und ausgeglichen in uns selbst, und die Gemeinschaft selbst gedieh, lange nach dem Wechsel ihrer ursprünglichen Führung.

In der Tat hatte sie 1983, vier Jahre zuvor - bezeichnenderweise das Jahr, in dem die Gemeinschaft 21 wurde - einen bemerkenswerten materiellen Auftrieb erfahren. Eine erfolgreiche Spendenkampagne hatte es ihr ermöglicht, den ganzen Campingplatz zu kaufen, und es waren bereits Pläne im Gange, eine dauerhaftes »planetarisches Dorf« zu bauen. Im selben Jahr war die Gemeinschaft Gastgeberin des dritten *World Wilderness Congress*, der Regierungsmitglieder und andere Prominenz aus der etablierten Gesellschaft anzog. Deren Anwesenheit schuf eine gewisse Respektabilität in den Augen der Welt, was wiederum den Weg öffnete für weitere Konferenzen in künftigen Jahren, die sich mit Wirtschaft, Politik, Spiritualität und den Künsten befaßten; und nach einigen wackeligen Jahren in den roten Zahlen stabilisierten sich die Finanzen der *Foundation*. Die Findhorn Gemeinschaft schien unter günstigen Winden ins nächste Jahrhundert zu segeln, als ein Flaggschiff der Erneuerung, wie sie die Demonstration der spirituellen Prinzipien, auf denen sie aufbaute, ermöglicht hatte. Jetzt, im Jahre 1987, erschien die Tour von Eileen und mir eine ideale Gelegenheit zu bieten, auf derselben Bühne zu stehen und die guten Nachrichten zu verkünden.

Von Anfang an hätte ich das Unerwartete erwarten sollen. Ich war nicht auf die »neue« Eileen vorbereitet und ihre neugefundene Selbstsicherheit, und ich hatte auch nicht in mir selbst den Grad an emotionaler Verletzbarkeit erwartet, den ich nun durchmachte. Wenn ich vor Zuhörern sprach oder irgendeine Frage beantwortete, war ich zuweilen verletzt und verlegen, wenn mich Eileen unterbrach oder mir scharf Einhalt gebot und nun ihre - ganz andere - Version desselben Ereignisses zum besten gab (ob ich sie nun für zutreffend hielt oder nicht). Bei anderer Gelegenheit ärgerte mich der Gedanke, daß sie die Gelegenheit wahrnahm, mich einfach zu ärgern oder persönlich zu verletzen. Zuweilen empfand ich sogar, daß sie mich als Stichwortgeber für ihre Selbst-Behauptung benutzte, und dieses Gefühl behagte mir nicht.

Die Menschen fühlten sich jedoch im Prinzip zu diesen Versammlungen hingezogen, weil sie an den letzten Neuigkeiten aus Findhorn interessiert waren, und Eileen konnte zu Recht für sich beanspruchen, daß sie noch dort lebte, während ich mich Jahre vorher woanders niedergelassen hatte - obwohl ich regelmäßig in die Gemeinschaft zurückkehrte. Loren war ein geschickter und diplomatischer Diskussionsleiter, der half, die Kluft zwischen Eileens und meinem Bild der Gemeinschaft zu füllen, doch es war eine unangenehme Erkenntnis für mich, daß wir die Uhr nicht zurückstellen konnten.

Einmal gab Eileen vor einer großen Versammlung irgendwo in Frankreich die Geschichte zum besten, als sie viele Jahre lang Nacht für Nacht zu den Campingplatztoiletten lief, um vier bis fünf Stunden zu meditieren - ich hatte die Story selbst oft genug erzählt, denn die Botschaften, die sie in jenen Stunden empfing, halfen, die eigentlichen Fundamente der Gemeinschaft zu legen. Doch bei dieser Gelegenheit, als sie die Story nach so vielen Jahren noch einmal erzählte, war mir, als hätte man mir in den Magen geschlagen, so daß es mir den Atem verschlug. Auf einmal wurde ich überwältigt von unerwarteten, unvermuteten und langbegrabenen Gefühlen des Ärgers, der Eifersucht, Verletzung und dem Gefühl, wie unfair es war, daß mir der Gott, dem ich diente, in jenen Tagen die Frau, die ich liebte, weggenommen zu haben schien.

Loren, der meine Qual bemerkt hatte, fragte mich danach, was los sei, und so sagte ich es ihm. »Natürlich mußte es so sein«, fügte ich hinzu, »damit alles andere geschehen konnte. Doch heute Abend wurde mir das erste Mal so richtig bewußt, wie sehr mir das persönlich wehgetan hat.«

Die Tour lief weiter und war ein Erfolg - was Interesse, Zuhörer und Einnahmen betraf - und ich denke und hoffe, daß nur wenige Leute, die unsere Gespräche und Vorstellungen hörten, irgendeine persönliche Reibung zwischen mir und Eileen bemerkten oder dadurch beunruhigt waren. Ich war zu erschöpft dadurch, die Anforderungen unseres vollgestopften Terminplanes zu erfüllen, daß ich die Dinge nicht richtig hinter den Kulissen mit ihr abklären konnte, und ich war auch auf der Hut, falls sie doch noch eine geheime Hoffnung hegte, daß wir uns womöglich versöhnten und unsere Partnerschaft wieder aufnähmen. Sollte dies der Fall sein, so hätte ich diese Gefühle nicht erwidern können. Nach dieser Tour war mir ganz augenfällig, daß die Zeit, da wir wieder zusammenarbeiten würden, noch nicht gekommen war - falls sie je käme.

Gleichzeitig war ich auf einer tieferen Ebene jedoch voller Bewunderung und Würdigung dafür, wie weit wir beide es tatsächlich gebracht hatten, und ich war dankbar für die Jahre selbstlosen Dienens, die Eileen der Findhorn Gemeinschaft gegeben hatte und noch immer gibt; und für ihre Liebe zu mir, nach alledem, was wir miteinander durchgemacht hatten.

* * * * *

Während wir diese Tour planten, hatte ich einen Brief von Renata Zürn erhalten, die ich zuvor mehrfach in Findhorn und auf dem europäischen Festland getroffen hatte, und mit der ich korrespondierte. Sie hatte geschrieben, um mich und Eileen einzuladen, während dieser Tour einen Workshop in ihrem Zentrum am Bodensee zu geben, aber unsere Reiseroute machte dies unmöglich. Renata ließ sich dadurch nicht beirren und lud mich trotzdem ein, ein paar Tage in der heilsamen Atmosphäre dieses Ortes zu verbringen - damit ich mich von der Tour erholen könnte, ehe ich wieder nach Amerika zurückkehrte. Dieses Angebot nahm ich dankbar an. Seit unserer ersten Begegnung, Jahre früher, war mir klargeworden, daß Renata und ich eine tiefe persönliche Verbindung miteinander hatten und es eine Arbeit gab, die wir zusammen leisten sollten - etwas, das sie die ganze Zeit gewußt hatte. Ihr Zentrum heißt *Quell des Heilens*. In jener Zeit, nach jener Tour, die eine rechte Strafe war, fühlte ich, daß ich ein bißchen Heilung nötig hatte.

ZWISCHENBEMERKUNG

von Peter Dawkins

PETER CADDY STARB AM 18. Februar 1994 bei einem Autounfall, einen Tag, nachdem er die Arbeit an dem Kapitel beendet hatte, das Sie gerade gelesen haben. Er war mit Jeremy Slocombe, dem Ghostwriter für dieses Buch, zum Frankfurter Flughafen gefahren, um seinen elf Jahre alten Sohn Daniel für die Ferien abzuholen. Nur wenige Kilometer vor ihrer Ankunft zu Hause, nach einer vierstündigen Fahrt, scherte plötzlich ein Kleinbus verkehrswidrig auf ihre Fahrspur auf der Autobahn aus, und ein Zusammenstoß war unvermeidlich. Peter war fast augenblicklich tot; Jeremy kam mit einem zerschmetterten Ellenbogen davon, und Daniel erlitt eine Gehirnerschütterung und leichte Prellungen.

Zur Zeit seines Todes war Peter dabei, seine Memoiren mit der Erzählung abzuschließen, wie er und Renata Zürn sich begegneten und im Anschluß heirateten, und die ereignisreichen und anregenden Jahre wiederzugeben, die sie miteinander verbringen durften.

Ich traf Peter Caddy das erste Mal in Edinburgh, in den frühen siebziger Jahren, auf einem Dia-Vortrag, den Peter und Eileen über die *Findhorn Foundation* hielten. In jener Zeit war die Findhorn Gemeinschaft bereits wohl etabliert und weltberühmt, und der Vortragssaal war mit einigen hundert sehr interessierten Menschen gefüllt. Im Gegensatz dazu war ich noch ein junger Architekt, frisch verheiratet und gerade nach

Edinburgh gezogen, wo meine Frau an der Edinburgher Universität studierte. Am Ende des Vortrags sprang Peter von der Bühne und lief - mit Eileen dicht auf den Fersen - geradewegs durch all die Zuhörer direkt auf Sarah und mich im hinteren Teil des Saales zu. Und dort, mit nur den minimalsten Förmlichkeiten, lud er uns beide enthusiastisch ein, nach Findhorn zu kommen und dort als Teil der Gemeinschaft zu leben. Obgleich uns die Umstände davon abhielten, dem Folge zu leisten, wurden Peter und ich doch enge Freunde und - sehr viel später - begannen wir eine enge Zusammenarbeit.

Dieser Zwischenfall bietet ein Beispiel dafür, wie Peter lebte und arbeitete; wie er oft auf der Stelle auf ein plötzliches Gefühl oder eine Eingebung hin handelte, ohne unbedingt zu wissen, weswegen. Eine von Peters besonderen Gaben war es, mit nachtwandlerischer Sicherheit zur rechten Zeit am rechten Platz zu sein und als eine Art Blitzableiter für kosmische (oder spirituelle) Energie zu dienen, die in die Erde drang. Viele Male habe ich dies Geschehen beobachten können. Wie der Blitzstrahl des Erzengels Michael, erweckte die spirituelle Energie die Kraft der Erde und begann den Vorgang des Heilens und der Umwandlung sowie die Verbreitung eines Lichtes in der Welt. Oft wußte er selbst nicht den Grund, oder begriff nicht, was da geschah, aber er war sich bewußt, daß er erfüllt hatte, was immer zu tun sein Auftrag war. Natürlich sah er dies, wenn möglich, gern bestätigt.

Von dem sonnenüberfluteten Balkon von Peters Arbeits- und Schlafzimmer aus, jenseits des Gartens und des glitzernden Bodensees, kann man die Schweizer Alpen sehen - eine Traumwelt für Peter, deren Berge ihn an die Gipfel des Himalaya erinnerten. Obwohl er dies damals nicht wußte, war es doch der Ort, den seine Seele gewählt hatte, um sein volles und ereignisreiches Leben abzurunden, seine Autobiographie zu schreiben und am Ende zu sterben.

Die letzten sieben Jahre dieses Lebens fehlten nun freilich noch in seinen Memoiren. Peter wartete darauf, daß Renata aus Indien zurückkäme, damit sie diese Kapitel gemeinsam schreiben könnten. Tragischerweise sollte es nicht dazu kommen; doch dank Renatas eigenem Tagebuch und der Erinnerung an ihre gemeinsame Zeit, muß die Geschichte hier nicht enden.

Eine weniger bekannte Seite Peter Caddys ist, daß er - abgesehen von den letzten Jahren seines Lebens, die er mit Renata verbrachte - ein äußerst gewissenhafter Mann war, wenn es darum ging, Aufzeichnungen zu machen und zu bewahren. Seit seinen späten Teenagerjahren hatte er alle Briefe an ihn aufgehoben, die ihm wichtig vorkamen (und das sind so ziemlich alle), und ebenso bewahrte er Abschriften der gesamten Korrespondenz, die er als Antwort schickte. Dasselbe gilt für alle Tagebucheintragungen, Versammlungsprotokolle, Botschaften, Ratschläge und niedergeschriebene Tonbandaufnahmen, und diese betreffen alle möglichen Dinge, mit denen er in seinem Leben in Berührung kam. Die meiste Zeit seines Lebens erhielt er Hilfe durch Freunde, die meist freiwillig, aus Liebe und Achtung für ihn und die Arbeit, die er tat, als Sekrätere(innen) arbeiteten, was diese gigantische Aufgabe möglich machte.

Alle diese Aufzeichnungen sind sorgfältig aufbewahrt und geordnet worden - viel von diesem Sortieren und Ordnen ist in den letzten Jahren seines Lebens von Peter selbst in akribischer Weise geschehen, und im letzten Jahr mit der fachmännischen Hilfe seines Freundes Jeremy Slocombe, den Peter als Redakteur und Ghostwriter für seine Autobiographie anheuerte. In gewissem Sinne haben diese Gewohnheit Peters und seine Vorausschau ein Paradies für den Historiker geschaffen und ermöglicht, daß fast jede Story wieder und wieder und bis ins Detail auf ihre Stichhaltigkeit hin überprüft werden konnte.

An Jeremy ergeht die Würdigung für die wesentliche Rolle, die er darin spielte, dieses Buch zur Welt zu bringen, und an Renata für die schwierige Aufgabe, allein und in ihren eigenen Worten den letzten Teil des Buches zu vollenden, die von den sieben Ehejahren mit Peter handeln. Ihre Geduld jedoch, ihre Ausdauer und ihr Durchhaltevermögen haben ein Ende hervorgebracht, welches Sie, wie ich hoffe, ebenso fesselnd und inspirierend finden werden wie ich.

Teil IV

DIE KRÖNUNG EINES LEBENS

von Renata Caddy

Ursprünglich war es Peters Absicht, die folgenden Kapitel über unsere Begegnung und die Jahre unseres Lebens und Arbeitens gemeinsam zu schreiben. Sein unerwarteter und plötzlicher Tod verhinderte dies jedoch.

So habe ich, um das Buch seines Lebens zu vollenden, diese Kapitel nun mit meinen eigenen Worten beschrieben.

31. Kapitel

BEGEGNUNG VON ZWEI HERZEN

Das Eine ohne jede Farbe tritt in Erscheinung durch
die mannigfaltige Anwendung seiner Macht
mit den vielen Farben seines verborgenen Zwecks.

Gewähre das Erhabene Wesen
in dem die Welt sich auflöst
und aus dem sie hervorgeht
uns ein klares Verstehen.

-Svestasvatara Upanishad IV, (1-4)

Peter und ich trafen uns zum ersten Mal Anfang Juni 1975 auf Schloß Schöneck, einer Burg, hoch gelegen, herrlich von Wäldern umgeben, in der Nähe von Koblenz am Rhein.

Wiwi Woeller-Paquet, eine Freundin von mir, hatte Peter, begleitet von Eileen, ihrem Sohn David und François Duquesne, dorthin eingeladen, die Geschichte von Findhorn erstmalig in Deutschland zu erzählen. Ich kam erst gegen Ende des Dia-Vortrages, da ich Freunde mitbrachte, die eben aus Auroville[1)] zurückgekommen waren. Die inspirierenden Lieder der New Troubadours, die gerade gespielt wurden, gaben mir ein solches Gefühl von »Nachhausekommen«, daß mein Herz vor Freude sang. Ich fühlte mich so leicht, daß ich nach der Mittagspause die Treppen heruntersprang - wie in meiner Kinderzeit, viele Stufen auf einmal nehmend - und mit dem letzten großen Sprung genau vor jemandem landete, der gerade aus dem Konferenzraum kam - es war Peter.

---

1) Auroville ist eine internationale Gemeinschaft in der Nähe von Pondicherry, in Südindien, die durch die Lehren Sri Aurobindos und seiner spirituellen Partnerin, genannt »Die Mutter«, inspiriert wurde.

Mit einem höchst erstaunten »Hallo!« begrüßte er mich und ging mit mir hinaus in den Garten. Unter einem großen, uralten Baum ließen wir uns zu einem Gespräch nieder. Peter erzählte von den Ursprüngen Findhorns, ich sprach über die von Auroville, wo ich vor ein paar Jahren gewesen war; ein Ort, mit dem ich mich noch tief verbunden fühlte. Durch unser Gespräch ging mir auf, daß Auroville ein echter Schwesterimpuls von Findhorn ist.

Peters Ausstrahlung berührte mich spontan, ich fühlte seine Kraft und Tiefe, seine Einfachheit und seinen Humor, seine Begeisterung und vor allem dieses ganz reine Herz, das einem buchstäblich entgegenleuchtete durch seine klaren, tiefblauen Augen. Als mich Wiwi am nächsten Tag bat, Peters Worte zu übersetzen und ich neben ihm saß, war ich beeindruckt von seiner enormen Konzentration, Entschlossenheit und Willenskraft, die ich durch sein Profil hindurch wahrnahm. Zum Schluß dieses Wochenendes, beim allgemeinen Verabschieden im Hof, nahm Peter mich in die Arme. Eine Umarmung, die ich nie vergessen werde - vollkommen wortlos, reglos, still. Es war nicht eine Umarmung von Mann zu Frau, sondern von Wesen zu Wesen - ein Moment der Ewigkeit. Als die äußere Welt wieder in unser Bewußtsein trat, waren nahezu alle Autos abgefahren.

Im Mai 1978 traf ich Peter das nächste Mal während meines ersten Besuchs der Findhorn Gemeinschaft. Was für ein Abenteuer, die Findhorn-Erfahrungswoche[2] zu erleben und mit dem lebendigen Christus-Bewußtsein in Berührung zu kommen, das dort verankert ist! Es erstaunte mich, wie es möglich war, daß wir, aus so vielen verschiedenen Teilen der Welt kommend und von so unterschiedlichen Altersstufen, spirituellen Hintergründen und inneren Entwicklungen, alle dazu kamen, uns als ein Teil des Ganzen zu fühlen. Dies geschah hauptsächlich durch ein regelmäßiges kurzes »sich Einstimmen«. Vor einer gemeinsamen Arbeit hielten wir inne und baten Gott um Hilfe; dann, einander die Hände reichend, stimmten wir uns auch auf einander und die Arbeit ein, die zu tun war - zum Beispiel auf einen Baum, der umgepflanzt werden sollte. Wir gaben ihm unsere Liebe und baten um seine Mithilfe. Dann wurde das Ausgraben erstaunlich leicht!

Gott in Dir zu wissen, über Dir, unter Dir, um Dich herum - Gott als Deinen besten Freund an Deiner Seite zu haben; Gott zu sehen und das

---

2) Das Einführungsprogamm für alle neuen Gäste.

Gute in jedem anderen und in allen Dingen, das Göttliche hervorzurufen, mit ihm Hand in Hand zu arbeiten, sei es in der Form von Naturgeistern, Engeln, Erzengeln oder einer der Meisterseelen sowie auch des göttlichen Funkens in jedem menschlichen Wesen - dies war solch eine Inspiration. Was für eine Heilessenz bietet Findhorn für jeden von uns und für unsere unruhige Welt! Ich erinnere mich, wie der Leiter des Cluny Hill College mir sagte, daß sie ohne Meditation und Einstimmung morgens, mittags und abends das Ganze nicht zusammenhalten könnten; aber mit Gott als ihrer Mitte sei alles möglich.

In meiner zweiten Woche wählte ich den Workshop »Wie baut man ein Zentrum des Lichts auf«, und zu meiner großen Freude leitete Peter den Workshop ein. »Wie strahlend Du bist«, begrüßte er mich, und ich hätte dasselbe von ihm sagen können. Ich war sehr inspiriert von Peters Workshop und lernte viel daraus. Später erzählte ich ihm einen intensiven Traum, den ich in dieser Zeit von ihm hatte, den ich aber in der Tiefe seiner Bedeutung erst viel später verstand. Damals war jeder von uns damit beschäftigt, die eigenen inneren Probleme zu lösen. Die meinen beinhalteten die Verwandlung der Beziehung zu meinem geliebten Freund Marcel und damit auch meines bisherigen Lebens. Und Peter - wie ich erst später hörte - versuchte, die Herausforderungen, denen er in seinen eigenen Beziehungen gegenüberstand, zu meistern. Zwei Jahre später, im Oktober 1980, trafen wir uns zum dritten Mal anläßlich der »One Earth Conference« in Findhorn. Peter war gerade von Hawaii zurückgekommen - frisch, verjüngt, ganz braun gebrannt und mit strahlenden Augen. Erst jetzt hörte ich von seiner Trennung von Eileen und daß er die Gemeinschaft ein Jahr zuvor verlassen hatte. Spontan blitzte wieder solche Freude zwischen uns auf. Eines Abends, gegen Ende der Konferenz, holte mich Peter im Ballsaal von Cluny Hill College zu unserem ersten Tanz - dem schönsten Walzer meines Lebens. Wortlos, seine Augen unentwegt in meinen, während wir uns mit großer Geschwindigkeit drehten, drehten, drehten ...

Viel später merkte ich, daß Peter diese und andere spontane Gesten der Liebe zwischen uns völlig vergessen hatte; wenn ich ihn daran erinnerte, fielen sie ihm jedoch wieder ein. »Offenbar war die Zeit noch nicht reif für unser Zusammenkommen«, erklärte er. Er hatte recht.

Peter und ich blieben über die Jahre durch Briefkontakt miteinander verbunden. Anfang 1981 hörte ich von ihm, daß er nicht länger mit Shari zusammen war und die meiste Zeit reiste und Vorträge hielt. Seine Arbeit schien ihn rund um die Welt zu führen. 1983 schrieb er mir, daß er im November mit Paula und ihrem neun Monate alten Sohn Daniel nach Findhorn käme und hoffte, mich dort zu treffen. Es gäbe so viel, das er mir erzählen wolle.

So kam es, daß wir uns anläßlich des 21. Geburtstages der Findhorn Gemeinschaft zum vierten Mal trafen. Von überall aus der Welt waren viele frühere Mitglieder angereist, so daß Peters kurzer Besuch mit Begegnungen ausgefüllt war, mit seiner eigenen Familie, der größeren Gemeinschaftsfamilie und anderen, die sich zu diesem Fest versammelt hatten. Eines Abends, als wir zusammen in der Lounge von Cluny saßen, begann ich ihm von einem Wesen zu erzählen, das für mich von großer Bedeutung ist - Mahavatar Babaji[3] und wie ich ihn traf. Peter hörte voller Aufmerksamkeit und mit ganz offenem Herzen zu.

Durch eine Freundin hatte ich zuerst 1975 von Babaji gehört, und obwohl bei der Erwähnung seines Namens sofort ein Funke übersprang, hatte ich damals kein Interesse an einem neuen geistigen Lehrer. Mein innerer Weg schien klar für mich. Zu Beginn des Jahres 1978 jedoch, in einer Zeit großer innerer Nöte und Gebete, wurde mir Babaji plötzlich sehr gegenwärtig, und spontan wollte ich zu ihm fahren. Doch seine innere Gegenwart brachte all die Momente in mein Bewußtsein, in denen ich nicht im Einklang mit dem göttlichen Willen war und flößte mir deshalb große Angst ein. Erst nach Tagen intensiver innerer Arbeit öffnete sich alles, und ich wußte: Jetzt darf ich kommen. Es gelang mir, sofort einen Flug nach Indien zu buchen. In der darauffolgenden Nacht schenkte mir Babaji ein gewaltiges Lichterlebnis, durch das ich erfuhr, wer er wirklich ist. Er hob mich aus meinem Körper heraus in das Reich des Unendlichen Lichts, ließ mich Eins werden mit diesem Licht, das Liebe ist, das seine Substanz, sein Wesen, seine Wirklichkeit ist.

Babaji wird als Mahavatar gesehen - ein Herabsteigen und eine Manifestation der reinen Göttlichkeit in Zeit und menschliche Form - der durch die Zeitalter hindurch kommt, um der Menschheit in kritischen Zeiten zu helfen . Paramahansa Yogananda beschreibt in seiner »Autobiographie eines Yogi« Babaji in seiner früheren Erscheinung als den »Yogi-Christus des modernen Indien«. Als Babaji 1970 in unserer Zeit

---

3) »Babaji« heißt »lieber Vater«; »avatar« bedeutet das Herabsteigen des Göttlichen in einen menschlichen Körper, während »mahavatar« wörtlich »großer avatar« heißt - das große Herabsteigen des Göttlichen in menschliche Form, normalerweise nicht durch eine Frau geboren. Der Babaji, von dem ich hier schreibe, ist durch viele Namen bekannt: Mahavatar Babaji, Shri 1008 Haidakhan Wale Baba oder Haidakhan Baba; er wird einfach Babaji genannt.

öffentlich erschien, war es in der Form eines strahlenden Jünglings in einer Höhle am Fuß des Kurmanchal Mt. Kailash, eines Berges gegenüber von Haidakhan, am Fuße der Himalayas. Er kam, um der Welt Einheit und Frieden zu bringen und nahm unsere menschlichen Probleme und Leiden auf sich, sie verwandelnd. Babaji gab seine Botschaft kund, bildete seine Schüler aus und verließ seinen physischen Körper 1984.

Als er nach dem Sinn seines Hierseins gefragt wurde, sagte er: »Mein Anliegen ist das Leiden der ganzen Welt.« Und: »Ich bin nicht für die Neugierigen da, ich bin nur für die Sucher da. Ihr könnt mich nur durch Liebe erkennen.« »Gott ist Liebe, und Liebe ist Gott.«

Als ich 1978 Babaji zum ersten Mal physisch in Haidakhan traf, begrüßte er mich mit den Worten: »Ich traf Dich in Deutschland.«. Ein paar Tage später begann er, Aquarelle in ein leeres Buch zu malen, das ich ihm gebracht hatte. Die Bilder beinhalteten unter anderem Deutschland mit dem Bodensee, einen göttlichen Garten, Tibet und eine Vision der neuen Welt. Er nannte dieses Buch »Omkareshwar«.[4)]

Es war Babaji, der mich inspirierte, Findhorn zu besuchen. Zu meinem Erstaunen erlebte ich in Cluny Hill das gleiche Licht, das ich durch ihn so viele Male erfahren hatte. Als ich Peter all dies erzählte, fühlte ich Babajis Gegenwart. Peter und ich waren beide ganz erfüllt, vergaßen vollkommen Zeit und Raum - und so etwas widerfuhr Peter nicht so leicht!

* * * * *

Mein Zuhause liegt in einem freundlichen kleinen Ort oberhalb des Bodensees, des großen Sees, der das Herz von Europa bildet.

Ende Mai 1987 - zwölf Jahre nach unserem ersten Zusammentreffen - besuchte mich Peter hier für drei Tage. Der Platz befand sich im Umbruch, nachdem mein Leben mit meinen Freunden zu Ende gekommen war und sie auf die andere Seite des Sees gezogen waren. Alles war jetzt offen.

Ich hatte Peter und Eileen eingeladen, während ihrer Reise durch Europa hier einen Workshop zu geben und einen Vortrag zu halten, ihr Terminkalender war jedoch schon voll. Nach der Tour hatte man Peter

4) »Om Kareshwar« heißt »der Sitz des Herrn, dessen Name Om ist.

zu einer Konferenz nach Jugoslawien eingeladen, die aber in letzter Minute abgesagt wurde; so war es ihm möglich, statt dessen hierher zu kommen und ein paar Tage mit mir zu verbringen, bevor er nach Amerika zurückflog.

Am Tag vor seiner Ankunft hatte ich meinen Führerschein verlegt, und so fuhr ich mit dem Zug zum Flughafen Zürich. Peter kam mir entgegen, seinen Koffer auf beiden Armen haltend, da dessen Griffe abgebrochen waren. Zwischen uns strömte eine unbändige Freude - welch ein Geschenk, endlich zusammen zu sein und Zeit miteinander zu haben! »Laß uns das Beste daraus machen!« sagte Peter.

Wir überquerten den See mit dem Schiff und erreichten bald mein Zuhause. »Welch eine Atmosphäre - wie still es hier ist«, waren Peters erste Worte, als er das Haus betrat. Er stand oben an der Treppe und schaute hinunter auf den großen weißen Raum mit dem Kamin, der groß genug ist für Gruppen und Seminare mit etwa fünfzig Menschen. »Das ist der Raum, in dem ich mich am meisten zu Hause fühle«, sagte ich. »Aber wo kann man sich hinsetzen?« fragte Peter, etwas verwundert, weil keine Stühle zu sehen waren. »Oh, Du kannst sitzen, wo immer Du möchtest - auf dem Boden ist so viel Platz, und ich habe viele Kissen«, antwortete ich. »Wegen der intensiven Schwingung der Stille fühle ich mich hier so wohl.« »Du meine Güte!« sagte Peter, »meine Vorstellung von »gemütlich« sieht etwas anders aus. Hast Du nicht einen bequemen Sessel?« Wir lachten beide, und ich fand einen Schaukelstuhl für ihn. Wir fingen gerade an, unsere Gegensätzlichkeit zu entdecken...

Peter schaute sich mit Erstaunen meine Bilder an den Wänden an. Ich bin Künstlerin und male unter dem Namen Nila. Meine Bilder drücken in freien, schwingenden Formen und Farben meine Erfahrungen der inneren Welten aus. Peter stand völlig verwundert davor. Alles, was er sagen konnte, war: »Ich verstehe gar nichts davon, aber sie gehen direkt in mein Herz.« Später, als er vom Balkon hinunterschaute, sah er einen großen, wilden und romantischen Garten. »Der Garten ist das Wichtigste hier«, erklärte ich.

Während unseres ersten festlichen Abendessens stand Peter zu meiner Überraschung auf, um mit mir zu tanzen - aus purer Freude. Es folgten drei sehr gesegnete Tage - dies alles war ein Fest für das Herz!

Wir hatten intensive Gespräche. Peter schien es, daß unsere spirituellen Wege ebenso verschieden wie unsere Charaktere waren. Seine spirituelle Tradition war fest im Westen verankert, während ich - neben meiner ganz offensichtlich westlichen Ausbildung - tiefe Verbindungen zum Osten hatte. Da Peter erst kürzlich gesagt worden war, daß nun für ihn die Zeit reif sei, sich auch mit anderen spirituellen Wegen zu befassen, war er offen dafür, zusammen mit mir nach Haidakhan zu gehen. So machten wir Pläne, am Ende des Jahres Indien zu besuchen.In diesen drei Tagen erlebten Peter und ich, wie tief unsere innere Verbindung war, und dieses Wissen erfüllte uns mit Licht. Als jedoch der Abschied nahte und wir auf dem Weg zum Flughafen waren, wurde Peter sehr schweigsam. Als der Aufruf für seine Maschine zurück in die Staaten kam, sagte er verwirrt: »Meine Güte - jetzt gehe ich zurück, um Virginia zu heiraten!« Sein Gesicht verdunkelte sich.

Das war nicht neu für mich. Kurz nach seiner Ankunft hatte er mir von seinem 70. Geburtstag erzählt, den er mit 250 Menschen in San Francisco gefeiert hatte und dann etwas später ebenso in Los Angeles. Dort wurde er mit einer Frau bekannt gemacht, die ihm zunächst als potentielle Managerin vorgestellt wurde, um seine Vorträge und Workshops zu organisieren. Sie war außerdem eine begabte »Networkerin« und kam gut mit Peters Sohn Daniel zurecht (Peter und Paula waren seit ein paar Jahren voneinander getrennt); und, nachdem ihm prophezeit worden war, er würde in seinem siebzigsten Lebensjahr seine zukünftige Partnerin treffen, sah es so aus, als wäre dies Virginia. Obwohl Peter sie erst ein paar Wochen vor seiner Europa-Tour getroffen hatte, schien sie perfekt in sein Leben in Amerika zu passen, wo Peter überzeugt war, den Rest seines Lebens zu verbringen .

Da waren wir nun, hatten gerade diesen mächtigen Strom von Liebe und Freude zwischen uns erfahren... Am Flughafen sagte Peter mit schwerem Herz und Sinn: »Wenn ich gewußt hätte, daß es so sein würde zwischen uns, hätte ich mir meinen Besuch noch einmal sehr überlegt.« Unsere letzte Umarmung endete mit den Worten: »Nun müssen wir alles in Gottes Hände legen.«

* * * * *

Mein Herz tat weh. Ich fragte Gott: »Was soll ich tun?« »Ertrage den Schmerz«, kam als Antwort. »Ich zeige Dir durch diese Liebe - Peters und Deine Liebe - wie sehr ich Dich liebe.« Und ich hörte Ihn sagen: »Male mein Herz. Dann wirst Du um den Neuen Himmel wissen.« So vertraute ich mich der göttlichen Liebe an, so sehr ich es vermochte.

Ein Teil in mir fragte sich, ob Peter die Blume unserer Liebe, die jetzt so glücklich begonnen hatte sich zu öffnen, opfern würde. Peter war immer an erster Stelle mit seiner Arbeit verheiratet, seinem Dienst an Gott, der Erde und den Menschen. Es schien, daß ich überhaupt nicht in Peters Leben und Arbeit paßte, da er ja überzeugt war, diese lägen in Amerika ... und ebenso klar war meine Aufgabe mit diesem Ort in Deutschland verbunden.

Nach Amerika zurückgekehrt, glaubte Peter trotz der tiefen Herzensverbindung mit mir, daß diese amerikanische Frau seine Partnerin für die Zukunft sei. Sie zogen in ein voll möbliertes Haus, das Virginia am Fuß von Mt. Tamalpais außerhalb San Franciscos gefunden hatte und das ideal für ihren Zweck zu sein schien. Dann entdeckte Peter, daß die Workshops, die sie für ihn an der Ostküste arrangiert hatte, nicht nur für ihn, sondern ebenfalls für sie selbst organisiert waren; aber gemeinsame Workshops mit ihr waren nicht sein Fall. In ihr neues Heim zurückgekehrt, erkrankte Peter an einer schweren Bronchitis und einer leichten Lungenentzündung; er fragte sich nach dem Grund, während er die nächsten zwei Wochen im Bett lag. Langsam wurde ihm klar (und das bestätigten »hellsichtige« Freunde), daß er diese Frau getroffen hatte, um eine starke karmische Beziehung aus der Vergangenheit zu klären. Ihm sei klar geworden, teilte mir Peter dann am Telefon mit, daß er mich schon vor unserer geplanten Reise nach Indien wiedersehen müsse.

Die einzige Zeit, die für jeden von uns paßte, war Mitte August (1987). Gegen den Rat seines Arztes verließ Peter sein Krankenbett und flog nach Deutschland. Bei seiner Ankunft hier bei mir fand er die Terrasse voller Staffeleien und glücklich malender Menschen vor, mit denen ich gerade einen meiner Workshops beendete. Er hustete so schlimm, daß ich ihn sofort zu Bett brachte.

Dieser zweite Besuch - der »zufällig« in die Zeit der »Harmonischen Konvergenz«[5] fiel, die am 16. und 17. August gefeiert wurde - war ein

---

5) Nach dem Kalender der Maya und anderer uralter Prophezeiungen ist dies eine Zeit einschneidender planetarischer Veränderungen, dadurch gekennzeichnet, daß sich tausende von Menschen an heiligen Plätzen in der ganzen Welt in der Meditation verbinden.

Wendepunkt in unser beider Leben. Für Peter und mich offenbarte sich in dieser Zeit der weltweiten »Harmonischen Konvergenz« in der Tat unsere eigene Harmonische Konvergenz.

Als Peter genau in diesen Tagen vor vielen versammelten Freunden einen Dia-Vortrag über Findhorn hielt, war ich erstaunt, wie schnell er wieder zu Kräften gekommen war. Als er dann mit viel Humor und voller Schwung seinen Workshop über »Die Herausforderung zur Wandlung« draußen im Garten gab, kamen plötzlich aus allen Himmelsrichtungen hunderte von weißen Vögeln geflogen und begannen, genau über uns ihre Kreise zu ziehen. Sie kreisten viele, viele Male, bis sie schließlich gemeinsam davonflogen. Es war unvergeßlich, und wir alle empfanden es als ein großes Segenszeichen.

Am nächsten Tag konsultierte Peter einen hervorragenden Arzt, einen alten Freund von mir, der feststellte, Peter habe zu lange zu hart gearbeitet. Er verschrieb ihm eine Reihe homöopathischer Injektionen und völlige Ruhe. In den nächsten zehn Tagen ruhte sich Peter einfach aus - und in dem großen Frieden, der ihn umgab, konnte sich unsere Liebe immer tiefer offenbaren. Wir beide fühlten unser Zusammensein als pures Gottesgeschenk. Peter sagte: »Ich habe eine Liebe erfahren, wie ich sie in meinem Leben noch nicht erlebt habe.«

Es war an einem Sonntagmorgen - eine Woche nach der Harmonischen Konvergenz - als ich an Peters Bett saß, seine Hand hielt und sehr entspannt und meditativ gestimmt war. Da sah ich auf einmal vor meinem inneren Auge sehr klar ein geistiges Wesen hinter Peters Kopf stehen, männlich, in Violett gekleidet, eine Ehrfurcht einflößende Würde ausstrahlend. Er lächelte. Ich fühlte die tiefe Verbindung und Liebe zwischen ihm und Peter. War das sein Lehrer, sein Meister? Dann bildete sich ein Weißes Licht in der Mitte über uns beiden, und ich sah, wie Peter von diesem geistigen Freund dem Weißen Licht anvertraut wurde. Ich erkannte dieses Weiße Licht als Babaji. Vieles mehr folgte. Die Vision endete damit, daß ich Peter neben mir stehen sah, in dunkelroten Samt mit Gold gekleidet. Ich nahm wahr, wie tief geerdet er war, viel mehr als ich es je zu sein vermochte. In diesem Moment war mir klar, warum Gott so viel Licht durch Peter in der Erde verankern konnte.

Ich hatte dieses geistige Wesen in Violett noch nie zuvor gesehen. Peter erklärte mir, daß er und andere in der westlichen Mysterientradition stehende Menschen ihn St. Germain oder Meister R nannten und daß

Peter sein ganzes Leben lang mit ihm als seinem geistigen Freund und Lehrer zusammengearbeitet hatte. Peter - der seine Gegenwart auch intensiv gespürt hatte - war sehr berührt durch die Tatsache, daß er nun von seinem »violetten Freund« an das Weiße Licht übergeben worden war, das Licht, das alle Farben in sich enthält.

Peter bezog sich auf das Göttliche Wesen - das unendliche Wesen aus Licht, Liebe und Kraft, in seiner Erscheinung als Christus. Er sah Christus als das Eine, uns als Teile dieses Einen und wußte, daß Christus sich in dem Maße durch uns ausdrücken kann, wie wir uns ihm öffnen. Peter verstand Christus als universelles Prinzip, als göttliches Bewußtsein und göttliche Energie, unbegrenzt und ohne Form. Auch ich hatte es gesehen, und dann erlebte ich die unendliche Wirklichkeit durch Babaji. Das Göttliche ist Eins; nur die Tore, durch die wir zu ihm gehen und die Namen, die wir ihm geben, unterscheiden sich.

Peter hatte große Achtung vor Babaji als vom Christus-Geist erfüllten Wesen. Meine Vision brachte eine Glocke in ihm zum Klingen, denn zu Beginn des Jahres war ihm gesagt worden, daß jetzt die Zeit reif sei für ihn, mit dem Weißen Licht zu arbeiten. Außerdem begann er zu erkennen, in was für einem Zustand völliger Verwirrung er sich in den vergangenen Monaten befunden hatte, als er sein Karma mit Virginia in Amerika klärte. Er fühlte, jetzt waren wir endlich frei, zusammenzukommen. Peter wurde mit jeder Stunde leichter, heller.

Am nächsten Morgen fuhren wir an den Zürichsee, um einen ganz besonderen Freund zu treffen - Swamiji Ganapati Satchidananda aus Mysore in Indien. Er ist eines von jenen Wesen, die mit Kräften geboren werden, die die meisten Menschen noch nicht entwickelt haben.

Unser Feuer-Swamiji, wie wir ihn nennen, steht in offensichtlicher Freundschaft mit allen Elementen. An bestimmten heiligen Festtagen zum Beispiel geht er mit all seinen Kleidern ins Feuer, steht in tiefer Konzentration in einer etwa ein Meter tiefen Feuerstelle inmitten der tanzenden Flammen und führt dort seine Puja aus. Das Feuer verletzt ihn nicht. Ich habe das selbst mehrfach gesehen. Er verläßt die Feuerstelle meistens durch Levitation. Er wurde auch stundenlang unter Wasser meditierend gesehen. Durch ihn werden zum Segen anderer alle möglichen Dinge materialisiert - heilige Asche, Malas (Gebetsketten), Amulette, Statuetten und anderes mehr. Viele Male haben Freunde und ich das erlebt.[6)]

Der Feuer-Swamiji war glücklich, Peter zu treffen und wie so viele, die Peter wirklich erkannten, drückte er große Liebe und Anerkennung für ihn aus. In die Hände klatschend, materialisierte er einen Kristall für Peter und sagte ihm, er solle den Kristall in ein Glas Wasser legen, es in die Sonne stellen und danach das Wasser trinken: »Zur inneren Heilung«. Durch ihn wurde viel offenbart und bestätigt. Er sagte, Peters zukünftige Arbeit läge nun hauptsächlich in Europa und daß wir beide zusammenarbeiten sollten. Er lächelte strahlend: »Segen für Euch beide«. Welch ein wahrhaft freudiges Treffen das war!

Während Peter nach seinem ersten Besuch in völliger Verwirrung abflog, so war er nun klar. Jetzt wußte er.

Als er mir kurz danach am Telefon sagte, er packe alles zusammen in Amerika, um zu mir zu kommen, war ich überwältigt von der Geschwindigkeit, mit der er sein inneres Wissen in die Tat umsetzte. Nun, da es klar für ihn war, daß wir zusammenkommen sollten, handelte er sofort, ganz gleich was andere dachten oder sagten. Was für ein Schritt, so schnell von seinem fest verwurzelten Leben in Amerika nach Deutschland zu gehen, wo er doch zum Beispiel kein Wort Deutsch sprach! Offensichtlich ließ er nicht zu, daß der Verstand mit all seinen Pros und Kontras sich in diese große Entscheidung einmischte. Er folgte einfach der Wahrheit seines Geistes, der Wahrheit seines Herzens - in vollkommenem Vertrauen. Ich verstand, daß allein sein lebenslanges Training in sofortigem Gehorsam seinem intuitiven Wissen gegenüber dieses schnelle Handeln möglich machte. Später erzählte Peter mir, daß jeder bedeutende Schritt in seinem Leben auf seiner eigenen inneren Wahrnehmung dessen, was sich »richtig« mit Gott anfühlte, basierte und daß er das tat, ganz gleich was andere sagen würden - einschließlich »channelnder« Freunde. Mit Peter gab es niemals irgendein Hin und Her, wenn er wußte, daß etwas richtig war.

Er schrieb in dieser Zeit:

»Da wußte ich ohne den leisesten Zweifel, daß meine wirkliche Partnerin für die Zukunft Renata sein würde und daß Virginia und ich zusammengebracht wurden, um altes Karma abzuschließen... Somit wur-

---

6) Ich hatte ihn 1975 kennengelernt, als er um zwei Uhr morgens in unserem Haus »erschien«. Wir schliefen in Marcels Zimmer und erwachten plötzlich, als wir ihn in einer goldenen Lichtsäule vor dem Bücherregal stehen sahen. Schweigend schaute er uns an. Nach einer Weile löste sich die Erscheinung wieder auf. Ein paar Tage danach kamen zwei Freundinnen aus Indien zurück und brachten Marcel ein Buch über einen »Feuer-Swami« mit. Er erkannte darin sofort die Erscheinung. Als Marcel später seinen Ashram in Indien besuchte, fragte er ihn: »Bist Du Anfang April um zwei Uhr morgens in meinem Zimmer erschienen?« und die Antwort war: »Ja, das stimmt.«Als Swamiji das erste Mal (diesmal physisch!) auf Marcels Einladung nach Deutschland kam, ging er geradewegs in Marcels Zimmer und schaute lächelnd zu dem Platz, wo er erschienen war. Sein Aufenthalt in unserem Haus war eine höchst erstaunliche Zeit, ebenso die gemeinsame Reise mit ihm durch Deutschland und in die Schweiz, wo wir ihn mit vielen Menschen bekannt machten.

den meine nächsten Schritte klar. Ich hatte vor der dreiwöchigen Tour zu den spirituellen Kraftzentren Großbritanniens im September gerade noch zwei Wochen Zeit, um in die Vereinigten Staaten zurückzukehren und meine Angelegenheiten zu klären. Zuerst brachte ich Virginia die Neuigkeiten. Obwohl sie anfangs schockiert war, ist unsere Beziehung jetzt liebevoll, freundschaftlich, einander unterstützend. Dann erzählte ich es Paula ... Zwischen uns bestehen Liebe und Vertrauen, und wir sind beide besorgt um Daniels Wohlergehen und Erziehung, obwohl ein Großteil der Last und der Freude bei ihr liegen. Wir schlossen unsere Scheidung in vollkommener Übereinstimmung ab.

Ich mußte alles aussortieren und einpacken - mein Büro mit den jahrelangen Ansammlungen in Aktenschränken etc., all meine Kleidung und persönlichen Sachen, meine Bibliothek, Bücher und Zeitschriften. Ich mußte meine Angelegenheiten ordnen, Rechnungen bezahlen und mein Hab und Gut zu dem Findhorn Retreat Center in Mendocino in Nordkalifornien verfrachten. Schließlich nahm ich Daniel mit zu einem Abschiedsausflug nach Mount Shasta bei Shari und John McCombe und zu einem Besuch bei meinem Sohn David und seiner Frau Kacie.

Nachdem ich eine wundervolle Pilgerreise durch Großbritannien geleitet und an der Oktober-Konferenz in Findhorn »Von der Organisation zum Organismus« teilgenommen hatte, kehrte ich zu dem zurück, was ab jetzt - das wußte ich - mein Zuhause sein würde. Es ist etwas vom Vollkommensten, das ich kenne, ein Ort des Friedens, der Harmonie und Schönheit, durch Babaji inspiriert, der Renata ihre innere Schulung gegeben hat. Sie ist Künstlerin, Malerin, Dichterin, Therapeutin, lehrt und leitet Workshops. Der Meditationsraum hat die gleiche Kraft und Stille wie der in Findhorn. Viele Jahre hindurch (seit 1980) fanden hier wöchentliche Treffen und Meditationen statt, wie auch Vorträge und Workshops. Ich habe ein herrliches Zimmer mit einem sonnigen Balkon und Blick über den See auf die Schweizer Schneeberge. Es gibt einen großen, ganz besonderen Garten, sehr friedlich und voll mit Naturgeistern.«

Am ersten Abend nach seiner Ankunft fragte mich Peter: »Möchtest Du mich heiraten?« Ich schaute ihn nur an - und konnte kein Wort sagen. In der Nacht hatte ich im Traum eine eindrucksvolle Offenbarung über uns beide, eine klare Antwort auf seine Frage; und am Morgen erwiderte ich: »Ja, mit meinem ganzen Herzen will ich Dich heiraten.«

32. Kapitel

KAILASH - HOCHZEIT

Ich werde Feuer und Wasser zusammen brennen
und in der Mitte von Feuer und Wasser sein,
und ich werde dort bleiben, was auch immer geschieht

- Babaji 1980

Für unsere erste Herz-zu Herz-Begegnung waren uns drei Tage gegeben; für die zweite, unsere Zeit der »Harmonischen Konvergenz«, in der uns alles klar wurde - zwölf Tage. Unser drittes und endgültiges Zusammenkommen geschah in einundzwanzig Tagen. Eine wundervoll tiefe Zeit für uns, in der es uns möglich war, der Liebe all die Zeit und all den Raum zu geben, um uns auf jeder Ebene Schritt für Schritt zu vereinen. So viel geschah ...

Berührung war wichtig; Berührung offenbarte. Viele Geheimnisse sind im Körper verborgen - unser ganzes Wesen, einschließlich der Vergangenheit - scheint darin versiegelt zu sein. Liebe vermag sie zu offenbaren, Berührung vermag sie freizusetzen. Voller Erstaunen erlebten wir dies wieder und wieder.

Eine weise Freundin von mir, Dina Rees, sagte einmal zu mir: »Wenn Mann und Frau eins werden, werden sie Gott.« »Liebe heilt« und sie heilte Wunden der Vergangenheit.

Wir begannen auch, unsere fundamentale Polarität klarer zu verstehen: Peters absolutes Interesse und sein »Ja« zum Diesseits, zur Schöpfung, mein ursprüngliches, tiefes »Ja« zum Ewigen, jenseits der Schöpfung; während ich mehr auf das Ewige, das weiße Licht jenseits von Farbe und Form gerichtet war, liebte Peter es durch sein Erscheinen in den Farben und Formen.

Im Vergleich zu Peter fühlte ich mich im Inneren mehr wie ein meditierender Mönch in der Höhle, der sagt: »Die Welt ist sowieso vergänglich; das einzig Wichtige ist das Ewige.« Während Peter aus seinem Inneren heraus eher sagen würde: »Das Ewige ist sowieso da; laß uns die Schöpfung feiern und uns an ihr erfreuen.« Wir trafen uns darin, das Ewige im Vergänglichen zu sehen und Gott in seiner Schöpfung zu lieben und ihm mit Freude zu dienen.

Der Schlüssel dazu - Peters Schlüssel Nummer eins im Leben - wurde jetzt bewußt auch meiner: »Liebe, wo immer Du bist, mit wem auch immer Du bist und was immer Du auch tust.«

Am Anfang spürten wir manchmal unsere unterschiedliche Art und Weise sehr stark. In einer Zeichnung könnte man es so darstellen: Peter drückte - durch sein Wesen - mehr eine horizontale Linie aus, ich mehr eine vertikale; durch unser Zusammenkommen traf seine Horizontale auf meine Vertikale, es bildete sich ein Kreuz. Licht blitzte auf, wurde Feuer und aus der Mitte des Kreuzes erblühte die Rose, die Liebe; ein Rosen-Kreuz entstand.

Aus diesen einundzwanzig Tagen kam Peter strahlend, frisch und ganz und gar verjüngt heraus. Zu einer Gruppe von Freunden, die über seine Verwandlung staunten, bemerkte Peter:

Das Ritual hat mich nicht verändert.
Das Mantra hat mich nicht verändert
Meditation hat mich nicht verändert.
Tofu[1] hat mich nicht verändert.
Liebe aber hat mich verändert und verwandelt.
Liebe ist d i e Kraft der Verwandlung.

* * * * *

Peter ging dann für zwei Wochen nach Findhorn, um an dem bedeutsamen Zusammentreffen anläßlich des 25. Geburtstages der Gemeinschaft teilzunehmen. Unmittelbar danach machte er sich auf, um nach Indien zu fliegen. Wir trafen uns in London Heathrow. Wie absolut wundervoll war es für uns beide, wieder zusammen zu sein und unsere erste gemeinsame Reise anzutreten - es gibt keine Worte, um unsere Freude zu beschreiben.

---

1) Ein Sojaprodukt, das als Fleischersatz benutzt wird und als sehr gesund angesehen wird, auf das Peter jedoch nicht sehr erpicht war (um es milde auszudrücken!).

Ende November landeten wir in Indien, tauchten geradewegs ein in das brodelnde Leben von Delhi, mit äußerster Armut und Schmerz auf der einen Seite und Vornehmheit und Flair vergangener Glorie auf der anderen - und mit all den Ebenen und Geheimnissen dazwischen, die einen ahnen lassen, was, vom Niedrigsten bis zum Höchsten, Leben alles sein kann. Nachdem ich Peter einigen indischen Freunden vorgestellt hatte, tranken wir friedlich eine Tasse Tee auf dem Rasen des Imperial Hotels mitten in Delhi, nur durch ein paar Büsche getrennt von dem Menschengewimmel, den mit Schätzen angefüllten winzigen Läden, dem lauten und geschäftigen Markttreiben und all den bettelnden Händen und Augen. Dies alles brachte in Peter Erinnerungen hoch an seine Zeit vor fünfundvierzig Jahren in Indien, als dieses noch Teil des britischen Imperiums war.

Wir machten uns nach Nordosten auf, mit Haidakhan als Ziel - zunächst um Shri Muniraj[2)] zu sehen, einen weisen Freund und großen Lehrer, der in Haldwani lebt, einer kleinen indischen Stadt im Distrikt Nainital in Uttar Pradesh, von wo aus unsere weitere Reise nach Haidakhan organisiert werden würde. Unser Fahrer fuhr in atemberaubender Geschwindigkeit durch die übervollen Straßen, vorbei an Fahrrädern, Rikschas, Fußgängern, Kühen, Ochsenkarren, Schweinen und den unendlich vielen Bussen, dekoriert mit Girlanden aus Gold und Glitzer, wie früher die Elefanten. Ich staunte, die Welt auf dieser Reise durch Peters Herz und Sinn wahrzunehmen... Mir war, als reiste ich mit einem König, der für jede Einzelheit des Wohlergehens seiner Leute verantwortlich war - wie dies verbessert, wie jenes effektiver gemacht werden könnte; wie dort Abwasserrohre verlegt werden sollten... »Was ist zu tun?« das schien sein wacher Blick sofort wahrzunehmen, und seine Ideen waren immer sehr praktisch und realistisch, während ich ganz anders wahrnahm: Die Atmosphäre der Landschaft, der Dörfer, die Farben und Formen, die Augen und Wesen der Menschen...

Wir erreichten Haldwani nach einer sechs- bis siebenstündigen Fahrt, um zu erfahren, daß Shri Muniraj hinauf in die Berge nach Chilliyanaula gefahren war, wo er auf seinem eigenen Grund und Boden einen Ashram für Babaji errichtet hatte. Bevor wir ihm folgten, beschlossen wir, die Nacht in Haldwani zu verbringen, wo sich offenbar direkt vor unserem kleinen Hotel eine indische Hochzeit abspielte mit all ihrem großen

2) Shri Muniraj's indischer Name lautet Shri Trilok Singh Kumari.

Tam-Tam und uns die halbe Nacht wach hielt. Am nächsten Morgen brachen wir auf, froh, die Ebene zu verlassen. In vielen Serpentinen ging es höher und höher in die Vorgebirge der Himalayas, bis wir nach einer wunderschönen dreieinhalbstündigen Fahrt Chilliyanaula erreichten.

Alle im Ashram hielten ihre Mittagsruhe, mit Ausnahme von Shri Muniraj, der im Eingang stand und uns zu erwarten schien. Liebevoll begrüßte er uns. Welch ein Licht in seinen Augen, als er Peter zum ersten Mal sah! Und welche Freude in Peters Augen, als wir durch den blühenden Ashram und Garten hinauf zum Tempel gingen und er einen prachtvollen Blick auf die Himalayas vorfand! Tränen kamen in seine Augen, genauso wie vor etwa vierzig Jahren, als er über 2500 Meilen in diesen Bergen gewandert war. Als er Muniraj fragte, warum dieser Anblick ihn so sehr berühre, antwortete Muniraj, daß Peter in einem vergangenen Leben dort ein Yogi gewesen sei.

»Muniraj« heißt. König der Weisen«, ein Name, den ihm Babaji gegeben hatte. Lange bevor Babaji seinen Körper verließ, hatte er deutlich gemacht, daß Muniraj selbst ein Hohes Wesen war, ein Meister, der verantwortlich sein würde, die Arbeit weiterzuführen. Peter erlebte Shri Muniraj als sehr bescheidenen, liebevollen Freund. Für mich ist er eines der wunderbarsten und leuchtendsten menschlichen Wesen, dem ich je begegnet bin. Wir fragten Muniraj, ob wir mit seinem Segen heiraten könnten. Er sagte: »Ja, Ihr könnt am Weihnachtstag in Haidakhan heiraten.«

Nach einigen Tagen mit Shri Muniraj in Chilliyanaula fuhren wir, Herz und Geist mit dem Licht der Himalayas erfüllt, mit ihm zurück nach Haldwani, wo er für uns ein Auto organisierte, das uns in Richtung Haidakhan bringen sollte. Muniraj gab uns seinen Segen. Die Straße führte über Stock und Stein und endete in Damsite, einem winzigen Dorf mit einigen Hütten, von wo aus wir zu Fuß unseren Weg in das Tal des Gautam Ganga Flusses suchten. Glücklicherweise nahmen Träger sich unseres Gepäcks an.

Dieses Tal hat etwas Märchenhaftes, mit seinen Steinen in allen Farben von leuchtend weiß bis purpur, alle von der Gautam Ganga gerundet und gewaschen, die zur Monsunzeit von Juli bis August zur mächtigen Flut wird, die über das ganze Tal hinunterrauscht. Dieser Fluß mit seinen klaren, glitzernden Wassern entspringt dem Mansarovar See in Tibet, fließt viele Kilometer unterirdisch, bis er unweit von Haidakhan wieder an die Oberfläche kommt und das ganze Tal mit Frische und Leben erfüllt.

Je weiter wir wanderten, desto mehr war nun auch Peter berührt von der wilden Schönheit der Natur in diesem Tal, den umgebenden Hügeln und Bergen und vom Kailash, der sich in der Ferne erhob.

Die Mythologie erzählt, daß der vor uns liegende Kailash - der Kurmanchal Kailash - der ursprüngliche Kailash sei, der seit Anbeginn der Schöpfung als Sitz Shivas gilt[3]. Shiva wird aus indischer Sicht als der höchste Aspekt der Gottheit gesehen. In der Höhle am Fuß des Kurmanchal Kailash ist Babaji 1970 öffentlich erschienen.

Wir kamen zu einer besonders eindrucksvollen, vom Fluß ausgewaschenen Felswand, von der aus wir das Wasser zum ersten Mal durchqueren mußten. Peter rollte seine Hosen hoch, da das Wasser ziemlich tief aussah, und schnürte sich seine Tennisschuhe fester. Während ich neben ihm stand und auf ihn wartete, kamen drei einheimische Frauen mit riesigen Grasbüscheln auf den Köpfen anmutig durch den Fluß und gingen schweigend an uns vorbei; unmittelbar nach ihnen folgte ein sehr aufrechter, strahlender junger Mann, so ungewöhnlich in seiner Erscheinung, daß wir uns wunderten, wer er war. Woher kam er in dieser wilden und einsamen Berggegend? Er sah aus wie der Bote eines Königs. Nie zuvor hatte ich während all meiner Besuche in Haidakhan jemanden wie ihn gesehen. Er trug eine himmelblaue Kopfbedeckung, vollkommen glatt und rund, wie von einem Hutmacher - nicht einen selbstgewickelten Turban. Dieselbe himmelblaue Seide war um seine Hüften gewickelt; eine Schnur kreuzte diagonal seinen Oberkörper, und er hielt einen langen Stab in seiner rechten Hand. Seine Erscheinung war atemberaubend schön. Seine goldbraunen Augen leuchteten wie die Sonne, als er uns beide in seinen Blick nahm und darin hielt, uns anschauend und doch durch uns hindurchschauend wie in eine große Ferne. Diesen Blick werde ich niemals vergessen. Der junge Mann ging dicht an uns vorbei und verschwand.

Während unserer Flußdurchquerung und bis in die Nacht hinein fühlten wir noch diesen Blick und wunderten uns immer wieder über diese ungewöhnliche Erscheinung.

Im Laufe unseres zweieinhalbstündigen Weges durch das Tal mußten wir ungefähr sechzehn Mal den Fluß durchqueren und fühlten uns mit

3) Die Tradition überliefert, daß, als die Zivilisation sich entwickelte, Shiva seinen Sitz in die unerreichbaren Höhen des Mount Kailash in Tibet verlegte. Babaji wird als ein Shiva-Avatar angesehen.

jedem Mal mehr erfrischt, gereinigt und belebt, bis wir Haidakhan erreichten, den von Babaji gegründeten Ashram.

Zu unserer Rechten sahen wir die 108 Stufen, die zum Ashram hinaufführen und gegenüber, auf der linken Seite des Tales, die neun Tempel, die in den Fuß des Kailash gebaut sind. Diese Tempel waren mit den Händen und nur sehr einfachen Mitteln in sehr kurzer Zeit erbaut worden, unter der Führung und Hilfe von Babaji. Im Ashram selbst wurden wir herzlich willkommen geheißen von jenen (das waren vor allem Menschen aus dem Westen), die jetzt für ihn zuständig waren.

Beinahe jeder dort hatte schon von Findhorn gehört mit seiner Grundhaltung, Gott an die erste Stelle zu setzen und der Betonung von Arbeit als Liebe in Aktion, was in der Tat ein lebendiges Beispiel dafür ist, was Babaji lehrt: Wahrheit, Einfachheit und Liebe mit Karma-Yoga, das heißt Arbeit, ohne am Ergebnis zu haften. Babaji hatte gesagt: »In unserer Zeit ist Karma-Yoga der höchste Yoga...In diesem Zeitalter ist es nicht möglich, der Welt zu entsagen. Heutzutage bedeutet Entsagung, jede Arbeit, alle Taten Gott zu widmen.« Er empfahl gleichzeitig die fortwährende Wiederholung des Namen Gottes - eines jeglichen Namens von Gott, besonders durch das Mantra »Om Namaha Shivaya«.[4)]

Peter und ich bekamen eine Art einfaches Apartement mit Bad und Toilette für uns, mit zwei hölzernen Betten, die wir für Peter mit einigen Decken weicher zu machen versuchten. Die tägliche Routine in Haidakhan - durch Babaji initiiert - besteht darin, um 4 Uhr[5)] aufzustehen, um im Fluß zu baden (obwohl es oben im Ashram jetzt auch Duschen gibt) und sich bereit zu machen für den Tag; um 5 Uhr besteht die Möglichkeit, chandan zu bekommen - *chandan* ist ein Segenszeichen, auf die Stirn gestrichen für die Reinigung und den Frieden des Gemütes. Dann folgt Meditation oder was immer man tun möchte (nur nicht schlafen!). Eine einstündige Anbetung Gottes in Gesängen beginnt um 6.30 Uhr.

Von seinen Erfahrungen dort schrieb Peter an Freunde: »Ich genoß die reine Schönheit und Kraft dieses Ortes, am Fuß des Kailash gelegen, die klare Luft, den strahlenden Sonnenschein und das Schwimmen in dem kristallklaren Wasser des Gautam Ganga Flusses, so rein, daß

---

4) Om Namaha Shivaya - das große Mantram des Urbeginns. Es ist Eins mit dem Klang der Schöpfung. Es bedeutet wörtlich: »Ich verneige mich vor der Höchsten Gottheit« und sinngemäß: »Ich nehme Zuflucht zu Gott« oder »Dein Wille geschehe«. Babaji sagte, dieses Mantram könne jedem gegeben werden, und alles könne dadurch erreicht werden.

5) 4.30 Uhr im Winter.

man nicht nur darin schwimmen, sondern es gleichzeitig auch trinken kann«. Sein Brief ging weiter:

»Ich war beeindruckt von dem hohen Niveau der Gebäude. Wir hatten tägliche Treffen mit den leitenden Mitgliedern (des Ashrams), um mitzuhelfen, einige ihrer Probleme, die nach Babajis plötzlichem Weggehen aufgetaucht waren, zu lösen. Sie waren sehr an Findhorn interessiert. Renata hatte ihnen all die Findhorn-Bücher durch die Jahre hindurch mitgebracht, und sie hatten jeden Morgen außer Babajis Botschaft auch die Botschaften aus »Gott sprach zu mir« gelesen.

Trotzdem wurde ich gewiß während meines Aufenthaltes dahingehend getestet: »Nur diejenigen, die darauf vorbereitet sind, ihr Leben, wenn nötig ihre Lebensform, zu verändern, können ganz vorne in diesem Energiestrom stehen.« Es folgen einige der Veränderungen, die ich durchmachen mußte:

1. Um 4.30 morgens aufstehen statt um 7.30 Uhr, nach nur vier oder fünf Stunden Schlaf statt meiner normalen acht Stunden.
2. Mit gekreuzten Beinen täglich drei Stunden auf einem harten Marmorboden zu sitzen; zu singen - wo ich doch nicht singen kann - und Worte, die ich nicht verstand.
3. Zweimal täglich mit gekreuzten Beinen am Boden zu sitzen, um das zu essen, was ich am wenigsten mag, weißen Reis, Bohnen und Linsen. Eier, Fisch, Geflügel oder Fleisch gab es nicht.
4. Mit meiner rechten Hand essen, wo ich Linkshänder bin - keine Messer, Gabeln oder Löffel.
5. Kein Toilettenpapier - hinhocken und meinen Hintern mit kaltem Wasser mit meiner Hand bespritzen.
6. Allein in einem Schlafsack schlafen, auf einem harten Bett mit nur einer sehr dünnen Decke darunter, so daß ich mich die ganze Nacht von einer wunden Hüfte auf die andere drehte.«

Wie immer paßte Peter anstatt zu klagen die Umstände soweit wie möglich seinen Bedürfnissen an. Ein kleiner Stuhl wurde für ihn gefunden, so daß er nicht mehr mit gekreuzten Beinen auf dem Boden sitzen mußte; er besorgte sich einen Löffel zum Essen. Jeden Morgen um fünf Uhr klopfte leise ein Freund an unsere Türe und brachte einen Eimer heißes Wasser - aus Liebe und Achtung für Peter. Nach einigen anfänglichen Versuchen hörte Peter auf, zu dieser Zeit aufzustehen, während ich bis dahin schon mein Bad im Gautam Ganga Fluß genommen hatte - eine der schönsten Erfahrungen, die ich kenne - unter sternklarem

Himmel in diesem Fluß zu baden, wenn die ganze Umgebung so geheimnisvoll lebendig ist. Zuerst tat ich mein Bestes, um Peter mit heißem Tee und sanften Küssen aufzuwecken, er zog es jedoch eindeutig vor, zu seiner eigenen Zeit aufzustehen, auch wenn bis dahin Karkhus Wassereimer und mein Tee nur noch lauwarm waren. Peter war nicht davon überzeugt, er sei Gott näher, wenn er weniger schliefe, oder seine Arbeit für Gott habe etwas mit langen Morgenmeditationen zu tun; er war der Meinung, daß es in seiner Verantwortung liegt, sich um einen gesunden Körper zu kümmern, was aus seiner Sicht bedeutete: Arbeit mit Liebe tun, genug Bewegung und Schlaf, gut schmeckendes Essen - und natürlich Spaß zu haben in allem!

Es war schön zu sehen, wie jeder im Ashram, alt wie jung, Peter einfach gern hatte in seiner Wärme, seiner Ausstrahlung, der natürlichen Autorität, der ungeheuren Erfahrung und seinem immer überraschenden Humor. Es wurde während seines Aufenthaltes gut für ihn gesorgt!

Der Höhepunkt unseres ersten Besuchs in Haidakhan war unser Weg hinauf zum Kailash - für Peter das erste, für mich das neunte Mal. Es wird gesagt, daß der Aufstieg zum Kailash eine Reise zu Lord Shiva darstellt, dem Ewigen Wesen, und so bedeutet diese Reise den Berg hinauf auch eine Reise zu sich selbst. Es wird auch gesagt: »Auf dem Kailash ist alles möglich.«

Am Tag unseres Aufstiegs war der Himmel klar, der Morgen angenehm frisch und ein Hauch von freudiger Erregung lag in der Luft. Peter ging voraus, um den Schritt anzugeben, den wir sorgsam beibehalten würden - er war schon siebzig, zeigte jedoch die Vitalität eines viel jüngeren Mannes.

Bald erreichten wir die Spitze der ersten Bergkuppe, die schon einen erstaunlichen Blick in unerwartete Täler und weitere Bergketten bot. Es liegt etwas Geheimnisvolles in der Einsamkeit und wilden Schönheit dieser Gegend, und man kann sich gut vorstellen, daß die Götter hier wandeln. Wir stiegen weiter bergan in unserem ruhigen und gleichmäßigen Tempo, im Inneren mit jedem Schritt uns leichter fühlend. Als wir höher kamen, erschien ein weißer Adler, von einem weiteren gefolgt und dann etliche mehr. Zusammen zählten wir zehn Adler, zwei davon weiß; nie zuvor hatte ich so viele am Kailash gesehen - und für uns beide schien es ein Zeichen. Ich erinnerte mich, wie jemand sagte, daß es in der christlichen Tradition heißt: »Wo sich die weißen Adler treffen, dort bin ich, der Christus.«

Nach einem etwa vierstündigen Aufstieg, wobei das letzte Stück sehr steil war, unter glühender Sonne, ohne Büsche, ohne Bäume, erreichten wir schließlich den majestätischen Gipfel. Welch ein Fest aus Himmel, Weite und Licht! Absolut still, hörbar nur der eigene Herzschlag und jener besondere Klang, den nur die vollkommene Stille hervorzubringen vermag.

Wir tauchten ein in die Präsenz der Stille, des reinen Einen Seins, und blieben so lange wir konnten, um dann, genährt von diesen Schwingungen, wieder abzusteigen. Der Abstieg war schwierig und erforderte volle Konzentration. Als wir uns dem Fuß des Berges näherten, sahen wir eine große Anzahl wunderschöner, wohl genährter schwarzer Bullen, die aus einem von Fels zu Fels springenden Bach tranken. Der Stier wird als das Tier verehrt, auf dem Lord Shiva reitet.

Bei meiner allerersten Kailash Besteigung wurde mir eine Vision am Gipfel geschenkt: Ich sah viele Seelen, die, eine nach der anderen, zum Gipfel hinaufschwebten. Es war, als ob sie, die Erde über diesen Ort verlassend, dem Göttlichen entgegen gingen, was nach meinem Verständnis auch bedeutete, daß sie angesichts dieser göttlichen Gegenwart ihr Leben in der Rückschau als Ganzes sahen. So war es für mich nicht verwunderlich, daß Peter nach seinem ersten Aufstieg auf den Berg sein Leben im großen Zusammenhang sah und mit der klaren Vorstellung wieder herunterkam, daß die Zeit nun reif sei, seine Lebensgeschichte als Buch niederzuschreiben.

* * * * *

Am nächsten Tag kam zu unserer Freude Shri Muniraj nach Haidakhan. Er nahm an einem Treffen teil, das Peter mit einer Gruppe von Freunden beim »dhuni« abhielt, der heiligen Feuerstelle, die der Göttlichen Mutter geweiht ist. Wir besprachen mit Shri Muniraj unsere Hochzeit, und er schenkte mir einen rotgoldenen Schal. Dann bemerkte er, daß nach indischer Tradition Frauen achtmal so stark seien wie Männer!

Als wir Muniraj nach der außerordentlichen Erscheinung des jungen Mannes fragten, den wir bei unserem Kommen durch das Tal getroffen hatten, bestätigte er, was wir schon gefühlt hatten. »Ja, das war Babaji, der Euch beiden seinen Darshan[6] gab«, sagte er und fügte hinzu, daß

---

6) In Indien ist das der Segen, den ein Heiliger durch seine Anwesenheit, besonders durch seinen Blick gibt.

Babaji uns in der Form von Bhairav Baba erschienen sei. Als wir später Shri Shastriji besuchten - den großen Seher und Priester Babajis - bestätigte er dies, als ich ihm von der Begegnung erzählte. »Es war Babaji in der Gestalt Bhairav Babas. Später wirst Du verstehen.«

Bekannt als der »erste Mann« Shivas, ist Bhairav Baba der Hüter der Schwelle und verantwortlich für die Kräfte, die Shivas Macht ausführen. Er ist der große Beschützer all derer, die in Wahrheit und Liebe leben, aber er ist gefürchtet von jenen, die nicht so leben, da er alles verbrennt, das nicht Wahrheit, nicht Liebe ist. Deshalb wird er oft beschrieben als Shivas zerstörerischer und verwandelnder Aspekt. Die himmelblaue Farbe ist Bhairav Baba in seiner jungen und strahlenden Form zugeordnet. Bhairav Babas Tag ist der Sonntag - der Tag, an dem wir Babaji in dieser Erscheinung trafen.[7]

* * * * *

Zusammen mit Shri Muniraj verließen wir Haidakhan durch das Tal, und nach einer wunderschönen Meditation und dem Frühstück in seinem Haus in Haldwani brachen wir am nächsten Morgen nach Delhi auf. Solange wir in Indien weilten, wollte ich Peter auch mit einigen anderen spirituellen Plätzen, Lehrern und Freunden, die mir nahe waren, bekannt machen. Von Delhi aus flogen wir nach Madras und fuhren von dort direkt nach Pondicherry, dem Ashram Sri Aurobindos und »Der Mutter«, mit der ich eine tiefe Verbindung hatte. Wir mieteten uns zwei Fahrräder und machten uns auf den Weg nach Auroville, der internationalen spirituellen Gemeinschaft, ungefähr zehn Kilometer von Pondicherry entfernt.

Die liebliche Atmosphäre der indischen Abenddämmerung ist unvergeßlich. Die Luft war erfüllt mit allen möglichen Düften und Gerüchen, von Weihrauch bis zu brennendem Kuhdung. Hier und da brannten kleine Öllichter in den Hütten und Lädchen. Obgleich alles noch voll Leben und Bewegung war, lag eine heilige Stille in der Luft. Wir fuhren mit unseren Rädern auf der Madras-Straße, die voll war mit Menschen, Tieren, Fahrrädern und Rikshas, bis wir die rote Erde von Auroville erreichten, die in der untergehenden Sonne wie Feuer leuchtete. Plötzlich waren wir ganz allein. Die Nacht senkte sich herab, und es gab keine

7) Im Januar 1978 hatte Babaji ein Bild gemalt und es mir mit den Worten gegeben: »Das ist Bhairav Baba, er segnet euch«. Das Bild zeigt ein liebevoll lächelndes Gesicht, aus Flammen gebildet.

Lampen entlang des Weges. Da nur Peters Fahrrad ein Licht hatte, fuhr er auf der mehr als holprigen Straße voraus - und dann plötzlich war kein Licht, kein Peter mehr zu sehen! Er war in einen Graben gefallen.

Trotz blutiger Abschürfungen, die, wie wir später entdeckten, größer waren als wir dachten, stieg Peter wieder auf sein Fahrrad, und wir fuhren weiter, dieses Mal nur mit den Sternen als Licht und mit dem Matrimandir - dem riesigen, heiligen Gebäude im Zentrum Aurovilles - als Orientierung in der Ferne. Endlich erreichten wir das Zentrum mit Hilfe eines vorbeifahrenden Motorradfahrers, der Licht hatte, eines Mannes aus Auroville, der Peter zufällig kannte und uns vorausfuhr zu unserem Nachtquartier.

Es sprach sich schnell herum, daß Peter Caddy da war, so hatten wir am nächsten Morgen einen herzlichen Austausch mit einer Gruppe von Aurovillianern, die uns dann zum Matrimandir mitnahmen. Dies ist ein Meisterwerk der Kunst und Architektur, in der Mitte einen Freiraum lassend für eine riesige Glaskugel, die, nach den Worten der »Mutter«, die Seele Aurovilles darstellen soll. Wir meditierten dort und besuchten dann mit unseren Fahrrädern die verschiedenen, über das warme, rote Land verteilten Gemeinschaften, die Auroville ausmachen. Peter fühlte, daß Auroville neben all seiner inneren und äußeren Arbeit auch einen bedeutenden Beitrag für Indien und zur Heilung des Planeten leistet durch seinen biologischen Garten- und Landbau und zur Veränderung des Bodens, des Klimas und des Grundwasserspiegels beiträgt durch das Pflanzen tausender Bäume.

Von hier aus reisten wir weiter nach Tiruvannamalai mit seinem heiligen Berg Arunachala, dem Ashram Ramana Maharshis - eines ganz wunderbaren indischen Heiligen, der 1950 starb. Er war eine Verkörperung der ewigen Wahrheit und zeigte den Weg zur Erleuchtung durch das immerwährende Erinnern an »Wer bin ich?«. Wir stiegen den Berg zu seiner Höhle hinauf. Ich hatte miterlebt, wie der Ashram 1973, 1976 und 1979 blühte, als ein Schweizer für die Aufrechterhaltung zuständig war, aber der gute Mann war weggegangen, um in der Nähe seinen eigenen Platz aufzubauen, und betrübt stellten wir fest, daß Ramana Maharshis Ashram jetzt ganz heruntergekommen aussah. Peter warf einen Blick in die Schlafräume, öffnete und schloß ganz schnell wieder die Tür zu den Toiletten und verkündete, daß es unmöglich für uns sei, hier die Nacht zu verbringen, also fuhren wir in einer langen, holprigen Fahrt in die Nacht hinein weiter nach Bangalore.

Am nächsten Mittag landeten wir in Satya Sai Babas Ashram in Puttaparti, wo sich die Menschenmengen drängten - sehr organisierte Mengen, die scheinbar keinen Platz für Spaß und Lachen ließen. Als Mann und Frau mußten Peter und ich in getrennten Zimmern schlafen und an getrennten Plätzen essen; auch wenn wir auf das Erscheinen Satya Sai Babas warteten, mußten wir an verschiedenen Seiten sitzen, die Geschlechter durften sich nicht mischen. Nach zwei Tagen entschied Peter, er habe genug davon - alles war zu ernst für ihn, der Freude als eine der Früchte des Geistes sah - und als bewußte Herausforderung umarmte er mich mit einen dicken Kuß genau vor den Nasen der kommandierenden Frauen, die alles unter sich hatten.

Andererseits war Peter beeindruckt von Sai Babas großer Arbeit, die er in der Erziehung leistete. Als Marcel und ich 1972 für zehn Tage dort waren, hatten wir zwei Interviews mit Satya Sai Baba und alles hatte sich damals viel offener und freier angefühlt.

Zurück in Bangalore entdeckten Peter und ich, daß unser Freund, der Feuer-Swamiji, auch zufällig dort war, anstatt in seinem Ashram in Mysore (eine vierstündige Zugfahrt entfernt), und wir überraschten ihn mit unserem Besuch. Peter mochte ihn sehr, weil er von Freude, Humor und Lachen umgeben war. Swamiji segnete uns erneut und gab uns seine Geschenke für unsere bevorstehende Hochzeit.

Peter schrieb später: »All die Besuche dieser verschiedenen Orte ließen mich Haidakhan mit seiner wundervollen Atmosphäre um so mehr schätzen. Und hier hatte ich echte Brüder und Schwestern meiner Seele getroffen. Auf unserer langen Reise, um zu Weihnachten zurück in Haidakhan zu sein, machten wir Halt, um Shri Shastriji zu besuchen, der am Rande eines Dorfes in Rajasthan lebt. Er ist 83. Wir genossen die Erfahrung, mit diesem großen liebenden Mann und seiner ausgedehnten Familie zu leben. Er hatte viel mitzuteilen über Vergangenheit und Zukunft.«

Wir fanden Shri Mishra Vishnu Dutt Shastriji voller Lebenskraft vor, voller Weisheit und unerschöpflichem Wissen, aus dem Feuer seines Herzens lebend und aus seinen tiefen Visionen. Babaji, dessen Sprachrohr er war, nannte ihn einst »den großen Seher und Dichter aller Zeiten«. Allein in diesem Leben hat er 67 Bücher geschrieben. Shri Shastriji ist außerdem ein wunderbarer ayurvedischer Heiler und ein bekannter Sanskrit-Gelehrter.

Wir kehrten am 23. Dezember nach Haidakhan zurück. Weihnachten ist eines der wichtigsten Feste im Ashram, da Babaji alle Religionen ehrte und erklärt hatte, das Christus-Bewußtsein sei das universelle Bewußtsein. Am Weihnachtsabend las Peter den Text über die Liebe aus dem 1.Korintherbrief, Vers 13 begeistert den vielen Menschen vor, die sich dort versammelt hatten.

Am Weihnachtstag 1987, einem Freitag, fand unsere Hochzeit statt. Shri Shastriji traute uns mit einer Zeremonie um das heilige Feuer herum am Fuß des Kailash, an der ungefähr 400 Menschen teilnahmen, und Shri Muniraj gab uns seinen Segen. »Happy Christmas!« sagte Muniraj während des ganzen Tages immer wieder zu uns, während Shastriji uns zurief: »Glücklich! Dies ist die wahre Hochzeit!« Wie es dort Brauch ist, gaben wir nach der Zeremonie ein einfaches, aber köstliches *bandara* (Mahl) für alle Versammelten dort.

Peter hatte keine Ahnung, was die verschiedenen Elemente der Hochzeitszeremonie bedeuteten, er führte sie einfach alle aus. Doch eine Sache verwirrte ihn besonders - sich in Verehrung vor dem Göttlichen zu verneigen, für dessen Anwesenheit ein Sitz hingestellt worden war. Als wir später mit Muniraj und einigen Freunden zusammensaßen, fragte er sich laut: »Wie kann ich vor einem leeren Stuhl *prasad* machen?« Alle bogen sich vor Lachen - *prasad* heißt »gesegnete Nahrung«. Peter hatte die Worte durcheinander gebracht und wohl *pranam* (Verneigung) gemeint. Unser Hochzeitstag war voller Freude und Humor, ein glückliches Omen für unser zukünftiges gemeinsames Leben.

Wir beide fühlten unsere spirituelle Hochzeit dort als großen Segen, auch als eine Herausforderung, über uns hinauszuwachsen. Wir flogen heim nach Deutschland, gerade rechtzeitig, um mit vielen spontan versammelten Freunden aus der Umgebung das Neue Jahr zu feiern. Wir erzählten ihnen von unserer spirituellen Hochzeit (die legale würde später folgen) und unserer großen Freude darüber, nun zusammenzuleben.

33. Kapitel

EIN PARADIESGARTEN

Wie oben - so unten

- Hermes Trismegistus

SYNTHESE WAR DAS GROSSE THEMA unseres gemeinsamen Lebens und Arbeitens. »Laß uns miteinander eine Zelle des Herzens bilden im großen Körper der Menschheit«; seit meinem Zusammenkommen mit Peter kamen mir diese Worte wieder und wieder, sangen wie ein Lied in mir... Ich wußte, es war so, doch hätte ich nicht erklären können, warum.

1988 schrieb Peter an Freunde:

»Unser Leben miteinander ist ebenso voller Wunder und Überraschungen - wie auch voll der Herausforderungen. Da wir von der Seele her eine genaue Polarität bilden, haben wir einerseits die gleiche Intensität des Lebens, der Freude, die gleiche Begeisterung und Dynamik im Handeln, und diese Liebe zu Vollkommenheit, Schönheit, Harmonie und vor allem zu Gott...

Doch andererseits - wie sich das durch uns ausdrückt - ist in vieler Hinsicht genau entgegengesetzt. Sie schaut mehr nach innen, ich, obgleich aus meiner Intuition heraus handelnd, bin mehr nach außen gewandt. Zum Beispiel lese ich gerne die Zeitung, sehe die Nachrichten im Fernsehen und höre Sendungen im Radio, weil ich sehr daran interessiert bin, was in der Welt geschieht. Ich höre viel Musik - sie liebt die Stille, ihr zu lauschen und von dort aus alles zu wissen... Während ich gerne einen strukturierten Ablauf für den Tag habe, mit regelmäßigen

Mahlzeiten und Zeiten zum Schlafen, möchte sie aus dem Moment heraus leben, ohne Routine... Ich bin ein Tagmensch, sie ein Nachtmensch. Gott sei Dank haben wir beide viel Sinn für Humor, lachen viel; da ist immer Freude und Leichtigkeit. Das Leben miteinander ist in der Tat sehr frisch. Wir hatten viele Gelegenheiten, um überwältigt festzustellen, daß, je größer unsere Unterschiede, um so tiefer unsere Liebe wird.«

»Gott würde es nicht gewagt haben, uns schon früher zusammenzubringen«, sagte Peter oft, wenn er mit diesen Unterschieden konfrontiert war. »Hat Er nicht Sinn für Humor?«

Zusammen waren wir wie Feuer und Wasser. Manchmal war Peter das Feuer und ich das Wasser, doch oft auch umgekehrt. Feuer kann Wasser erhitzen, kann es zum Verdampfen bringen und in Luft verwandeln, Wasser jedoch kann Feuer auslöschen... Wäre es nicht die Liebe gewesen, die uns zusammengeführt und verheiratet hätte, die uns zusammenhielt und die uns immer half, wie hätten wir mit unseren Unterschieden fertig werden können? Aber da war diese ungeheure Freude, zusammen zu sein, von Anfang bis Ende; schon einander zu sehen, entzündete Licht, Feuer, hundert tanzende Küsse pro Tag, ausgedrückt auch durch Augen, Hände und durch das Herz.

Die Zeit war Peters Freund. Er hatte einen ausgeprägten Sinn für Rhythmus und versuchte in unser im Ganzen sehr bewegtes Leben Regelmäßigkeit im Hinblick auf Arbeit, Essen und Schlaf zu bringen, ebenso im Hinblick auf Spazierengehen und Schwimmen etc. - ein »gesunder Rhythmus«, den besonders zu Beginn der Künstlermensch in mir absolut tödlich fand. Doch wir lernten, Brücken zu bauen, uns gegenseitig Raum zu geben. Liebe ist auch Raum - den anderen zu lassen, ihn nicht ändern zu wollen oder ihn mir gleich zu machen und umgekehrt; nicht dieselbe spirituelle Praxis zu haben, ähnlichen Geschmack im Essen etc., sondern unsere verschiedenen Wege sein und blühen zu lassen. Wie sonst wäre unser gemeinsamer Tanz weiterhin in Freiheit und Freude möglich gewesen!

Unsere Gegensätzlichkeit bewirkte natürlich auch immer wieder Donner und Blitz zwischen uns, im allgemeinen hervorgerufen durch Peter und durch mich ausgedrückt, meist in Verbindung mit unserem Garten - diesem Märchen Gottes, diesem wunderbaren Ort der Kraft, an dem wir wirkten.

Als ich Peter den Garten das erste Mal zeigte, wurde er sehr schweigsam. »Wie gefällt er Dir?« fragte ich, da die Menschen meist sofort ihre Begeisterung und ihr Erstaunen ausdrückten über die besondere Atmosphäre dieses Gartens. Kein Wort jedoch von Peter. Als ich ihn fragte: »Spürst Du die Atmosphäre?« antwortete er schließlich: »Nun, ich sehe all das, was zu tun ist.« Er sah die Pflanzen, die er Unkraut nennen würde... und einen großen Garten, den er als mehr oder weniger wild bezeichnen würde. Natürlich war er voller Leben, mit den verschiedensten Arten von Bäumen und blühenden Büschen, Rosen, Mohn und Sonnenblumen, dazwischen Wiesen mit wilden Blumen und Heilkräutern, die wuchsen, wo sie wollten, und kaum richtige Beete. Von Bäumen beschützt und umgeben, gab es einen besonderen Ort der Meditation und in der Mitte des Gartens eine offene Feuerstelle, einen Meter tief in die Erde gelassen, sicher und stabil, für festliche Anlässe benutzt. Im hinteren Ende stand ein alter Wohnwagen, liebevoll bemalt in Erinnerung an die Caravans in Findhorn. Das war der Garten, wie ihn Peter vorfand, und es war nicht gerade nach seinem Geschmack, wie ich bald verstehen sollte.

Es war sein Freund Peter Dawkins - bald auch für mich ein großer Freund -, der zum Sprachrohr für die Verwandlung des Gartens wurde. Er besuchte uns öfter, gab und gibt Seminare und Workshops hier, die sehr beliebt sind. Peter Dawkins ist ein Mensch mit einer außergewöhnlichen Wahrnehmungsfähigkeit. Wohin auch immer er seine Aufmerksamkeit richtet, das nimmt er wahr - sei es die Aura von Menschen, Tieren, Pflanzen, von Landschaften, von der Erde selbst mit ihren Kraftorten und Energielinien, ebenso wie Naturgeister, Engel, die Meister und göttlichen Wesen. Diese Gabe befähigt ihn auch, weltweite Pilgerreisen zur Heilung von Mensch und Erde zu inspirieren und durchzuführen. Ich habe gelernt, offen aber auch kritisch gegenüber allen inneren Wahrnehmungen zu sein - meine eigenen betreffend wie die von anderen, weil ich weiß, wie leicht sie subjektiv und gefärbt sein können, doch bei Peter Dawkins spürten wir beide immer wieder - es stimmt. Uns schien, daß seine Demut und Liebe ihm dieses klare und tiefe innere Schauen geschenkt haben.

Als Peter Dawkins das erste Mal, im Februar 1988, hierher kam, sah er dieses wunderbare Licht in und über dem Garten - er sah aber auch all die großen Bäume in der Mitte des Gartens, die den Energiefluß behinderten. Daher sollten sie versetzt werden. Seine Sicht überzeugte uns, obgleich es eine völlige Verwandlung des ganzen Gartens bedeutete. Also machten Peter und ich einen Plan, wohin die Bäume und Büsche gepflanzt werden sollten. Wir beide hatten eines gemeinsam: War einmal etwas klar, führten wir es sofort aus, wissend, daß uns dann alle Energie und Hilfe gegeben würde, um den Plan zu realisieren - und so war es in diesem Fall. Alle Bäume und Büsche wurden herausgenommen, sogar in Peters Abwesenheit (er war gerade auf einer seiner Reisen), mit der Hilfe einiger kompetenter Freunde. Sie alle glaubten, es sei unmöglich, daß diese hohen Bäume umgepflanzt werden könnten und wieder anwachsen würden, aber ich vertraute darauf, ich bat darum - und so war es auch.

Als der Gesamtplan für den Garten klar war, beschloß Peter, daß alles erst einmal von Unkraut befreit werden müßte; darunter fielen auch einige der Heilpflanzen, die ich gerne behalten hätte. Aber Peter fand, daß sie nicht am richtigen Ort wuchsen und beförderte sie in den hinteren Teil oder an die Seiten des Gartens; einige Arten, die alles überwuchern wollten, verbannte er ganz. Er war auch entschlossen, all die verbleibenden Wiesen entweder in Beete oder in richtige Rasenflächen umzuwandeln.

So begann Peter seine Arbeit, den Garten zu zähmen und Ordnung herzustellen. Es war atemberaubend für mich! Mir war, als wären römische Soldaten in den Garten marschiert, und zu Beginn war ich wirklich erschrocken. Mein geliebter Garten... und da kommt er, der weltberühmte Gärtner, und entfernt alles Unkraut und die wilden Blumen, nimmt eine Beschneidungsaktion nach der anderen vor und schafft, was er unter Ordnung versteht.

Das Ganze war kein einfacher Prozeß für mich. Besonders was das Thema "Schneiden" im Garten betraf, hatten wir oft so tief empfundene, völlig entgegengesetzte Ansichten, daß manchmal eine Brücke zwischen uns unmöglich schien. Am Anfang hielt Peter - ruhig und entschlossen - absolut fest an seinen Überzeugungen. Was konnte ich da tun, wenn ich vom Gegenteil überzeugt war? Der rettende Engel jedoch war immer die Liebe, die einfach da war zwischen uns. Unsere Herzen gingen aufeinander zu, und dann fanden wir auch eine Brücke. Wir entdeckten wieder und wieder, daß Liebe nichts zu tun hat mit gedanklichem oder emotionalem Übereinstimmen - nicht im Geringsten - sondern daß sie aus einer ganz anderen Dimension kommt. Ist Liebe nicht das natürliche Wesen der Seele, das sich durch das Herz ausdrückt?

Der Schlüssel zu unserer Beziehung war vollkommene Offenheit miteinander. Es war unerträglich, eine Wolke zwischen uns zu haben und einen Ärger oder eine Verletzung für einen Tag oder auch nur für eine Stunde lang zu verbergen. Wir mußten sofort alles klären, so daß die Luft zwischen uns immer ganz frisch war. So viele Ehen und nahe Beziehungen leiden an der Schwere aller ungeklärten Dinge. Unwahrheit oder nicht zu wagen, die Wahrheit auszusprechen, tötet den Fluß der Liebe und Freude wie auch jede Kreativität - die Luft wird schwer von all dem Gift in ihr, und jeder fragt sich, warum man in solch einer Atmosphäre müde wird.

Wahrheit befreit, Liebe heilt. Zuerst die Wahrheit, dann die Liebe - und ist Wahrheit nicht die andere Seite der Liebe?

Wir sprachen sofort darüber, wenn etwas zwischen uns stand. Als ich zum Beispiel im Garten entdeckte, daß Peter schon wieder die schwingenden Äste meines kleinen Lieblingsbaumes abgeschnitten hatte, fühlte ich mich sehr verletzt für das Bäumchen und stürmte hinauf in sein Zimmer, um ihm klar zu machen, was er getan hatte. Wie war es möglich, daß er so gar nicht im Bewußtsein hatte, wie sich das für mich anfühlen mußte, die ich so tief mit diesem Garten verbunden war? Meistens hörte Peter dann einfach still zu und sagte nicht viel. Mitunter war die Einstimmung auf sein Tun, die es ihm ermöglichte, so viel zu erreichen, so intensiv, daß er einen anderen Blickwinkel nicht in sich aufzunehmen vermochte.

Da ich immer sehr geradeheraus war und meine Worte nicht in Silberpapier verpackte, konnte es manchmal vorkommen, daß mir schien, ich hätte ihn wirklich verletzt. Dann ging ich sofort zurück zu ihm: »Ich wollte Dich nicht verletzen. Es tut mir wirklich leid! Aber ich mußte Dir sagen, wie sich dies für mich anfühlte.« Wir umarmten uns schweigend und versuchten dann, uns in Ruhe unsere verschiedenen Gesichtspunkte und Verhaltensweisen verständlich zu machen. Stets brachten unsere Zusammenstöße uns einander noch näher.

Ich lernte auch, Peters tiefe Verantwortlichkeit für das Gedeihen aller Wesen in diesem Garten zu sehen und zu verstehen. Liebe strömte in die Erde, strömte durch seine Hände und den Spaten in die schwere lehmige Gartenerde, die so ganz anders war als der sandige Boden von Findhorn. Bei all den Beeten, die er anlegte, gingen Peters Spatenstiche nicht nur eine Länge, sondern zwei in den Boden, um Licht in diese sehr schwere Erde zu bringen. Was für eine Aufgabe! Er tat es ganz allein. Obwohl Freunde zum Helfen da waren, fand er, daß keiner tief genug grub.

So verankerte Peter Licht im Erdboden. Immer, wenn er mich holte, um mir zu zeigen, was er getan hatte, sah ich deutlich - wo Peter gearbeitet hatte, war die Erde voll Licht. Welch ein Gegensatz zu den Stellen, die er noch nicht berührt hatte! Auch wenn noch so viel zu tun war, Peter war immer die Ruhe selbst. »Ein Schritt nach dem anderen«, sagte er. »Du kannst nur eine Sache nach der anderen, einen Schritt nach dem anderen tun, einen Tag nach dem anderen leben - und Spaß dabei haben.« Was er auch beschlossen hatte zu tun, führte er aus und tat es vollkommen. Er setzte sich und den anderen, mit denen er arbeitete, meist ein Ziel für den Tag und machte sich daran, es zu erreichen. »So ist man immer zufrieden«, sagte unsere Freundin Elisabeth, die oft mit uns arbeitete und deren Einsatz großartig war. Auf diese Weise zeigte Peter uns, nie entmutigt zu sein, auch nicht angesichts eines Berges von Arbeit, der noch zu bewältigen war.

Sein Beispiel war in vieler Hinsicht eine große Lehre für jeden. Diejenigen, die im Laufe der Zeit kamen, um im Garten zu helfen, liebten Peter in seiner humorvollen, ruhigen, offenen und warmherzigen Art, mit seinen konzentrierten und dynamischen Aktionen und fanden nicht nur seine Freude, sondern auch seine Disziplin und Konzentration während der Arbeit ansteckend. Eine Freundin von mir, Susanne, kam nach stundenlangem Unkrautjäten mit Peter hinauf mit strahlenden Augen und sagte: »Mit Peter Unkraut zu jäten, mit solch einer Konzentration, das könnte ich bis in alle Ewigkeit tun.«

Da war unser Herwin, ein einfacher Mann mit einer unglaublichen Schaffenskraft und viel verborgener Weisheit - ein wenig wie die Schumacher von früher. Herwin kam, wenn Not am Mann war. »Kein Problem, kein Problem« war sein Kommentar, wie immer die Aufgabe aussah. Die Unterhaltung von Peter und Herwin entbehrte nicht der Komik. Herwin spricht kein Englisch und Peters Deutsch beschränkte sich mehr oder weniger auf »Auf Wiedersehen«, »Pfifferlingssuppe« und »Schlaf gut« - all das sprach er aus, als würde er Holz hacken. Er verstand es, sogar diese paar deutschen Begriffe durcheinander zu bringen, zum Beispiel sagte er am hellichten Tag zu einem befreundeten Arzt strahlend »Schlaf gut« statt »Auf Wiedersehen«. Während also Herwin munter in deutsch Peter von seinen Ideen erzählte, machte Peter nur mit dem Finger und mit ein oder zwei englischen Worten seinen Vorschlag deutlich.

Eines Tages war ich einverstanden, daß eine wunderbare Tränenkiefer gefällt würde, weil sie mitten in Peters Rhododendronbeet stand und dem Boden zu viel Feuchtigkeit wegnahm. Früh am nächsten Morgen entdeckte ich Peter im Wipfel des Baumes, die lange Leiter, auf der er stand, nur locker gegen den Stamm gelehnt, und sah, wie er mit viel Schwung begann, die Zweige abzusägen. Auf meine Bitte hin erschien Herwin und betrachtete die Szene mit Entsetzen: »Peter, komm sofort herunter! Das ist gefährlich!«- und er deutete auf sich selbst, er würde es statt dessen tun. Nun gut, Peter kam hinunter und der kräftige Herwin stieg hinauf, befestigte die Leiter mit etlichen Seilen am Baum und begann dann bedachtsam, Stück für Stück die Äste abzusägen und schließlich den ganzen Baum herunter zu bringen. Peter sah mit Staunen zu und bemerkte: »Ganz offensichtlich kennt er die Tricks der Branche.«

Keine Arbeit im Garten war zu schwer oder zu niedrig, daß Peter sie nicht auch selbst getan hätte; nicht nur das Schneiden und Umgraben, auch das Wenden des riesigen, dreifachen Komposthaufens, das Häckseln von Bergen abgeschnittener Zweige und das Verteilen der gehäckselten Haufen im Garten. Oft sah ich ihn auf den Knien damit beschäftigt, das Moos aus seinem kostbaren Rasen zu entfernen. Oder er mischte mit bloßen Händen den Kompost unter die vorher gelockerte Erde, so den Boden liebevoll vorbereitend für all die neu zu pflanzenden Blumen.

Peter liebte die unmittelbare Berührung mit der Natur, zog deshalb auch keine Handschuhe an. Trotz der oft schweren Gartenarbeit waren seine Hände nie rauh, sondern mit einer Haut wie Seide. Drückte sich darin die Feinheit und Sensibilität seines inneren Wesens aus oder die Liebe und das Bewußtsein, die während der Arbeit durch seine Hände strömten....?

Für mich war es immer sehr bewegend, die Sorgfalt zu sehen, mit der Peter sich vergewisserte, daß jede Pflanze den richtigen Boden, die richtigen Bedingungen hatte und den richtigen Standort. (Mag diese Pflanze Sonne oder Schatten? Welche Erde braucht sie? Welche anderen Pflanzen liebt sie in der Nachbarschaft? Wie groß wird sie werden?) Ebenso wollte er wissen, was andere Gärtner aus der Umgebung herausgefunden hatten. Nie warf er die traditionellen Gartenmethoden über Bord, sondern erklärte, daß die Devas die Menschheit schon seit Menschengedenken führten.

Besonders am Anfang, wenn ich mit meiner künstlerischen Sichtweise bestimmte Pflanzen vor allem wegen ihrer Farbe oder ihrer Symbolik an bestimmte Orte setzen wollte und dann auf die Hilfe der Naturgeister vertraute, prallte ich hart mit Peters praktischer Sicht der Dinge zusammen. Er blieb unbeweglich wie eine schottische Burg, da war nichts zu machen. Er sagte: »Natürlich werden die Naturgeister, wenn wir sie bitten, uns zu helfen, ihr Bestes in der gegebenen Situation tun, doch zuerst liegt die Verantwortung bei uns. Der Mensch ist der Schöpfer des Gartens.« Und ich dachte: »Nun, in unserem Fall besteht der Mensch aus Mann und Frau...« Um eine Arbeitssynthese zu erreichen, mußten wir lernen, unsere sehr unterschiedlichen Betrachtungsweisen zu verstehen und zu respektieren. Zuerst war der Garten mehr nach meiner Art, dann entsprach er immer mehr seiner Weise - und schließlich wurde eine Synthese daraus. Was für eine Herausforderung, einen Garten nach seiner und meiner Art entstehen zu lassen! Das war tatsächlich »Herz-Arbeit«.

Offensichtlich hatte Gott uns an diesem bestimmten Platz der Welt für diese »Herz-Arbeit« zusammengebracht - ein alchemistischer Prozeß, wie uns schien. Unsere Herzen waren das Gefäß, in dem das Kochen stattfand, der Inhalt setzte sich aus der Verschiedenheit unserer persönlichen Wesen zusammen und das Feuer unserer Liebe erwärmte den Topf und brachte die Alchemie hervor - Tag für Tag. Und Gott sei gedankt für all den Humor in diesem Prozeß, der alles so viel leichter machte.

»Mit Gott ist alles möglich.« Eines sehr kalten schneereichen Wintertags gab es ein auffallendes Beispiel dafür im Garten. Wir waren für ein paar Tage verreist gewesen und entdeckten bei unserer Rückkehr, daß der Hochstamm eines wunderschönen weißen Trauerrosenbuschs fast völlig durchgebrochen war von der Schwere des Schnees auf seiner prächtigen Krone. Seit drei Tagen hatte er so mit gebrochener Krone in der Kälte gestanden. »Warum hast Du nichts unternommen?« fragte ich die Freundin, die sich in unserer Abwesenheit um alles gekümmert hatte. »Weil ich dachte, es ist hoffnungslos«, antwortete sie, und Peter stimmte ihr zu. Trotzdem versuchten wir, etwas zu tun. Ich nahm all die Traumeel-Salbe, die wir hatten - eine Heilsalbe für Wunden bei Menschen - und strich sie auf den gebrochenen Stamm, den wir dann schienten, mit Tüchern umhüllten und fest zusammenbanden. Wir baten um göttliche Hilfe und schenkten dem Rosenbusch unsere Liebe. Das Wunder geschah: Er überlebte nicht nur, sondern blühte in großer Üppigkeit, und heute ist er der schönste Rosenbusch - der »Freude-Rosenbusch« - im ganzen Garten.

* * * * *

Obwohl wir keine Findhorn ähnlichen Phänomene produzierten, wie die vierzig Pfund schweren Kohlköpfe, spürt man die Gegenwart des Göttlichen und der Naturgeister überall im Garten, wenn man offen dafür ist. Eines Tages, als Peter Dawkins uns besuchte, wurde er nicht nur wieder der großen Engel und ihres weit strahlenden Lichtes gewahr, sondern auch eines kleinen Gnoms inmitten der Myriaden von Naturgeistern, der ihm sagte, daß die Wurzeln der Bäume nach einem bestimmten grauen Pulver verlangten, das in einem Gefäß hinten auf unserem Küchensims stünde. Verwundert forschten wir nach und tatsächlich, da war das Pulver - eine Zusammenstellung von Mineralien, die jemand Peter gegeben und die er vergessen hatte, einzunehmen.

Peters Arbeit war immer Meditation im Tun - besonders in diesem Garten, wo er die volle Kraft seines Bewußtseins, seines Herzens und seiner Hände an Mutter Erde gab. Wenn ich manchmal fand, daß Peter zu hart arbeitete, um jederzeit seinen hohen Standard im Garten aufrecht zu erhalten, antwortete er einfach: »Dies ist ein Garten Gottes. Er soll sein wie dieses Haus, ein Ausdruck von Schönheit, Harmonie und Vollkommenheit.«

Unser Platz ist ein Ort der Synthese. Zum Beispiel war das Thema der verschiedenen durch die Jahre hier abgehaltenen Seminare und Workshops immer, über die Persönlichkeitsprobleme hinauszugehen und aus der göttlichen Quelle zu leben. Synthese bedeutet für uns, oben mit unten zu verbinden, Geist mit Materie, Inneres mit Äußerem, Ost mit West, unsere Liebe für Gott in den Himmeln mit unserem Dienst an Erde und Mensch.

Der Garten selbst ist ein Quell des Heilens und der Kraft, der inneren Ernährung; ein Ort reiner Freude, an dem wir mit Gott leben und arbeiten und wo wir zusammen mit Freunden das Jahr und seine Jahreszeiten feiern. Wir nennen ihn unseren »Paradiesgarten«.

34. Kapitel

DIE VEREINIGUNG VON OST UND WEST

Da kommt ein Klang, nicht von innen noch von aussen,
Nicht von rechts noch von links, nicht von hinten noch von vorne,
Nicht von unten noch von oben, nicht von Osten noch von Westen......
Es ist uns nicht gegeben, so einen gesegneten Ort zu beschreiben.

- Shams Y Tabriz

Der Garten, den Peter pflegte, war nicht nur der Garten, in dem er lebte; sein Anliegen galt ebenso sehr dem Großen Garten, dem Garten der Menschheit. Er war ein Weltbürger, der die ganze Welt als sein Zuhause ansah.

Wenn er nach seiner Zeit in Findhorn über seinen spirituellen Weg gefragt wurde, antwortete er oft: »Ich scheine eine gute Ausrede für eine Party zu sein, da ich Menschen mit vielen verschiedenen Hintergründen und spirituellen Wegen zusammenbringe!«

Peter gehörte keiner bestimmten Religion an, sondern hatte eine universelle Anschauung. Er gab allen Liebe, Mut und Kraft. Zu Beginn unseres gemeinsamen Lebens war er mehr unterwegs als Zuhause. Er fühlte, daß er besonders für Gott arbeitete, wenn er auf Reisen war, was durch die Unterstützung und Hilfe vieler Freunde möglich gemacht wurde. Seine Arbeit war weltweit, eine Arbeit für Frieden und Freundschaft.

Peter unternahm es, die Verbindungen mit Menschen und Gemeinschaften, die durch Findhorn wie auch durch seine eigenen Seminare und Vorträge inspiriert waren, aufrecht zu erhalten und zu stärken - in Europa und natürlich auch in Amerika. Nachdem Peter meine Freunde und Lehrer in Indien kennengelernt hatte, wollte er mir gerne auch seine Freunde und Mitarbeiter in den USA vorstellen, vor allem seinen kleinen Sohn Daniel, und mir seine Lieblingsplätze zeigen, wie Mt. Shasta, Mt. Tamalpais und Hawaii, besonders aber Maui, die Insel, die Peters Herz immer sehr nahe blieb.

Nach unserer offiziellen Hochzeit, die wir wunderschön mit vielen Freunden in unserem Haus und Garten feierten, nahm Peter mich mit zu meinem ersten Besuch in die Vereinigten Staaten. Wo wir auch hinkamen, wir wohnten bei Freunden und Freunde versammelten sich; mit einer ganzen Reihe von ihnen fühlte auch ich eine tiefe Seelenverbindung. »Natürlich«, sagte Peter, »wie könnte es auch anders sein?« Ich sah, wie bekannt und geliebt Peter in den Staaten war. Durch diese Reise mit Peter verstand und erlebte ich, was er meinte mit dem Bauen, Verbinden und Weben am »Netzwerk des Lichts« in der ganzen Welt, an dem er seit den frühen Tagen in Findhorn gearbeitet hatte.

Wenn Peter zu etwas entschlossen war, überwand er die Hindernisse. Ich erfuhr das konkret, als er mir den Sonnenaufgang vom Haleakala aus zeigen wollte, dem Vulkan von Maui. Um 4 Uhr morgens (eine sehr ungewöhnliche Aufstehzeit für Peter) waren wir bereit, um zum Vulkan aufzubrechen; als wir jedoch das »Lemurian Center«, in dem wir wohnten, verlassen wollten, fanden wir unseren Weg durch ein großes, drei Meter hohes Tor versperrt, kräftig gebaut und verschlossen. Das war neu für Peter; bei seinen früheren Besuchen hatte es dieses Tor noch nicht gegeben.

Ich nahm dieses offensichtlich unüberwindbare Hindernis als Zeichen, wieder zu Bett zu gehen. Nicht so Peter. Er sammelte alle Stühle, die er finden konnte und die für seinen Zweck geeignet schienen - hauptsächlich Barhocker - und stapelte sie vor dem Tor auf; während ich sie festhielt, begann er hinaufzuklettern. Oben angekommen, schwang er sich mit seinen 72 Jahren behende über das Tor und landete sicher auf dem Boden der anderen Seite. Er rief mich, ihm zu folgen, was ich tat, aber als ich oben angekommen war, krachte hinter mir der ganze Turm aus Hockern zusammen. »Es macht nichts«, sagte Peter zu mir, während er mir auf der anderen Seite hinunterhalf, und ich staunte, wie er das alleine geschafft hatte. Und fort waren wir... »Weißt Du, das ist die Würze des Lebens!« bemerkte er, während er durch die Dämmerung in Richtung Haleakala fuhr - was »Haus der Sonne« bedeutet. Wir kamen gerade rechtzeitig an, um die durch die Wolken brechende Sonne zu begrüßen.

»Aloha« - der Geist der Liebe, der als das Wesen Hawaiis gesehen wird - war nicht nur der Stern unserer ganzen Reise in Amerika, sondern etwas, das in Peter lebte und das er in anderen aktivierte, wo immer wir hinkamen.

* * * * *

Ost und West miteinander zu verbinden, schien ein fortgesetztes Thema für uns und zwischen uns beiden zu sein. Wir reisten wieder in die Himalayas und ihre Vorgebirge, zunächst nach Haidakhan, an diesen einzigartigen universellen Pilgerort. Um dorthin zu gelangen, mußten wir den diesmal kräftig angeschwollenen Gautam Ganga Fluß mehrmals durchqueren, die reißenden Wasser bis an die Brust. Um nicht mitgerissen zu werden, bildeten wir mit mehreren Einheimischen, uns unterfassend, eine Kette. Es war aufregend für uns und für Peters immer junges Herz, und für seine Freude am Abenteuer, die ihn nie verließ, gerade das Richtige.Unser Weg ging weiter nach Chilliyanaula, um dort am Navaratri-Fest[1)] teilzunehmen und Muniraj und Shastriji wiederzusehen. Mit Peter Dawkins waren sie die wichtigsten spirituellen Freunde von Peters letzten Jahren. Obwohl vedische Rituale ihm fremd blieben, hatten die Atmosphäre und die geistigen Schwingungen, die während des Festes entstanden, auch auf Peter eine starke Wirkung.

Peter fühlte sich sehr nach Badrinath hingezogen, dem berühmten Wallfahrtsort in über 3000 Metern Höhe im »Tal der Götter«, umgeben von hohen Gipfeln, wo er vor ungefähr 45 Jahren zu Fuß unterwegs gewesen war. Jetzt gab es sogar eine Art von Straße, und wir fuhren mit einem sehr guten Fahrer und einem Wagen, den Muniraj uns zu diesem Zweck zur Verfügung gestellt hatte; wir reisten durch eine spektakuläre Landschaft auf dieser atemberaubend gefährlichen Straße. Kleine Schilder mit »Unannehmlichkeiten bedauern wir« standen entlang des Weges. In der Tat wurde es oft so schmal, daß nur ein Auto zwischen einem steilen Abhang auf der einen und dem Berg auf der anderen Seite passieren konnte. Das Auffallende war, daß Peter - der keine Angst kann-

---

1) Das Fest zu Ehren der Göttlichen Mutter, das jedes Frühjahr und jeden Herbst in ganz Indien gefeiert wird; die Tradition berichtet, daß die Teilnahme an diesem Fest ein großer Segen auf allen Ebenen sei.

te - immer auf der Bergseite im Auto saß, während ich die Abgründe sah; sogar wenn wir Seiten wechselten, während dieser 22-stündigen Fahrt nach Badrinath, drehte sich mit Sicherheit die Straße in der Art, daß unsere Positionen wieder dieselben waren - Peter auf der Bergseite und ich am Abgrund! Es war ein offensichtlicher Test für mich, im »Om Namaha Shivaya« oder »Alles ist gut« verankert zu sein, jenem Bewußtsein, das Peters Natur geworden war.

Es war in derselben Gegend, als der junge Peter einen heiligen Mann, der über neunzig war, getroffen hatte, einen Menschen von unglaublicher Schönheit und Eleganz, dessen Beispiel einen tiefen inneren Einfluß auf sein Leben haben sollte: Shri Ram Sareek Singh, der Meister von Badrinath. Nun schloß sich ein Kreis.

Es war merkwürdig, aber in Indien stieß Peter sich immer wieder am Kopf. Meist blutete es, und wir mußten die Wunde mit Gaze oder Pflaster abdecken. Er trug es mit Humor, auch wenn es immer wieder sehr weh getan haben mußte. Wir machten schon Späße darüber, ob Gott wohl an sein Scheitel-Chakra klopfe...

* * * * *

Als uns die Einladung erreichte, an der Kumbha Mela, der größten spirituellen und religiösen Versammlung der Welt, teilzunehmen, war Peters Reaktion: »Oh, nein!« Ungefähr 15 Millionen Menschen wurden erwartet, und allein der Gedanke an die sanitären Anlagen war genug, um ihn abzuschrecken. Erst als ich es klar machte, daß ich fahren wollte und als wir hörten, daß Peter Dawkins und zwei seiner Freunde auch mitkommen würden, begann auch in Peter eine innere Glocke zu klingeln. Einmal dort jedoch, war er höchst beeindruckt, und schrieb später an Freunde:

»Das ganze Mela-Gebiet bestand aus einer riesigen Stadt aus Zelten und Sandstraßen, die sich so weit erstreckten, wie das Auge reichte und noch weiter. Die Armee hatte ein Dutzend Ponton-Brücken über den breiten Ganges gebaut, die viele Quadratkilometer von Zeltplätzen miteinander verbanden. Es war erstaunlich gut organisiert und bewacht. Die Straßen waren gut beleuchtet und wurden zwei Mal täglich gereinigt. Zu jedem Zeltplatz war eine Wasserleitung gelegt. Es gab zwei Dutzend Feuerstationen, mehrere Krankenhäuser und viele Läden. Besondere Aufmerksamkeit war zu meiner großen Erleichterung den Toiletten und Hygienebedingungen gegeben worden. Ich hatte nicht gedacht, daß Inder dazu fähig wären, aber schließlich organisieren sie die Mela schon seit über 3000 Jahren.

Die Kumbha Mela zieht praktisch jeden Yogi, Swami, Sadhu und Guru in Indien an und die größte Vielfalt von Menschen in allen Farben, die man sich nur vorstellen kann. Die Gurus und spirituellen Lehrer sprachen durch Lautsprecher von ihren großen blumengeschmückten Zelten aus und konnten überall gehört werden. Die ganze Atmosphäre war erfüllt von großer Hingabe.

Wir nahmen teil an (Feuer-) Zeremonien und an Gesprächen, die Muniraj und Shastriji führten....Wir badeten auch im Ganges.«

Es wird gesagt, daß bei der Erschaffung der Welt ein sehr wichtiges Ereignis geschah, das in Europa mit dem Heiligen Gral und in Indien mit der »Kumbha« verbunden wird. Die Kumbha wird als eine Schale oder ein Topf angesehen, der den Nektar der Unsterblichkeit enthält. Es heißt, daß auf dem Weg zurück ins Paradies einige Tropfen dieses Nektars an vier Orten auf die Erde gefallen sind.[2] Allahabad, am Zusammenfluß des Ganges und des Jamuna (und des unsichtbaren, »himmlischen« Flusses Saraswati) gelegen, ist einer davon. Etwas von dem Nektar der Unsterblichkeit, so wird gesagt, wird an bestimmten Glück verheißenden Tagen dort während der Mela ausgeschüttet, die etwas über fünf Wochen dauert. Daher kommen die Menschen zur Kumbha Mela, einmal um an diesen besonderen Tagen ein Bad im Ganges zu nehmen, zum anderen wegen der spirituellen Begegnung mit den unzähligen heiligen Menschen, die zum Fest versammelt sind. Wir fuhren mit dem Boot zu einer Sandbank in der Mitte des Ganges/Jamuna Zusammenflusses und nahmen unser Bad zusammen mit tausenden anderer Menschen. Jegliche Ängste, im selben Wasser mit so vielen Menschen zu baden, von denen vielleicht einige ansteckende Krankheiten hatten, wurde sofort weggewaschen, als wir ins Wasser eintauchten. Es war eine erstaunliche Erfahrung; einige von uns und unseren Freunden erfuhren das Wasser als mit goldenem Licht und Lebenskraft erfüllt. Einer sagte, es sei wie ein Bad in einem herrlichen flüssigen Feuer gewesen.

---

2) Allahabad und Hardwar am Ganges, Nasik am Godavari Fluß und Ujjain am Fluß Sipra. Eine kleine Kumbha Mela wird alle drei Jahre abwechselnd an einem dieser vier heiligen Plätze abgehalten, so wie eine größere im sechs-Jahres-Rhythmus. Die große Kumbha Mela, an der wir teilnahmen, findet alle zwölf Jahre, meistens in Allahabad, statt.

Wir fühlten, daß die Kumbha Mela nicht nur ein großer Segen für alle Teilnehmer war, sondern auch für Indien und die ganze Welt.

Auch während wir, unserer inneren Führung folgend, weiterreisten, spürten wir eine tiefe Verbindung mit der Kumbha Mela. Zunächst ging es den Ganges hinunter nach Benares. Die silbernen Arme des Ganges umströmen die alte Stadt Benares (Varanasi), die der Überlieferung nach als die erste und heiligste Stadt Indiens und als ein großes Tor zum Himmel gesehen wird; obwohl wir sie ziemlich heruntergekommen und beinahe sterbend vorfanden, bleibt sie eine mächtige »Stadt der Toten«. Viele glauben, es sei ein Segen, dort zu sterben.

Zu fünft erreichten wir dann das Tal von Haidakhan. Im Moment, als wir merkten, daß Babaji uns willkommen hieß und wir miteinander darüber sprachen, kam ein großer Vogel - ein Reiher - das Tal hinabgeflogen, immer dicht über dem Gautam Ganga Fluß gleitend und ihm folgend, nahe an uns vorbei. War das ein Bote, von Babaji gesandt? Uns schien es so. Der Reiher wird »König der Fischer« genannt und wird in der westlichen Tradition als ein Zeichen des Gralskönigs gesehen.

Zwei Tage später machten wir uns auf, noch einmal Lord Shivas Berg, den Kailash, zu besteigen, nun zusammen mit unseren Freunden. Es regnete leicht, und der Berg war in Wolken gehüllt. Einige warnten uns, den steilen Aufstieg nicht im Regen zu versuchen, aber der innere Ruf war sehr eindringlich, und so brachen wir auf. Es war ein besonderer Tag, der 5.Februar, und wir hatten um das richtige Wetter für den Aufstieg gebetet. Gerade als wir den Fuß des Berges erreichten und zu steigen begannen, sahen wir wieder den Reiher, wie er diesmal den Berg hinab uns entgegen kam, dem Lauf eines Baches folgend, der im Kailash entspringt. Bei all meinen Aufenthalten in Haidakhan habe ich weder vorher noch nachher je wieder einen solchen Vogel gesehen.

Peter ging voraus, um das Tempo zu bestimmen; einige von uns fasteten. Es war angenehm kühl während des Aufstiegs, nur mit ein paar Regentropfen hier und da, aber als wir um Punkt zwölf Uhr mittags den Gipfel erreichten, prasselten plötzlich gewaltige Regenschauer nieder, riesige Wassermassen in sehr kurzer Zeit; es hagelte sogar. Es war, als würde der ganze Berg mitsamt uns getauft. Obwohl wir naß bis auf die Haut waren, hatten wir das Empfinden eines sehr machtvollen Segens! Vom Berggipfel gingen unsere Gebete hinaus, um Licht, Liebe und Frieden für die Welt und alle Kreatur bittend.

Als ich unsere mitgebrachten Schätze, Früchte, Nüsse und Räucherstäbchen auspackte, um sie darzubringen und dann untereinander zu teilen, kam aus einer kleinen Hütte unweit vom Gipfel zu unserer Überraschung ein Priester durch den Regen auf uns zugeeilt. Er deutete an, daß heute eine Feuerzeremonie vorbereitet würde, die dann im *havan kund* (heilige Feuerstelle) am Gipfel stattfinden sollte. Spontan bot ich dem Priester einen Teil von dem, was wir mitgebracht hatten, für die Zeremonie an, aber er mißverstand mich - und nahm alles! Meine Freunde waren entsetzt, das ganze kostbare Essen auf diese Art verschwinden zu sehen, vor allem Peter, der gefastet hatte und sich besonders auf ein gesegnetes Picknick am Gipfel gefreut hatte.

Der Priester bot uns in der kleinen Hütte Schutz vor dem Regen an und bat uns, zu warten - in einer halben Stunde wäre alles bereit. Ich wäre liebend gern zur Feuerzeremonie geblieben, konnte die anderen jedoch nicht dazu bewegen, da alle bis auf die Haut durchnäßt waren. Als wir den steilen Abstieg begannen, hörte der Regen plötzlich wieder auf. Sowohl beim Abstieg als auch beim Aufstieg wurden uns tiefe Erkenntnisse zuteil. Wir lernten viel; durch diese Reise schien in jedem von uns der eigene Lebensweg als Ganzes bewußt geworden zu sein.

Der Gautam Ganga Fluß trug die Energien, die er in dieser kraftvollen Kailash Taufe empfangen hatte, hinunter zum Ganges, in dem am 6. Februar, dem wichtigsten Tag der ganzen Kumbha Mela, Millionen ein Bad nehmen würden. Wir nahmen unser Bad in den mit hoher Energie geladenen Wassern des Gautam Ganga.

Diese ganze Reise war in der Tat eine Pilgerreise, »eine einmalige und wundervolle spirituelle Erfahrung für jeden von uns«, wie Peter an Freunde schrieb. Unsere Reisen waren stets innere wie äußere Reisen, aber diese war es ganz besonders.

35. Kapitel

EIN POET DES LEBENS

Hier ist mein Geheimnis. Es ist ganz einfach:
Man sieht nur mit dem Herzen gut.
Das Wesentliche ist für die Augen unsichtbar.
- Antoine de Saint-Exupéry

Etwas ganz Wunderbares an Peter war sein immer junges Herz. Er war stets zu allen Taten und Abenteuern bereit. Vielleicht war das der Grund, warum er nicht zu altern schien. Freunde, die ihn länger nicht gesehen hatten, wunderten sich oft darüber.

Eines Morgens, nach unserer täglichen Meditation im Haus, verschwand Peter. Ich fand ihn im Garten auf einem Kirschbaum sitzend, zum Frühstück die reifen, köstlichen Kirschen verspeisend. Als ich unter dem Baum stand, kletterte er ein bißchen tiefer herunter und begann, auch mir eine Kirsche nach der anderen in den Mund zu stecken. Peter wußte das Leben zu genießen und seine Freude mit anderen zu teilen.

Die Dreiheit von Garten, See und Bergen war für ihn sehr wichtig, und das Ganze im Herzen von Europa, jener alten Gegend des Rosenkreuzes, die sich als eine wirkliche Heimat für Peters Herz und Geist offenbart hatte.

Er empfand die seidigen Wasser des Sees als ein Lebenselixier. Sobald die Tage wärmer wurden, gingen wir schwimmen, Peter oft zweimal am Tag - nur ein rascher Sprung in dieses wunderbare Wasser vor dem Mittag- und Abendessen; meistens nach intensiver Arbeit. »Wie herrlich es die Aura reinigt!« meinte er oder bezeichnete es schlicht als »invigorating« (belebend), wenn das Wasser so kalt war, daß niemand sonst zu schwimmen wagte. Peter schien die Kälte nichts auszumachen, er sprang wie immer im Hechtsprung hinein.

Und was seine Freunde, die Berge, betraf... Peter liebte die Berge sein Leben lang. Sein Geist war niemals auf die niederen Ebenen der Persönlichkeit gerichtet, sondern auf Gott, auf die Höhen. Die Berge mit ihrer schweigenden Majestät drückten etwas davon aus - tief klarer, blauer Himmel, strahlender Sonnenschein und die schneebedeckten Gipfel. Dies Bild schien mir mit Peter selbst vergleichbar, innerlich wie äußerlich - seine strahlenden, klaren blauen Augen, sein immer frisches und sonnengebräuntes Gesicht und sein schneeweißes Haar. - Oft ging Peter sonntags in die Berge, meistens mit seinem Freund Dirk, der auch um die ganze Welt gereist war und mit dem Peter über Politik und das Weltgeschehen diskutieren konnte. Das schenkte mir zusätzlich Raum für meine eigene kreative Arbeit.

Wenn sie von ihren Bergtouren zurückkehrten, roch es zur Begrüßung manchmal nach Terpentin statt nach einem köstlichen Essen. Peter kam dann gleich gespannt in mein Atelier und schaute mit ganz großen wachen Augen auf meine Bilder in ihrem Geburtsprozeß. Für Peter war es wichtiger, daß ich malte statt kochte. Viele Male kam er während dieser Jahre zu mir und sagte mit immer neuem Erstaunen im Gesicht: »Weißt Du, Deine Bilder bedeuten mir immer mehr. Sie gehen mir einfach ins Herz, besonders dieses da, schau!« Und er zeigte mir, welches ihn zu dieser Zeit besonders beschäftigte.

Die Sonne war wie Nahrung für Peter, innen und außen. Sobald die Sonne erschien, zog er, wenn möglich, alles aus bis auf Shorts und eine kleine Kopfbedeckung, um jeden ihrer Strahlen aufzunehmen; und so, die Sonne in vollsten Zügen genießend, machte er sich an die Arbeit. Es war, als öffnete er alle Zellen seines Körpers dem Licht. Sogar sein Mittagsschläfchen machte er auf seinem Balkon in der Sonne. Während ich völlig erschöpft war, wenn ich mich der intensiven Mittagssonne ausgesetzt hatte, war das für Peter offenbar genau das Richtige - kein Arzt oder Zeitungsbericht über die Gefahren der Sonneneinstrahlung konnten ihn davon abhalten. Wenn Menschen Peter fragten, was im Hinblick auf ein bestimmtes Thema richtig für sie wäre, war seine Antwort: »Das mußt Du von innen heraus wissen; was für den einen richtig ist, mag für den anderen falsch sein«, und für ihn bedeutete Sonne alles. Verkörperte er nicht auch selbst einige ihrer Qualitäten wie Licht, Wärme, Liebe zum Leben...

Peter sah stets mit den »Augen des Lichts« und schaute auf das Gute in jedem Menschen, jedem Ding. Während ich, die ich durch mein Training in Psychologie, Graphologie und Astrologie gelernt hatte, im Menschen zu lesen und rasch die hellen wie die dunklen Seiten zu erkennen, war Peter - getreu seinem Rosenkreuzer-Training - entschlossen, nur das Licht in den Menschen zu sehen und den Rest zu ignorieren. »So habe ich Findhorn aufgebaut« erklärte er, »indem ich auf die Talente und Fähigkeiten eines Menschen schaue und nicht auf das, was vielleicht fehlt. Das, worauf Du Deinen Blick richtest, machst Du zur Realität.« Ich erlebte durch Peter diese kraftvolle Wahrheit: Indem er seine Energie ausschließlich auf das Gute richtete, in Menschen oder in Situationen, stärkte er es und das »nicht so Gute« starb an Unterernährung. Das war seine Weise, Menschen in ihrer Entfaltung zu unterstützen und ihnen zu helfen, ihre wahre Aufgabe und Bestimmung zu verwirklichen. Darin war er ein hervorragender Lehrer.

So viele Menschen meinen, daß sie nicht die Kraft haben, das zu tun, was sie wirklich tun möchten. Durch sein eigenes Beispiel gab Peter vielen Menschen den Mut, das Vertrauen und die Kraft, ihrer Intuition, ihren Visionen zu folgen.

Eines Tages malte ich draußen auf der Terrasse große Glasbilder; Peter schaute immer wieder von seinem Balkon aus hinunter und sah mit Erstaunen, wie eine Schöpfung nach der anderen auf diesen Glasscheiben entstand. Dann bemerkte er, daß, je mehr ich an den Glasbildern arbeitete, eins nach dem anderen seine Schönheit verlor, bis sie alle ganz stumpf und triste geworden waren. Schließlich sah die ganze Terrasse wie ein Friedhof von übermaltem Glas aus. Ich war völlig erschöpft und am Rande der Verzweiflung. Peter kam zu mir, als ich mich einen Moment hinlegte, hielt meinen Kopf eine Weile in seinen Händen und sagte dann: »Es wird Dir ein neues Glasbild gelingen. Es wird schöner sein als irgendeines zuvor. Jetzt geh und mache es.«

Ich stand auf. Ich hatte nur noch eine Glasscheibe übrig, und es war nur noch eine Stunde bis zum Sonnenuntergang. Das Wunder geschah: Peter hatte mir enorme Kraft und Konzentration gegeben, und noch bevor es dunkel war, hatte ich das schönste Glasfenster vollendet, das ich je gemalt habe. Ich schenkte es Peter - es paßte genau in ein Fenster in seinem Zimmer.

* * * * *

»The proof of the pudding is in the eating« (die Güte des Puddings zeigt sich beim Essen) war eine beliebte Redewendung von Peter, und das traf in der Tat auf ihn selbst zu; er lebte, was er lehrte. Die Liebe, die von Peter ausging, war wie Sonnenenergie - wärmend, Kraft, Freude und Wachstum schenkend. Er ermutigte und unterstützte mehrere im Wachsen begriffene Zentren, zum Beispiel Zegg, eine Gemeinschaft in der Nähe von Berlin. Wo immer Peter in diesen letzten Jahren Vorträge oder Workshops gab, das zentrale Thema, das sich wie ein goldener Faden durch alles hindurchzog, war immer die Ermächtigung zur Liebe.

»Ich werde nie die Liebe vergessen, die aus Peters Augen strahlte, wenn er über Gottes Liebe sprach.« (Julie Spangler)

In Deutschland mußte er meist übersetzt werden, was ich mit Vergnügen tat, wenn ich ihn begleitete. Es gab manch erstaunliche Situation. Einmal, zum Beispiel, waren wir nach Deggendorf eingeladen, im tiefsten Niederbayern. Wir trauten unseren Augen nicht, als wir den großen Raum sahen, in dem der Vortrag stattfinden sollte und der voll war mit langen Tischen und Bänken. Warum, wurde uns klar, als ungefähr hundert Bajuwaren kamen, sich dort niederließen und aus kräftigen Humpen Bier zu trinken begannen, die während Peters Dia-Vortrag über Findhorn fortwährend nachgefüllt wurden. Trotz unserer leichten Verwunderung wurde die Präsentation gut aufgenommen, was durch die späteren Zeitungsberichte bestätigt wurde.

Zu anderer Gelegenheit war Peter eingeladen, einen Eröffnungsvortrag zum zwanzigsten Geburtstag des Frankfurter Rings zu halten, einer der wichtigsten spirituellen Organisationen in Deutschland. Ungefähr 800 Menschen waren dort, darunter viele alte Freunde wie Baker Roshi, Sun Bear, Paul Horn und Al Huang. Peter beschrieb diesen Anlaß so: »Was wir nicht wußten, war, daß es zwei Eröffnungsredner gab. Dr. Peter Zürn, der über die frühen Gründungsjahre des Zentrums (Frankfurter Ring) sprechen sollte, sagte, daß er zum ersten Mal vor beinahe zwanzig Jahren durch seine Frau Renata Zürn, jetzt Renata Caddy, dort eingeführt worden war.

Der zweite Eröffnungsredner war ich. Ich stellte dann Renata vor, diese bemerkenswerte Frau, die mit den beiden Rednern verheiratet (gewesen) war! Ich sagte, daß Gott einen guten Sinn für Humor haben müsse. Es gab viel Gelächter, was den Feierlichkeiten zu einem guten Start verhalf.«

Voller Humor stellte er auch das Rosenkreuzer-Training dar, das Peter während seiner letzten Jahre Freunden aus der Umgebung gab. Es waren dieselben Lehren, die ihn fast sechzig Jahre zuvor auf seine eigene spirituelle Reise gebracht hatten. Sie schienen das Leben vieler Teilnehmer sehr zum Positiven zu verändern.

»Streiche jedes »Wenn« und »Ich kann nicht« aus Deinem Wortschatz«, war Teil von Peters Rosenkreuzer-Lehre, die er selbst wirklich verkörperte. Als ich einmal vorschlug, ob er nicht an einem meiner Mal-Workshops teilnehmen wollte und er antwortete: »Nein, denn ich kann nicht malen«, sagte ich: »Warum versuchst Du es nicht« und erinnerte ihn an seinen Ausspruch, daß jedes »ich kann nicht« ein verstecktes »ich will nicht...« ist. Also stimmte Peter zu, am nächsten Mal-Wochenende teilzunehmen, das »Der Tanz Shivas« hieß.

Das Thema war, durch Malen wieder zu erfahren, daß wir alle aus der All-Einheit kommen - dargestellt durch ein großes Blatt von leerem weißem Papier - uns jedoch durch die Zeit mehr und mehr verhüllt haben. Dies wurde nachvollzogen, indem wir nur mit einer anfangs sehr verdünnten, später dichter werdenden Farbe arbeiteten, bis sich allmählich eine feste Form - unsere Individualität - bildete, die das Weiß mehr oder weniger verdeckte. Das Ganze war ein meditativer Vorgang und verlangte viel Geistesgegenwart und Geduld.

Peter gelang das alles erstaunlich gut. Am nächsten Tag jedoch, als die im Prozeß der Verdichtung gewonnene Form auf ein neues Blatt Papier übertragen werden sollte, und zwar in allen Farben des Regenbogens, und es galt, dieses Bild dann in einer Serie von Bildern Schritt um Schritt zum ursprünglichen Weiß zurückzuführen, hatte Peter seine eigenen Ideen. Statt diesem Vorschlag zu folgen, drückte er seinen eigenen Weg durch die Farben zurück zum Weiß aus, indem er - mit einem Zirkel! - sieben Kreise zog und dann jeden dieser Kreise mit einer der sieben Farben des Regenbogens ausfüllte, doch nicht etwa mit Wasserfarben, sondern mit handfesten Kreiden; dann erzählte er dem Rest der Gruppe in der Pause über die Meister der Sieben Strahlen, die Gott in der Menschheit dienen und uns inspirieren und führen auf unserem Weg zurück ins Weiße Licht - das All-Eins-Sein.

* * * * *

Peter war immer vollkommen konzentriert auf das, was er im Moment tat. Wenn ich ihn zum Beispiel während einer Tätigkeit fragte: »Was denkst Du gerade?« kam die typische Peter-Antwort: »Nichts, ich fahre Auto« oder was immer er gerade tat.

Peter brauchte nicht zu meditieren, um seinen inneren Frieden zu finden; auch mitten im Handeln war eine große Stille in ihm. Dies machte es möglich, daß er von innen heraus geführt wurde, die richtige Sache zur richtigen Zeit zu tun. Mit welcher Arbeit er auch beschäftigt war, er hatte die Konzentration und innere Stille, die andere durch Meditation zu finden hoffen, indem sie der Welt gegenüber mit geschlossenen Augen dasitzen.

»Ich werde »im Moment« von Gott geführt«, sagte Peter. »Bevor dieser Moment da ist, habe ich nicht die geringste Ahnung, was getan werden muß.« Seine Intuition war sehr stark, und im täglichen Leben drückte sich das oft aus in seinen plötzlichen »Eingebungen«, wie er sie nannte. Eines Morgens zum Beispiel, als wir mit einigen Gästen mitten beim Frühstücken waren, sprang Peter auf: »Ich muß in Findhorn anrufen!« Minuten später war er zurück, strahlend. »Gerade in diesem Moment, als ich in Cluny Hill anrief, waren alle drei Personen, mit denen ich sprechen mußte, zufällig da - und sie sagten mir, daß es später sehr schwierig gewesen wäre, auch nur einen von ihnen zu erreichen.« Nie verlor er sein Staunen und seine Dankbarkeit für das Gute, das geschah, wenn er seiner Intuition sofort gehorchte.

Wenn Peter kochte und ich mit einer Frage in die Küche kam, bekam ich mitunter zu hören: »Das kann ich jetzt nicht beantworten, ich bin beim Kartoffelschälen. Eins nach dem anderen!« Während er kochte, wurde die Küche zu einem Meditationsraum. Mit Dankbarkeit überließ ich das Kochen hauptsächlich ihm. Wie beinahe alles im Leben, tat er auch dies mit Musik (ob es nun Joan Baez, Hawaiian Paradise, indianische Flötenmusik oder russische Chöre waren). Die Lautstärke, mit der dies geschah - die Musik mußte ja bis in die Küche zu hören sein - ließ jeden in Haus oder Garten wissen, daß Peter jetzt dabei war, den Salat für das Mittagessen vorzubereiten oder das Abendessen zu kochen. Aber es kam auch vor, daß er, wenn ich mal kurz in die Küche hineinschaute, aus purer Freude mich in den Arm nahm und eine Runde mit mir tanzte, bevor er weiterkochte.

Unser Abendessen bestand am Anfang hauptsächlich aus Rosenkohl, Kartoffeln und Omelettes - und das fast jeden Tag! Niemals in meinem Leben habe ich so viel Rosenkohl gegessen, aber es war alles so exquisit zubereitet. Peters Omelettes waren einmalig, sein Lieblingsessen auch für Gäste. Natürlich kreierte er im Laufe der Zeit noch viele andere köstliche Gerichte. Das »Timing« war wichtig, alles zur selben Zeit fertig zu haben - und wenn er rief, mußte jeder im Haus sofort zum Essen erscheinen, das war ein Muß!

Ab und zu - auch nach einem langen Arbeitstag - nahm Peter mich mit in ein schönes Restaurant am See, das eine hervorragende Band hatte, und er tanzte mit mir, ohne zu ermüden, bis spät in die Nacht hinein. Er war ein wunderbarer Tänzer, unmerklich seine sanfte Führung.

Peter lebte mit Musik, sie war wie ein Teil seines Wesens, besonders klassische. Aber er hatte auch ein Faible für die Volksmusik aus der Gegend. Wann immer er hier ein »Umpa, Umpa« (Peters Ausdruck) oder gar Jodeln hörte, war er begeistert. Einmal, im Februar, gegen Ende des Karnevals, während ich verreist war, ging Peter mit Freunden sogar »Hemd-glonkern« und tanzte wie jeder andere im Schlafanzug auf dem verschneiten Marktplatz unserer nahegelegenen kleinen Stadt.

* * * * *

Was die Findhorn Gemeinschaft betrifft: Peter, als der Vater, hatte sein Kind in sein eigenes Wachsen entlassen, blieb jedoch immer verbunden mit der Gemeinschaft und ihrer Entwicklung. Er versuchte, bei den wichtigsten Ereignissen, wie den jährlichen Konferenzen, dort zu sein, zu denen auch ich manchmal eingeladen war, um Workshops zu geben. Meistens nahm er seinen Sohn Daniel während dessen Sommerferien mit nach Findhorn. Daniel genoß die Zeit mit seinem Vater in vollen Zügen, sei es in Findhorn, bei uns in Deutschland oder in den Vereinigten Staaten.

Obwohl Peter manchmal, wenn er Findhorn besuchte, frustriert war über bestimmte Entwicklungen in der Gemeinschaft, enthielt er sich weise eines Einschreitens oder einer Einmischung. Eines Sommers jedoch kam Peter mit einem schalkhaften Augenzwinkern zurück aus Findhorn und sah sehr zufrieden mit sich aus. Der »wilde Garten« dort war total verwildert, und es war Peter klar, daß dies drastische Maßnahmen erforderte; aber er vermutete, die derzeitige Gartengruppe wäre entweder zu ängstlich oder würde zu viel reden über die notwendigen Aktionen, anstatt zu handeln. Der »wilde Garten« war gedacht als das ausschließliche Reich der Naturgeister, in das Menschen nicht eingreifen sollten - aber Peter, der das ursprünglich selbst geschaffen und begründet hatte, sah, daß das Überwuchern bestimmter Arten wie Stechginster, Brombeeren und Weiderich andere wilde Blumen und Pflanzen erstickte. Er fand einen jungen Gärtner, der das Problem ebenso klar erkannte, und - sogar ohne es der Gartengruppe mitzuteilen - brachen sie in diese »sakrosankte« Domäne der Naturgeister ein; noch bevor irgend jemand Protest erheben konnte, war die Arbeit getan. Viele Mitglieder der Gemeinschaft waren entgeistert, aber es war ein *fait accompli* und Peter stand dazu; erst als einige Zeit vergangen war, wurde die Weisheit seiner Aktion erkannt und geschätzt.

* * * * *

Fast jedes Mal, wenn Shri Muniraj und Shri Shastriji nach Europa kamen, hatten wir sie zu unserer großen Freude in unserem Haus zu Gast. Es war immer eine wundervolle Feier mit vielen Freunden. Manchmal begleiteten wir auch die beiden auf ihren Europa-Reisen und brachten sie einmal mit einer Gruppe von dreißig Menschen nach Findhorn. Auf dem Gelände von Cullerne House hielten wir eine vedische Feuerzeremonie ab - zum Segen des Landes und seiner Menschen.

Die Verehrung des Feuers bedeutet Verehrung des inneren Lichtes. Die Verehrung des Feuers verbrennt Karma, es ist spirituelle Reinigung. Die Verehrung des Feuers verwandelt alles, was in Herz und Geist unrein ist, in reine Liebe. Die Kraft des Heiligen Feuers,die Flamme der Liebe, entfaltet die Qualitäten einer Seele.

-Babaji

Die Feuerzeremonie wurde von Babaji und anderen großen Meistern auch als einer der wichtigsten Wege der Reinigung und Harmonisierung der Elemente gegeben, in der Natur wie auch in uns selbst.

Peter zeigte der Gruppe die verschiedenen Aktivitäten und all das an Land und Gebäuden, was die Gemeinschaft ausmachte. Als wir nach Cluny Hill kamen, war er stolz, nicht nur den »power point« (Ort der Kraft) zu zeigen, den Meditationsraum und die Küche - mit ihren Bergen von gesundem, frischem Salat, der darauf wartete, zubereitet zu werden -, sondern auch die frühere Bar, den einzigen Raum im ganzen Gebäude, in dem es erlaubt war, zu rauchen. Muriel, unsere Gastgeberin, zog sofort ihre Zigaretten heraus und bot auch Muniraj eine an, der lächelnd annahm. Ein Ausdruck schalkhafter Freude trat in Peters Gesicht, als auch er eine Zigarette nahm, damit er mit Muniraj rauchen konnte. Es war seine erste (und letzte) Zigarette in 50 Jahren, und wir bogen uns vor Lachen über seine Pantomime, als er Zug um Zug Rauchwolken von sich gab.

* * * * *

Ein anderes Mal, als wir Shri Muniraj und Shri Shastriji mit begleitenden Freunden wieder bei uns zu Gast hatten, feierten wir diesen Anlaß wie stets mit Andacht, Meditation und einem schönen Essen. Im ganzen Haus und auf der Terrasse, überall sah man viele glückliche Menschen. Auf einmal bemerkte ich zu meiner Überraschung, wie Peter mit seinem schottisch gemusterten Köfferchen die Wendeltreppe hinabging und sich seinen Weg durch unseren großen Raum bahnte. »Wohin um Himmels willen verreist er jetzt?« fragte ich mich. Nach einer Weile sah ich ihn die Treppe wieder hochkommen, immer noch mit dem kleinen Koffer in der Hand. Er kam auf den Balkon, wo ich mit Muniraj und einigen Freunden, einschließlich eines indischen Arztes, saß und wir alle den Abend genossen. »Ach, hier bist Du!« sagte Peter zu dem Arzt. »Ich habe Dich im Caravan im Garten gesucht, wo wir verabredet waren.« Peter legte seinen kleinen Koffer auf den Tisch, öffnete ihn und vor unser aller Augen brachte er zu unserem Erstaunen eine Flasche Whisky und zwei Gläser hervor.

Es stellte sich heraus, daß der gute Doktor, an seinen heimischen Komfort in Delhi gewöhnt, auf seiner Reise mit Muniraj seinen abendlichen Drink vermißt hatte und nun Peter um ein Glas Whisky gebeten hatte. Unter dem herzhaften Lachen aller goß Peter zwei Gläser ein, eines für den indischen Freund und eines für sich selbst.

36. Kapitel

EIN WELTBÜRGER

Von nun an erinnere Dich stets,
es gibt keine Feinde -
nur Freunde und potentielle Freunde.

- Der Alte Mann aus Kozarac

Ein guter Freund von Peter, Donald Keys, der viele Vorträge in Findhorn gehalten hat, schreibt:

Für den spirituell trainierten Menschen haben Reisen oder Pilgerfahrten oft eine tiefere Bedeutung, als er sich vielleicht bewußt ist. Er kann von den Energien des Geistes in den höheren Welten benutzt werden, um etwas zu verwandeln oder etwas für die Zukunft zu initiieren, nur dadurch, daß er in den Gebieten, durch die er reist, verfügbar ist.

Bei Peter war das so.

Im Juli 1992 gingen wir erneut auf Pilgerreise[1], einen Treck durch Brasilien, das Herz Südamerikas, mit Peter und Sarah Dawkins, unserer brasilianischen Freundin May East und einer Gruppe von zwanzig anderen. Es war eine sehr abenteuerliche Reise - durch das Vale dos Somhos (Tal der Träume) in das Roncador-Gebiet, entlang des Rio das Mortes (Fluß des Todes) in die Chapada-Region des Mato Grosso, gipfelnd in einer Besteigung des Mount Sao Geronimo. Den Höhepunkt jedoch bildete unser Aufenthalt als Gäste der Xavante-Indianer. Wir waren die erste große Gruppe von Weißen, die in ihrem Dorf akzeptiert wurde, das im Roncador-Gebiet liegt. Als wir ankamen, war Peter einer

1) »Geomantisches Pilgerreisen entspricht der Akupressur auf den Meridianen des Körpers - in diesem Fall den Meridianen des planetarischen Körpers - um Heilung, Gleichgewicht und neue Belebung zu bewirken.« (Peter Dawkins)

der ersten, der mutig mit unserem großen Rucksack über einen kahlen Baumstamm balancierte, der als Brücke über den Fluß zwischen ihrem versteckten Gebiet und der äußeren Welt diente.

Der Häuptling des Stammes, Ze Luiz, ein starker, schöner Mensch, hatte einige Jahre zuvor in einer Vision einen »uralten Vorfahren« gesehen, eine große weiße Gestalt aus Licht, die ihm sagte, daß »eines Tages einige Weiße kommen würden, deren Herzen gut seien und die nicht zerstörerisch oder egoistisch wären wie andere weiße Menschen, die er kannte. Der Große Alte bat Ze Luiz und seinen Stamm, diesen Besuchern ihre Herzen zu öffnen und mit ihnen ihr Wissen, ihre Zeremonien und heiligen Plätze zu teilen. Sie sollten ein »Herzens-Bündnis« zwischen der weißen und roten Rasse schließen. Mehr noch, die weißen Besucher sollten die Empfänger der großen Energie sein, die in den Höhlen bewahrt sei und die sie in ihre Länder mit sich zurücknehmen sollten, wo sie dann verbreitet würde.«[2]

Dieser Stamm der Xavante-Indianer[3], mit seinen ungefähr 80 Menschen, von denen 30 Krieger waren und als solche bemalt, bot uns freundlicherweise zwei seiner acht maloccas[4] an, die sie für uns freigemacht hatten - eins für die Männer unserer Gruppe, das andere für die Frauen. Dort schliefen wir in selbst mitgebrachten Hängematten. Sie ließen uns auch in ihrem Fluß baden, Männer und Frauen zu unterschiedlichen Zeiten. Außerdem wurden wir eingeladen, an einer Heilungszeremonie teilzunehmen. Dabei tanzten alle Männer des Stammes die ganze Nacht hindurch um ein Feuer, in sich wiederholenden rhythmischen Bewegungen, dabei immerzu dieselben Klänge singend, wie ein Mantra, auf diese Weise die Geister ihrer Vorfahren anrufend, um ein kleines Mädchen zu heilen, daß sehr schwer erkrankt war. Kurz vor Sonnenaufgang empfing ihr Medizinmann die Botschaft, daß das kleine Mädchen gerettet sei.

Am nächsten Tag nahmen sie uns mit zu ihren heiligsten Plätzen, deren Wächter sie waren - zum See UU, einem See von vollkommener Stille und fast überirdischer Schönheit, tief verborgen in den Wäldern. Ihre Tradition sieht ihn als so heilig an, daß keiner von ihnen es je wagen

---

2) Zitat von Peter Dawkins. Diese Reise war ein Beispiel für die »Tempel-Arbeit«, die wir als *planetary citizens (Weltbürger) taten.*

3) Die Xavante sind ein Volk mit vielen Stämmen, von denen jeder eine große Familieneinheit, in einem Dorf lebend, bildet, gleich den alten Kelten. Die größte Anzahl von Mitgliedern, die eine Stammeseinheit normalerweise erreichte, betrug gewöhnlich 120, von einem Häuptling regiert. Bei einer größeren Anzahl spaltete sich der Stamm in zwei und errichtete ein neues Dorf. Wir verstanden, daß Häuptling Ze Luiz das Oberhaupt von drei Dörfern war.

4) Eine runde Hütte, aus einer Art Bambus gefertigt.

würde, sein Wasser zu berühren. Dann führten sie uns weiter hinab zur Höhle UU, einer riesigen Höhle mit ungeheurer Energie, einer mächtigen Gebärmutter gleich, die tief in die Erde hineinreicht. Die Indianer und andere brasilianische Freunde behaupten, diese Höhle sei einer der Haupteingänge zur Roncador Unterwelt, die aus hunderten von Meilen unterirdischer, miteinander verbundener Tunnel und Höhlen bestehen soll.

Als am dritten Tag unseres Besuches die Zeit kam, sich zu verabschieden, hielt Häuptling Ze Luiz eine Rede über das »Herzens-Bündnis« zwischen uns und unseren beiden Rassen. Peter war ganz unerklärlich zu Tränen gerührt - obwohl er die Sprache nicht verstand, gingen die Worte des Häuptlings und die Botschaft, die sie trugen, direkt in sein Herz. Als später Geschenke zwischen unserer Gruppe und den Xavante-Indianern ausgetauscht wurden, war Peter der erste, der von ihnen geehrt wurde und erhielt ihr größtes Geschenk - einen festlichen Kopfschmuck mit sieben langen Federn. Unsere Abschiedsumarmungen waren fest und kamen von Herzen.

Unser Abenteuer ging weiter. Da wir in einem Bus mit dem Namen El Paradiso und mit einem Fahrer namens Mr. Cruz (Kreuz) fuhren, hatten wir das Gefühl, jedes Hindernis auf dem Weg überwinden zu können, wie zum Beispiel halb zerstörte Brücken über gefährlichen Wasserläufen - und so war es auch. Wir kamen mit vielen abgelegenen und höchst besonderen Orten in Berührung, wie Cruz de Pedra, einem Kreuz aus Stein, von der Natur wie ein Adler geformt; einer Höhle, »Haus der Seelen« genannt, gefüllt mit einer blauen Lagune, die wir schwimmend erforschten; dem Coxipo-Acu Tal, von geheimnisvollen Bergen umgeben, die miteinander eine Krone bilden; und Jamaca, das uns als Basis in der Chapada diente, einem Ort, von dem aus wir zu weiteren Entdeckungen aufbrachen.

Einen Tag bevor wir den Mount Sao Geronimo, das Herz-Zentrum Brasiliens und damit ganz Südamerikas, besteigen wollten, hatte sich Peter an seinen Zehen verletzt, die dann so stark geschwollen waren, daß ihm seine Bergstiefel nicht mehr paßten; aber er war fest entschlossen, mit uns auf diesen heiligen Berg zu gehen, was er in seinen Birkenstock-Sandalen tat! Es war ein steiler, gefährlicher Aufstieg mit manchmal senkrechten Felswänden, die es zu erklimmen galt, aber typisch Peter; er schaffte es nicht nur - mitunter hoben und zogen wir ihn hoch - sondern er und wir alle hatten viel Spaß dabei. Der »Gipfel« dieses

Berges war eine Überraschung, weit und ganz sanft, wie ein riesiges, wunderbares Kissen, gleichsam wie der Weg in die Freiheit des eigenen Herzens - der Weg, der schwer und steil sein mag, doch wie wunderbar leicht und frei wird alles, wenn man einmal dort angekommen ist.

Am Ende unserer Reise verließen wir das kühle, klare, herrliche Hochland und stiegen hinab in die tropische Dichte des Pantanal mit seinem überquellenden Leben. Pflanzen, Blumen, Insekten, unzählige Vögel, Tiere - alles schien hier im Übermaß zu gedeihen und zu brüten, von den Moskitos bis zu den Krokodilen, doch wir vermißten die hohe Schwingung und freie Atmosphäre der Berge und fühlten uns trotz aller Faszination hier unten nicht in unserem Element. Es war feucht und heiß, und Peter sprang gleich nach unserem Stop in den breiten, träge fließenden Strom, in seiner Unschuld sich nicht des Krokodiles bewußt, das seinen Kopf in einiger Entfernung aus dem Wasser streckte. Er kam erfrischt und sicher wieder an Land. Einige junge Männer aus unserer Gruppe, die dann auch hineinsprangen, entdeckten bald, daß sich Krokodile auf sie zubewegten; sie beeilten sich, um aus dem Wasser zu kommen und traten dabei auf giftige Schützenfische[5], die im Schlamm verborgen waren.

Das war die letzte Etappe unserer äußerst abenteuerlichen brasilianischen Reise, die auch voll der tiefen inneren Erfahrungen war. Nach dem fast dreiwöchigen Treck, während dessen wir oft in unseren Schlafsäcken irgendwo in der Wildnis in Hängematten oder kleinen Hütten schliefen, durch die ein kalter Wind wehte, war es wie immer ein Hochgenuß, wieder in unser wunderschönes Zuhause zurückzukommen mit seinen bequemen Betten, worüber besonders Peter sehr froh war.

Es gab aber noch ein Nachspiel. Ein paar Wochen später bekam ich Fieber und sehr seltsame, starke Schmerzen in Kopf und Nacken. Peter zeigte bald dieselben Symptome und dann merkwürdigerweise auch Peter Dawkins, der zu dieser Zeit für ein paar Tage hier bei uns war und Vorträge und Workshops gab. Es stellte sich heraus, daß wir alle drei Malaria bekommen hatten - und auch noch die gefährlichste Art - *malaria*

5) Die Fische schossen giftige Pfeile in ihre Füße, was qualvoll war. Schließlich half ein Einheimischer und verhinderte die Auswirkung des Giftes, indem er ein Streichholz unter der Stelle verbrannte, wo das Gift in den Fuß eingedrungen war; die Hitze machte das Gift zunichte. Später erfuhren wir, daß an genau diesem Platz, wo Peter und die anderen ins Wasser gesprungen waren (ohne darauf zu achten, daß unser brasilianischer Freund Mario sie nach Peters Bad gewarnt hatte, es nicht zu tun), die Einheimischen jeden Tag die Krokodile fütterten (Jacaré auf portugiesisch) und die Piranhas kamen, um die Reste zu beseitigen. Peter schien durch eine kleine Schnittwunde etwas Blut verloren zu haben, wodurch die Krokodile und Piranhas wohl meinten, es sei Essenszeit - daher die Panik der Freunde, aus dem Wasser zu kommen.

tropica[6]. Glücklicherweise wurde sie von zwei hervorragenden Ärzten unabhängig voneinander durch Elektroakupunktur-Tests in einem sehr frühen Stadium erkannt und dann mit einem hochpotenten Mittel sofort behandelt. Wenn diese Malaria bereits voll ausgebrochen ist, kann sie innerhalb von wenigen Tagen schon tödlich sein.

Peter schlief, so viel er konnte, durch seine hohen Fieberschübe und Schmerzen hindurch; dabei fastend wie immer, wenn er krank war. Beide waren wir sehr schwach. Eines Morgens wachte ich auf und fühlte mich wie neugeboren. Voller Freude und Dankbarkeit verkündete ich es Peter, der sich auch erstaunlich viel besser fühlte. Ich erzählte ihm, daß ich merkwürdigerweise die halbe Nacht lang von den Xavante-Indianern geträumt hatte, besonders von den Männern, die sich immer im gleichen Rhythmus bewegten. Es schien endlos zu gehen, so daß ich zwischendurch, als ich kurz erwachte, mich fragte, ob das ein Fiebertraum sei - kaum eingeschlafen, war ich wieder in demselben Traumgeschehen, bis in den Morgen hinein. Am selben Tag hörten wir von Peter Dawkins aus England, daß May East, die zu jener Zeit in Brasilien war, ganz schockiert war, daß ausgerechnet wir drei an Malaria litten. Es gelang ihr, Häuptling Ze Luiz eine Botschaft zukommen zu lassen; der rief sofort seinen Stamm zusammen, um für uns drei ihre Heilungszeremonie zu machen. Ihr Tanz, der mit der Abenddämmerung beginnt, fand in derselben Nacht statt, in der ich von ihnen träumte und morgens wie neugeboren erwachte.

Was immer der Grund für unsere Malaria-Erkrankung war, sie trug gewiß dazu bei, das »Herzens-Bündnis« der Xavante-Indianer mit uns auf eine ganz unerwartete Weise zu vertiefen.

* * * * *

Es war nicht Peters Art, dem Phänomen Schmerz viel Aufmerksamkeit zu geben, aber eines Sommerabends 1993, als ein Schmerz, den er seit einigen Tagen im linken Bein verspürte, sehr zunahm, suchte er einen befreundeten Arzt auf, einen Schulmediziner, statt zu warten, um »alternativ« behandelt zu werden. Der Arzt schickte ihn sofort zu einer Untersuchung ins Krankenhaus. Zu unser aller Verwunderung wurde

6) Es war im brasilianischen Hochland für die Saison ungewöhnlich kalt gewesen, daher gab es anscheinend auch keine Moskitos, so daß wir mit unserer Malaria-Prophylaxe aufgehört hatten. Aber die letzten zwei Tage im tropischen Pantanal waren heiß und feucht gewesen...

eine Thrombose festgestellt, die schon das Bein hinaufgewandert war und beinahe sein Becken erreicht hatte. Peter wurden sofort Medikamente gegeben, um sein Blut zu verdünnen. Die Lage war ernst. Fünf Ärzte, alle jung, dünn, hoch aufgeschossen und sehr nett, versammelten sich um ihn und diskutierten, ob er sofort operiert werden sollte. Die Ärzte erklärten, wäre er nicht jetzt ins Krankenhaus gekommen, er hätte am nächsten Tag tot sein können.

Sonnengebräunt und auch in dieser Situation der Friede selbst, war Peter mit seinen strahlenden blauen Augen ein Bild der Gesundheit, im Gegensatz zu den blassen Gesichtern der Ärzte und ihrem besorgten Benehmen. Da die Medikamente ausreichend gut anschlugen, ließen sie ihre Idee von der Operation fallen und bestanden statt dessen darauf, daß Peter ruhte und das Bein mindestens zehn Tage hochlegen sollte. Peter war sehr verwundert bei dem Gedanken, der Tod könnte ihn so plötzlich heimgesucht haben und war innerlich froh, daß er seiner Intuition gefolgt war, obwohl er anders beraten worden war. Das hatte sein Leben gerettet.

Was ihn am meisten in diesem Krankenhaus beeindruckte, war das Essen, das er hervorragend und ganz nach seinem Geschmack fand. Eines Tages bat er die Schwester um eine Fliegenklatsche - gänzlich unbekannt in diesem sauberen deutschen Krankenhaus! »Hier gibt es keine Fliegen«, sagte die Krankenschwester streng. »Oh doch«, antwortete Peter sanft. Im ganzen Krankenhaus gab es keine Fliegenklatsche, so brachte ich ihm eine.

Nach unserer Brasilienreise waren Peter Dawkins und einigen Freunden während ihres Besuchs bei uns die Idee gekommen, vom Bodensee aus eine Rhein-Pilgerfahrt zu organisieren. Der Rhein fließt durch den See, kommt bei Konstanz heraus, verbindet sich mit einem kleineren See rund um die Insel Reichenau und fließt weiter - zum Hochrhein werdend - durch eine Landschaft voller Schönheit und Anmut, vorbei an alten Rosenkreuzer Orten wie Stein-am-Rhein, bis er als mächtiger, donnernder Wasserfall bei Schaffhausen herabstürzt. Bei Basel wendet sich der Fluß von seinem westlichen Kurs scharf nach Norden, wird immer breiter, strömt wie ein Rückgrat durch Deutschland, um dann in den Niederlanden in die Nordsee zu münden.

Die ganze Reise ist reich an Geschichte und Legenden - der Fluß birgt als Hochrhein die Mysterien der Rosenkreuzer und später als Oberrhein die Sagen vom Nibelungenring und von Siegfrieds Rheingold.

Die Pilgerfahrt begann mit einer Feier in unserem blühenden Garten - einer Feuerzeremonie mit dem Gebet, daß Gott während der Pilgerreise durch unsere Füße und Hände gehen und handeln und die Arbeit tun möge, die wir allein nicht vollbringen können. Peter konnte nur in Herz und Geist dabei sein, weil er mit seiner Thrombose noch im Krankenhaus lag. Während ich mich gefragt hatte, ob ich bei Peter bleiben sollte, statt mit auf die Pilgerreise zu gehen, bestand Peter darauf, daß ich mitreiste. Nicht nur das; es gelang ihm sogar, vor der Zeit entlassen zu werden und noch an der letzten Hälfte der Pilgerreise teilzunehmen. Er hatte die Ärzte, die ihn zunächst so früh nicht gehen lassen wollten, erfolgreich davon überzeugt, daß seine Frau an Bord sei, ebenfalls eine Ärztin, und natürlich wäre es ihm möglich, sein Bein hochzulegen, zum Beispiel auf Deck des Schiffes.

Eine andere junge Ärztin, eine Freundin von uns, fand sich erfreut bereit, Peter direkt vom Krankenhaus aufs Schiff zu bringen, und so stieß er auf halber Strecke zu unserer Gruppe von ungefähr dreißig Menschen, um die Pilgerreise mit uns zu vollenden. Peter Dawkins, der sie leitete, schrieb später: »Das fand ich in der Tat sehr bewegend und ein Zeichen von wirklicher Freundschaft, von Mut und Einsatz, das Richtige zu tun, was immer dies auch an persönlicher Anstrengung und Opfer erfordert. Ich finde, dieser Akt war eine größere Tat als irgendeinen Berg zu besteigen und zeugte von enormem Vertrauen.«

Peter legte sein Bein so viel wie möglich hoch, ging jedoch auch mit an Land, um die Dome von Speyer, Mainz und Koblenz zu erleben und zerfallene Burgen zu erkunden. Unsere Pilgerreise endete in Köln, dessen Dom Peter immer sehr beeindruckt hatte.

Auch diese Rhein-Pilgerfahrt war eine gute Übung, Liebe und Licht durch uns wirken zu lassen, auf daß Heilung strömen möge zum Land, den Städten und Menschen. Wir merkten, daß sich besonders durch eine so unterschiedliche Gruppe innerlich verpflichteter Menschen viel Liebe manifestieren konnte.

Ein halbes Jahr später, im Januar 1994, waren wir wieder unterwegs, diesmal dem Aufruf einer Friedensinitiative für die Länder des ehemaligen Jugoslawien folgend. Trotz Peters intensiver Arbeit an seinem Buch wußte er, daß dieser Ruf Vorrang hatte. Peter fuhr die ganze Strecke selbst, eine sechzehn-stündige Fahrt von unserem Haus am Bodensee bis nach Samobor, einer kleinen Stadt in der Nähe von Zagreb in Kroatien. Er war ein ausgezeichneter Fahrer - und wie auf all unseren Reisen, schien er nie zu ermüden, bis wir unser Ziel erreicht hatten. Ich hatte das oft erlebt, zum Beispiel als wir nach Ste. Marie de la Mer in Südfrankreich fuhren - und von da nach Montségur, dem verborgenen Heiligtum der Tempelritter und Katharer in Südfrankreich, nahe den Pyrenäen; oder von Findhorn nach Iona in einem Rutsch, dann nach Glastonbury im Süden Englands. Ihm machten diese langen Fahrten Spaß, und er wies freundlich jedes Angebot eines anderen zurück, das Steuer zu übernehmen, um ihn zu entlasten.

Auf dieser Reise nach Samobor fuhren wir durch die Schweizer Alpen in Schnee und Eis, dann hinein in den dichten Verkehr der norditalienischen Autobahnen Richtung Venedig und weiter durch Slowenien nach Kroatien. Schließlich erreichten wir Samobor um Mitternacht, wo wir mit Peter und Sarah Dawkins zusammentrafen und uns zu fünft (Jeremy Slocombe war mit uns von Deutschland gekommen) ein großes Zimmer in einer kleinen Pension am zentralen Markt-Platz teilten, der bezaubernd aussah mit seinen alten Laternen im glitzernden Schnee.

Zunächst ein kurzer Rückblick auf die Besonderheit dieser Friedensinitiative: Peter Dawkins, eine Freundin von uns, Christine Bornschein, und ich waren schon zwei Monate zuvor in Samobor gewesen. Wir hatten dem Ruf zweier Frauen geantwortet, Ema (Kroatin) und Emsuda (eine moslemische bosnische Flüchtlingsfrau), Menschen mit gutem Herz und Willen zusammenzubringen - vor allem Frauen - in dem gemeinsamen Bemühen, Frieden in ihre zerstörten Länder zu bringen. Bei uns hatte es innerlich geklingelt, besonders als wir Emsudas Geschichte gehört hatten. Auf ihrer Flucht vor der totalen Zerstörung ihrer Heimatstadt, nahe Banja Luka, hatte sie im Mai 1992 einen alten Mann getroffen (einen früheren Nachbarn), der die Menschen vor diesem Krieg gewarnt hatte, lange bevor er ausbrach. Er schien alles zu wissen; also fragte Emsuda ihn, wann der Krieg, wenn überhaupt, aufhören würde.

Die Antwort des alten Mannes bestand in einem Auftrag für Emsuda: »Bringe die Frauen der Welt zusammen. Sie sollen zu einer bestimmten Zeit an einen bestimmten Ort kommen.« Er fuhr fort, daß ein bestimmtes Bewußtsein vonnöten wäre: »Von nun an erinnere Dich stets, daß es keine Feinde gibt - nur Freunde und potentielle Freunde.« Emsuda dachte, sie träumte. Wie sollte sie all das zustande bringen, wie könnte sie als erstes überhaupt die Mauern durchbrechen? Der alte Mann sagte andere Ereignisse voraus, die eins nach dem anderen wahr wurden, und gab ihr bestimmte Zeichen, an denen sie die Wahrheit seiner Worte erkennen würde; er lehrte sie auch ein Gebet, das sie wie ein Mantra benutzen sollte, wann immer sie in Gefahr war. Dies hatte ihr bei mehreren Gelegenheiten das Leben gerettet.

So wurde Emsuda klar, daß sie nicht geträumt hatte, und sie akzeptierte das, was sie gehört hatte, als ihren Auftrag. Als sie sich endlich in Kroatien in Sicherheit befand, traf sie dort eine ältere Frau, die eine ähnliche Vision hatte. Sie formten eine Gruppe, und so wurde die Friedensinitiative ins Leben gerufen, genannt »Srcem do Mira «. (»Durch das Herz zum Frieden«).

Wir erfuhren das alles durch drei mutige Frauen vom Hazelwood House in Südengland, die diese Friedensinitiative von Anfang an, das heißt schon einen Monat zuvor, unterstützt hatten. Ebenso wie wir drei (Christine, Peter Dawkins und ich) kamen sie im November zu diesem Friedenstreffen angereist, gemeinsam mit Noirin, einer irischen Folk-Sängerin. Dieses Treffen fand in einem Raum der Schule in Samobor statt, wo Ema Lehrerin gewesen war. Zu unserer Erleichterung war Samobor ganz und gar vom Krieg verschont geblieben, auch wenn wir es dann und wann in einiger Entfernung krachen hörten. Schwere Schneefälle bewirkten, daß nicht mehr als dreißig Menschen zusammenkamen.

Nachdem sie von ihrer Vision erzählt hatten, war es für Ema und Emsuda - beide sehr engagierte Frauen mit Herz - nicht einfach, mit den Versammelten einen klaren Aktionsplan auszuarbeiten. Die Anwesenden waren zum großen Teil Kroaten und Flüchtlinge aus Bosnien - Herzegowina. Es gab so viele unterschiedliche Temperamente und Ansichten... Als einige von ihnen ihre Geschichte erzählten, war, in Anbetracht dessen, was sie durchgemacht hatten, leicht zu verstehen, warum viel Kummer, Schmerz, Bitterkeit, Trauer und Aggression im Raum waren. Es gab auch eine Tendenz, die westlichen Politiker zu beschuldigen, nicht mehr unternommen zu haben, um den Krieg zu beenden. Eine Liste von Forderungen wurde aufgestellt - gewiß gerechtfertigt -, die generelle Einstellung lautete jedoch: »Wir müssen für den Frieden kämpfen.«

Wir hörten schweigend zu; ich war entgeistert und äußerte meinen Freunden gegenüber: »Wie kann man für den Frieden kämpfen ? Ist das der Weg einer Bewegung, die sich »durch das Herz zum Frieden« nennt und zum Ziel hat, »keine Feinde, sondern nur Freunde und potentielle Freunde zu sehen«?«

Schließlich war es die Musik, die uns vom debattierenden Kopf in das mitfühlende Herz brachte. Noirin stand auf und ging wie ein Troubadour um uns herum, ihr kleines Harmonium spielend und mit inniger, kraftvoller Stimme Lieder des Herzens singend, Lieder der Liebe zu Gott. Zum Schluß leitete Christine uns alle spontan zu einfachem meditativen Kreis-Tanzen und miteinander Singen an, was wirklich unsere Herzen füreinander öffnete.

Das vertiefte sich noch mehr, als wir am nächsten Abend mit dem Kern der Gruppe in Zagreb zusammentrafen und all das von uns mitgebrachte Essen verteilten und ausbreiteten. Unsere Gespräche wurden sehr offen, und wir begannen, echte Freunde zu werden.

Nach diesem ersten Besuch fuhren wir durch nächtliches Schneegestöber nach München zurück zu Christines Haus, wo zu unserer großen Freude am nächsten Tag Peter eintraf. Er war innerlich mit uns gereist, so daß er jetzt eine Pause bei der Arbeit an seinem Buch eingelegt hatte, um uns zu treffen und gemeinsam mit uns herauszufinden, was zu tun sei. Uns war klar geworden, und das wurde jetzt noch deutlicher in der gemeinsamen Meditation, daß die Wunde im Körper Europas, durch diesen Krieg hervorgerufen, wie die Wunde des Königs Amfortas war, des Gralskönigs, die nur durch tätiges Erbarmen von uns allen, die wir Parzival sind, geheilt werden konnte.[7]

Wir engagierten uns sehr für die »Durch das Herz zum Frieden«-Initiative, und es erforderte viel klärende Kommunikation zwischen uns Westeuropäern untereinander und Ema und Emsuda, bevor das Konzept stand. Wenn eine Pilgerreise Erfolg haben sollte, müßte sie ein aktives Gebet sein und nicht ein Protest gegen den Krieg. Liebe sollte sich durch unsere Hände und Füße ausdrücken, nicht Haß; Mitgefühl und Vergebung die Bitterkeit ersetzen und die Wunden heilen.

Der Appell zu einem Treffen in Samobor und einer anschließenden Friedenspilgerfahrt wurde von Herz zu Herz an so viele Menschen wie möglich weitergegeben. Er war an alle Menschen guten Willens, besonders aber an die Frauen gerichtet. So strömten aus allen Gegenden Europas im Januar 1994 ungefähr 350 Menschen nach Samobor, in der Mehrzahl Frauen.

---

7) Wie es im Parzival von Wolfram von Eschenbach, einem Einweihungsbuch in Bildern, beschrieben steht: König Amfortas, der Gralskönig, hat eine Wunde in seinem Geschlechtsteil, die ihm furchtbare Schmerzen verursacht und die nicht geheilt werden kann, bis Parzival in das Gralsschloß kommt und endlich die erlösende Frage stellt: »Was macht Dich leiden?« König Amfortas und Parzival sollten nicht nur als lebende Individuen gesehen werden, sondern auch als Archetypen, und die Geschichte als Vorausschau für das, was im Großen in der Welt geschieht.

Aufgrund all dieser Neuankömmlinge fanden wir uns wieder an den Anfang versetzt. Viele aus dem Westen brachten außer ihrem Wunsch zu helfen auch ihre eigene Problematik mit und versuchten, zum Teil mit wenig Sensibilität für die Einheimischen und das, worum es für sie ging, Lösungen aufzudrängen. Wie konnte es anders sein: Es war, als enthielten wir, die wir heilen wollten, viele der Elemente in uns selbst, die draußen den Krieg verursacht hatten und weiter verursachen. Beim Versuch einer Zusammenarbeit kam die ganze Skala von Ärger, Neid, Eifersucht, dem Bedürfnis zu glänzen und anderen Egotrips, die Zwietracht zwischen uns bringen konnten, an die Oberfläche, ebenso wie die Mann-Frau-Problematik durch die Frage, ob nur Frauen an der geplanten Pilgerreise teilnehmen sollten oder auch Männer. Offensichtlich war die Friedensarbeit Nummer Eins, diese Dinge zuerst in uns selbst bewußt zu machen und zu verwandeln, bevor die nächsten Schritte sinnvoll waren und klar werden konnten.

Bei alledem blieb Peter ein Ozean des Friedens. Keines der Dramen um uns herum konnte ihn erschüttern. Er strahlte Frieden aus, er verkörperte Frieden, der als eine fühlbare, wunderbare Substanz stets um ihn war. Liebevoll und ruhig, da für jeden - war Peter ein starker und stabiler Anker der Weisheit, der Kraft und des Lichts. Gott, den er liebte, dem er diente und auf dem sein absolutes Vertrauen gründete, war für Peter nicht entfernt in den Himmeln, sondern hier. Für ihn war er lebendige Gegenwart und Wirklichkeit. Er wußte, daß Gott alles führte, daher war er in Frieden - dies ist gewiß die beste Grundlage für jede erfolgreiche Friedensarbeit.[8]

8) Inzwischen haben mehrere mutige und erfolgreiche Pilgerfahrten zu den zerstörten Orten in Kroatien und Bosnien-Herzegowina stattgefunden. Zu dem Zeitpunkt, als dieses geschrieben wurde, scheint ein Frieden erreicht worden zu sein.

37. Kapitel

LIEBE KENNT DEN TOD NICHT

Wer überwindet, dem will ich zu essen geben
vom verborgenen Manna
und will ihm geben einen weissen Stein
und auf dem Stein einen neuen Namen, den niemand kennt,
denn der ihn empfängt.
- Offenbarung 2, 17

Am 8. Februar 1994 brachte Peter mich und meine Freundin Gisela zum Flughafen, von wo aus sie und ich aufbrachen, um an einer Friedenspilgerreise durch Indien teilzunehmen, die von Peter und Sarah Dawkins geleitet wurde. Ein besonderes Ziel dabei war die heilige Insel Omkareshwar, das »Herz« Indiens, das nach vedischer Tradition als das Herz der Welt gesehen wird. Peter wäre liebend gerne mitgekommen - und wie sehr hätte ich gewünscht, ihn dabei zu haben - aber er mußte zu Hause bleiben, weil sein Sohn Daniel zum Ferienbesuch kam und um die Arbeit an seiner Autobiographie mit Jeremy fortzusetzen. Eine Freundin von uns war da, um sich um sie alle zu kümmern. Irgendwie ließ ich Peter zu diesem Zeitpunkt nur ungern zu Hause, aber es war uns beiden klar, daß ich gehen mußte. Es leuchtete uns auch ein, daß wir durch Peters Daheimbleiben und mein Gehen die innere Verbindung zwischen dem »Herzen Europas« und dem »Herzen der Welt« vertiefen konnten.

Peter winkte und winkte und winkte am Züricher Flughafen - ich hatte ihn nie so lange winken gesehen - sogar in weiter Entfernung stand er noch da und winkte. Ich rief ihn von unserer Pilgerfahrt aus an, wann immer ich konnte.

Am 16. Februar hatte ich ein Telefongespräch mit Peter wie noch nie zuvor. Als ich ihm meine ergreifenden Erfahrungen in Omkareshwar zu vermitteln suchte, schien er schon alles zu wissen: es war, als wären wir ein Herz, ein Verstehen, einfach Eins. Es zeigte auch, wie tief Peter verbunden war mit unserer Pilgerreise, die ein aktives Gebet für den Frieden war.

Die Geschichte war diese: Vom 12. bis 14. fuhren wir per Boot auf dem heiligen Fluß Narmada, die Insel Omkareshwar zuerst umkreisend - die wirklich wie ein Herz aussieht mit einem alten Pilgerweg, der in der Form des Sanskrit Buchstabens »Om« ausgelegt ist - und dann fuhren wir den mächtigen Fluß aufwärts mit dem Rajah von Omkareshwar, der mit viel Sorgfalt Zelte und Essen für uns organisiert hatte für unsere beiden Übernachtungen auf einem ruhigen Stück Land am Flußufer. Überall sonst waren die Ufer von den Stimmen des Dschungels erfüllt, einschließlich Tigern und Panthern, die wir friedlich von der Sicherheit des Bootes aus beobachten konnten. Morgens fuhren wir weiter stromaufwärts zu Narmadas lichterfülltem Wasserfall, wo wir ein Bad nahmen.

Ich war zutiefst beeindruckt von der Ausdruckskraft einer hohen, machtvollen, dunklen Kette von Felswänden entlang des Flusses, die wirkte, als sei das ganze Schicksal der Menschheit in sie eingraviert.

Als wir stromabwärts zurück nach Omkareshwar kamen, verließen wir unser Boot und erkundeten die Insel zu Fuß. Im Licht der untergehenden Sonne erreichten wir auf dem höchsten Punkt der Insel einen hohen, sehr schlichten Tempel, der majestätischen Frieden ausströmte. Er ist um einen riesigen schwarzen Stein, einen Shiva-Lingam[1], herum gebaut. Es ist der größte Shiva-Lingam, den ich je gesehen habe; er soll ursprünglich weiß gewesen und später durch ein Feuer geschwärzt worden sein. In der Dunkelheit fanden wir unseren Weg vom Tempel der Höhe zum Tempel unten am Fluß, dem Haupttempel der Insel. Er enthält einen der zwölf Jyotir-Lingams (Licht-Lingams), die sich an zwölf verschiedenen Orten Indiens materialisiert haben und als sehr heilig angesehen werden.

---

1) Ein Shiva-Lingam symbolisiert die göttliche Schöpferkraft, durch einen ovalen Stein dargestellt. Im Bild kann das Ewige oder reine Sein durch einen Kreis ausgedrückt werden. Wenn Bewegung einsetzt, das heißt Leben in den Kreis kommt, beginnt der Kreis sozusagen zu atmen und wird dabei zur Ellipse. Die Ellipse ist also der Ausdruck eines lebenden, atmenden Kreises und zeigt den Prozeß der Schöpfung an. Die Planeten, die sich alle in Ellipsen um die Sonne bewegen, formen damit einen Shiva-Lingam und drücken die göttliche Schöpfungskraft aus. - Der Shiva-Lingam wird oft in einer Yoni (umgekehrtes Dreieck) dargestellt, was das Männliche Göttliche, Shiva, im Weiblichen Göttlichen, Shakti, ausdrückt. Oder in einem anderen Bild. Der Mittelpunkt in seinem Kreis, das Unendliche im Endlichen. Shiva ist überall und nirgends; es ist das Weibliche, seine Shakti, seine Kraft, die ihn manifestiert.

Als es uns erlaubt war, in kleinen Gruppen um diesen Stein herum zu sitzen, während eine Puja[2] abgehalten wurde, war ich erschüttert über das, was ich wahrnahm: Ich konnte deutlich ein Gesicht im Stein sehen, das in Schmerzen verzerrt nach oben starrte. Wie ist es möglich, daß sich so viel Schmerz an diesem Ort ausdrückt? Auch andere sahen und erlebten dies. Es war der Abend des 14. Februar 1994, derselbe Tag, an dem zehn Jahre zuvor Babaji seinen physischen Körper verlassen hatte. Er hatte gesagt: »Es sind tausend Messer in meinem Herzen, und ich habe nur ein Herz, um all den Schmerz der Welt zu tragen.« Ich war damals in Haidakhan, als das geschah. Und nun - hier an diesem Ort, dem Herzen der Welt, wieder dieser Schmerz? Es fühlte sich an wie ein Schrei aus der Tiefe von Mutter Erde selbst.

Es berührte mich so sehr, daß ich geraume Zeit brauchte, um mein Gleichgewicht wieder zu finden. Dann war das unvergeßliche Telefongespräch mit Peter.

Am Freitag, den 18. Februar, verließ ich in Jaipur die Gruppe für ein paar Tage - so dachte ich jedenfalls - um unseren großen alten Freund Shri Shastriji in seinem Haus in Rajgarh zu besuchen. Zu meiner Freude traf ich gerade rechtzeitig ein, um an seiner Feuerzeremonie für die Göttliche Mutter teilzunehmen - der Freitag ist ihr gewidmet. Nachher führten Shastriji und ich tiefe Gespräche über Peter.

Zu meinem Erstaunen stand am Samstagmorgen Gisela vor meiner Tür. »Wie schön, daß Du kommst! Was bringt Dich hierher?« fragte ich sie. Schweigend schaute sie zu Boden. Dann sah ich auch Peter Dawkins, wie er Shastriji beiseite nahm. Ich ging, um ihn zu begrüßen; er war mit Gisela fünf Stunden mit dem Auto durch die Nacht gefahren war, um mir diese Nachricht zu überbringen: »Es gab einen Autounfall in Deutschland - und Peter starb.« »Peter starb? Mein geliebter Peter starb?« Ich konnte es absolut nicht fassen.

Schon ein paar Stunden, nachdem Peter Dawkins von Peters Tod erfahren hatte, hatte er eine klare innere Kommunikation mit ihm. »Er ist sehr glücklich. Er ist jetzt in seine größere Kraft getreten. Er ist im Weißen Licht. Er ist mit Babaji in den (spirituellen) Himalayas. Er weiß jetzt, wer Babaji ist, und daß Dein Babaji und sein Christus Eins sind.«

In diesem Moment tröstete mich all das nicht sehr. Es waren nur äußerster Schock und Schmerz in mir - ein Schmerz, für den es keine

2) Eine religiöse Verehrung unter Verwendung verschiedener Ritualformen

Worte gibt. Waren wir beide und mit uns andere nicht überzeugt gewesen, daß Peter noch mindestens zwanzig weitere Jahre leben würde, wenn nicht länger? Außerdem hatten Peter und ich geglaubt, wir würden - mit Gottes Gnade - die Erde um dieselbe Zeit herum verlassen. Warum war er schon jetzt gegangen?

Ich gab die Nachricht per Telefon an Shri Muniraj weiter. Alles in mir weinte. Als ich mich von Shastriji verabschiedete, sagte er mir, er würde die nächsten zwölf Tage die traditionellen Riten für Peter, seinen geliebten Freund und Bruder, abhalten.

Von da an geschah alles wie auf Engelsflügeln. Gisela hatte in Liebe den Rest ihrer Pilgerreise, einschließlich Haidakhan, aufgegeben, um bei mir zu sein. Als wir Delhi erreichten und indische Freunde anriefen, erfuhren wir, daß sie schon von Peters Tod wußten, uns erwarteten und neue Flugtickets nach Deutschland für uns gebucht hatten. All das war - wie ich später hörte - von Sarah Dawkins in vielen, vielen Telefongesprächen organisiert worden. Es gab liebende Hilfe überall. In Delhi hatte sich die Nachricht von Peters Tod schon herumgesprochen. Andere indische Freunde kamen, um ihr Mitgefühl auszudrücken; sie alle liebten und verehrten Peter sehr, aber mich verlangte nur nach Stille.

In der Zwischenzeit hatte ich erfahren, daß der Unfall sich auf Peters Rückfahrt vom Frankfurter Flughafen ereignet hatte, wo er mit Jeremy seinen Sohn Daniel abgeholt hatte. Sie hatten den Bodensee schon erreicht und waren nicht weit von Zuhause entfernt, als sie mit einem Lieferwagen zusammenstießen, der auf der falschen Seite der Fahrbahn fuhr. Peter war vollkommen schuldlos, und er war innerhalb von zehn Minuten tot - durch den Aufprall war sein Herz verletzt und es verblutete. Das geschah Freitag, den 18. Februar 1994, um vier Uhr nachmittags.

Offenbar lief die Nachricht von Peters Tod wie ein Feuer in sehr kurzer Zeit um den Erdball - was zeigte, wie sehr Peter ein »planetary citizen«, ein Weltbürger, war. Gerade als ein Polizeiwagen vom Unfall vor unserem Haus hielt, ging zufällig unser Bürgermeister dort vorbei. Und da niemand daheim war, erfuhr er von Peters Tod und benachrichtigte freundlicherweise sofort Freunde von uns. Die Polizei hatte ebenfalls Daniels kalifornische Adresse auf seinem Gepäck gefunden, so daß seine Mutter Paula angerufen wurde. Die Nachricht ging weiter an David Spangler in Amerika, und dieser rief May East in Findhorn an. Sie fand heraus, wo sich die »Durch das Herz von Indien«-Pilgerreise zur Zeit aufhielt, und es gelang ihr, per Telefon Peter Dawkins in einem Hotel nahe des Taj Mahal in Agra zu erreichen. Peter Dawkins brachte dann die Nachricht von Peters Tod zu mir in das Haus von Shri Shastriji, der uns verheiratet hatte.

In den folgenden Stunden, Tagen und Wochen wurde mir unglaubliche Kraft gegeben. Ich fühlte eine ganz wunderbare Präsenz aus Licht über meinem Kopf. Ich wußte, das war Peters Segen, sein Geschenk. Nach unserer Landung in Zürich, wo wir von Giselas Mann abgeholt wurden, machte ich einen kurzen Halt zu Hause, um mein Gepäck abzustellen, nahm Blumen und Kerzen mit und machte mich sofort auf, um Peters Körper zu sehen, der in ein nahegelegenes Krankenhaus gebracht worden war.

Er lag unten, während oben Jeremy Slocombe und Daniel auf dem Weg der Genesung waren. Peters Körper lag da in einem dunklen Raum - und ich brachte mit den Kerzen und Blumen Licht. Der Schock des Unfalls war noch sichtbar - sein Gesicht zeigte solch ein Erstaunen. Ich spürte Liebe, nichts als Liebe. Dies war meine einzige Wahrheit: »Ich liebe Dich, ich liebe Dich, ich liebe Dich.« Ich hatte keinen anderen Gedanken, kein anderes Gefühl, das war mein einziges Gebet für ihn und an Gott. Und, wie in Antwort darauf, geschah etwas Wunderbares - sein Gesicht entspannte sich mehr und mehr und, fast unmerklich, begann sich ein Lächeln darin abzuzeichnen.

Inzwischen stellte sich zu meiner Überraschung heraus, daß mein Freund Marcel draußen wartete - in diesem Moment war er da und trat zu mir in Peters stillen Raum. Auch er erlebte, wie in der Gegenwart unserer Liebe sich in Peters Gesicht mehr und mehr ein Lächeln ausdrückte.[3] Er sah wunderschön aus mit diesem feinen Lächeln um seine Augen und den Mund herum, und ein lichtvoller Friede umgab ihn.

Als ich zuerst das senkrechte Zeichen aus Blut (durch den Unfall hervorgerufen) sah, das von der Mitte der Augenbrauen über seine ganze hohe Stirn reichte, zog sich mein Herz zusammen, ebenso als ich die tiefe Wunde genau in der Mitte seines linken Handrückens sah (auch durch den Unfall entstanden); es war ein noch größerer Schock, als ich zwei Tage später auch in der Mitte seines rechten Handrückens eine Wunde sah, die ich vorher nicht bemerkt hatte. Wie ist es möglich, daß

---

3) Marcel hat mir später erzählt, daß er, tief ergriffen durch die Todesnachricht, ans Klavier ging und sein Lieblingsstück aus Bachs "Johannes-Passion" für Peter spielte. Währenddessen war ihm Peter vollkommen präsent; er sah sein Gesicht ganz nah, klar, innig leuchtend, hingegeben dem Spiel lauschend.

er, der so viel mit seinen Händen Mutter Erde gedient hatte, jetzt Wunden an diesen Händen hatte und beide genau in der Mitte? So fragte ich Gott. Und dann begann ich zu verstehen, daß all dies ein Zeichen von Gottes Segen auf ihm war, in der Sprache seines Blutes. Das Zeichen auf Peters Stirn - der menschliche Wille dem göttlichen Willen ergeben. Die Zeichen auf seinen Handrücken - die strahlende Liebe seines Herzens durch seine Hände ausströmend, seine Arbeit als Liebe im Tun, sein Karma-Yoga. Und er starb an einem verblutenden Herzen.

Ich habe Peter immer als einen Archetyp des Ritters vom Heiligen Gral gesehen. Wie man durch den "Parzival" von Wolfram von Eschenbach verstehen kann, ist die Sprache eines Gralsritters die Sprache seiner Taten. Mit dem Blick auf die Unendlichkeit gerichtet, werden alle Taten auf Erden vollbracht. Peter war ein lebendes Beispiel dafür.

Sein Körper wurde dann in die am Wald gelegene Kapelle unseres Dorfes überführt, wo er in Schönheit und Stille aufgebahrt lag. Jeder, der ihn sah, war tief berührt. Es war nicht nur ein wundervoller Friede um ihn, sondern auch etwas sehr Erhabenes, Ehrfurcht einflößendes, die Würde und Tiefe eines Lebens, das Gott geweiht und durch Gott gezeichnet war. Ein Mysterium des Blutes und der Rose.

EPILOG

PETER SAH ERSTAUNT AUS IM TOD, und sein Tod war so erstaunlich wie sein Leben. Es war, als ob er sich in eine neue Geburt bewegte, genauso wie er sein ganzes Leben lang niemals stehenblieb, sondern immer weiterging. In gewisser Weise war sein Leben ein immerwährender Geburts- und Todesprozeß - genannt Transformation - immer wagend... und offensichtlich eine Antwort auf das Gebet in seiner Jugend, das Höchste zu erreichen.

In der Zwischenzeit ist mir klar geworden, daß Peters Leben ein vollendetes Leben war. Er hatte sein Ziel erreicht - das Ziel, das sich während seines Lebens entfaltete. Als er um Weihnachten herum, ungefähr sieben Wochen vor seinem Tod, gefragt wurde: »Hast Du den Gipfel Deines Berges schon erreicht?« antwortete er: »Noch nicht ganz.« Als ihm ein wenig später von Freunden dieselbe Frage gestellt wurde, sagte er zur allgemeinen Verwunderung: »Ja, nun habe ich den Gipfel meines Berges erreicht.« Das war fünf Tage vor seinem Tod. Was für ein Mysterium von einem Menschen!

So alt seine Seele war, sein Herz war immer jung, gefüllt mit Freude und absolutem Vertrauen, stets bereit, den nächsten Schritt ins Unbekannte zu tun. Sein Vertrauen war innere Liebe - Liebe und Wissen um Gott - die sich dann in äußerer Liebe ausdrückte durch Arbeit als Liebe im Tun. Sie entfaltete sich dann noch weiter durch das Aufbauen von

Freundschaftsverbindungen in einem Netzwerk des Lichts rund um den Planeten und im Mitwirken bei der Heilung der Erde durch Pilgerfahrten. So wurde seine Arbeit global - eine weltumfassende Arbeit für Frieden und universelle Bruderschaft.

Peter blieb nicht stehen, er ging immer weiter - jenseits der Berge gibt es andere Berge zu besteigen, andere Täler zu durchqueren. Peter war ein Mann voll Mut und Begeisterung, ein wirklicher Mensch, ein Mann der Wiedergeburt, des Lichts, des sich entfaltenden neuen Bewußtseins. Er war ein Pionier des Neuen und ist ein Beispiel für das Neue, nicht für das Alte. Er ist ein Mensch für die Zukunft, für die jüngere Generation und für die noch nicht Geborenen - anderen durch sein eigenes Beispiel Kraft und Vertrauen schenkend. Seine Hoffnung war, daß jeder, der sich auf den Weg der Transformation einläßt, erkennt, daß die Schlange - die verwandelnde Kraft - wirklich einen Biß hat. Peter selbst war in seinem Leben sicherlich viele Male gebissen worden. Wenn man ernsthaft in seiner Suche ist, muß man lernen, sich von jedem Biß zu erholen. Was immer Peter durchzumachen hatte, er lernte seine Lektionen dankbar, ohne zu klagen.

Er war wahrhaftig ein tief Wissender, nicht nur mit seinem Kopf, sondern mit seinem ganzen Wesen. Komme, was da wolle, nie verlor Peter den Humor und seinen Frieden. Er war frei. Und dann - gibt es kein Ende des Dienens

Mit Mut, Weisheit und tätigem Erbarmen als Gefährten
ist er auf Reisen ...
Mit der Sonne als Zeichen
Frieden als Rüstung
Wahrheit als Schwert
Liebe als Schild
und »Ich diene« als Krone.
Mit Freude als seinem Schlüssel
und Vertrauen, da er ins Unbekannte tritt ...

* * * * *

Dies sind Shri Mishra Vishnu Dutt Shastrijis Worte über Peter, der ihm lieb und nahe war wie ein Bruder:

Ein sehr reines Herz, war und ist er eine große Seele,
eine sehr alte Seele, eine uralte Seele,
die durch die Zeiten hindurch viel für die Menschheit getan hat.
Er war frei - erwacht - eine freie Seele.
Mit seinen leuchtenden Augen und seinem freudevollen Herzen
hatte Peter sein ganzes Leben lang einen sehr kraftvollen, festen und
schönen Körper.
Er war wie ein Ozean des Wissens, ein Genius, sehr intelligent -
und sehr hart arbeitend.
Peters Arbeit war Verehrung, wie Shri Krishna es lehrte. In der
Bhagavad Gita sagte Krishna, Arbeit sei die wirkliche Verehrung.
Durch harte Arbeit, die mit einem auf Gott gerichteten Bewußtsein
getan wird, erreicht ein Mensch dauerhaftes Glück im Leben.
Das ist die wahre Bedeutung von Karma-Yoga - daß aller Friede,
alle Freude, Liebe und Vollkommenheit natürlicherweise von beständiger, Gott geweihter Arbeit kommen - Peter war ein lebendes
Beispiel dafür. Er war in der Tat ein großer Karma-Yogi.
Peter hat in vergangenen Leben viel meditiert. Sein Karma-Yoga
war Meditation - Meditation war sein Karma-Yoga.
Viel Friede war in seinem Herzen, und er wollte vollkommenen
Frieden für die Welt.
Er kam zum Nutzen für seine Generation auf die Erde, und als seine
Arbeit beendet war, rief Gott ihn in den Himmel.

* * * * *

DIE BOTSCHAFT VON PETERS LEBEN

Ich habe die Botschaft, die Peter durch sein Leben gab, in folgenden Worten zusammengefaßt:

1. Habe Vertrauen in Gott, laß Dich von Gott führen. Habe absolutes Vertrauen. Vertrauen bedeutet, sich der Liebe Gottes zu öffnen.
2. Denke groß. Das Universum ist groß. Was immer Du denkst, wirst Du herbeiführen. Sieh immer das Positive in allem und jedem - so bringst Du es hervor. Bejahe Liebe, bejahe Licht, bejahe Kraft.
3. Liebe, was immer Du tust. Lerne, den Ort zu lieben, an dem Du bist, die Menschen, mit denen Du zusammen bist und die Arbeit, die Du zu tun hast.
4. Arbeit ist Liebe im Tun. Was immer Du tust, tue es mit Liebe und somit vollkommen - und habe Spaß dabei.
5. Erinnere Dich der drei P's: Patience - Geduld, Persistence - Ausdauer, Perseverence - Beharrlichkeit.
6. Habe zum Ziel, immer zur richtigen Zeit am richtigen Ort zu sein, das Richtige zu tun.
7. Sei in Frieden. Sei der, der alle Unruhe heilt. Sei durch Schwierigkeiten nicht beunruhigt, sondern sei friedlich - Friede heilt.
8. Sei furchtlos. Angst kommt einer Verneinung Gottes gleich, und nichts Gutes entsteht daraus. Sie ist unnötig und ein Hindernis für das Wirken des göttlichen Geistes. Es gibt keinen Grund für Ängste, welcher Art auch immer - sie gehören nur in den Bereich der Illusion und Unwissenheit und machen unfähig, sich den Armen Gottes hinzugeben.
9. Habe Mut. Sei Deinen Visionen treu, sei inspiriert und geführt von Gott. Folge dieser inneren Führung, auch wenn Du denkst, daß sie Dich an den Abgrund bringt. Tritt an den Abgrund und blicke hinüber - vielleicht siehst Du das Angesicht Gottes.
10. Tue Dein Bestes, und überlasse Gott den Rest.
11. Sei glücklich. Sei voller Freude im Dienst an Gott, der Menschheit und dem Leben. Freude und ein Sinn für Humor sind Kennzeichen des göttlichen Geistes und der Freiheit, die er gibt.
12. Liebe Gott, liebe das Leben, sei innerlich still und lebe in Gott.

FÜHRUNGSROLLE UND STIMMUNG IN DER TRUPPE

Von Fliegermajor Peter Caddy[1]

EINFÜHRUNG

Eine dynamische Führung, welche Stimmung und Moral hebt, ist das größte Bedürfnis dieses Landes. Bei vollständiger Betrachtung wird evident werden, daß die Eigenschaften für eine solche Führung im wesentlichen von moralischer und spiritueller Natur sind.

Den Demokratien fehlt es nicht nur an Führungskraft, sondern auch an der mächtigen Ideologie, mit der ihre Feinde bewaffnet sind. In demokratischen Ländern schafft dieser Mangel an positivem Glauben ein Vakuum, in dem der Kommunismus gedeiht. Nicht allein kann Führung die Stimmung erzeugen, die nötig ist, um diesem Angriff standzuhalten, sondern sie kann das Land dahin führen, sich moralisch, spirituell und auch materiell zur Verteidigung seiner bedrohten Freiheit wiederzubewaffnen.

NATUR UND WIRKUNG VON FÜHRUNG

Worin bestehen die Natur und Wirkung von Führung? Primär sind sie eine Gabe des Charakters, die man entwickeln, aber nicht erschaffen kann. Führungseigenschaften sind eine Qualität der Seele. Mit den Wor-

1) Nachgedruckt aus dem *Royal Air Force Quarterly*, April 1952, pp 145-9

ten Emersons: »Wer mehr Seele als ich hat, herrscht über mich, auch wenn er keinen Finger rührt. Ich muß mich um ihn herum drehen durch die Anziehungskraft des Geistes. Wer weniger hat als ich, den beherrsche ich mit gleicher Leichtigkeit.« Durch seine Führer ist die Menschheit die Evolutionsleiter emporgestiegen. Solche Führer können den Menschen inspirieren und seine eingeborenen Qualitäten der Größe, des Mutes, des Glaubens und der Initiative aus ihm herausholen. Sie können all seine Fähigkeiten und Energien koordinieren und anschirren, und so den einzelnen dahin befreien, daß er seinen Fähigkeiten maximal Ausdruck verleiht. Diese Befreiung wiederum bindet ihn im Tausch an seinen Führer.

QUALITÄTEN, DIE VON EINEM FÜHRER ERWARTET WERDEN

Beim Erwägen der Eigenschaften, die ein Führer mitbringen muß, wird augenfällig, daß er zuerst und vor allem Selbst-Beherrschung erlangt haben muß. Das Fehlen dieses wesentlichen Fundaments eines starken Charakters wird alle anderen Qualitäten, die jemand außerdem haben mag, behindern oder gar nichtig machen. Aus der Selbstbeherrschung entspringen Selbstvergessenheit und Selbstlosigkeit. Das Geheimnis einer solchen Führungskraft wird von den Worten enthüllt: »Wer immer sich als erster unter euch erweist, soll eines jeden Diener sein.« Selbstbeherrschung ist die Voraussetzung für diese Fähigkeit, sich selbst ganz dem Dienen anheimzugeben.

Zweitens muß ein Führer die Gabe haben, andere zu inspirieren. In allen Menschen, sogar den niedrigsten, ist ein göttlicher Funke, etwas, welches fähig ist, Schmerz und Verlust zu entwachsen, etwas, was die Suche nach Gewinn und sogar den Tod übersteigt. Der wahre Führer ruft dies hervor. Montrose appellierte an dieses gottartige Etwas in seinen rauhen Soldaten, damit sie ihm blind folgten. Nicht allein muß ein Führer die göttliche Flamme in seinen Anhängern entzünden, er muß sie auch zu vollständigem Vertrauen in ihn und seine unangefochtene Autorität inspirieren. Dies erfordert eine Charakterstärke, welche andere dominieren wird.

Drittens muß ein Führer moralischen Mut haben, was oft gepredigt, aber selten praktiziert wird. Die letzte Prüfung des moralischen Mutes ist die Fähigkeit, allein dazustehen und die alleinige Verantwortung für Entscheidungen zu übernehmen. Ein schlagendes Beispiel dafür mag in General Eisenhowers Entscheidung gesehen werden, ob er die Invasion der Normandie aufgrund der schlechten Wetterverhältnisse verschieben sollte oder nicht.

Viertens muß da eine Seelenstärke und Entschlossenheit vorhanden sein, um Schmerzen, Härte und widrige Umstände, ohne mit der Wimper zu zucken, zu ertragen. Mut ist die Qualität, die für den Angriff nötig ist. Innere Stärke oder Entschlossenheit sind die Eigenschaften, die das Durchhaltevermögen benötigt. Beide sind für die Führungsrolle unabdingbar. Churchills erinnerungswürdige Rede am Vorabend dessen, was dem Betrachter als das absolute Verderben erschien, ist bereits ein unsterbliches Beispiel von Seelenstärke geworden. Es mag hier darauf hingewiesen sein, was für eine Wirkung ein großer Führer auf eine Situation haben kann. Großbritannien lag tiefer am Boden denn je, das Verderben erschien unvermeidlich, und nichts wurde dem Land versprochen als »Blut, Schweiß und Tränen«. Und doch war die Macht ihres Führers so groß, seine Inspiration, sein Mut und seine Stärke, daß sich die gesamte Nation bei seinem Ruf erhob, um mit ähnlichem Mut und Entschlossenheit dem, was die Zukunft bringen würde, zu begegnen.

Letztlich hatten die meisten großen Führer ein Sendungsbewußtsein, welches die treibende Kraft in ihrem Leben war. Dieses Sendungsbewußtsein scheint im Herzen eines Menschen zu erwachsen, der einen Bedarf sieht, dem begegnet werden, eine Arbeit, die getan werden muß, zu der er sich besonders ausgerüstet und erwählt fühlt. Dieses Sendungsbewußtsein ist es, welches seinen Willen stärkt, das Ziel zu erreichen, uneingedenk der Härte, der Hindernisse oder selbst der scheinbaren Unmöglichkeit. Feldmarschall Montgomery sagte: »Wenn ein Kommandant für eine gute Sache steht und dem Soldaten Erfolg gibt, wird er das volle Vertrauen seiner Männer gewinnen: und dann gibt es nichts, was er nicht tun kann.«

Diese Eigenschaften der Seele benötigen eine adäquate Entwicklung des Herzens, Geistes und Körpers, durch die sie ihren Ausdruck finden. Wenn letztere durch die Macht der Korruption degenerieren, wird sich der Führer zwangsläufig verschlechtern, egal wie groß seine Führungsqualitäten sind.

Das Herz muß durch Erfahrung, Empfindsamkeit und Vorstellungskraft entwickelt werden, damit es das notwendige Verständnis erlangt, um Menschen und ihre Angelegenheiten weise zu führen. Die folgenden Attribute sind bei weitem nicht ausschließlich Eigenschaften von Führern, aber sie sind notwendig für wirkungsvolle Führung. Eines ist Mitgefühl, welches als das Gegenteil jener charismatischen Kraft in einem wahren Führer beschrieben werden kann, mit der er erreicht, daß seine Anhänger sich mit ihm, seinem Willen und seinem Ziel identifizieren. Mitgefühl, Sympathie, befähigt ihn im Gegensatz dazu, daß er sich mit ihnen identifiziert, mit ihren Bedürfnissen, ihrer Sicht der Dinge und Denkweise.

Eine weitere für einen guten Führer unersetzliche Herzensqualität ist Loyalität - seinen Vorgesetzten gegenüber als auch seinen Untergebenen. John Buchan sagte, als er Montrose schrieb: »Loyalität ist eine der größten unserer sterblichen Tugenden; sie ist nicht nur Hingabe für eine Sache, sondern Hingabe zu den Menschen oder einem Menschen, der die Sache verkörpert.« Das Schlechtmachen von Vorgesetzten und Kritik an Befehlen, die von einer höheren Autorität erteilt wurden, prallen am Ende immer auf den Kritiker zurück und unterminieren seine Autorität bei jenen unter ihm.

Der Intellekt eines Führers muß ausreichend entwickelt sein, um seine intellektuelle Überlegenheit zumindest gegenüber der Mehrheit seiner Anhänger zu gewährleisten. Ein dummer Mensch kann nie ein großer Führer sein. Dennoch erwies sich mancher, der in seinen frühen Jahren ein schlechter Schüler war, als ein großer Führer. Um nur wenige zu nennen: Eisenhower, Roosevelt, Einstein, Edison und Churchill waren in der Schule alle als wenig bis mittelmäßig intelligent eingestuft worden.

DER BEDARF AN MORALISCHER UND SPIRITUELLER FÜHRUNG

Dieses Jahrhundert unterscheidet sich von der Vergangenheit als eines des Wandels, des heftigen Umbruchs und Auseinanderfallens in jedem

Bereich des menschlichen Lebens. Die Wissenschaft ist in gewaltigen Sprüngen vorgeschnellt und hat unsere Lebensweise und sein Tempo radikal verändert. Der Krieg hat das stabile Gefüge des viktorianischen England jäh unterbrochen und sogenannten »Frei-Denkern« die Tür geöffnet, jene, die in dem Vakuum einer abgelegten Religion, die Saat vieler »ismen«, Gesellschaften und Glaubensrichtungen gesät haben. Sozialer Umschwung folgte. Unausgesprochene Loyalitäten wurden aufgegeben, und das Motto ist nun »Selbstbedienung« geworden. Nicht allein national, sondern international herrscht dieser Zustand ständigen Flusses und des Chaos vor. Feierliche Vereinbarungen werden ignoriert. Versprechungen werden gemacht ohne jede Absicht, sie zu erfüllen, und die allgemein akzeptierten Gepflogenheiten internationaler Diplomatie werden verworfen.

Zweifellos besteht in Zeiten wie diesen in diesem Land als auch in der Welt ein großer Bedarf an Führern mit unerschütterlichen Überzeugungen, welche die Energien der Menschen für konstruktive Zwecke einspannen und ihre Seelen mit dem Licht verlorener Ideale erhellen werden. Die Dringlichkeit dieses Bedürfnisses wird durch den Zustand der Welt heute unterstrichen. Im Augenblick wird sie rapide in zwei einander bekämpfende Lager mit diametral entgegengesetzten Lebensstilen gespalten, mit sich unversöhnlich gegenüberstehenden Prinzipien und Gegensätzen in ihrer Politik. Auf der einen Seite ist die glühende Ideologie des Kommunismus, welche unaufhörlich praktiziert und gepredigt wird - mit einem Ziel, auf das sich alle Pläne, Energien und Aktivitäten ausrichten. Diese Herausforderung an die Autorität auch der anerkannten Religionen wird stetig größer und zieht den Heranwachsenden ebenso wie den Idealisten als auch den Unzufriedenen in seinen Bann. In diesem Lager ist man entweder ein Anhänger, der mit ganzem Herzen dabei ist, oder man wird in einen widerlichen Gehorsam gezwungen.

Was steht dieser mächtigen Kraft gegenüber? Wo ist der Glaube, um diese Ideologie zu bekämpfen? »Ein Glaube ist nötig, um einen Glauben zu vernichten«, und wir werden den Glauben an den Kommunismus niemals vernichten, es sei denn, wir haben einen realeren und dynamischeren Glauben. Der Autor glaubt, daß das Christentum dieser Glaube ist, denn durch diesen Glauben hat sich Großbritannien zu seinen größten

Leistungen aufgeschwungen, und ohne dessen Führung und Inspiration wird das Land unweigerlich aus seiner moralischen Führungsrolle in der Welt herausfallen. Der bekannte Historiker und Autor Arthur Bryant sagte 1950 in Cheltenham in einem Vortrag über den »britischen Charakter«, seiner Meinung nach sei der bei weitem wichtigste formende Faktor bei der Ausbildung des britischen Charakters die tägliche Lektüre der Bibel gewesen. Dieses Lesen der Bibel hat mittlerweise fast aufgehört. Heute leben wir von dem spirituellen Kapital, das wir in den Jahren unserer Größe angesammelt haben. General Sir Bernard Paget bestätigte in seiner Eröffnungsansprache für die Kurse, die in Ashridge gehalten wurden, daß unser großes christliches Erbgut, welches von einer Generation zur anderen weitergereicht wurde, nun in alle Winde verstreut werde; so untergraben wir das größte Bollwerk gegen den Kommunismus in der Welt heute.

Die Führungseigenschaften mögen schlummern, bis ein großer Bedarf oder Notfall sie wecken. Es kann keinen Zweifel geben, daß die heutigen Zustände dringend der Führungsqualitäten bedürfen, vielleicht mehr denn je zuvor. Diese Zustände haben Führer wie Churchill, Eisenhower und die hervorragenden Leute in unseren drei Streitkräften hervorgebracht. Aber es gibt nur allzu wenig Führer, und sie werden aufgrund des Mangels an Führern auf allen Ebenen der Gemeinschaft - in der Industrie, der Regierung, der Erziehung und ebenso den Streitkräften - nicht ausreichend unterstützt. Die Qualitäten sind ohne Zweifel vorhanden, aber die Dringlichkeit der Zeiten wird nicht klar genug erkannt, noch wird der dringende Bedarf für diese Qualitäten der Nation nahegelegt. Der Mann auf der Straße verfolgt seinen lethargischen Gang der Dinge weiter, gemütlich in die Decke des Wohlfahrtsstaats gewickelt und mit dem lindernden Sirup bestechender Versprechen genährt. Seine kurzsichtigen Augen bemerken den Sturm nicht, der nicht allein sein Wohlergehen, sondern sein Leben selbst gefährdet. Er ist wie ein Schaf ohne Hirten, ein Boot ohne Ruder, ein Kompaß ohne Nadel.

Der christliche Lebensweg ist in diesem Land von Generation zu Generation weitergereicht worden. Aber die heutige Jugend ist durch zwei Weltkriege dieses unschätzbaren Vorteils beraubt worden, wodurch die Leben ihrer Eltern ebenso verarmt sind wie ihre eigenen. Diese Jugend ist Großbritanniens kommende Generation, und sein Schicksal liegt in ihren Händen. Sie sind in zerrütteten Familien mit gar keinem oder nur wenig Familienleben aufgewachsen. Sie sind während des Bombenangriffs aus ihren Häusern und Städten in eine neue und fremde Umgebung evakuiert worden. Die daraus resultierenden Probleme entsprangen aus dem Gefühl des Individuums, keine Wichtigkeit zu haben, nicht Teil in einem größeren Gefüge zu sein und - und dies ist vermutlich am wichtigsten - für nichts und niemanden notwendig zu sein. Dieser Glaube, der in der Tat das genaue Gegenteil zur christlichen Lehre darstellt, ist eine Brutstelle für die Übel, welche gegenwärtig unter den jungen Leuten in ihren späten Teenager-Jahren oder ihren frühen Zwanzigern so weit verbreitet sind. Sie haben, was immer sie als Zuhause hatten, verlassen und sind nun gezwungen, zwei Jahre in einer der drei Streitkräfte zu verbringen. Wir als die ältere Generation müssen einiges an Verantwortung für den Zustand der Welt akzeptieren, in der sie ihre Kindheit verbrachten. Den drei Streitkräften ist daher die einzigartige und weittragende Gelegenheit gegeben, dieser Verantwortung nachzukommen.

EIN VERHALTENSMUSTER UND SEINE PRAKTISCHE ANWENDUNG DURCH DEN KOMMANDANTEN

Nachdem wir die spirituellen und moralischen Aspekte der Führungsrolle betrachtet haben, wollen wir damit abschließen, indem wir ihre praktische Anwendung durch den Befehlshaber untersuchen. Wie wir gesehen haben, hat ihn dieses Zeitalter mit einem größeren Problem konfrontiert als seine Vorläufer. Er muß für die jungen Rekruten unter seinem Befehl ebenso Vater und Mutter sein als auch Führer und Lehrer. Wie kann er eine solche Aufgabe erfüllen?

Wir haben gesagt, daß uns der Begründer des Christentums ein hervorragendes Beispiel an Führung gegeben hat. Wie ging Er ans Werk, eine Arbeit, welche die Weltgeschichte revolutionierte? Zunächst einmal bereitete Er Sich auf Seine Mission durch völlige Hingabe vor, indem Er unablässig Gottes Führung suchte, und indem er ein Beispiel setzte, dem alle nacheifern sollten. Diesem Beispiel können heute in der Königlichen Luftwaffe die Führer auf allen Ebenen folgen. Auch der Kommandant kann sich derart vorbereiten, indem er sein ganzes Herz in seinen Job legt, indem er täglich um Führung nachsucht und seinen Männern ein Beispiel setzt.

Jesus hat dann Männer für ein Team gewählt, bildete sie aus, inspirierte sie mit Seinem Geist und setzte sie in dem für sie vorbereiteten Bereich ans Werk. Die zweite Aufgabe des Kommandanten ist es also, ein Team aufzubauen. Er muß den rechten Mann im rechten Job haben. Die für ihre Arbeit nicht taugen, müssen ersetzt werden. Der Kommandant muß verstehen und von seinen Offizieren und Unteroffizieren verstanden werden. Dieses Team muß nun dazu herangebildet werden, in Harmonie mit ihren Führen und untereinander zu arbeiten.

Nachdem er seine Offiziere und Unteroffiziere in ein einziges Team zusammengeschweißt hat, besteht des Kommandanten nächste Aufgabe darin, das rechte Umfeld und die rechte Atmosphäre in seiner ganzen Einheit oder Befehlsgewalt zu schaffen.

Die wichtigste Voraussetzung ist Enthusiasmus. Mit einem Mann, der enthusiastisch ist, kannst du alles tun. Jene, die andere mit Vitalität und Enthusiasmus inspirieren wollen, müssen selbst diese Eigenschaften besitzen. Man kann Männer nicht in eine Begeisterung hineinreden; man kann sie nur damit anstecken.

Er muß desweiteren einen Mannschafts-Geist formen. Der wahre Führer ruft in seinen Männern einen Stolz auf sich selbst und ihre Einheit hervor. Dies kann durch Drill und Paraden gefördert werden, insbesondere mit einer Musikkapelle und Mannschaftsspielen. Auf diese Weise bekommen die Männer Selbstachtung; sie eignen sich einen Stolz auf ihr Erscheinen und ihre Arbeit an, einen Stolz auf ihre Einheit und Streitmacht; dies sollte schließlich einen echten Patriotismus zur Folge haben, wie er Großbritannien heute traurigerweise fehlt.

Der Kommandant sollte für seine Leute immer ansprechbar sein. Sie brauchen das Gefühl, daß man sich persönlich um sie sorgt und ihre Wesenszüge und Umstände persönlich kennt. Auf diese Weise kann der Kommandant dem Mangel an effektiver Fürsorge durch Eltern in großem Maße entgegenwirken. Er kann verhindern, daß eingebildete oder kleinliche Ärgernisse wachsenden Verdruß auslösen, ehe sie ernstliche

Ausmaße annehmen. Jede Gelegenheit, für das Wohlergehen der Männer zu sorgen, ihre Bedingungen zu verbessern und kleine und unnötige Ärgernisse zu entfernen, muß wahrgenommen werden. Er kann das Vorkommen unerlaubten Fernbleibens nahezu eliminieren.

Darüberhinaus muß der Befehlshaber eine Atmosphäre des Erfolgs schaffen, denn nichts ist so erfolgreich wie Erfolg. Ein Mann, der nie ein Wort des Lobes hört, wird verbittert und legt sich ein Unterlegenheitsgefühl zu. Die Stimmung kann verbessert werden, indem man Lob erteilt, wenn es verdient ist, indem man Männern, die, wenn sie auch langsame Lerner sind, offensichtlich ihr Bestes geben, Mut macht und dem zuvorkommt, daß sie sich eingeschüchtert fühlen.

Man muß auch zusehen, daß man die Männer über Ereignisse und ihre Rolle in ihnen auf dem Laufenden hält. Ein Mann wird wertvoller sein, wenn er klar versteht, was in der Welt und im Krieg vorgeht, wenn er weiß, weswegen er kämpft. Dies kann mit Hilfe eines Informationsraumes geschehen oder, noch wirkungsvoller, indem der befehlshabende Offizier persönlich instruiert. Dies bietet eine nützliche Gelegenheit, mit den Männern einen Kontakt herzustellen und tut viel für die Schaffung von Individualität und für ihre Integration in die gesellschaftliche Gemeinschaft, als über den Trend von Ereignissen informierte und ihrer Verantwortung dem Leben gegenüber bewußte Menschen.

Schließlich muß ein Kameradschaftsgefühl aufgebaut sein. Die im Zivilleben vorherrschende Haltung des Sich-selbst-Suchens-und Schützens muß ersetzt werden durch eine der gegenseitigen Kooperation, der Unterstützung und des Vertrauens. Individuen, die an ein Leben im Wettbewerb gewöhnt sind, müssen in einer Gruppe zusammengeschweißt werden.

DIE NOTWENDIGKEIT FÜR EINE AUSBILDUNG IN MORALISCHER FÜHRUNG

Was geschieht in der *Royal Air Force*, um diese Eigenschaften in ihren Führern zu fördern? Der Rat der Luftwaffe hat die Wichtigkeit dieses Aspektes erkannt, indem er einen Kurs in moralischer Führungskraft aus der Taufe hob, gefolgt von einer Konferenz an der *Chaplain's*

School in Dowdeswell Court im November 1950. Den Kurs besuchten alle Hauptbefehlshaber des inländischen Befehlsbereichs ebenso wie zwei Offiziere der Luftwaffe von jeder Befehlseinheit. Der Bischof von Croydon war der Sprecher, assistiert vom Archidiakon von Lewes. Ein Programm von Wochenend-Kursen für Offiziere in Dowdeswell Court, insbesondere für Stationskommandeure und Unteroffiziere, war eine der Errungenschaften aus diesem Kurs.

Der Hauptbefehlshaber vom Kommando für Technische Ausbildung hat überall in seinem Bereich Training in christlichen Prinzipien eingeführt. Das Lernprogramm für jeden Kurs sieht dafür eine Unterrichtseinheit pro Woche vor. Desweiteren hat er all seinen Offizieren die Bedeutung des Themas durch Konferenzen, Briefe und darüber hinaus die Kraft seiner eigenen Überzeugung eingeschärft. Die Resultate waren spektakulär, und Statistiken bestätigen sie.

Doch dies ist nicht genug, und es scheinen keine weiteren Schritte in diese Richtung unternommen worden zu sein. Die Schulung in moralischer und spiritueller Führung wird in Einrichtungen wie dem Kolleg der Königlichen Luftwaffe in Cranwell und den Stabsschulen fast gänzlich vernachlässigt, uneingedenk der Tatsache, daß wir unsere künftigen Führer aus eben diesen Quellen schöpfen.

Wenn nun die königliche Luftwaffe schon allzu lange nur materiellen Bemühungen nachgegangen ist, so könnte und sollte gewiß viel mehr getan werden, um das Gleichgewicht wiederherzustellen, indem man unsere Führer spirituell und moralisch ebenso bewaffnet wie materiell - nicht allein gegen die bewaffnete Macht Rußlands, sondern gegen die schleichende Propaganda und die verzerrten Halbwahrheiten der kommunistischen Ideologie, welche unsere nationale Moral in ihren Grundfesten bedroht.